LA MÉDITERRANÉE
ET LE
MONDE MÉDITERRANÉEN
À L'ÉPOQUE DE PHILIPPE II

FERNAND BRAUDEL
de l'Académie française

LA MÉDITERRANÉE

ET LE

MONDE MÉDITERRANÉEN
À L'ÉPOQUE DE PHILIPPE II

La Part du milieu

ARMAND COLIN

Dans Le Livre de Poche

La Méditerranée et le monde méditerranéen
à l'époque de Philippe II, 3 tomes.

Première édition : Paris, Armand Colin, 1949.
Deuxième édition revue et corrigée : 1966.
Troisième édition : 1976.
Quatrième édition revue et corrigée : 1979.
Cinquième édition : 1982.
Sixième édition : 1985.
Septième édition : 1986.
Huitième édition : 1987.
Neuvième édition : 1990.

À Lucien Febvre,
toujours présent
en témoignage de reconnaissance
et de filiale affection.

Jusques aujourd'huy l'on n'a point descouvert au nouveau monde aucune Méditerranée comme il y en a en Europe, Asie et Afrique...

J. ACOSTA,
Histoire naturelle des Indes, 1558, p. 94.

1. — Les profondeurs et les hauteurs de 5(

mètres (carte dressée par Jacques Bertin).

PRÉFACE

de la première édition

J'ai passionnément aimé la Méditerranée, sans doute parce que venu du Nord, comme tant d'autres, après tant d'autres. Je lui aurai consacré avec joie de longues années d'études — pour moi bien plus que toute ma jeunesse. En revanche, j'espère qu'un peu de cette joie et beaucoup de sa lumière éclaireront les pages de ce livre. L'idéal serait sans doute, comme les romanciers, de camper le personnage à notre gré, de ne jamais le perdre de vue, de rappeler sans cesse sa grande présence. Malheureusement ou heureusement, notre métier n'a pas les admirables souplesses du roman. Le lecteur qui voudra aborder ce livre comme je le souhaite, fera donc bien d'apporter ses propres souvenirs, ses visions de la mer Intérieure et, à son tour, d'en colorer mon texte, de m'aider à recréer cette vaste présence, ce à quoi je me suis efforcé autant que je l'ai pu... Je pense que la mer, telle qu'on peut la voir et l'aimer, reste le plus grand document qui soit sur sa vie passée. Si je n'ai retenu que cette leçon de l'enseignement des géographes qui furent mes maîtres à la Sorbonne, je l'ai retenue avec une obstination qui donne son sens à toute mon entreprise.

On pensera qu'un exemple plus simple que la Méditerranée m'aurait sans doute mieux permis de marquer ces liens de l'histoire et de l'espace, d'autant qu'à l'échelle des hommes, la mer Intérieure du XVIe siècle est plus vaste encore qu'elle ne l'est aujourd'hui ; son personnage est complexe, encombrant, hors série. Il échappe à nos mesures et à nos catégories. De lui, inutile de vouloir écrire l'histoire simple : « il est né le... » ; inutile de vouloir dire, à son propos, les choses bonnement, comme elles se sont passées... La Méditerranée n'est même pas *une* mer, c'est un « complexe de mers », et de mers encombrées d'îles, coupées de péninsules, entourées de côtes ramifiées. Sa vie est mêlée à la terre, sa poésie plus qu'à moitié rustique, ses marins sont à leurs heures paysans ; elle est la mer des oliviers et des vignes autant que celle des étroits bateaux à rames ou des navires ronds des marchands, et son histoire n'est pas plus à séparer du monde terrestre qui l'enveloppe que l'argile n'est à retirer des mains de l'artisan qui la modèle. *Lauso la mare e tente'n terro* (« Fais l'éloge de la mer et tiens-toi à terre »), dit un proverbe provençal.

Nous ne saurons donc pas sans peine quel personnage historique exact peut être la Méditerranée : il y faudra de la patience, beaucoup de démarches, sans doute quelques erreurs inévitables. Rien n'est plus net que la Méditerranée de l'océanographe, du géologue, ou même du géographe : ce sont là domaines reconnus, étiquetés, jalonnés. Mais la Méditerranée de l'histoire ? Cent avis autorisés nous mettent en garde : elle n'est pas ceci, elle n'est pas cela ; elle n'est pas un monde qui se suffise à lui-même, elle n'est pas davantage un pré carré. Malheur à l'historien qui pense que cette question préjudicielle ne se pose pas, que la Méditerranée est un personnage à ne pas définir, car défini depuis longtemps, clair, reconnaissable immédiatement et qu'on saisit en découpant l'histoire générale selon le pointillé de ses contours géographiques. Car ces contours, que valent-ils pour nos enquêtes ?

Pourrait-on écrire l'histoire de la mer, ne fût-ce que pendant cinquante ans, en l'arrêtant d'un bout aux portes d'Hercule et, de l'autre, au couloir marin dont l'antique Ilion surveillait déjà les abords ? Ces problèmes de l'encadrement, les premiers à se poser, appellent tous les autres : délimiter, c'est définir, analyser, reconstruire et, en l'occurrence, choisir, voire adopter une philosophie de l'histoire.

Pour nous aider, nous avions bien une masse prodigieuse d'articles, de mémoires, de livres, de publications, d'enquêtes, les uns d'histoire pure, les autres, non moins intéressants, écrits par nos voisins, les ethnographes, les géographes, les botanistes, les géologues, les technologues... Il n'y a pas au monde d'espace mieux éclairé, mieux inventorié que celui de la mer Intérieure et des terres qu'elle illumine de son reflet. Mais faut-il le dire, au risque de paraître ingrat à l'égard de nos devanciers, cette masse de publications écrase le chercheur comme une pluie de cendres. Trop de ces études parlent un langage d'hier, désuet à plus d'un titre. Ce qui les intéresse, ce n'est pas la vaste mer, mais tel minuscule carreau de sa mosaïque, non pas sa grande vie mouvementée, mais les gestes des princes et des riches, une poussière de faits divers sans commune mesure avec la puissante et lente histoire qui nous préoccupe. Trop de ces études sont à reprendre, à remettre à l'échelle de l'ensemble, à soulever pour leur redonner la vie.

Il n'y a pas, non plus, d'histoire possible de la mer sans la connaissance précise des vastes sources de ses archives. Ici la tâche semble au-dessus des forces d'un historien isolé. Il n'y a point d'État méditerranéen, au XVIe siècle, qui n'ait son chartrier généralement bien garni de documents échappés aux incendies, aux sièges, aux catastrophes de toute espèce que connut le monde méditerranéen. Or, pour inventorier et prospecter ces richesses insoupçonnées, ces mines du plus bel or historique, il faudrait non pas une vie, mais vingt vies, ou vingt chercheurs y consacrant chacun, et en même temps, leur vie propre. Peut-être un jour viendra-t-il où l'on ne travaillera plus sur les chantiers d'histoire avec nos méthodes de petits artisans... Ce jour-là, peut-être sera-t-il loisible de faire de l'histoire générale sur textes originaux et non pas sur livres de plus ou moins première main. Ai-je besoin de dire que je n'ai pas dépouillé tous les documents d'archives à ma portée, si ample qu'ait été mon effort ; que mon livre est construit sur une enquête forcément partielle ? Je sais, par avance, que ses conclusions seront reprises, discutées, remplacées par d'autres, et je le souhaite. Ainsi progresse et doit progresser l'histoire.

D'autre part, du fait de sa situation chronologique défavorisée, entre les derniers grands feux de la Renaissance et de la Réforme et cet âge dur, déjà replié que sera le XVIIe siècle, la Méditerranée de la seconde moitié du XVIe siècle est bien « un faux beau sujet », comme l'écrivait Lucien Febvre. Son intérêt, faut-il le signaler ? Il n'est pas sans utilité de savoir ce qu'est devenue la mer Intérieure au début de l'époque moderne, alors que le monde cesse d'être centré sur elle, de vivre pour elle et à son rythme. La décadence immédiate dont on a toujours parlé ne me paraît pas prouvée ; ou plutôt tout semble établir le contraire. Mais en dehors de ce drame, je crois que tous les problèmes que pose la Méditerranée sont d'une richesse humaine exceptionnelle, qu'ils intéressent par suite les historiens et les non-historiens. Je pense même qu'ils portent leurs lumières jusqu'au temps présent, qu'ils ne sont pas dépourvus de cette « utilité », au sens strict, que Nietzsche exigeait de l'histoire elle-même.

Je ne m'étendrai pas sur l'attrait, les tentations qu'offrait un tel sujet. Ses faussetés, entendez ses difficultés, ses traîtrises, je les ai déjà énumérées. J'y ajouterai celle-ci : à savoir qu'aucun guide valable, parmi nos ouvrages d'histoire, ne m'offrait son secours. Une étude historique, centrée sur un espace liquide, a tous les charmes, elle a plus sûrement encore tous les dangers d'une nouveauté.

Les plateaux de la balance étant tous deux lourdement chargés, ai-je eu raison finalement de pencher du côté du risque et, manquant de prudence, de penser que l'aventure valait la peine d'être courue ?

Mon excuse est l'histoire même de ce livre. Quand je l'entrepris, en 1923, ce fut sous la forme classique, certainement plus prudente, d'une étude consacrée à la politique méditerranéenne de Philippe II. Mes maîtres d'alors l'approuvaient fort. Ils la voyaient se rangeant dans les cadres de cette histoire diplomatique, assez indifférente aux conquêtes de la géographie, peu soucieuse (comme la diplomatie elle-même trop souvent) de l'économie et des problèmes sociaux ; assez méprisante à l'égard des faits de civilisation, des religions et aussi des lettres et des arts, ces grands témoins de toute histoire valable, et qui, calfeutrée dans son parti pris, s'interdisait tout regard au delà des bureaux de chancellerie, sur la vraie vie, féconde et drue. Expliquer la politique du Roi Prudent, cela signifiait avant tout établir les responsabilités, dans l'élaboration de cette politique, du souverain et de ses conseillers, au gré des circonstances changeantes ; déterminer les grands rôles et les rôles mineurs, reconstituer la carte générale de la politique mondiale de l'Espagne dont la Méditerranée ne fut qu'un secteur et certes pas toujours privilégié.

Avec les années 1580, la force de l'Espagne était, en effet, rejetée d'un coup vers l'Atlantique. C'est là que, conscient ou non du danger, le vaste Empire de Philippe II devait faire front et défendre son existence menacée. Un puissant mouvement de bascule le poussait vers ses destinées océaniques. S'intéresser à ce jeu souterrain, à cette physique de la politique de l'Espagne et préférer ces recherches à l'étiquetage des responsabilités d'un Philippe II ou d'un Don Juan d'Autriche, penser, en outre, que ces derniers, malgré leurs illusions, ont été souvent agis autant qu'acteurs, c'était déjà sortir des cadres traditionnels de l'histoire diplomatique ; se demander enfin si la Méditerranée n'avait pas eu, au delà de ce jeu lointain et saccadé de l'Espagne (assez terne si l'on met à part le grand acte passionné de Lépante), son histoire propre, son destin, sa vie puissante et si cette vie ne méritait pas autre chose que le rôle d'une toile de fond pittoresque, c'était tomber en tentation devant l'immense sujet qui m'a finalement retenu.

Pouvais-je ne pas l'apercevoir ? Comment poursuivre, de dépôt en dépôt, le document d'archives révélateur, sans ouvrir les yeux sur cette vie diverse et animée ? Devant tant d'activités nourricières, comment ne pas se tourner vers cette histoire économique et sociale, révolutionnaire, qu'un petit groupe de travailleurs s'efforçait de promouvoir, en France, à une dignité qui ne lui était plus refusée ni en Allemagne, ni en Angleterre, ni aux États-Unis, ni même dans la Belgique toute proche ou en Pologne ? Saisir l'histoire de la Méditerranée dans sa masse complexe, c'était suivre leur conseil, se mettre à l'abri de leur expérience, aller à leur secours, militer pour une forme neuve d'histoire, repensée, élaborée chez nous et qui mérite de franchir nos frontières ; une histoire impérialiste, oui certes, consciente de ses tâches, de ses possibilités, désireuse aussi, car obligée de rompre avec elles, de briser les formes anciennes, avec plus ou moins de justice au demeurant, mais peu importe ! L'occasion était bonne, en se saisissant d'un personnage hors série, de profiter de sa masse, de ses exigences, de ses résistances et de ses pièges, de son élan aussi, pour essayer de bâtir l'histoire autrement que nos maîtres l'enseignaient.

Toute œuvre se sent révolutionnaire, se veut une conquête, s'efforce de l'être. La Méditerranée ne nous aurait-elle obligé qu'à sortir de nos habitudes qu'elle nous aurait déjà rendu service.

Ce livre se divise en trois parties, chacune étant en soi un essai d'explication d'ensemble.

La première met en cause une histoire quasi immobile, celle de l'homme dans ses rapports avec le milieu qui l'entoure ; une histoire lente à couler, à se transformer, faite souvent de retours insistants, de cycles sans cesse recommencés. Je n'ai pas voulu négliger cette histoire-là, presque hors du temps, au contact des choses inanimées, ni me contenter, à son sujet, de ces traditionnelles introductions géographiques à l'histoire, inutilement placées au seuil de tant de livres, avec leurs paysages minéraux, leurs labours et leurs fleurs qu'on montre rapidement et dont ensuite il n'est plus jamais question, comme si les fleurs ne revenaient pas avec chaque printemps, comme si les troupeaux s'arrêtaient dans leurs déplacements, comme si les navires n'avaient pas à voguer sur une mer réelle, qui change avec les saisons.

Au-dessus de cette histoire immobile se distingue une histoire lentement rythmée : on dirait volontiers si l'expression n'avait été détournée de son sens plein, une histoire *sociale*, celle des groupes et des groupements. Comment ces vagues de fond soulèvent-elles l'ensemble de la vie méditerranéenne, voilà ce que je me suis demandé dans la seconde partie de mon livre, en étudiant successivement les économies, les États, les sociétés, les civilisations, en essayant enfin, pour mieux éclairer ma conception de l'histoire, de montrer comment toutes ces forces de profondeur sont à l'œuvre dans le domaine complexe de la guerre. Car la guerre, nous le savons, n'est pas un pur domaine de responsabilités individuelles.

Troisième partie enfin, celle de l'histoire traditionnelle, si l'on veut de l'histoire à la dimension non de l'homme, mais de l'individu, l'histoire événementielle de Paul Lacombe et de François Simiand : une agitation de surface, les vagues que les marées soulèvent sur leur puissant mouvement. Une histoire à oscillations brèves, rapides, nerveuses. Ultra-sensible par définition, le moindre pas met en alerte tous ses instruments de mesure. Mais telle quelle, de toutes c'est la plus passionnante, la plus riche en humanité, la plus dangereuse aussi. Méfions-nous de cette histoire brûlante encore, telle que les contemporains l'ont sentie, décrite, vécue, au rythme de leur vie, brève comme la nôtre. Elle a la dimension de leurs colères, de leurs rêves et de leurs illusions. Au XVIe siècle, après la vraie Renaissance, viendra la Renaissance des pauvres, des humbles, acharnés à écrire, à se raconter, à parler des autres. Cette précieuse paperasse est assez déformante, elle envahit le temps perdu, y prend une place hors de vérité. C'est dans un monde bizarre, auquel manquerait une dimension, que se trouve transporté l'historien lecteur des papiers de Philippe II, comme assis en ses lieu et place ; un monde de vives passions assurément ; aveugle, comme tout monde vivant, comme le nôtre, insouciant des histoires de profondeur, de ces eaux vives sur lesquelles file notre barque comme le plus ivre des bateaux. Un monde dangereux, mais dont nous aurons conjuré les sortilèges et les maléfices en ayant, au préalable, fixé ces grands courants sous-jacents, souvent silencieux, et dont le sens ne se révèle que si l'on embrasse de larges périodes du temps. Les événements retentissants ne sont souvent que des instants, que des manifestations de ces larges destins et ne s'expliquent que par eux.

Ainsi sommes-nous arrivé à une décomposition de l'histoire en plans étagés. Ou, si l'on veut, à la distinction, dans le temps de l'histoire, d'un temps géographique, d'un temps social, d'un temps individuel. Ou si l'on préfère encore, à la décomposition de l'homme en un cortège de personnages. C'est peut-être ce que l'on me pardonnera le moins, même si j'affirme que les découpages traditionnels fractionnent, eux aussi, l'histoire vivante et foncièrement une, même si j'affirme, contre Ranke ou Karl Brandi, que l'histoire-récit n'est pas une méthode ou la méthode objective par excellence, mais bien une philosophie de l'histoire elle aussi ; même si j'affirme, et si je montre, par la suite, que ces plans ne veulent être que des moyens d'exposition, que je ne me suis pas interdit chemin faisant d'aller de l'un à l'autre... Mais à quoi bon plaider ? Si l'on me reproche d'avoir mal assemblé les éléments de ce livre, j'espère qu'on trouvera les morceaux convenablement fabriqués, selon les bonnes règles de nos chantiers.

J'espère aussi que l'on ne me reprochera pas mes trop larges ambitions, mon désir, mon besoin de voir grand. L'histoire n'est peut-être pas condamnée à n'étudier que des jardins clos de murs. Sinon ne faillirait-elle pas à l'une de ses tâches présentes, qui est aussi de répondre aux angoissants problèmes de l'heure, de se maintenir en liaison avec les sciences si jeunes, mais si impérialistes de l'homme ? Peut-il y avoir un humanisme actuel, en 1946, sans histoire ambitieuse, consciente de ses devoirs et de ses immenses pouvoirs ? « C'est la peur de la grande histoire qui a tué la grande histoire », écrivait Edmond Faral, en 1942. Puisse-t-elle revivre[1] !

Mai 1946.

---

1. La liste de mes dettes est longue. Pour être explicite, elle exigerait un volume. J'en dirai l'essentiel. Ma pensée reconnaissante se reporte à mes maîtres de la Sorbonne, de la Sorbonne d'il y a vingt-cinq ans : Albert Demangeon, Émile Bourgeois, Georges Pagès, Maurice Holleaux, Henri Hauser auquel je dois ma première orientation vers l'histoire économique et sociale et dont la vive amitié a été pour moi un constant réconfort. A Alger, j'ai bénéficié de l'aide amicale de Georges Yver, de Gabriel Esquer, d'Émile-Félix Gautier, de René Lespès ; j'ai eu le plaisir, en 1931, d'y entendre l'enseignement merveilleux de Henri Pirenne.

Je remercie tout spécialement les archivistes espagnols qui m'ont aidé dans mes recherches et ont été mes premiers maîtres en hispanisme, Mariano Alcocer, Angel de la Plaza, Miguel Bordonau, Ricardo Magdalena, Gonzalo Ortiz... Je les évoque avec plaisir, eux tous et nos discussions à Simancas, capitale « historique » de l'Espagne. A Madrid, Francisco Rodriguez Marin m'a accueilli avec sa grâce princière... Je remercie pareillement les archivistes d'Italie, d'Allemagne et de France que j'ai accablés de demandes au cours de mes recherches. Je fais dans mes remerciements une place à part à M. Truhelka, astronome réputé, incomparable archiviste de Doubrovnik, qui a été le grand ami de mes voyages à travers les archives et les bibliothèques.

La liste de mes collègues et de mes étudiants d'Alger, de São Paulo et de Paris qui m'apportèrent leur aide, est fort longue elle aussi, dispersée à travers le monde. Je remercie spécialement Earl J. Hamilton, Marcel Bataillon, Robert Ricard, André Aymard qui, à des titres très divers, m'ont assuré leur concours. De mes camarades de captivité, deux ont été mêlés à mon travail, Maître Addé-Vidal, avocat à la Cour d'Appel de Paris, Maurice Rouge, urbaniste et historien à ses heures. Je n'oublie pas enfin l'aide que ne m'a jamais marchandée le petit groupe de la *Revue Historique* — Maurice Crouzet et Charles-André Julien — au temps où Charles Bémont et Louis Eisenmann y protégeaient notre agressive jeunesse. J'ai tenu compte, au cours des dernières corrections apportées à mon livre, des observations et suggestions que m'ont présentées Marcel Bataillon, Émile Coornaert, Roger Dion et Ernest Labrousse.

Ce que je dois aux *Annales*, à leur enseignement et à leur esprit, constitue la plus grosse de mes dettes. On sait que j'essaie de m'en acquitter du mieux que je puis. J'avais seulement, avant la guerre, pris un premier contact avec Marc Bloch. Je crois cependant pouvoir dire qu'aucun détail de sa pensée ne m'est resté étranger.

Puis-je ajouter, enfin, que, sans la sollicitude affectueuse et énergique de Lucien Febvre, ce travail ne se serait sans doute pas achevé de sitôt ? Ses encouragements et ses conseils m'ont sorti d'une longue inquiétude au sujet du bien-fondé de mon entreprise. Sans lui assurément j'aurais, une fois de plus, repris mes enquêtes et mes dossiers. L'inconvénient des trop grandes entreprises est que l'on s'y perd, parfois avec délices.

Préface à la seconde édition

J'ai beaucoup hésité à rééditer La Méditerranée. *Certains de mes amis me conseillaient de n'y rien changer, ni un mot, ni une virgule, allant jusqu'à me dire qu'il y avait avantage à ne pas modifier un texte devenu classique. Pouvais-je les croire, décemment ? Sous le poids accru de nos connaissances, sous la poussée des sciences humaines, nos voisines, les livres d'histoire vieillissent, aujourd'hui, bien plus vite qu'hier. Un instant passe, et leur vocabulaire a déjà pris de l'âge ; ce qui était leur nouveauté rejoint la vulgate ; et d'elle-même l'explication acquise se remet en cause.*

En outre, La Méditerranée *ne date pas de 1949, année de sa publication, ni même de 1947, année où elle fut soutenue comme thèse, en Sorbonne. Elle était fixée dans ses grandes lignes, sinon écrite entièrement, dès 1939, au terme de la première jeunesse éblouissante des* Annales *de Marc Bloch et de Lucien Febvre, dont elle est le fruit direct. Aussi bien le lecteur ne se trompera-t-il pas à tels arguments de la préface de la première édition : ils se dressent contre des positions anciennes, aujourd'hui oubliées dans le monde de la recherche, sinon dans celui de l'enseignement. Notre polémique d'hier poursuit des ombres.*

J'ai donc eu très tôt la certitude qu'une nouvelle édition impliquerait une sérieuse, voire une complète remise à jour, qu'il ne me suffirait pas, pour la justifier, de livrer cartes, croquis, graphiques et illustrations que la dureté des temps, en 1949, m'avait interdit de publier. Corrections, additions, refontes sont parfois considérables, d'autant que j'ai dû tenir compte non seulement de connaissances, mais aussi, ce qui souvent va plus loin, de problématiques nouvelles. Plusieurs chapitres ont dû être récrits de bout en bout.

Toute synthèse, comme le répétait Henri Pirenne, relance les recherches particulières. Celles-ci n'ont pas manqué dans le sillage de mon livre. Elles m'ont fait cortège, aujourd'hui elles m'emprisonnent. Il me faudrait des pages et des pages pour signaler l'immense travail qui, depuis 1949, s'est accompli en des domaines qui concernent directement cet ouvrage, avec les livres et études, publiés ou non, d'Ömer Lutfi Barkan et de ses élèves, de Julio Caro Barroja, de Jean-François Bergier, de Jacques Berque, de Ramón Carande, d'Alvaro Castillo Pintado, de Federico Chabod, d'Huguette et Pierre Chaunu, de Carlo M. Cipolla, de Gaetano Cozzi, de Jean Delumeau, d'Alphonse Dupront, d'Elena Fasano, de René Gascon, de José Gentil da Silva, de Jacques Heers, d'Emmanuel Le Roy Ladurie, de Vitorino Magalhaẽs Godinho, d'Hermann Kellenbenz, d'Henri Lapeyre, de Robert Mantran, de Felipe Ruiz Martín, de Frédéric Mauro, de Ruggiero Romano, de Raymond de Roover, de Frank Spooner, de Iorjo Tadić, d'Alberto Tenenti, d'Ugo Tucci, de Valentín Vázquez de Prada, de Pierre Vilar, et enfin les travaux du groupe que formait, avec ses merveilleux élèves, le regretté José Vicens Vives. J'ai participé, souvent de très près, à l'élaboration de ces travaux.

Enfin j'ai beaucoup ajouté aussi, par moi-même, aux informations de la première édition, au cours de recherches et de lectures poursuivies dans les archives et bibliothèques de Venise, Parme, Modène, Florence, Gênes, Naples, Paris, Vienne, Simancas, Londres, Cracovie, Varsovie.

Toutes ces gerbes, il a fallu les engranger. Alors se sont reposées les insidieuses questions de méthode. Elles interviennent aussitôt à l'échelle d'un livre qui met en scène l'espace méditerranéen, pris dans ses plus vastes limites et dans toute l'épaisseur de sa vie multiple. Grossir l'information, c'est, forcément, déplacer, rom-

pre les anciens problèmes, puis en rencontrer de nouveaux, aux solutions difficiles et incertaines. D'autre part, pendant les quinze années qui séparent cette nouvelle édition de la rédaction initiale, l'auteur lui-même a changé. Toucher à ce livre était impossible sans que se déplacent d'eux-mêmes aussi certains équilibres du raisonnement, et même la problématique qui en est l'articulation majeure, cette dialectique espace-temps (histoire-géographie) qui en justifiait la mise en place initiale. Cette fois, j'ai dégagé et accentué des perspectives à peine esquissées dans le premier texte. L'économie, la science politique, une certaine conception des civilisations, une démographie plus attentive m'ont sollicité. J'ai multiplié des éclairages qui, si je ne m'abuse, portent des lumières neuves jusqu'au cœur de mon entreprise.

Toutefois, le problème essentiel demeure le même. Il est celui de toute entreprise historique : peut-on saisir, en même temps, d'une façon ou d'une autre, une histoire qui se transforme vite, tient la vedette du fait de ses changements mêmes et de ses spectacles — et une histoire sous-jacente plutôt silencieuse, à coup sûr discrète, quasi insoupçonnée de ses témoins et de ses acteurs et qui se maintient, vaille que vaille, contre l'usure obstinée du temps ? Cette contradiction décisive, toujours à expliquer, s'avère un grand moyen de connaissance et de recherche. Applicable à tous les domaines de la vie, elle revêt forcément des formes différentes selon les termes de la comparaison.

L'habitude s'est prise, de plus en plus, de parler, en bref, de structures et de conjonctures, celles-ci évoquant le temps court, celles-là le temps long. Il y a évidemment des structures diverses, des conjonctures elles aussi diverses et les durées de ces conjonctures ou de ces structures varient à leur tour. L'histoire accepte, découvre de multiples explications, d'un « palier » temporel à un autre, à la verticale. Et, sur chaque palier, il est aussi des liaisons, des corrélations à l'horizontale. C'est ce qu'expliquait déjà, en termes plus simples et plus tranchés, la préface de la première édition, qui dit mes intentions premières et annonce la succession des chapitres de ce livre.

19 juin 1963.

Les cartes et croquis de cette seconde édition ont été dessinés sur mes indications au Laboratoire de Cartographie de la VIe Section de l'École des Hautes Études, sous la direction de Jacques Bertin. Je tiens à remercier Mlle Marthe Briata, Mme Marianne Mahn, A. Tenenti et M. Keul, de l'aide qu'ils m'ont apportée pour les vérifications bibliographiques et les corrections d'épreuves.

Préface à la troisième édition

Je n'ai que quelques lignes à écrire au seuil de cette troisième édition. Avant tout, pour dire qu'elle se présente sans les modifications nouvelles que j'aurais voulu lui apporter. Il ne faut pas en accuser mon éditeur, mais bien les difficultés où se débat aujourd'hui l'industrie du livre. C'est un tour de force, en vérité, de rééditer aujourd'hui un aussi gros ouvrage.

J'ai donc renoncé à réviser mon texte pour tenir compte des études nombreuses qui, depuis une dizaine d'années, ont modifié ici ou là des détails, voire des pans entiers du tableau immense de la mer. Peu à peu, se découvrent à nous les richesses des archives turques, bien que lentement, trop lentement à mon gré.

Ce qui change le plus, c'est la problématique de notre métier. Je ne vois plus la société, ou l'État, ou l'économie exactement comme hier. Le lecteur pourra s'en rendre compte en se reportant aux trois volumes de Civilisation matérielle et Capitalisme, *de prompte parution, où j'ai pu mieux formuler mes points de vue et expliquer la survie, étonnante même à mes yeux, de la prospérité relative de la Méditerranée. Cette conquête-là, du moins, apportée par ce livre il y a longtemps, reste au-dessus de toute contestation. Je m'en réjouis naïvement, c'est-à-dire sans restriction, comme si j'avais rendu à l'Espagne, à l'Italie et aux autres pays de la mer Intérieure des années heureuses ou pour le moins assez brillantes dont l'histoire traditionnelle les avait dépouillés.*

16 mars 1976.

Préface à la quatrième édition

Cette édition ne comporte que quelques corrections et adjonctions de détail. Voir notamment dans le tome II, les pages 350 sq *et 534.*

8 juin 1979.

PREMIÈRE PARTIE

LA PART DU MILIEU

Cette première partie, comme son titre l'annonce, se place sous le signe d'une certaine géographie, attentive surtout aux données humaines. Elle est aussi, et plus encore, la recherche d'une certaine histoire.

Les renseignements dûment datés eussent-ils été plus nombreux, nous n'aurions pu nous contenter d'une enquête de géographie humaine limitée strictement aux années 1550-1600 — même conduite à la poursuite fallacieuse d'un certain déterminisme. Puisque ces témoignages étaient incomplets, que les historiens ne les ont pas recueillis systématiquement, que notre moisson, malgré son ampleur, reste insuffisante, il fallait bien, vaille que vaille, interpoler et, pour éclaircir ce court instant de la vie méditerranéenne, entre 1550 et 1600, mettre en cause images, paysages, réalités qui relèvent d'autres époques, antérieures ou postérieures — et même du temps actuel. Tout concourt dès lors, à travers l'espace et le temps, à faire surgir une histoire au ralenti, révélatrice de valeurs permanentes. La géographie, à ce jeu, cesse d'être un but en soi pour devenir un moyen. Elle aide à retrouver les plus lentes des réalités structurales, à organiser une mise en perspective selon la ligne de fuite de la plus longue durée [1]. La géographie, à laquelle nous pouvons comme à l'histoire tout demander, privilégie ainsi une histoire quasi immobile, à condition évidemment de suivre ses leçons, d'accepter ses divisions et ses catégories.

La Méditerranée est au moins double. Elle est composée tout d'abord d'une série de péninsules compactes, montagneuses, coupées de plaines essentielles : Italie, Péninsule des Balkans, Asie Mineure, Afrique du Nord, Péninsule Ibérique. En second lieu, la mer insinue, entre ces continents en miniature, ses vastes espaces, compliqués, morcelés, car la Méditerranée, plus qu'une masse maritime unique, est un « complexe de mers ». Telles sont les deux scènes — les péninsules, les mers — que nous considérerons en premier lieu pour fixer les conditions générales de la vie des hommes. Mais elles ne sauraient suffire.

D'une part, vers le Sud, la Méditerranée est mal séparée de l'immense désert qui court sans interruption du Sahara atlantique au désert de Gobi, jusqu'aux portes de Pékin. Du Sud de la Tunisie au Sud de la Syrie, ce désert débouche même sur la mer, directement. Plus qu'un voisin, il est un hôte et parfois encombrant, exigeant toujours. Le désert est ainsi l'un des visages de la Méditerranée.

D'autre part, vers le Nord, l'Europe fait suite au pays méditerranéen, elle en reçoit des chocs multiples, les chocs en retour étant également nombreux et souvent décisifs. L'Europe nordique, au delà des oliviers, est une des réalités constantes de l'histoire de la Méditerranée. Et c'est la montée de cette Europe-là, liée à l'Atlantique, qui décidera du destin entier de la mer, avec le XVIe siècle finissant.

Les chapitres I à III disent ainsi la diversité de la mer et en étendent au loin l'espace. Dans ces conditions, peut-on parler d'une unité physique de la mer (chapitre IV, *Le climat*) — ou d'une unité humaine et forcément historique (chapitre V, *Routes et Villes*) ? Telles sont les étapes d'une longue introduction qui se propose de dessiner les visages et le visage de la Méditerranée afin d'en mieux dominer et d'en mieux comprendre, si possible, le destin multicolore.

I

Les péninsules : montagnes, plateaux, plaines

Les cinq péninsules de la mer Intérieure se ressemblent. Si l'on songe à leur relief, elles se partagent régulièrement entre des montagnes surabondantes, quelques plaines, de rares collines, de larges plateaux. Sans penser que ce soit la seule façon de disséquer leurs masses, divisons-les selon ces indications simples. Chaque élément de ces puzzles se rattache à une famille particulière, relève d'une évidente typologie. Alors laissons les péninsules, en tant que mondes autonomes, pour ne voir que l'analogie de leurs matériaux. Autrement dit éparpillons les cubes du puzzle, comparons ce qui est comparable. Même sur le plan de l'histoire, cet émiettement et ce reclassement apporteront quelques lumières.

1. Tout d'abord les montagnes

La Méditerranée se définit une mer entre les terres, serrée par elles. Encore faut-il distinguer entre ces terres qui enveloppent et contraignent la mer. La Méditerranée, n'est-ce pas tout d'abord une mer entre des montagnes ? Il importe de le marquer fortement sur le plan de l'histoire, puisqu'on néglige ordinairement de noter le fait et ses conséquences, qui sont nombreuses.

Caractéristiques physiques et humaines

Les géologues le savent et l'expliquent. La Méditerranée, disent-ils, est située tout entière dans la zone des plissements et des cassures tertiaires qui traversent l'Ancien Monde, de Gibraltar à l'Insulinde : elle est même exactement une partie de cette zone. Des plissements récents, les uns de l'âge des Pyrénées, les autres de l'âge des Alpes, ont repris et mis en œuvre les sédiments d'une Méditerranée secondaire beaucoup plus vaste que la nôtre, principalement d'énormes dépôts calcaires, parfois épais de plus de 1 000 m. Assez régulièrement, ces plissements violents sont venus buter sur des môles de roches anciennes et dures, lesquels ont parfois été relevés (ainsi les Kabylies) ou, parfois, se sont incorporés à des chaînes puissantes, ce qui est le cas du Mercantour et de nombreux massifs axiaux des Alpes ou des Pyrénées. Plus souvent encore, ils se sont effondrés — ceci s'accompagnant plus ou moins de volcanisme — et ils ont été recouverts par les eaux de la mer.

Bien qu'interrompues par les bassins maritimes, les montagnes se correspondent, d'un bord à l'autre des fosses liquides, et s'organisent en systèmes cohérents. Un pont a relié la Sicile et la Tunisie ; un autre, le pont bétique, a existé entre l'Espagne et le Maroc ; un pont égéen s'est étendu de la Grèce à l'Asie Mineure (la disparition en est si récente, géologiquement parlant, qu'elle coïnciderait avec le Déluge de la Bible) — et nous ne parlons pas des continents, comme la Tyrrhénide, dont il ne reste que des îles témoins et des fragments accrochés aux littoraux. A supposer évidemment que les hypothèses géologiques répondent à la réalité — car ce sont là des hypothèses[1]. Ce qui est acquis, en tout cas, c'est l'unité architecturale de cet espace méditerranéen dont les montagnes constituent le « squelette » : un squelette encombrant, démesuré, omniprésent, et qui perce partout la peau.

Partout les montagnes sont ainsi présentes autour de la mer, sauf quelques interruptions d'amplitude dérisoire, comme le détroit de Gibraltar, le seuil de Naurouze, le couloir rhodanien et les détroits qui mènent de l'Égée à la mer Noire. Il n'y a de lacune, considérable celle-là, que de la Tunisie du Sud à la Syrie, sur plusieurs

2. — Les plissements de la Méditerranée

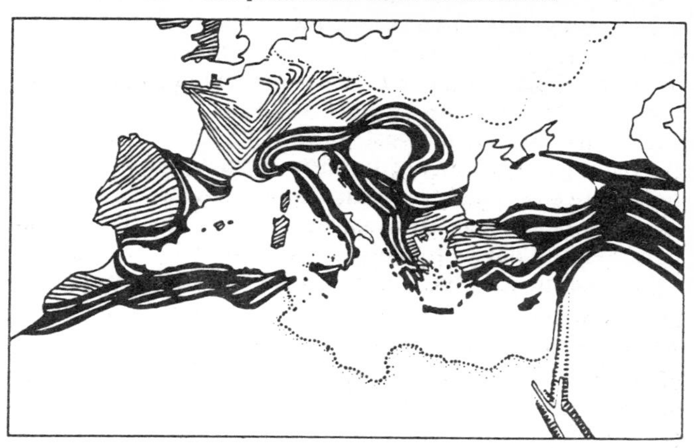

Les massifs hercyniens en hachures, les plissements alpins en noir, les traits blancs donnent la direction des chaînes. Au Sud, la plate-forme saharienne en blanc, borde la Méditerranée de la Tunisie à la Syrie. Vers l'Est, les cassures tectoniques de la mer Morte et de la mer Rouge. Vers le Nord, les plaines en blanc, intra-alpines, ou extra-alpines. Le pointillé marque l'extension extrême des anciens glaciers.

milliers de kilomètres, la table saharienne, plus ou moins relevée, touchant directement la mer.

Ajoutons que ce sont de hautes, de larges, d'interminables montagnes : les Alpes, les Pyrénées, l'Apennin, les Alpes dinariques, le Caucase, les montagnes d'Anatolie, les Libans, les Atlas, les Cordillères espagnoles. Donc, de très puissantes, d'exigeantes personnes. Les unes à cause de leur hauteur, les autres à cause de leurs formes compactes, ou de leurs vallées peu accessibles, profondes, encaissées. Elles tournent vers la mer des visages imposants et rébarbatifs [2].

Ainsi la Méditerranée, ce ne sont pas seulement les paysages de vigne et d'olivier et les villages urbanisés, ces franges ; mais aussi, tout proche, collé à elle, ce haut pays épais, ce monde perché, hérissé de remparts, avec ses rares maisons et ses hameaux, ses « nords à la verticale » [3]. Plus rien n'y rappelle la Méditerranée où fleurit l'oranger.

Les hivers y sont saisissants. La neige tombe en abondance, dans l'Atlas marocain, quand Léon l'Africain, le franchissant en hiver, a la malchance de s'y faire voler ses bagages et ses vêtements[4]... Mais quel voyageur de Méditerranée n'a connu, lui aussi, ces avalanches de la mauvaise saison, les routes bloquées, les paysages sibériens et polaires à quelques kilomètres de la côte ensoleillée, les maisons monténégrines écrasées sous la neige, ou en Kabylie, ce col de Tirourdat, confluent de vastes tourbillons, où il tombe en une nuit jusqu'à 4 m de neige ? Les skieurs de Chréa rejoignent en une heure Alger couverte de roses tandis qu'à 120 km de là, dans le Djurdjura, près de la forêt de cèdres de Tindjda, les indigènes, jambes nues, plongent dans la neige jusqu'aux cuisses.

Qui ne connaît aussi ces neiges attardées jusqu'au cœur de l'été et qui « font frais aux yeux », dit un voyageur[5] ? Elles zèbrent de leurs traits blancs le sommet du Mulhacen tandis qu'à ses pieds, Grenade meurt brûlée de chaleur ; elles s'accrochent au Taygète, au-dessus de la plaine tropicale de Sparte ; elles se conservent au creux des montagnes libanaises ou dans les « glacières » de Chréa[6]... C'est elles qui expliquent, en Méditerranée, la longue histoire de « l'eau de neige » que Saladin offrait à Richard Cœur de Lion et dont le prince Don Carlos abusa jusqu'à en mourir, pendant le chaud mois de juillet 1568[7], dans sa prison du Palais de Madrid. En Turquie, au XVIe siècle, elle n'était pas même un privilège des riches. A Constantinople, mais ailleurs aussi, à Tripoli de Syrie par exemple[8], les voyageurs signalent ces marchands d'eau de neige, de morceaux de glace, de sorbets que l'on obtient pour quelques menues monnaies[9]. Belon du Mans nous dit que la neige de Brousse arrivait à Istanbul par fustes entières[10]. On l'y trouvait pendant toutes les saisons de l'année, dit aussi Busbec qui s'étonne de voir les janissaires en boire chaque jour, à Amasie, en Anatolie, au camp de l'armée turque[11]. Le commerce de la neige est si important que les Pachas se mêlent de l'exploitation des « mines de glace » : Méhémet Pacha y gagnerait, dit-on en 1578, jusqu'à 80 000 sequins par an [12].

Ailleurs, en Égypte où des relais de chevaux rapides l'apportaient de Syrie au Caire ; à Lisbonne où on la faisait venir de fort loin [13] ; à Oran, le préside espagnol, où la neige arrive d'Espagne par les brigantins de l'Intendance [14] ; à Malte où les Chevaliers, à les en croire, mourraient faute des arrivages de neige en provenance de Naples, leurs maladies exigeant « ce remède comme souverain » [15], c'était, au contraire, denrée de luxe. Cependant, en Italie comme en Espagne, l'eau de neige semble assez répandue. Elle explique, en Italie, l'art précoce des glaces et des sorbets [16]. A Rome, si fructueuse est sa vente qu'elle est l'objet d'un monopole [17]. En Espagne, la neige est tassée dans des puits et conservée jusqu'en été [18]. Des pèlerins occidentaux, en route vers la Terre Sainte, ne s'en étonnent pas moins lorsqu'en 1494 ils voient, sur la côte syrienne, le patron de leur navire recevoir en cadeau « un sac rempli de neige dont la vue en ce pays et au mois de juillet remplit tout l'équipage du plus grand étonnement » [19]. Sur cette même côte de Syrie, un Vénitien, en 1553, s'émerveille que les « Mores », *ut nos utimur saccharo, item spargunt nivem super cibos et sua edulia* [20], « répandent de la neige sur leurs mets et leurs nourritures comme nous y mettons du sucre ».

Au cœur de la chaude Méditerranée, ces pays de neige sont d'une originalité puissante. Par leurs humanités mobiles, par leur masse, ils s'imposent à la plaine, aux bordures marines, à toutes ces créations brillantes mais menues, dans la mesure même, nous y reviendrons, où les régions « heureuses » ont besoin d'hommes et, trafiquant abondamment, de voies de communication. Ils s'imposent à la plaine, mais ils l'effraient. Le voyageur cherche à tourner l'obstacle, à circuler au rez-de-chaussée, de plaine en plaine, de vallée en vallée. Il doit toujours cependant, à un moment ou à un autre, suivre certains couloirs, certains défilés au renom sinistre : mais le recours est aussi bref que possible. Le voyageur, hier, restait surtout le prisonnier des plaines, des jardins, des rives éblouissantes, de la vie abondante de la mer...

Au vrai, l'historien est un peu comme ce voyageur. Il s'attarde dans la plaine, décor de théâtre où évoluent les puissants du jour ; il ne paraît guère désireux de s'engager dans les hautes et proches montagnes. Plus d'un serait surpris de les découvrir, n'ayant jamais quitté les villes et leurs archives. Et pourtant, comment ne pas voir ces encombrants acteurs, ces montagnes à demi sauvages, mais où l'homme pousse comme une plante vivace, et toujours semi-désertes, car l'homme les quitte sans arrêt ? Comment les ignorer, alors qu'elles débouchent souvent sur la mer même, en longues côtes escarpées [21] ? Le montagnard est un type d'homme connu de toute la littérature méditerranéenne. D'après Homère déjà, les Crétois se défient des sauvages de leurs montagnes et Télémaque, revenu en Ithaque, évoque le Péloponnèse couvert de forêts, où il vécut parmi des villageois crasseux « mangeurs de glands » [22].

Définir la montagne

Qu'est-ce au juste qu'une montagne ? En donner quelque définition simple — l'ensemble des terres méditerranéennes au-dessus de 500 m par exemple — inutile précision. C'est de limites humaines, incertaines, malaisées à reporter sur la carte, qu'il doit être question. Raoul Blanchard nous a mis en garde, il y a longtemps : « Une définition de la montagne, qui soit claire et compréhensible, est à elle seule à peu près impossible à fournir » [23].

Dirons-nous : les montagnes sont les cantons pauvres de la Méditerranée, ses réserves de prolétaires ? C'est vrai, en gros. Mais, au XVIe siècle, il y a bien d'autres régions pauvres et au-dessous de la ligne de 500 m, ne serait-ce que les steppes d'Aragon ou les Marais Pontins... En outre, de nombreuses montagnes sont, sinon riches, du moins assez favorisées et relativement peuplées. Certaines très hautes vallées des Pyrénées catalanes absorbent même « en partie, d'un village à l'autre, leur propre émigration »[24]. Bien des montagnes aussi sont riches parce que pluvieuses : selon le mot d'Arthur Young, en climat méditerranéen, peu importe le sol ; « ce qui fait tout, c'est le soleil et l'eau ». Les Alpes, les Pyrénées, le Rif, les Kabylies, toutes ces montagnes exposées au vent de l'Atlantique, sont autant de contrées verdoyantes, où poussent drus l'herbe et les bois épais[25]. D'autres montagnes sont riches à cause de leur sous-sol. D'autres anormalement peuplées par suite du refoulement de populations non montagnardes, accident cent fois répété.

Car la montagne est un refuge contre les soldats ou les pirates, tous les documents le disent, et déjà la Bible[26]. Parfois, le refuge devient définitif[27]. C'est ce que prouve l'exemple des Puszto-Valaques, chassés des plaines par les paysans slaves et grecs et, dès lors, pendant tout le Moyen Age, nomadisant à travers les espaces libres des Balkans, de la Galicie à la Serbie et à la mer Égée, bousculés sans fin, mais bousculant autrui[28]. Égalant les cerfs « en légèreté, ils descendent des montagnes pour enlever quelque butin... », note un voyageur du XIIe siècle[29]. A travers toute la Péninsule « jusqu'au Matapan et en Crète, ils ont promené leurs troupeaux de moutons et leurs capotes noires, les deux plus hautes chaînes, l'Hémus et le Pinde, étant pour eux les meilleurs abris. C'est de ces deux montagnes que brusquement ils descendent dans l'histoire byzantine, au début du XIe siècle »[30]. Et c'est autour de ces montagnes que le XIXe siècle les voit encore, pasteurs, agriculteurs et surtout conducteurs de ces caravanes muletières qui sont les grands outils de camionnage dans l'Albanie et la Grèce du Nord[31].

Nombreuses sont donc les montagnes qui font exception à cette règle de pauvreté et de vide dont, au demeurant, on trouve tant de preuves chez les voyageurs et autres témoins du XVIe siècle. Vides les pays de Haute-Calabre que traverse, en 1572, cet envoyé de Venise, rejoignant Don Juan d'Autriche à Messine[32] ; vides la Sierra Morena, en Castille[33], et les Sierras d'Espadan et de Bernia[34], dans le royaume de Valence, sur lesquelles on enquête, en 1564, alors que l'on redoute des remuements chez les Morisques et une guerre qui se réfugierait dans ce haut pays difficile, où les révoltés de 1526 avaient déjà résisté aux lansquenets allemands ; plus vides encore, éternellement vides ces monts sauvages et chauves de l'intérieur sicilien, et tant de montagnes, ici ou là, insuffisamment arrosées, hostiles même à la vie pastorale [35].

Mais ce sont là cas extrêmes. Pour le géographe J. Cvijić [36], la montagne du centre balkanique (à nous d'étendre, ou non, ses remarques) est le domaine de l'habitat dispersé, des agglomérations du type hameau ; celles de la plaine étant au contraire du type village. La distinction vaut pour la Valachie et, jusqu'à l'absurde, pour la Hongrie et les énormes villages de la Puszta, et aussi pour la Haute-Bulgarie où les hameaux, à moitié pastoraux jadis, sont connus sous le nom de *kolibé*. C'est vrai encore en Vieille Serbie, en Galicie, en Podolie. Seulement, rien n'est jamais juste qu'en gros. Dans bien des cas il serait malaisé de marquer sur une carte, avec précision, la zone des villages d'en bas — souvent de vraies villes — et celle des hameaux d'en haut qui groupent quelques maisons, parfois une seule famille. Une étude poussée du même auteur sur les confins serbo-bulgares, entre Koumanil et Koumanovo [37], établit cette quasi-impossibilité de délimitation précise.

Et puis, cette réalité du continent balkanique, comment l'étendre telle quelle à l'univers méditerranéen, à la Grèce proche [38], à cet Occident pénétré de vie marine, qui a vécu dans la crainte des pirateries, à l'écart et au-dessus de la plaine, ravagée souvent et malsaine par surcroît ? On songe aux gros villages perchés de Corse, de Sardaigne, de Sicile, de Provence, des Kabylies, du Rif. Pourtant, hameau minuscule ou village important, le peuplement montagnard est perdu d'ordinaire dans un espace trop large, de circulation difficile, un peu comme ces premiers centres du Nouveau Monde, noyés eux aussi dans un espace surabondant, en grande partie inutile [39] ou hostile, et donc privés, à cause de lui, des contacts et des échanges hors desquels il n'y a pas de civilisation renouvelée [40]. La montagne est obligée de vivre sur elle-même pour l'essentiel, de tout produire, vaille que vaille, de cultiver la vigne, le blé et l'olivier, même si le sol ou le climat s'y prêtent mal. Société, civilisation, économie, tout y a un caractère d'archaïsme et d'insuffisance [41].

On peut donc, en gros, parler de dilution du peuplement montagnard, plus encore de civilisation mitigée, incomplète, conséquence de l'insuffisance de l'occupation humaine. Heinrich Decker a pu étudier, dans un beau livre [42], la civilisation artistique des Alpes : oui, mais les Alpes sont les Alpes, c'est-à-dire une montagne exceptionnelle par ses ressources, ses disciplines collectives, la qualité de ses humanités, le nombre de ses grandes routes. Ce n'est guère aux Alpes qu'il faut se reporter quand on parle des montagnes de Méditerranée, mais plutôt aux Pyrénées : à leur histoire violente, à leur cruauté primitive. Encore les Pyrénées sont-elles, elles aussi, à part, privilégiées : on pourrait, à la rigueur, parler d'une civilisation pyrénéenne, en donnant à ce mot son sens ancien de civilisation de bon aloi. Une région dont nous reparlerons souvent — les Pyrénées catalanes — a vu naître, du XIe au XIIe siècle, une vigoureuse architecture romane [43], appelée curieusement à y survivre jusqu'au XVIe [44]. Oui. Mais dans l'Aurès, dans le Rif, dans les Kabylies ?

Montagnes, civilisations et religions

La montagne, ordinairement, est un monde à l'écart des civilisations, créations des villes et des bas pays. Son histoire, c'est de n'en point avoir, de rester en marge, assez régulièrement, des grands courants civilisateurs qui passent avec lenteur cependant. Capables de s'étaler loin en surface, à l'horizontale, ils se révèlent impuissants, dans le sens vertical, devant un obstacle de quelques centaines de mètres. Pour ces mondes perchés, qui ignorent à peu près les villes, Rome elle-même, Rome, malgré son étonnante durée, aura peu compté [45], sinon peut-être par les camps de soldats que l'Empire, pour sa sécurité, dut établir ici et là, aux lisières des massifs insoumis : ainsi León, au pied des Monts Cantabriques, Djemilah, face aux dissidences de l'Atlas berbère, Timgad et l'annexe de Lambèse, où campait la *IIIa legio augusta*... Aussi bien la langue latine n'a-t-elle triomphé nulle part dans ces massifs hostiles de l'Afrique du Nord, des Espagnes ou d'ailleurs et la maison latine reste une maison de plaine [46]. Malgré quelques infiltrations locales, la montagne lui demeure fermée.

Plus tard, quand à la Rome des Césars succède la Rome de saint Pierre, le problème demeure le même. C'est là seulement où son action a pu se répéter avec insistance que l'Église est parvenue à apprivoiser et à évangéliser ces bergers, ces paysans indépendants. Encore y mit-elle un temps inouï. Au XVIe siècle, la tâche est loin d'être achevée, pour le Catholicisme comme d'ailleurs pour l'Islamisme, qui s'est heurté au même obstacle : les Berbères d'Afrique du Nord, protégés par leurs sommets, ne sont encore que peu ou mal gagnés à Mahomet. De même les Kurdes, en Asie [47]. Tandis qu'en Aragon, en pays valencien ou dans les terres de Grenade, la montagne demeure, à l'inverse, une zone de dissidence religieuse, de permanence musulmane [48], tout comme les hautes collines sauvages et « méfiantes » du Lubéron protègent les permanences vaudoises [49]. Partout, au XVIe siècle, les hauts mondes sont mal attachés aux religions dominantes de la mer ; partout il y a décalage, retard de la vie montagnarde.

Une preuve en est dans la facilité même avec laquelle, quand les circonstances le permettent, les nouvelles religions font, dans ces pays, de massives bien qu'instables conquêtes. Dans le monde balkanique du XVe siècle, des pans entiers de la montagne passent à l'Islam, en Albanie comme en Herzégovine, autour de Sarajevo : preuve, avant tout, qu'ils étaient mal attachés aux églises chrétiennes. Le même phénomène se reproduira durant la guerre de Candie, en 1647 : un nombre important de montagnards crétois, faisant alors cause commune avec les Turcs, se renieront. De même, au

XVIIe siècle encore, face à la poussée russe, le Caucase passera à Mahomet et fabriquera, à son usage, l'une des formes les plus virulentes de l'Islam [50].

En montagne, la civilisation reste donc une valeur peu sûre. Voyez le texte si curieux de Pedraça, dans son *Historia eclesiastica de Granada*, composée à l'époque de Philippe IV : « Il n'est pas étonnant, écrit-il, que les habitants des Alpujarras (très hautes montagnes du Royaume de Grenade) aient abandonné leur ancienne foi. Ceux qui demeurent dans ces montagnes sont des *cristianos viejos* ; ils n'ont pas dans leurs veines une goutte de sang impur ; ils sont sujets d'un roi catholique ; et cependant, faute de docteurs, et par suite des oppressions auxquelles ils sont en butte, ils sont si ignorants de ce qu'ils devraient savoir pour obtenir le salut éternel qu'il leur reste à peine quelques vestiges de la religion chrétienne. Croit-on que si, aujourd'hui, ce qu'à Dieu ne plaise, les Infidèles se rendaient maîtres de leur pays, ces gens-là tarderaient longtemps à abandonner leur foi et à embrasser les croyances des vainqueurs ? » [51].

Ainsi se dessine une géographie religieuse à part des univers montagnards, constamment à prendre, à conquérir, à reconquérir. La remarque donne un sens à beaucoup de petits faits, présentés par l'histoire traditionnelle.

Que sainte Thérèse (elle rêvait, enfant, de trouver le martyre chez les Morisques de la Sierra de Guadarrama [52]) ait placé à Duruelo le premier monastère des moines du Carmel réformé, le fait, bien que menu, est à retenir. La maison était la propriété d'un gentilhomme d'Avila. « Un porche assez raisonnable, une chambre avec son galetas et une petite cuisine, voilà, écrit la sainte, en quoi consistait ce bel édifice. Après l'avoir considéré, je crus que l'on pouvait faire de ce porche une chapelle, un chœur de ce galetas et un dortoir de la chambre. » Et c'est dans ce « parfait taudis » que saint Jean de la Croix s'installa, avec un compagnon, le père Antoine de Heredia, qui put le joindre à l'automne, amenant avec lui un frère de chœur, le frère

Joseph. Ils vécurent là, dans les neiges de l'hiver, de la plus frugale des vies monastiques, mais non d'une vie cloîtrée : « souvent ils s'en allaient, pieds nus, par des chemins affreux, prêcher comme à des sauvages l'évangile aux paysans »[53].

C'est aussi un chapitre d'histoire missionnaire que laisse entrevoir la vie religieuse de la Corse du XVIe siècle. Exemple d'autant plus significatif que le peuple corse, quelques siècles plus tôt, avait été catéchisé par les Franciscains. Quelles traces avait laissées cette première reconquête catholique ? De multiples documents montrent, au moment où la Société de Jésus aborde l'île pour lui imposer sa loi et l'ordre romain, l'étonnante chose qu'est devenue la vie spirituelle de ses populations. Les prêtres, quand ils savent lire, n'y connaissent ni le latin, ni la grammaire et, ce qui est plus grave, ignorent la forme du sacrement de l'autel. Vêtus très souvent comme des laïcs, ce sont des paysans qui travaillent aux champs ou dans les bois et élèvent leurs enfants au vu et au su de tout le monde. Le Christianisme de leurs fidèles ne peut être que singulier : ils ignorent Credo et Pater ; certains ne savent pas faire le signe de croix. Les superstitions ont devant elles une admirable carrière. L'île est idolâtre, barbare, à demi hors de la Chrétienté et de la civilisation. L'homme y est dur à l'homme, impitoyable. On se tue même à l'église et les prêtres ne sont pas les derniers à jouer de la lance et du poignard, ou de l'escopette, arme nouvelle qui a gagné l'île vers le milieu du siècle et y active les querelles... Cependant, dans les églises délabrées, l'eau des pluies ruisselle, l'herbe pousse, les reptiles se logent... Faisons la part de l'exagération naturelle aux missionnaires les mieux intentionnés. Le tableau reste vrai, cependant. Et un trait le complète : ce peuple à demi ensauvagé est capable de grands élans, d'engouements spectaculaires. Qu'un prédicateur étranger passe, et l'église est envahie par les montagnards, les derniers venus debout, dehors, sous la pluie battante, et les pénitents viendront se confesser jusqu'au milieu de la nuit[54]...

De même, en pays musulman, ce que nous apercevons de la conquête maraboutique des montagnes du Sous, au XVIe siècle, à travers les hagiographes de l'époque — notamment Ibn Askar — fait comprendre dans quelle atmosphère de merveilleux vivaient les saints et leurs admirateurs : « Nous les trouvons mêlés à une foule d'intrigants, de fous et de simples d'esprit »[55].

Qu'on ne s'étonne pas si le folklore de ces hautes régions révèle une crédulité primitive. Pratiques magiques et superstitions y encombrent la vie de tous les jours, favorisent les enthousiasmes comme les pires duperies[56]. Une nouvelle du dominicain Bandello[57] nous transporte dans un petit village des Alpes de Brescia, vers le début du XVIe siècle : quelques maisons, des eaux vives, une fontaine, de vastes granges où mettre le fourrage à l'abri et, au milieu de son petit peuple, un curé attentif à bénir les seuils des maisons, les granges, les étables, à prêcher la bonne parole et à donner l'exemple de ses vertus. Mais qu'une jeune montagnarde, venue puiser de l'eau à la fontaine du presbytère, l'enflamme de concupiscence : « vous êtes menacés des pires malheurs, explique-t-il à ses ouailles, un oiseau, griffon et ange exterminateur, va fondre sur vous pour la punition de vos péchés. Dès qu'il apparaîtra, je sonnerai la cloche et vous vous cacherez les yeux et resterez immobiles. » Ce qui fut dit fut fait : nul ne bougea jusqu'au second coup de cloche... Et Bandello ne croit même pas devoir protester de la véracité de son récit.

Bien sûr, ce n'est là qu'un simple exemple menu à replacer dans l'énorme dossier des superstitions paysannes que les historiens n'ont pas encore vraiment ouvert. D'immenses et vivaces épidémies « diaboliques » traversent d'un bout à l'autre les vieilles populations d'Europe, les tiennent en haleine, surtout dans les hauts pays qui vivent en retard vu leur isolement grossier. Sorciers, sorcelleries, magies primitives, messes noires, ce sont là floraisons d'un vieux subconscient culturel dont la civilisation d'Occident n'arrive pas à se « partager ». Les montagnes sont le refuge privilégié de ces cultures aberrantes, issues du lointain des âges et toujours vivantes après la Renaissance et la Réforme. En cette fin du XVIe siècle, que de montagnes « magiques », en vérité depuis l'Allemagne jusqu'aux Alpes milanaises ou piémontaises, depuis le Massif Central en effervescence révolutionnaire et « diabolique » jusqu'aux soldats guérisseurs des Pyrénées, depuis la Franche-Comté jusqu'au pays basque ! Dans le Rouergue, en 1595, « les sorciers règnent sur la masse et l'ignorance des habitants » ; faute d'églises proches, la Bible elle-même y est inconnue. Et partout, le « sabbat » se présente comme une revanche sociale et culturelle, une révolution en esprit faute d'une révolution sociale poursuivie avec lucidité [58]. Le Diable voyage sûrement à travers tous les pays d'Europe, alors que le XVIe siècle s'achève et, plus encore, durant les premières décennies du siècle suivant ; par les hauts passages des Pyrénées, il me semble même qu'il s'ouvre les portes de l'Espagne. En Navarre, en 1611, l'Inquisition frappe sévèrement une secte de plus de 12 000 adeptes qui « adorent le Démon, lui élèvent des autels et traitent familièrement avec lui à tout propos » [59]. Mais laissons l'immense sujet. Seul nous intéresse, en ce moment, le problème d'une disparité, d'un retard au détriment des univers montagneux.

La liberté montagnarde [60]

Indéniablement, la vie des bas pays et des villes pénètre mal ces mondes d'en haut. Elle s'y infiltre au compte-gouttes. Ce qui s'est passé pour le Christianisme ne s'est pas passé pour le Christianisme seul. Le régime féodal, système politique, social, économique, instrument de justice, a laissé en dehors de ses mailles la plupart des zones montagneuses. S'il les a atteintes, il n'a pu le faire qu'imparfaitement. C'est un fait souvent signalé pour les montagnes de Corse et de Sardaigne, qu'on vérifierait aussi dans cette Lunigiana que les historiens italiens voient comme une sorte de Corse continentale, entre Toscane et Ligurie [61]. On le vérifierait partout où l'insuffisance du matériel humain, sa faible épaisseur, sa dispersion ont interdit la mise en place de l'État, des langues dominantes, des grandes civilisations.

Une enquête sur la vendetta conduirait à des observations du même ordre : les pays de vendetta (tous pays de montagne, remarquons-le) sont ceux que le Moyen Age n'a pas pétris, n'a pas pénétrés de ses idées de justice féodale [62] : pays berbères, Corse ou Albanie, par exemple. Marc Bloch [63], à propos d'études sur la Sardaigne, remarque que le Moyen Age y a « connu une société largement seigneurialisée, non féodalisée », du fait que l'île a été « longtemps soustraite aux grands courants d'influence qui parcouraient le continent ». Cela revient à mettre l'accent sur l'insularité de la Sardaigne et c'est, il est vrai, une force décisive du passé sarde. Mais à côté d'elle, non moins puissante, il y a eu la montagne. Autant sinon plus que la mer, elle est responsable de l'isolement des populations ; elle fabrique, jusque sous nos yeux, ces hors-la-loi pathétiques et cruels, à Orgosolo et ailleurs, que révolte la mise en place de l'État moderne et des carabiniers. Ethnographes et cinéastes se sont emparés de cette réalité émouvante. « Qui ne vole pas, dit le personnage d'un roman sarde, n'est pas un homme » [64]. Et cet autre : « La loi, je me la donne moi-même et je prends ce qui m'importe » [65].

En Sardaigne comme en Lunigiana, comme en Calabre, comme partout où l'observation (quand elle est possible) nous révèle un hiatus par rapport aux grands courants de l'histoire — si l'archaïsme social (celui de la vendetta entre autres) se maintient, c'est avant tout pour cette raison simple, que la montagne est la montagne. C'est-à-dire un obstacle. Et, du même coup, un abri, un pays pour hommes libres. Car tout ce que la civilisation (ordre social et politique, économie monétaire) impose de contraintes et de sujétions n'y pèse plus sur l'homme. Ici, pas de noblesse terrienne à fortes et puissantes racines (les « seigneurs de l'Atlas », créations du Maghzen, dataient d'hier) ; au XVIe siècle, en Haute-Provence, le noble campagnard, le « cavaier salvatje », vit auprès de ses paysans, défriche comme eux, ne dédaigne ni de « charruer », ni de creuser la terre, ni de porter avec son âne du bois ou du fumier : il est un opprobre constant « aux yeux de la noblesse de Provence, essentiellement citadine comme celle d'Italie »[66]. Ici, pas de clergé riche, opulent, envié et raillé d'autant plus : le prêtre est aussi pauvre que ses ouailles[67]. Ici pas de réseau urbain serré, donc pas d'administration, pas de villes au sens plein du mot ; ajoutons pas de gendarmes. C'est dans les pays d'en bas que sont les sociétés serrées, étouffantes, les clergés prébendés, les noblesses orgueilleuses et les justices efficaces. La montagne est le refuge des libertés, des démocraties, des « républiques » paysannes.

« Les lieux les plus escarpés ont toujours été l'asyle de la liberté », dit doctement le baron de Tott dans ses *Mémoires*[68]. « En parcourant la côte de Syrie, note-t-il[69], on voit le despotisme (des Turcs) s'étendre sur toute la plage et s'arrêter, vers les montagnes, au premier rocher, à la première gorge facile à défendre, tandis que les Kurdes, les Druses et les Mutualis, maîtres du Liban et de l'Anti-Liban, y conservent constamment leur indépendance. » Pauvre despotisme des Turcs ! Maître des routes, des cols, des villes, des plaines, qu'aura-t-il signifié ainsi pour les hauts pays des Balkans et d'ailleurs, ceux de Grèce et d'Épire, ceux de Crète où les Skafiotes, sur leurs cimes, narguent toute autorité dès le XVIIe siècle, ceux d'Albanie, où, bien plus tard, se déroulera la vie d'Ali Pacha de Tebelen ? Le Walibé, installé à Monastir par la conquête turque du XVe siècle, a-t-il jamais gouverné ? Son autorité englobe, en principe, des villages grecs et albanais, mais chacun est une forteresse, un petit groupe indépendant, un nid de guêpes à l'occasion[70]. S'étonnera-t-on, dans ces conditions, que les Abruzzes, la partie la plus haute, la plus large, la plus sauvage de l'Apennin, aient pu échapper à la domination byzantine, celle de l'Exarchat de Ravenne, puis à la domination de la Rome pontificale, bien que les Abruzzes constituent l'arrière-pays de Rome et que l'État pontifical se glisse vers le Nord, par l'Ombrie, jusqu'à la vallée du Pô[71] ? S'étonnera-t-on qu'au Maroc, le *bled es siba*, le pays non soumis au Sultan, soit essentiellement la montagne [72] ?

Quelquefois, ces libertés montagnardes ont subsisté, assez visibles encore, vivaces jusqu'à nos jours, malgré le poids des administrations modernes. Dans le Haut Atlas marocain, note Robert Montagne [73], « les villages qui s'étagent sur les pentes ensoleillées des torrents, près d'immenses noyers irrigués par les eaux bouillonnantes de l'Atlas, ne connaissent pas de maisons de *chikhs* ou de *khalifats*. On chercherait en vain à distinguer dans ces vallées la demeure du pauvre de celle du riche. Chacun de ces petits cantons de la montagne forme un État séparé qu'administre un conseil. Réunis sur une terrasse, tous vêtus de laine brune, les notables discutent entre eux, pendant de longues heures, les intérêts du village ; nul n'élève la voix et l'on ne saurait, à les voir, découvrir leur président ». Tout cela sauvegardé, si le canton montagneux est suffisamment élevé, suffisamment à l'écart des grandes routes, difficile d'accès : cas relativement rare aujourd'hui, plus fréquent jadis, avant la multiplication des réseaux routiers. C'est ainsi que la Nurra, bien que rattachée au reste de l'île sarde par une plaine d'accès facile, resta longtemps hors de l'atteinte des routes et des voitures. On pouvait lire, sur une carte du XVIIIe siècle, la légende suivante, inscrite par les ingénieurs piémontais : « Nurra, peuples non conquis, qui ne paient point de taxes ! » [74].

Ressources et bilan de la montagne

Ainsi, la montagne repousse la grande histoire, ses charges aussi bien que ses bénéfices. Ou elle les accepte avec réticence. Toutefois la vie se charge de mêler, indéfiniment, l'humanité des hauteurs à celle des bas pays. Il n'y a pas, en Méditerranée, de ces montagnes cadenassées qui sont de règle en Extrême-Orient, en Chine, au Japon, en Indochine, dans l'Inde, jusque dans la péninsule de Malacca [75], et qui, n'ayant point de communications avec le rez-de-chaussée, doivent se constituer comme autant de mondes autonomes. La montagne méditerranéenne s'ouvre aux routes et l'on marche sur ces routes, si escarpées, sinueuses et défoncées qu'elles soient ; elles sont « une sorte de prolongement de la plaine », de sa puissance, à travers les hauts pays [76]. Le sultan du Maroc y fait avancer ses *harkas*, Rome y dépêchait ses légionnaires, le roi d'Espagne ses *tercios*, l'Église ses missionnaires et prédicateurs ambulants [77].

La vie méditerranéenne est si puissante, en effet, que, commandée par la nécessité, elle fait éclater, en de multiples points, les obstacles du relief hostile. Sur les vingt-trois passes des Alpes proprement dites, dix-sept étaient déjà utilisées par les Romains [78]... En outre, la montagne est souvent surpeuplée, ou, pour le moins, trop peuplée pour ses richesses. « L'optimum du peuplement » y est vite atteint et dépassé : elle doit, périodiquement, déverser sur la plaine sa surcharge d'hommes.

Non que ses ressources soient négligeables : pas de montagne qui n'ait ses sols arables, au fond des vallées, sur les terrasses aménagées au long des pentes. Ici et là, dans les calcaires infertiles, il y a des coulées de flysch ou de marnes, de quoi cultiver du blé, du seigle ou de l'orge. Parfois même la terre est fertile par taches : Spolète est au milieu d'une plaine assez étendue et relativement riche ; Aquila, dans les Abruzzes, cultive le safran. Plus on va vers le Sud et plus s'élève la limite supérieure des cultures et des arbres utiles. Dans l'Apennin du Nord, aujourd'hui, les châtaigniers montent jusqu'à 900 m ; à Aquila, le blé, l'orge vont jusqu'à 1 680 ; à Cosenza, le maïs, ce nouveau venu du XVIe siècle, atteint 1 400 m et l'avoine 1 500 ; sur les pentes de l'Etna, la vigne s'élève jusqu'à 1 100 m et les châtaigniers jusqu'à 1 500 [79]. En Grèce, le blé monte jusqu'à 1 500, la vigne jusqu'à 1 250 [80]. En Afrique du Nord, les limites sont encore supérieures.

C'est un des avantages de la montagne d'offrir ainsi des ressources diverses, depuis les oliviers, les orangers et les mûriers des basses pentes jusqu'aux vraies forêts et aux pâturages des hauteurs. Aux cultures s'ajoutent les profits de l'élevage : élevage de moutons, de brebis et de chèvres, mais aussi de bovins. Plus nombreux relativement qu'aujourd'hui, ils pullulèrent jadis dans les Balkans et même en Italie et en Afrique du Nord. La montagne, de ce fait, est le domaine des laitages et des fromages [81] (le fromage sarde au XVIe siècle s'exporte par bateaux entiers dans toute la Méditerranée occidentale), le domaine du beurre frais ou rance, de la viande bouillie ou rôtie... Quant à la maison montagnarde, elle est, presque toujours, une maison de pasteurs et d'éleveurs, faite pour les bêtes plus que pour les gens [82]. En 1574, Pierre Lescalopier, traversant les montagnes de Bulgarie, préfère dormir « soubs quelque arbre », plutôt que dans les maisons paysannes de pisé où bêtes et gens logent « soubs un mesme toict... si ordement (d'une façon si répugnante) que n'en pouvions porter l'odeur » [83].

Ajoutons que la forêt, à cette époque, est plus dense qu'aujourd'hui [84]. On peut l'imaginer sur le modèle du Parc National du Val di Corte, dans les Abruzzes, avec ses épais bois de hêtres montant jusqu'à 1 400 m et son peuple de bêtes fauves, d'ours et de chats sauvages. Les ressources du Monte Gargano en bois de rouvre y faisaient vivre une population de bûcherons et de marchands de bois, au service le plus souvent des constructeurs de naves ragusaines. Entre les villages montagnards et contre les seigneurs propriétaires, ces forêts sont aussi disputées que les pâturages des hauteurs. Quant aux demi-forêts que sont les maquis, elles servent de terrain de pâture, parfois aussi de jardins et de vergers ; elles ont leur gibier, leurs abeilles [85]. Autres avantages : la multiplicité des sources, l'abondance de l'eau, si précieuse dans ces terres du Midi, et, pour finir, les mines et les carrières. Dans les montagnes, en effet, se trouvent presque toutes les ressources du sous-sol méditerranéen.

Mais ces avantages ne sont pas tous réunis dans chaque canton. Il y a des montagnes à châtaigniers (les Cévennes, la Corse) avec leur précieux « pain d'arbre » [86], celui de châtaignes, qui remplace, éventuellement, le pain de froment. Il y a des montagnes à mûriers : celles qu'a vues Montaigne, autour de Lucques, en 1581 [87], ou celles du haut pays de Grenade. « Ces gens, expliquait l'agent espagnol Francisco Gasparo Corso à Euldj Ali, « Roi » d'Alger en 1569 [88], ces gens de Grenade ne sont pas dangereux. Que pourraient-ils réussir contre le Roi Catholique ? Il leur manque la pratique des armes. Toute leur vie, ils n'ont fait que piocher, garder des troupeaux, élever des vers à soie... » Il y a encore des montagnes à noyers : c'est sous des noyers centenaires, par les nuits de lune, au centre du village, que se célèbrent les grandes fêtes de réconciliation dans le Maroc berbère d'aujourd'hui [89].

Le bilan de la montagne n'est donc pas aussi maigre qu'on le supposait *a priori*. La vie y est possible, non facile. Quelle peine n'exige pas le travail sur ces pentes où l'on ne peut guère employer les animaux domestiques ! C'est à la main qu'il faut aménager les champs caillouteux ; retenir la terre qui s'échappe et glisse le long des pentes ; le cas échéant, la remonter jusqu'au sommet, la soutenir par des murettes de pierres sèches. Pénible travail, et sans fin ! S'arrête-t-il, la montagne retourne à sa sauvagerie : et tout est à refaire. Au XVIIIe siècle, quand le peuplement catalan s'empare des hautes terres pierreuses du massif côtier, les colons s'étonnent de retrouver, au milieu des broussailles, d'énormes oliviers restés vivaces et des murs de pierres sèches : preuve que leur conquête était reconquête [90].

Les montagnards à la ville

Cette vie rude [91] autant que la pauvreté, l'espoir d'une vie plus douce, l'appât de salaires rémunérateurs incitent le montagnard à descendre : *baixar sempre, mountar no*, descendre toujours, ne jamais monter, dit un proverbe catalan [92]. C'est que les ressources de la montagne, si elles sont variées, sont toujours peu abondantes. Dès que la ruche devient nombreuse [93], elle ne suffit plus ; pacifiquement, ou non, il lui faut essaimer. Tous les moyens lui sont bons pour se donner de l'air. Comme l'Auvergne et spécialement le Cantal d'hier, elle rejette toutes les bouches inutiles, hommes, enfants, artisans, apprentis, mendiants [94].

Histoire mouvementée et difficile à suivre. Non faute de documents : il n'y en a que trop. Dès que l'on quitte l'espace montagnard, celui de l'histoire obscure, on gagne avec les plaines et les villes, le domaine des archives classées. Nouvel arrivé ou récidiviste de la descente, le montagnard trouve toujours en bas quelqu'un pour donner de lui une fiche signalétique, un croquis plus ou moins amusé. Stendhal a vu les paysans de la Sabine, à Rome, le jour de l'Ascension. « Ils descendent de leurs montagnes pour célébrer la grande fête dans Saint-Pierre et assister à la *funzione* [95]. Ils sont couverts de casaques de drap en lambeaux, leurs jambes sont entourées de morceaux de toile, retenus par des cordes en losanges ; leurs yeux hagards sont cachés par des cheveux noirs en désordre ; ils portent contre leur poitrine des chapeaux de feutre, auxquels la pluie et le soleil n'ont laissé qu'une couleur d'un noir rougeâtre ; ces paysans sont accompagnés de leurs familles, non moins sauvages qu'eux [96]... Les habitants de la montagne entre Rome, le lac de Turano, Aquila et Ascoli représentent assez bien, à mon gré, ajoute Stendhal, l'état moral de l'Italie vers l'an 1400 » [97]. En Macédoine, Victor Bérard rencontre, en 1890, l'Albanais de toujours, dans son pittoresque costume de cavalier et de soldat-maître [98]. A Madrid, Théophile Gautier croise des marchands d'eau, « de jeunes *muchachos* galiciens, en veste couleur de tabac, avec des culottes courtes, des guêtres noires et un chapeau pointu » [99] ; étaient-ils déjà vêtus ainsi, quand ils se dispersaient à travers l'Espagne du XVIe siècle (hommes et femmes d'ailleurs) dans les *ventas* dont parle Cervantès, en compagnie de leurs voisins asturiens [100] ? L'un de ceux-ci, Diego Suárez, qui devait être soldat et chroniqueur des fastes d'Oran à la fin du XVIe siècle, conte lui-même ses aventures, sa fuite, encore enfant, de la maison paternelle, son arrivée sur les chantiers de l'Escorial où il travaille un instant, trouvant l'ordinaire à son goût, *el plato bueno*. Mais des parents à lui, venant des montagnes d'Oviedo, arrivent à leur tour, sans doute pour participer, comme tant d'autres, aux travaux agricoles de l'été en Vieille Castille. Et lui de fuir un peu plus loin, pour ne pas être reconnu [101]. Tout l'espace de la Vieille Castille est sans fin traversé par les immigrants montagnards venus du Nord et qui parfois y retournent. Cette Montaña qui continue les Pyrénées, de Biscaye en Galice, nourrit mal ses habitants. Beaucoup sont « arriéreurs », tels ces Maragatos [102] dont nous reparlerons, tels ces paysans transporteurs du « partido » de Reinosa qui gagnaient le Sud avec leurs voitures chargées de cercles et de douves de tonneaux, remontant ensuite vers leurs villages et leurs villes du Nord avec du blé et du vin [103].

Au vrai, il n'y a pas une région méditerranéenne où ne pullulent ces montagnards indispensables à la vie des villes et des plaines, hauts en couleur, singuliers souvent par leur costume, toujours curieux par leurs mœurs... Spolète, dont Montaigne, en 1581, traversait la haute plaine, sur le chemin de Notre-Dame-de-Lorette, est un centre d'émigrants assez particuliers, merciers, camelots aptes à tous les métiers de revendeurs et d'intermédiaires qui demandent de l'entregent, du flair et pas trop de scrupules. Bandello les montre à l'improviste, dans une de ses nouvelles, discoureurs, hardis et vifs, jamais à court d'arguments, convaincants chaque fois qu'ils s'avisent de l'être. Il n'y a que les Spolétins, dit-il, pour berner les pauvres diables en leur donnant la bénédiction de saint Paul, pour faire argent de couleuvres et de vipères édentées, pour mendier et chanter sur les places, pour vendre de la poudre de fève comme onguent contre la gale. Une corbeille attachée autour du cou et passée sous le bras gauche, ils se promènent à travers toute l'Italie, vendant à grands cris [104]...

Les gens du Bergamasque [105] — on dit communément à Milan les gens du *Contado* — ne sont pas moins connus dans l'Italie du XVIe siècle. Où ne les trouve-t-on pas ? Ils sont les débardeurs des ports, à Gênes et ailleurs. Au lendemain de Marignan, ils viennent repeupler les métairies du Milanais, laissées à l'abandon pendant la guerre [106]. Quelques années plus tard, Cosme de Médicis cherche à les attirer à Livourne, la ville de la fièvre où nul ne veut vivre. Rudes hommes, lourdauds, épais, avares, durs à la peine, « ils vont par le monde entier », note Bandello [107] (on trouve même, travaillant à l'Escorial, un architecte, Giovan Battista Castello, dit *el Bergamasco* [108]), « mais ils ne dépenseront jamais plus de quatre *quattrini* par jour et ne coucheront pas dans un lit, mais sur la paille... » Enrichis, ils s'endimanchent et se gourment, n'en sont ni plus généreux, ni moins grossiers ou ridicules. Vrais personnages de comédie, ils sont, traditionnellement, des maris grotesques que leurs épouses envoient à « Corneto » : tel ce rustaud d'une nouvelle de Bandello qui a l'excuse, si c'en est une, d'avoir trouvé sa femme à Venise, parmi celles qui, derrière San Marco, vendent de l'amour pour une piécette [109]...

Seulement, le portrait ne tourne-t-il pas à la caricature ? Le montagnard est volontiers la risée de ces messieurs des villes et des plaines. On le suspecte, on le craint, on se moque de lui... En Ardèche, vers 1850 encore, les gens de la « mountagne » descendaient dans la plaine pour les grandes occasions. Ils arrivaient sur des mules harnachées, en grand costume de cérémonie, les femmes surchargées de chaînes d'or, clinquantes et creuses. Les costumes eux-mêmes différaient de ceux de la plaine, bien que les uns et les autres fussent régionaux, et leur raideur archaïque avait le don d'exciter l'hilarité des villageoises coquettes. Le paysan d'en bas n'avait qu'ironie à l'endroit du rustaud d'en haut et les mariages entre leurs familles étaient rares [110].

Une barrière sociale, culturelle, s'élève ainsi qui essaie de remplacer la barrière imparfaite de la géographie, sans cesse franchie celle-ci, et de mille façons diverses. Tantôt le montagnard descend avec les troupeaux et c'est l'un des deux moments de la transhumance ; tantôt il va se louer dans le bas pays, au fort des travaux de la moisson, et c'est une émigration saisonnière assez fréquente et beaucoup plus large qu'on ne le soupçonne d'habitude : Savoyards [111] en route vers le Bas-Rhône,

Pyrénéens embauchés pour la moisson, près de Barcelone, voire paysans corses gagnant chaque été, au XVe siècle, la Maremme toscane[112]... Tantôt il s'installe à demeure fixe, à la ville, ou comme paysan sur les terres d'en bas : « combien de villages provençaux ou même comtadins rappellent avec leurs rues tortueuses, en pentes raides, leurs hautes maisons, les petits bourgs des Alpes Méridionales »[113] d'où sont venus leurs habitants ? Hier encore, au moment des moissons, ces montagnards arrivaient par troupes entières, filles et garçons, jusqu'aux plaines et au littoral de Basse-Provence où le « gavot », l'homme venu de Gap, ce qui est en réalité un nom générique, est toujours connu « comme le type du travailleur dur à la peine, sans élégance vestimentaire et habitué à une nourriture grossière »[114].

Mêmes observations, plus serrées, plus vives encore si l'on met en cause les plaines languedociennes et l'immigration ininterrompue qui coule vers elles du Nord, du Dauphiné et plus encore du Massif Central, Rouergue, Limousin, Auvergne, Vivarais, Velay, Cévennes... Ce courant submerge le Bas-Languedoc, mais le dépasse régulièrement en direction de la riche Espagne. Le cortège se reforme chaque année, chaque jour presque, de paysans sans terre, d'artisans sans emploi, de tâcherons agricoles venus pour les moissons, les vendanges ou les battages, d'enfants perdus, de gueux et de gueuses, de prêtres ambulants, « gyrovagues » et joueurs de musique, de bergers enfin avec leurs larges troupeaux... La faim montagnarde est la grande pourvoyeuse de ces descentes. « A la base de l'exode, reconnaît un historien, il y a, dans tous les cas, une évidente comparaison du niveau de vie à l'avantage des plaines méditerranéennes »[115]. Ces gueux vont, repartent, meurent en route ou dans les hôpitaux, mais finalement ils renouvellent le stock humain d'en bas, y maintenant pour des siècles un type aberrant d'homme du Nord, relativement grand, aux yeux bleus, aux cheveux blonds...

Cas types de diaspora montagnarde

La transhumance est, de beaucoup, le plus puissant de ces mouvements d'étage à rez-de-chaussée mais c'est un aller et retour : nous l'étudierons plus loin à loisir.

Les autres formes de l'expansion montagnarde n'ont ni la même ampleur, ni la même régularité. On n'en aperçoit que des cas particuliers ; force sera d'échantillonner, sauf peut-être en ce qui concerne les migrations « militaires » ; car toutes les montagnes, ou peu s'en faut, sont des « cantons suisses » [116]. En dehors des errants et aventuriers qui suivent les armées sans recevoir de solde, dans le seul espoir de la bataille et du butin, elles fournissent des soldats réguliers, presque traditionnellement réservés à tel ou tel prince. Les Corses combattent au service du roi de France, de Venise ou de Gênes. Les soldats du Duché d'Urbino et ceux des Romagnes, que leurs seigneurs vendent par contrat, échoient généralement à Venise. Leurs seigneurs trahissent-ils comme au jour d'Agnadel, en 1509 [117], les paysans abandonnent, pour les suivre, la cause de Saint-Marc. Il y a toujours, à Venise, des seigneurs romagnols en rupture de ban, chargés de crimes, qui demandent à Rome l'absolution et la restitution de leurs biens [118] ; en échange de quoi ils vont aux Pays-Bas servir la cause de l'Espagne et du Catholicisme ! Faut-il citer encore les Albanais, les pallikares de Morée, les « bœufs d'Anatolie » qu'Alger, et d'autres qu'elle, tirent des montagnes misérables d'Asie ?

A elle seule l'histoire des Albanais mériterait une enquête [119]. Sensibles à l'amour du « sabre, des broderies d'or, des honneurs » [120], c'est surtout comme soldats qu'ils quittent leurs montagnes. Au XVIe siècle, ils sont à Chypre [121], à Venise [122], à Mantoue [123], à Rome, à Naples [124], en Sicile, jusqu'à Madrid où ils vont exposer leurs projets et leurs doléances, réclamer des tonneaux de poudre ou des années de pension, arrogants, cassants, toujours prompts à la main. Par la suite, l'Italie s'est peu à peu fermée devant eux. Ils gagnent alors les Pays-Bas [125], l'Angleterre [126], la France durant nos Guerres de Religion, soldats aventuriers que suivent leurs femmes, leurs enfants et leurs popes [127]. Les Régences d'Alger [128] et de Tunis les refusent, puis les pays des boïards moldaves et valaques... Alors ils se ruent au service de la Porte, ce qu'ils avaient fait dès le début, ce qu'ils firent d'une façon massive à partir du XIXe siècle. « Là où est le sabre, là est la foi » : ils sont pour qui les fait vivre. Et, le cas échéant, « prenant comme dans la chanson leur fusil pour pacha et leur sabre pour vizir » [129], ils s'établissent à leur compte et deviennent brigands. A partir du XVIIe siècle, un grand nombre d'Albanais, orthodoxes ceux-là pour la plupart, se répandent en pays grec où ils campent comme en territoire conquis. Chateaubriand ne pourra pas ne pas les remarquer, en 1806 [130].

L'histoire de la Corse, de la Corse extra-insulaire, est non moins riche d'enseignements. Elle a partout son bien à revendiquer, plus ou moins raisonnablement d'ailleurs. « En Espagne, que d'insulaires devinrent illustres », s'écrie de Bradi [131] : de Lecas, alias Vazquez, fut ministre de Philippe II (ceci est exact et Cervantès lui adressait même des vers). De Bradi continue : et le vrai Don Juan, un Corse, de père et de mère corses ; on nous donne même son nom et celui de ses parents : autant soulever la question de savoir si oui ou non, Christophe Colomb est né à Calvi ! Sans aller jusqu'à Don Juan, on peut identifier un grand nombre de vrais Corses qui, marins, maquignons, marchands, ouvriers agricoles — quand ce n'est pas roi d'Alger [132], ou pachas, ou renégats du Grand Turc — vivent autour de la Méditerranée.

Une émigration, séculaire elle aussi, éparpille les montagnards milanais. Nous parlions des Bergamasques, sujets de Venise. Mais il n'y a pas de « val » montagnard, dans les Alpes, qui n'ait son essaim toujours prêt au départ. Souvent aussi une seconde patrie où les exilés se rejoignent. Les quincailliers ambulants du Val Vigezzo se rendaient traditionnellement en France, pour s'y établir définitivement quelquefois : tels ces Mellerio aujourd'hui bijoutiers rue de la Paix [133]. Les habitants de Tremezzo préféraient la

Rhénanie : c'est de leurs rangs que sont sortis les Majnoni et les Brentano, banquiers de Francfort [134]. A partir du XVe siècle, les émigrants du Val Masino prirent la direction de Rome [135]. On les retrouve dans les drogueries et les boulangeries de la ville éternelle ; et aussi à Gênes. Des trois « pievi » du lac de Côme — spécialement celles de Dongo et de Gradevona — les hommes s'en vont jusqu'à Palerme comme aubergistes. De là, une liaison assez curieuse et des traces visibles, dans le Val de Brenzio [136], en ce qui concerne le costume et la parure des femmes. Car ces départs finissent souvent par des retours. On trouve ainsi à Naples, au XVIe siècle, bon nombre de noms typiquement milanais [137] ; mais, disait en 1543 le consul G. F. Osorio, « ces Lombards qui viennent ici travailler par milliers, quand ils ont gagné quelque pécule, s'en retournent le reporter à Milan... » [138]. Des maçons — des *muratori* — lombards (sans doute gens des Alpes) construisent le château d'Aquilée, en 1543 [139] ; l'hiver venu, ils s'en retournent chez eux. Mais s'il fallait suivre ces maçons ou ces tailleurs de pierre, c'est l'Europe entière qui serait mise en cause, et sûrement toute l'Italie. Dès 1486, des « *lapicide lombardi* » travaillaient à la fabrique du Palais des Doges à Venise [140].

Même un pays aussi continental, aussi enkysté que l'Arménie n'échappe pas à ce destin inéluctable de toute montagne. Nous ne croyons guère à la fable arménienne des Murat qui, de leur vrai nom Muratjan, seraient originaires de Karabagh, dans le Caucase [141]. Elle s'avère à l'examen moins vraisemblable que celle du Don Juan corse. Mais on connaît, sans conteste, la diaspora arménienne en direction de Constantinople, de Tiflis, d'Odessa, de Paris, des Amériques... Une place considérable lui revient aussi dans l'essor de la grande Perse du Shah Abbas, au commencement du XVIIe siècle : elle lui a fourni, entre autres, les indispensables marchands voyageurs [142] qui pousseront alors [143] jusqu'aux foires d'Allemagne, aux quais de Venise et aux boutiques d'Amsterdam [144]. D'autres, avant eux, avaient tenté cette liaison et échoué. S'ils réussissent, c'est un peu parce que chrétiens, beaucoup parce que durs à la peine, résistants, d'une grande sobriété : de vrais montagnards. « Quand ils reviennent de Chrestienté, note Tavernier qui les a bien connus, ils rapportent toutes sortes de merceries et de quincailleries de Venise et de Nuremberg, comme de petits miroirs, des bagues de leton et d'émail, des perles fausses dont ils payent les vivres qu'ils prennent dans les villages... » [145]. C'est avec de grandes fortunes en argent liquide qu'ils reviennent chez eux à Zolpha, la riche colonie arménienne d'Ispahan, pour y mener une vie aussi fastueuse que les Persans, vêtir somptueusement leurs femmes de brocarts de Venise, brider d'or et d'argent leurs chevaux. Il est vrai qu'ils peuvent jouer sur deux tableaux de négoce et, non contents de l'Europe, trafiquent aux Indes, au Tonkin, à Java, aux Philippines « et par tout l'Orient, à la réserve de la Chine et du Japon » [146]. Soit qu'ils y aillent eux-mêmes : Tavernier fait le voyage de Surate et de Golconde avec le fils d'un grand marchand arménien de Zolpha — soit qu'ils profitent du relais qu'établissent dans la grande ville proche les « Banians », ces gros marchands hindous, émissaires avancés dans la capitale perse du commerce asiatique. Certains Arméniens possèdent des bateaux sur l'océan Indien [147].

Cette émigration de la fin du XVIe siècle et du début du XVIIe explique, en Arménie, une Renaissance de couleur vénitienne. Mais n'est-ce pas pour avoir outrepassé si largement ses limites, à son avantage comme à son détriment, que l'Arménie a cessé, dès le XIVe siècle, de former un État, sinon un milieu humain de haut potentiel ? Elle s'est perdue dans sa réussite même.

La vie montagnarde, première histoire de la Méditerranée ?

La montagne est bien cela : une fabrique d'hommes à l'usage d'autrui ; sa vie diffusée, prodiguée nourrit l'histoire entière de la mer [148]. Peut-être même l'a-t-elle fabriquée, cette histoire, à ses origines ; car la vie montagnarde semble bien avoir été la première vie de la Méditerranée dont la civilisation, « tout comme celle du Proche Orient et de l'Asie centrale, recouvre et dissimule mal des assises pastorales »[149], qui évoquent un monde primitif de chasseurs et d'éleveurs, une vie de transhumance et de nomadisme avec, de-ci, de-là, quelques cultures hâtives sur brûlis. Vie liée aux hauts pays, très tôt aménagés par les hommes.

Les raisons ? Peut-être l'échantillonnage varié des ressources montagnardes ; et aussi ce fait que les plaines ont été, primitivement, le domaine des eaux stagnantes et de la malaria ; ou bien des zones à travers lesquelles divaguaient les eaux incertaines des fleuves. Les plaines habitées, image aujourd'hui de la prospérité, ont été l'aboutissement tardif, pénible de siècles d'efforts collectifs. Dans la Rome antique, à l'époque de Varron, le souvenir vivait encore du temps où l'on allait en barque sur le Vélabre. C'est progressivement que l'occupation s'est étendue des hauteurs vers les bas-fonds fiévreux, miroitants d'eaux mortes.

Ici les preuves ne manquent pas. Voici, empruntée à l'étude de P. George[150], la carte des établissements préhistoriques du Bas-Rhône : tous les gisements reconnus sont situés sur les hauts pays calcaires qui dominent la dépression du delta, à l'Est et au Nord. Ce n'est que des milliers d'années plus tard que commenceront, avec le XVe siècle, les travaux d'asséchement des paluds du Rhône[151]. De même au Portugal, les fonds préhistoriques manquent dans les bassins et les vallées. Par contre, dès l'époque du bronze, les montagnes étaient peuplées ; leur déboisement n'est pas récent comme dans l'Europe moyenne. Au IXe, au Xe siècle, on vivait encore sur les sommets ; les localités qui remontent à cette époque — celle des rois asturo-léonais — sont presque toujours, et comme par hasard, les plus hauts perchés des villages actuels[152].

L'exemple portugais nous entraîne hors des limites de la Méditerranée. Mais voici, en son cœur même, la Toscane : un pays de plaines étroites, marécageuses naturellement, coupées de vallées entre les collines de plus en plus hautes à mesure que l'on va vers l'Est et le Sud. Dans ce pays, des villes. Les premières, les plus anciennes, où les trouve-t-on ? Précisément au dernier étage, au-dessus des pentes couvertes aujourd'hui de vignobles et d'olivettes. Là sont les villes étrusques, toutes villes-oppida, montées sur le dos des collines : *Hochrückenstädte*, comme les appelle A. Philippson [153]. Pise, Lucques, Florence, villes de plaine, au contraire, prennent rang tardivement, à l'époque romaine [154]. Et longtemps encore, autour de Florence, les marécages resteront menaçants [155]. D'ailleurs, au XVIe siècle, le bas pays toscan n'est pas totalement exondé. Au contraire, il y a, dans l'ensemble, une montée des eaux pernicieuses. Les marécages gagnent dans le Val di Chiana et en bordure de la plaine inondée du lac Trasimène. L'enfièvrement s'accentue dans les Maremmes, dans la plaine à blé de Grosseto où tous les efforts de la politique des Médicis n'arrivent pas à développer une culture intensive du blé pour la grande exportation [156].

Entre la plaine et la montagne, l'opposition est donc aussi une question d'âge historique. Les études agraires nous ont appris, dans l'Europe centrale et occidentale, à distinguer les anciens et les nouveaux terroirs, l'*Altland* et le *Neuland* des historiens et géographes allemands, celui-là acquis par les agriculteurs néolithiques, celui-ci ouvert par la colonisation médiévale et moderne. Vieux terroirs, nouveaux terroirs : en Méditerranée, on pourrait presque dire : montagnes et plaines.

2. Plateaux, revermonts et collines

Que cette image esquissée de la montagne soit incomplète, nous en convenons volontiers. La vie ne se laisse pas réduire à des lignes trop simples et la montagne est diverse, par ses reliefs, son histoire, ses mœurs, ses fonds de cuisine même. Surtout, il y a, à côté de la haute montagne, cette demi-montagne des plateaux, des collines, des « revermonts », que rien ne rapproche, mais que chacun de ses traits, au contraire, distingue de la véritable montagne.

Les hautes plaines

Les plateaux sont de grandes, de hautes plaines découvertes, au sol sec, en Méditerranée du moins, donc au sol dur, avec de rares coupures fluviales. Les routes, les pistes s'y établissent avec une relative facilité. Ainsi le plateau de l'Émilie, à peine plateau d'ailleurs, presque plaine, est largement quadrillé de routes et depuis toujours occupé par des civilisations brillantes dont Bologne est le symbole. L'Asie Mineure, avec ses précieux recouvrements tertiaires (sans eux, elle serait aussi sauvage que le Zagros ou que le Kurdistan voisins)[157], avec ses caravanes, ses caravansérails, ses villes-étapes, est le cœur d'une incomparable histoire routière. Les hauts plateaux algériens, eux-mêmes, sont comme un chemin ininterrompu de steppes, depuis Biskra et la dépression du Chott-el-Hodna jusqu'à la Moulouya marocaine[158]. Au Moyen Age, une grande route d'Est en Ouest en réunissait les marchés et cette dorsale, avant la fortune de Bougie, avant la création d'Alger et d'Oran et l'essor de la mer sarrasine au xe siècle[159], c'était toute l'Afrique Mineure, entre Ifriqyia et Maroc...

Quant aux deux plateaux préapenniques qui, à l'Ouest, s'étendent sur l'Ombrie et la Toscane, *grosso modo*, et à l'Est sur l'Apulie, irons-nous jusqu'à dire, après Philippson[160], qu'ils ont été les scènes essentielles de l'histoire et du développement culturel de la Péninsule ? En tout cas, leur rôle a été grand. Du simple fait, si considérable à lui seul, que ces avant-pays ont été des espaces routiers. A l'Ouest, sur les plateaux de tuf du Sud de l'Étrurie, Rome poussa très vite la via Flaminia, la via Amerina, la via Cassia, la via Clodia, la via Aurelia. Elles gardent encore, au xvie siècle, leur tracé quasi inchangé. Vaste plateau calcaire[161], assez bas, tourné à l'Est vers l'Albanie, la Grèce, l'Orient, l'Apulie est pareillement ouverte à la circulation. De longues files de villes la traversent, en deux lignes parallèles : l'une sur la côte, de Barletta à Bari et à Lecce ; l'autre, à 10 km vers l'intérieur, d'Andria à Bitonto et à Putignano[162]... Dès l'Antiquité, elle est un foyer de peuplement entre la mer et la zone intérieure, quasi déserte, des Murgie. Et déjà un foyer de culture. Son caractère de pays routier la livre tôt aux influences venues de l'Ouest — elle se latinise [163] sans difficultés — comme à ces apports qui lui vinrent sans cesse de l'Est, de Grèce et d'Albanie, par mer, et qui donnent l'impression, à certaines époques de son histoire, qu'elle tourne littéralement le dos à la Péninsule. De toute évidence, c'est un pays construit sans fin par les hommes [164]. Au XVIe siècle, la vaste et riche zone des Pouilles est un grenier à blé et un réservoir d'huile. Chacun y vient en quête de produits alimentaires : Venise surtout, qui a toujours rêvé de s'y installer — qui s'y est même installée à deux reprises, en 1495 et 1528 — mais aussi les autres villes de l'Adriatique, Raguse, Ancône, Ferrare [165]. Par le relais du petit archipel des Tremiti et celui des Frati della Carità qui l'habitent, une contrebande du blé y sera incessante au XVIe siècle [166].

Mais le plus bel exemple de ces plateaux animés est encore, au centre de la Péninsule espagnole, celui des deux Castilles, la Vieille et la Nouvelle, sillonnées de routes, ou plutôt de pistes [167] qui n'en sont pas moins envahies par le mouvement des hommes, par le grouillement des caravanes d'*arrieros* (les voituriers, dont Cervantès détaille les travers, ne jouant qu'un rôle assez mince par comparaison [168]). Ces interminables convois de bêtes de somme, mulets, bourricots disparaissant sous leur charge, traversent les Castilles, du Nord au Sud et du Sud au Nord. Ils transportent tout ce qui s'offre au passage, le blé et le sel, la laine comme le bois et les poteries ou faïences de Talavera aussi bien que les voyageurs.

Ce « camionnage » permet à la Castille d'assurer les liaisons entre les régions périphériques de la Péninsule qui l'entourent et la séparent souvent de la mer. C'est lui, non la Castille sans plus, comme on l'a dit [169], « qui a fait l'Espagne »... C'est lui qui détermine et, si l'on veut, révèle l'économie profonde du pays. Longtemps, en effet, ce mouvement caravanier aura abouti au versant oriental, tout d'abord à Barcelone qui eut ainsi, entre autres fonctions, la charge de vendre les laines espagnoles ; puis à Valence dont la fortune fut grande au XVe siècle [170], surtout au temps d'Alphonse le Magnanime (1416-1458) ; enfin à Malaga et à Alicante, qui sont au XVIe siècle les grands ports de la laine. A. Schulte, dans son travail sur la *Grosse Ravensburger Gesellschaft*, pense que si Valence décline à la fin du XVe siècle, c'est que la circulation castillane, rétablie dans toute sa vigueur sous le régime d'ordre des Rois Catholiques, s'est tournée vers le Nord et ses villes actives, Medina del Campo, Burgos, Bilbao, par quoi l'Espagne se lie à la puissante Europe septentrionale... Hypothèse vraisemblable et qui met en cause, elle aussi, cet espace-mouvement, ce trafic caravanier sans quoi l'on ne peut comprendre ni l'Espagne prise en bloc, ni la Castille elle-même et ses alignements nord-sud de villes, au bord des routes de transhumance et de transport qui jadis ont été les voies mêmes de la Reconquête. La Castille si bien et si vite soumise par ses rois, menée, après Villalar, avec cette « verge de fer » dont parle un ambassadeur vénitien, en 1581 [171] ; car la facilité des liaisons, n'est-ce pas la première condition d'un gouvernement efficace ? La Castille qui alors, pour toutes ces raisons, est devenue le centre de gravité, le cœur de l'Espagne [172].

Les pays en espalier

A la jointure des montagnes et des plaines [173], au bas des revermonts — on dit au Maroc des *Dir* — se dessinent d'étroits lisérés de vie enracinée et florissante. Peut-être parce qu'entre 200 et 400 m, ils se trouvent au niveau optimum de l'habitat méditerranéen, au-dessus des miasmes de la plaine et, d'autre part, dans les limites où prospèrent les plantes de la *coltura mista*. L'eau de la montagne permet en outre l'irrigation et les savantes cultures du jardin, beauté de ces étroits pays.

Au Maroc, dès que l'on quitte l'Atlas pour le *Dir*, qui débouche sur les grandes plaines de l'Ouest, on voit apparaître, à chaque débouché de vallée, les canaux d'arrosage, et, avec eux, ces jardins et ces vergers dont s'émerveillait le Père de Foucauld. Pareillement, pour le voyageur qui vient du Nord, la première impression d'Italie, entendons de vraie Méditerranée, ne se précise que longtemps après le passage des Alpes, lorsqu'il atteint le premier rebord de l'Apennin qui, de Gênes à Rimini, à la racine de la Péninsule, tend ses pentes ravinées, semées un peu partout d'admirables oasis. C'est une impression très vive, au printemps, d'arriver dans ces pays verdoyants, couronnés de fleurs, avec leurs champs cultivés où se marient la vigne, l'orme, l'olivier et les blanches villas, alors que dans la plaine du Pô, les arbres dépouillés, peupliers, saules, mûriers, semblent encore pris dans le froid hivernal. Car la *coltura mista*, association du verger, du jardin et parfois du champ, reste souvent localisée sur la ligne des Revermonts. « C'est à ce niveau (entre 200 et 400 m), note Vidal de La Blache [174], que, autour de la Campagne Romaine, se déroule la ligne des *castelli romani*, que se nichent les vieux *oppida* qui bordent sur les Monts des Volsques la frange déserte (elle l'était encore au temps de Vidal) des Marais Pontins, que d'anciennes villes dominent les abords passablement déserts de l'antique Étrurie... Le jardin en est le premier plan, la montagne grise en forme le fond. Les *oppida*, vieilles enceintes fortifiées, se nichent sur les éperons, dans les parties non cultivables. La vie urbaine n'y est pas chez elle, mais une vie cantonale assez puissante... Dans la pureté et la vivacité de l'air se conserve et se reforme un matériel humain qui a fourni autrefois à... Rome le meilleur contingent de ses légions et, aujourd'hui, la main-d'œuvre qu'elle recrute pour l'exploitation de la Campagna. »

Le même paysage en espalier fait face à l'Adriatique, sur le long rebord des Alpes dinariques, des environs de l'Istrie jusqu'à la hauteur de Raguse ou d'Antivari [175]. Un étroit feston de vie méditerranéenne borde la montagne jusqu'au contact de la côte, s'insinuant dans les brèches vers l'intérieur des terres, par la porte de Carniole jusqu'à Postojna, par le col de Prolog jusqu'à

Livno, ou, par la fiévreuse vallée de la Narenta jusqu'à Mostar, en Herzégovine. Même avec ces annexes, il s'agit d'un espace filiforme, sans commune mesure avec l'énorme Zagora, ce haut pays de *Karst* qui, aussi large à la latitude de Raguse que les Alpes sur le méridien de Munich, fait barrage du côté du continent balkanique.

Peut-on rêver contraste plus saisissant ? Vers l'Est, de vastes pays montagnards, désolés par les rigueurs de l'hiver et les sécheresses catastrophiques de l'été, pays d'élevage et de vie instable, vrais « pays-ruches » qui, dès le Moyen Age, sans doute depuis toujours (surtout l'Herzégovine et le Monténégro), déversent leurs hommes et leurs troupeaux sur les avant-pays, vers la Serbie moravienne aux sillons fluviaux mal asséchés, vers la Choumadia impénétrable jadis avec ses boisements, vers la Croatie-Slavonie, au Nord, et jusque dans la Sirmie. On ne peut guère imaginer région plus rude, plus patriarcale et, quels que soient les charmes de sa civilisation, en fait plus arriérée... Au XVIe siècle, c'est, face aux Turcs, une région de combats, un pays frontière. Les *Zagorci* sont des soldats nés, bandits ou bannis, *hajduk* ou *uskok*, « légers comme le cerf » et d'un courage d'épopée. La montagne favorise leurs coups de surprise et mille chants populaires, les *pesma*, disent leurs exploits, les beys rossés, les caravanes attaquées, les belles filles enlevées... Que cette montagne sauvage déborde aussi vers la Dalmatie, cela ne peut guère étonner. Mais ces débordements n'ont rien de l'anarchie de l'Est ou du Nord : ils sont disciplinés, filtrés avec soin. Une guerre efficace est faite aux troupeaux des *Zagorci* : ils peuvent submerger la Basse-Albanie, non pas les champs étroits et les jardins de la côte. A peine se glissent-ils ici ou là, et spécialement par la dépression de la Narenta. Quant à l'homme, il se domestique : brigand, il se transforme en auxiliaire des gendarmes ; colon éventuel, il est dirigé vers les îles et plus encore, par les soins de Venise, en direction de l'Istrie où les champs vides sont plus abondants qu'ailleurs [176].

C'est que l'envahisseur se heurte cette fois à un

monde éminemment stable et sage, qui ignore sinon le mouvement, du moins les migrations massives et les gestes de folie d'en haut, un monde rural serré, patiemment mis en place, qui a façonné à coups de pioche les jardins en murettes, les vergers, les vignobles, les champs là où la pente n'est pas trop forte. Toute une série de villages urbanisés et de petites villes aux ruelles étroites, aux hautes maisons pressées occupent les baies, les *draga*, les promontoires, les isthmes de la côte. Les gens y sont laborieux, équilibrés. A l'aise, sinon riches ; car la pitance est mesurée, comme dans toute la Méditerranée. Il faut lutter contre la nature, contre l'énorme *Zagora* menaçante, et contre le Turc ; par surcroît, il faut batailler avec la mer : tout cela réclame un travail coordonné, et non point des gens libres d'agir à leur guise. Le paysan de Raguse, dès le XIIIe siècle, a la situation d'un « colon », d'un paysan à demi serf. Au XVe siècle, un cadastre nous montre une situation analogue des paysans près de Spalato. Au XVIe siècle, autour des villes vénitiennes de l'*altra sponda*, une agriculture craintive s'abrite sous la protection des soldats. Des corvées de paysans partent chaque matin et rentrent chaque soir, sous la protection de la troupe[177]. Voilà qui n'est pas favorable à l'individualisme, ni aux remuements des paysans dont on a cependant des preuves et des indices[178].

D'ailleurs, toute la société dalmate reste hiérarchisée et disciplinée. Que l'on songe au rôle des familles nobles de Raguse ! Hier encore, au-dessus d'un prolétariat humble de jardiniers et de pêcheurs, vivait dans l'inaction toute une classe de *Sjor*, de *Signori*. « Un pêcheur, dit Cvijić, pêche pour lui et pour un *Sjor* auquel il est étroitement associé : le *Sjor* le considère presque comme l'un des siens et le pêcheur répugne à vendre son poisson à un autre. » « A force d'être stables, dit encore Cvijić, ces sociétés sont comme figées, fixées une fois pour toutes. » Ce qui est vrai et inexact tout à la fois. Car il s'agit d'humanités plus encore que de sociétés stables. En fait, socialement, le paisible « revermont » évolue, se transforme, bouge. Surtout quand ce revermont, c'est la Dalmatie ou le bord du massif catalan auquel nous aurions pu tout aussi bien nous arrêter : leur cas est complexe du fait qu'ils ne débouchent pas, comme les *castelli romani*, sur une plaine étroite et bornée, mais sur la mer, qui complique et facilite tout. Car le liséré dalmate, par l'Adriatique, est lié à l'Italie et au vaste monde ! Il s'ouvre largement sur l'extérieur. Et Venise, qui le domine politiquement au XVIe siècle, le pénètre, même sans le vouloir, de sa civilisation conquérante.

Les collines

Même problème quand il s'agit des collines, surtout des collines de tuf ou de calcaire tertiaire que les hommes ont tôt occupées, aisément maîtrisées : collines du Languedoc ; collines de Provence ; collines de Sicile ; collines du Montferrat, ces « îles » du Nord italien ; collines de Grèce, dont on connaît les noms classiques ; collines de Toscane, avec leurs crus célèbres, leurs villas et leurs villages qui sont presque des villes, dans la plus émouvante campagne qui soit au monde ; *Sahels* d'Afrique du Nord, célèbres en Tunisie comme en Algérie.

Entre la mer et la Mitidja, appuyé sur ce Massif Central en miniature qu'est la Bouzaréah, le Sahel d'Alger est l'essentiel du Fahs, de la campagne algéroise [179]. Une campagne urbanisée, partagée entre les domaines des Turcs algérois, pénétrée par le dialecte de la ville proche, étroite oasis au milieu des dialectes « nomades » [180] qui enveloppent le centre urbain. Aménagées, équipées, drainées (on a retrouvé de nos jours les canalisations de l'époque turque [181]), ces douces collines ne sont que verdure. Les jardins, gloire de mainte ville méditerranéenne, sont, près d'Alger, somptueux, entourant les maisons blanches d'arbres et d'eaux jaillissantes qui font, en 1627, l'admiration d'un captif portugais, João Carvalho Mascarenhas [182]. Admiration non jouée : Alger, ville de corsaires poussée à l'américaine, est aussi une ville de luxe et d'art, italianisante au début du XVIIe siècle. Avec Livourne qui a grandi de la même façon, elle est une des plus riches villes de Méditerranée, une des mieux disposées à transformer cette richesse en luxe.

Il est trop évident que ces exemples, vus trop vite, risquent de faire croire à des problèmes simples et surtout autonomes. Les lumières qu'apporte le récent travail de René Baehrel sur la Basse-Provence aux XVIIe et XVIIIe siècles [183] nous mettent justement en garde. Ainsi rien de plus complexe, vue de près, et de plus variable dans le temps, que cette fragile économie des cultures en terrasses, à flanc de coteau. Entre les murettes plus ou moins rapprochées, le banc de terre, appelé « restanque » ou, plus souvent encore, « oulière », s'élargit ou se rétrécit, selon la plus ou moins grande pente du versant. « La vigne se plantait au bord de l'oulière, les arbres un peu partout » ; entre vignes et arbres, poussent le blé, l'avoine mélangée à la gesse (pour les mulets), surtout les légumes (« lentilles, pois, farouns »). Or, forcément, ces cultures sont en compétition les unes avec les autres, selon les prix du marché ; elles sont aussi en compétition avec les productions des régions voisines, incorporées à la richesse ou à la pauvreté d'économies plus larges qu'elles-mêmes. Autour de Vicence, à la fin du XVIe siècle, la campagne semble d'un seul tenant, faite « de jardins sans interruption », bien qu'elle soit constituée à la fois de plaines, de vallées et de *monti* [184]. En revanche, à l'intérieur du Bas-Languedoc, combien de collines désertiques qui ne valent pas la peine des défriches, des *rompudes* [185] ! Tel *pech* caillouteux n'est-il pas souvent abandonné dès que la conjoncture devient rude ? Car le gaspillage humain des cultures en terrasses n'est pas toujours payant.

Bref, il ne faudrait pas grossir à l'excès l'importance de ces mondes de collines, peu nombreux au total. Ils possèdent, parfois, les humanités les mieux enracinées de Méditerranée, les paysages les plus stables. Y voir les vrais points d'appui de la civilisation méditerranéenne, ses seules patries créatrices, c'est ce qu'a fait Lucien Romier [186], mais avec les dangers de simplification qu'implique ce pas franchi. Il ne faut pas que l'exemple des collines toscanes ou languedociennes nous induise, nous aussi, en tentation, que ces fontaines étroites nous fassent oublier les autres sources nourricières du grand corps méditerranéen...

3. Les plaines

On se tromperait plus facilement encore sur le rôle de la plaine en Méditerranée. Dites : la montagne ; l'écho répond austérité, âpreté, vie arriérée, population clairsemée. Dites : la plaine ; le même écho répond abondance, facilité, richesse, douceur de vivre. Au temps où nous nous plaçons, et s'agissant des contrées méditerranéennes, l'écho a toutes les chances de tromper qui l'écoute.

Certes, il y a des plaines en Méditerranée, petites et grandes, installées entre les plis pyrénéo-alpins, dues assez souvent à des effondrements suivis de comblements : travaux millénaires des lacs, des rivières, ou des mers. Inutile de dire que, plus ou moins vastes (une dizaine seulement sont importantes par leurs dimensions, sinon par leurs ressources), plus ou moins rapprochées de la mer aussi, ces plaines offrent de tout autres aspects que les pays hauts qui les encadrent. Elles n'ont ni la même lumière, ni les mêmes couleurs, ni les mêmes fleurs. Ni le même calendrier. Tandis que l'hiver s'attarde en Haute-Provence et dans le « Daufiné », il « ne tient pas plus d'un mois » en Basse-Provence, « de sorte qu'en cette saison mesme, on y void des roses, des œillets et des fleurs d'orange »[187]. L'ambassadeur de Brèves qui, le 26 juin 1605, va voir, avec ses compagnons de route, les cèdres du Liban, s'étonne des différences qu'introduit l'altitude : « Icy (sur le Liban) les vignes ne commençaient qu'à fleurir, non plus que les oliviers, et les bleds à jaunir ; et à Tripoli (sur le bord de la mer) se voyait du raisin, les olives étoient en leur grosseur, les bleds coupez et tous les autres fruicts fort avancez »[188]. Un Flamand, Pierre Coeck d'Alost, dessins à l'appui, nous rapporte, en 1533, les difficultés qu'il rencontre, outre « la pluye, vent, neige ou gresle », à travers les montagnes d'Esclavonie. « Quand on parvient aux campaignes et plats pays », tout s'arrange : des « femmes grégeoises... apportent à vendre aux passants toutes sortes... de vivres et de denrées duiysantes et convenables aux vagans, come fers de chevaux, orge, avoine, vin, pain ou tourteaux cuitz soubs les cendres »[189]. Philippe de Canaye tout pareillement, en 1573, se réjouissait d'atteindre, au sortir des monts enneigés de l'Albanie, les riantes plaines de la Thrace[190]. Bien d'autres que lui, et comme lui, ont été touchés par la grâce des plaines chaudes et qui paraissent douces à l'homme[191].

Paraissent. Car, sans doute, lorsqu'elles étaient de peu d'étendue, ces plaines ont été faciles à aménager[192]. L'homme s'est emparé tout de suite des éminences, des buttes-témoins, des terrasses fluviales[193], des rebords montagneux ; il y a campé ses gros villages serrés, parfois ses villes. Sur le fond du bassin au contraire, menacé par les eaux, l'habitat dispersé est souvent demeuré la règle. Ainsi Montaigne a-t-il vu la plaine de Lucques, ainsi Belon du Mans celle de Brousse ; ainsi voyons-nous toujours la plaine de Tlemcen, déjà mise en valeur par les Romains : au centre des jardins, des champs irrigués ; en bordure, des vergers et des vignes ; plus loin, la rangée des villages célèbres — le spectacle même qu'avait sous les yeux et que décrivait, vers 1515, Léon l'Africain[194]. Et c'est loin des centres habités que se situent, comme en vertu de la loi des cercles de Thünen, les grandes propriétés à culture extensive[195].

Vastes, les plaines méditerranéennes ont été de conquête bien plus malaisée. Longtemps, elles ne furent saisies par l'homme que de façon imparfaite et fugitive. Hier seulement, vers 1900[196], s'est achevée la mise en valeur de la Mitidja, en arrière d'Alger. C'est au delà des années 1922 que la colonisation grecque a triomphé, dans la plaine de Salonique, des marécages[197]. Et c'est à la veille de la Seconde Guerre mondiale que se sont terminés les travaux d'assainissement du delta de l'Èbre ou des Marais Pontins[198]. Au XVIe siècle, tant s'en faut, les grandes plaines n'étaient donc pas toutes riches. Par un apparent paradoxe, elles offraient souvent des images de tristesse et de désolation.

Énumérons : la Campagne Romaine ? Un demi-désert, en dépit d'une reprise de peuplement, inaugurée au XVe et poursuivie au XVIe siècle. Les Marais Pontins ? Un terrain de parcours pour quelques centaines de pâtres, et l'asile de troupeaux de buffles sauvages ; le gibier seul y surabondait, toutes les sortes de gibier, sangliers compris, sûr indice d'une occupation humaine sporadique. Désertes également, les contrées du Bas-Rhône, à peine entamées depuis une centaine d'années par quelques « bonifications » riveraines [199]. Vide, totalement vide, la plaine de Durazzo : elle l'est encore aujourd'hui. Le delta du Nil lui-même n'était que très insuffisamment peuplé [200]. Et celui du Danube demeurait ce qu'il est encore : un étonnant marécage, un monde amphibie inextricable, avec des îles flottantes de végétation, des forêts bourbeuses, des terres de fièvre et, dans ce milieu hostile où pullule la vie sauvage, de misérables pêcheurs. En Anatolie, Busbec parcourt, en 1554, au delà de Nicée, des plaines sans villages ni maisons : c'est là, note-t-il, « que sont les chèvres dont le poil sert à faire les camelots », autant dire que nous sommes près d'Ankara [201]. En Corse, dans le même temps, en Sardaigne, à Chypre, les plaines intérieures ne sont que désolation. A Corfou, le provéditeur Giustiniano traverse une plaine presque vide, en 1576 [202]. Et les marais corses de Biguglia et d'Urbino sont une plaie qui ne guérit point [203].

Les problèmes de l'eau : la malaria

Mais n'allons pas dresser le catalogue de toutes les plaines qui, au XVIe siècle, ne sont pas encore nées à la richesse. Une telle naissance suppose de longs efforts, la solution d'un double, sinon d'un triple problème. Et d'abord le problème des inondations. Zones montagneuses, zones de ruissellement ; les plaines servent normalement de collecteurs aux eaux [204]. Durant l'hiver, saison normale des pluies, leur sort est d'être inondées [205] : il faut pour éviter ce désastre mille précautions, des barrages, des dérivations. En dépit de quoi, aujourd'hui, il n'y a pas une plaine de Méditerranée, du Portugal au Liban, que ne menacent ces eaux dangereuses. La Mecque elle-même, certains hivers, est submergée sous des pluies torrentielles [206].

En 1590, de grandes inondations noyèrent la Maremme toscane, entraînant la ruine des champs ensemencés. Or la Maremme était alors, avec le Val d'Arno, le vrai grenier de la Toscane. D'où l'obligation pour le Grand-Duc d'aller jusqu'à Dantzig (et c'est la première fois) chercher le blé sans lequel la soudure n'eût pas été possible. Parfois, de gros orages d'été amènent à eux seuls de semblables catastrophes. Car les eaux montagnardes arrivent très vite, à peine tombées. Pas un cours d'eau à sec l'été qui ne puisse, en quelques heures, retrouver la violence torrentielle de ses eaux d'hiver. Dans les Balkans, les ponts turcs sont très hauts, relevés en dos d'âne, et sans piles, afin de gêner aussi peu que possible les crues subites des fleuves.

Le plat pays atteint, les eaux ne s'écoulent pas toujours aisément vers la mer. Celles qui descendent des Monts Albains et des Volsques stagnent sur une largeur de 30 km entre les montagnes et la mer, créant les Marais Pontins. La faute en est aux faibles inégalités de la plaine, à la lenteur des écoulements, à une puissante ligne de dunes qui fait barrage en bordure de la mer. Dans le cas de la Mitidja, la plaine, bordée au Sud par l'Atlas, est littéralement cadenassée du côté du Nord par les collines du Sahel qu'ouvrent mal les brèches de l'Oued El Harrach et de l'Oued Mazafran, à l'Est et à l'Ouest d'Alger. En définitive, dans presque tous ces rez-de-chaussée, il y a stagnation des eaux. Et les conséquences sont partout les mêmes. *Acqua, ora vita, ora morte* : ici, l'eau est synonyme de mort. Immobile, elle crée d'immenses fourrés de roseaux et de joncs. Pour le moins, elle maintient, l'été, l'humidité dangereuse des bas-fonds et des lits de rivière. D'où les redoutables fièvres paludéennes, fléau des plaines pendant la saison chaude.

Avant l'usage de la quinine, la malaria était un mal souvent mortel. Même bénigne, elle entraînait une diminution de la vitalité et du rendement des individus [207]. Elle usait les hommes. Elle provoquait des appels plus fréquents de main-d'œuvre. Il y a là, en somme, une véritable maladie du milieu géographique. Si dangereuse qu'elle soit, la peste, véhiculée à partir de l'Inde et de la Chine par les relations à grande distance, est une étrangère de passage en Méditerranée. La malaria y est à demeure. Elle constitue « le fond du tableau de la pathologie méditerranéenne » [208]. On connaît aujourd'hui ses rapports directs avec les anophèles et les hématozoaires du genre *plasmodium*, agents pathogènes du paludisme dont les anophèles ne sont que les vecteurs. Du pays d'Aiguesmortes, vers 1596, Thomas Platter dit « qu'il est tellement infesté de moustiques, en été, que c'est pitié » [209]. Tel est le complexe malarien des biologistes lié en fait à toute la géographie du bas pays méditerranéen, le seul gravement, tenacement infecté, le paludisme de montagne étant peu de chose en comparaison [210].

Alors, conquérir les plaines, ce fut d'abord vaincre l'eau malsaine, juguler la malaria [211]. Ensuite, amener de l'eau à nouveau, mais vivante celle-là, pour les irrigations nécessaires.

L'homme est l'ouvrier de cette longue histoire. S'il draine les eaux, s'il gagne la plaine aux labours, s'il en tire largement sa nourriture, le paludisme recule : le remède contre la malaria, dit un proverbe toscan, c'est la marmite bien remplie [212]. Au contraire, s'il néglige les canaux de drainage ou d'irrigation, si le déboisement de la montagne s'aggrave, compromettant les conditions du ruissellement, ou si la population de la plaine vient à diminuer et que se relâche la prise paysanne, alors la malaria s'étend d'elle-même et paralyse tout. Elle a vite fait de rendre la plaine à son état primitif de marécage : c'est une automatique contre-bonification. Tel aurait été le cas de la Grèce antique. On a soutenu également que la malaria avait été l'une des causes de la décadence de l'Empire romain. Sans doute la thèse est-elle trop large et trop catégorique. La malaria, s'aggravant quand l'homme détend son effort, s'affirme, dans ses reprises pernicieuses, autant qu'une cause, une conséquence.

Il semble pourtant qu'il y ait eu, dans l'histoire de la malaria, des époques de plus ou moins grande virulence [213]. Une aggravation des fièvres paludéennes à la fin de l'Empire romain : peut-être. Une autre aggravation au delà des dernières années du XVe siècle : Philipp Hiltebrandt l'assure, malheureusement sans donner ses références. De nouveaux éléments pathogènes auraient alors fait leur apparition. En même temps que du tréponème pâle, l'Amérique découverte aurait fait cadeau aux vieux mondes de la Méditerranée, qui l'ignoraient jusque-là, de la *malaria tropicalis* ou *perniciosa*. Une des premières victimes en aurait été, en 1503, le pape Alexandre VI en personne [214].

Il est bien difficile de se prononcer. L'Antiquité et le Moyen Age ont tout de même connu une fièvre assez analogue à la *malaria tropicalis*, bien que certainement plus bénigne puisque Horace traversa sans danger les Marais Pontins, malgré les piqûres de moustiques [215] ; et surtout, détail significatif, puisque, en septembre 1494, l'armée de Charles VIII — 30 000 hommes au bas mot — campa sans dommage autour d'Ostie, dans un site particulièrement dangereux. N'allons pas croire cependant que de telles données suffisent à poser, encore moins à résoudre le problème. Il faudrait sur l'histoire de la malaria, une documentation plus riche et plus sûre que celle que nous possédons. Est-ce la malaria ou la dysenterie qui décime l'armée de Lautrec, en juillet 1528, dans la campagne inondée de Naples [216] ? Il nous faudrait aussi connaître exactement les régions atteintes gravement au XVIe siècle. Or, nous savons bien qu'Alexandrette, qui servit d'échelle à Alep à partir de 1593, dut être abandonnée par la suite, à cause des fièvres. Nous savons que Baies, sur le golfe de Naples, aux temps romains rendez-vous de la société élégante et oisive, dont Pétrarque vantait le cadre charmant dans une lettre au cardinal Giovanni Colonna, en 1343, vit au XVIe siècle sa population fuir devant la fièvre. Mais ces cas particuliers eux-mêmes nous échappent en partie. En ce qui concerne Alexandrette, nous savons que la ville fut réoccupée plus tard par des consuls anglais et français, et qu'elle a vécu. Comment ? Dans quelles conditions[217] ? Quant à Baies, n'est-ce pas parce qu'elle se mourait déjà, deux générations au moins avant que le Tasse y débarquât en 1587, que la fièvre s'y était installée en maîtresse[218] ? Et d'autre part, notons qu'une vingtaine d'années avant Colomb, en 1473, la flotte vénitienne qui opère sur le littoral albanais, lors du premier siège de Scutari, est décimée par les fièvres et doit gagner Cattaro pour s'y refaire. Le provéditeur Alvise Bembo meurt, Triadan Gritti est en péril de mort. Pietro Mocenigo, du coup, va à Raguse *per farsi medicar*[219].

On n'échappe pourtant pas à l'impression d'une recrudescence du mal, au XVIe siècle. Peut-être parce que l'homme va lui-même alors au devant de son vieil ennemi des bas-fonds ? Tout le XVIe, tout le XVe siècle déjà, sont en quête de terres neuves. Où en trouver de plus prometteuses que dans ces plaines humides et meubles ? Or, rien n'est plus nocif que le premier remuement des terres infestées. Coloniser la plaine, c'est souvent y mourir : on sait combien de fois il a fallu repeupler, à leurs débuts, les villages de la Mitidja, conquise sur la fièvre par un pénible effort au XIXe siècle. La colonisation intérieure qui s'organise partout dans la Méditerranée du XVIe coûte cher, elle aussi. Elle est très poussée en Italie notamment. Si celle-ci rate la conquête des colonies lointaines et reste à l'écart de ce grand mouvement, n'est-ce pas, entre autres raisons, parce qu'elle s'occupe à conquérir, chez elle, tout l'espace qui peut être saisi selon les techniques de l'époque, des plaines inondées jusqu'aux sommets montagneux ? « L'Italie est cultivée jusqu'au haut de ses montagnes », écrivait fièrement Guicciardini au début de son *Histoire d'Italie*[220].

La bonification des plaines

Conquérir les plaines : ce rêve remonte à l'aube des histoires. Le tonneau des Danaïdes serait le souvenir de l'introduction dans la plaine d'Argos de l'irrigation pérenne [221]. A une date extrêmement reculée, les riverains du lac Copaïs commençaient à empiéter sur ses bords marécageux [222]. Dès l'âge néolithique, de multiples canalisations souterraines, dont l'archéologie a retrouvé les traces, sillonnaient la Campagne Romaine [223]. On connaît aussi les travaux primitifs des Étrusques dans les plaines étroites de Toscane.

Entre ces premières tentatives et les grandes « bonifications » des XIXe et XXe siècles — celles que nous énumérions plus haut — l'effort ne s'est jamais interrompu, s'il s'est parfois relâché. Toujours l'homme de Méditerranée s'est trouvé en lutte avec les bas-fonds. Bien plus lourde que la lutte contre la forêt et le maquis, cette colonisation a été la véritable originalité de son histoire rurale. Comme l'Europe, au Nord, s'est constituée, ou du moins agrandie au détriment de ses marches forestières, la Méditerranée a trouvé dans les plaines ses pays neufs, ses Amériques intérieures.

Au XVe siècle déjà, et durant tout le XVIe, d'innombrables bonifications sont en cours. Avec les petits moyens dont on dispose : fossés, rigoles, canaux, pompes de débit médiocre. Les ingénieurs hollandais, au siècle suivant, mettront au point des méthodes plus efficaces [224]. Mais il n'est pas encore question des ingénieurs hollandais à notre époque. D'où, étant donné l'insuffisance des moyens, des entreprises limitées : le palud est attaqué secteur par secteur. D'où bien des échecs. Montaigne, en 1581, rencontre en Vénétie, dans la vallée de l'Adige, « une infinie étendue de païs boueux, stérile et plein de cannes [225] », anciens étangs que la Seigneurie a tenté d'assécher « pour en tirer du labourage... ; ils y ont plus perdu que gagné à lui vouloir faire changer de forme », conclut-il. De même ce n'est pas une réussite — malgré ce qu'en put dire la « presse » de l'époque, entendez les chroniqueurs officiels — que les tentatives du grand-duc Ferdinand dans la Maremme toscane et dans la dépression du Val di Chiana [226].

Dans la Maremme, les grands-ducs, dès Cosme, ont essayé de créer une région productrice de grains (l'équivalent, en plus grand, de ce que Gênes tenta dans la plaine orientale de la Corse). D'où des mesures en faveur du peuplement, des avances sur fonds et sur récoltes, des recrutements de main-d'œuvre, plus, ici et là, des travaux d'assainissement ; Grosseto, sur l'Ombrone, devenait alors un port d'exportation de grains à destination de Livourne... Du semi-échec de cette tentative, Reumont, dans sa vieille *Histoire de Toscane*, a bien marqué les raisons [227]. Les grands-ducs ont poursuivi deux buts contradictoires : créer une plaine à céréales, ce qui implique de gros frais ; établir un monopole d'achat des grains à leur bénéfice, c'est-à-dire un système de vente à bas prix. Il eût fallu, au contraire, ouvrir le marché à la concurrence de tous les acheteurs de la Méditerranée. Car les opérations de bonification sont onéreuses et le rendement, l'*utilità*, pas toujours en proportion de la dépense engagée. En 1534, les Orateurs de Brescia font remarquer au Sénat de Venise que « conduire et retenir les eaux entraînent d'infinies dépenses ; et telles que nombre de nos citoyens ont été ruinés pour avoir voulu s'occuper de pareilles entreprises. Outre leur adduction, les eaux réclament des frais continus d'entretien, si bien qu'en calculant tout, on trouverait peu de différence entre la dépense et le profit [228] ». En la circonstance, évidemment, les gens de Brescia argumentent et pleurent misère pour ne pas avoir à payer trop d'impôts. N'empêche que les bonifications sont de grosses entreprises qui exigent de puissants moyens. Des entreprises gouvernementales par excellence.

En Toscane, c'est un gouvernement « éclairé » qui s'en charge ou, comme en 1572, un prince de la famille ducale, le futur grand-duc Ferdinand intéressé par d'éventuelles améliorations dans l'humide Val di Chiana [229]. Dans la Valle di Ambrogio, en 1570, au cœur de la vaste zone marécageuse du delta du Pô, c'est sous l'impulsion du duc de Ferrare que se met en place ce qu'on appellera la *grande bonifica estense*, gênée par les tassements de terrains et les retours des eaux nocives, finalement condamnée par ce *taglio* de Porto Viro qui permit à Venise, en 1604, de détourner vers le Sud, par la brèche ouverte, le cours du Pô [230]. A Rome, c'est le gouvernement pontifical [231]. A Naples, le vice-roi qui met sur pied un projet officiel d'assèchement des vastes marécages de Cherranola et Marellano dans les environs de Capoue [232]. A Aquilée, le gouvernement impérial [233]. En Turquie, pour le peu qu'on y voit, il semble que les bonifications soient le fait de seigneurs entreprenants qui créent de nouveaux villages de serfs — des *tschiftliks* — à partir du XVIIe siècle surtout, dans les régions basses et marécageuses, ainsi dans la plaine de Durazzo ou en bordure du Vardar [234]. Gros villages très reconnaissables avec leurs masures serrées autour de la haute maison du propriétaire qui les domine et les surveille...

En Occident aussi, une série de bonifications sont dues aux initiatives individuelles de gros capitalistes. C'est eux qui, au XVIe siècle, ont créé, au plus creux de la Lombardie, des rizières si vite développées qu'elles exportent leurs produits vers Gênes dès 1570 à notre connaissance, peut-être plus tôt. Un ancien patricien de Venise — rayé de la liste des nobles à la suite d'injustices, comme il dit, mais nanti d'un bon avoir — essaya de porter une main sacrilège sur les lagunes vénitiennes. Les autorités alertées s'inquiétèrent : transformer les lagunes en terre labourable, y pensait-on sérieusement ? N'y avait-il pas lieu de craindre des changements de niveau ? L'affaire fut classée avec avis défavorable [235]...

Ce sont des capitalistes, aussi, qui mènent le jeu dans le Bas-Languedoc, lors des grands assèchements qui s'annoncent à partir de 1592 et dureront avec plus ou moins d'ardeur et de succès, jusque vers 1660-1670. Des travaux identiques avaient débuté près de Narbonne dès 1558, quand on avait commencé « d'esgoutter » les étangs. Mais à la fin du siècle, avec les premiers terrassements autour du lac de Launac, le mouvement se précipite. Des ingénieurs provençaux, spécialistes en hydraulique et disciples d'Adam de Craponne, prêtent leur concours. Un « groupe » (Laval, Dumoulin, Ravel) conduit l'opération, ainsi que les suivantes toujours au voisinage de Narbonne. C'est Bernard de Laval, seigneur de Sault qui fournit les premiers écus, puis les « rallonges [236] ».

Ces mouvements de bonification répondent aux exigences des villes. Leur population ne cessait de croître, aux XVe et XVIe siècles. D'urgents besoins de ravitaillement les obligeaient à développer autour d'elles les cultures, soit en les installant sur de nouveaux terrains, soit en pratiquant plus largement l'irrigation. D'où tant de querelles, mais également tant d'ententes fructueuses. « On se ravitaillerait bien en eau par des dérivations de l'Oglio, disaient les Orateurs de Brescia, en 1534, mais alors ce serait un tas de litiges ruineux avec les gens de Crémone. Sans compter d'éventuels assassinats, comme cela s'est déjà produit [237]. » En 1593, les Recteurs de Vérone, avec l'appui de Venise, font détruire les travaux des Mantouans, pour retenir les eaux du Tartaro ; il s'ensuivra d'interminables démêlés [238]. En Aragon, au XVIIIe siècle, les villes se querellaient encore, chacune tâchant de voler à sa voisine les précieuses sources d'irrigation [239]. Par contre, dès le XVe siècle, les localités riveraines s'associaient pour les travaux d'assainissement du Bas-Rhône, travaux qui eussent été impensables d'ailleurs sans les capitaux d'Italiens immigrés et la main-d'œuvre venue des Alpes [240].

Poursuivi dans la coopération ou la mésentente, l'effort des villes a été fructueux. Il a créé, à portée directe de leurs halles, les jardins et les terres à blé dont elles avaient besoin. Un ambassadeur vénitien, traversant la Castille, en conclut qu'elle était cultivée seulement autour de ses villes. Les grands *paramos* à moutons et les *secanos* réservés au blé, ces plaines jaunes où les maisons elles-mêmes, faites de terre, ne se distinguent pas du sol, lui avaient donné l'illusion de campagnes vides. Tandis qu'autour des villes castillanes, il avait rencontré les taches vertes des cultures irriguées.

A Valladolid, vergers et jardins rejoignent les rives du Pisuerga. A Madrid même, Philippe II ne pourra agrandir le Prado qu'en achetant vignes, jardins et vergers : nous avons les actes de vente qui en font foi[241]. A Tolède, la Vega « zébrée d'arbres et de cultures » est à l'ombre de la ville. Même lien entre la ville et l'effort agricole en Provence. Des terres nouvelles sont gagnées, au XVIe siècle, à Mandelieu, Biot, Auribeau, Vallauris, Pégomas, Valbonne, Grasse, Barjols, Saint-Rémi, Saint-Paul de Fogossières, Manosque... Tout le long de la Durance, se développent les cultures maraîchères[242]. Dans le Bas-Languedoc, « *orts* et prés irrigués ne forment en réalité qu'une proportion minuscule (comme en Espagne) des terroirs », au vrai les seules « ceintures urbaines arrosées où s'élève la *seigne*, le puits à roue, qui à lui tout seul fait les 30 p. 100 de la valeur d'un jardin[243] ».

Un large transfert d'argent urbain s'opère ainsi vers les campagnes[244]. La recherche de nouveaux terrains de culture est devenue un souci public dès la fin du siècle. Olivier de Serres, dans son *Théâtre d'Agriculture*[245], explique tout au long comment il faut traiter les terres marécageuses. Mais cet effort s'accomplit fragment par fragment. Qui le suit à travers la durée, est frappé de voir le temps infini que les plaines mettent pour naître à la vie. Le travail, mal achevé au XVIe siècle, est pourtant commencé depuis des centaines d'années. Ceci est vrai de toutes les plaines : celle de Murcie comme celle de Valence, celle de Lérida comme celles de Barcelone ou de Saragosse, de l'Andalousie comme de la plaine du Pô, de la *campagna felice* de Naples comme de la Conque d'or de Palerme ou de la plaine de Catane. Chaque génération apporte son bout de terre exondé. Un des mérites du gouvernement de Pietro di Toledo à Naples est d'avoir assaini, près de la grande ville, la marécageuse *Terra di Lavoro*, entre Nola, Aversa et la mer, d'en avoir fait, dit un chroniqueur, *la più sana terra del mondo*, avec ses canaux, ses déversoirs, ses labours fertiles et ses champs asséchés[246].

Les petites plaines ont été gagnées les premières :

celles du massif côtier catalan sont acquises à l'homme et aux cultures précieuses dès le haut Moyen Age. Le creusement des *cequies* remonte, d'après la tradition, au règne de Hacam II. Mais rien ne prouve qu'elles ne soient pas plus anciennes. Il est sûr, par contre, que Lérida, reconquise en 1148, était déjà fertilisée par les canaux de la Clamor ; que Tortosa avait ses canaux dès l'époque des Arabes ; que Camarasa, au moment d'être réunie au comté de Barcelone en 1060, avait, elle aussi, ses rigoles d'arrosage. A l'imitation des Musulmans, les comtes de Barcelone avaient, de leur côté, creusé le système d'irrigation du territoire de la ville elle-même et de la plaine du Llobregat. C'est au comte Mir (945-966) que l'on attribue le fameux *rech* comtal de Barcelone — ou *rego mir* — et la construction d'un autre canal, du Llobregat à Cervello. Cet héritage a été recueilli, conservé, enrichi sans cesse par la suite [247].

Les étapes sont les mêmes dans le cas de la plaine de Saragosse, grande zone de *tierras de riego*, de terres irriguées. L'essentiel en est acquis quand les Musulmans sont chassés de la ville (1118). Mais, au delà de la conquête, l'équipement en a été poursuivi. Ainsi le Grand Canal était projeté en 1529, mis en chantier en 1587, achevé en 1772 seulement, à une époque où tout le bas pays aragonais, sous l'impulsion des agronomes, en ce siècle des Lumières, révise et complète son réseau d'irrigation [248].

L'exemple de la Lombardie

Mais le meilleur exemple de ces conquêtes progressives — parce que le plus clair à nos yeux — est celui de la Lombardie [249]. Éliminons-en les étages surplombants : d'un côté les Alpes, stériles au delà de 1 500 m, grandes masses pierreuses avec des pâturages et des forêts étagées de 700 à 1 500 m ; de l'autre côté l'Apennin, jetant vers la plaine des torrents rageurs, et qui roulent par grosses eaux quantité de graviers et de cailloux, mais, l'été venu, sont complètement à sec, au point que l'eau manque à la fois pour l'arrosage et pour les hommes. Il s'ensuit que l'Apennin, au-dessus de 1 000 m, est

3. — Les grands canaux de la plaine lombarde

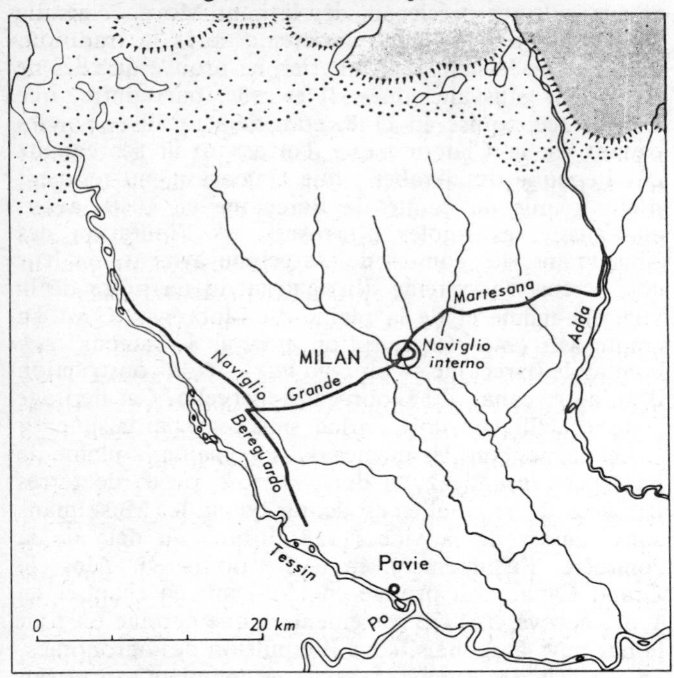

D'après Charles Singer, *History of Technology*, 1957, tome III. Sur l'échelle, il faut lire 30 et non 20 km. La zone en pointillé représente collines et dépôts morainiques en avant des Alpes.

aussi nu que les Alpes au-dessus de 2 000 ; il n'offre en été que des taches d'herbes rares, bonnes pour les chèvres et les moutons.

Entre ces deux remparts, la Basse-Lombardie est un complexe de collines, de plateaux, de plaines, de couloirs fluviaux. Les collines sont le domaine de l'olivier et des vignes, voire des agrumes au voisinage des grands lacs alpestres. Il n'y a de « plateaux » à proprement parler qu'au Nord : un plateau non irrigué tout d'abord, masse rectangulaire appuyée au Sud sur la ligne tirée de Vicolungo à Vaprio, sur l'Adda, occupée par des étendues stériles de bruyères et consacrée à la culture du mûrier. Un bas plateau irrigué lui fait suite, dessinant un triangle dont le côté méridional peut se tracer de Magenta, sur le Tessin, à Vaprio sur l'Adda. Là prospèrent le blé, les mûriers, les prés...

L'intéressant de ce bas pays lombard, c'est la grande plaine alluviale, entre ce plateau irrigué et les collines qui annoncent l'Apennin, soit le fond de la conque, zone classique des rizières, des prés et, non moins importantes, des prairies artificielles. N'a-t-on pas essayé de montrer, d'après le prix de vente du foin, ce que fut le mouvement général des prix à Milan, au XVIe siècle [250] ?

Cette plaine a été entièrement transformée par les hommes. Ils ont aplani les éminences originelles, fait disparaître les marécages, utilisé avec intelligence l'eau que les longs fleuves apportent des glaciers des Alpes. Cette domestication des eaux a commencé vers 1138 au moins, avec les travaux des Bénédictins [251] et des Cisterciens, installés à « Chiaravalle ». En 1179, débutaient les travaux du *Naviglio Grande* achevé, en 1257, par le podestà Beno Gozzodini. Ainsi les eaux du Tessin arrivaient à Milan, par un fleuve artificiel, long de presque 50 km, destiné à l'irrigation et à la navigation. Avant 1300, on dérivait de la Sesia la *roggia* Basca ; plus tard, on la saignera pour créer les *roggie* Biraga, Bolgara et autres, qui serviront à l'irrigation du Novarese et de la Lomellina. En 1456, François Sforza creusait le canal de la Martesana, long de plus de 30 km ; il apporta à Milan les eaux de l'Adda. L'élargissement, pratiqué en 1573, le rendit navigable. Comme Ludovic le More l'avait déjà relié au *Naviglio Grande*, il s'ensuivit qu'en 1573 les deux grands lacs lombards, le lac de Côme et le lac Majeur, furent mis en communication au cœur même de l'État [252]. Et Milan devenait une importante gare d'eau, ce qui lui valut de recevoir à moindres frais le blé, le fer et surtout le bois, d'expédier, en direction du Pô et de Ferrare, les grosses pièces d'artillerie que l'on y fondait, d'obvier, en somme, à son défaut capital, qui est d'être une ville au milieu des terres [253].

Ces indications qui, pourtant, ne concernent que les voies d'eau montrent combien la conquête du sol a été lente. Elle s'est faite par étapes. Et à chacune d'elles a correspondu la mise en place de nouvelles couches d'hommes, si bien que les trois Lombardies, comme emboîtées les unes dans les autres, représentent socialement des groupes humains différents. La Haute-Lombardie, montagnarde, pastorale, qui au Nord s'approche jusqu'à la zone des *brughiere*, est un pays de petits propriétaires, pauvres mais libres, acharnés à tout produire sur leurs terres, y compris le mauvais vin de leurs vignes. Au-dessous, avec le plateau irrigué de la haute plaine, zone des fontaines (des *fontanili*) et des grands herbages, commence la propriété nobiliaire et ecclésiastique. Ce bas étage, pas encore tout à fait le rez-de-chaussée, est la zone des châteaux, des terroirs à métayers, des chartreuses au milieu des grands arbres. Tout en bas, s'étendent les rizières des capitalistes[254]. Leur entreprise révolutionnaire a résolu le problème de la culture de ces terres inondées. Progrès économique certain. Mais social ?

Le riz de Lombardie aura signifié, dans d'affreuses conditions, l'esclavage de travailleurs d'autant plus déshérités qu'ils ne pouvaient se plaindre utilement, parce que non groupés. Les rizières ne demandent pas une main-d'œuvre permanente, mais des masses considérables de travailleurs pendant quelques semaines, au moment des semailles, du repiquage, de la récolte. Toute cette culture repose sur des migrations saisonnières. Elle n'exige guère la présence du propriétaire, sur le lieu de son entreprise, que pour le règlement des salaires et la surveillance des équipes à l'œuvre. Des siècles plus tard, Cavour allait ainsi sur ses terres de Léri, dans le Bas-Piémont voisin, réglant lui-même les salaires et surveillant, dès le lever du jour, le travail des manœuvres[255].

Il en est ainsi de presque toutes les cultures de plaine. Ces terres faciles à travailler, où les sillons peuvent s'aligner au cordeau, se prêtent à l'emploi régulier des bœufs ou des buffles, au machinisme animal. Ce n'est qu'à l'époque des moissons ou des vendanges qu'elles font appel à une main-d'œuvre abondante de tâcherons montagnards. Quelques semaines de travail et ces manœuvres retournent d'où ils venaient. Eux sont de vrais prolétaires ruraux. Mais le paysan sédentaire, établi à demeure dans la plaine, en est un, lui aussi, très souvent.

L'enquête espagnole de 1547[256] sur la propriété en Lombardie indique que les paysans ne possèdent pas 3 p. 100 de la fertile région basse, alors que les terres pauvres d'en haut sont, à une forte majorité, propriété paysanne. Rien ne dit mieux que ces chiffres lombards la condition humaine des bas pays. Soumis à des conditions de santé et d'hygiène misérables, le paysan, ici, doit souvent vivre de peu. Il a des maîtres, ce qu'il produit est pour ses maîtres. Nouveau venu souvent, homme simple arraché à sa montagne, il est dupé à l'occasion par le propriétaire ou son intendant. Il est, à bien des égards, une sorte d'esclave colonial, quelle que soit son exacte condition juridique.

Grands propriétaires et pauvres paysans

Nous comparions les plaines bonifiées de Méditerranée aux forêts défrichées de l'Europe du Nord. Comme toute comparaison, celle-ci a ses limites. Au milieu des essarts forestiers, dans les villes neuves, un monde plus libre, comme à l'américaine, s'est créé. Un des drames de la Méditerranée (à part quelques régions neuves qui facilitent l'individualisme agraire[257]), une des raisons de son traditionalisme et de son ankylose est que les pays neufs y restent sous le contrôle des riches. Une hache, une pioche peuvent suffire dans le Nord, comme demain en Amérique, à créer de la bonne terre nourricière. En Méditerranée, il faut que le riche et le puissant s'en mêlent. D'autant que l'on s'élève peu à peu, avec le temps, au-dessus des bonifications de détail, pour aborder les vastes plans d'ensemble à longue échéance. Le but ne saurait être atteint que par un coude à coude, une discipline qui implique un ordre social strict. L'Égypte, la Mésopotamie sont-elles, peuvent-elles être, au XVIe siècle, peuplées de paysans libres ? En Espagne, chaque fois que l'on passe des *secanos* aux *regadios* — des terres « sèches » aux terres irriguées — on passe d'un paysan relativement libre à un paysan esclave. Toutes ces grandes machineries d'irrigation, l'Espagnol les a héritées du Musulman, quand s'est achevée la Reconquête. Il les a prises intactes, avec, par surcroît, le personnel de fellahs nécessaire à leur bonne marche. Ce sont encore des fellahs qui cultivent la plaine de Lérida, au XVIe siècle ; des fellahs qui cultivent la Rioja de l'Èbre ; des fellahs que l'on trouve à Valence, à Murcie, à Grenade ; des fellahs ou plus exactement des Morisques, que le maître ibérique aime et protège, mais comme un cheptel, de la même façon qu'il protégera ses esclaves dans le Nouveau Monde.

La plaine appartient au seigneur[258]. Il faut descendre dans les *veigas* portugaises pour trouver les maisons des fidalgos, les *solares* aux énormes blasons armoriés[259]. La vaste et basse plaine de la Maremme siennoise, domaine de la fièvre s'il en fut, comme la Maremme toscane, sa voisine, est semée de châteaux seigneuriaux. Leurs tours, leurs donjons, leurs silhouettes anachroniques, évoquent une société, cette lourde présence des seigneurs propriétaires qui dominent le pays, sans y vivre toujours, car ces demeures ne servent que de résidences momentanées. D'ordinaire, les maîtres vivent à Sienne. Ils y habitent ces vastes maisons citadines qui subsistent encore, ces palais où les amoureux de Bandello pénètrent, avec la complicité rituelle des servantes, par les escaliers qui montent au vaste grenier où s'entassent les sacs de blé, ou bien par les couloirs qui conduisent aux pièces toujours un peu abandonnées du rez-de-chaussée[260]. Nous pouvons pénétrer à leur suite chez ces vieilles familles et vivre les comédies et les tragédies dont le dénouement interviendra dans le secret du vieux château de la Maremme, loin de la ville, de ses commérages et des contrôles familiaux. Y a-t-il meilleur endroit pour exécuter, à la mode d'Italie et du siècle, dans l'isolement créé par la fièvre et la lourde chaleur, l'épouse infidèle ou soupçonnée de l'être ? L'explication climatique eût enchanté Barrès. Mais n'y a-t-il pas à mettre en cause une complicité sociale, qui assure au meurtrier, dans ces bas domaines où il est le maître, une quasi-impunité ? La plaine, fief des riches ?

« En plaine, écrit Robert Montagne[261] à propos du Sous marocain d'aujourd'hui, la distance s'accroît rapidement entre les riches et les pauvres. Les premiers possèdent les jardins, les autres les cultivent. Les champs irrigués donnent en abondance les céréales, les légumes, les fruits. L'huile d'olive et d'argan constitue une autre richesse qu'on transporte dans des outres jusque dans les villes du Nord. La proximité plus grande des marchés facilite l'introduction des produits étrangers, de telle sorte que l'existence d'un notable de la plaine du Sous tend à devenir semblable à celle des autres provinces où le Maghzen a de tout temps régné. Mais, en même temps, la vie des ouvriers des jardins, des *klemmas*, est de plus en plus misérable. » Telle nous semble avoir été la règle dans les plaines du monde méditerranéen. Une distance considérable y sépare le riche du pauvre, les riches y étant très riches, les pauvres très pauvres.

La grande propriété y reste la règle. Le régime seigneurial — qui en est souvent la façade — y a trouvé des conditions naturelles de survie. En Sicile, à Naples, en Andalousie, les majorats seigneuriaux se sont transmis, sans démembrements, jusqu'à l'époque contemporaine. De même, dans les grandes plaines orientales des Balkans, en Bulgarie, en Roumélie et en Thrace, dans des régions productrices de blé et de riz, le régime turc, avec ses grandes propriétés et ses villages de serfs, s'est enraciné profondément, tandis qu'il échouait à peu près dans l'Ouest montagneux[262].

Il y a bien des exceptions, au gré des localisations et des conjonctures, comme la primitive Campagne Romaine ou l'actuelle démocratie paysanne de Valence, voire celles de l'Ampurdan ou du Roussillon. « Ces plaines, écrit Maximilien Sorre à propos de ces deux dernières[263], ont toujours été des pays de petite et de moyenne propriété. » Toujours ? Entendons avec l'auteur, à l'époque moderne. On ne sait pas exactement, en effet, ce qui se passait en ces bas pays avant les troubles agraires du XIVe siècle et surtout les grands travaux collectifs d'irrigation, ne serait-ce que ceux qui furent entrepris par les Templiers de Mas Deu, dans les bassins roussillonnais du Réart et de la Cantarane... Quoi qu'il en soit, l'exemple demeure et sa forte aberrance. Et ce n'est ni le seul exemple, ni la seule aberrance. En Provence, « le prolétariat rural est rare, sauf dans la plaine d'Arles partagée en grands domaines »[264]. En Catalogne, une paysannerie aisée prospère à partir de 1486 au moins[265]. Peut-être faudrait-il, pour assouplir toute explication d'ensemble, revenir, et longuement, sur ces notions faussement simples de petite et de grande propriété (grande ou puissante ?) ; distinguer entre les plaines selon leur étendue plus ou moins considérable et aussi selon qu'elles sont ou non compartimentées ; enfin et surtout il conviendrait de chercher s'il y a, et avec des explications logiques, des mutations successives du régime de la propriété et de l'exploitation agricoles, des morcellements, des remembrements... puis à nouveau, rien n'étant fixe, des fractionnements. Ici le nombre des hommes ; là l'implantation de cultures neuves, l'introduction d'outils ou leur persistance ; ailleurs la poussée rayonnante de villes proches bouleversent sans fin l'ordre géographique et humain des bas pays, tandis qu'en d'autres régions, la tyrannie des champs de blé et de l'araire (pour revenir à des idées de Gaston Roupnel), l'emploi de bétail maintiennent l'ordre ancien et la force des riches. C'est le service que rend, que va rendre le travail novateur d'Emmanuel Le Roy Ladurie[266], sur les paysans de Languedoc, entre XVe et XVIIIe siècle. Qui aurait pu penser, avant lui, que cet ordre des champs était, à ce point, fils des conjonctures sociale, démographique et économique, et de ce fait assez malléable, sans cesse remis sur le métier ? Le problème, ce sera de savoir si ce calendrier séculaire des ordres paysans successifs du Languedoc vaut ou non pour les autres régions de la mer, celles-ci en avance, celles-là en retard, ces autres, les plus nombreuses, exactement à l'heure. Il s'en faut que nous puissions répondre dès maintenant.

Les mutations à court terme des plaines : la Terre Ferme vénitienne

Sur un autre exemple au moins — celui de Venise — nous pouvons essayer de suivre ces mutations à court terme.

Dans ses régions basses, les plus riches, les plus peuplées aussi, la campagne vénitienne est l'objet, dès avant la fin du XVe siècle, de fréquentes bonifications, dont nous soupçonnons l'ampleur sans en connaître malheureusement l'extension géographique ou la chronologie précise. Commencées tôt, ces coûteuses améliorations ne semblent pas avoir profité d'ordinaire aux paysans ou aux communautés villageoises.

En apparence, rien de plus raisonnable que l'habituel processus de bonification dont le schéma se maintient identique à longueur de siècle dans les procédures prudentes et volontiers ramenées à la règle du précédent, de l'administration vénitienne, confiée aux *Proveditori ai beni inculti* à partir de 1566[267]. Chaque bonification, chaque *ritratto*, établit pour un groupe défini de terrains évidemment marécageux, un programme de travaux hydrauliques divers : digues construites ou à construire (*argine*), prises d'eau (*presi*), canaux et rigoles de distribution de l'eau d'irrigation (*scalladori*)... Parfois la batellerie utilise les canaux construits et un péage est établi. Il compensera partiellement les frais. Mais dans l'immédiat, les propriétaires des terrains doivent payer ces travaux onéreux, à raison d'un ou deux ducats par *campo*[268], selon qu'il s'agit de terrain cultivé, avec des vignes, ou seulement planté d'arbres. Qu'un propriétaire ne puisse payer sa quote-part lors du règlement, la moitié de son bien-fonds sera prise en paiement, ce qui indique que la redevance par *campo* n'est pas légère.

Selon les cas, le *ritratto* relève, ou non, d'une *communauté* citadine (ainsi la *communità* d'Este[269], ainsi celle de Monselice[270]) ; ou il est le bien propre d'un vrai syndicat de propriétaires qui peuvent d'ailleurs

4. — Les canaux de régularisation
ont sauvegardé la moitié des lagunes vénitiennes

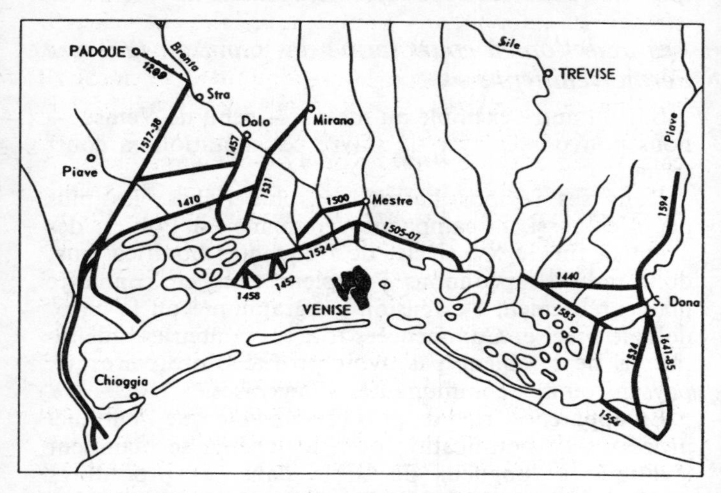

Croquis orienté vers le Nord-Ouest. Ces travaux ont garanti le bas-pays vénitien et les lagunes qui entourent la ville. Cependant la partie nord de la lagune a été largement comblée par les sédiments des petits cours d'eau, Piave, Sile, souvent torrentiels. Toute cette région est recouverte d'eaux mortes. Au contraire, les travaux sans cesse recommencés ont vers le Sud maîtrisé la Brenta et la lagune est « vive » de Chioggia à Venise et animée par les mouvements de la marée. D'après Arturo UCCELLI, *Storia della tecnica dal Medio Evo ai nostri giorni*, 1945, p. 338.

avoir recours à des avances du trésor vénitien, à faible taux d'intérêt (4 p. 100) ; enfin l'administration vénitienne peut participer à l'entreprise, elle se réservera alors, en fin d'opération, de vendre le terrain qui lui échoit, l'adjudication se faisant parfois sur la place même du Rialto. Chaque *ritratto* étant divisé en 24 carats, comme la propriété d'un navire, chaque carat s'adjugeait successivement aux enchères publiques, nous dirions sous le marteau du commissaire priseur, les documents précisent *con la baccheta in terra del su in giù*.

Mais que valent ces règlements méticuleux ? La réalité se devine, ici ou là, au travers d'échecs ou de vraies catastrophes. Telle *communità* n'arrive plus à emprunter pour achever ses travaux, elle vendra la moitié du *ritratto* à ses habitants, l'autre moitié à tout acheteur qui aura la première enchère (car le commissaire part d'une enchère donnée et va en diminuant la mise). Il est fréquent de voir se constituer des syndicats de propriétaires *consorti*, ou *caratadori* (acheteurs de carats). Ce sont de vraies associations marchandes. A leur tête, on ne s'étonnera pas de trouver les grands noms du patriciat vénitien. Un document (15 février 1557)[271] montre un Hieronimo Dolfin (de la famille des grands banquiers) qui, avec ses associés, mène le jeu pour le *ritratto* de la vallée de San Biasio, près de Lendinara, entre le Bas-Adige et le cours inférieur du Pô, projet encore en panne, cependant, au début de 1561[272]. Deux ans plus tard, voici un autre patricien, Alessandro Bon, lequel a *intrapreso a sue spese, col permesso della Signoria, la bonifica di tutte le valle che sono tra Po e Bacchiglione*[273] ; il se heurte dans ses projets à la résistance, « à l'obstacle inattendu de la *communità* de Rovigo ». Qu'il s'agisse, chaque fois, de grosses entreprises, nous le devinons plus encore que nous ne le savons : seule la recherche sur le terrain serait, ici, décisive. Cependant, qu'un accident se produise, ainsi le 5 novembre 1554, que se rompe une digue près de Rovigo, et 30 000 *campi fertilissimi* sont inondés ; et comme la brèche n'est pas réparée à suffisance, c'est 40 000 *stara di formento* qui risquent de manquer à la moisson prochaine, comme à la précédente[274]. Il s'agit donc de grosses quantités, de grandes richesses, d'importantes affaires. Le 11 décembre 1559, un faiseur de projets, qui garde malheureusement l'anonymat, propose de faire, à ses frais, une série de *ritratti* ; il ne prendrait qu'un *campo* sur dix pour se rembourser[275]. Qui se cache derrière cet homme de bien ?

A peine voyons-nous ainsi, au delà de ces petites précisions, la situation réelle des paysans et des propriétaires des Vénéties, alors que nous connaissons à merveille maintenant (par un hasard de la recherche) les rustres du Languedoc[276] et leurs maîtres. Il faudrait, pour en mieux juger, des enquêtes heureuses et qui restent à faire ; et alors bien peser les masses en présence. Que signifie, au juste, par rapport à l'ensemble d'exploitations agricoles fort diverses, cet effort des bonifications, cette victoire à long terme des rizières (peut-être dès 1584) qui assurera le bien-être des classes patriciennes et l'équilibre de la balance des paiements de la Seigneurie, au XVIIe siècle, avec l'augmentation concomitante, alors, de la production de la soie[277] ? En tout cas, ces énormes bonifications semblent sans commune mesure avec celles que mènent les « canalistes » languedociens. De même, au delà de la fin du XVIe siècle s'ouvre à Venise, pour les bénéficiaires de la « rente foncière », une période plus faste encore que celles que connaissent autour de Montpellier ou de Narbonne les propriétaires languedociens. La fortune de Venise repliée sur ces campagnes de Terre Ferme saura savamment les exploiter. Mais nous ne connaissons pas encore, avec la sûreté désirable, ces drames de la terre vénitienne. Nous savons seulement que les paysans s'endettent, que l'économie reste souvent archaïque, que les terres communales se restreignent... Quel beau problème à élucider[278] !

A long terme : les destins de la Campagne Romaine

A long terme, les changements sont évidemment plus clairs à nos yeux. De ces vicissitudes larges, sans fin recommencées, la Campagne Romaine est un très bon exemple[279]. Le paysan en a pris possession dès l'époque néolithique. Des millénaires plus tard, sous l'Empire, l'*agro romano*, encore occupé dans toute son étendue, a été doté d'aqueducs importants ; la malaria y était alors peu nocive. La catastrophe, c'est, avec les Ostrogoths, au Ve siècle, la coupure des aqueducs. La conquête du sol ne reprendra qu'un ou deux siècles plus tard. Ostie renaîtra alors de ses ruines... Avec le XIe siècle, nouveau repli, nouvelles catastrophes : après quoi, une fois encore, la vie agricole se remet à prospérer, au début du XIVe et au XVe siècle. Ostie est relevée à nouveau, cette fois par les soins du cardinal d'Estouteville. Avec le XVe et le XVIe siècle se met en place une grande propriété seigneuriale, aux grosses fermes construites comme des forteresses : ce sont les *casali* que l'on peut encore apercevoir aujourd'hui, en marge des grandes routes, et dont les massives constructions disent l'insécurité de la plaine, sous la menace des bandits prompts à descendre de la montagne. Ces grandes fermes de type « colonial » pratiquent la rotation des cultures (le blé est leur principale raison d'être) et l'élevage en grand des bœufs. La main-d'œuvre est fournie par les Abruzzes. Mais cette prise de possession est-elle très solide ?

Au XVIe siècle, la situation n'est guère florissante. Les cardinaux ont leurs « vignes » dans la *Campagna*, mais elles sont situées sur des collines ventilées, comme le Casino des Borghese sur le Palatin. Benvenuto Cellini, qui aimait à chasser autour de Rome, fait le récit circonstancié d'une longue maladie dont il ne se tira, à l'en croire, que miraculeusement et qui semble bien un accès aigu de paludisme[280]. Imaginons donc la Campagne Romaine d'alors avec beaucoup de vides, de marécages, de terrains vagues qui ne sont guère que des réserves de chasse. D'ailleurs, descendue des divers Apennins, une vie pastorale vivace, envahissante, vient battre régulièrement les murs de la ville comme aux lointaines époques de sa vie primitive. Des actes notariaux, vers 1550, signalent, à Rome, de nombreux marchands de bestiaux, parmi lesquels des immigrés corses[281]... Concurrencée aussi par le blé étranger l'agriculture ne cesse de se détériorer. Au XVIIIe siècle, les choses s'aggraveront encore. De Brosses a laissé un tableau affligeant des misères de la plaine, de la négligence de ses propriétaires et des fièvres qui la ravagent[282]. « Le début du XIXe trouvera l'*agro romano* dans une situation plus lamentable que jamais »[283].

La puissance des plaines : l'Andalousie

D'ordinaire, le destin des plaines est moins agité. Ou peut-être nous paraît-il ainsi parce qu'il nous est moins bien connu ? Il y a tout de même eu, de l'époque romaine à la nôtre, de singulières variations dans l'occupation et la mise en valeur des sols de la Basse-Tunisie, où les preuves abondent d'une antique splendeur. On peut en dire autant de la Basse-Syrie ou de la Macédoine, morte pendant des siècles, à peine ressuscitée depuis 1922, ou de l'étonnante Camargue dont le destin n'a pas fini de nous surprendre.

Quoi qu'il en soit, ces vastes plaines représentent l'essentiel de l'histoire agricole méditerranéenne, la dernière, la plus difficile, la plus magnifique aussi de ses réussites, si l'on ne s'attache pas au prix élevé, humainement parlant, qu'il a fallu payer pour les gagner sur les eaux. Chacune de ces conquêtes a été un grand fait d'histoire, riche de conséquences. A tel point que, derrière tel ou tel gros événement, il faut toujours se demander s'il n'y a pas eu, cause profonde, une de ces grandes réussites agraires.

Il n'y a pas d'exemple plus éblouissant d'une telle primauté que celui des plaines de Basse-Andalousie. Au XVIe siècle, c'est une des régions les plus riches de Méditerranée. Entre le vieux socle castillan, au Nord, et les montagnes âpres qui, vers le Sud, constituent la haute Cordillère Bétique, elle déroule ses faibles ondulations, ses prairies évocatrices parfois, vers l'Ouest, des Nords flamands, ses vignobles et ses vastes vergers d'oliviers... Comme toutes les autres plaines, elle a dû être conquise secteur par secteur. Aux débuts de Rome, tout le bas Guadalquivir était un marécage [284], quelque chose de comparable au Bas-Rhône primitif ou à la Mitidja d'avant la colonisation française. Mais assez rapidement, l'Andalousie, la Bétique, allait devenir le cœur de l'Espagne romaine, un jardin de villes, bientôt trop belles d'ailleurs, trop peuplées.

Car c'est l'envers de la richesse des plaines : spécialisées dans des cultures peu nombreuses et rémunératrices, elles dépendent en partie de l'extérieur pour leur nourriture quotidienne. Exportatrices d'huile, de raisins, de vins, de tissus, d'objets manufacturés, les villes andalouses vivent aussi du blé nord-africain. Qui possède ce blé les tient un peu à sa merci. Le Vandale, avec leur complicité, s'est emparé, au Ve siècle, du grenier[285]. Quand le Byzantin les en déloge au siècle suivant, l'Andalousie lui est aussitôt acquise. Quand c'est le tour des Arabes, elle ne leur résiste pas...

Chaque fois qu'elle est « conquise », l'Andalousie devient le fleuron de la nouvelle couronne. Elle a été le cœur d'une Espagne musulmane rayonnante, mal étendue sans doute au Nord de la Péninsule ibérique, mais étalée en direction de l'Afrique Mineure, jamais bien distinguée de ses côtes, de ses populations frustes et de son histoire mouvementée... Dans ce jardin de villes, deux grandes métropoles : Cordoue et, plus tard, Séville. Cordoue, école de toute l'Espagne, de tout l'Occident musulman et chrétien, mais les deux cités, l'une et l'autre, capitales d'art et centres de civilisation.

Des centaines d'années plus tard, au XVIe siècle, cette grandeur est encore vivante. Il avait pourtant fallu cicatriser les très grosses plaies causées par la reconquête chrétienne au XIIIe siècle. Elle avait, en pays andalou, surtout vers le Sud, créé de multiples déserts que la colonisation militaire, puis pacifique, mit longtemps à combler. Au XVIe siècle, ce lent travail de réparation n'est pas encore achevé[286]. Mais, telle quelle, l'Andalousie est encore un splendide pays, « grenier, fruitier, cave et étable de l'Espagne »[287], objet de l'éloge rituel des ambassadeurs vénitiens, dans leurs *Relazioni*... Aux gloires de sa terre, le XVIe siècle a ajouté ce cadeau : l'Amérique. Car l'Amérique a été donnée, en 1503, pour presque deux siècles à Séville. L'Amérique, c'est-à-dire la *Casa de la Contratación*, les flottes qui gagnent les Indes et celles qui rapportent l'argent du Mexique ou du Pérou, les colonies marchandes de l'étranger, si denses, si actives : tout cela donné à Séville en exclusivité, à titre de légitime monopole. Pour quelles raisons ? Tout d'abord pour que soit contrôlé plus jalousement le trafic enrichissant : point de vue des gouvernants. Ensuite, parce que le chemin d'Amérique est sous la dépendance des alizés et Séville à la porte de ces mêmes alizés. Mais, derrière cette singulière fortune, n'y a-t-il pas eu aussi le poids d'une ville privilégiée, admirablement ravitaillée par les barques qui descendent le Guadalquivir et par les fameuses voitures à quatre bœufs ? C'est la grande plaine vinicole et oléicole qui, en sous-main, anime les trafics sévillans. C'est l'huile, le vin de ses coteaux que les bateaux du Nord, bretons, anglais, zélandais ou hollandais, viennent quérir, et non point seulement le sel de San Lucar — incomparable pour la salure des morues — et les produits des Indes.

La richesse de l'Andalousie l'a donc poussée, sinon contrainte, à sortir de chez elle. Au XVIe siècle, Séville et l'arrière-pays andalou, mi-musulman toujours et à peine mi-chrétien, sont en train de bâtir, avec leurs hommes, de larges pans de l'Amérique espagnole : celle-ci portera la marque de cette origine. Carlos Pereyra l'a dit excellemment. Toute l'Espagne déracine ses hommes en faveur de ces pays du Sud ouverts sur la mer.

Voilà qui doit nous mettre en garde contre telle vivante expression de Pierre George au sujet de ces plaines, « cellules terriennes » au voisinage de la mer. En fait, ces cellules sont loin d'être fermées sur elles-mêmes. Quand elles rayonnent, c'est généralement parce que l'économie des vastes espaces de la mer vient à leur secours, ou, plus exactement encore, les prend à son service, les condamne aux grandes cultures d'exportation. L'olivier et la vigne ne progressent, dans la Basse-Andalousie du XVIe siècle, que par les faveurs du grand commerce sévillan. De même, à l'autre bout de la Méditerranée et quasiment hors de son espace, l'essor de la culture du blé en Moldavie et en Valachie, au temps de Michel le Brave, à la fin du XVIe siècle, cet essor et, du coup, le renforcement du régime seigneurial qu'il entraîna, sont liés à l'appel créé, dans la mer Noire, par un commerce des grains, lui-même en pleine croissance. Donnerons-nous, cette fois hors du XVIe siècle, quelques exemples analogues : le coton et le tabac, occasions de la bonification de la plaine de Salonique ; la garance, introduite dans le Comtat Venaissin au XVIIIe siècle et pour qui l'on dessécha les régions basses et fit disparaître les derniers paluds ; ou encore, autour de 1900, la vigne qui créa la Mitidja salubre ?

Pas de doute en somme : il faut, pour solder l'équipement de ces bas-pays, l'afflux des gros bénéfices assurés par le commerce, le grand commerce à longue distance. Mais, plus exactement, ce commerce, n'est-ce pas, à proximité, une grande ville marchande ouverte sur le dehors, riche de capitaux ? Une ville capable d'assumer les tâches, les responsabilités et les risques de l'entreprise ? Toutes les bonifications dont nous avons pu parler au XVIe siècle sont précisément dans la zone de grandes villes : Venise, Milan, Florence... De même Alger, vers 1580, a fait surgir, de sa propre grandeur, une vie agricole importante dans la Mitidja. Vie éphémère peut-être, car la plaine n'a pas alors perdu ses eaux malsaines, mais elle s'est mise à produire, pour la ville grandissante et les luxueuses maisons des corsaires turcs et renégats — Dieu sait au prix de combien de vies humaines — bétail, lait et beurre, fèves, pois chiches, lentilles, melons, concombres, volailles, pigeons... Elle expédie, vers les bateaux du port, la cire, les cuirs et quantité de soie. Elle a ses champs de blé et d'orge. Si bien qu'Haedo, qui n'a peut-être pas été y voir lui-même, conclut à un Éden... Valence, pareillement, explique les jardins qui l'entourent et par surcroît elle les nourrit d'engrais. « Si les rues (de Valence), dit un voyageur du XVIIIe siècle[288], ne sont pas pavées, c'est que leurs dépouilles, mêlées avec les immondices dont elles ne sont jonchées que quelques instants, sont emportées fréquemment hors de ses murs pour fertiliser les campagnes adjacentes, et que l'on est persuadé qu'en les pavant on enlèverait à ce vaste verger, qui entoure Valence de toutes parts, une des principales sources de sa fécondité. »

Toute plaine gagnée à la grande culture devient une puissance économique et humaine, une force... Mais ce n'est point pour elle seule, c'est pour le dehors qu'elle vit, qu'elle doit vivre et produire. Et ceci, condition de sa grandeur, est aussi — au XVIe siècle où nul n'est jamais sûr de son pain quotidien — la cause de sa dépendance et de ses misères. Nous le verrons pour l'Andalousie condamnée, dès avant 1580, à importer du blé nordique [289].

4. Transhumance ou nomadisme : déjà deux Méditerranées

Ces voyages accomplis, il nous reste à saisir dans leur ensemble, les problèmes multiples de la transhumance et du nomadisme, ces déplacements réguliers d'hommes et de troupeaux, l'un des traits forts de l'univers méditerranéen et que nous abordons en dernière instance. Tout ne s'expliquera pas de ces mouvements sans fin recommencés si l'observation est limitée aux *seuls* continents péninsulaires. Il conviendra de regarder souvent et largement vers l'Est et vers le Sud et d'inclure, au moins dans le raisonnement, la vie pastorale des vastes confins désertiques. Voilà pourquoi nous avons tardé à aborder ces problèmes de localisation malaisée.

Les transhumances [290]

Il y a plusieurs transhumances : les géographes en distinguent au moins deux, peut-être trois.

Il y a, tout d'abord, la transhumance « normale » : propriétaires et bergers sont, dans ce cas, gens de la plaine ; ils y habitent ; ils en partent l'été, saison défavorable pour les éleveurs d'en bas. La montagne, à ce jeu, ne fournit que l'espace. Et encore cet espace est-il souvent la propriété du paysan de la plaine si, plus généralement, il est loué au montagnard. Arles, au XVIe siècle, depuis quatre ou cinq cents ans peut-être [291], est la capitale d'une large transhumance d'été, qui commande aux troupeaux de la Camargue et surtout de la Crau et les expédie chaque année, par les routes du bassin de la Durance, vers les pâturages de l'Oisans, du Dévoluy, du Vercors, jusqu'au voisinage de la Maurienne et de la Tarentaise. Une vraie « capitale paysanne » : là demeurent les « capitalistes » [292], ainsi appelait-on, hier encore, les maîtres de cet élevage moutonnier ; là instrumentent les notaires devant qui s'enregistrent les contrats.

La transhumance « inverse », au XVIe siècle, c'est, pour prendre un exemple, celle de la Navarre espagnole. Troupeaux, bergers viennent, cette fois, du haut pays *euskari*. Au pays d'en bas n'appartiennent que les fonctions marchandes, quand marché il y a... Cette transhumance est une descente d'hiver, tumultueuse. Bêtes et bergers, fuyant la montagne trop froide, gagnent la Basse-Navarre comme une armée entrant en pays conquis. Tout se cadenasse au passage de ces hôtes redoutés. Chaque année fait ainsi renaître l'éternelle guerre du berger et du paysan. A l'aller d'abord, jusqu'à ce que les bêtes aient gagné les parties ouvertes de la plaine ou les grands pâturages des Bardenas Reales, puis au retour. Les Bardenas Reales sont une steppe pierreuse, aux confins de l'Aragon, où les pluies d'hiver maintiennent des pâturages assez maigres [293].

Cette transhumance inverse, c'est aussi celle de Calabre qui accumule bergers et troupeaux, durant l'hiver et au printemps, dans les étroites régions littorales. « Le matin du jour de Pâques, explique, en juin 1549, l'évêque de Catanzaro, quelques prêtres se rendaient dans les marines où sont de nombreux troupeaux et avaient l'habitude de célébrer la messe sur un autel fait de *formes* de fromage, puis de bénir fromages et troupeaux et de donner la communion aux bergers. Le prêtre y gagnait tout le fromage utilisé à édifier l'autel. J'ai puni les prêtres qui avaient célébré ces offices et... interdit sous de terribles peines qu'aucun ne se hasarde à le faire dorénavant » [294].

Ainsi deux transhumances. Il existe, en outre, moins importante, une transhumance mixte qui mêle à la fois les transhumances d'été et d'hiver. Le point de départ et les habitations se trouvent alors à mi-pente, à mi-chemin des deux pâturages. Ainsi dans la Châtaigneraie corse, aujourd'hui.

En fait, il est impossible d'épuiser la réalité dans une classification rigide. La transhumance met en jeu toutes sortes de conditions, physiques, humaines, historiques[295]. En Méditerranée, dans sa définition la plus simple, elle est un déplacement *dans le sens vertical* des pâturages d'hiver, situés dans les plaines, aux pâturages d'été occupant les hauteurs. Elle est une vie combinée des deux étages. En même temps, un déplacement d'hommes. Et ces hommes appartiennent à tel ou tel village, à tel ou tel groupe rural — ou non rural ; ils ne sont que bergers, ou bien, pendant une de leurs haltes, ils cultivent sommairement la terre, brûlant parfois le maquis en automne pour hâter la pousse des plantes[296] ; ils habitent, ces hommes, soit en haut, soit en bas ; ils ont — ou n'ont pas — des demeures fixes. Bref, les variantes sont nombreuses, mais, imposées par les conditions locales, elles sont quasi inéluctables. Goûtons au passage cette anecdote : Coron, sur la côte grecque, était encore en 1499 un poste vénitien, le Pacha de Morée voudrait empêcher les Albanais et les Grecs de la petite place d'aller semer, ou de paître leurs troupeaux sur le territoire du Grand Seigneur. Les *Rettori* de Coron se contentent de lui répondre *dolcemente* : « Si les nôtres vont l'été sur votre territoire, l'hiver vos troupeaux viennent sur le nôtre »[297].

Relief et saison, les deux données, habituellement, annoncent sinon tout, du moins l'essentiel de ce qui peut et doit survenir. En 1498[298], pendant les jours de Carnaval, des *stradiots* font un raid aux environs de Pise : leur butin n'étonnera pas, en hiver et au bord de la mer : 300 têtes de gros bétail, buffles et vaches, 600 moutons, quelques juments, des mules. Autre raid près de Zara, contre les Turcs, en janvier 1526 : 2 500 animaux enlevés[299]. Dernier test : en décembre 1649[300], des Morlaques, entraînés par un nouveau chef, se saisissent, en Dalmatie, près de la côte, de « 13 000 chefs de bétail ».

Le nomadisme plus ancien que la transhumance

La transhumance, ainsi définie, n'est qu'une des formes, régularisée et comme assagie, de la vie pastorale méditerranéenne, entre pâturages des plaines et pâturages des montagnes. Une forme assagie, fruit d'une longue évolution. La transhumance, même la plus tumultueuse, n'entraîne avec elle qu'une population spécialisée de bergers. Elle implique une division du travail, une agriculture omniprésente, donc des labours à préserver, des maisons fixes, des villages. Ceux-ci se vident, au gré des saisons, d'une partie de leur population, au bénéfice soit de la plaine, soit de la haute montagne. Bien des enquêtes, au XVIe siècle, signalent ces villages d'en haut à demi dépeuplés, où restent les vieillards, les femmes, les enfants.

Le nomadisme, au contraire, entraîne tout avec lui, et sur d'énormes parcours : les gens, les bêtes et même les maisons. Jamais, cependant, il ne canalise, comme la transhumance, d'énormes fleuves moutonniers. Ses troupeaux, même importants, se diluent dans un espace immense, parfois par très petits groupes. Aujourd'hui, le nomadisme — qui, autour de la Méditerranée, n'existe plus qu'à l'état résiduel, il est vrai —, c'est cette dizaine de personnes que l'on peut apercevoir à la nuit tombante autour d'un feu, dans la proche banlieue de Beyrouth ; ou bien, dans l'Algérie d'après les moissons, au milieu des chaumes, quelques chameaux, des moutons, des ânes, deux ou trois chevaux, des femmes vêtues de rouge et quelques tentes noires en poil de chèvre ; ou encore, dans la plaine d'Antalya, en Pamphylie, au Sud du Taurus, une vingtaine de tentes, parfois — mais rarement — disposées en fer à cheval comme le voudrait une tradition qui, peu à peu, se perd [301].

Transhumance et nomadisme semblent des spectacles, des activités d'âge différent. Celui-ci n'est-il pas plus ancien que celle-là ? Sous nos yeux, dans toute la zone désertique et semi-désertique qui entoure le Sud de la Méditerranée et se poursuit jusque vers l'Asie centrale et au delà, la sédentarisation poursuivie par les gouvernements actuels laisse subsister, de l'ancien nomadisme, une vie pastorale allégée (au Sahara comme en Tripolitaine, en Syrie comme en Turquie et en Iran), qui est une transhumance, une division du travail. Cet ordre chronologique semble donc probable. On ajoutera que, dans le cadre de la Méditerranée montagneuse, il semble bien que la transhumance inverse ait été plus ancienne que la transhumance dite normale des géographes.

Cette mise en perspective — nomadisme, transhumance inverse, transhumance dite normale — est vraisemblable. Mais les choses ne se sont jamais passées de façon aussi simple que le suggère ce « modèle » *a priori*. Le passé a été plus fertile en catastrophes, en révolutions brutales qu'en lentes évolutions. Le malheur veut que les catastrophes soient moins bien connues en ces domaines qu'en ceux de la politique.

En fait, lorsque, étudiées de près, les structures pastorales se révèlent dans leur détail, transhumance inverse et transhumance normale apparaissent assez souvent mêlées. Dans la Haute-Provence [302] des XVe et XVIe siècles, propriétaires d'en haut (les plus riches et les plus nombreux) et d'en bas utilisent les mêmes pâturages. Dans ces conditions, c'est le régime de propriété qui distingue, à lui seul, les deux formes de transhumance. Et nous voilà rejetés du domaine géographique dans le domaine social de la propriété, voire dans celui de la politique. Les passages des troupeaux offrent en effet des ressources fiscales qu'aucun État ne peut négliger, qu'il organisera volontiers et protégera toujours. Entre les Abruzzes et le Tavoliere des Pouilles, une transhumance inverse s'est établie dès l'époque romaine et explique alors les industries drapantes de Tarente. Elle a subsisté ensuite sous un régime assez libre jusqu'en 1442-1447, quand Alphonse Ier d'Aragon [303] l'a organisée de façon autoritaire avec ses routes moutonnières privilégiées et obligatoires, les *tratturi*, et ses chemins de raccord (*tratturelli*), ses pâturages de repos (*riposi*) et ses pâturages d'hiver avec, en plus, les contraintes qui obligent à vendre la laine et les animaux à Foggia et pas ailleurs, avec évidemment des paiements tout au long des parcours. Ce système, une fois fixé, variera peu et sera protégé contre les empiétements réguliers et obstinés, au long des routes, des paysans planteurs de vignes ou d'oliviers et surtout producteurs de blé.

En 1548, sur un territoire de 15 000 *carri* (un *carro* =

5. — Hivernage et estivage des moutons de Haute-Provence vers la fin du XVe siècle

D'après Thérèse SCLAFERT, *Cultures en Haute-Provence*, 1959, pp. 134 et 135, où les abréviations de quelques noms de lieux sont développées.

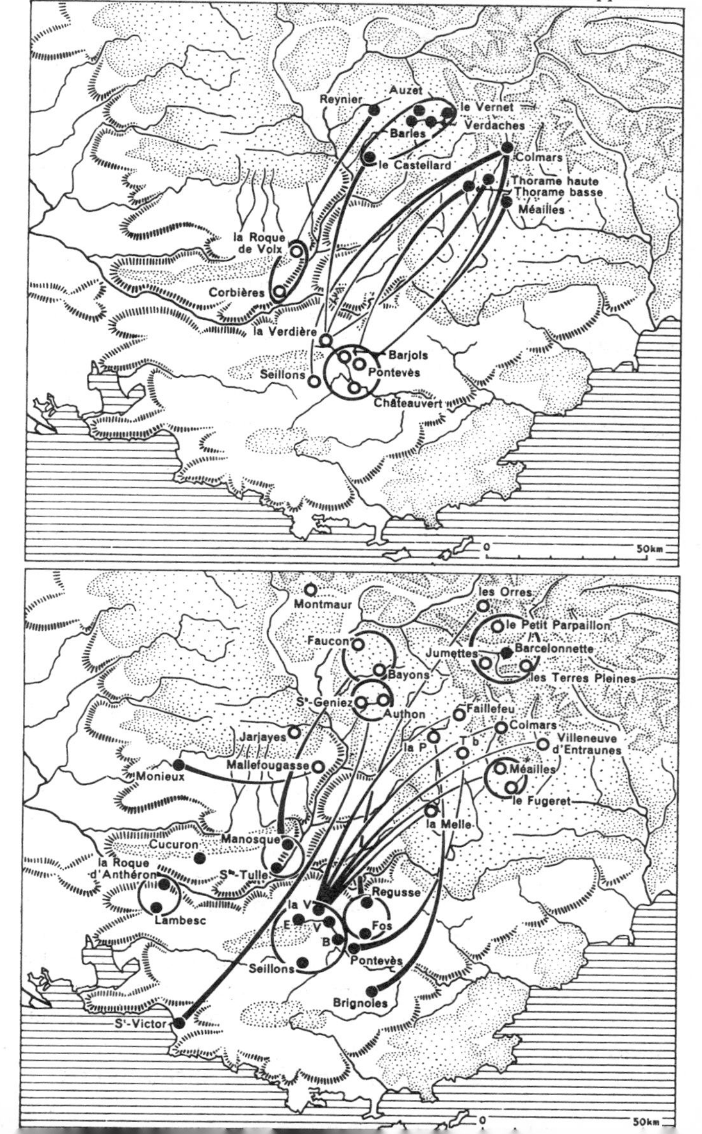

plus de 24 ha) situé dans les Pouilles, les pâturages royaux représentent un peu plus de 7 000 *carri* ; en outre les autorités récupèrent alors 2 000 *carri* sur les champs labourés, à plus ou moins juste titre. Les troupeaux qui, en moyenne, comptaient un million de têtes, passent à 1 300 000, toujours en moyenne, pour les dix années qui suivent. Et ce nombre croîtra encore puisque, en octobre 1591, les estimations officielles parlent de 2 881 217 moutons, alors que régulièrement, au lendemain des « chertés » céréalières (en 1560, 1562, 1567, 1584, 1589-1590 et 1591), des terrains de parcours ont été affermés à des paysans pour des durées de six années — les rendements en blé atteignant sur ces terrains enrichis par le passage des bêtes, des chiffres records, de 1 à 20 ou de 1 à 30. D'où à Naples des enchères mouvementées « à la chandelle »[304] entre les candidats acquéreurs. De gros intérêts sont en jeu : ceux du fisc pour qui la douane des Pouilles est « une perle irremplaçable », ceux des marchands de laine et de viande, ceux des gros propriétaires de troupeaux qui se détachent de plus en plus de la masse des petits éleveurs. « Tel *villano* de cette province des Abruzzes, dit un rapport adressé au Roi Catholique, aura 10, 15, 20 ou 30 000 brebis qu'il amène, chaque année, dans cette douane (des Pouilles) pour y vendre laine et bétail. Puis, ayant rempli d'écus les sacoches de sa monture, il s'en retourne chez lui enterrer son argent ; il meurt parfois en laissant son trésor toujours enfoui »[305]. Toutefois, dès le XVIIe siècle et plus encore au XVIIIe, il y a concentration de la propriété, grossissement des troupeaux des riches propriétaires et une primauté *s'esquisserait* au bénéfice du pays d'en bas. Il s'agit là d'une impression mal vérifiée[306]. Pour le moins, elle donne une idée de la difficulté du problème.

Même dualité, en tout cas, dans le pays de Vicence — le *Vicentino*. Le travail inédit d'un érudit du XVIe siècle, Francesco Caldagno[307], le décrit comme un pays *habitatissimo*, sans aucune terre inculte, un jardin continu, semé de gros villages qui ont l'air de villes, avec leurs marchés, leurs trafics, leurs « beaux palais ».

Rien n'y manque, ni le bois qui arrive par voitures ou par flottage, ni le charbon de bois ; et les basses-cours sont peuplées, même de paons et de « coqs d'Inde ». Sur les fleuves et les rivières, d'innombrables moulins, des scieries, etc. Dans des prairies irriguées, des milliers et même « des centaines de milliers de bêtes ». Veaux, chevreaux, agneaux surabondent et, l'été venu, tout ce bétail est envoyé *alli paschi della montagna*. Voilà une transhumance normale qui ne laisse pas de soulever des conflits avec les montagnards, pour la location ou l'usage des pâturages d'altitude. Ainsi, à propos des « Mandriole », une montagne que louent les *Vicentini*, il y a des conflits avec les Grisons, ce qui n'étonnera guère : les Grisons conduisent leur bétail au Sud des Alpes et vers Venise[308] où ils s'établissent parfois comme bouchers. Mais le *Vicentino* a lui-même ses montagnards, dans ce morceau des Alpes que sont les *Sette Comuni*, avec leurs bûcherons, leurs chasseurs de sauvagines, et aussi leurs cultures et leurs propres troupeaux, notamment à Galio qui possède de 50 à 60 000 moutons. L'été, ils restent sur les pâturages des *Sette Comuni*, à l'automne ils redescendent et se dispersent à travers les campagnes du Vicentino, du Padovano, du Polesine, du Trivigiano, du Veronese, voire du Mantovano. Preuve que la puissante vie pastorale, à partir du bas pays *vicentino*, n'a pas saisi, à elle seule, tout l'espace disponible pour les troupeaux. Chacun en a eu sa part.

La transhumance castillane

La transhumance castillane est un bel exemple pour mettre à l'épreuve toutes nos définitions. Ses spectacles ont été décrits cent fois pour une. Nous en connaissons les réalités, les contraintes, la complexité.

Il faut distinguer d'entrée de jeu, la « grande transhumance », dont les déplacements peuvent atteindre 800 km, et une transhumance à court ou très court rayon. Seule la grande qui dépend de l'illustre « syndicat » moutonnier de la *Mesta* (dont les privilèges remontent à 1273) retiendra notre attention. Comme le dit un naturaliste de la fin du XVIIIe siècle, l'Espagne a « deux espèces de brebis, celles de la première espèce, dont la laine est commune, passent leur vie où elles naissent, ne changent point de pâturage et reviennent tous les soirs à la bergerie ; les autres, dont la laine est fine, voyagent tous les ans et, après avoir passé l'été sur les montagnes, elles descendent dans les prairies chaudes des parties méridionales du Royaume, telles que la Manche, l'Estrémadure et l'Andalousie. On appelle cette seconde espèce « brebis ambulantes »[309]. Comme toutes les distinctions, celle-ci n'est qu'approximative : ne sont « brebis ambulantes », avec leurs précieuses toisons enduites l'hiver d'argile rouge, que celles qui vont « aux extrémités » de la Castille, par les grandes routes, les *cañadas* sur lesquelles sont une douzaine de péages royaux. Mais il y a d'autres circulations pastorales, par les routes secondaires (*cordeles, veredas*). Ces troupeaux étrangers à la grande circulation oscillent avec les saisons ; ils sont dits *ganados travesios*, ou *riberiegos*, ou *merchaniegos*, cette fois quand ils gagnent les marchés (*mercados*). Une lutte longue, méticuleuse permettra aux autorités royales d'étendre leur contrôle en dehors des routes principales : elle explique la montée alerte, jusqu'en 1593-1599[310], des impositions moutonnières. Mais là n'est pas notre problème.

Il consiste à imaginer cette grande transhumance selon les *cañadas* dont nous avons repris la carte au livre classique de Julius Klein[311], ces mouvements selon les méridiens, du Nord au Sud puis du Sud au Nord, et ainsi de suite. Aucun doute à leur sujet : malgré l'ampleur des déplacements (souvent à l'horizontale, ou par des brèches qui coupent les reliefs), nous ne sommes pas en face d'un cas de nomadisme, puisque moutons et brebis sont accompagnés par des bergers spécialisés, et seulement par eux, les *rabadanes*, maîtres bergers et bergers subalternes, armés de frondes, de longues houlettes, accompagnés de leurs mules, de quelques chevaux, de leurs chaudrons de cuisine et de leurs chiens. Il ne s'agit nullement de populations en déplace-

6. — Les transhumances castillanes

D'après Julius KLEIN, *The Mesta : A Study in Spanish Economic History 1273-1836*, Cambridge, 1920, pp. 18-19.

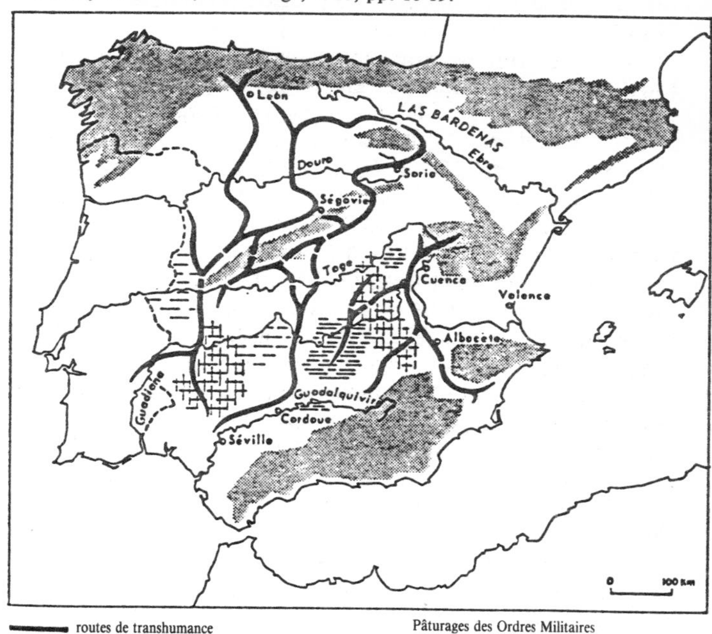

routes de transhumance

péage

Pâturages des Ordres Militaires

Alcántara Calatrava Santiago

ment. Disons même sans hésiter : c'est une transhumance inverse. Les troupeaux à laine fine vont, en effet, des hautes régions du Nord aux bas pays méridionaux. Troupeaux et propriétaires (les grands et les petits) relèvent du Nord, avant tout des quatre grandes « cités » moutonnières qui défendent aux Cortès les intérêts puissants de la *Mesta* : León, Ségovie, Soria, Cuenca. C'est d'ailleurs de la capacité des pâturages d'été, donc du Nord, que dépend tout le système ; au Sud, l'immensité des terrains vides de l'Estrémadure, de la Manche et de l'Andalousie permettrait une augmentation sans limite[312]. On peut alors penser que si les troupeaux castillans ne traversent pas la symbolique frontière portugaise, c'est, autant qu'à la résistance de voisins vigilants, à l'inutilité de débouchés supplémentaires qu'il faut attribuer cette limitation, cependant déplorée par les usagers castillans.

Ceci dit, nous ne nous intéresserons pas, pour l'instant, au conflit multiple entre paysans et bergers (à l'occasion surtout de la remontée des troupeaux ambulants) ; pas plus qu'à la lutte entre troupeaux à court et à large rayon de déplacement : du côté des troupeaux stabulants, *estantes* ou *travesios*, interviennent des villes qui sont en dehors du jeu de la *Mesta*, comme Salamanque, des villes entendez des aristocraties locales de hobereaux et de propriétaires. Nous ne nous intéresserons pas davantage aux luttes entre ce « groupe de pression » qu'est la *Mesta* et les juridictions hostiles à ses privilèges judiciaires ; pas davantage à cette lutte pour les péages entre l'État, les villes, la grande noblesse ou l'Église... Cependant tous ces faits, bien connus, indiquent combien le système de la transhumance est ici compliqué, appuyé sur d'autres systèmes et seulement compréhensible à la lumière d'une longue évolution antérieure. La vie pastorale a travaillé l'économie ibérique, dit un historien en souriant, « plus que les olives, les raisins, le cuivre ou même les trésors du Pérou » [313]. Et il a raison. N'y voyons pas seulement, à la hauteur du XIVe siècle, la simple généralisation du mouton *merino*, issu de croisements entre moutons d'Espagne et moutons importés d'Afrique du Nord. Tout un concours de circonstances, une complicité de la conjoncture internationale ont été nécessaires pour la mise en place (et la montée jusqu'aux environs peut-être de 1526) de la *Mesta*. Sans la crise européenne des XIVe et XVe siècles, sans l'attrait du bas prix probable de la laine castillane, sans le ralentissement bien connu des exportations de laine anglaise, sans l'activité drapante des villes d'Italie, l'essor moutonnier de la Castille et ses millions de brebis itinérantes auraient été impossibles, impensables [314]...

Bref, sur le cas spectaculaire et grossissant de la Castille, la conclusion est sans ambiguïté : toute transhumance présuppose des structures internes et externes compliquées, de lourdes institutions. Dans le cas de la laine castillane, sont en cause des villes et des marchés comme Ségovie ; des hommes d'affaires génois qui achètent à l'avance les laines et, avec les Florentins, possèdent les lavoirs où sont préparées les toisons, sans compter les représentants castillans de ces grands marchands, les transporteurs des balles de laine, les flottes à partir de Bilbao en direction des Flandres (que contrôle le Consulat de Burgos), ou les expéditions vers Alicante ou Málaga à destination de l'Italie, ou encore, pour prendre un détail plus ordinaire, le sel indispensable qu'il faut acheter et transporter pour les troupeaux jusqu'aux pâturages... Impossible d'expliquer la transhumance castillane en dehors de ce large contexte, où elle est à la fois construite et prisonnière.

Comparaisons et cartographies d'ensemble

Pour chaque exemple important ou non, l'analyse aboutirait à des conclusions analogues.

1° Tous les cas connus d'un peu près montrent que la transhumance est fortement institutionnalisée, mise à l'abri de sauvegardes, de règlements, de privilèges, et un peu hors société, ce que révèle la situation toujours à part des bergers. Des études, il est vrai sur la Haute-Allemagne [315], soulignent ce côté hors société, « intouchable » du berger, et c'est un signe révélateur. D'ailleurs tel admirable reportage chez les bergers transhumants de la Provence actuelle [316], ouvre au lecteur les portes d'un monde, d'une civilisation à part.

Évidemment, de région à région, les précautions pour et contre la transhumance peuvent varier, mais elles sont toujours en place. Autour d'Arles, dans la Crau, des abus se commettent au bénéfice des « troupeaux étrangers » ; le Conseil municipal en délibère en 1633 et charge le Capitaine du Guet d'organiser les inspections nécessaires, en l'autorisant à lever une taxe pour se dédommager. Le Parlement d'Aix homologuera le règlement. N'insistons pas : il s'agit bien là de tout un système [317]. A Naples, au début du XVIIe siècle [318], le principal office, hors de la grande ville, est celui du douanier de Foggia. C'est lui qui répartit les pâturages, donne les assignations, prélève les loyers des herbages — ou, en son absence, l'administration représentée par un Président de la Camara qui se rend sur place deux fois l'an, *al modo de la Mesta*, précise un rapport anonyme. Juste ou non, ce rapprochement est symptomatique. De même, en Aragon, la vie pastorale obéit à une Mesta analogue à celle de Castille, avec ses privilèges ; mais ses archives n'ont pas encore tenté d'historien.

2° Seconde règle : toute transhumance est lancée par une vie agricole exigeante et qui, incapable de supporter le poids entier de la vie pastorale et de renoncer à ses avantages, s'en décharge, au gré des possibilités locales et des saisons, vers les pâturages du rez-de-chaussée ou des hauteurs. Alors toute étude logique doit commencer par cette agriculture motrice. C'est elle qui impose la séparation entre bergers et paysans. Pour la grande vie pastorale dont le Tavoliere des Pouilles est l'aboutissement et les Abruzzes le centre de départ, le premier soin serait de marquer les positions, en bas comme en haut, des paysanneries en place. Dans le cas de la transhumance castillane, nous avons signalé le rôle moteur du Nord et de ses paysans enracinés. Pour le Vicentino, que l'on songe au *paese habitatissimo* d'en bas ! Plus encore, sous nos yeux, en Afrique du Nord comme en Turquie ou en Iran, n'est-ce pas la montée démographique et l'essor de l'agriculture qui brisent l'ancienne pratique pastorale ? Ce qui se passe aujourd'hui s'est passé hier.

3° La seule façon de dépasser ces cas particuliers, c'est de reporter toutes les transhumances connues sur une carte d'ensemble de la Méditerranée. L'opération est possible dans l'actualité, ce qu'a réussi, en 1938, Mlle Elli Müller, dans une carte que nous avons reprise, complétée et simplifiée [319]. Pour le passé, nous la reconstituons par fragments successifs. Larges d'une quinzaine de mètres, les routes de transhumance portent des noms différents selon les régions : *cañadas* de Castille, *camis ramaders* des Pyrénées Orientales, *drayes* ou *drailles* du Languedoc, *carraïres* de Provence, *tratturi* d'Italie, *trazzere* de Sicile, *drumul oilor* de Roumanie... Les traces anciennes et les survivances de ce réseau dessinent une géographie d'ensemble dont le témoignage est clair. Dans l'espace méditerranéen du XVIe siècle, la transhumance est avant tout circonscrite à la péninsule Ibérique, à la France méridionale, à l'Italie. Dans les autres péninsules, Balkans, Anatolie, Afrique du Nord, elle est submergée par un nomadisme ou semi-nomadisme envahissant. Seule une portion de la Méditerranée a une agriculture assez dense, une population assez nombreuse, une économie assez vive pour avoir emprisonné la vie pastorale dans des limites étroites, strictes.

Hors de cet espace tout se complique. Mais l'écheveau des contradictions, on va le voir, s'explique plus encore que par l'espace, qui a son mot à dire, par les avatars de l'histoire.

Dromadaires et chameaux : les invasions arabes et turques

L'histoire fournit, en effet, les grandes explications. Vers l'Est et vers le Sud, l'espace méditerranéen a connu deux invasions, en fait deux séries de bouleversements en chaîne qui ont tout remis en cause. Ce sont « les deux coupures béantes », dont parle Xavier de Planhol : les invasions arabes à partir du VIIe siècle, les invasions turques à partir du XIe ; celles-ci issues des « déserts froids » d'Asie Centrale et qui accompagnent ou renforcent l'extension du chameau ; celles-là en provenance des « déserts chauds » d'Arabie et qu'a favorisées, voire expliquées la diffusion du dromadaire [320].

Les deux animaux de transport diffèrent malgré d'évidentes ressemblances et des confusions possibles. L'Occident s'y est trompé à plaisir et non sans excuse : Savary, dans son *Dictionnaire du Commerce* (1759) définit le dromadaire comme « un double chameau », ce qui n'est assurément pas le cas. Donc deux bêtes différentes : le chameau, originaire de Bactriane, ne craint ni le froid, ni les reliefs ; le dromadaire, venu d'Arabie, reste un animal des déserts de sable et des zones chaudes. Il est pratiquement inapte à suivre les chemins de montagne ou à supporter des températures trop basses. Déjà, durant les nuits fraîches du désert saharien ou arabique, son maître a soin d'abriter sa tête sous la toile de la tente. Les hybrides entre dromadaires et chameaux, réussis au Turkestan vers le Xe siècle, n'ont joué qu'un rôle local.

L'écologie des deux animaux a sa grande importance. Une zone frontière assez large sépare leurs domaines respectifs, elle s'étend d'une ligne qui suivrait le rebord sud du Zagros et du Taurus (et qui est la ligne décisive) à une ligne schématique tirée de l'extrémité orientale de la mer Noire, au Sud de la Caspienne et au coude de l'Indus [321]. Très en gros, cette zone, c'est le plateau de l'Iran, froid pendant l'hiver. Le dromadaire y pénètre, bien sûr, participe aux actives caravanes qui, au XVIe siècle, se nouent surtout autour d'Ispahan [322]. Le dromadaire gagne même les Indes, il s'y valorise [323] autant, si ce n'est plus, que les chevaux, preuve qu'il n'est pas là tout à fait chez lui. En fait, ni les plateaux d'Anatolie, ni les hauts pays iraniens ne lui sont franchement ouverts et si la conquête arabe a échoué en Asie Mineure, si elle n'a jamais été très à son aise en Perse, c'est à l'infériorité du dromadaire qu'il faut, en grosse partie, l'imputer.

En tout cas, les deux zones ont eu chacune leur histoire.

De la Syrie au Maghreb, les hauteurs ont été laissées de côté par l'envahisseur arabe. Il a abandonné à leur sort ces vieilles montagnes sèches de l'intérieur, tournées vers le désert, et que l'homme avait tôt saisies, comme l'Aurès en Afrique du Nord ; pareillement, il a contourné ces montagnes vides, en bordure de la mer, où les précipitations abondantes expliquent les anciennes forêts denses, celles-ci très longtemps respectées par l'homme. Elles ont alors servi de refuges aux populations en fuite devant les conquérants arabes. Du VIIIe au XIe siècle, les Maronites et les Druses s'installent dans le Liban ; ils défrichent, fondent leurs États. En Afrique du Nord, les Kabylies se peuplent à partir du Xe siècle, plus encore du XIe, au lendemain de la grande poussée des nomades hilaliens [324]. Entre ces montagnes de peuplement, ou ancien ou récent, la « bédouinisation » consécutive à la conquête arabe s'est étalée comme une immense inondation, encerclant les hauts pays comme la mer encercle les îles. Du coup, a été emprisonnée en ces hauts lieux une vie souvent archaïque dont certains traits (bœuf comme animal porteur, cultures irriguées des vallées, greniers à grain, maisons de troglodytes où s'entassent bêtes et gens) se sont maintenus jusqu'à nos jours, ou peu s'en faut.

Pour les montagnes d'Asie Mineure et, à un moindre titre, des Balkans (où les exceptions abondent), l'intrusion des chameliers turcs a signifié des bouleversements violents, souvent sans rémission, mais d'une nature absolument différente. Un nomadisme agressif s'est installé, chaque fois que la chose a été possible, jusqu'au dernier étage des zones montagneuses, au-dessus de la limite supérieure de la forêt. Peut-être à cause de « ce que représente dans la langue et l'âme turque le terme de *yayla* — séjour estival — où les notions de fraîcheur, d'eaux courantes et glacées, de pâturages luxuriants se mêlent à une image très paradisiaque » [325]. Dès le printemps, la grande affaire est de quitter « les quartiers d'hiver *pirelendi*... remplis de puces... devenus des foyers de vermine », et surtout, de bouger, de prendre la route... Un proverbe turc dit (en traduction libre) : « un *Yürük* (= un nomade, un marcheur) n'a pas besoin d'aller quelque part, il faut qu'il bouge » [326], obéissant à des impulsions traditionnelles autant et plus encore qu'à des impératifs géographiques.

Cette vaste histoire est confuse, difficile à démêler : elle a ses propres imbroglios ; en outre, elle est aux prises avec l'opposition sans cesse recommencée des sédentaires ; elle doit franchir ou contourner, ou briser les barrages de ces derniers, céder souvent à leurs poussées silencieuses. En Asie Mineure, du XIIIe au XVe siècle, le nomadisme des bergers a été rejeté peu à peu, éliminé régulièrement des plateaux et dépressions intérieures et rejeté vers les marges montagneuses et les

7. — Les transhumances actuelles

D'après Elli MÜLLER, « Die Herdenwanderungen im Mittelmeergebiet » in *Petermann's Mitteilungen*, 1938.

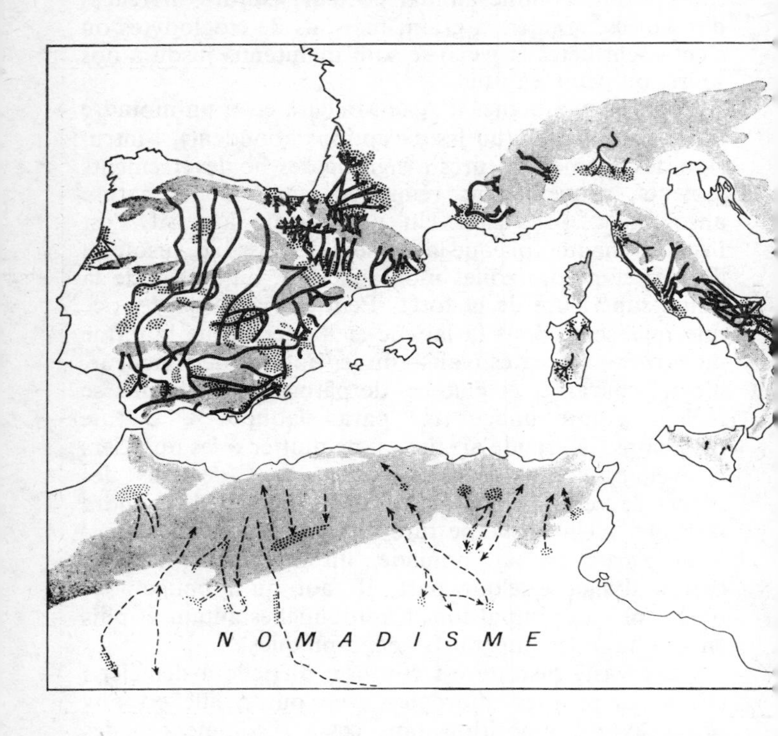

TRANSHUMANCE

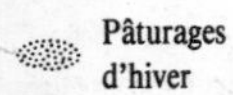
Pâturages d'hiver

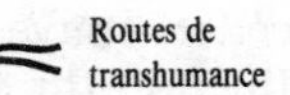
Routes de transhumance

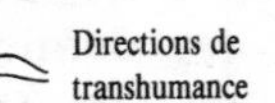
Directions de transhumance

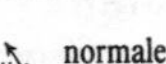
normale (troupea[ux] appartenant aux hab[i]tants des plaines)

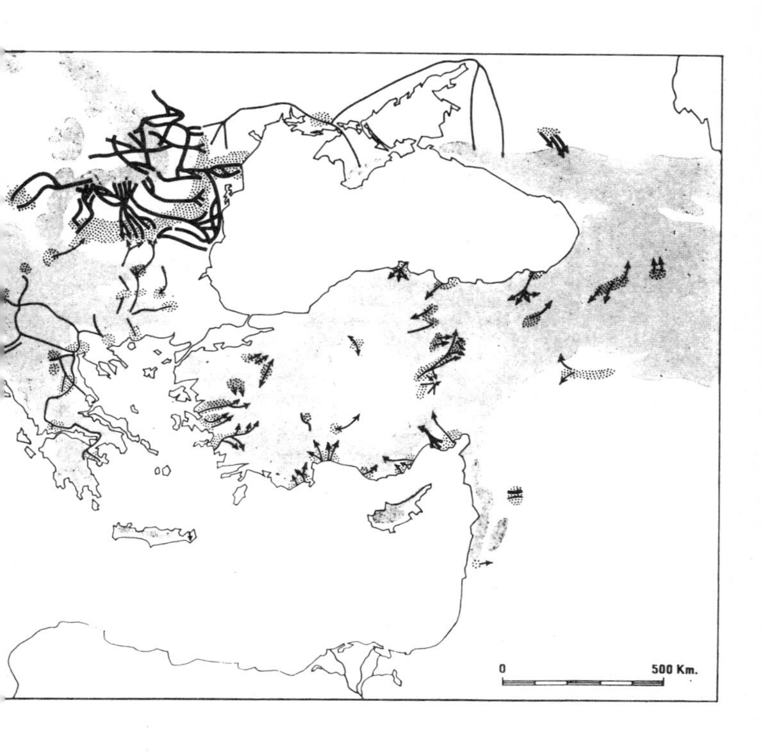

 inverse (troupeaux appartenant aux habitants des montagnes)

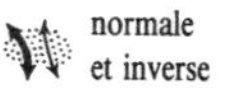 normale et inverse

double (troupeaux appartenant aux habitants des zones intermédiaires)

plaines périphériques, « quasi désertes », retournées depuis des siècles « à l'insalubrité et à l'abandon », « domaine d'une brousse pestilentielle en été » : plaines ciliciennes, pamphyliennes, vallées du Méandre et du Gediz. Au XVIe siècle, le gouvernement turc n'a cessé de discipliner les *Yürüks*, voire de les fixer par des concessions de terres, condamnant les plus récalcitrants aux travaux des mines et des fortifications, ou les déportant, ainsi dans l'île de Chypre, turque depuis 1572.

Mais l'œuvre est à recommencer sans fin. Si le nomadisme s'étiole dans l'Anatolie de l'Ouest, il prospère à l'Est où les nomades venus d'Asie portent le nom générique de Turkmènes. Aujourd'hui encore, dans la steppe anatolienne, des Turkmènes se déplacent jusqu'à Alep, Damas ; et le problème de leur sédentarisation, à l'un ou l'autre bout de leur parcours, se pose. Dès le XVIe siècle, plus encore au siècle suivant, gouverneurs et percepteurs ottomans s'occuperont de très près des nomades turkmènes qui n'avaient jamais été inquiétés, lors des grands succès de l'expansion turque aux époques antérieures. Il s'agit pour la Porte de percevoir l'impôt, de recruter des cavaliers. Les luttes contre la Perse, si acharnées, entraînent le rejet vers l'Iran des tribus *chiites* ; les *sunnites*, au contraire, poussent vers l'Ouest et renouvellent le stock nomade des yürüks. Telle tribu qui se trouve en 1613 dans la région de Karaman, au Sud-Est de Konya, est, 70 ans plus tard, à la hauteur de Kütahya ; des groupes passent même à Rhodes. Dernier renouveau : les vides creusés à l'Est se combleront une fois de plus, les Kurdes, jusque-là cloîtrés dans leurs montagnes, se donnant de l'air. Au XIXe siècle, ils « reprennent à leur compte les grandes migrations Nord-Sud entre le haut plateau anatolien et le Piedmont méridional du Taurus ». Preuve qu'il y a des cycles pour la vie des nomades, avec d'étonnants points d'arrêt, des enkystements, des permanences et des reprises [327].

Nomadisme des Balkans, d'Anatolie et d'Afrique du Nord, vu par des témoins occidentaux

Tout expliquer par ces invasions — celles du VIIe siècle et leurs suites, celles du XIe siècle et leurs suites — est une simplification permise, nécessaire, mais une simplification. Le dromadaire n'a pas attendu l'expansion arabe pour gagner l'Afrique du Nord et le Sahara. De même le chameau s'est introduit en Anatolie avant les premiers succès seldjoukides. Mais, en gros, le schéma est juste. La Méditerranée, aboutissement des déserts chauds et froids qui coupent en son entier la masse continentale du Vieux Monde, voit se prolonger chez elle — mais s'atténuer aussi et s'apaiser devant la force obstinée des paysans — la vie comme naturelle des nomades issus d'Asie.

En tout cas, ce large passé survivant achève, au XVIe siècle, le portrait de ces mondes péninsulaires de Méditerranée — Balkans, Anatolie, Afrique du Nord — où la transhumance, telle que la définissent nos sources occidentales, a été bousculée, rejetée vers les marges, ou considérablement adultérée. Cette perspective essentielle aide à comprendre le caractère de certaines « îles » montagneuses, indépendantes, mais cadenassées, tenues en suspicion et qui débouchent mal sur l'extérieur, aussi bien le Djebel Druse, maître chez lui et conduisant à sa guise « des rapines... sur les Mores, Turcs et Arabes »[328] que la Kabylie — le Royaume de Cuco des textes espagnols — qui a son indépendance, non pas sa pleine liberté de mouvement. En vain, ses maîtres chercheront-ils, notamment par la petite plage de Stora (à côté de l'actuelle Philippeville), à entrer en contact avec les Espagnols[329]... En Afrique du Nord, tout est encore relativement simple. Chaque été, les grands nomades poussent leurs troupeaux jusqu'à la mer ; à l'approche de l'hiver, ils retournent vers le Sud et le Sahara. Il y a ainsi un répit pour les montagnards dont les troupeaux peuvent gagner les bas pays abandonnés au seuil de l'hiver. Rien de tel, avons-nous dit, en Anatolie. Rien de tel, non plus, dans les Balkans où transhumance et nomadisme se mélangent et se heurtent.

Dans l'Est de la Péninsule le gouvernement turc a, le voulant plus ou moins, installé des colonies de nomades, des Yürüks d'Asie Mineure, dans l'espoir de les sédentariser et de renforcer sa défense militaire. Ils ne sont d'ailleurs pas les seuls nomades de la vaste péninsule des Balkans.

Ces différences si nettes, par rapport à l'Italie ou à l'Espagne, n'ont pas échappé aux voyageurs occidentaux, ceux d'hier comme ceux de jadis. Les déplacements des pasteurs nomades (ou mieux semi-nomades) ont frappé aussi bien Diego Suárez [330], le soldat chroniqueur d'Oran, que le Flamand Busbec, ou cet admirable voyageur que fut Tavernier, ou le curieux baron de Tott, ou cet Anglais, Holland, contemporain de Chateaubriand. La plus belle image est celle que Holland rapporte, en 1812 [331], de sa rencontre avec les rudes bergers du Pinde, menant leurs troupeaux dans la campagne alors semi-déserte de Salonique, ou aux bords du golfe d'Arta, sorte de mer intérieure aux eaux peu profondes. Chaque année, l'été venu, ils reprennent le chemin de leurs montagnes. Ce sont assurément des nomades puisqu'ils emmènent avec eux leurs femmes et leurs enfants... Derrière la longue file des moutons dont l'allure commande le mouvement, vient le convoi des chevaux, jusqu'à un millier à la fois, tout chargés d'ustensiles de ménage et de campement, de tentes, de jeunes enfants couchés dans des corbeilles. Les popes eux-mêmes accompagnent leurs ouailles.

Ce sont des nomades aussi, qu'aperçoit Busbec [332], au voisinage d'Ankara, dans la zone des troupeaux de chèvres angora et des moutons à queue graisseuse que l'on désigne, en Afrique du Nord, sous le nom de moutons barbarins. « Les bergers qui conduisent ces troupeaux passent les nuits comme les jours dans les champs ; ils mènent avec eux leurs femmes et leurs enfants dans des charrettes qui leur servent de maisons ; quelques-uns ont cependant de petites tentes. Ils errent ainsi au loin et se répandent avec leur fortune ; tantôt ils vont dans les plaines, tantôt ils montent sur les coteaux, tantôt ils descendent dans les vallées ; la saison et l'abondance des pacages règlent leur marche et décident de leur domicile. » Aux confins de l'Arménie et de la Chaldée, « à quatre heures de la ville d'Érivan, écrit Tavernier [333] vers le milieu du XVIIe siècle, il y a de hautes montagnes où les paysans qui habitent le païs chaud du côté de la Chaldée, viennent jusqu'au nombre de vingt mille tentes, c'est-à-dire de familles, chercher en été le bon pasturage pour leur bétail et sur la fin de l'automne, ils reprennent le chemin de leur païs. »

Cette fois encore, aucun doute n'est possible. Au siècle suivant, ce sont ces mêmes nomades Turkmènes qu'aperçoit le baron de Tott, mais son témoignage risque de nous laisser un instant perplexes. « Les peuples, écrit-il, qui habitent l'hiver le centre de l'Asie et qui, pendant l'été, viennent jusqu'en Syrie faire paître leurs troupeaux avec armes et bagages, sont crus nomades et ne le sont pas davantage que les bergers espagnols qui à la suite de leurs moutons parcourent pendant huit mois les montagnes d'Andalousie » [334].

La discussion qui s'offre est utile, mais ne réclame qu'une courte parenthèse. La confusion entre *rabadanes* de Castille et pâtres turkmènes est possible, à première vue seulement, si l'on songe à l'énormité des distances franchies par les troupeaux « ambulants » de la Mesta. Les Turkmènes ne font pas mieux, mais ils déplacent avec eux familles et maisons. Là est la différence. En outre, la querelle porte sur le mot de *nomades*. Or songeons que le mot savant de nomadisme n'est pas dans le Littré, que celui-ci ne donne pour *transhumance* qu'un exemple daté de 1868. Les mots de transhumance et transhumant sont d'ailleurs récents : le Dictionnaire de Bloch-Wartburg (1960) place les premiers exemples en 1803. Si le mot *trashumante* se trouve sous la plume d'Ignacio de Asso dès 1780 [335], il ne semble pas que ce soit là un vocable très ancien, au delà des Pyrénées, et *trashumancia* manque encore. Mais ne nous engageons pas trop avant sur cette route nouvelle.

Cycles plus que séculaires

On a remarqué, au long du présent chapitre, l'extrême lenteur des oscillations, nomades contre transhumants, montagnards contre gens des plaines ou des villes. Tous ces mouvements réclament des siècles pour s'accomplir. Une plaine naît à une vie plus active, lutte contre ses eaux sauvages, organise routes et canaux, un siècle, deux siècles viennent de s'écouler. Une montagne commence à émigrer, l'essaimage va durer tant que l'essor du pays d'en bas permettra ces fuites, un siècle, deux siècles, davantage. Ce sont là des processus plus que séculaires, leur mouvement ne se révèle que si le champ chronologique de l'observation est ouvert à l'extrême.

D'ordinaire, l'histoire ne s'intéresse qu'aux crises, aux paroxysmes de ces mouvements lents. Or d'immenses préparations les précèdent, d'interminables suites leur font cortège. Et il arrive que ces mouvements, dans leur lenteur, changent peu à peu de signe. Tour à tour, constructions puis détériorations et ainsi de suite. La montagne peut alternativement tout gagner, puis tout perdre, ou se perdre dans son triomphe même. Quand cette histoire n'est pas limitée à un simple accident ou processus local, il arrive que ces cycles « géographiques » (si l'on peut dire), tous d'une extrême lenteur, obéissent à de très grossiers synchronismes. Ainsi, quand le XVIe siècle s'achève, la montagne méditerranéenne, partout trop riche en hommes et contrainte, explose pour se libérer. Cette guerre diffuse se confond et se perd à nos yeux dans cette forme de guerre sociale larvée et interminable que l'on appelle le banditisme, mot vague s'il en fut. Aussi bien dans les Alpes que dans les Pyrénées, l'Apennin ou les autres montagnes chrétiennes et musulmanes, un destin commun se dessine au long des énormes guirlandes montagneuses, au milieu de quoi respire la mer.

Or, dans ces cadres à peu près immobiles, ces marées lentes ne jouent pas seules, ces oscillations des rapports généraux entre l'homme et le milieu où il vit, s'ajoutent à d'autres fluctuations, celles parfois lentes mais d'ordinaire plus courtes de l'économie. Tous ces mouvements se superposent. Les uns et les autres règlent la vie jamais simple des hommes. Et ceux-ci ne peuvent construire qu'en utilisant consciemment ou non ces flux ou ces reflux. Autrement dit l'observation géographique de la longue durée nous conduit vers les plus lentes oscillations que connaisse l'histoire. Voilà qui oriente notre observation, celle de ce chapitre et des chapitres qui vont suivre.

II

Au cœur de la Méditerranée
Mers et littoraux

Laissons les terres épaisses et gagnons la mer. Seront successivement étudiés les espaces maritimes, les bordures littorales, les îles. Ces cadres géographiques commanderont le voyage, mais, cette fois encore, l'analyse ira de préférence aux éléments identiques et aux comparaisons qu'ils suggèrent. Ensuite les ensembles paraîtront plus intelligibles.

1. Les plaines liquides

Bien entendu, ces espaces maritimes doivent être mesurés à l'échelle des hommes, sans quoi leur histoire ne serait guère compréhensible, ni même pensable.

La navigation côtière

Face à la mer, immense au XVIe siècle, l'occupation humaine représente quelques liserés, des lignes, des points d'appui minuscules... Sur d'énormes espaces, la mer est aussi vide que le Sahara. Elle ne s'anime qu'au long des côtes. Naviguer, c'est à peu près suivre le littoral, comme aux premiers âges de la batellerie, « aller comme les crabes de rocher en rocher » [1], « de promontoires en îles et d'îles en promontoires » [2]. C'est *costeggiare* [3], éviter le large, ce que Belon du Mans appelle les « campagnes de mer ». Plus précisément, selon les comptes de cuisine de telle nave ragusaine [4], naviguer, c'est acheter son beurre à Villefranche, son vinaigre à Nice, son huile et son lard à Toulon... Ou, d'après un chroniqueur portugais, passer d'une auberge à une autre auberge de la mer, déjeuner dans l'une, souper dans l'autre [5]. Thomé Cano le Sévillan disait des Italiens : « Ce ne sont pas des marins de haute mer » [6]. Naviguant en Adriatique, Pierre Lescalopier « s'amuse à voir les masques » le mardi gras 1574, à Zara ; le surlendemain, 25 février, il passe devant Saint-Jean-de-Malvoisie et dîne, le 26, à Spalato [7]. Ainsi vont les princes et les grands de ce monde, d'une ville du littoral à celle qui suit, occasion de fêtes, de visites, de réceptions et de repos, cependant que le navire se charge ou que l'on attend une amélioration du temps [8]. Ainsi vont les flottes de guerre elles-mêmes qui ne se battent qu'en vue des côtes [9]. Le mot qui monte aux lèvres, à parcourir ces itinéraires ou ces *Arti di navigare* qui ne sont, d'un bout à l'autre, qu'une description de la route littorale, c'est le mot modeste de cabotage.

Exceptionnellement le navire perd la côte de vue, quand une fortune de mer l'emporte au large ; ou quand il emprunte une des trois ou quatre routes en droiture depuis longtemps reconnues et fréquentées. Soit qu'il aille d'Espagne en Italie par les Baléares et le Sud de la Sardaigne, ce que l'on appelle souvent « naviguer par les îles ». Soit que, du détroit de Messine ou de Malte, il gagne la Syrie, par le cap Matapan, puis les côtes de Candie et de Chypre [10]. Soit encore qu'il se rende directement de Rhodes à Alexandrie d'Égypte, voyage rapide quand le vent favorise la navigation [11] et qu'on pratiquait déjà à l'époque hellénistique. Belon du Mans, en 1550, va ainsi « droit fil » de Rhodes à Alexandrie. Mais ces routes sont à peine d'authentiques routes hauturières. Est-ce vraiment prendre le large que de courir d'une île à l'autre en cherchant, dans le sens des parallèles, un abri contre les vents du Nord ; en mettant à profit, dans le sens des méridiens, sur le trajet Rhodes-Alexandrie, assez bref malgré tout, le vent qui souffle tantôt du Nord, tantôt du Sud ? Exploit que l'on renouvelle sur de plus petits parcours, pour aller d'une côte à la côte d'en face. Mais qu'en janvier 1571, le galion vénitien *Foscarini e Panighetto*, venant de Candie, se trouve, au delà de Corfou, pris dans le brouillard et obligé d'avancer à l'aveugle sans voir la terre, le désespoir gagne l'équipage [12].

La primauté du littoral est si forte que la route maritime n'est qu'une simple rivière. De qui se présente, le riverain exige des droits de péage. Passe de solder un droit qui corresponde, dans le port, à un service réel. Mais tel n'est point le cas lorsque le duc de Monaco ou le duc de Savoie, possesseurs tous deux d'un ridicule bout de rivage et d'autant plus désireux de s'associer au riche trafic qui leur passe sous le nez, émettent la prétention de faire payer les navires pour le simple côtoiement de leurs rivages. Gare aux voiliers que leurs galères réussissent à arraisonner [13]. Le droit de 2 % de Villefranche, par suite de la mauvaise humeur française, prendra même, à l'époque de Louis XIV, les allures d'un incident diplomatique. Rien ne dit mieux de quelle façon le trafic est collé aux côtes. Aussi bien la possession, depuis la paix du Cateau-Cambrésis, des présides de Talamone, Orbetello, Porto-Ercole et S. Stefano, en bordure de la côte toscane, donne à Philippe II la possibilité d'interrompre à son gré la navigation de Gênes à Naples [14]. On comprend du coup le rôle de La Goulette, sur le littoral de Barbarie. Une guette suffit pour arrêter ou gêner la procession des navires côtoyeurs.

Si les pratiques de la navigation hauturière ne pénètrent pas en Méditerranée, il s'en faut que ce soit en raison d'ignorances techniques. Les marins y savent manier l'astrolabe et ils se servent, depuis longtemps déjà, de la pierre d'aimant. En tout cas, ils pourraient s'en servir. D'ailleurs, les Italiens ont été les devanciers et les maîtres des Ibériques sur les chemins du Nouveau Monde [15]. Des navires méditerranéens — en Espagne, on dit « levantins » — font, chaque année, le voyage, de la mer Intérieure à Londres ou à Anvers. L'Océan ne leur est pas inconnu. Des navires méditerranéens ont même gagné en droiture le Nouveau Monde : ainsi la *Pèlerine* de Marseille qui, en 1531, alla jusqu'au Brésil et en revint, pour se faire prendre à Málaga [16] en fin de course, par des navires portugais. En novembre 1586, le galion du grand-duc de Toscane, arrivé à Alicante, acceptait d'être nolisé pour les « Indes » : il y porta des munitions à la forteresse de La Havane et en ramena des marchandises qu'avait laissées une nave incapable de faire la traversée[17]. En 1610, sur les quais de Livourne, deux naves toscanes débarquaient des cargaisons apportées directement des Indes[18]. Des navires ragusains ont peut-être doublé le cap de Bonne-Espérance[19] peu après Vasco de Gama ; ils ont sûrement gagné le Nouveau Monde.

Si la Méditerranée n'a pas renoncé à sa navigation ancienne, à part les lignes en droiture que nous avons signalées, c'est que cette navigation lui suffisait et répondait au compartimentage de ses bassins ; comment naviguer en Méditerranée, sans se heurter à des terres peu éloignées les unes des autres ? Et la côte toujours en vue est le meilleur des fils conducteurs, la plus sûre des boussoles ; elle oriente la navigation. Contre les vents violents prompts à se déchaîner, contre ceux qui soufflent de terre, elle est un abri, même lorsqu'elle est basse. Quand le mistral atteint le golfe du Lion, le mieux, aujourd'hui encore, est de serrer la côte au plus près, pour utiliser l'étroite zone d'eau moins agitée au bord du rivage. Aussi bien la « pierre d'aimant » entre-t-elle mal dans la vie de la Méditerranée. En 1538, à la différence des galères d'Espagne, les galères de France ne s'en servent pas[20]. Encore une fois, elles pourraient s'en servir.

D'ailleurs suivre la côte, ce n'est pas seulement se garantir contre les éléments. Le port proche est aussi un recours contre le corsaire qui vous poursuit. A toute extrémité, le navire se jette à la côte et l'équipage peut se sauver à terre. Ainsi, en 1654, Tavernier échappait à un corsaire dans le golfe d'Hyères ; il eut même la chance que le navire se tirât de l'aventure.

Ce cabotage permet aussi le ramassage du fret. Il multiplie les occasions de marchander, de jouer sur les différences de prix. Chaque marin, du mousse au capitaine, possède à bord son lot de marchandises. De même les marchands, ou leurs représentants, voyagent avec leurs ballots. Le périple, qui peut durer quelques semaines ou quelques mois, est, de place en place, une succession de ventes, d'achats, d'échanges, agencés en un circuit compliqué. Dans l'intervalle, la cargaison a changé souvent de nature. On achète, on revend, en ayant soin de passer par telle place, Livourne, Gênes ou Venise, où il est possible d'échanger épices, cuirs, coton ou corail contre des espèces métalliques. Seuls les gros navires spécialisés, porteurs de sel ou de blé, ont quelque ressemblance avec les navires pressés d'aujourd'hui. Les autres sont un peu des bazars ambulants : les escales leur sont autant d'occasions de vendre, d'acheter, de revendre, d'échanger, sans compter les autres plaisirs des haltes à terre.

Sans compter l'avantage d'un ravitaillement presque quotidien en vivres, en eau, en bois, d'autant plus nécessaire que les bateaux sont de tonnage réduit et qu'à leur bord les vivres, même l'eau potable, se corrompent vite. On s'arrête fréquemment pour « faire aiguade et lignade », comme dit Rabelais.

Ce piétinement de la navigation, si l'on peut dire, a ordonné la géographie des régions côtières, d'autant que pour une grosse nave capable de brûler les étapes, il faut compter des dizaines de barques et de petits voiliers de charge, processionnaires par vocation. De même que sur les routes de terre — celles que Rome aura tracées dans les pays d'Occident — les haltes journalières ont marqué la naissance d'un village, avec une régularité impressionnante, de même, sur les routes d'eau des rivages, les ports sont à une journée de mer les uns des autres. Ils utilisent, à défaut des embouchures de fleuves rendues souvent inutilisables par les sables, les bords abrités des golfes. Entre eux, c'est quasiment le vide[21]. Parfois, sur des côtes à arrière-pays peu peuplés, comme celles d'Afrique du Nord, il arrive que le port existe, rendez-vous de bateaux et de pêcheurs, avec son indispensable point d'eau, sans que la ville terrestre ait poussé au voisinage. Preuve, s'il en était besoin, que les fonctions portuaires ne suffisent pas à créer une ville...

Ces images ne sont pas seulement la note pittoresque d'une histoire haute en couleur, mais sa vérité majoritaire. Nous sommes trop enclins à ne regarder que les liaisons essentielles ; elles se rompent, elles se nouent : tout n'est pas, pour autant, perdu ou sauvé. Les barques processionnaires cousent inlassablement ou recousent ensemble les morceaux divers de la mer sans que la grande histoire les aperçoive toujours.

Au début des découvertes portugaises

En conclusion, il n'est pas sans intérêt de voir, un instant, les Portugais, au début du XVe siècle, aux prises avec l'énorme problème de la navigation hauturière dans l'Atlantique — absolue nouveauté pour eux. Lors de l'expédition contre Ceuta, en 1415, leur inexpérience avait été patente : ils ne s'étaient rendus que difficilement maîtres des courants du détroit de Gibraltar [22]. Le chroniqueur de Barros le dit clairement : ses compatriotes certes connaissent alors la déclinaison et l'astrolabe, mais, jusqu'en 1415, « ils n'étaient pas habitués à se risquer loin en haute mer » [23]. Un historien a même pu dire des premiers découvreurs portugais, au long de l'interminable littoral africain, qu'ils étaient encore, du vivant de Henri le Navigateur, et « avant tout, des caboteurs inquiets et peureux, sans la moindre audace marine » [24]. Des Méditerranéens, en somme, malgré la fréquentation de l'Océan. En tout cas, dès la mise au point des caravelles — ces navires révolutionnaires, vers 1439-1440, en raison des difficultés qu'imposait le retour de Guinée, avec le vent debout et les courants contre soi — il leur fallut gagner le large et les Açores pour, à la fin d'un immense arc de cercle, retrouver Lisbonne [25]. Ils commencèrent à s'abandonner à la haute mer et prirent très vite de singulières revanches.

Les mers étroites, bases de l'histoire

La Méditerranée n'est pas une mer, mais une succession de plaines liquides communiquant entre elles par des portes plus ou moins larges. Ainsi s'individualisent, dans les deux grands bassins Ouest et Est de la Méditerranée, entre les diverses avancées des masses continentales, une série de mers étroites, de *narrow-seas*. Chacun de ces mondes a ses caractères, ses types de bateaux, ses usages, ses lois propres d'histoire [26] ; et les plus étroits, en règle générale, sont les plus riches de signification et de valeur historique, comme si l'homme avait saisi, avant tout, les Méditerranées de dimensions restreintes.

Aujourd'hui encore, elles continuent à avoir leurs vies locales, d'autant plus pittoresques que l'usage s'y maintient des anciens voiliers de charge et des archaïques barques de pêche [27]. Voici, à Sfax, la mer des Syrtes avec ses mahonnes aux voiles triangulaires, les barques des pêcheurs d'éponges, les *Kamaki*, montées par les Djerbiens et Kerkenniens qui pratiquent la pêche au trident. Sommes-nous bien dans le temps présent [28] ? En compagnie de Théophile Gautier, le cap Malée vient d'être doublé, l'Archipel commence avec ses îles et ses eaux tranquilles, aussitôt « l'horizon se peuple de voiles ; les bricks, les goélettes, les caravelles, les argosiles sillonnent l'eau bleue dans tous les sens... ». C'est le privilège, le sortilège des mers étroites, aujourd'hui encore [29]. La survie de ces formes anciennes de transport, de ces circuits en place depuis des siècles, pose tout un problème. Les courses brèves, le ramassage des quantités menues de fret font leur importance, hier comme aujourd'hui. Et le cercle étroit et familier qui les entoure, leur sécurité. Les difficultés ne commenceraient pour eux que sur les longs trajets, s'il leur fallait quitter le bassin natal, dépasser les caps dangereux. « Qui double le cap Malée, dit un proverbe grec, doit oublier sa patrie... » [30].

Avec les routes marines qui les joignent et permettent les grands trafics, ces espaces étroits sont bien plus importants, au XVIe siècle, que les deux vastes secteurs de la mer Ionienne à l'Est et de cette mer occidentale que limitent la Sardaigne, la Corse, l'Europe et l'Afrique. L'une et l'autre (la première surtout) vrais Saharas maritimes que le commerce contourne ou traverse en se hâtant.

La vie marine de la Méditerranée se situe à la périphérie de ces deux larges espaces, hostiles par leur masse, dans l'enclos des mers étroites : à l'Est, la mer Noire, à demi méditerranéenne seulement ; la mer Égée ou Archipel (on dit, au XVIe siècle, du mot italien qui fait loi, même en français l'*Arcipelago*) ; au centre, l'Adriatique, les mers entre Afrique et Sicile qui n'ont pas de nom particulier ; à l'Ouest, la Tyrrhénienne, la mer d'Italie par excellence, la « mer étrusque », entre Sicile, Sardaigne, Corse et rivage occidental de l'Italie ; à l'extrême Ouest enfin, entre l'Espagne du Sud et l'Afrique proche, une mer sans nom elle aussi, cette « Manche méditerranéenne » qu'on peut limiter vers l'Est par une ligne qui irait du cap Matifou, près d'Alger, au cap de la Nao, voisin de Valence, et que le détroit de Gibraltar joint à l'Atlantique.

Encore pourrait-on, à l'intérieur de ces mers elles-mêmes, distinguer des champs plus restreints, pas un golfe qui ne soit, en Méditerranée, une petite patrie et, à soi seul, un monde compliqué [31].

La mer Noire, chasse gardée de Constantinople

Lointaine, à bout de navigation, la mer Noire est prise dans une masse de pays frustes (sauf quelques exceptions), à la fois barbares et barbarisés. Des montagnes puissantes la cernent au Sud et à l'Est, montagnes hostiles entre lesquelles se glissent avec peine les routes qui, de la Perse, de l'Arménie et de la Mésopotamie, aboutissent au grand relais de Trébizonde. Au Nord, par contre, s'étalent les vastes plaines de la Russie, zone de passage et de nomadisme où les Tartares de Crimée font encore bonne garde, au XVIe siècle. C'est seulement au siècle suivant que les hors-la-loi russes, les Cosaques, atteindront les bords de la mer et y pirateront au détriment des Turcs. Au XVIe siècle déjà, profitant de l'hiver, les Moscovites font des « courreries » en direction de ses rivages [32].

La mer Noire, à cette époque, comme tout au long

de son histoire, est une zone économique d'importance. Il y a ce qu'elle produit presque sur ses rives mêmes : les poissons séchés, la boutargue et le caviar des fleuves « russes », les bois indispensables à la flotte turque, le fer que fournit la Mingrélie [33], le blé et la laine, celle-ci rassemblée à Varna et recueillie, en même temps que les cuirs, par les grosses naves ragusaines, celui-là accaparé par Constantinople. Il y a, en outre, ce que la mer Noire transmet : ce qu'elle reçoit à destination de l'Asie Centrale et de la Perse, et ce qui lui en vient par caravanes, en transit pour Constantinople et l'Occident. Sur ce double trafic avec l'Est, nous sommes malheureusement peu renseignés, en ce qui concerne le XVIe siècle. On a l'impression que Constantinople a accaparé le commerce lointain et le commerce proche du Pont-Euxin, faisant écran entre cette extrémité méditerranéenne et le reste de la mer. Facile à atteindre, la mer Noire est, pour l'énorme capitale, la zone nourricière sans quoi elle ne saurait vivre, car elle ne peut se contenter, pour son ravitaillement, des tributs des Balkans (notamment les envois de moutons) ni du blé, du riz ou des fèves qui lui arrivent par les flottes d'Alexandrie, en même temps que les épices et les drogues. Belon du Mans [34] parle du beurre que, de Mingrélie à Constantinople, on porte dans « des peaux de bœufs et de vaches, sans être courroyées... toutes fresches escorchées ». Sans doute, sur un de ces innombrables *caramusalis* grecs qui assurent les transports en mer Noire, bien qu'ils soient mieux faits pour les courts trajets de l'Archipel que pour cette mer périlleuse [35], souvent agitée et couverte de brouillards. En octobre 1575, une tempête coulait d'un coup, près de Constantinople, une centaine de ces petits navires, chargés de blé [36].

La mer Noire, au XVIe siècle, est attachée à Constantinople comme elle avait été, au temps jadis, fief de Milet, fief d'Athènes, puis, à partir de 1265, domaine des Italiens et des Génois [37] qui, installés à la Tana et à Caffa, dans la position protégée du Sud de la Crimée [38], abrités par les montagnes de la péninsule contre les

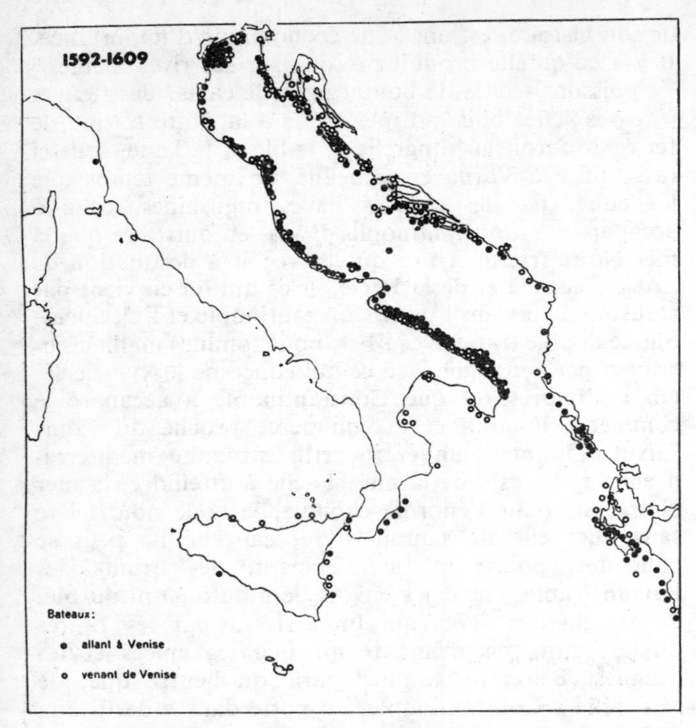

8. — Les naufrages de bateaux se rendant à Venise, de 1592 à 1609 (d'après A. Tenenti, *Naufrages, Corsaires et Assurances maritimes à Venise*, 1959) signalent la prédominance de la route côtière.

peuples de la steppe du Nord, installés aussi à Constantinople (ils n'en partirent qu'en 1453 et encore), n'ont été délogés par les Turcs de leurs échelles de Crimée que plus tard, dans le dernier quart du XVe siècle. Caffa a été prise en 1479. Il s'en est suivi un grand remaniement des routes terrestres conduisant à la mer : elles ne se dirigent plus vers la Crimée, mais vers Constantinople. Dans les pays moldaves, aux routes qui menaient vers Kilia et Cetatea Alba, se substitue le grand chemin commercial vers Galatz qui va drainer désormais le commerce danubien et, par delà, celui de la Pologne [39].

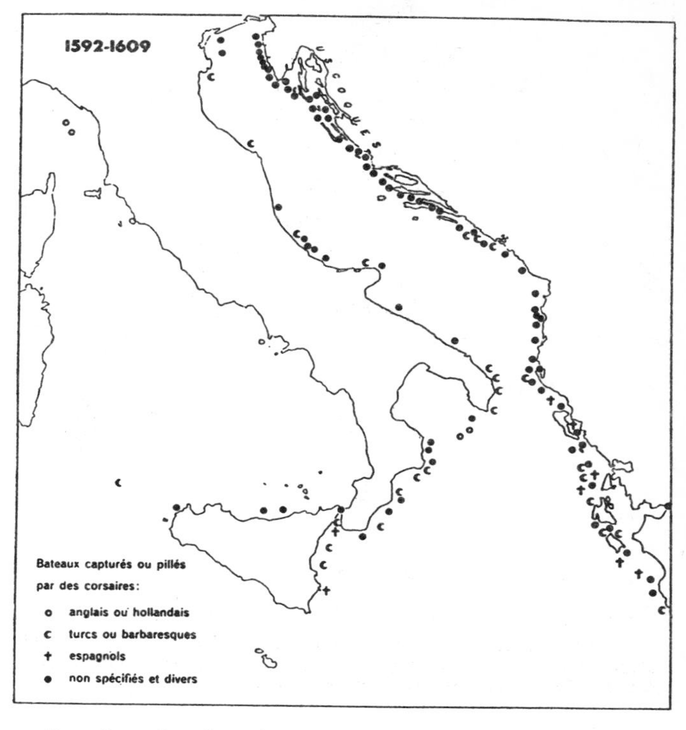

9. — Les prises de navires pour la même période, d'après la même source.

Dès lors, la mer Noire est le grenier attitré de l'énorme capitale turque. Les Ragusains pourtant continuent à s'y glisser, au moins jusque vers les années 1590, allant charger à Varna, par bateaux entiers, les laines et les cuirs *montonini, vacchini* et *buffalini*. D'ailleurs, ils se livrent au même trafic, sur la mer de Marmara, à Rodosto[40]. Peut-être pour éviter des frais de douane ?

10. — La Sicile et la Tunisie coupent la Méditerranée en deux

En tout cas, avec la fin du XVIe siècle, dans des conditions que nous ignorons, les Ragusains abandonnèrent, presque en même temps, les deux escales. La mer Noire se ferme, plus complètement que jamais, à l'Occident, du côté de la mer tout au moins : car il semble y avoir eu alors, nous y reviendrons, une victoire des routes de terre sur les chemins maritimes.

Est-ce vraiment Constantinople qui a tiré le verrou, qui a mis fin à ce rôle de « plaque tournante du trafic international » qui fut celui de la mer Noire à la fin du Moyen Age[41] ? La fermeture n'a-t-elle pas eu d'autres origines, plus lointaines ? La mer Noire, en effet, est l'aboutissement, autant que des routes qui viennent se nouer à Trébizonde ou à Sinope, de ce que l'on est convenu d'appeler la route de la soie. Or, cette route semble bien s'être rompue dès le XIVe siècle. Les trafics qui l'enrichissaient ont pris alors le chemin de la Perse. De cette rupture de route, en tout cas, le Turkestan a été la victime. D'autre part, avec le milieu du XVIe siècle, la descente russe s'est organisée au long de la Volga. Le Khanat de Kazan, sorte de Royaume de Grenade, enrichi par les trafics caravaniers, convoité depuis toujours par les Russes, tombait entre leurs mains, à moitié ruiné par des troubles difficiles à démêler, suite ou non de la rupture de la route du Turkestan. Ivan le Terrible s'emparait d'Astrakhan, en 1556. Cette fois, le verrou poussé l'était solidement, malgré la tentative turque de 1569-1570, ce grand fait d'histoire ignoré[42].

L'Archipel, vénitien et génois

L'Archipel, « la mer la plus hospitalière du globe », est une succession d'îles pauvres et de côtes souvent plus misérables encore. Il ne se comprend, lui aussi, que lié à une grande ville. Jadis, il fut la place d'armes d'Athènes. Par la suite, la base même de la thalassocratie byzantine. Grâce à lui, elle put conserver la mer Égée, puis en rejeter l'Islam installé un instant en Crète, au IXe siècle. C'est lui encore qui sauvegarda, du même coup, les communications avec l'Occident, par les mers de Grèce, de Sicile, et les routes de l'Adriatique, en attendant la relève de Venise.

Passent les siècles. L'Archipel est devenu vénitien et génois. Les deux villes rivales se partagent ses îles essentielles ; elles y ont installé leurs patriciens, gardiens d'Empire, seigneurs de paysans, planteurs, marchands aussi, au vrai des aristocraties coloniales restées étrangères au milieu des populations orthodoxes. Celles-ci peuvent se « latiniser » dans leurs mœurs ; elles ne s'assimilent pas pour autant. C'est le drame habituel : il finit par mettre tous les colonisateurs du même côté de la barrière. Quand Venise supplanta Gênes à Chypre, en 1479, les planteurs de l'une et l'autre ville se rapprochèrent sans trop de difficultés. Évidente, inévitable discipline de classe...

Dans l'Archipel, les Latins ont défendu leurs positions plus aisément, surtout plus efficacement que dans la mer Noire, avec des moyens qui surpassèrent longtemps ceux de l'attaque. Pourtant, Négrepont (l'Eubée) était pris en 1479 ; Rhodes tombait en 1522 ; Chio était occupée en 1566 sans coup férir ; Chypre après un débarquement facile et deux sièges, ceux de Nicosie et de Famagouste, en 1570-1572 ; Candie en 1669, après une guerre de vingt-cinq ans.

Mais la lutte pour l'Archipel est loin de tenir tout entière dans cette histoire-bataille. Elle se présente aussi, au fil des jours, comme une guerre sociale. Plus d'une fois, les « indigènes » grecs ont trahi leurs maîtres, ainsi à Chypre, ainsi plus tard à Candie. L'Archipel a collaboré à la victoire turque, et même, dès avant cette victoire, les marins grecs ont été tentés par l'embauche sur les armadas du Grand Seigneur, dont les équipages sont souvent issus de l'Archipel. Les Candiotes furent peut-être les plus nombreux à s'engager dans la flotte du Grand Seigneur, au début de chaque été, pour la campagne qui s'ouvrait. Les recruteurs les trouvaient dans les tavernes de Péra, près de l'Arsenal [43]. Ceci plus d'un siècle avant que Candie ne fût tombée aux mains des Turcs.

Constantinople offre encore aux Grecs, à côté de

l'embauche militaire, les profits des voyages de mer Noire et d'Égypte. Il y a place, dans le ravitaillement de la capitale, pour les *caïques* et *caramusalis*[44] porteurs de blé, pour les *gerbe* porteuses de chevaux et de bois, pour tous les voiliers grecs de l'Archipel. A cela, s'ajoute l'attraction religieuse : Constantinople est la Rome des orthodoxes.

Et dès les premières décennies du XVIe siècle, s'annonce une reprise de l'expansion grecque à travers la mer entière. L'aventure des Barberousse, ces marins islamisés de Lesbos, établis à Djerba, puis à Djidjelli, grands transporteurs de Musulmans espagnols désireux de fuir la Péninsule, corsaires et finalement, à partir de 1518, maîtres d'Alger — cette aventure n'est pas un accident. Pas plus que celle de Dragut, autre Grec que l'on trouvera, dès les années 1540, sur les côtes de Tunisie et, en 1556, installé à Tripoli de Barbarie, à la place des Chevaliers de Malte expulsés, par les Turcs, cinq ans plus tôt.

Entre Tunisie et Sicile

Il sera difficile de tirer au clair le rôle de cette mer sans nom, mal individualisée qui, entre Afrique et Sicile, étale ses bas-fonds poissonneux, ses bancs de corail et d'éponges, ses îles (souvent inhumaines parce que de trop faible étendue) : La Favignana, Marettimo, Levanzo à la pointe ouest de la Sicile ; Malte, Gozzo, Pantelleria en pleine mer ; Tabarca, La Galite, Zembra, Djerba, les Kerkennah, au ras de la côte tunisienne. Ses limites correspondent à celles de l'ancien « pont » géologique qui s'étendait de la Sicile à l'Afrique : à l'Est, une ligne tirée de Tripoli à Syracuse, à l'Ouest, une ligne de Bône à Trapani. L'axe essentiel est dirigé Nord-Sud, de la Sicile à l'Afrique. La vie de relations d'Est en Ouest, de Levant en Ponant, y pousse ses trafics. Mais elle est généralement déroutée au Nord vers la grande voie du détroit de Messine. Et elle n'a pas, dans le secteur Sicile-Afrique, la fréquence des courants Nord-Sud.

Ceux-ci ont tout commandé, faisant basculer l'ensemble, tantôt vers le Sud, tantôt vers le Nord. Au gré de l'histoire, cet ensemble est musulman avec les Aghlabites et alors de 827, début de la conquête, à 1071, date de la reprise de Palerme, citadelle de l'Islam ; normand ensuite, ou en voie de l'être à partir du XIe siècle, car la poussée normande, venue de Naples en Sicile, ne s'arrête pas avec la reconquête de la grande île ; elle déborde vers le Sud, par la guerre, la course, le commerce et même l'émigration en direction des terres africaines... Les Angevins et les Aragonais plus tard continueront cette politique dictée par le voisinage. A plusieurs reprises, ils attaqueront le littoral africain ; imposeront tribut aux émirs de Tunis ; posséderont Djerba de 1284 à 1335. Le marchand chrétien, cependant, s'installait partout, spécialement dans les souks de Tunis et de Tripoli, y obtenant privilèges sur privilèges. De son côté, le soldat chrétien, surtout le routier catalan, futur maître de la Sicile (les Vêpres siciliennes sont de 1282), trouvait en Afrique des aventures presque aussi profitables qu'en Orient. Très tôt, au XIIe siècle, les marins catalans ont fréquenté les bancs de corail de Tabarca.

Les milieux palermitains et messinois ne cessaient, au XVIe siècle encore, de proposer des projets de conquête en Afrique à la vanité et au sens politique des vice-rois de la Sicile espagnole : un Juan de la Vega, plus tard un duc de Medina Celi, plus tard encore un Marcantonio Colonna... Ces projets traduisent la nécessité obscurément ressentie de joindre les rivages et les îles de ce monde médian, d'associer le blé, les fromages, les barils de thon de la Sicile, à l'huile de Djerba, aux cuirs, à la cire, à la laine des pays du Sud, à la poudre d'or et aux esclaves noirs des trafics sahariens. D'assurer, en tenant fermement cet ensemble maritime, la police des côtes, la sécurité des thoneries et la prospection tranquille des bancs de corail de Barbarie par les pêcheurs de Trapani, ces demi-Catalans, dont les barques mal armées n'hésitaient pas à attaquer, au XVIe siècle, les vaisseaux des corsaires barbaresques. Enfin de garantir aussi, contre ces derniers, les *caricatori* de blé sicilien, sans cesse menacés sur la côte sud : car la course, ici comme ailleurs, tend souvent à rétablir un équilibre naturel faussé par l'histoire...

Il est de règle, parlant de la Sicile, de regarder toujours vers le Nord, vers Naples, de dire que ces deux histoires sont rigoureusement opposées, la grandeur de Naples signifiant l'abaissement de Palerme et réciproquement. Il importerait plus encore de mettre en évidence la liaison Sicile-Afrique, c'est-à-dire la valeur de ce monde maritime que l'imperfection de nos connaissances ou nos inattentions laissent sans nom d'ensemble.

La « Manche » méditerranéenne

L'extrémité de la Méditerranée occidentale est un espace autonome, étroit, resserré entre les terres, de ce fait aisé à saisir par l'homme : le « Channel » méditerranéen, ainsi l'a dénommé un géographe, René Lespès. C'est un monde à part, entre le détroit de Gibraltar, à l'Ouest, et cette ligne que l'on peut tirer du cap Caxine au cap de la Nao, ou, plus largement, de Valence à Alger. Dans le sens Est-Ouest la circulation n'est jamais facile : aller vers l'Est, c'est déboucher sur le vaste espace de la Méditerranée occidentale ; vers l'Ouest, c'est atteindre un plus vaste espace encore, l'Atlantique, au delà du détroit dont le passage en lui-même est risqué à cause de fréquents brouillards, de courants très forts, de récifs, de bancs de sable au long des rives. En outre, un détroit, comme un cap avancé, marque toujours un changement de régime dans les courants et les vents. Ici, il est particulièrement net et sa traversée reste une opération compliquée.

En revanche, cette Manche allongée d'Est en Ouest est relativement aisée à franchir du Nord au Sud. Elle n'est pas, dans la masse continentale des mondes ibérique et nord-africain, une barrière, mais une rivière qui unit plus qu'elle ne sépare, qui fait de l'Afrique du Nord et de l'Ibérie un seul monde, un « bi-continent », suivant l'expression imagée de Gilberto Freyre[45].

Comme le bras de mer entre Sicile et Afrique, ce couloir maritime a été l'une des conquêtes de l'Islam au Moyen Age. Conquête tardive, au xe siècle, au moment où le khalifat de Cordoue acquérait sa brusque solidité. Cette réussite des Ommeyades signifiait, tout à la fois, l'assurance de faire venir du blé, des hommes, des mercenaires du Maghreb, d'y exporter en retour les produits des cités andalouses. La libre, ou du moins la facile utilisation de cette rue d'eau fit passer le centre de la vie maritime andalouse d'Almeria, bruissante de ses vaisseaux, de ses chantiers navals, de ses métiers à tisser la soie, à Séville où la navigation méditerranéenne trouva, au xie siècle, son point d'aboutissement. Elle y apporta d'ailleurs tant de richesses que le port du Guadalquivir concurrença bientôt par son éclat la vieille capitale continentale de Cordoue.

De même, avec les splendeurs de la primauté musulmane en Méditerranée, naissaient ou s'épanouissaient, sur la rive sud, de grandes villes maritimes, Bougie, Alger, Oran, ces deux dernières fondées au xe siècle. Et par deux fois, l'« Andalousie » africaine, avec les Almoravides, puis les Almohades, sauvait la véritable Andalousie de la pression chrétienne, au xie et au xiie siècle.

Jusqu'à la fin de l'Islam ibérique indépendant — jusqu'au xiiie siècle au moins et même au delà — la « Manche » est demeurée sarrasine, des approches de l'Algarve portugaise jusqu'à Valence et même aux Baléares. Plus longtemps encore que la Méditerranée sicilienne, l'Islam aura tenu ce long fossé maritime, bien après Las Navas de Tolosa (1212), au moins jusqu'à la conquête de Ceuta par Dom João de Portugal et ses fils, en 1415. De ce jour, le chemin était ouvert vers l'Afrique et condamné le monde musulman résiduel de Grenade dont seules les longues discordes castillanes auront prolongé l'existence. Quand la guerre de Grenade recommencera pour le dernier acte de la *Reconquista*, en 1487, les Rois Catholiques bloqueront ses côtes avec des navires de Biscaye.

La conquête achevée, les vainqueurs chrétiens furent entraînés à saisir la rive sud de la Manche ibéro-africaine, sans le vouloir d'ailleurs avec la netteté et la continuité de vues qui eussent été conformes aux intérêts espagnols. C'est une catastrophe, dans l'histoire de l'Espagne, qu'après les occupations de Melilla en 1497, de Mers-el-Kébir en 1505, du Peñon de Velez en 1508, d'Oran en 1509, de Mostaganem, Tlemcen, Ténès et du Peñon d'Alger en 1510, cette nouvelle guerre de Grenade n'ait pas été poursuivie avec acharnement ; que l'on ait sacrifié cette tâche ingrate, mais essentielle, aux mirages d'Italie et aux relatives facilités d'Amérique. Que l'Espagne n'ait pas su, ou voulu, ou pu développer son succès initial, peut-être trop aisé (« il semble, écrivait en 1492 aux Rois Catholiques leur secrétaire, Fernando de Çafra, que Dieu veuille donner à vos Altesses ces Royaumes d'Afrique »), qu'elle n'ait pas poussé cette guerre d'outre-Méditerranée, voilà un des grands chapitres d'une histoire manquée. Comme l'a écrit un essayiste [46], l'Espagne, à moitié Europe, à moitié Afrique, a failli alors à sa mission géographique et, pour la première fois au cours de l'histoire, le détroit de Gibraltar « est devenu une frontière politique » [47].

Sur cette frontière la guerre resta incessante : signe que le hasard avait coupé là, comme entre Sicile et Afrique, des liaisons essentielles... Traverser le canal était devenu difficile. On le voit à propos du ravitaillement d'Oran, toujours précaire au XVIe siècle. De la grosse « gare régulatrice » de Málaga, les *proveedores* organisent des convois, nolisent des barques et des navires, à destination du préside [48]. C'est surtout en hiver qu'ils les expédient, profitant d'une éclaircie de beau temps, suffisante sur ce court trajet. N'empêche que les corsaires réussissent à se saisir de ravitailleurs dont ils viennent ensuite, au cours de marchandages habituels, offrir le rachat, à la hauteur du cap Caxine. En 1563, lors du siège de la place par les Algérois, les forceurs de blocus sont des patrons de balancelles, de brigantins de Valence ou d'Andalousie. Ces petites embarcations sont analogues à celles qui, « autrefois », allaient, comme le dit une enquête de 1565 [49], de Carthagène, de Cadix ou de Málaga porter des bonnets de Cordoue ou des tissus de Tolède dans les ports nord-africains. Analogues à ces navires de pêche qui, au delà de Gibraltar, continuent à se glisser vers l'Atlantique, emportant tout un peuple de marins qui, de Séville, de San Lucar de Barrameda ou du Puerto de Santa Maria, descendent en pêchant jusqu'à la hauteur de la Mauritanie et, le dimanche, vont écouter la messe dans un des présides portugais de la côte marocaine[50]. Analogues aussi à ces barques valenciennes qui portent à Alger le riz, les parfums d'Espagne et, malgré les défenses, les marchandises de contrebande[51].

A la fin du siècle, cette région à demi morte de la mer s'anime, s'éveille brusquement à une histoire dramatique, mais qui ne sera pas le fait des concurrents ordinaires de l'Espagne, les Marseillais habitués depuis toujours des escales barbaresques ou, à partir de 1575, les Livournais, nouveaux venus qu'attire et retient Tunis, mais qui poussent parfois jusqu'à Larache[52] et au Sous marocain[53]. L'événement nouveau, c'est l'arrivée massive des navires nordiques, surtout à partir des années 1590. Ces étrangers doivent franchir le détroit deux fois, à l'aller et au retour. Au retour, ils sont annoncés, guettés d'avance. Les Hollandais ont-ils, comme on l'a prétendu[54], inventé une façon nouvelle de franchir le détroit, qu'ils auraient enseignée bientôt aux corsaires algérois, leurs élèves ? C'est possible, sinon tout à fait sûr. L'Espagne, en tout cas, va s'efforcer de surveiller et même d'interdire le passage avec ses galères employées pendant les mois calmes, à la bonne saison, et des galions qui prennent la relève pendant les gros temps d'hiver. Du cap San Vicente, sur la côte portugaise, jusqu'à Carthagène et Valence[55] et souvent jusqu'à Mers-el-Kébir, Ceuta et Tanger, jusqu'à Larache, occupée le 20 mars 1610, jusqu'à La Mamora, occupée en août 1614, il faut imaginer ces surveillances, ces alertes, ces patrouilles, ces luttes souvent sans gloire et qui se poursuivront jusqu'au XVIIIe siècle[56]. Les maîtres de l'Espagne, ses marins et ses donneurs de conseils ont rêvé de solutions sans réplique : installer à Gibraltar même des canons renforcés qui atteindraient sûrement les navires[57] ; fortifier l'îlot de Peregil, au large de Ceuta [58] ; ou bien, sur les avis de ce fou et génial aventurier au service de l'Espagne, l'Anglais Anthony Sherley, saisir Mogador et Agadir, donc tenir le Maroc, le Roi Catholique devenant, du coup, *absoluto señor de la Berberia* [59], et cela en 1622 !

Mais cette lutte s'avéra sans issue. L'ennemi, anglais, hollandais, algérois, passait le détroit par surprise, profitant d'une nuit favorable d'hiver [60], ou par force, laissant rarement quelque navire aux mains de l'adversaire, la plupart du temps malmenant les escadres de garde, profitant de la supériorité de ses navires et de leur artillerie. Peu spectaculaire, ou du moins peu connu, ce grand drame de la Méditerranée s'est joué à ses portes, quasiment hors de chez elle. Nous y reviendrons.

Le Bassin Tyrrhénien

Vaste, la mer Tyrrhénienne — les « canaux de Corse et de Sardaigne », disent les documents du siècle — est trop largement ouverte sur les mondes voisins, bordée de terres trop riches et trop peuplées pour ne pas avoir eu un destin mouvementé.

Sa première et lointaine histoire montre un espace partagé entre les Étrusques, maîtres de la Toscane, les villes de Grande Grèce et de Sicile et ce monde à part qu'est Marseille augmentée de son empire, enfin, dernier partageant, le Carthaginois installé dans l'Ouest sicilien, sur les côtes de Sardaigne et celles de Corse, où sont également les Étrusques. En gros, les Étrusques possèdent la partie médiane de la mer ; les autres en tiennent les débouchés : les Grecs du Sud la route du Levant ; les Carthaginois la route qui va de Panormos (Palerme) en Afrique, par Drépanon (Trapani) ; enfin les Grecs de Marseille la route qui joint la mer étrusque à l'Ouest, exactement au point où il faut faire halte pour attendre les vents favorables permettant de franchir le golfe du Lion, en direction de l'Espagne.

Ce premier visage révèle déjà les traits permanents du monde tyrrhénien : la valeur médiane du lac, l'importance des portes marines qui permettent d'y pénétrer et d'en sortir. Il laisse deviner les raisons qui font que trop vaste, trop ouverte, cette mer ne sera jamais le domaine d'une seule domination ou d'une seule économie, voire d'une seule civilisation. Sauf au temps de l'hégémonie niveleuse de Rome, aucune marine n'y a eu une suprématie durable, ni celle des Vandales que Byzance mit à la raison, ni les flottes sarrasines puisque l'Italie finalement leur échappa, ni les Normands, ni les Angevins, les premiers s'étant heurtés à Byzance, les seconds à la fois à l'Islam et aux Catalans. Quant à Pise, elle trouva devant elle la concurrence de Gênes.

Au XVIe siècle, la place essentielle appartient à Gênes, maîtresse de la Corse. Toutefois, cette primauté a ses faiblesses : Gênes s'adresse de plus en plus à l'étranger pour ses transports maritimes, premier recul. D'autre part, elle se trouve en face d'une Espagne qui a pris de fortes positions sur la mer Tyrrhénienne. Les premiers jalons avaient été posés par les « Aragonais » quand, au XIIIe siècle, ils s'étaient saisis de la Sicile (1282), puis, en 1325, et malgré une longue opposition génoise, de la Sardaigne, qui leur était nécessaire pour la liaison avec la Sicile. L'expansion catalane (c'est une de ses originalités) aura progressé en droiture des Baléares vers l'Orient, par la Sardaigne et la Sicile. Dans ces îles, les Catalans installèrent de vraies colonies maritimes : Alghero en Sardaigne, Trapani en Sicile.

Conquérante, mais épuisante expansion. Tardive, elle a dû, pour se faire une place, forcer les portes, batailler, joindre la piraterie à la navigation. Barcelone, son animatrice, cède peu à peu le premier rôle à Valence et ce sont des Valenciens qui mènent à bien la conquête du royaume de Naples, au temps d'Alphonse le Magnanime (1455). L'acte valencien se clôt d'ailleurs aussitôt que commencé, car la Couronne d'Aragon passe bientôt sous le contrôle de la Castille. A l'époque des Guerres d'Italie, il s'ensuit, dans la mer Tyrrhénienne, un nouveau changement : le Castillan, soldat et fonctionnaire, se substitue aux Aragonais, à Naples comme en Sicile[61]. L'Espagne, désormais, par ses galères et ses *tercios*, fait sentir à la mer Tyrrhénienne le poids d'une puissance maritime, militaire et continentale. Non pas marchande : dès l'époque de Charles Quint, et malgré les anciens privilèges commerciaux, les tissus catalans s'exportent de moins en moins vers la Sardaigne et la Sicile. L'Empereur, là comme ailleurs peu attentif aux intérêts ibériques, laisse les marchands génois écouler leurs propres draps sur ces marchés. Alors, revanche, primauté de Gênes ?

Les choses ne sont pas aussi simples. Vers 1550, Gênes abandonne une partie de ses tâches maritimes, dans la mer Tyrrhénienne et ailleurs, aux Ragusains. Ceux-ci, avec leurs cargos, assurent les transports de blé et de sel siciliens et les voyages au long cours, en direction de l'Espagne, de l'Atlantique ou du Levant. La mer Tyrrhénienne serait presque un lac ragusain, s'il n'y avait la présence des Marseillais (d'abord modeste, elle va grandir au delà des années 1570), s'il n'y avait plus tard l'essor de Livourne, création et résurgence, car Livourne, c'est à la fois Pise et Florence... Et c'est aussi la politique calculatrice de Cosme de Médicis, tôt intéressé à la Corse génoise[62]. Enfin, par la large porte marine entre Sicile et Sardaigne, pénètre sans cesse l'inquiétante poussée de la course barbaresque ; elle va surprendre fréquemment, tout au Nord, en fin de navigation, les rivières de Savone, de Gênes, de Nice, voire de Provence. Le barrage toscan de l'île d'Elbe, avec Porto Ferraio, les signale plus souvent qu'il ne les arrête.

Ce bassin tyrrhénien, divisé et composite, est donc trop mêlé à la vie générale de la mer pour avoir des couleurs très personnelles. Cependant, en lui permettant de vivre presque de ses seules ressources, sa bigarrure lui confère une certaine autonomie. Le blé que mangent ses villes, ses régions trop peuplées ou trop pastorales pour se nourrir elles-mêmes, vient de Sicile et, jusque vers 1550, de Provence — du moins la Provence le lui transmet-elle car il est souvent extrait de Bourgogne et parfois de plus loin encore. Le sel vient de Trapani ; les fromages de Sardaigne ; le vin *greco* ou *latino* de

Naples ; la viande salée de Corse ; la soie de Sicile ou de Calabre ; les fruits, les amandes, les noix ainsi que les tonneaux d'anchois ou de thons, de Provence ; le fer de l'île d'Elbe ; l'argent, les capitaux, ou de Florence, ou de Gênes. Le reste vient du dehors : cuirs, épices, bois de teinture, laines, bientôt sel d'Ibiza...

De ces deux vies de relations ajoutées et mêlées, l'une proche, l'autre lointaine, extérieure, c'est la vie intérieure qui est la plus riche. Elle explique le brassage assez poussé des peuples, des civilisations, des langues, des arts. Elle explique que cet espace maritime, avec ses eaux abritées, relativement calmes, soit par excellence un domaine de barques. En une année, de juin 1609 à juin 1610, entraient dans le seul port de Livourne, plus de deux mille cinq cents barques ou petits bâtiments [63]. Chiffre énorme ! Ce sont des barques, uniquement, qui, par le Tibre, atteignent Rome et son port de Ripa Grande [64] y apportant, soit des meubles et les nippes d'un évêque qui va s'installer à la Cour romaine, soit les barriques de vin *greco* qu'un ecclésiastique a eu soin de faire venir, en son temps, du royaume de Naples. Toutes les statistiques, celles du port de Livourne, si riches pour notre période, celles de Civitavecchia, de Gênes ou enfin de Marseille, disent l'importance prodigieuse de ces relations à faible distance : du cap Corse à Livourne, ou à Gênes pour le transport du bois ; ou de Rio dans l'île d'Elbe, à ce même port toscan pour le fer... Tout se transporte à bord de ces navires minuscules : barques, saètes, *laudi, luiti*, tartanes, frégates, polacres... [65]. A Gênes, les registres des douanes distinguent deux arrivages — *venuta magna* et *venuta parva*, selon que les bateaux jaugent plus ou moins de 150 *cantara* (soit une trentaine de tonnes). Or, par an, le port de Gênes reçoit quelques dizaines de « gros » navires et un ou deux milliers de « petits » : 47 gros contre 2 283 minuscules, en 1586 ; 40 contre 1921, en 1587 [66] ; 107 contre 1787, en 1605 [67]... (Ces chiffres inférieurs à la réalité ne tiennent compte que des navires soumis au droit d'entrée, en sont exempts les nombreux navires porteurs de blé, d'huile et de sel.)

Sans doute le cabotage est-il, dans toutes les mers étroites, un fait ordinaire, indispensable à la vie des grands courants commerciaux. Mais ici, dans la mer Tyrrhénienne, il a une ampleur exceptionnelle. Ce qui, joint à une documentation elle-même exceptionnelle, permet de voir ce que nous ne faisons ailleurs qu'apercevoir : le rôle considérable des petits voiliers de charge dans les échanges économiques. Il n'est pas rare qu'à Livourne arrive un patron de barque corse avec quelques tonneaux de viande salée et des fromages [68], qu'il aille lui-même dans les rues de la ville vendre ses marchandises à la criée, malgré les protestations des boutiquiers en place.

Ces petits moyens pourtant ne sauraient suffire à tout. Si Carthage, prise dans la « mer de Sicile », si Marseille, à l'extrême débouché de la mer Tyrrhénienne, si, bien plus tard, Gênes ont pu jouer un si grand rôle, c'est pour avoir su résoudre, comme l'a remarqué Vidal de La Blache [69], le gros problème des navigations vers l'Ouest, soumises au vent d'Est, le dangereux *levante*, et au mistral. Il y fallait d'autres navires que de simples barques. Au temps des guerres médiques, Carthage, comme Marseille, employait pour ces navigations des vaisseaux peut-être plus lourds que ceux des autres marines. De là leur succès. A des siècles de distance, quand le Moyen Age s'achève, c'est grâce à une modification technique, une amplification de la voilure latine, que Gênes a résolu, mieux que les autres, ce problème de la navigation lointaine. Elle en tire un tel avantage qu'elle peut, dès le XIIIe siècle finissant, lancer ses navigateurs au delà du détroit de Gibraltar jusqu'aux Flandres [70].

Gênes a d'ailleurs conservé ce souci et ce besoin des gros tonnages. Au XVe siècle, elle possède sur les longs parcours de Chio ou de Péra jusqu'en Flandres, des naves ou nefs dont certaines atteignent plus de mille tonnes. « Quel malheur que tu n'aies pas vu la nave *Fornara*, écrit au début de l'année 1447, un capitaine à son ami florentin : *tu avresti avuto piacere maxime a vedere questa nave che ti parebbe in magnificenza* » [71].

Il n'y a pas alors de navire de plus fort tonnage. A la Saint-Martin de l'année 1495, les deux grosses « naves génoises » qui arrivèrent devant le port de Baies, « et là surgirent et jettèrent leur ancre en mer sans entrer dedans le dit port » auraient pu, à elles seules, aux dires de Commynes, renverser la situation en faveur des Français, « car assez suffisait les deux naux pour recouvrer la ville de Naples pour l'heure ; car les deux naux estoient belles et grandes portant l'une trois mille bottes et l'autre deux mille et cinq cents bottes et s'appelle l'une la nave Gallienne et l'autre la nave l'Espinole... »[72]. Mais ni l'une ni l'autre n'intervinrent pour se porter de Baies vers la grande ville proche.

Ces détails nous écartent du sujet et du vrai problème beaucoup moins qu'il n'y paraît. Car puissance, suprématie, zones d'influence, quand il s'agit de la vie d'un secteur maritime, est-ce souvent autre chose que des détails techniques : voiles, rames, gouvernails, profils des coques, tonnages des navires ?

L'Adriatique[73]

L'Adriatique est peut-être la plus cohérente des régions de la mer. A elle seule, et par analogie, elle pose tous les problèmes qu'implique l'étude de la Méditerranée entière.

Plus longue que large, elle se présente comme une route Nord-Sud. Au Nord, elle aboutit aux côtes basses qui, de Pesaro et de Rimini au golfe de Trieste, marquent le contact de la plaine du Pô avec l'eau méditerranéenne. A l'Ouest, elle est bordée par la côte italienne, souvent basse, marécageuse, bien qu'à peu de distance elle soit accompagnée par l'Apennin qui, à l'arrière-plan du *Sottovent*, projette jusqu'à la mer une série de buttes montagneuses, dont l'une bien détachée, le Monte Gargano avec ses célèbres forêts de rouvres. A l'Est, elle s'arrête à un chapelet d'îles montagneuses, les îles dalmates, que doublent immédiatement les hauts reliefs stériles du continent balkanique — cette interminable muraille blanche des Alpes Dinariques, rebord d'un énorme plateau de *karst*, auquel la côte dalmate tourne le dos. Enfin, vers le Sud, l'Adriatique débouche sur la mer Ionienne par le canal d'Otrante, entre le cap du même nom, en Italie, et celui de Linguetta, en Albanie. Canal étroit : les cartes marines indiquent qu'il mesure 72 km. Par bon vent, dès le IIIe siècle av. J.-C., les *lemboi*, toutes voiles gonflées, le traversaient en une journée [74]. Ce que font au XVIe siècle, les frégates chargées de porter, pour le compte du vice-roi de Naples, les nouvelles de Corfou ou de Céphalonie jusqu'aux côtes napolitaines, et inversement. Un mémoire espagnol indique que *dende Cabo de Otranto se veen las luces de la Velona* [75]. Du haut de l'avion qui l'emporte vers Athènes, le voyageur aperçoit aujourd'hui, d'un seul coup d'œil, la côte albanaise et déjà Corfou, Otrante et aussi le golfe de Tarente ; tout paraît se réunir en une seule main.

Cet étranglement, au Sud, est le trait essentiel du bassin : il lui donne son unité. Dominer cet étroit passage revient à dominer l'Adriatique. Mais le problème est de savoir où saisir exactement, d'où surveiller le débouché de la mer. Les positions-clefs ne sont pas les ports actifs des Pouilles, Brindisi, Otrante, Bari, où Venise s'est installée à deux reprises, sans pouvoir y rester, en 1495 et en 1528, et où, ses intérêts marchands aidant, elle rêve de s'installer à nouveau, en 1580 [76]. Les Turcs se sont emparés un instant, eux aussi, d'Otrante, après le sac de 1480 qui souleva d'émotion la Chrétienté italienne. Mais le débouché de l'Adriatique ne peut se saisir à partir de la côte d'Italie. La Péninsule est ici « immergée dans la mer plus qu'à mi-corps » ; c'est la côte balkanique, en face d'elle, qui commande l'Adriatique, ce que note incidemment Saint-Gouard, ambassadeur du Très Chrétien à Madrid, quand il écrit à Charles IX, le 17 décembre 1572 : « S'il est vroy que le Grand Seigneur fase ung fort à l'embouchure du gouffre de Quatero (Cattaro) pour plus à son ayse forcer le dit Quatero, je le tiens pour seigneur de la mer Adriatique et puis en son pouvoir de faire une escalle en Italie et pouvoir par ce moien la cerner, par mer et par terre » [77].

Au vrai, la clef de la maison est plus au Sud, bel et bien à Corfou. Et Venise la possède depuis 1386. C'est là, à l'abri de la côte Est, pauvre mais montagneuse et de ce fait protectrice, que se plaque la navigation [78]. Sortir de l'Adriatique, y entrer, c'est, le plus souvent, défiler devant Corfou. Cette île, comme le dit un texte sentencieux du Sénat (17 mars 1500), est le « cœur » de tout l'État vénitien, « aussi bien pour la navigation que sous tout autre aspect » [79]. La Seigneurie lui a donc consacré tous ses soins [80]. Elle n'a rien épargné pour la fortifier, dépensant de telles sommes, dit un document de 1553 [81], *che chi potesse veder li conti si stupiria.* Fresne-Canaye, en 1572, admire au passage, au-dessus de la petite ville grecque, capitale de l'île, l'énorme forteresse dont les 700 pièces d'artillerie portent, dit-on, jusqu'en Albanie. Il s'étonne toutefois que, sous ses murs, les Turcs aient osé ravager l'île, l'année précédente, avec 500 cavaliers [82]. On s'étonnera moins si l'on poursuit la lecture du document de 1553, relation d'un « bayle » rendant compte de son mandat à Corfou : toutes ces dépenses, dit-il, seraient inutiles si l'on ne complétait l'armement de l'antique forteresse, de façon à l'adapter aux nouvelles méthodes de guerre et de siège. Le travail a été commencé, mais à peine, et il est inefficace malgré les deux cent mille ducats qu'on y a engouffrés. Quand le terminera-t-on ? Pas de sitôt puisqu'une relation de 1576 [83] se plaint encore des imperfections de la forteresse : l'ennemi, sans « mettre la main à l'épée », pourrait venir planter son artillerie au pied même de la contrescarpe ! Sous toutes les plumes des fonctionnaires vénitiens de la seconde moitié du siècle reviennent des plaintes analogues : les imposantes défenses de la Seigneurie sont démodées, incapables d'empêcher les raids des corsaires. Les montagnes dépourvues d'eau ne pouvant servir d'abri, les malheureuses populations de Corfou doivent se réfugier, tant bien que mal, dans la forteresse et jusque dans les fossés, au péril de leur vie. Le Turc alors se répand dans un pays vide, aux villages abandonnés. Résultat : Corfou qui avait 40 000 habitants avant « la guerre de

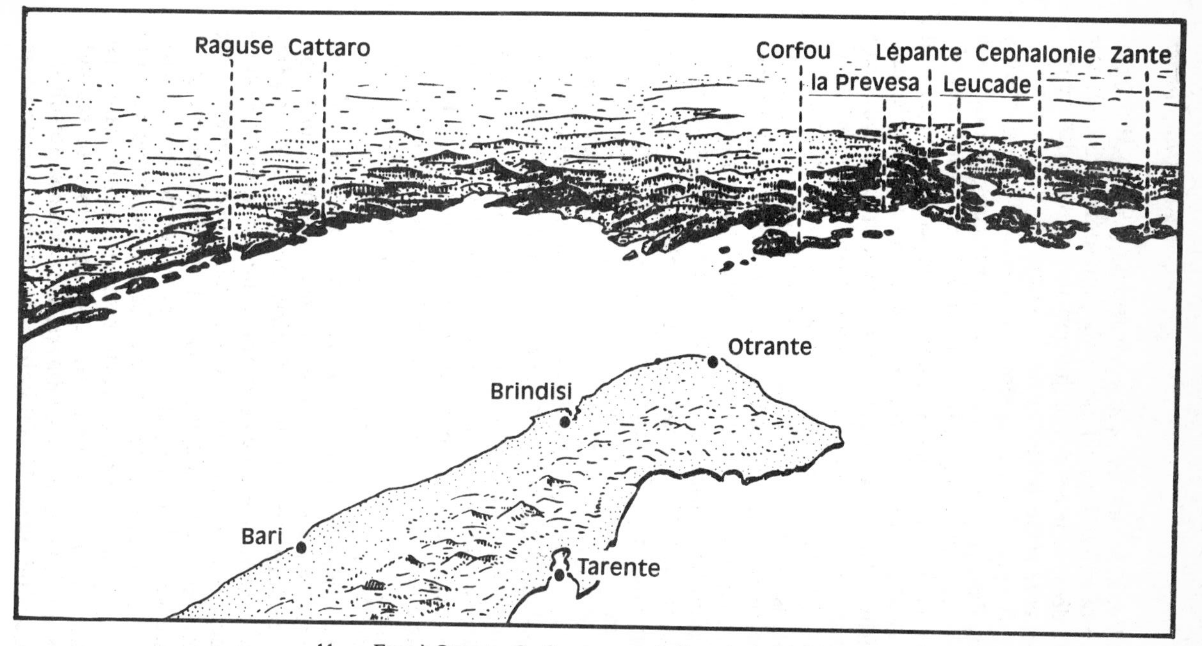

11. — Face à Otrante, Corfou commande l'entrée de l'Adriatique.
A noter la position des grandes rencontres navales : La Prevesa, 1538 ; Lépante, 1571. Croquis dessiné par J. Bertin.

1537 », n'en possède plus que 19 000, en 1588 [84]. Venise compte avant tout, il est vrai, pour défendre l'île, sur ses galères à proue dorée qui patrouillent dans l'Archipel et dans le « Golfe ».

Et de fait, avec Corfou et avec sa flotte, Venise tient l'entrée de l'Adriatique. Autant dire l'Adriatique entière. Car, à l'autre bout de la mer, au Nord, c'est la ville elle-même qui est la seconde position-clef : le point de confluence des chemins maritimes et des chemins continentaux qui, malgré les Alpes, relient l'Europe Centrale à l'Adriatique et au Levant. La mission de Venise est d'assumer cette liaison.

Aussi bien l'Adriatique est-elle sa mer, son « golfe », comme elle dit. Elle s'y saisit à sa guise de n'importe quel navire, elle y fait la police, avec habileté ou brutalité, selon les cas. Trieste la gêne, elle démolit ses salines, en 1578 [85]. Raguse la gêne, elle poste ses galères dans les eaux de Ragusa Vecchia, pour happer les navires de grain qui la ravitaillent ; elle ameute contre elle les alliés de la Sainte-Ligue, en 1571 ; elle soutient, en 1602, les sujets révoltés de Raguse dans l'île aux célèbres pêcheries de Lagosta [86] ; elle saisit encore les navires de sa rivale, en 1629 [87]. Ancône la gêne, elle essaie de lui faire une guerre de tarifs [88]. Ferrare la gêne, elle pense à se saisir du grand port. Le Turc la gêne : elle n'hésite pas, le cas échéant, à le frapper chaque fois qu'elle peut le faire sans trop d'imprudence [89].

La règle d'or, le *ben noto principio*, est sans ambages, comme le rappellent les *Cinque Savii alla Mercanzia*, que *ogni merce che entra nell'Adriatico o esce dall'Adriatico deve toccar Venezia*, que toute marchandise véhiculée dans l'Adriatique doit passer par Venise [90], selon une politique, typiquement urbaine, de concentration autoritaire des trafics [91]. Seule la Seigneurie, le cas échéant, accordera des dispenses qui sont rares [92]. C'est une façon, pour elle, de régler la circulation selon ce qu'elle croit être son avantage, de défendre sa fiscalité, son marché, ses débouchés, ses artisans, sa navigation. Pas un geste, même anodin, telle la saisie d'une ou deux barques triestines chargées de fer [93], qui ne se rattache à un ensemble de mesures calculées. En 1518, pour assurer son monopole, Venise a exigé des transporteurs, au départ de Candie, de Napoli di Romania, de Corfou et de Dalmatie, qu'ils ne puissent quitter les dits lieux sans constituer des dépôts, garantissant que leurs marchandises seraient amenées à Venise. Sur le papier, tout est pour le mieux. Or voici que, dans le règlement, a été oubliée l'Istrie. Cette brèche a suffi pour que passent en franchise des étoffes de basse qualité — *rasse, sarze, grisi* —, fabriquées en Istrie et en Dalmatie et qui se sont largement débitées à la foire de Recanati [94]. Voilà qui nous avertit qu'il y a à ce jeu des gendarmes et des voleurs, une partie adverse, une fraude habile, sur mer comme sur les routes continentales et fluviales, ainsi, entre Venise et Ferrare, une contrebande que rien ne peut endiguer. Obligés de se soumettre, les petits voisins de Venise rusent, chaque fois qu'il est possible de le faire.

Quant aux grands voisins, ils élèvent la voix, invoquent les contre-principes. Les Espagnols ont avec la République des querelles de préséance, de fréquentes discussions pour des prises de navires. « Il y a beaucoup d'années que, sans aucun fondement, cette Seigneurie de Venise prétend que le golfe est sien, écrit Francisco de Vera, ambassadeur de Philippe II à Venise, comme si cette partie de la mer, Dieu ne l'avait pas créée, comme le reste, pour le service de tous » [95]. Les Vénitiens ripostent, sans se lasser, qu'ils ont acheté le golfe non point avec leur or, mais avec leur sang « tant de fois prodigué ».

La Seigneurie n'a pas pu, évidemment, empêcher ses grands voisins d'ouvrir portes et fenêtres sur l'Adriatique et de les utiliser. Les Turcs sont à Valona (1559), les Espagnols à Naples ; le Pape à Ancône, en attendant d'être à Ferrare (1598) et à Urbino (1631) ; la Maison d'Autriche est à Trieste. Dès 1570, Maximilien II parlait de demander à Venise le *negotium liberœ navigationis* [96]. Vieille réclamation qu'avait déjà formulée le Saint-Siège. Dans la tourmente qui précéda Agnadel, Jules II proposait, en février 1509, d'absoudre les Vénitiens à condition que fût accordée, par eux, la libre navigation en Adriatique aux sujets de l'Église[97]. Par la suite, les mêmes prétentions furent inlassablement reprises.

Enfin, il y a les Ragusains avec leur flotte de cargos. La tenace République de Saint-Blaise joue de sa double position de protégée de la Papauté et de vassale du Sultan. Cette situation de neutre est fructueuse : dans une Méditerranée hostile, les naves ragusaines passent presque toujours indemnes... Ancône et Raguse pour le présent, Trieste pour le lointain avenir : ce ne sont point là adversaires négligeables. Les deux premières ont su profiter, dès le début du siècle, des difficultés de Venise, au cours de la crise du poivre et des épices. Mais Venise a surmonté la crise. Et d'ailleurs ses concurrentes sont liées à elle pour les assurances maritimes, les retours d'argent, les transports. Elles sont souvent ses servantes et n'arrivent à la gêner, et encore, que dans les petits trafics d'une rive à l'autre de l'Adriatique. Trafics secondaires qui portent sur les fers de Trieste vendus en Italie, sur les draps d'Occident, les laines, les vins des Pouilles, introduits en Dalmatie sans les faire passer par Venise. Les autorités vénitiennes essaient de frapper les sujets de la Seigneurie qui se prêtent à ce marché « noir ». Mais comme elles renouvellent souvent menaces et coups, il faut bien penser qu'ils ne sont ni très efficaces, ni dictés par des nécessités vitales[98].

Après tout, il ne s'agit là que d'actions de simple police, au jour le jour. Certes la surveillance de Venise ne concerne pas seulement les fraudeurs, les concurrents ; elle s'adresse aussi aux corsaires qu'attire l'abondance même des trafics de l'Adriatique : le blé, les vins forts en alcool, l'huile des Pouilles et des Romagnes, la viande, les fromages de Dalmatie, sans parler des navires qui assurent les exportations et importations lointaines et richissimes de la Seigneurie. Contre ces corsaires, Venise a dû mener une guerre diffuse, sans cesse renaissante ; chassée sur un point, la course surgit un peu plus loin, acharnée, monotone. Le

XVe siècle avait connu les dernières belles années de la course catalane, basée sur la Sicile. Contre elle, Venise savait armer, le cas échéant, deux ou trois gros navires marchands et traquer l'ennemi, au moins le neutraliser. Rétrospectivement cette course à l'aide de gros bâtiments paraît plus spectaculaire encore que dangereuse [99].

Avec le XVIe siècle se renforce la piraterie turque [100] ; elle se glisse en Adriatique par les ports d'Albanie, Stapola, Valona, Durazzo. Elle s'aggrave avec l'apparition des Barbaresques [101], plus encore avec les larges pénétrations des armadas turques, précédées et suivies de navires pirates... Cependant le tableau n'est pas à noircir exagérément. En gros, jusqu'au dernier quart du XVIe siècle, Turcs ou Barbaresques pénètrent peu à l'intérieur du « golfe » [102] ; c'est au delà de 1580 que tout change en Adriatique comme ailleurs. Une relation vénitienne de 1583 le signale : depuis un certain temps, depuis surtout que les côtes des Pouilles se sont hérissées de tours de garde, bien garnies d'artillerie, protégeant à la fois le littoral et les bateaux qui peuvent se mettre à l'abri de leurs canons, depuis ce moment les corsaires ont porté plus au Nord leurs attaques et envahi le golfe. Ils y poussent des raids brefs et fréquents qui leur permettent de tromper la surveillance des galères [103].

A ces malheurs s'en ajoute progressivement un autre, bien plus grave. Il se dessine dès avant le milieu du siècle [104] ; c'est l'incessante piraterie des Uscoques de Segna et de Fiume. Ces villes, rendez-vous de l'aventure slave et albanaise, sont à quelques pas de Venise et du faisceau rassemblé de ses trafics. Ces légers adversaires, il est vrai, sont peu nombreux, un millier d'hommes, dit le provéditeur Bembo, en 1598 [105] : 400 d'entre eux sont à la solde de l'empereur et 600 *sono li venturieri che altro non fano che corseggiare et del bottino vivono*. Une poignée d'hommes, mais protégés par l'empereur et qui se renouvellent avec l'arrivée ininterrompue des hors-la-loi des Balkans, *per lo più del paese del Turco*. D'ailleurs que faire contre leurs embarcations minuscules, poussées à la rame à grande vitesse et si légères qu'elles utilisent les chenaux les moins profonds des îles où les galères ne peuvent les suivre sans risquer d'éventrer leurs coques ? Voilà les voleurs garantis, presque à tous les coups, contre les gendarmes. Il serait plus facile, dit un sénateur vénitien, d'interdire avec ses mains la voie des airs aux oiseaux que celle de la mer aux Uscoques, avec les galères [106]. Qu'une de celles-ci tombe dans une vaste embuscade (600 hommes), elle n'en réchappera pas : c'est ce qui arrive le 17 mai 1587, sur les bouches de la Narenta [107]. Qu'un navire s'échoue, il est leur proie.

Encouragés par le succès, ces *diavoli*, ces voleurs, ces *persone... uniti per rubbare*, disent les Vénitiens, ne respectent plus rien. Tout leur est gibier. Même le Turc menace d'intervenir massivement. Même le Ragusain armera un beau jour contre eux. Venise s'abandonne à des gestes de colère, bloque Fiume, ou Segna, à l'occasion elle brûle jusqu'aux « roues des moulins », « pend les capitaines ». Mais ces opérations ne sauraient être décisives. La métropole qui anime cette aventure, ce n'est ni Segna, ni Fiume (celle-ci s'est un instant seulement essayée à commercialiser les produits de la piraterie et sans grand succès) mais Trieste où tout se vend et se revend : les esclaves turcs qu'achète pour ses galères le grand-duc de Toscane, les beaux draps d'or et les camelots volés aux Vénitiens. Or l'adversaire est de taille. Trieste, ce sont les archiducs, les Habsbourgs de Vienne et indirectement ceux d'Espagne. En vain marchands d'Italie et de Venise ont-ils poussé jusqu'en Carniole et en Croatie, en Styrie. Une poussée de paysans marchands ambulants, de colporteurs commande de plus en plus les trafics de l'arrière-pays, se lie à la course et au commerce extérieur. C'est contre cette multiple poussée que Venise maintient ses privilèges. Cela ne va ni sans mal, ni sans compromis, ni sans surprises.

Tous ces traits et d'autres qui composeraient si facilement un livre de l'Adriatique disent et prouvent l'unité du « golfe », unité culturelle et économique plus encore que politique et qui s'organise aux couleurs italiennes. Le golfe est vénitien, sans doute, mais plus sûrement encore, au XVIe siècle, il est l'espace d'une italianité triomphante. Sur la rive Est de la mer, la civilisation de la Péninsule a cousu une broderie serrée, éclatante. Ce qui n'implique pas que la Dalmatie soit « italienne » au sens où l'entendaient hier les propagandistes de l'expansion par la race. Toute la bordure maritime du *Retroterra* est aujourd'hui de population slave [108]. Elle l'était tout autant au XVIe siècle malgré certaines apparences. A Raguse, alors, l'italianité est une commodité : l'italien est la langue commerciale de toute la Méditerranée. Mais aussi une mode et un snobisme : non seulement on tient à ce que les fils des grandes familles aillent étudier à Padoue, que les secrétaires de la République soient aussi bons italianistes que latinistes (les archives de Raguse sont presque toujours en langue italienne), mais encore les familles dominantes, maîtresses du négoce et de la politique, se forgent sans hésiter des généalogies italiennes. Alors que ces orgueilleuses *gentes* descendent de quelque Slave de la montagne, que les noms italianisés trahissent ces origines slaves, que la montagne ne cesse d'envoyer ses hommes à la côte, que le slavon est la langue courante, la langue familiale des femmes et du peuple, et même, après tout, celle de l'élite, puisqu'on peut lire, répété à plusieurs reprises dans les registres de Raguse, l'ordre formel de ne parler qu'italien aux assemblées des Recteurs. S'il y fallait un ordre...

Ces précisions données, il est certain que l'Adriatique du XVIe siècle est attirée par la fine civilisation de la Péninsule proche, qu'elle vit dans son orbe. Raguse est une ville d'art italienne : Michelozzo travailla au Palais des Recteurs. Et c'est pourtant la moins pénétrée par Venise des villes de l'*altra sponda*, puisque, sauf une brève exception, elle en a toujours été indépendante. A Zara, à Spalato, dans l'île de Cherso, ailleurs encore, une surabondante documentation donnerait, si besoin en était, le nom des maîtres d'école, des prêtres, des notaires, des hommes d'affaires, des Juifs même venus de la Péninsule porteurs et artisans de la civilisation italienne qui provigne ici [109].

Mais l'Adriatique n'est pas seulement italienne. Orientée non pas du Nord au Sud, mais exactement du N.O. au S.E., elle est la route du Levant, de trafics et de rapports anciens, ouverte aussi, nous le verrons, aux maladies et épidémies de l'Est. En profondeur sa civilisation est mêlée, l'Orient s'y prolonge, Byzance y survit. Ainsi tout concourt à l'originalité de cette zone frontière. Son catholicisme est une religion de combat, face au monde orthodoxe menaçant du haut de ses montagnes, face à l'immense péril turc. Si la Dalmatie malgré tant d'avatars est fidèle à Venise, comme l'a remarqué il y a longtemps Lamansky, c'est que, au delà de la Seigneurie, sa fidélité s'adresse à Rome, à l'Église catholique. Même une ville comme Raguse, si proche de ses intérêts, enfoncée à la fois dans le monde turc et orthodoxe, vivant en somme au milieu de peuples hérétiques et infidèles, est d'une étonnante ferveur catholique. Ses assises religieuses seraient aussi curieuses à prospecter que ses structures économiques, l'intérêt se mêlant d'ailleurs — et pourquoi non — à ses élans les plus spirituels. Sa fidélité à Rome la protège sur sa frontière menacée ; on le verra lors de la terrible crise de 1571. Et quand se produira, avec le XVIIe siècle, le grand repli économique, après les splendeurs d'une Renaissance qui, comme celle de Venise et de Bologne, s'est allumée tard, alors elle trouvera dans l'Église de magnifiques carrières qui porteront dans toute la Chrétienté, même en France, les marchands et banquiers de jadis devenus princes et serviteurs de l'Église.

Géographie, politique, économie, civilisation, religion, tout concourt à bâtir un monde adriatique homogène. Et ce monde déborde les contours de la mer : il va, dans l'épaisseur du continent balkanique, jusqu'à la limite essentielle entre latinité et monde grec. De l'autre côté, à l'Ouest, il dessine, à travers la péninsule italienne, du Nord au Sud, une ligne subtile de clivage. On ne voit, d'ordinaire, que la très grosse opposition entre l'Italie du Nord et l'Italie péninsulaire. Mais l'opposition Est-Ouest, Italie tyrrhénienne-Italie levantine, moins apparente, n'est pas moins réelle. Dans tout le passé, elle a joué comme une articulation secrète. Longtemps, l'Orient a fait prime et devancé l'Occident de la péninsule. Par contre, c'est l'Ouest, Florence et Rome qui ont tiré d'elles-mêmes la Renaissance. A Ferrare, à Bologne, à Parme, à Venise, l'élan ne sera transmis qu'avec le XVIe siècle finissant. Même mouvement de bascule sur le plan économique : quand Venise décline, Gênes triomphe ; plus tard Livourne s'annonce comme la ville la plus en progrès de la péninsule. Est, Ouest ; Adriatique, mer Tyrrhénienne : ce sont les destins de l'Italie, ceux aussi de la Méditerranée entière qui se jouent ainsi, alternativement, de part et d'autre de la Péninsule, fléau d'une immense balance.

A l'Est et à l'Ouest de la Sicile

Les mers étroites sont la partie animée de la mer, le domaine vivant des bateaux et des barques. L'essentiel, économiquement et humainement. Mais, à côté d'elles, les grandes étendues de mer, par leur vide, par leurs « solitudes », ont leur part dans la structure générale de la Méditerranée.

Au XVIe siècle, la mer Intérieure, si petite aujourd'hui à l'échelle de nos vitesses, contenait de vastes régions dangereuses, interdites, espaces morts qui séparent des mondes. La mer Ionienne est la plus vaste de ces régions hostiles. Elle prolonge en mer le vide terrestre du sud libyen, créant ainsi une double zone inhumaine, continentale et liquide, celle-là même qui sépare l'Orient de l'Occident [110].

Au delà de la « porte de Sicile », un autre vaste espace marin s'étend des rivages siciliens ou sardes jusqu'aux Baléares, à l'Espagne et au Maghreb. Une mer (dirons-nous la mer de Sardaigne) de traversée difficile, elle aussi avec des côtes inhospitalières, de puissants coups de *noroît* et de *levante*... Dans le sens des parallèles, les difficultés de traversée s'ajoutent les unes aux autres.

Certes les navires ont très tôt vaincu ces obstacles et joint le Ponant au Levant. Au Nord, en longeant d'Est en Ouest, et inversement, les côtes balkaniques, puis napolitaines pour utiliser ensuite le détroit de Messine, de préférence à la porte de Sicile dont le passage est plus aléatoire. Cette grande ligne de trafic est une route chrétienne. La route de l'Islam, moins commode et moins fréquentée, traverse en diagonale la porte de Sicile. C'est le chemin habituel des armadas turques, des côtes de l'Albanie jusqu'à Valona, de Valona aux rivages de Naples et de Sicile, enfin de la Sicile à Bizerte, parfois jusqu'à Alger. Elle n'a jamais eu l'animation de la précédente.

Au Sud, l'obstacle est contourné en longeant les côtes africaines où les rapports de course chrétienne indiquent l'existence d'une navigation assez animée [111]. Le problème est de surprendre, en surgissant du large, les bateaux qui viennent d'Égypte, de Tripoli, de Djerba et, quelquefois, d'Alger. Au début du XVIe siècle, les galères vénitiennes faisaient encore la *muda* des côtes barbaresques et les atteignaient par la route des côtes siciliennes. Avec le siècle finissant, Anglais et Hollandais côtoieront, à leur tour, l'Afrique du Nord, de Gibraltar à la Porte de Sicile qu'ils prendront eux aussi par le travers, allant rejoindre les rivages de Sicile, puis de Grèce, en direction de Candie, de l'Archipel ou de la Syrie. Ceci sans doute, sinon toujours, pour éviter le contrôle espagnol du détroit de Messine.

Tous ces itinéraires enveloppent, évitent mer Ionienne et mer de Sardaigne. Constituant la grande liaison entre la Méditerranée de l'Est et celle de l'Ouest, ou si l'on préfère, entre l'Orient et l'Occident, ils sont d'importance capitale pour la grande histoire. A côté d'eux, il faudrait tenir compte des trafics terrestres par les routes traversières d'Italie. La Péninsule n'est qu'une digue entre les deux moitiés de la mer. Ancône et Ferrare sont liées à Florence, à Livourne, à Gênes. Venise exporte vers Gênes et la Tyrrhénienne... Au trafic de Messine et de la porte de Sicile, s'ajoute ce qu'emportent d'une rive à l'autre de l'Italie, les processions de caravanes muletières. Bien sûr, ni en poids ni en valeur, ces trafics additionnés ne seraient très importants à nos yeux, si l'on en pouvait dresser l'exacte statistique. Mais ils sont décisifs à l'échelle du siècle. Ils font l'unité de l'espace méditerranéen, celle de ce livre. Mais quelle unité ?

Deux univers maritimes

Prétendre que les obstacles accumulés entre les deux bassins de la Méditerranée les écartent fortement l'un de l'autre serait d'un déterminisme géographique outré, non point inexact. Il est vrai que ces difficultés des routes terrestres et maritimes se sont constamment opposées aux très fortes migrations humaines d'un bassin à l'autre de la mer. Le général Brémond, dans un livre qui évoque assez souvent la verve d'Émile-Félix Gautier, a rappelé que les invasions arabes, du VIIe au XIe siècle, n'avaient guère transformé, humainement, l'Afrique du Nord, que ces envahisseurs avaient été peu nombreux, d'autant plus aisément « phagocytés ». C'est la transposition de la thèse de Hans Delbrück au sujet des invasions germaniques du Ve siècle. Mais peu importe ! Ce qui nous intéresse, c'est cette difficulté dressée par la nature devant les mouvements humains d'Est en Ouest ou d'Ouest en Est, qu'ils se fassent par voie de terre ou par mer. Tout se passe comme s'il y avait, les arrêtant, un filtre aux mailles serrées.

Sans doute, au XVIe siècle, y a-t-il des Levantins sur les rives occidentales, des Grecs à Livourne, des Chypriotes dans les Baléares et à Cadix, des Ragusains dans tous les ports importants, des Levantins et des Asiatiques à Alger : les Barberousses et les janissaires algérois viennent de l'Égée et d'Asie Mineure [112]. Réciproquement, il reste des traces humaines de la colonisation latine en Orient et la légion des renégats, plus encore que les comptoirs marchands, crée une nouvelle colonisation du monde turc. Ces greffes cependant restent sans grosse importance. Les deux bassins, malgré la liaison des trafics et des échanges culturels, conservent leur autonomie, leurs circuits propres. Les vrais brassages de population se font à l'intérieur de chacun d'eux, bravant alors toutes les barrières de race, de civilisation ou de religion.

Toute liaison humaine d'un bout à l'autre de la Méditerranée reste par contre une aventure. Pour le moins une gageure.

Des exemples ? Les Phéniciens, jadis, se sont installés à Carthage et, de là, ont rayonné vers l'Ouest, victorieux, avec leurs gros navires, des longues distances du Far West méditerranéen. De même, les Grecs de l'Antiquité se sont logés à Marseille, d'où pareillement ils essaimeront. De même, les Byzantins ont été maîtres, un temps, de la Sicile, de l'Italie, de l'Afrique du Nord et de la Bétique. De même les Arabes, aux VIIIe et IXe siècles, ont saisi l'Afrique du Nord, l'Espagne et la Sicile... Or, ces grandes victoires sont ou sans lendemain, ou suivies de ruptures entre troupes avancées et métropoles : c'est le destin de Marseille, de Carthage et même de l'Espagne musulmane qui, aux Xe et XIe siècles, reçoit d'Orient tout son ravitaillement culturel, ses poètes, ses médecins, ses professeurs et ses philosophes, ses magiciens et jusqu'aux danseuses en jupes rouges. Puis, elle en est coupée et, soudée à l'Afrique berbère, c'est d'une vie occidentale qu'elle se met à vivre. Les Maugrébins qui vont alors en Orient, attirés par le pèlerinage ou par leurs études, s'étonnent de se sentir « presque dans un monde étranger ». « Il n'y a pas d'Islam en Orient », s'écrie l'un d'eux [113]. Cette histoire recommence, avec le XVIe siècle finissant, quand l'Afrique des Régences turques se libère, en fait, de la tutelle ottomane.

Elle se vérifie à l'inverse, dans le bassin oriental de la mer, par l'histoire symétrique des Croisades et des États latins. Mais est-il nécessaire d'insister ?

La double leçon des Empires turc et hispanique

Chaque mer tend à vivre sur elle-même, à organiser ses circuits de voiliers et de barques en un système autonome : ainsi en va-t-il des deux vastes ensembles maritimes, l'occidental et l'oriental. Ils communiquent, ils sont liés l'un à l'autre, toutefois ils tendent à s'organiser en circuits fermés ; malgré mélanges, alliages et interdépendances.

Le fait, au XVIe siècle, est souligné par la politique avec une clarté peut-être trop vive. Quelle belle carte géopolitique, avec flèches, ne pourrait-on pas dessiner du bassin occidental, entre le milieu du XVe et le milieu du XVIe siècle, en montrant les directions anciennes et nouvelles de l'impérialisme hispanique, les positions qu'il a acquises et exploitées pour se saisir de la mer occidentale ! Car il s'en est saisi. Et, à partir de 1559, avec la démobilisation de la flotte française, avec le relâchement des liens politiques entre le Très Chrétien et le Sultan, la mer occidentale est devenue, sans conteste, une mer hispanique. Le Musulman n'en tient qu'un côté, et point le meilleur, l'Afrique du Nord. Il ne la tient que par ses corsaires ; et leur domination, freinée par la ligne défensive des présides espagnols, y est constamment menacée, du dedans et du dehors. En 1535, Charles Quint a réussi contre Tunis ; en 1541, il a échoué, mais de peu, devant Alger : cet échec pourrait être réparé. A Madrid le *Consejo de Guerra* a toujours dans ses dossiers un projet prêt contre la ville des reis, et que l'on pourrait, un beau jour, mettre brusquement à exécution. Il s'en est fallu de peu, à l'époque de Don Juan d'Autriche et, en 1601, avec la brusque tentative de Jean André Doria.

La mer Ionienne, la « mer de Crète », c'est, symétriquement, la mer ottomane. Maîtres des rives du bassin oriental après l'occupation de la Syrie (1516) et de l'Égypte (1517), les Turcs se sont trouvés dans l'obligation de conquérir la mer, de créer une flotte de guerre puissante.

Dans un cas comme dans l'autre, chacune de ces grandes Méditerranées a véhiculé, créé, en quelque sorte, ce double impérialisme. Zinkeisen le dit pour la Turquie. N'est-ce pas tout aussi vrai pour l'Espagne [114] ? Les deux Méditerranées sont, au XVIe siècle, deux zones politiques de signe opposé. S'étonnera-t-on, dans ces conditions, que les grandes luttes maritimes, à l'époque de Ferdinand le Catholique, de Charles Quint, de Soliman et de Philippe II se situent, avec insistance, à la jointure des deux mers, à leur approximative frontière ?

Tripoli (1511, 1551), Djerba (1510, 1520, 1560), Tunis (1535, 1573, 1574), Bizerte (1573, 1574), Malte (1565), Lépante (1571), Modon (1572), Coron (1534), La Prevesa (1538)...

La politique ne fait que décalquer une réalité sous-jacente. Ces deux Méditerranées, commandées par des maîtres ennemis, sont physiquement, économiquement, culturellement, différentes l'une de l'autre ; chacune est une zone d'histoire. Physiquement, l'Est a un climat plus continental, à rythmes plus brusques, à sécheresses plus fortes que l'Ouest, avec des chaleurs d'été plus élevées et donc, si possible, des terres plus nues encore, plus dépouillées, plus « fauves », eût dit Théophile Gautier. Avec, en revanche, des espaces marins plus humanisés. Qui dira dans les liaisons le rôle moteur de la mer Égée ? Il convient d'insister sur cette facilité que l'Orient offre à la navigation, d'autant plus que le fait paraît peu connu. Voici, à ce sujet, un document décisif de 1559. Un donneur de conseils désirerait que la Seigneurie de Saint-Marc armât à Chypre, comme dans les autres îles vénitiennes, un certain nombre de galères ; on n'aurait, ensuite, aucune difficulté à les faire passer à Candie, le passage pouvant se faire bien avant le jour de la saint Grégoire (12 mars), date habituelle de la sortie des gardes d'Alexandrie et de Rhodes. En effet, ajoute-t-il, *li boni tempi usano in quelle parti più a bon hora che in queste*, la bonne saison commence là-bas plus tôt que chez nous [115]. Est-ce la raison de l'avance dont semble toujours disposer la flotte turque ? La rapidité de ses engagements serait à l'actif des calmes précoces de l'Égée. A une époque où le rythme des saisons commandait celui de la guerre, la chose est d'importance.

Au delà de la politique

Économiquement et culturellement, les différences entre les deux zones ne font que s'accuser au XVIe siècle, en même temps qu'achèvent de se renverser leurs valeurs respectives. Depuis le XIIIe siècle, l'Orient n'a cessé de perdre, une à une, les primautés qui avaient été siennes, les raffinements de la civilisation matérielle et de la technique, les grandes industries, la banque, les sources de l'or et de l'argent. Le XVIe siècle achève sa défaite au cours du drame économique sans précédent qui, créant l'Atlantique, supprime l'ancien privilège du Levant, seul dépositaire, en un temps, des richesses des « Indes ». Chaque jour, dès lors, accroît la différence de niveau de vie entre l'Occident, bouleversé par les progrès de la technique et de l'industrie, et ce monde de vie à bon marché où l'argent venu de l'Ouest se valorise automatiquement et acquiert un plus grand pouvoir d'achat.

Mais cette différence de niveau recrée une certaine unité économique des deux bassins, elle la rend obligatoire, malgré toutes les barrières, y compris celles de la politique, et par tous les moyens, y compris ceux de la course. C'est la différence de voltage qui détermine les courants : plus la dénivellation est grande, plus les courants sont nécessaires. L'Est a besoin de s'associer aux supériorités de l'Occident, d'en prendre, coûte que coûte, sa part : il est à la recherche des métaux précieux d'Occident, c'est-à-dire de l'argent d'Amérique ; et il lui faut absolument suivre les progrès de la technique européenne. Réciproquement, l'industrie occidentale grandissante a besoin d'exporter ses surplus. Grosses questions sur lesquelles ce livre reviendra. Car c'est par ces besoins profonds, ces ruptures et ces rétablissements d'équilibre, ces échanges forcés que tout a été mû et, de loin, commandé [116].

2. Les bordures continentales

La Méditerranée a toujours semblé une patrie d'élection pour les hommes de la mer. On l'a dit et redit. Comme s'il suffisait qu'une côte fût découpée pour être du coup peuplée, et peuplée de marins ! En fait, la Méditerranée n'a pas la profusion de races marines des mers du Nord ou de l'Atlantique. Elle ne les produit qu'en petit nombre et dans certaines régions seulement.

Les peuples de la mer

Évidemment, parce qu'elle est incapable d'en nourrir davantage. L'eau méditerranéenne n'est guère plus riche que la terre. Les *frutti di mare* tant vantés y sont d'une abondance mesurée[117], les pêcheries d'un médiocre rendement sauf en de rares endroits, comme les lagunes de Comacchio, les côtes de Tunisie ou celles d'Andalousie (où se pratique la pêche du thon[118])... Il manque à la Méditerranée, mer profonde, mer d'effondrement, les bancs à peine immergés, les plates-formes littorales où, jusqu'à 200 m de profondeur, pullule la faune sous-marine. Presque partout, un étroit talus de rocs ou de sable conduit des littoraux vers les fosses du large. L'eau de la Méditerranée, trop ancienne géologiquement, serait même au dire des océanographes, biologiquement épuisée[119]. Il n'y a de grandes pêches, avec migrations de barques, que pour le corail, qui n'est pas une pêche vivrière... Rien de comparable à ces larges déplacements du Nord, vers Terre-Neuve et l'Islande, ou les bancs à harengs de la mer du Nord. En février 1605, devant l'insuffisance du poisson, la Seigneurie de Gênes essaie de limiter la consommation pendant le Carême[120].

L'insuffisance de la provende explique l'insuffisance des pêcheurs, par suite celle des marins qui a toujours insidieusement freiné les grandes entreprises des dominations méditerranéennes. Entre les rêves des politiques et les réalités, il y eut constamment cet obstacle : la rareté des hommes capables de construire, d'équiper, de manœuvrer les flottes. Voyez le difficile essor de Livourne : il a fallu le travail de toute une vie, celle de Cosme de Médicis, pour doter la ville neuve des marins dont elle avait besoin et c'est à la Méditerranée entière qu'il dut s'adresser. Il a fallu également un concours de circonstances pour que les Turcs puissent construire leur flotte ou que se développe le centre de la course algéroise. Armer les galères, pour toutes les armadas qui luttent en Méditerranée, est avant tout un problème d'hommes. S'il n'y avait les esclaves, les captifs de guerre et les condamnés qu'on sort de leur prison pour les enchaîner aux rames, où trouverait-on les hommes nécessaires à la vogue ? Dès le milieu du XVIe siècle, les documents se plaignent de la rareté des rameurs volontaires, les *buonavoglia* : les temps ne sont plus assez durs pour que les hommes se vendent d'eux-mêmes, comme jadis, argumente un amiral vénitien, Cristoforo da Canal (1541)[121]. Venise a même dû instituer un système de milice, véritable service obligatoire pour ses galères de Candie et armer, pour elle-même, à partir de 1542-1545, des galères de *condannati*. Et il n'y a pas que les rameurs qui manquent. La crise sévit aussi pour les équipages. Les documents mettent l'accent sur l'impéritie et la mauvaise organisation de Venise : si l'on veillait à ceci ou à cela, si l'on payait mieux, les marins des possessions vénitiennes n'iraient pas servir sur les bateaux étrangers, sur les armadas turques et même ponantines. C'est peut-être vrai. Ce qui est plus certain encore, c'est qu'il n'y a pas assez d'hommes pour équiper tous les bateaux de la Méditerranée ; et s'ils vont naturellement chez qui leur fait la vie la plus facile, il n'y a pas de pays, au XVIe siècle, qui puisse se flatter d'en avoir plus qu'à sa suffisance.

C'est pourquoi, dès la fin du siècle, les États et les villes de Méditerranée embauchent, ou essaient d'embaucher des marins du Nord. En 1561, un Écossais catholique venait avec une galère au service de l'Espagne[122]. Un document postérieur à l'Invincible Armada montre Philippe II et ses conseillers préoccupés de recruter des marins en Angleterre même[123]. A Livourne, ce sera un trait distinctif de la politique de Ferdinand de Médicis que de s'adresser non plus seulement aux marins de Méditerranée, mais aussi à ceux de l'Europe nordique[124]. Et le centre algérois suivra la même règle dès la fin du XVIe siècle[125].

A ce Nord mieux pourvu qu'elle, la Méditerranée emprunte, outre des hommes, des techniques nouvelles. Ainsi la « coque », la *Kogge*, gros porteur solidement charpenté, à l'origine doté d'un seul mât et d'une grande voile carrée, capable d'affronter les mauvais temps d'hiver. Ce sont les pirates basques de Bayonne qui ont fait, aux Méditerranéens, la première démonstration de ses qualités [126]. Elle devient le bateau rond type, à la fois dans la Baltique et dans la Méditerranée, aux XIVe et XVe siècles. Par contre, le voyage du *Pierre de la Rochelle* à Dantzig, quelque cent cinquante ans plus tard, révéla aux Dantzicois émerveillés un nouveau type de bateau, la caraque, incontestablement né dans le Midi, dérivé de la coque, mais d'une coque agrémentée de mâts et de voiles multiples — ce qui est une tradition méditerranéenne — et qui allie les voilures carrées et latines. Un bateau du Midi, disions-nous : mais du Midi océanique, car il semble bien que ce soient les Biscayens qui l'aient mis au point, avant qu'il ne devienne, vers 1485, le navire marchand ordinaire de l'Océan et de la Méditerranée [127].

Ainsi l'Océan se charge des perfectionnements, des révolutions maritimes. Un champion de la supériorité nordique a été jusqu'à prétendre que la Méditerranée, mer intérieure, n'avait jamais su développer des types de bateaux d'une importance autre que locale [128]. Ce sont pourtant les Méditerranéens qui avaient été jadis les créateurs de la navigation directe et régulière entre la mer Intérieure et l'Atlantique. Ils en avaient été les maîtres au XIVe siècle, mais ils en furent peu à peu évincés par la suite. D'abord sur l'étape atlantique : que l'on songe au rôle important, dès le XVe siècle et même plus tôt, des Biscayens et de leurs *balaneros*, des Bretons, des hourques flamandes maîtresses dès 1550 du trafic entre l'Espagne et les Pays-Bas. Puis sur le trajet tout entier : du XVe siècle finissant à 1535, les Anglais font une large apparition en Méditerranée et, après une interruption, ils en reprennent définitivement le chemin vers 1572, précédant d'une bonne quinzaine d'années les convois hollandais. Il était dit désormais que les Méditerranéens perdraient finalement, contre les marins du Nord et de l'Atlantique, la partie engagée à la fin du XVe siècle pour la domination du monde.

Faiblesses des secteurs maritimes

Si les marins sont peu nombreux en Méditerranée, c'est que les secteurs du littoral qui de tout temps ont fait vivre leurs générations — et donné l'illusion, par leur activité, d'une Méditerranée où pullulerait dans l'eau tiède, une foule d'hommes de mer — ces secteurs sont, eux aussi, peu nombreux : la côte dalmate ; les îles et côtes grecques ; le littoral syrien (mais si déchu au XVIe siècle qu'on peut le négliger : la correspondance des bailes vénitiens de Constantinople, entre 1550 et 1560, ne fait état que d'un seul navire de Beyrouth) ; les côtes de Sicile (occidentales surtout) ; certains rivages napolitains ; les côtes du cap Corse ; enfin les rivières presque jointives du pays génois, de Provence, de Catalogne, de Valence et d'Andalousie... Au total, une faible partie des bords de la mer Intérieure. Et de ces secteurs, combien sont très peuplés, grouillants de clochers, comme la rivière génoise [129] ?

Souvent l'activité d'un long littoral se résume à quelques minuscules ports actifs, fort éloignés les uns des autres. Devant Raguse, l'île de Mezzo [130], étroite et sans défense, fournit à la ville la plupart des capitaines de ses gros cargos. Perasto [131], à la fin du siècle, compte 4 000 hommes *da fatti* (soit en état de porter les armes), mais 50 navires entre gros et petits. Libres en fait de toute taxe, les Perastani ont comme seule charge d'assurer la police du long golfe de Cattaro dont ils gardent l'entrée, pour Venise : grâce à eux le *colfo* est *sicurissimo de mala gente*. Dans le royaume de Naples, imaginons la vie active et discrète d'une série de petits ports comme Salerne [132] ou Amalfi [133] dont les noms sont célèbres ou, sur la côte de Calabre, comme S. Maffeo del Cilento [134], Amantea [135], Viestris [136] ou Peschici [137]. Ce dernier, centre actif de constructions selon les documents napolitains de la *Sommaria*, ne chôme guère, d'autant qu'il a la clientèle des constructeurs ragusains : sur ses plages sont lancées de grosses naves, l'une de 6 000 *salme*, soit 750 tonnes, en juillet 1572 [138].

Peuplées, ou non, ces provinces maritimes se situent

avant tout vers le Nord au long des péninsules de la Méditerranée ; en général elles sont adossées à des montagnes forestières. Les chaînes méridionales, par leur sécheresse, ont toujours été désavantagées au point de vue des forêts, et donc des constructions navales. Sans les bois qui, exceptionnellement, se trouvent près de Bougie, y aurait-il eu, au XIIIe siècle et au XIVe, une marine qu'Ibn Khaldoun a connue encore très active ? N'est-ce pas la diminution des réserves forestières du Liban qui a freiné la vie maritime de la côte syrienne ? A Alger, ce n'est pas seulement le marin qui doit venir de l'étranger, mais aussi, malgré l'utilisation des forêts en arrière de Cherchell, le bois de construction pour les bateaux ; les rames y arrivent en provenance de Marseille.

Pour tous les mondes maritimes prospères, nous pourrions dire, soit d'après des documents (les pièces comptables d'arsenaux entre autres, quand elles sont conservées, comme c'est le cas à Livourne et à Venise), soit d'après la tradition ou certains traités d'art nautique, d'où venaient les bois de construction. Raguse, spécialisée comme le Portugal dans la construction des cargos, trouve son bois dans les forêts de rouvres du mont Gargano (on dit aussi Sant'Angelo). C'est même, note un traité de 1607 [139], ce qui fait leur supériorité sur les Portugais qui, s'ils disposaient, eux aussi, d'un mont Sant'Angelo, auraient les plus beaux galions du monde. Les *caramusalis* turcs sont fabriqués avec de gros platanes, bois excellent qui se comporte particulièrement bien dans l'eau [140]. Les galères, pour faire un long usage, doivent réunir une série de bois différents, selon la pièce à laquelle ils sont destinés : chêne, pin, mélèze, orme, sapin, hêtre, noyer [141]... Les meilleures rames se feraient avec le bois qui vient à Narbonne par l'Aude et son canal [142]. On pourrait faire un sort à ce carnet de route d'un Ragusain en quête, à travers l'Italie du Sud, d'avril à août 1601 [143], de bois à abattre pour la reconstruction d'une nave ; ou aux documents qui concernent les coupes de bois concédées puis retirées aux Espagnols dans les forêts de Toscane [144] ; voire aux achats de Gênes en Toscane également [145] ou de Barcelone à Naples [146], bien que Barcelone se serve surtout des chênes et pins des Pyrénées catalanes, réputés pour la fabrication des galères [147]. Ou rechercher les contrats analogues à celui que signe, avec la *Sommaria*, Pier Loise Summonte, *fornitore delle galere regie* (celles-ci en construction à Naples) — contrat par lequel il s'engage à acheminer de la Calabre à Naples les bois qu'il fera abattre dans les forêts de Nerticaro, Ursomarso, Altomonte, Sandonato, Policastrello [148]...

Évidemment, l'important, c'est l'ensemble, non l'exception. Cette disette de bois que l'on devine, à lire les documents de Venise ou ceux d'Espagne, cette déforestation accentuée dans l'Occident et le centre méditerranéen, signalée notamment en Sicile et à Naples (là même où s'est porté l'un des gros efforts constructeurs de la marine de Philippe II). Le chêne surtout manque, dont est faite la coque des navires. Dès la fin du XVe siècle, il devient rare et Venise prend une série de mesures draconiennes pour préserver de la destruction ce qui reste de ses forêts [149]. Le problème sera de plus en plus grave pour la Seigneurie pendant le siècle suivant. En Italie, il reste pourtant d'importantes réserves ; mais on y pratique de larges coupes, pendant tout le XVIe siècle. Il est certain que le déboisement fait des progrès rapides : le mont Sant'Angelo est considéré, par exemple, comme une précieuse exception. Les Turcs ont mieux encore ; les vastes forêts de la mer Noire et, en Marmara, celles du golfe de Nicomédie (Ismit) [150] presque en face de l'arsenal de Constantinople. Après Lépante, Venise fait tous ses efforts auprès de la Ligue, afin que soient mis à mort, malgré la somme ronde qu'ils représentent, tous les prisonniers turcs connaissant quelque chose au métier de la mer. Car, dit-elle, pour le Turc qui ne manque ni de bois, ni d'argent, les bâtiments seraient faciles à reconstruire, s'il pouvait *rihaver li homini* [151]. Il n'y a que les hommes qui soient irremplaçables pour lui.

Les marines méditerranéennes ont pris l'habitude, peu à peu, d'aller chercher au loin ce qu'elles ne peuvent trouver dans leurs propres forêts. Au XVIe siècle, les bois nordiques arrivent à Séville par bateaux entiers de planches et de madriers. Pour la construction de l'Invincible Armada, Philippe II a essayé d'acheter, en tout cas il a fait marquer en Pologne les arbres à abattre et à transporter. Venise a même fini par se résigner à ce que les règlements interdisaient formellement jadis à tous ses sujets : l'achat à l'étranger non seulement de bois, mais de coques de navires qu'on finit ensuite de gréer à Venise, ou même de bateaux entièrement achevés. C'est ainsi qu'entre 1590 et 1616, onze bateaux lui arrivaient de Hollande, sept de Patmos, quatre de la mer Noire, un de Constantinople, un du Pays basque, un du détroit de Gibraltar [152]. Nul doute que cette crise du bois n'offre une des grandes explications de l'évolution des techniques et des économies maritimes en Méditerranée [153]. Elle n'est pas étrangère à la réduction des tonnages, au renchérissement des constructions, au succès des concurrents nordiques. Mais d'autres facteurs ont eu leur part, ne serait-ce que le mouvement des prix et la cherté de la main-d'œuvre, tout n'ayant pu dépendre de la matière première [154].

D'ailleurs, si à l'origine la vie maritime s'est toujours organisée à proximité des montagnes littorales, ce n'est pas seulement à cause de leurs forêts, mais de l'avantage qu'elles offrent, sur la rive nord de la Méditerranée, d'être un écran, avec de nombreux abris [155] contre l'implacable vent du Nord, ce grand ennemi de la navigation méditerranéenne. « Mets à la voile, par jeune vent du Sud ou vieux vent du Nord », dit un proverbe de l'Égée [156]. D'autre part ces montagnes dirigent naturellement vers la mer leur émigration et la plaine d'eau tentatrice est souvent le meilleur chemin d'un point à l'autre de la côte, ou même le seul chemin [157]. Une association s'établit ainsi entre la vie maritime et l'économie montagnarde. Elles se pénètrent et se complètent [158]. D'où cette étonnante association des labours, des jardins, des vergers, de la pêche, de la vie marine. Dans l'île dalmate de Mljet, un voyageur indique qu'aujourd'hui encore le travail des hommes se partage entre la terre et la pêche[159], tout comme dans les îles dalmates voisines. De même à Pantelleria où à la pêche, aux vignobles, aux vergers s'ajoute l'élevage d'une excellente race de mulets... Sage formule de vie, conforme aux vieilles assises maritimes de la Méditerranée qui associaient les maigres ressources de la terre aux maigres ressources de l'eau. Si elle se rompt aujourd'hui, c'est presque toujours en provoquant des drames : les pêcheurs grecs de la région du Pélion, « de plus en plus exclusivement attachés à la mer, doivent renoncer à leur jardin et à leur chaumière, transporter leur famille dans le quartier du port ». Mais, retirés des cadres de leur ancienne vie équilibrée, ils vont grossir ces braconniers de la mer qui ne pêchent plus qu'à la dynamite, malgré les interdictions gouvernementales[160]. C'est que la mer n'est pas assez riche, à elle seule, pour faire vivre son homme.

La terre non plus d'ailleurs, dans ces maigres montagnes, et c'est la raison du rôle considérable qu'ont joué les vieux villages ruraux dans l'évolution économique des côtes voisines. On voit, dominant les eaux catalanes, des villages dont les maisons blanches se signalent de loin parmi les arbres : c'est eux qui entretiennent le vaste massif taillé en terrasses et y perpétuent leurs chefs-d'œuvre d'horticulture. A ces villages d'en haut correspond souvent, en bas, un village de pêcheurs, parfois à moitié bâti sur l'eau : Arenys de Mar sous Arenys de Mount ; Caldetes sous Lievaneres, Cabrera sous Cabrils[161]. De même dans la rivière génoise, où les vieux villages d'en haut ont si souvent leur havre de pêche, leur *scala* au bord de la mer[162], dans toute l'Italie et ailleurs encore, l'association se retrouve à des centaines d'exemplaires, avec d'un étage à l'autre le va-et-vient des bourricots. C'est que le village maritime, de date plus récente, est souvent la création du village rural auquel il reste étroitement associé. Il trouve son explication et sa raison d'être dans l'économie des massifs côtiers, dans l'effroyable modicité de leur existence que l'association même des deux villages n'arrive pas à transformer en abondance : à Rosas ou à San Feliu de Guixols, en Catalogne, sur les bords d'une mer pourtant poissonneuse, il était caractéristique, hier encore (1938), de voir par quelles quantités menues les vivres pouvaient se vendre au marché : une poignée de légumes, un quart de poulet[163]... En 1543, les habitants de Cassis, marins et pirates à l'occasion, accusaient la pauvreté de les obliger « à trafiquer sur mer et à pêcher du poisson, non sans grand péril et danger pour eux »[164]. Ainsi sont nés, de la misère d'un arrière-pays dénudé, presque toujours montagneux, cent villages de la côte méditerranéenne.

Les métropoles

Mais les villages maritimes, cellules de base, ne suffisent pas à créer une région vivante de la mer. Il y faut l'appoint irremplaçable d'une grande ville, fournisseuse d'antennes, de toiles à voiles, d'agrès, de goudron, de cordages, de capitaux ; une ville avec ses boutiques de marchands, ses affréteurs, ses assureurs et les multiples formes d'aide qu'offre un milieu urbain. Sans Barcelone, sans le concours de ses artisans, de ses marchands juifs, voire de ses soldats aventuriers et des mille ressources du quartier de Santa Maria del Mar, l'essor maritime de la rivière catalane se comprendrait mal. Cette réussite a exigé l'intervention, le coude à coude, l'impérialisme de la grande ville. C'est au XIe siècle que la rivière catalane s'est éveillée à une vie maritime *historiquement* visible. Mais son expansion n'a guère commencé que deux siècles plus tard avec l'essor même de Barcelone. Alors, et pendant presque trois siècles, le cortège des navires, issus des petits ports de la rivière catalane, n'a cessé d'animer de son va-et-vient la « plage » barcelonaise où venaient, en outre, accoster les voiliers des Baléares, les bateaux toujours un peu rivaux de Valence, les baleiniers de Biscaye et, clients de toujours, les bateaux de Marseille et d'Italie. Oui, mais quand Barcelone perdit son indépendance, après sa longue lutte contre Jean d'Aragon, quand elle perdit ses libertés et, événement non moins grave, vingt ans après, en 1492, sa « juiverie », sa *judería* ; enfin quand ses capitalistes peu à peu renoncèrent aux affaires risquées pour leur préférer les revenus plus réguliers de la *Taula de Cambi*[165], ou les achats de terres proches de la ville, alors il y eut, en même temps, décadence de la grande ville marchande et de la rivière catalane attachée à sa vie. A tel point que le commerce catalan disparut à peu près du champ méditerranéen et que le littoral du Comté fut ravagé, sans qu'il se défendît, par les corsaires français à l'occasion des guerres entre les Valois et les Habsbourgs — plus tard par les corsaires algérois, non moins dangereux, et qui s'établirent presque à demeure dans les solitudes du delta de l'Èbre.

Le rôle de Barcelone sur la côte catalane, Marseille, Gênes ou Raguse l'ont joué pour les petits ports qui les entouraient. Il arrive même que la métropole ne soit pas sur la côte qui dépend d'elle[166] : tel est le cas de Venise par rapport à la côte d'Istrie, au littoral dalmate ou aux lointaines îles grecques. C'est aussi celui de Marseille qui rassemble chez elle, en plus du monde grouillant des rivières provençales entièrement à son service, une grosse fraction des marins du cap Corse. Ou celui de Gênes, utilisant les cargos ragusains...

La force des centres d'attraction est d'autant plus compréhensible que les peuples de marins, en Méditerranée comme ailleurs, sont vagabonds, prompts aux migrations et aux déménagements. Vérité de tous les temps et de tous les lieux. En 1461, le Sénat vénitien s'inquiète du manque d'équipages et de chiourmes et s'informe : les marins « vont à Pise... où ils sont bien payés... à notre dam et pour le profit d'autrui ». Beaucoup de ces marins s'enfuient parce qu'ils ont des dettes, ou des condamnations à de fortes amendes du fait des *Cinque Savii* ou du *Signor de nocte*, entendez de la police nocturne de Venise[167]. En 1526, des discussions en justice nous valent d'avoir conservé la comptabilité de la nave *Santa Maria de Bogoña* qui a voyagé dans l'Atlantique, séjourné à Cadix, touché à Lisbonne et à l'île de São Tome avant de gagner l'île de Saint-Domingue avec sa cargaison de Noirs[168]. Voilà qui nous éloigne de la mer Intérieure, mais entre les *marineros* et *grumetes* (mousses) qui sont à bord, se rencontrent des Grecs, un Toulonnais, des gens de Lipari, de Sicile, de Majorque, de Gênes, de Savone... Quel rendez-vous de l'aventure ! A La Haye, en mai 1532, on se plaint également que les mariniers « toujours prêts à changer de lieu » quittent la Hollande et la Zélande pour Lubeck[169]... En 1604, un groupe de marins vénitiens « ne pouvant plus vivre sur les navires de la Seigneurie à cause de leurs trop bas salaires » s'enfuyaient à Florence et sans doute à Livourne[170]. Faits divers quotidiens. Les circonstances aidant, ils s'additionnent et des changements se marquent à grande échelle.

Hauts et bas de la vie maritime

Ces migrations sans cesse recommencées achèvent d'expliquer la vie, assez simple en gros, des secteurs maritimes. Liés à la vie générale de la mer, ils végètent, meurent, renaissent, s'animent suivant les injonctions de cette vie générale.

Soit, une fois de plus, l'exemple de la Catalogne : à sa naissance, une impulsion venue du dehors a eu sa grande part. C'est grâce aux leçons, à l'apprentissage dispensés par les immigrés italiens, génois et pisans, à partir du XIe siècle, que la Catalogne est née à la grande vie de la mer, deux siècles avant la glorieuse époque de Pierre le Grand, Pere lo Gran. Or, ce qu'apporte la grande histoire, la grande histoire le reprend, un peu plus tôt, un peu plus tard. La décadence catalane, perceptible avec le XVe siècle, est patente au XVIe. Sa vie maritime se réduit alors à des trajets de barques, en direction de Marseille, des Baléares. Rarement une nave pousse jusqu'en Sardaigne, à Naples[171], ou en Sicile, ou jusqu'aux présides d'Afrique. A l'extrême fin du XVIe siècle, quelques voyages recommenceront entre Barcelone et Alexandrie d'Égypte. Mais jusque-là, c'est si bien l'immobilité, sur la rivière catalane, que lorsque Philippe II décide, au grand conseil de 1562, d'entreprendre de vastes armements maritimes, force lui est de passer les commandes en Italie. Et pour essayer de ranimer l'arsenal de Barcelone, il fait venir des spécialistes de Gênes, des chantiers de San Pier d'Arena [172].

Ces brusques décadences, si fréquentes en Méditerranée où tant de peuples de marins se sont, l'un après l'autre, passé la flamme, signifient généralement ceci : peu riches d'hommes, des provinces maritimes ne peuvent supporter longtemps ce que nous appelons des périodes de prospérité, en fait de travail et d'usure. Dans une large mesure, la vie maritime est une vie prolétaire que la richesse et sa compagne l'oisiveté gâtent régulièrement : un Provéditeur de la flotte vénitienne disait, en 1583, que le marin est comme le poisson : il ne peut rester longtemps hors de l'eau sans se corrompre [173]...

Or, dès qu'un signe d'usure apparaît, il est souvent exploité, aggravé par la concurrence. La présence de *balaneros* biscayens dans le port de Barcelone, au cours des premières années du XIVe siècle, est un indice précoce de cette usure ou de cette concurrence. C'en est un également, dans le cadre de l'histoire de Gênes, que la multiplication des cargos et marins de Raguse accourant, au XVIe siècle, au service de la *Dominante*. Mais cette fortune inouïe, voilà qu'elle épuise à son tour les forces prodiguées du petit monde ragusain, côte de quelques kilomètres à peine, doublée d'îles médiocres. Entre 1590 et 1600, il suffit de quelques incidents pour compromettre une prospérité jusque-là débordante...

Cela ne veut pas dire qu'avec les périodes de dépression, la vie maritime disparaisse de ces régions privilégiées la veille. Elle y sommeille sous sa forme d'humble vie quotidienne, quasi indestructible. C'est ainsi qu'au XVIe siècle s'assoupissent, dans une vitalité diminuée, les côtes de Syrie et de Catalogne, en même temps que se ralentit l'activité des « marines » siciliennes, napolitaines, andalouses, valenciennes et majorquines. En ce qui concerne ce dernier ensemble, le lien est clair entre son déclin et la poussée destructive de la course barbaresque. Il n'en continue pas moins à vivre et à fournir, plus qu'il n'y paraît dans nos sources habituelles de renseignements, les éléments d'un cabotage actif. Ce n'est pas du néant que surgiront, d'Alicante, d'Almeria, ce vieux centre maritime, de Palma de Majorque, les rapides frégates de course qui furent, à la fin du siècle, les éléments d'efficaces revanches chrétiennes.

Cette vie silencieuse, seuls quelques petits faits la signalent, à l'arrière-plan de l'histoire. On a déjà parlé des corailleurs de Trapani qui se hasardent, malgré la course barbaresque, jusqu'aux bancs de la côte africaine. Les documents du Consulat de France à Tunis, créé en 1574, font de fréquentes mentions de barques siciliennes et, également, de petites barques napolitaines [174]. Par contre, il est curieux de noter l'absence des corailleurs napolitains, ceux de Torre del Greco entre autres, sur les bancs de Sardaigne où leur présence était habituelle au XVe siècle. Y a-t-il eu de grandes raisons à cette absence ? Peut-être pas, car les barques napolitaines ne manquent ni à Rome, ni à Civitavecchia, ni à Livourne, ni à Gênes.

Même fourmillement de balancelles, de barques, de brigantins sur les littoraux du Sud ibérique, en direction des côtes d'Afrique du Nord. Un document de 1567 signale à Alger la présence d'une série de marins valenciens, venus là pour commercer, puisqu'ils sont libres [175]. Quand le siècle s'achève, d'autres Valenciens se livrent à l'aventureuse industrie des évasions de captifs hors des bagnes d'Alger. Et tel de leurs comptes rendus est plus beau que les plus beaux récits de Cervantès [176].

En somme, la mort apparente d'un secteur maritime n'est qu'un changement dans le rythme de sa vie. Alternativement, il passe du cabotage aux voyages au long cours ou, si l'on veut, de la vie sans histoire à la vie historique, échappant presque totalement à nos vigilances et à nos curiosités chaque fois qu'il retourne à son existence obscure. Tout se passe comme s'il s'agissait d'une loi régulière, du cycle même de la vie des peuples et de la mer.

3. Les îles [177]

Les îles méditerranéennes sont plus nombreuses et surtout plus importantes qu'on ne le suppose d'ordinaire. Quelques-unes, assez épaisses, sont des continents en miniature : la Sardaigne, la Corse, la Sicile, Chypre, Candie, Rhodes... D'autres, moins étendues, constituent avec leurs voisines des archipels, des familles d'îles. Petites ou grandes, leur importance vient de ce qu'elles sont d'indispensables escales au long des chemins de la mer et qu'elles offrent entre elles, ou parfois entre leurs côtes et le continent, des eaux relativement calmes, recherchées par la navigation. Ainsi, à l'Est, l'archipel égéen dispersé dans l'espace de la mer au point qu'on le confond avec elle [178] ; ainsi dans la région médiane de la mer, le groupe des îles, entre Sicile et Afrique ; au Nord, les îles ioniennes et dalmates qui, tout au long du littoral balkanique, allongent leur convoi de vaisseaux les unes derrière les autres, avec en poupe le pavillon de Saint-Marc. Mais plutôt que d'une, c'est de deux flottilles qu'il faut parler : la première en mer Ionienne comprenant Zante, Céphalonie, Sainte-Maure et Corfou ; la seconde en Adriatique, avec les îles dalmates enchevêtrées depuis Meleda et Lagosta au Sud, jusqu'aux îles du Quarnero, Veglia et Cherso, en arrière de l'Istrie, au Nord. Entre les deux convois ionien et dalmate se trouve un intervalle assez large et qui comprend la côte inhospitalière de l'Albanie et le petit territoire de Raguse. Mais la suite de leurs relais, ajoutés les uns aux autres, mène de Venise jusqu'à la Crète, et de la Crète une grande route marchande rejoint Chypre et la Syrie. Sur le grand axe de sa puissance, ces îles sont la flotte immobile de Venise.

A l'Ouest, les groupes d'îles ne sont pas moins importants. Ce sont : au voisinage de la Sicile, Stromboli, les îles sous le Vent, les îles Lipari ; plus au Nord, l'archipel toscan où Cosme de Médicis, dès le milieu du XVIe siècle, a édifié la forteresse de Porto Ferraio, dans l'île d'Elbe ; au large des côtes de Provence, les îles d'Hyères, les îles d'Or ; plus à l'Ouest, au milieu de vastes solitudes marines, l'archipel des Baléares, Majorque, Minorque, Ibiza — l'île du sel — et le roc peu accessible de Formentera. Ce groupe a toujours été d'une importance décisive : un secteur entier de la mer tourne autour de lui.

Telles sont les grandes et assez grandes îles. Énumérer les autres, les petites et les minuscules (certaines d'ailleurs célèbres, l'îlot d'Alger, les îles de Venise, de Naples ou de Marseille), peine perdue ! En fait, il n'y a pas une portion de littoral qui ne s'effrite en îles, îlots et rochers [179]. Nettoyer les côtes de Sicile des corsaires qui attendent la bonne occasion ou renouvellent leur eau potable, se dit dans la correspondance des vice-rois de Sicile : *limpiar las islas*, nettoyer les îles, c'est-à-dire vérifier les mouillages de quelques dizaines d'îlots qui sont autant de points classiques d'embuscades.

Des mondes isolés ?

Petites ou grandes, ces îles de toutes formes et dimensions, constituent un milieu humain cohérent, dans la mesure où pèsent sur elles des contraintes analogues qui les placent à la fois très en retard et très en avance, par rapport à l'histoire générale de la mer ; qui les partagent souvent avec brutalité entre ces deux pôles opposés, archaïsme et nouveauté.

La Sardaigne est un exemple moyen : malgré ses dimensions, elle n'est assurément pas d'importance décisive, quoi qu'aient pu dire les géographes de l'époque et les chroniqueurs sardes de tous les temps. Pour un grand rôle, elle est trop perdue dans la mer, trop éloignée des contacts enrichissants qui, par exemple, lient la Sicile à l'Italie et à l'Afrique. Montagneuse, compartimentée à l'excès, prisonnière de sa pauvreté [180], elle vit essentiellement sur elle-même, continent à elle seule, avec sa langue [181], ses mœurs, ses économies archaïques, sa vie pastorale envahissante — telle, en bien des régions encore, que Rome l'a jadis connue. On a si souvent signalé cet archaïsme des îles — celui de la Sardaigne et des autres — leur étrange pouvoir de conserver, des siècles durant, d'antiques formes de civilisation ou le mélange de leur *folklore* qu'il est inutile d'y insister longuement [182].

Mais en même temps, et à l'opposé de ce repliement, il leur arrive d'un coup, au hasard de quelque changement de maître ou de fortune, d'accueillir tout un pan nouveau de vie, de civilisation ; des coutumes, des modes, une langue même qu'elles sont capables d'engranger et de garder intactes pendant plusieurs siècles, restant ainsi le vivant témoignage de révolutions abolies. C'est que l'« isolement » est une vérité relative. Que la mer les enveloppe et les sépare du reste du monde plus que n'importe quel autre milieu, c'est vrai, chaque fois qu'elles sont effectivement en dehors des circuits de la vie marine. Mais lorsqu'elles y entrent, qu'elles en deviennent, pour une raison ou une autre (raisons souvent extérieures et gratuites), un des chaînons, elles sont au contraire activement mêlées à la vie extérieure, beaucoup moins séparées d'elle que certaines montagnes par quelque infranchissable défilé.

Pour en revenir à l'exemple de la Sardaigne, elle s'est trouvée au Moyen Age dans le circuit de Pise, puis de Gênes, ses mines d'or lui valant leur sollicitude intéressée. Aux XIVe et XVe siècles, l'expansion catalane s'y agrippe au passage : Alghero, sur la côte occidentale, aujourd'hui encore parle catalan, et les érudits y signalent une curieuse architecture hispano-gothique. Au XVIe siècle, plus tôt sans doute, l'île est le premier pays de Méditerranée pour l'exportation des fromages [183]. Ce qui lui vaut, par Cagliari, d'entrer en relation avec le reste du monde occidental, son fromage *cavallo* ou *salso* s'exportant par barques et galions entiers vers l'Italie proche, à Livourne, à Gênes, à Naples ; ou même à Marseille, malgré la présence, ici, de ses concurrents : les fromages de Milan ou d'Auvergne ; ou même à Barcelone. C'est une façon aussi de s'insérer dans la vie de la Méditerranée que d'être touchée sans relâche, au XVIe siècle, par la piraterie barbaresque. Piraterie pas toujours victorieuse : il s'ensuit des captures de corsaires, rares au demeurant. Plus nombreux sont les Sardes, pêcheurs ou habitants de la côte, qui, enlevés par les Barbaresques, vont chaque année grossir les rangs des malheureux captifs ou des riches renégats d'Alger.

La Sardaigne qu'on décrit quasi imperméable a donc eu des fenêtres ouvertes sur le dehors, si bien qu'on peut parfois découvrir de chez elle, comme d'un observatoire, l'histoire générale de la mer. Un historien, P. Amat di San Filippo, a retrouvé des prix d'esclaves musulmans, à Cagliari, au XVIe siècle[184]. Que montrent-ils ? un effondrement au delà de 1580, qui correspond naturellement à une augmentation considérable du nombre des esclaves sur le marché de Cagliari. C'est qu'avant 1580 ne se vendaient dans l'île que quelques Barbaresques, jetés à la côte par naufrage ou demeurés, au cours de leurs incursions, entre les mains des habitants[185]. Après 1580, les captifs à l'encan ont une autre origine : ils sont amenés par les vaisseaux corsaires chrétiens, surtout par les légères frégates d'Alméria et d'Alicante, Cagliari constituant, pour elles, une escale commode. Ainsi la Sardaigne est-elle touchée à sa façon par cette renaissance d'une course chrétienne active, sorte de contre-course barbaresque dont les Baléares, le Sud de l'Espagne, Naples et la Sicile seront les centres actifs. Sans doute peut-on faire remarquer que ce témoignage est celui de Cagliari plus que celui de la Sardaigne ; que Cagliari est un peu en marge et, regardant vers la mer, tourne le dos au reste de l'île... C'est vrai et faux à la fois : Cagliari étant tout de même une ville sarde, liée à sa plaine proche, aux montagnes, à l'ensemble de l'île.

Des vies précaires

Toutes les îles ont de semblables villes, sensibles à la vie diffuse de la mer et en même temps (ne serait-ce que parce qu'elles détiennent les trafics d'importation et d'exportation) tournées vers le dedans, vers ce côté que l'historien, lié aux textes de la grande histoire, ne voit pas du premier regard : leur vie repliée et inquiète, leur biologie en vase clos que les naturalistes ont depuis longtemps signalée [186]. Pas une île qui ne possède, outre ses curiosités humaines, ses particularités végétales et animales qu'un jour ou l'autre elle partagera avec autrui. Dans sa description de Chypre, qui paraît en 1580, le R.P. Estienne [187] (issu à ses dires de la royale Maison des Lusignan) décrit « les herbes particulières » et les « senteurs » de l'île, l'*apium* blanc, sorte d'ache, que l'on mange « confit avec le sucre », l'*oldanum* qui sert à fabriquer la liqueur du même nom, l'arbre dit de Chypre, pareil au grenadier et qui fleurit en grappe comme la vigne et dont les feuilles en décoction donnent cette teinture orange qui sert à colorer la queue des chevaux des gentilshommes, « comme on y en voit ordinairement ». Étonnons-nous aussi que les graines de coton mêlées à la paille hachée servent de nourriture au bétail. Enfin que d'herbes médicinales ! Et parmi les animaux curieux, des « bœufs, ânes et pourceaux sauvages » et ces oiseaux « de vigne » (les ortolans) que l'on emporte par milliers de barils à Venise ou à Rome, conservés dans du vinaigre...

Mais ces ressources curieuses ne signifient jamais l'abondance. Aucune île n'est assurée de sa vie du lendemain. Le gros problème pour chacune d'elles, jamais ou mal résolu, est de vivre de ses propres ressources, de son sol, de ses vergers, de ses troupeaux ; et, ne le pouvant pas, de s'ouvrir sur le dehors. Toutes, à quelques exceptions près (la Sicile en particulier), sont des mondes affamés. Le cas extrême est celui des îles vénitiennes du Levant : Corfou [188], Candie [189] ou Chypre, constamment menacées par la famine dans la seconde moitié du siècle. C'est pour elles une catastrophe alimentaire quand les *caramusalis* n'arrivent pas en temps voulu, avec leurs cargaisons providentielles de blé de Thrace, et que s'épuisent, dans les magasins des citadelles, les réserves de blé ou de millet. Un marché noir s'est d'ailleurs organisé autour de ces îles levantines : d'où ces innombrables prévarications de fonctionnaires que signalent les enquêtes.

La situation n'est pas partout aussi précaire [190]. Pourtant les Baléares peuvent à peine supporter leurs villes marchandes ou militaires [191]. D'autant que l'exploitation du sol y est peu poussée : l'épierrage des champs à Minorque, dans la plaine en arrière de Mahon, ne sera pas terminé avant le XVIIIe siècle [192]. Il faut donc tabler sur des importations de céréales, en provenance de Sicile, voire d'Afrique du Nord. A Malte également, situation gênée. Malgré les nombreux privilèges qui permettent à l'île d'importer du blé à la fois de Sicile et de France, Malte reste toujours en mal de ravitaillement, à tel point que, l'été venu, les galères des Chevaliers arraisonnent les navires chargés de blé, au sortir des *caricatori* siciliens : exactement comme les corsaires de Tripoli !

Menacées par la famine, les îles le sont aussi par la mer elle-même, plus belliqueuse que jamais en ce milieu du XVIe siècle [193]. Les Baléares, la Corse, la Sicile, la Sardaigne, pour ne parler que de ce que nous connaissons bien, sont des places assiégées. Il faut sans fin s'y défendre, y construire des tours de guet, y élever et relever des fortifications, les munir d'artillerie, soit qu'on y envoie des pièces, soit qu'on confie à des fondeurs le soin de les fabriquer sur place, selon les procédés simples des fondeurs de cloches [194]... Y placer enfin des garnisons et des troupes de renfort, au long des marines, dès qu'arrive le beau temps et, avec lui, la saison des opérations. Ce n'est donc pas un problème aisé, pour l'Espagne, que de tenir la Sardaigne, ou même de s'assurer d'une île aussi proche que Minorque [195]. Charles-Quint, après le sac de Mahon, en 1535, envisagea, en prévision de nouveaux dangers, l'évacuation pure et simple de la population de Minorque dans la grande Baléare [196]. Le cas de l'île d'Elbe, dans l'archipel toscan, n'est pas moins tragique. Surprise brutalement au XVIe siècle par la poussée de la course barbaresque, elle est devenue une frontière maritime, constamment battue par l'ennemi. Ses villes côtières — entendez les gros villages du littoral — se dissolvent d'elles-mêmes. La population doit fuir vers les montagnes de l'intérieur, jusqu'au jour où Cosme de Médicis aura entrepris la fortification de Porto Ferraio, en 1548.

Ces infériorités expliquent la pauvreté de l'histoire qui se loge au cœur de toutes les îles, même les plus riches. A plus forte raison dans les autres, en Corse et en Sardaigne où l'on a déjà signalé le triomphe d'une économie pastorale primitive, dans le haut pays de Chypre où, comme dans les montagnes de Crète, s'étend un des *no man's lands* les plus caractéristiques de Méditerranée, refuge des pauvres, des bandits, des hors-la-loi... A l'intérieur même de la Sicile, de la riche Sicile, que trouve-t-on ? Un pays sans routes, des rivières sans ponts, un élevage pauvre, le cheptel étant si peu de qualité qu'il faudra, au XVIIe siècle, pour l'améliorer, faire venir des moutons de Berbérie [197].

Sur les chemins de la grande histoire

Vie précaire, étroite, menacée, tel est le partage des îles. Leur vie intime si l'on veut. Mais leur vie extérieure, le rôle qu'elles jouent sur le devant de la scène de l'histoire, est d'une ampleur que l'on n'attendrait pas de mondes au fond misérables. La grande histoire, en effet, aboutit souvent aux îles. Il serait peut-être plus juste de dire qu'elle s'en sert. Pour les transferts culturels, voyez le rôle de relais des îles : la canne à sucre, venue de l'Inde en Égypte, passe d'Égypte à Chypre, s'y implantant au Xe siècle ; de Chypre, elle gagne bientôt la Sicile, avec le XIe siècle ; de Sicile, elle chemine vers l'Ouest, Henri le Navigateur l'y faisant chercher pour la transporter à Madère qui fut la première « île à sucre » de l'Atlantique ; de Madère, la culture atteignait bientôt les Açores, les Canaries, les îles du Cap Vert, puis, au delà, les terres d'Amérique. Même rôle des relais insulaires dans le cheminement de la sériciculture et généralement dans la plupart des rayonnements culturels, dont quelques-uns sont si compliqués ! N'est-ce pas, à Chypre, la Cour somptueuse des Lusignan qui diffuse vers l'Occident, au XVe siècle, ces modes venues, avec plus de lenteur que la lumière de certaines étoiles n'arrive sur notre planète, de la Chine ancienne et périmée des T'ang ? Les chaussures à la poulaine, les hennins qui datent si bien un âge de notre histoire qu'ils suffisent à évoquer la France un peu folle de Charles VI et des *Riches Heures* du duc de Berry, tout cela a fait un jour les délices des Chinois du Ve siècle... Et c'est des rois de Chypre que l'Occident devait un jour recevoir ce lointain héritage [198] !

Faut-il s'en étonner ? Les îles, sur le chemin des puissantes routes maritimes, participent aux grandes relations. Un secteur de grande histoire se surajoute à leur existence ordinaire. Leur économie en subit régulièrement le contre-coup, incapable qu'elle est de résister à certains appels : combien d'îles ont été ainsi envahies par des cultures étrangères qui n'ont leur raison d'être que par rapport au marché méditerranéen, voire mondial ! Faites pour l'exportation, ces cultures menacent régulièrement l'équilibre de la vie insulaire : elles sont souvent responsables des famines menaçantes dont on parlait plus haut. On le voit sur l'exemple agrandi, d'une netteté aveuglante, des îles de la « Méditerranée atlantique » : Madère, les Canaries, São Tomé, qui, toutes, ont été littéralement ravagées par la monoculture de la canne à sucre. Comme le sera, plus tard, le Brésil colonial du Nord-Est. Madère, à l'origine l'île du bois, perd rapidement la majeure partie de sa couverture forestière, à cause des moulins à sucre et de leurs exigences en combustible. Or cette révolution se fait uniquement dans l'intérêt d'une Europe qui réclame le précieux produit ; et point pour le profit des insulaires eux-mêmes. Car la calamité, avec la canne à sucre, c'est que, là où elle occupe le sol, elle interdit toute culture intercalaire et restreint l'espace des cultures vivrières. Dévastatrice des équilibres anciens, cette nouvelle venue est d'autant plus dangereuse qu'elle est soutenue par un capitalisme puissant, issu, au XVIe siècle, de tous les horizons, d'Italie, comme de Lisbonne ou d'Anvers. Qu'on ne peut lui résister. En général les peuples insulaires ont mal supporté cette usure vitale ; aux Canaries le sucre est sûrement, autant que les brutalités des premiers conquérants, responsable de la disparition des indigènes autochtones, les Guanches. Et finalement c'est lui qui a imposé la solution de la main-d'œuvre servile, l'esclavage des Berbères de la côte africaine que razziaient les corsaires chrétiens venus des Canaries, et surtout l'esclavage des Noirs de Guinée et d'Angola qui allait avec le milieu du siècle atteindre, à cause du sucre, les rives du grand continent américain. Exemples océaniques. Mais les exemples strictement méditerranéens ne font pas défaut. Voyez la culture envahissante du blé en Sicile ; la Sicile étant au moins jusqu'en 1590 et bien au delà, le Canada ou l'Argentine des mondes occidentaux de la mer Intérieure. A Chio, c'est le mastic, cette résine et cette boisson [199]. A Chypre, le coton, la vigne et le sucre [200]. A Candie et à Corfou, la vigne [201]. A Djerba, les oliviers. Autant d'économies imposées du dehors, étrangères, souvent nuisibles à ce que les Allemands appelleraient leur *Volkswirtschaft*.

A Chypre, la preuve en sera donnée en 1572, quand les Turcs l'enlèveront à Venise. La richesse de l'île, au temps de la Seigneurie, c'était, avec les vignobles, les plantations de coton et les champs de canne à sucre. Richesse, mais quelle richesse ? Celle d'une aristocratie génoise et vénitienne dont les vieilles et somptueuses maisons sont encore visibles aujourd'hui dans la partie ancienne de Nicosie. Et non point celle des indigènes, les Grecs orthodoxes. Aussi bien la conquête turque déchaîne-t-elle une révolution sociale : un marin anglais le rapporte dans un curieux témoignage de 1595. Un marchand de Chypre lui a raconté l'histoire de l'île, en lui montrant les palais en ruine des anciens seigneurs génois et vénitiens que le Turc massacra en juste punition, dit notre témoin, de leurs invraisemblables exactions à l'égard de leurs paysans [202]. D'ailleurs, au moment même du désastre, les Vénitiens se sont sentis abandonnés par les Grecs des campagnes et des villes. Pendant l'attaque turque contre Nicosie, en 1570, « les habitants de toutes conditions... étaient restés presque tous à dormir dans leurs maisons [203] ». Il est vrai que le départ des Vénitiens a été suivi d'une chute des exportations de coton, filé ou brut, d'une décadence des vignobles si marquée que Venise pourra faire racheter les précieuses outres servant à la fabrication du vin, devenues dans l'île inutiles. Mais faut-il là-dessus parler du déclin de Chypre ? Rien ne dit que la domination turque ait signifié une baisse du niveau de vie pour les habitants de l'île[204].

Candie et Corfou offrent matière à de semblables réflexions. Ici, comme à Chypre, imaginons un paysage travaillé par l'homme au bénéfice de la vigne, c'est-à-dire des raisins secs et des vins dits de Malvoisie. A Corfou, la vigne a quitté les montagnes et les collines pour s'installer dans les plaines, les *pianure* plus faciles à travailler[205]. Elle a chassé le blé à son profit ; mais dans ces cultures exclusives, des crises de surproduction et de mévente sont possibles. A Candie, des vignes sont arrachées sur ordre en 1584, avec les cris de colère que l'on devine. Les victimes vont jusqu'à déclarer qu'elles ne feront « aucune différence entre le fait d'être sujets de la Seigneurie ou du Turc »[206]. Cette économie « coloniale » a évidemment ses succès et ses ratés. Il faut bien des conditions pour que le système fonctionne à plein qui associe vignerons, propriétaires, marins, marchands et lointains consommateurs. Vins et raisins sont, en effet, l'objet d'un commerce ancien, à large rayon. L'Angleterre elle-même a la pratique et le goût de ce vin de Malvoisie, marchandise de luxe qui joue, dans la société du XVIe siècle, le rôle du vin de Porto dans la nôtre. « Il était si ému, si déprimé, dit Bandello d'un personnage de ses *Nouvelles*, qu'elle alla lui chercher un verre de vin de Malvoisie ».

Un dernier exemple de monoculture est celui de Djerba, au Sud des côtes tunisiennes. Comme les îles vénitiennes sont les îles du vin, elle est l'île de l'huile. Dans des conditions mal éclaircies, tandis que la Tunisie continentale perdait sa forêt d'oliviers, si étendue aux temps romains, Djerba a conservé la sienne. Et cette richesse sauvegardée lui vaut encore, au XVIe siècle, une importance singulière[207]. Elle était devenue une oasis de l'huile, au milieu des pays tunisiens et tripolitains qui étaient, en général, et surtout vers le Sud, domaine du beurre rance. Une huile excellente, à bon marché, propre à tous les usages, même au traitement du drap et des étoffes, une huile qui s'exportait facilement comme le remarquait Léon l'Africain au début du siècle. Au delà de 1590, c'est à Djerba que les Anglais iront chercher l'huile que leur fournissait jusqu'alors l'Espagne.

Mais la géographie ne connaît Djerba que comme une île basse, avec des canaux où se marquent des marées sensibles [208], et la grande histoire que comme un champ de bataille, où se sont déroulés les combats de 1510, 1520 et 1560. Pourtant, au cours du dernier de ces combats, le plus important, l'huile a joué son rôle. La flotte chrétienne s'était arrêtée à Djerba, faute de pousser jusqu'à Tripoli. Si elle s'y fit surprendre par l'armada de Piali Pacha, dont on lui avait pourtant annoncé l'approche, c'est que les navires chrétiens s'attardèrent à charger des marchandises et notamment de l'huile. C'est ce qu'établit, après le désastre, le rapport du *visitador* Quiroga [209].

Pourtant, quand elles n'ont pas pour rançon une monoculture par trop destructrice, ces larges activités sont la richesse essentielle des îles, ne serait-ce que pour assurer les retours nécessaires à leur vie. Elles font leur juste réputation. Ibiza est l'île du sel ; le sel de Naxos est également réputé, ainsi que son vin « tant blanc que clairet » [210] ; l'Elbe est l'île du fer. Est-il besoin de rappeler Tabarca, l'île du corail, fief des Lomellini, île aux multiples vocations d'ailleurs (exportation de blé, des cuirs, rachats des captifs qui y trouvent refuge) ? Ou les pêcheries renommées de la Galite, sur la côte barbaresque ? Ou les pêcheries de l'île dalmate de Liesena qui, brusquement, lui échappent, les bancs de sardines, dit un document de 1588, s'étant déplacés, un beau jour, vers le rocher de Pelagosa [211] ? Rhodes trouve une solution dans sa position même qui lui assure, au temps des Chevaliers, puis au temps des Turcs après 1522, « la domination sur les autres Isles et l'admirauté de toute la Méditerranée » [212]. Pathmos, dans l'Archipel, faute de mieux, nourrit le peuple « le plus meschant de tous les insulaires, après celui de Samos » et ne vit que de rapines, « tant sur les Chrestiens que sur les Turcs »[213].

Émigrés insulaires

Mais la façon la plus commune qu'ont les îles de se mêler au monde, c'est d'organiser leurs émigrations. Toutes les îles (comme toutes les montagnes, beaucoup d'îles méditerranéennes étant d'ailleurs des montagnes) sont exportatrices d'hommes[214].

Sans y revenir, rappelons d'un mot ces migrations grecques qui affectent l'Archipel en son entier, y compris la grande île de Candie. Il est douteux toutefois qu'elles aient eu autant d'ampleur, au XVIe siècle, que dans l'île des émigrants par excellence, la Corse. Trop riche en hommes, eu égard à ses ressources, celle-ci essaime dans toutes les directions et il n'y a sans doute pas un événement méditerranéen où un Corse ne se soit trouvé mêlé[215]. Il y a même des Corses à Gênes, la *Dominante* exécrée, car il faut vivre. Il y en a à Venise. Au XVe siècle déjà, ils vont travailler dans les terres de la Maremme toscane ; au XVIe siècle, les paysans de Niolo, que Gênes bouscule, vont coloniser ces fiévreuses terres italiennes et même la Sardaigne, où souvent ils font fortune[216]. A Rome, ils sont nombreux, certains installés comme marchands de bestiaux[217], et leurs barques fréquentent le port romain du Tibre, Civitavecchia et Livourne[218]. A Alger, les émigrants corses pullulent, surtout les *Capocorsini*. Quand Sampiero passe dans la ville, en juillet 1562, lors de ce dramatique voyage qui devait le conduire jusqu'à Constantinople, ses compatriotes se précipitent au port pour l'y saluer comme « leur roi » ; ainsi s'exprime un rapport génois[219]. Faut-il tout de même que ce Sampiero, ennemi de Gênes, ami de la France, allant mendier l'aide du Sultan pour ses compatriotes, ait été populaire, aimé des siens !

Ces Corses d'Alger, que sont-ils ? Quelques-uns, des bagnards. D'autres, marins et marchands, trafiquent dans le port. Plus d'un s'est installé à demeure, parmi les riches renégats de la ville : Hassan Corso ne sera-t-il pas un des « rois » d'Alger ? Vers 1568, un rapport espagnol[220] fait état de 6 000 renégats corses sur un total de 10 000 reniés à Alger. La ville regorge d'intermédiaires corses, agents efficaces des rachats de captifs, au témoignage des documents génois, mais aussi agents officieux de puissances étrangères. Tel cet énigmatique Francisco Gasparo Corso, domicilié en principe à Valence et, pendant l'année 1569, installé à Alger où il a été dépêché par le vice-roi de Valence. Il y converse avec Euldj Ali, essayant de le convaincre, au moment assez critique de la guerre de Grenade, au mieux des intérêts du Roi Catholique. Qui est-il au juste, sous ce nom qui n'en est presque pas un ? On sait qu'il va et vient entre Valence et Alger, avec un brigantin et des marchandises autorisées, c'est-à-dire autres que celles de « contrebande » qu'interdit la loi espagnole : sel, fer, salpêtre, poudre, rames, armes... Il a un frère à Alger, un ou plusieurs autres à Marseille, un autre à Carthagène, et sa correspondance avec eux enserre ainsi toute la Méditerranée occidentale. Ajoutons, pour tout brouiller, que par un acte en bonne et due forme, dressé devant un notaire improvisé dans les bagnes d'Alger, un captif espagnol accuse Gasparo Corso de se livrer à la contrebande et d'être un agent double[221]... Sans essayer d'élucider ce petit problème, retenons l'éparpillement de cette étonnante famille insulaire autour de la Méditerranée.

D'autres Corses sont à Constantinople, à Séville, à Valence. Mais leur ville d'élection, au XVIe siècle comme aujourd'hui, c'est Marseille, ville presque à demi corse si l'on s'en tient à son port, tel que le font revivre les documents dont nous disposons[222].

De cette émigration, il ne faut sans doute ni enlever, ni donner la responsabilité aux maîtres génois de l'île. Le fait évident, au XVIe siècle, c'est que les Corses ont mal supporté le gouvernement de Gênes. Qu'un tel jugement soit fondé ou non en équité, il n'est guère convaincant, en tout cas, d'accuser de tout le mal les intrigues françaises et l'or des Valois. Loin de nous l'idée de nier cette liaison de l'île et de la France, de récuser tant d'avis concordants, d'envois répétés d'émissaires, de frégates, de poudre, voire d'argent. La France mène en Corse le jeu que mène de son côté, avec plus de suite dans les idées, de bien plus gros moyens encore, mais moins de bonheur, Cosme de Médicis. Or (c'est l'important de ce débat et ceci nous ramène à notre sujet), si la politique française soulève le peuple des montagnes corses avec facilité, presque sans le vouloir, c'est moins en vertu de plans préconçus que de la liaison vitale entre une France alors riche d'espace et une île trop riche en hommes. La France est ouverte à l'émigration corse comme le plus vaste et le plus fructueux des champs d'expansion alors que l'Italie est trop peuplée et considère, au contraire, la Corse comme une terre à coloniser pour son propre usage.

Sans compter l'avantage, pour les Corses, de la protection, efficace sur mer, du Très Chrétien. Installés à Marseille, ils y deviennent sujets du roi de France et, comme tels, participent à l'essor de la ville, au delà des années 1570. Au XVIIe siècle, ne trouve-t-on pas des Corses établis au Bastion de France, face à Tabarca, l'île génoise des Lomellini, sur ce littoral qu'un document qui émane d'eux appelle *la costa che guardano li Francesi in Barberia*[223] ? Il est curieux d'ailleurs que sur cette côte des corailleurs, les Corses retrouvent leur ennemie, la *Dominante*, sous la forme de la forteresse de Tabarca, devant laquelle devait périr Sanson Napollon dans sa tentative de mai 1633.

Et les îles que n'entoure pas la mer

Dans cet univers méditerranéen compartimenté à l'excès, où l'occupation du sol laisse de larges vides, sans compter ceux de la mer, n'y a-t-il pas d'autres îles que les véritables ? d'autres mondes assez strictement isolés, des presqu'îles — le mot est évocateur — comme la Grèce ou d'autres régions encore qui, fermées par des murailles terrestres, n'ont vraiment d'autre issue que la mer ? Barrée au Nord par l'épaisseur des montagnes qui constituent ses confins avec Rome, le royaume de Naples n'est-il pas une île en ce sens ? Il y a, inscrite dans nos manuels, une « île » du Moghreb, *Djezirat el Moghreb*, l'île du Couchant, entre l'Océan, la Méditerranée, la mer des Syrtes et le Sahara. Un monde à changements brusques s'il en fut, comme le signalait Émile-Félix Gautier.

On dira du pays lombard qu'il est, à sa façon, une île continentale entre les Alpes et l'Apennin, entre le Piémont rustique et le pays à moitié byzantin de Venise. On dira, en exagérant à peine, que toute une série d'îles périphériques, Portugal, Andalousie, Valence, Catalogne, sont rattachées par la Castille aux masses ibériques. Voyez combien la Catalogne, ouverte sur la mer, est prompte à s'orienter selon les vents de l'histoire, tantôt vers la France, avec les Carolingiens et plus tard à l'époque des troubadours et des Cours d'Amour ; tantôt vers la Méditerranée, aux XIIIe, XIVe et XVe siècles ; et finalement, au XVIIIe siècle, vers les pays frustes et non encore industrialisés de la Péninsule... Quant à l'Espagne elle-même, Maurice Legendre va jusqu'à la nommer une *plusqu'île*, en voulant marquer par là son inaccessibilité, son originalité irréductible.

A l'autre extrémité de la Méditerranée, vers l'Est : île encore, la Syrie, ce relais entre mer et désert. A partir d'elle, tout se diffuse : les hommes, les techniques, les impérialismes, les civilisations, les religions. Tout à la fois elle a colporté, dans le monde méditerranéen, l'alphabet, l'art du verre, la teinture pourpre des étoffes, les secrets du *dry-farming* (au temps des Phéniciens) ; elle a donné des empereurs à Rome, puis à Byzance ; dominé de ses vaisseaux, jadis, la mer phénicienne, la première, ou presque, des Méditerranées de l'histoire ; enfin, en 1516 — comme en 634 — c'est parce que l'Islam conquérant (les Arabes au VIIe siècle, les Turcs au XVIe) s'empare de ce monde décisif, qu'il s'élève, du coup, jusqu'au plan de la grande histoire méditerranéenne.

Nul doute que nous ne fassions, à ce jeu, un large abus de l'idée d'insularité. Mais il aide l'explication. Les pays de Méditerranée sont des collections de régions isolées les unes des autres[224] qui pourtant se recherchent les unes les autres : d'où, entre elles, malgré les journées de marche ou de navigation qui les séparent, un va-et-vient facilité par le nomadisme des hommes. Mais les contacts qu'ils établissent sont comme les décharges électriques, violents et sans continuité. De cette vie méditerranéenne, l'histoire des îles s'avère, comme certaines images agrandies, le mode le plus éclairant d'explication. Peut-être fait-elle mieux comprendre que chaque province méditerranéenne ait pu conserver une si irréductible originalité, un si violent parfum régional au milieu d'un extraordinaire mélange de races, de religions, de mœurs, de civilisations.

Les péninsules

La vie de la mer n'entraîne pas dans son sillage uniquement ces fragments de terre que sont les îles, ces minces rubans que sont les côtes. Elle se répercute jusqu'aux profondeurs des continents. Elle mêle sans effort à son existence ces mondes tournés vers elle et surtout ces vastes blocs de terre que sont les péninsules. D'autant qu'interposés entre leurs masses, des espaces marins les bordent sur des fronts extrêmement développés. Les péninsules forment autant de continents autonomes : la péninsule Ibérique, l'Italie, la Péninsule des Balkans, l'Asie Mineure, l'Afrique du Nord, celle-ci en apparence mal dégagée de l'ensemble africain, mais séparée de lui par l'épaisseur du Sahara. Ce que Théobald Fischer aura dit de l'Ibérie : « Elle est un monde à elle seule », vaut pour les autres péninsules, comparables entre elles et faites des mêmes matériaux, montagnes omniprésentes, plateaux, plaines, guirlandes littorales, cortèges d'îles. Des correspondances s'établissent d'elles-mêmes, entre leurs paysages comme entre leurs genres de vie. A ces mots de Méditerranée, de climat, de ciel méditerranéens, des images brillantes surgissent : elles se rapportent toutes à ces gros blocs terrestres, plus ou moins engagés, mais engagés tous dans la mer. C'est par ces pays, l'Italie et l'Espagne surtout, que les voyageurs d'Occident ont régulièrement pris contact avec la mer Intérieure. Et sans doute est-ce une erreur, à leur suite, sous l'impression des premières images, de ne plus voir que ces mondes privilégiés, comme s'ils étaient à eux seuls la Méditerranée entière. L'essentiel, oui. Le tout, non.

Car d'une péninsule à l'autre se déroulent des pays de raccord : sur le golfe du Lion, le Bas-Languedoc et le Bas-Rhône, cette Hollande ; sur l'Adriatique, la Basse-Émilie et les Vénéties ; plus à l'Est, au Nord de la mer Noire, les pays découverts et nus qui vont du delta du Danube à l'extrémité du Caucase ; enfin, vers le Sud cette fois, ce très long ruban de rivages aveugles où il est si souvent difficile d'aborder, qui court de la Syrie méridionale à la Tunisie de Gabès et de Djerba, longue et pauvre façade d'un monde *étranger* sur la mer Intérieure.

N'empêche que les péninsules sont la partie de l'espace méditerranéen la plus riche en hommes, en possibilités. Elles sont les êtres décisifs, ceux qui ont toujours conduit le jeu, accumulateurs de force, puis, chacun à son tour, prodigues de cette force. Presque des personnes, pour reprendre le mot de Michelet au sujet de la France, mais des personnes plus ou moins conscientes d'elles-mêmes. Leur unité est évidente ; elles n'ont pourtant ni la cohérence, ni la confiance en soi de la France des Valois, ni la véhémence de ses accès de passion politique et nationale : comme en 1540, quand fut écarté du pouvoir Montmorency, partisan de la collaboration avec les Habsbourgs[225] ; ou comme au cours de cette longue crise de 1570 à 1572 qu'arrêta, sans la dénouer, la Saint-Barthélemy ; ou mieux encore, à la fin du siècle, cette autre crise qui entraîna la réussite foudroyante de Henri IV.

Mais peut-être ces unités péninsulaires, marquées par la nature, n'ont-elles pas, comme l'unité plus artificielle de la France, à être voulues par les hommes avec la même passion ?

Il n'y en a pas moins un évident nationalisme espagnol. C'est lui qui, en 1559, fait écarter des principaux postes les conseillers non espagnols de Philippe II. C'est lui qui inspire ces jugements tant de fois répétés sur les Français d'alors, en qui l'on ne peut jamais avoir confiance, querelleurs, ergoteurs, prompts à se décourager au premier échec, mais acharnés à revenir sur leurs défaites ou leurs concessions. Il s'en faut que ce nationalisme espagnol soit homogène, ou largement exprimé. C'est peu à peu, quand les années de grandeur s'ajouteront les unes aux autres, qu'il s'exprimera au grand jour, trouvera ses thèmes, se prendra au mirage de l'idée impériale. Sous cette forme composite, il s'épanouira non pas à l'époque de Charles-Quint ou de Philippe II, ces constructeurs, mais tard au XVIIe siècle, alors que l'Empire se détériore déjà, au temps du roi « Planète », Philippe IV, et de son conseiller, le comte duc Olivarès, à l'époque de Velásquez, de Lope de Vega, de Calderón.

Rien n'est aussi cohérent en Italie. Cependant, là aussi, se révèle un nationalisme indéniable, pour le moins une fierté de l'italianité, avec cette conviction, chez chaque Italien, qu'il appartient au monde le plus civilisé, au passé le plus glorieux. Quant au présent, est-il si misérable ? « On répète à longueur de journée que les Espagnols et les Portugais ont découvert le Nouveau Monde, alors que c'est nous, Italiens, qui leur avons les premiers ouvert la voie », écrivait Bandello, en tête d'une de ses nouvelles [226]. L'historien di Tocco a minutieusement énuméré les plaintes et les colères qu'inspire aux Italiens patriotes (avant la lettre) la fin des libertés de la Péninsule, après le traité du Cateau-Cambrésis et la victoire, dès lors irrémédiable, des Espagnols [227]. Et comment oublier tant de rêves unitaires ; les cris passionnés d'un Machiavel ; Guichardin présentant d'un seul bloc le passé italien des années qu'il venait de vivre [228] ? Si épars qu'ils soient, ce sont là des signes certains de nationalisme et d'unité.

C'en est un aussi, plus important encore (car la politique n'est pas l'essentiel de ces destins cohérents) que l'essor de la langue toscane. Et de même celui de la langue castillane qui se répand dans toute la péninsule Ibérique, au XVIe siècle. Elle devient la langue d'expression littéraire, employée par les écrivains d'Aragon dès l'époque de Charles Quint. C'est en castillan qu'un noble Aragonais, contemporain de Philippe II, écrivait son livre de raison[229]. Elle gagne même les milieux littéraires de Lisbonne, à la grande époque de Camoens. En même temps, elle est adoptée par les hautes classes de l'Espagne entière, traînant derrière elle, avec les thèmes littéraires de Castille, ses thèmes religieux, ses formes de culte : c'est une curieuse histoire que celle de saint Isidore, le saint paysan de Madrid, allant détrôner jusqu'en Catalogne les saints antiques des dévotions paysannes, saint Abdon, et saint Senne, patrons de nombreuses confréries. Il reste d'eux des statues dans chaque antique église ; mais les paysans de Catalogne les ont abandonnés, dès le XVIIe siècle, pour le nouveau venu[230].

Voilà qui attire l'attention sur la cohérence d'espaces historiques à l'abri des clôtures péninsulaires. Ces clôtures n'ont rien d'infranchissable ; rien de ces frontières « électriques » que Ramón Fernandez imaginait hier autour de l'Espagne. De telles frontières n'ont jamais existé, ni sur les Pyrénées, ni sur les Alpes et pas davantage sur le Danube ou les Balkans ou sur les montagnes d'Arménie, région de routes et de mélanges ethniques s'il en fut, ou sur les montagnes du Taurus ou de l'Atlas et du Sahara, au Sud de la Petite Afrique. Il n'en reste pas moins que, du côté du continent dont elles se détachent avec décision, les péninsules sont bordées par des obstacles qui gênent échanges et relations. Et c'est important. Paraphrasant la formule de Metternich, Augustin Renaudet disait de l'Italie du XVIe siècle, morcelée, imprécise dans ses contours (ne serait-ce que du côté du Piémont), qu'elle n'était qu'une expression géographique[231]. Mais une expression géographique, est-ce si peu que cela ? C'est le dessin d'un ensemble historique qu'ont travaillé, parcouru facilement les mêmes grands événements, lesquels furent en quelque sorte prisonniers de cet espace, butant sans le franchir toujours sur l'obstacle de ses limites.

Pour Gioacchino Volpe, c'est à peu près ce qu'il faut

entendre, quand on parle d'unité italienne. Il en va de même pour l'Ibérie ; le drame de la conquête musulmane et de la reconquête, drame au centre de sa vie pendant sept siècles, est resté piégé entre ses frontières. Il a fait l'essentiel de son unité, l'a rendu capable de transformer les emprunts à autrui ; d'accepter de l'Europe le gothique, mais pour le surcharger des fioritures du plateresque et de l'art mudéjar ; de s'emparer ensuite du Baroque dont elle tire le *churriguerismo*. Tout comme l'Afrique du Nord, envahie par l'Islam, lui a donné sa tonalité particulière, et graduellement s'est laissée « désislamiser, désorientaliser, berbériser » par ses marabouts [232].

Les hautes clôtures des péninsules font de chacune d'elles, un monde en marge, avec ses originalités, sa saveur, son accent particulier [233].

Chaque fois qu'une de ces unités péninsulaires s'est affirmée sur le plan politique, on a vu s'annoncer quelque grand changement. Voyez, dans le lointain passé, les conséquences de l'unité de la Grèce réalisée par les Macédoniens, ou de l'unité de l'Italie au bénéfice de Rome. Au début du XVIe siècle, les Rois Catholiques forgent l'unité espagnole : elle a été une force explosive.

Car si les péninsules sont plus qu'à demi fermées du côté des masses continentales, celles de l'Europe, de l'Asie ou de l'Afrique, elles sont par contre largement ouvertes sur la mer, agressives quand elles sont fortes, conquises dès qu'elles sont incapables de se défendre.

Est-ce la raison qui les fait vivre curieusement associées, deux par deux ? Bien qu'il soit arrivé à l'Italie de les dominer toutes, ceci au temps de Rome, parce qu'elle s'était rendue maîtresse de la mer : mais cette exception reste une exception. En général, les conquêtes de péninsule à péninsule n'ont pas cette ampleur. Elles se réduisent à de simples abordages entre bateaux. Tel celui qui a permis à l'Asie Mineure de s'emparer de l'énorme péninsule des Balkans, à la fin du XIVe siècle et au début du XVe, ouvrant le chemin à la grande conquête turque ; ou celui, plus rapide encore, qui a jeté l'Afrique du Nord sur l'Ibérie voisine, au début du

VIIIe siècle. Ainsi se sont formés, pour des périodes plus ou moins longues, ces bi-continents dont on parlait plus haut : Anatolie et Balkans au temps de Byzance puis de l'Empire turc ; Afrique du Nord et Ibérie voisine au Moyen Age, association solide [234], mais que la rupture de 1492 a abîmée pour des siècles. Association si fructueuse qu'elle ne mourra d'ailleurs jamais complètement... Dans le siècle qu'étudie ce livre, deux nouveaux abordages se produisent : entre l'Espagne et l'Italie, dont l'union appelée à durer plus d'un siècle, se scelle en 1559, malgré les étendues interposées de la Méditerranée occidentale et tant d'hostilités rencontrées [235] ; entre les Balkans et ce bateau longtemps sans maître que fut l'Afrique du Nord — les Turcs, on le sait, ne s'en emparèrent qu'à demi.

Ces liaisons, ces doubles vies, les unes qui se défont, les autres qui s'établissent, résument l'histoire de la mer. Tour à tour conquis et conquérants, les univers péninsulaires préparent, pendant les phases silencieuses de leur vie, les explosions à venir. Ainsi, avant la conquête de l'Espagne, au VIIIe siècle, par les Berbères, il y a eu montée démographique du Moghreb ; de même que l'on constate beaucoup plus tard, avant la conquête des Balkans par les Turcs, une progressive surpopulation de l'Asie Mineure où semble s'opérer le passage, à lui seul révélateur, du nomadisme à la vie semi-sédentaire. A l'inverse, toute conquête est usure ; l'Italie se dépeuple du jour où, avec Rome, elle a achevé la monstrueuse conquête de tous les pays de la mer.

Ainsi passe de péninsule à péninsule la primauté politique et, avec celle-ci, toutes les autres primautés, celles de l'économie, comme celles de la civilisation. Mais ces transferts ne se font pas tous au même instant : ils comblent rarement une péninsule de tous les dons à la fois. D'où l'impossibilité de classer, les uns par rapport aux autres, ces mondes en mouvement. Ceux-ci sont-ils plus forts, plus brillants ou plus évolués que ceux-là ? La réponse est difficile. Ainsi le Moghreb n'a pas été l'éternel traînard qu'Émile-Félix Gautier présente dans ses livres ; il a eu, lui aussi, ses périodes de splendeur, même de primauté. La Carthage punique, c'est tout de même quelque chose. Et la conquête des Espagnes au VIIIe siècle, celle de la Sicile au IXe, celle de l'Égypte au Xe, n'est-ce rien ? Sur le plan spirituel, au temps d'Apulée et de saint Augustin, l'Afrique du Nord a été le plus grand support de l'Église et de la culture latine. L'Italie, à cette époque, est incomparablement moins riche qu'elle [236].

Les hypothèses de L.M. Ugolini [237], échafaudées vite à la suite d'importantes fouilles archéologiques à Malte, supposent que la civilisation de la mer Intérieure se serait éveillée non pas en Orient, comme on le pensait, mais en Occident, en Espagne et en Afrique du Nord, bien avant le second millénaire qui a précédé l'ère chrétienne. D'Espagne et d'Afrique, la civilisation aurait gagné l'Italie et l'Orient. Ensuite, mais ensuite seulement, le mouvement aurait reflué vers l'Ouest. Il nous plaît d'imaginer, même si l'itinéraire n'est pas exact, cette course de relais, au long des rivages et des routes de la mer, la flamme passant d'une île à une autre île, d'une péninsule à une autre péninsule. A des siècles ou à des millénaires d'intervalle, la flamme repasse là où elle a brillé jadis. Mais ce n'est jamais la même...

Rêverie que tout cela ? Cependant, dans cette longue nuit du passé, une loi de physique plus ou moins contraignante a joué. Que la vie de la mer, cette force, ait saisi tout d'abord les parcelles les plus légères, les plus immatérielles (des îles, des portions du littoral) et qu'elle les entraîne, qu'elle les roule sans arrêt, comme les mers à marée du Nord roulent leurs galets, on l'imagine et c'est probable [238]. Plus forte, plus exigeante, cette vie de l'ensemble attire dans son mouvement des corps plus lourds comme les péninsules : alors l'histoire de la mer hausse le ton... Les très grandes heures sont les moments où elle fait basculer vers elle, par son attraction, des masses entières de vrais continents. César en Gaule, ou Germanicus au delà de l'Elbe, ou Alexandre sur l'Indus, ou les Arabes en Chine, ou les Marocains sur le Niger...

A ces grandes heures, la Méditerranée de l'histoire

s'élargit sans mesure. Jusqu'où, alors, faut-il agrandir son domaine ? Problème à soi seul difficile et contestable ; peut-être, s'il s'agit d'élucider le destin de la Méditerranée, le problème par excellence ?

III

Les confins
ou la plus grande Méditerranée

Le présent chapitre soulève plusieurs difficultés. Toutefois, à le parcourir, le lecteur risque de ne guère s'en apercevoir. Des voyages lui sont proposés fort loin des rives de la Méditerranée. Va pour les voyages, pensera-t-il. Mais c'est accepter aussitôt un agrandissement apparemment excessif du champ à observer. Prétendre qu'une certaine Méditerranée *globale* intéresse aussi bien, au XVIe siècle, les Açores ou les rivages du Nouveau Monde que la mer Rouge ou le golfe Persique, aussi bien la Baltique que la boucle du Niger, c'est la voir comme un espace-mouvement trop extensible.

Et c'est rejeter les bornages habituels. Celui des géographes, le plus familier, étroit : pour eux, la Méditerranée va de la limite Nord de l'olivier à celle des grandes palmeraies, au Sud. Au premier olivier rencontré [1] en venant du Nord on atteindrait la mer Intérieure, on la quitterait à la première palmeraie compacte, vers le Sud. C'est donner la primauté au climat, ouvrier décisif, certes, de la vie des hommes. Mais à ce jeu notre Plus Grande Méditerranée s'efface. Nous ne la verrions pas s'esquisser davantage avec les bornages, autrement amples pourtant, des géologues et des biogéographes. Les uns et les autres la dessinent comme une longue zone filiforme, simple ligne à la vaste échelle de l'écorce terrestre : pour les géologues, elle est cet interminable fuseau étiré de l'Atlantique à l'océan Indien, où s'associent cassures tectoniques et plissements récents ; pour les biogéographes, cet étroit domaine dans le sens des parallèles où partout se

12. — La Méditerranée à l'échelle du Monde

Selon l'orientation de cette carte, qui peut pivoter sur elle-même, l'accent est mis successivement sur les diverses liaisons mondiales de la Méditerranée : avec l'Atlantique, le Sahara, l'océan Indien, l'Europe. Nous avons choisi l'orientation inhabituelle qui, plaçant le Sahara au-dessus de la Méditerranée, souligne combien la mer est écrasée par l'immensité désertique. Celle-ci va de la mer Intérieure aux forêts tropicales d'Afrique. Le rôle de l'eau méditerranéenne est de border ces terres inhumaines, de les séparer de l'Europe méridionale (qui va, pour sa part, jusqu'aux forêts nordiques) et, si l'on ajoute mer Rouge, océan Indien et golfe Persique, d'en briser la masse. Le pointillé fin correspond aux zones où l'homme a, plus ou moins tôt, installé ses peuplements denses, occasion de signaler, par contraste, les vides des pays hauts des péninsules méditerranéennes. Liaisons terrestres et maritimes, dont le lecteur imaginera les quadrillages et les relais dans toutes les directions, créent l'espace-mouvement de la Plus Grande Méditerranée. Carte dessinée par Jacques Bertin.

retrouvent certaines plantes et certains animaux caractéristiques, des Açores à la très lointaine vallée du Cachemire.

Une Méditerranée aux dimensions de l'histoire

Or, selon les exigences de l'histoire, la Méditerranée ne peut être qu'une zone épaisse, prolongée régulièrement au delà de ses rivages et dans toutes les directions à la fois. Au gré de nos images, elle évoquera un champ de forces, ou magnétique ou électrique, ou plus simplement un foyer lumineux dont l'éclairage ne cesserait de se dégrader, sans que l'on puisse marquer sur une ligne dessinée une fois pour toutes le partage entre l'ombre et la lumière.

Quelles frontières tracer, en effet, quand il s'agit non plus des plantes ou des animaux, du relief ou du climat, mais des hommes que n'arrête aucun bornage, qui franchissent toutes les barrières ? La Méditerranée (et la Plus Grande Méditerranée qui l'accompagne) est telle que la font les hommes. La roue de leur destin fixe le sien, élargit ou rétrécit son domaine. Rome est arrivée à constituer le monde méditerranéen proprement dit en un système à demi fermé, à écluser les routes qui s'en échappent et y mènent, renonçant du coup (et ce fut l'un de ses torts, peut-être) à saisir les confins d'Europe, à atteindre librement l'océan Indien ou les profondeurs d'Afrique et à établir des relations nourricières et libres avec ces mondes lointains. Mais cet éclusage, relatif au demeurant, n'est pas la règle de l'histoire méditerranéenne. La règle, c'est que la vie de la mer se diffuse loin de ses rives, par larges poussées que compensent d'incessants retours. Il y a ce qui part de la mer et ce qui retourne vers elle, puis s'en échappe à nouveau. Les pièces de huit, petites monnaies d'argent que la Castille frappe avec le métal blanc d'Amérique, submergent les marchés de Méditerranée pendant la seconde moitié du XVIe siècle ; mais ces pièces de *a ocho reales* se retrouvent dans les Indes, en Chine... Ces circulations d'hommes, de biens ou tangibles, ou immatériels, dessinent autour de la Méditerranée des frontières successives, des auréoles. C'est de cent frontières qu'il faut parler à la fois : celles-ci à la mesure de la politique, ces autres de l'économie ou de la civilisation. Quand Gœthe gagne l'Italie, sa rencontre avec la Méditerranée, ce n'est pas uniquement, quoi qu'il en ait dit, le franchissement du Brenner ou, plus tard, celui de l'Apennin toscan. N'était-ce pas déjà, plus au Nord, l'arrivée à Ratisbonne, place avancée du Catholicisme sur cette grande frontière culturelle qu'est le Danube ? Et plus au Nord encore, dès le départ, la ville même de Francfort, la cité du Roemer ?

Si l'on ne met pas en cause ce large espace de vie diffusée, cette Plus Grande Méditerranée, il sera souvent malaisé de saisir l'histoire de la mer Intérieure. Concentration de trafics, de richesses accumulées puis retransmises, et quelquefois irrémédiablement perdues, la Méditerranée se jauge à ses rayonnements. Sur ses marges extérieures, son destin souvent est plus facile à lire qu'au cœur même de ses activités mêlées. Gênée en un secteur, la vie générale de la mer trouve dans un autre la compensation indispensable, selon une loi d'équilibre que les contemporains ne saisissent pas toujours, que quelques historiens ont l'impression de reconnaître. Ainsi, au XVe siècle, l'avance turque trouble les pays du Levant : le commerce occidental se porte alors, avec plus d'insistance que jamais, vers l'Afrique du Nord [2]. De même, à la fin du XVIe siècle, une certaine poussée économique entraîne la vie méditerranéenne en direction de l'Allemagne du Sud et de l'Europe Centrale et Orientale. Là aussi, sans doute, c'est d'une compensation qu'il s'est agi. La survie de l'Italie jusqu'en 1620, voire au delà, est impensable sans cette aventure vers le Nord et le Nord-Est. Venise a été longtemps une porte ouverte sur ces possibilités. Quant à la décadence, relative au demeurant, c'est dans les rapports à longue distance entre Océan et mer Intérieure qu'elle se marquera précocement. Bref, l'histoire de la mer s'enregistre sous ses formes diverses dans la masse des terres et des espaces maritimes qui l'encerclent, de près et de loin.

1. Le Sahara, second visage de la Méditerranée

Par trois côtés, la Méditerranée touche à l'immense chaîne de déserts qui traverse sans interruption l'épaisseur entière de l'Ancien Monde, du Sahara atlantique à la Chine du Nord. Par trois côtés, au Sud des littoraux libyens où s'étale le Sahara ; à l'Est de l'Anti-Liban, où commence le désert de Syrie au voisinage « d'une des plus puissantes masses de nomades qui soit au monde »[3] ; au Nord de la mer Noire, où aboutissent les steppes sud-russiennes, avant-scène de l'Asie Centrale. Sur ces vastes façades, la multiple circulation caravanière rejoint les trafics propres à la Méditerranée, s'impose à ceux-ci et à son tour dépendra d'eux. Les liaisons ne s'opèrent pas seulement en des portes essentielles, comme l'Égypte et la Syrie par où passe, au XVIe siècle, tout le prestigieux commerce du Levant — mais jouent sur l'étendue entière des confins. A Oran, que la conquête espagnole, en 1509, a coupé pratiquement de son arrière-pays, aboutit encore, au milieu du XVIe siècle, un commerce peu étoffé d'esclaves noirs, assez important cependant pour inquiéter les autorités de la petite place[4].

Il y a ainsi, dans le champ de l'histoire méditerranéenne, un vaste pôle désertique, comme il y a un pôle européen. La Méditerranée est attirée vers ces rivages désolés et elle les attire à son tour : son paradoxe, son originalité, c'est d'étaler une énorme masse d'eau en bordure d'un continent désertique et même, par le relais de la mer Rouge et de l'océan Indien, de l'insinuer jusque dans sa masse même.

Le Sahara : limites proches et lointaines

La chaîne des déserts, de l'Atlantique à la Chine, est double, de part et d'autre des hauts plateaux de l'Iran : à l'Ouest s'étendent les déserts chauds ; au Nord et à l'Est les déserts froids. Mais il y a continuité entre ces espaces découverts et leurs circulations caravanières, le chameau relayant, en Anatolie et en Iran, le dromadaire des déserts centraux et occidentaux.

13. — L'implantation des palmeraies de l'Indus à l'Atlantique

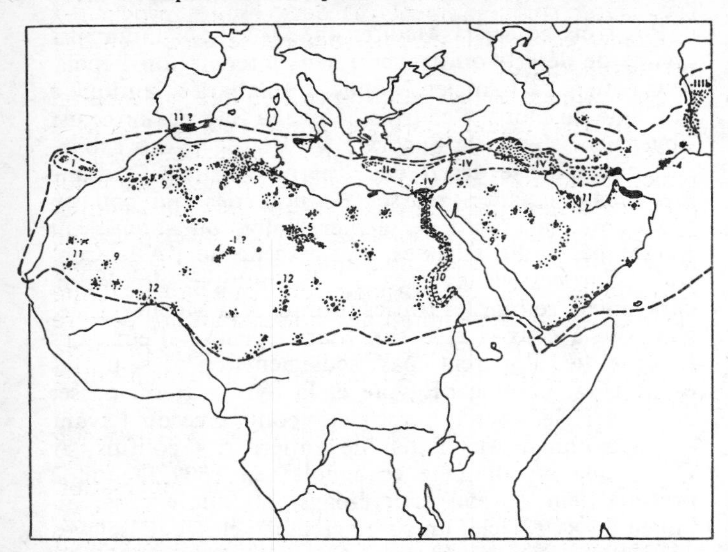

Les chiffres *romains* indiquent les millénaires, les chiffres *arabes* les siècles. Précédés du signe —, ils se rapportent à l'époque antérieure au Christ. Les chiffres en italique signalent non pas l'apparition des palmeraies, mais une simple date où leur existence est constatée par un document. Cette carte est prise à l'*Atlas* provisoire de l'histoire des plantes cultivées, dressé par J.J. Hémardinquer, M. Keul et W. Randles qui sera publié en 1971. Elle démontre la lenteur évidente d'une création humaine difficile : palmeraies et routes sont évidemment liées les unes aux autres à travers la vaste zone du palmier-dattier, de l'Indus à l'Atlantique.

C'est évidemment le Sahara au sens large (soit la totalité des déserts chauds jusqu'à l'Iran et à l'Arabie), qui intéresse la Méditerranée au premier chef. La route des steppes sud-russiennes conduit aux grands déserts froids du Centre asiatique, mais ne débouche, en somme, que dans l'arrière-boutique de la mer et ne joue de rôle que par à-coups, ainsi aux XIIIe et XIVe siècles, lors des splendeurs de la « route mongole »[5].

Le Sahara au sens large, africain et asiatique, s'encadre entre des limites proches de la Méditerranée et d'autres situées à d'immenses distances de celles-ci. Il faut tracer sommairement ces deux limites proches et lointaines pour que notre personnage se précise en une première esquisse.

Au voisinage de la Méditerranée bien que la transition soit rarement brutale, la ligne de démarcation, facile à tracer, coïncide avec la limite nord de la longue zone punctiforme des palmeraies compactes qui se poursuit d'Est en Ouest, presque sans interruption, du Pendjab — puis l'Irak, la Syrie, la Basse-Égypte, la Tripolitaine et les différents Suds atlasiques — jusqu'à l'océan Atlantique. Pour un bornage sommaire, cette limite vaut celle que l'on déduirait des indices d'aridité [6]. Notre croquis (fig. 12) le montre : tout cet espace des palmiers et des palmeraies a été lentement, très lentement édifié par l'homme.

Mais jusqu'où, vers le Sud et l'Est, s'étale cette immensité ? A des milliers de lieues évidemment de la mer Intérieure. Il faut se transporter en imagination jusqu'à la boucle du Niger, au Haut-Nil, aux pays montagneux d'Abyssinie, à la mer Rouge, à l'Arabie, à l'Iran, à l'Indus, voire au Turkestan, à l'Inde, à l'océan Indien... Cet univers désertique frappe par ses dimensions colossales : ce qui en Méditerranée, d'une ville à l'autre, demande un jour, une semaine de voyage, réclame ici des semaines et des mois. Quand le Vénitien Giacomo Soranzo parle de la Perse dans sa relation de 1576 [7], il note son immensité inhumaine d'un mot : « on peut y cheminer sans en sortir quatre mois durant. » Le calendrier des distances que fournit le vieux livre érudit [8] d'Aloys Sprenger, le dit aussi avec netteté : de la Méditerranée au Sahara, il y a agrandissement des étapes et des vides, changement d'échelle. La primauté des transports s'accentue, domine tout. Au long de ces interminables parcours, il faut, note Didier Brugnon, « se conduire avec la Boussole et l'Astrolabe comme sur mer » [9]. La surabondance des espaces vides condamne sociétés et économies à un mouvement perpétuel, plus onéreux qu'ailleurs. La mobilité extrême des hommes, l'ampleur des mouvements pastoraux, la vieille et puissante circulation caravanière, l'activité des villes, tout répond, essaie de répondre à cet impératif. Les villes s'y épuisent. Si les « désertions de villages » sont une des caractéristiques de l'Occident européen, les désertions de villes sont le trait fort de l'histoire des pays arides. En quelques années, le sable des dunes recouvre une capitale, ses maisons, ses rues, ses aqueducs [10]... L'espace vorace est pareil à la « mer immoissonnable » d'Homère, l'homme n'y a accès « qu'en tant que voyageur et hôte passager » [11], il ne peut s'y arrêter qu'à titre provisoire. « C'est la mer sans eau », bien plus vaste que la mer Intérieure.

Indigence et pauvreté

Immensité, vide, c'est-à-dire dénuement, pauvreté. « Je sais renfermer ma faim dans les replis de mes entrailles, dit un poète arabe, comme sont tenus fermement dans la main d'une habile fileuse les fils que tordent ses doigts ». C'est un compagnon de Mahomet, Abou Horaïra, qui dit du Prophète : « Il sortit de ce monde sans s'être une fois rassasié de pain d'orge... » [12]. Même au cœur des pays opulents, à Bagdad, que de pauvres rêvent, comme ces humbles des *Mille et Une Nuits*, d'une galette au beurre et à la fleur de farine ! On ne mange même pas partout le pain noir ou le couscous grossier — le *mâach* — des pauvres du Maghreb : il faut souvent se contenter de la galette de grain grossièrement concassé, la *kessera* primitive, faite d'orge, rarement de blé.

Pays pauvre ; sans eau. Sources, rivières, plantes, arbres y font défaut. Une indigente végétation y prend le nom de « pâturages ». Le bois est rarissime. Si bien qu'avec la zone aride commencent les maisons d'argile, l'interminable file des villes qui, de l'Inde jusqu'à l'Afrique tropicale, ne sont que « des camps de boue ». Les constructions de pierre, quand elles existent, sont un chef-d'œuvre exceptionnel ; bâties suivant une technique qui superpose la pierre sans s'aider d'aucune charpente. Pas de bois : quel prix ont, en terre d'Islam, les précieux coffres de cèdre ! Songeons par contraste aux beaux meubles de la Renaissance italienne, aux bahuts, aux secrétaires que l'art tolédan rehausse de ferrures et d'or. Pas de bois : ce n'est plus, comme en Méditerranée, la construction des galères ou des navires qui pose un problème, mais la simple cuisine quotidienne, l'humble foyer du campement, allumé entre deux pierres. Tout l'alimente : quelques brindilles, des racines, des herbes sèches, la paille ou l'alfa, l'écorce de palmier-dattier, « la fiente de chameau, de cheval ou de bœuf que l'on fait sécher au soleil »[13]. Même les villes privilégiées n'échappent pas à cette constante pénurie. Au Caire, le fumier séché sert de combustible, ou la « paille » des cannes à sucre, ou le bois très rare et coûteux qu'apportent navires ou galères d'Asie Mineure à Alexandrie. Tout cela précaire : en novembre 1512[14], faute de ravitaillement, même les cuisines des officiers cessent de fonctionner. Où irait-on chercher le combustible autour du Caire ?

Dans cet espace hostile, souvent vrai « anœkoumène », les plantes, les animaux, les hommes se sont malgré tout maintenus, comme s'il n'y avait pas seulement une horreur physique, mais aussi biologique de la nature à l'égard du vide. Ainsi parle un géographe[15]. En fait, au cours des vastes oscillations et catastrophes climatiques du quaternaire, l'homme, comme tous les êtres vivants, a été souvent surpris, piégé, obligé de s'adapter vaille que vaille. Des populations résiduelles se trouvent aussi bien au milieu des Arabes d'Arabie qu'à côté des Touareg... En tout cas, sauf dans les oasis, d'ordinaire peu étendues, l'homme ne peut se maintenir que par groupes menus. Sans les troupeaux, la gageure serait impossible. Depuis des millénaires, ces déserts sont la patrie de l'âne, du cheval, du chameau, du dromadaire. Dans le Sahara, le dromadaire joue le premier rôle. « L'homme y est un parasite du chameau » selon la formule habituelle. Et la grande histoire désertique commence avec lui. Cependant « en permettant la nomadisation et, parallèlement, une présence humaine moins localisée, le dromadaire a donné à l'homme la faculté d'exploiter la végétation sur des étendues de plus en plus vastes et variées »... Il serait, ajoute un bon connaisseur [16], « l'intermédiaire responsable de la désertification ». Ce qui est bien possible.

Tout compte fait, le chamelier arrive difficilement à vivre du lait, du beurre ou du fromage de ses troupeaux ; de leur chair, à peine mange-t-il. Il connaît tous les « aliments de disette » : les Touareg de l'Aïr [17] utilisent plus d'une vingtaine de plantes sauvages, notamment les graines du *drinn*, du *mrokba*, du *fonio* sauvage, du *cram-cram*, du *tawit*, les rhizomes et jeunes tiges du *berdi* [18]. Leurs voisins, si l'on peut dire, les Toubou « tirent leur galette du fruit du *dûm* » [19]. A quoi s'ajoutent les produits de la chasse. Au XVIe siècle, il y a encore des moutons, des ânes, des bœufs, des chameaux sauvages, des gazelles et des antilopes et, dans le Fars iranien, la chasse de l'outarde et de la perdrix donne lieu à de vives compétitions [20]. « Entre Babylone et Alep, note un voyageur du XVIIe siècle [21], il n'y a autre chose que sablons, capriers, et tamaris qui servent de nourriture aux chameaux... et n'y ai veu aucunes bestes sauvages qu'asnes, chevaux, gazelles et cerfz qui passaient parfois en telle quantité parmi la cafle (*cafila* = caravane) qu'ilz nous empêchaient de faire nostre chemin ». Au cœur du désert de Syrie, le gibier recherché est un rat, dont la chair est une gourmandise [22]. Que cette vie soit difficile, on l'imagine ; qu'elle ait aussi, la poésie et l'illusion aidant, ses sortilèges, on l'acceptera. Tel écrivain irakien d'aujourd'hui affirme : « Quiconque a goûté la nourriture des Bédouins ne pourra au grand jamais s'en évader » [23].

Les nomades sont donc liés aux pâturages, à un cabotage de point d'eau en point d'eau. Durant la période sèche, aucun troupeau ne peut s'éloigner à plus de 50 km d'un puits. La traversée des *tanezroufts* reste un exploit, elle oblige les chameaux à porter la paille ou l'eau de réserve. Évidemment pour la possession des plus maigres pâturages, des conflits surgissent. Ces terres, en apparence *res nullius*, sont grevées de droits traditionnels, bien assis, mais qu'il faut défendre. D'où des querelles et des pillages. Mais s'attaquer au sédentaire est plus profitable encore. Contre ces pilleries, contre ces piqûres d'insectes, la Syrie et l'Égypte, au XVIe siècle, se défendent mal. Pierre Martyr d'Anghiera, cet humaniste que les Rois Catholiques dépêchent au Soudan et qui gagne l'Égypte en 1502, s'en aperçoit aussitôt ; si cette race innombrable, *semper versans, semper in motu* n'était pas divisée contre elle-même, elle se saisirait sans tarder des pays du Nil [24]. Pour une expédition punitive qui réussit contre eux, combien reviennent les mains vides, ou avec seulement le maigre butin de quelques captifs, femmes et enfants de Bédouins ! [25] Tous les jours, pour le moins chaque fois qu'ils le veulent, les nomades arrivent jusqu'aux portes d'Alep [26], d'Alexandrie [27] ou du Caire. En novembre 1518, il faudra envoyer des soldats en garnison à Akaba pour, de là, protéger les bagages des pèlerins « contre les brigandages des Bédouins (qui) ne font que croître » [28].

Vues du dedans, à la lumière des enquêtes sur le vif, toutes ces sociétés désertiques, si simples au premier abord, révèlent des organisations, des hiérarchies, des pratiques compliquées, des constructions juridiques éblouissantes... Mais du dehors, quelle poussière humaine que le vent soulève ! Par comparaison, ce qui, en Méditerranée, nous semblait si mobile et, au premier chef, les sociétés montagnardes, semble brusquement lourd et ankylosé.

Les grands nomades

Encore faut-il distinguer parmi les humanités du désert, deux types de nomades. Tout d'abord les nomades montagnards, à faible rayon de déplacement : changeant d'étage, ils hivernent dans le désert ; c'est le cas, aujourd'hui encore, des Oulad Sidi Cheikh du Sud Oranais, des Touareg des Ajjer ou du Hoggar, des Rgueïbat qui gagnent dans le Sahara espagnol « la falaise du Zemmour ». Seconde catégorie : les nomades qui estivent hors du Sahara, sur ses bordures steppiques. Souvent de grands nomades. Tels les Rwalla qui, du désert de Syrie, se dirigent vers la Méditerranée ; ou les Beni Larba qui, au rythme des saisons, oscillent sur

800 km entre Laghouat et les hauts plateaux de Tiaret qu'ils atteignent en mai et juin ; ou encore, mais tournant le dos à la Méditerranée, les Maures qui gagnent, à la saison sèche, les bords du fleuve Sénégal[29].

Seuls nous intéressent ces grands nomades qui régulièrement reviennent vers la mer Intérieure, au gré des saisons.

Chaque hiver, la Méditerranée est envahie par les dépressions atlantiques qui lui apportent la pluie. Vers le Sud et l'Est, cette pluie dépasse les limites strictes de la mer. Dans la région de La Mecque, les précipitations d'hiver, d'origine méditerranéenne, sont courtes, parfois violentes. « J'ai vu jusqu'à un mètre d'eau dans les rues de Djedda », note le général Brémond. Il s'en faut évidemment que l'arrosage soit régulier. Ces ondées (une pluie tous les deux ans, tous les quatre ans dans les régions plus éloignées) créent les steppes nourricières, pâturages immenses, clairsemés, éphémères. Même dans les larges dépressions des oueds, les touffes sont à des vingtaines de mètres les unes des autres. L'herbe, poussée dès l'hiver, se dessèche progressivement, du Sud vers le Nord, dès la fin du printemps. Elle fuit devant les troupeaux et les conduit vers les bords de la Méditerranée qu'ils atteignent après les moissons. Mais les chaumes et les herbes sèches sont encore une nourriture pour le bétail. L'été fini, les troupeaux redescendent vers l'herbe neuve qui va pousser...

Ces va-et-vient ne vont pas sans difficultés : pour les longues étapes, il faut profiter ou des premières pluies d'automne, ou des dernières pluies de printemps, car la saison pluvieuse, en Méditerranée, débute avant et se termine après l'hiver. Et il peut y avoir, il y a des retards fréquents, et toujours des étapes sans la moindre possibilité d'herbages, des traversées obligatoires de zones mortes. Par année de sécheresse (l'année 1945 en fut une, particulièrement meurtrière), les pâturages du Sud se dessèchent bien avant l'heure. Les moutons meurent par milliers le long des routes, la bosse des chameaux fond dangereusement et les nomades remontent au delà de leurs parcours habituels, cherchant l'herbe qui est leur vie.

Au XVIe siècle, les bergers nomades arrivent, bien plus largement qu'aujourd'hui, jusqu'aux rivages de la mer. Le barrage que les sédentaires ont établi, qu'ils consolident sous nos yeux, est encore, à cette époque, fragile. En Asie Mineure, en Syrie, les nomades sont chez eux. Belon du Mans les a vus l'été près d'Adana [30]. Dans tout le Maghreb, de grands chemins de nomadisme coupent le pays du Sud au Nord ; surtout à travers la steppe tunisienne que rien ne défend contre eux, ou à travers les vastes plateaux secs et découverts de l'Oranie, à l'Ouest. Chaque année, vers la fin de juillet, Diego Suárez voit accourir au voisinage d'Oran, où il tiendra si longtemps garnison, les *Uled Abdala* ; ils ont ensemencé l'automne précédent quelques terres sur les marines et essaient de garantir leurs récoltes contre le mauvais vouloir des tribus voisines. Le soldat chroniqueur qui a vu les Arabes avec leurs chameaux charger les arquebusiers espagnols, les a aussi observés pacifiquement et d'assez près pour connaître leur façon de cuisiner, de conserver les viandes frites dans leur propre graisse, de manger *l'alcuzcuzu* (le couscous) et de boire le lait aigre qu'ils appellent *lebent* [31].

En Tunisie, même alternance. Si Don Juan d'Autriche emporte Tunis, sans coup férir, en octobre 1573, c'est que les nomades ont déjà abandonné les rivages de la Tunisie du Nord. En août 1574 au contraire, les Turcs emportent la ville et la forteresse de la Goulette, parce que les nomades sont à leurs côtés et leur servent d'auxiliaires pour les terrassements et les transports. Histoire répétée depuis des siècles : déjà en 1270, les nomades qui servaient dans les rangs de l'armée tunisienne menaçaient à l'arrière-saison (saint Louis venait de mourir) « de s'en retourner, selon leurs habitudes, vers les pâturages du Sud » [32].

Poussées et infiltrations de la steppe

Ce large mouvement qui pousse les nomades des steppes vers la mer, puis de la mer vers le désert, comment ne serait-il pas une des grandes contraintes de l'histoire de la Méditerranée ou, si l'on préfère, l'un de ses rythmes ? Tout irait bien si le flux et le reflux se succédaient avec la précision des marées. Mais il y a, outre les sécheresses intermittentes, mille raisons pour dérégler le mécanisme et inciter le nomade à ne pas se contenter du domaine qu'on lui cède. Donc mille occasions d'entrer en conflit avec le sédentaire. Essentiellement, il faut à la vie nomade des pâturages. Mais aussi, éventuellement, des terres à labourer, même des villes qui lui servent de points de ravitaillement et soient les bases de ses constructions politiques.

Un exemple. Aux environs des années 1550 dans le Sud désertique de la Tunisie, se noue l'histoire passablement embrouillée du petit État des Chabbîa [33]. Ces Chabbîa étaient, à l'origine, une simple tribu nomade. Dans des conditions difficiles à préciser, elle réussit, vers le Nord, à s'approcher de Kairouan, presque la vraie Méditerranée des oliviers, des champs d'orge et de blé ; ajoutons une ville sainte, autre attraction puissante. Les Chabbîa s'y installent, profitant des désordres et de la décadence des Hafsides, maîtres de Tunis et de son Royaume depuis le XIIIe siècle, mais atteints par le recul économique de l'Afrique Mineure et l'intervention des étrangers, Chrétiens, puis Turcs. Appuyés sur la seule ville de Kairouan (ils avaient en vain essayé de s'emparer, à l'Est, des gros villages urbains du Sahel et de leurs éventuels contribuables), les Chabbîa furent facilement délogés quand les Turcs et Dragut entrèrent dans la ville, en 1551. Déraciné, l'État Chabbîa ne tarda pas alors à mourir. Sa dynastie disparut vers l'Ouest, disent les sources sans plus de précision, laissant derrière elle un sillage de sainteté ; et ce fut tout : sortie du néant, elle était retournée s'y perdre, n'ayant réussi qu'un instant à s'agripper à la vie sédentaire.

Histoire mille fois répétée. Ainsi, autour de Tripoli, au XVIe siècle, d'autres États nomades surgissent dans les mêmes conditions et s'évanouissent aussi rapidement, sans avoir eu le temps de porter leurs fruits. Mais en réalité, sont-elles d'une nature différente les très grandes aventures des Almoravides, des Mérinides, des Filaliens qui ont puissamment modifié le monde marocain ? Les Almoravides passent en quelques années des rives du Sénégal au cœur de l'Espagne, jusque sous les murs de la Valence du Cid. Quel exemple spectaculaire à souhait d'une grande réussite nomade !

Mais à côté de ces événements à grand fracas, de ces brutalités, s'opèrent des invasions silencieuses. C'est le cas de l'Anatolie, à la fin du Moyen Age[34]. Quand Marco Polo la traverse, les paysans sont soulevés contre les villes où habitent les *landlords* grecs. Qu'ils passent à l'Islam et que leurs rangs s'ouvrent au nomadisme turc, que les villes finissent par passer à leur tour à l'Islam, et c'est la grande transformation dont nous avons déjà parlé : ce monde peu à peu se peuplant, s'apaisant, se sédentarisant[35]. Car, le nomade s'enracine... Lui qui ne s'adapte pas aux agricultures quasi tropicales des oasis, il se laisse domestiquer parfois par les sédentaires de Méditerranée, il se plie à leurs méthodes simples, souvent rudimentaires de culture. Le Maroc en fournirait des exemples.

Au cours des siècles, le passage s'est donc fait bien des fois de la steppe à la Méditerranée. Aujourd'hui, la sédentarisation a fait d'énormes progrès. Du coup l'obstacle aux poussées de la steppe s'est singulièrement renforcé. N'empêche qu'en 1912, des Sahariens essayaient de renouveler l'équipée des Almoravides, avec El Hiba, le « Sultan Bleu », fils du marabout Ma el Aïnin. Ils entraient en vainqueurs à Marrakech, d'où l'armée française les rejetait bientôt dans le désert[36]. En 1920 et 1921, dans le Sud algérien cette fois, les autorités françaises avaient la sagesse de recueillir dans des camps la grande tribu des Larba qui mourait de faim et avait perdu les deux tiers de son cheptel. Imagine-t-on ce que, libres de se sauver par eux-mêmes, auraient pu faire ces affamés ? De même en 1927, au Nedj, sorte d'accumulateur automatique des peuples nomades de l'Arabie, pour reprendre l'expression de T.E. Lawrence, les forces accrues et sans emploi du désert menacent d'exploser : « sans le contrôle de la police anglaise, écrit Alfred Hettner[37], les invasions arabes recommençaient ». D'autant que, dès la Syrie, elles auraient pu, comme jadis, se grossir d'éléments nouveaux, les confins syriaques, à cause de l'abondance relative des pluies sur les Libans, étant par excellence une grande confluence du nomadisme, aujourd'hui encore.

Exemples dramatiques, il en est d'autres. De 1940 à 1945, l'Afrique du Nord, privée de ses moyens normaux de transport, a vu surgir de nouveau, plus largement et surtout plus loin vers le Nord que dans les années qui précédèrent la guerre, les transports nomades. Les camions abandonnés faute d'essence, le blé s'était remis à circuler comme jadis dans les énormes sacs doubles de part et d'autre du bât des chameaux, les sacs de poil de chèvre ou de chameau tissés à la main par les femmes du désert. Cette poussée a, sans doute, contribué à rediffuser dans l'Afrique Mineure les grandes épidémies de jadis, au premier rang, le typhus exanthématique...

Ainsi les rapports du Bédouin et du sédentaire ne sont pas seulement un conflit continuel. Le Bédouin est souvent appelé dans la maison qu'il convoite. L'agriculture, en Méditerranée, telle qu'elle est et était pratiquée, entraîne une usure rapide des sols ; elle les épuise plus gravement que les déprédations dont on a accusé les moutons et les chèvres des nomades. L'installation de ces derniers peut correspondre alors à la nécessité de larges repos pour les terres. « Adversaires irréconciliables, le nomade et le sédentaire le sont assurément, écrit un géographe[38], mais en même temps, ils se complètent : bien mieux, ils s'appellent les uns les autres. Par son absurde entêtement à labourer toujours le même champ — absurde en pays aride s'entend — le cultivateur aventuré au delà du Tell fraye une piste aux pasteurs ; mais l'empire de ceux-ci une fois établi, la sécurité assurée, les transports devenus réguliers et faciles, le nomade glisse à la vie sédentaire ainsi qu'il le fait aujourd'hui dans la steppe tunisienne. » Il est certain que l'amélioration de l'agriculture, l'installation d'une technique moderne pratiquant les rotations et déplacements de cultures éliminent à coup sûr la vie nomade. La mise en culture par les colons des hauts plateaux de Tiaret, leur transformation en terres à blé en a chassé, depuis quelques dizaines d'années, la presque totalité des chameliers qui autrefois s'y déversaient largement.

Pourtant, le conflit de la Méditerranée et du désert proche, c'est autre chose encore que la rivalité de la charrue et du troupeau. Ce sont des économies, des civilisations, des sociétés, des arts de vie qui s'affrontent. Pour les historiens russes, toute poussée de la steppe a comme préface un changement de structure de ses sociétés, leur passage ainsi de stades primitifs à des formes « féodalisées » [39]. On sait aussi le rôle de certaines montées du mysticisme religieux dans les mouvements conquérants de l'Islam. Et non moins de montées démographiques. Le nomade profite de tous les torts, de toutes les faiblesses du sédentaire, celles de son agriculture, certes, et les autres. Sans ces complicités, voulues ou non, des civilisations bien assises, rien ne peut être compris de ce drame oscillant.

Émile-Félix Gautier pense que l'Afrique du Nord du XVIe siècle est, plus encore qu'à l'ordinaire, submergée par les nomades [40]. La Péninsule connaît alors une série de crises, crise économique avec la perturbation des trafics sahariens, crise des guerres étrangères avec les conquêtes portugaises, espagnoles, turques. Ces dernières rétabliront l'ordre au centre et dans l'Est du Maghreb, non sans contestation, les troubles prolongés ayant créé une situation dramatique, révolutionnaire. Réfugiés jusque dans les oasis du Touat, les exilés andalous aideront les métropoles religieuses du désert à prêcher la guerre sainte et à agir. C'est un grand fait d'histoire, en tout cas, que le retrait vers le Sud des centres maraboutiques, si net du XVe au XVIIIe siècle [41]. Ainsi verra-t-on cette chose inattendue : l'ordre rétabli au Maroc par les Chérifs issus du Sous, par le désert en somme. Dans les Régences d'Alger, de Tunis, de Tripoli, les troubles de la fin du XVIe siècle sont en liaison avec l'agitation des *Alarabes*, comme disent les textes espagnols, entendez les Arabes nomades, d'accord souvent avec les *moros* des villes contre l'envahisseur turc. C'est ce qui explique l'importance de l'agitation qui, durant les dix dernières années du XVIe siècle, est endémique sur la rive Sud de la Méditerranée, des abords de Gibraltar jusqu'à l'Égypte. Le nomade semble donc jouer un rôle grandissant dans l'Afrique Mineure, mais celle-ci n'est-elle pas prise, en fait, dans la montée du siècle, la vie nomade y progressant comme les autres ? Finalement d'ailleurs, le nomade n'aura pas raison des arquebuses et de l'artillerie des Turcs, ni des canons des Chérifs marocains. Il pourra, de-ci, de-là, remporter des succès locaux, réussir des coups de surprise, rallier à la dissidence d'énormes régions. Mais le dernier mot ne lui restera pas. C'est que, militairement parlant, la règle du jeu a changé. Le nomade jusque-là toujours vainqueur, cavalier incomparable, inégalé, est mis hors de cause par la poudre à canon. C'est vrai aussi bien pour les nomades de Kazan sur la Volga ou les Mongols du Nord de la Chine, que pour les tribus d'Afrique et du Proche-Orient [42].

Les caravanes de l'or et des épices

L'histoire ordinaire des nomades est à distinguer des grandes relations caravanières, voyages à longue distance d'une rive à l'autre des déserts et qui joignent la Méditerranée, depuis des siècles, d'une part à l'Extrême-Orient, de l'autre au *Bled es Soudan*, à l'Afrique des Noirs. Elle en diffère comme la grande navigation diffère du cabotage. Les caravanes sont affaire de marchands, donc des villes, d'économies actives sur le vaste plan du monde ; elles sont un luxe, un exploit, un produit compliqué.

Le XVIe siècle en a hérité ; il s'est servi d'un outil qu'il n'a pas créé, qu'il a conservé intact et que les siècles à venir recueilleront sans le transformer davantage. Les descriptions de Gobineau, de G. Schweinfurth [43], de René Caillé, de Brugnon [44], de Flachat [45], reproduisent celles de Tavernier ; elles cadrent même, toutes choses égales d'ailleurs, avec celles de cet Anglais anonyme qui, vers 1586, suit la somptueuse caravane des pèlerins de La Mecque[46]. Elle se forme à « Birka », à trois lieues du Caire, vingt jours après la fin du Rhamadan, groupant jusqu'à 40 000 mules et chameaux et jusqu'à 50 000 personnes, commerçants soucieux de sauvegarder leurs marchandises et marchant à l'avant-garde, vendant parfois, au long de la route, la soie, le corail, l'étain, le blé ou le riz qu'ils troqueront surtout à La Mecque et pèlerins insouciants n'ayant à se préoccuper que de leurs personnes et qui forment l'arrière-garde... Ce peuple de pauvres et de riches a son chef d'armes, le « capitaine » de caravane, et des guides ; ceux-ci portent la nuit, pour éclairer la marche, du bois sec enflammé. Car c'est de deux heures du matin au lever du soleil que l'on chemine de préférence, pour profiter de la fraîcheur nocturne. Contre les Arabes pilleurs des bords de la mer Rouge, une escorte est prévue : 200 spahis et 400 soldats, plus une artillerie de campagne, six pièces tirées par douze chameaux qui servent à terrifier les Bédouins et à faire du bruit lors des entrées triomphales à La Mecque, *to make triumph*, comme dit le narrateur...

Caravane énorme, on le voit, mi-religieuse, mi-commerciale et menée à vive allure : celle-ci accomplit le difficile parcours du Caire à La Mecque en quarante jours. Chaque fois, imaginons une surabondance de bêtes de somme (le ravitaillement de l'armée turque arrive à réquisitionner à la fois 30 à 40 000 chameaux) et une surabondance de voyageurs soumis à la discipline stricte du convoi, vivant par leurs propres moyens, sans demander guère plus au pays traversé que l'eau et le combustible nécessaires à la cuisine et à l'entretien des bêtes... Il faut donc, pour mettre en œuvre ces coûteux et puissants outils, des trafics rémunérateurs : dans le Sahara, le commerce du sel, des esclaves, des tissus et de l'or ; en Syrie, le prestigieux négoce des épices, des drogues et de la soie. Tous trafics réguliers au demeurant.

Il est probable que les commerces sahariens ont crû, dans l'ensemble, avec les XVe et XVIe siècles, même au

14. — Caravanes sahariennes, XVe-XVIe siècle

Schéma repris, pour l'essentiel, à l'ouvrage de Vitorino MAGALHÃES GODINHO, *Os descobrimientos e a economia mundial*, 1963, qui concerne plus spécialement le XVe siècle. Les routes à travers l'Afrique du Nord, vers Oran ou Tunis sont à peine esquissées. La fortune d'Alger ne s'établit qu'avec le XVIe siècle, et tardivement. Naturellement les routes du Maghreb au pays des Noirs ont connu des déplacements, des activités changeantes. Vers l'Abyssinie, le Nil est la grande route.

delà des grandes découvertes portugaises et malgré elles. Sans doute à partir des années 1460, l'installation des Portugais sur les côtes de Guinée a-t-elle détourné dans cette direction une partie du commerce saharien ; d'où cette évidente crise de l'or dont nous aurons à reparler. N'empêche que les grandes pistes sahariennes n'ont pas cessé, au XVIe siècle, de véhiculer le précieux métal en direction de l'Afrique Mineure et de l'Égypte [47], par suite d'attirer vers le Sud des courants compensateurs, hommes ou marchandises. Il serait tentant d'expliquer par des intermittences de l'exportation de l'or la tentative de Salah Reis, « roi » d'Alger, poussée, en 1556, jusqu'à Ouargla. Ou le raid plus important, sans doute, puisqu'il traverse le Sahara de part en part, que le Pacha Djouder, avec ses Marocains et ses renégats espagnols [48], mena, en 1591, jusqu'à Tombouctou. Cette expédition expliquerait-elle que trois ans plus tard, en 1594, l'Anglais Madoc ait vu arriver à Marrakech trente mules chargées d'or [49] ?

Aperçus fragmentaires à l'image de notre documentation. Ce n'est pas non plus avec une parfaite clarté que l'on identifie les trafics qui animent la haute vallée du Nil, route naturelle de commerce de l'Abyssinie à l'Égypte, et inversement. C'est par là qu'arrivent jusqu'en Turquie les plumes d'autruches dont s'empanachent janissaires et spahis [50]. C'est aussi une des routes de l'or : au XVIe siècle, nous en avons la preuve. Au XVIIe, Tavernier le signale encore [51]. A l'époque de Philippe II, tandis que l'Europe passe au régime de l'argent américain, l'Islam turc a encore vécu, semble-t-il, de l'or d'Afrique. On ne peut dire qu'il reçoive cet or en abondance, puisque, de plus en plus, il importe des métaux précieux de Chrétienté. Il est curieux tout de même que la Turquie, à la fin du siècle, s'affirme comme une zone de l'or par rapport à la Perse des Safévides, cette zone de l'argent [52].

Dans le Proche-Orient, il y a deux zones caravanières essentielles : l'une correspond aux routes de La Mecque, les départs se faisant soit de Syrie, soit du Caire ; l'autre va d'Alep au Tigre [53]. L'Euphrate, aux dires de Tavernier, est délaissé par la navigation à cause de ses moulins, au moins jusqu'en 1638, date à laquelle l'armée turque l'emploiera comme voie de communication [54]. Le Tigre n'est utilisé qu'en aval de Bagdad [55].

Les deux faisceaux de routes tendent vers l'océan Indien, l'un en direction du golfe Persique, l'autre en direction de la mer Rouge, aboutissant aux ports égyptiens de Tor et de Suez, et au delà à Djedda, port des pèlerins et point terminus des navigations qui lient la mer Rouge à l'Inde et à l'Insulinde[56]. Ces liaisons existent depuis des siècles et leur prospérité, commencée avec les XIIe et XIIIe siècles, reste en place au XVIe. Elles associent le transport maritime et la caravane, avec, au gré des circonstances, des décalages de relais et d'étapes, des concurrences mais qui s'ajustent toujours pour que le système, sauvegardé, demeure efficace. Ce qui ne veut pas dire que la Méditerranée et le monde qui la prolonge vers l'océan Indien soient « un seul être vivant », suivant la formule de Jacob Burckhardt, belle mais assurément excessive. Sans doute, la géographie a localisé à l'avance les passages, en raison de l'étroitesse des distances terrestres du golfe Persique à la côte de Syrie et, plus encore, à travers l'isthme de Suez. Mais tout n'est pas commandé par ces facilités naturelles et la traversée de ces terres désertiques reste d'ailleurs un obstacle, il est franchi au prix d'un gros effort.

Ainsi sont mises en contact deux économies qui ont d'énormes avantages à se rencontrer, cependant autonomes et habituées à vivre sur elles-mêmes. Avant, comme après Vasco de Gama, l'océan Indien est un univers en soi et qui se suffit à peu près : le blé est fourni par Diu, les étoffes de coton par Cambaia, les chevaux par Ormuz, le riz et le sucre par le Bengale, l'ivoire, les esclaves et l'or par la côte de l'Afrique australe. Il y a là de quoi ajuster les besoins et les productions. A l'extérieur, l'Indien demande le superflu : au Pacifique, soies, porcelaines, cuivre, étain, épices ; à l'Occident, tissus et plus encore pièces d'argent. Sans le continuel trébuchement des pièces blanches, la large vie de l'océan Indien ne se laisserait pas aussi facilement dérouter. Il y a, en Méditerranée, demande de poivre, d'épices, de soie ; demande aiguë, fiévreuse. Mais sans la passion du métal blanc dans l'Inde et en Chine, la demande resterait peut-être vaine...

Issu d'une extrême tension, le commerce du Levant est tout sauf naturel, ou coulant de source. Il suppose une succession d'efforts, de relais sans quoi la course ne serait guère possible. Un choc violent, et le système se dérègle. Songez à ce que doit supporter de manutentions tel sac de poivre venu de l'Inde, tel sac de clous de girofle venu de l'Insulinde, pour parvenir dans une boutique d'Alep, puis de Venise, puis de Nuremberg...

Les oasis

Nomadisme des hommes et des troupeaux, camionnages caravaniers, peuples en marche ; c'est ce qui, pour l'Occidental, paraît le caractère le plus frappant des régions arides.

Pourtant le désert n'est pas seulement mouvement. Si on l'oubliait, on négligerait les villes immobiles et les terres précieuses dont elles s'entourent, chefs-d'œuvre de civilisations rurales savantes, créées par l'exploitation de l'eau fluviale, de l'eau des sources ou de l'eau souterraine. Cette victoire remportée depuis des millénaires par l'homme du Proche-Orient, commencée Dieu sait où et quand, mais voilà très longtemps, aussi bien en Égypte qu'en Mésopotamie ou en Iran, dans le Turkestan que sur les bords de l'Indus et qui, transmise, enseignée et, ce faisant, renouvelée et enrichie, s'est propagée en direction de l'Afrique du Nord et de la Méditerranée méridionale.

Ces oasis ne sont que de minuscules points d'appui. L'Égypte du XVIe siècle est un double ruban de champs cultivés, avec un delta mal conquis par l'homme. La Mésopotamie, au temps de sa splendeur antique, c'est 20 à 25 000 km² de jardins fertiles [57] : presque rien sur la carte. Mais ces oasis sont des points d'accumulation de population, de véritables villes agricoles où les rues courent parallèles aux canaux d'irrigation. Leur vie est à comprendre d'après les images actuelles des vergers-jardins du Sud algérien, clos de murs de terre, avec leur savante législation de l'eau, leurs gouvernements attentifs, leur régime plus tyrannique encore que celui des plaines de Méditerranée. Qu'est-ce que le coude à coude des rizières de Lombardie au regard de la vie réglée du Code d'Hammurabi ? Même à Valence et dans les autres régions où l'irrigation introduit ses lois strictes, il y a place pour une semi-liberté. L'oasis impose une contrainte totale. Et comme les plaines les plus authentiques, elle exige, consomme un grand nombre d'hommes.

L'homme s'y use dans un climat hostile ; il est en proie à une série d'endémies, dont le paludisme. Belon du Mans, en Égypte, a le visage tellement couvert de piqûres de cousins qu'il lui semble avoir la rougeole [58]. Cette vie exige donc un ravitaillement constant en hommes. Bien avant l'Amérique, les oasis sahariennes ont connu l'esclavage des Noirs. De même pour l'Égypte : elle entretient, tout au cours de son histoire, une liaison pérenne avec le Soudan et l'Abyssinie ; d'où les apports de sang noir qui marquent tant de fellahs des bords du Nil. Quant à la Mésopotamie, elle semble bien avoir été tributaire des montagnes qui l'entourent au Nord et à l'Est. N'est-elle pas, au Moyen Age, une succursale de la Perse, laquelle y a trouvé le champ où épanouir toutes les fleurs de sa civilisation et y a situé ses grands pèlerinages et ses capitales ? On dit que les Turcs ont tué les jardins persans de la Mésopotamie par leur incurie. En réalité, arrachée de l'Iran, la Mésopotamie était coupée de son indispensable ravitaillement en hommes. Le Bédouin n'a plus eu de peine à pousser ses troupeaux aux confins de ce pays moribond et à y installer son agriculture sommaire d'apprenti sédentaire...

Excellente occasion de mesurer combien sont fragiles les jardins — de plaines ou d'oasis — dans la mesure même où ils sont une œuvre constamment à recréer, à défendre contre des ennemis toujours à l'œuvre : dans le cas de la Mésopotamie, le sable, l'envasement des canaux, la rupture des digues, plus ces quasi-primitifs qui nomadisent par les steppes voisines et dont il faut se protéger comme des sauterelles. Pas de village de Mésopotamie, à la fin du XIXe siècle encore, qui ne possède sa tour et ses guetteurs pour signaler les incursions des pasteurs[59]. Le Bédouin d'ailleurs pourrait-il s'adapter à la vie tropicale de l'oasis, à ses nourritures avant tout végétales ? Il est de ce type athlétique des nomades à jambes maigres et à large poitrine, la *Brustrasse* des anthropologues allemands. L'oasien est de la *Bauchrasse*, paysan bedonnant, à la Sancho Pança, gonflé par les aliments végétaux. Voyez aussi dans l'histoire du Ferghana le rôle qu'ont joué les sédentaires d'origine iranienne. C'est eux qui semblent avoir aménagé la vallée du Syr Daria, déboisé les pentes souvent couvertes de forêts impénétrables, drainé les marécages aux épaisses roselières ; eux et non pas le monde bigarré des nomades et semi-nomades qui s'agite alentour[60].

Nul doute que les oasis, grandes et petites, ne soient des bases de puissance. Tôt acquises, elles ont été les îlots fertiles sur lesquels s'est constituée la « civilisation orientale » dont l'Islam n'est que la reprise, des millénaires après sa naissance. Elles en ont été les premiers « paradis », avec leurs arbres, leurs eaux vives et leurs roses. Si ce n'est pas forcément là qu'ont été trouvés tant de plantes utiles et d'outils agricoles, comme la charrue, c'est là que tout ce matériel a été très tôt mis en œuvre... Ce qui ne veut pas dire, comme le soutient Alfred Hettner, qu'elles soient toute la base de l'Orient. Entre les deux éléments, opposés et complémentaires, de la vie du désert, il semble que les géographes se soient trop souvent obstinés à choisir l'un ou l'autre, pour en faire leur base d'explication, comme si l'un et l'autre pouvaient être séparés, comme si le nomade ne se nourrissait pas de la stabilité des villes et la ville des courses du nomade, comme si, surtout, l'une et l'autre n'étaient pas les éléments associés d'une histoire plus grande que la leur, éléments nécessaires pour comprendre, notamment, la grande et singulière histoire de l'Islam, fils du désert.

L'aire géographique de l'Islam

Car « l'Islam c'est le désert », réaffirme l'essayiste Essad Bey[61], son vide, sa dureté ascétique, le mysticisme qui lui est inhérent, sa dévotion à l'implacable soleil, principe unitaire des mythes ; et les mille conséquences de ce vide humain. De même, les civilisations de la Méditerranée auront grandi sous le déterminisme du vide de la mer. Ici s'anime la circulation des navires et des barques ; là, la circulation des caravanes et des peuples éternellement nomades. Comme la mer, le désert est mouvement, l'Islam est mouvement. Autant que les mosquées et les minarets, disait Vidal de La Blache, les bazars et les caravansérails sont les caractéristiques de sa civilisation [62]. Et le désert doit à cette mobilité une indéniable homogénéité humaine. « Rapprochez un Tartare mandchou, écrivait le baron de Tott, d'un Tartare de Bessarabie, vous chercherez en vain cet intervalle de quinze cents lieues qui les séparait, le climat diffère peu ; le gouvernement est le même... » [63].

Cependant défions-nous de ramener le complexe au trop simple. L'Islam, c'est la totalité de ce que le désert implique de réalités humaines, concordantes et discordantes aussi, cette famille de problèmes géographiques que nous avons signalés. Énumérons encore : les grandes routes caravanières ; les zones riveraines, car l'Islam a vécu de ces *Sahels*, de ces bordures de vie sédentaire installées face à la Méditerranée, au long du golfe Persique, de l'océan Indien ou de la mer Rouge, et aussi au contact des pays soudanais ; les oasis et leur accumulation de puissance que Hettner juge avoir été l'essentiel. L'Islam, c'est tout cela : une longue route qui, de l'océan Atlantique à l'océan Pacifique perce la masse puissante et rigide du Vieux Monde. Rome n'a pas fait davantage quand elle a constitué l'unité de la Méditerranée.

L'Islam, c'est donc cette chance historique qui, à partir du VIIe siècle, en a fait l'unificateur du Vieux Monde. Entre ces masses denses d'hommes : l'Europe au sens large, les Afriques Noires, l'Extrême-Orient, il détient les passages obligés et vit de sa fonction profitable d'intermédiaire. Rien ne transite qu'il ne le veuille ou ne le tolère. Pour ce monde solide, où manque, au centre, la souplesse de larges routes marines, l'Islam est ce que sera plus tard l'Europe triomphante à l'échelle de la planète, une économie, une civilisation dominantes. Forcément cette grandeur a ses faiblesses : le manque d'hommes chronique ; une technique imparfaite ; des querelles intérieures dont la religion est le prétexte autant que le fondement ; la difficulté congénitale, pour le premier Islam, à se saisir des déserts froids, à les écluser au moins à la hauteur du Turkestan ou de l'Iran. Là est le point faible de l'ensemble au voisinage ou en arrière de la porte de Dzoungarie, entre le double danger mongol et turc.

Dernière faiblesse : l'Islam est prisonnier bientôt d'une certaine réussite, de ce sentiment confortable d'être au centre du monde, d'avoir trouvé les solutions efficaces, de ne pas avoir à en chercher d'autres. Les navigateurs arabes connaissent les deux faces de l'Afrique Noire, l'atlantique et l'indienne, ils soupçonnent que l'Océan les rejoint et ils ne s'en soucient pas [64]...

Sur quoi arrive, avec le XVe siècle, l'immense succès des Turcs : un second Islam, un second ordre islamique, lié celui-ci à la terre, au cavalier, au soldat. « Nordique » et, par la possession des Balkans, terriblement enfoncé en Europe. Le premier Islam avait abouti à l'Espagne en fin de course. Le cœur de l'aventure des Osmanlis se situe en Europe et dans une ville maritime qui les emportera, les trahira aussi. Cet acharnement d'Istanbul à sédentariser, à organiser, à planifier est de style européen [65]. Il engage les Sultans dans des conflits périmés, leur cache les vrais problèmes. En 1529, ne pas creuser un canal de Suez cependant commencé ; en 1538, ne pas s'engager à fond dans la lutte contre le Portugais et se heurter à la Perse dans une guerre fratricide, au milieu du vide des confins ; en 1569, rater la conquête de la Basse-Volga et ne pas rouvrir la Route de la Soie, se perdre dans les guerres inutiles de Méditerranée alors que le problème est de sortir de ce monde enchanté : autant d'occasions perdues [66] !...

2. Europe et Méditerranée

De la mer Noire au détroit de Gibraltar, la Méditerranée est accompagnée, sur son front Nord, par les terres d'Europe. Ici comme ailleurs, s'il veut délimiter, l'historien aura plus d'hésitations que le géographe. « L'Europe notion confuse », écrivait Henri Hauser. C'est un monde double ou triple, formé d'êtres, d'espaces diversement travaillés par l'histoire. La Méditerranée, dans la mesure où elle imprègne fortement le Midi de l'Europe, n'a pas peu contribué à s'opposer à l'unité même de cette Europe. Elle l'attire vers elle, la brise à son profit.

Les isthmes et leurs routes méridiennes

La masse de terres que l'Europe interpose entre l'eau bleue de la Méditerranée et ces autres Méditerranées du Nord, la Baltique, la mer du Nord et la Manche — cette masse de terres s'amenuise progressivement vers l'Ouest. Elle est coupée par une série de routes méridiennes, d'isthmes naturels, aujourd'hui encore décisifs pour les échanges : l'isthme russe, l'isthme polonais, l'isthme allemand, l'isthme français.

Vers l'Ouest, la péninsule Ibérique offre pareillement des routes transversales, mais orientées d'Ouest en Est, de la mer à l'océan : ainsi les routes de Barcelone à la Navarre et aux provinces basques par la voie de l'Èbre ; ainsi l'importante transversale de Valence à Medina del Campo et au Portugal ; ou encore ces raccourcis terrestres d'Alicante et de Málaga à Séville[67], qui permettent d'éviter le passage de Gibraltar. Ces routes d'Espagne ne nous intéresseront pas, pour l'instant. Leur orientation les met très à part et la vieille question se pose toujours : l'Espagne, est-ce tout à fait l'Europe ? Aussi bien, revenons à la grande ligne des géologues tracée du golfe de Gascogne au Caucase. Pour nous, ce sont les routes au Nord de cette ligne qui posent le vrai problème de l'Europe dans ses liaisons avec la Méditerranée. Le vrai problème, ou mieux la série des vrais problèmes.

Car il s'en faut que cette Europe, au Nord de l'espace méditerranéen, soit homogène, si elle s'oppose de façon violente aux terres de Méditerranée. Face aux vergers et aux vignobles du Sud, elle est par excellence le pays des bois denses [68], des plaines découvertes, des prairies, des larges fleuves navigables, et elle ne possède qu'exceptionnellement les arbres et arbustes nourriciers, sauvegarde de la vie méditerranéenne. Elle est, sur de vastes espaces, le pays des roulages, au point que Dantiscus allant d'Anvers à Bruges et à Calais, à l'automne 1522, écrit naturellement : *ex Antverpia per currus ut hic fieri solet*, comme c'est ici l'habitude [69]. Par contre, le Sud est celui des caravanes muletières. La future reine d'Espagne, Élisabeth de Valois et sa suite, arrivant à la frontière d'Espagne, en janvier 1560, avec leurs voitures et bagages, furent transbordées sur les bêtes de somme dont le convoi allait les emporter vers le cœur de la Péninsule [70]. De même en 1502, un demi-siècle plus tôt, lors du premier voyage en Espagne de Philippe le Beau.

Le Nord est le pays de la bière, des boissons de grains fermentés. Ainsi déjà la Germanie de Tacite. Au XVIe siècle, les premières brasseries s'installaient à Constance [71] ; des Dominicains introduisaient la bière en Lorraine ; elle pénétrait bientôt en Angleterre, comme disent les refrains populaires, en même temps que le houblon, ce qui va de soi, et que la Réforme [72]. A Dantzig, ce secrétaire que Venise a dépêché durant l'hiver 1590-1591, pour des achats de blé, Marco Ottobon, s'étonne, l'été venu, de l'arrivée de deux cents navires hollandais, tous chétifs, mal armés, et qui viennent enlever les grains de seconde qualité, *gli grani per birra.*

Pour un Méditerranéen, ce sont là (et pas seulement la Pologne) d'étranges pays, où le vin est un luxe, d'un prix incroyable. Un instant prisonnier aux Pays-Bas, en 1513, Bayard y tient large table, bien que sans fortune, mais « il y eut tel jour qu'il dépensa vingt écus en vin » [73]. Que l'étranger, en ces pays, soit un Méditerranéen, il les jugera grossiers, sans raffinement, peuplés de Barbares. Souvent de bons « Barbares », d'une grande dévotion religieuse (que ce soit l'Allemagne avant Luther [74] ou la Normandie au temps de François Ier) [75] ; honnêtes aussi (ce même Marco Ottobon dit de la Pologne qu'on y peut voyager *l'oro in mano senza pericolo di essere offeso*). Et puis gros avantage, la vie y est moins chère qu'en Italie. A Dantzig, remarque notre Vénitien, « pour deux thalers par personne et par semaine, je peux dire que j'ai un banquet matin et soir » [76].

Mais ne généralisons pas. La Méditerranée n'est pas le domaine exclusif de la bête de somme, de même l'Europe qui lui fait suite vers le Nord n'est la zone inconstestée ni de la bière, ni du roulage. En France, ailleurs aussi, la bête de somme assume une grosse part des transports. Souvent, les voitures ne roulent qu'à proximité des villes, dans le faible périmètre d'oasis urbaines et voiturières, exceptions que l'on retrouve jusqu'au cœur des pays méditerranéens. Et puis la Méditerranée a aussi ses régions arriérées, de foi primitive, de vie à bon marché.

Il faut le redire : l'Europe est diversité. La civilisation y a pénétré par des routes, à des dates différentes ; très tôt par les routes du Sud, et alors avec un indéniable accent méditerranéen ; plus tard en provenance de l'Occident chrétien, selon la ligne des parallèles, à la fois par les routes de mer (voyez comme rayonne le droit de Lubeck par la Baltique) et par les chemins de terre (voyez comme rayonne fort loin, mais moins vite, le droit conquérant de Magdebourg).

Il s'ensuit que, sur le cadran européen, le monde méditerranéen trouve, en face de lui, des régions, des sociétés, des civilisations qui ne sont les mêmes ni par leurs origines, ni par leur niveau culturel ou économique. Elles n'ont ni les mêmes couleurs, ni le même âge, et elles ressentent à des degrés divers la force d'attraction méditerranéenne.

En gros, c'est de quatre groupes européens *au moins* qu'il faut parler, correspondant aux grandes liaisons méridiennes des isthmes, quatre fuseaux d'histoire reliés chacun, plus ou moins fortement, à la mer chaude, charrieuse de richesses. Reliés aussi entre eux ; ce qui ne simplifie pas l'observation.

L'isthme russe : vers la mer Noire ou la Caspienne

Il serait facile de dire, presque de prouver qu'il n'y a pas d'isthme russe, au XVIe siècle, d'isthme qui joue son rôle de liaison et conduise vers la Méditerranée de larges mouvements d'échange. Tout le Sud de la Russie est vide, traversé seulement par les bandes nomades des Tartares de Crimée qui, au pas rapide de leurs chevaux, se portent aussi bien jusqu'au rebord Nord du Caucase ou sur les rives de la Caspienne que vers Moscou — qu'ils incendient en 1571 [77] — ou au cœur des pays danubiens qu'ils ravagent affreusement [78]. A la fin du XVIIIe siècle, c'est le vide encore que la colonisation russe y rencontrera, celui d'une immense terre de parcours, avec quelques nomades pillards, éleveurs de chameaux et de chevaux [79].

Les raids de ces pillards ne peuplent guère plus l'immense steppe (où l'on ne trouve pas une ville) que les navigations corsaires ne peuplent la mer. Mais ils suffisent à en faire une terre dangereuse. Appuyés sur la Crimée que protègent du côté de la terre ses reliefs, appuyés par les Turcs qui tiennent là quelques places fortes (dont Caffa), ces Tartares du Sud n'ont pu être soumis par le « Grand Duc » comme ceux de Kazan et d'Astrakhan. C'est que les Turcs les ont armés d'arquebuses et d'artillerie, supprimant le seul avantage que les Russes auraient pu avoir sur eux [80]. Du coup, les Tartares, au terme de leurs pilleries, fournissent toutes les maisons et campagnes turques de domestiques et d'ouvriers slaves. Des quantités énormes d'esclaves russes et parfois polonais arrivent par leurs soins jusqu'à Constantinople, où ils sont achetés à bon prix [81]. Ces razzias de marchandise humaine sont si importantes que Giovanni Botero, en 1591, les signale comme l'une des causes du faible peuplement de la Russie [82]. Le manque d'hommes explique peut-être que les Russes n'essaient pas, au XVIe siècle, de saisir les bords de la mer Noire : ils se contentent, en ces pays inhumains, de lancer quelques contre-raids l'hiver, quand les fleuves gelés ne s'opposent plus au mouvement des troupes. Au début du XVIIe siècle, les hors-la-loi russes, les Cosaques, sortes d'Uscoques ou d'Haïdouks, armeront des barques légères et viendront troubler les trafics turcs de la mer Noire. Déjà en 1602, des Cosaques « polonais » croisaient avec une galère à l'embouchure du Danube [83].

Si les Russes sont encore imparfaitement liés au Sud, c'est aussi qu'ils n'ont pas fait d'efforts sérieux dans cette direction. Qu'ils sont attirés, à travers les pays primitifs du Nord, par l'essor économique de la Baltique [84] et par les pays européens qui leur font face du côté de l'Ouest : la Pologne et l'Allemagne. C'est enfin qu'ils sont axés sur la Caspienne et tendent vers la Perse. Le Sud-Est, non le Sud, oriente leur vie.

La Russie n'est pas encore l'Europe [85], mais elle s'européanise alors. Par les chemins de l'Ouest, à travers les Alpes, les pays de Bohême et la Pologne, viennent jusqu'à Moscou les maçons-architectes italiens, constructeurs de clochers à bulbes. Par l'Ouest, lui arrivent les précieuses techniques de la poudre à canon. Les Polonais se sont plaints cent fois du péril de ces transmissions [86]. Quand le Tsar se saisit de Narva, de 1558 à 1581 [87], ouvrant ainsi une « fenêtre » sur la Baltique, le roi de Pologne s'alarme des nouvelles possibilités qui s'offrent au Moscovite. Le seul moyen de le contenir serait de le laisser « dans sa barbarie et son ignorance ». Les Dantzicois ont donc bien fait, écrit à la reine Élisabeth le roi Sigismond, le 6 décembre 1559, d'arrêter les navires anglais allant à « la Narva » [88]. La querelle fera long feu et ne se restreindra pas aux seuls Anglais. En juin 1570, un navire français de Dieppe, *l'Espérance*, qui allait à Narva, était saisi par de pseudo-corsaires dantzicois [89]. En 1571, le duc d'Albe mettait en garde le Reichstag allemand contre l'exportation de canons et de matériel de guerre, destinés à armer ces ennemis de l'Allemagne et peut-être de toute la Chrétienté [90]. Ces faits et quelques autres montrent que le centre de gravité de l'économie russe se rapproche peu à peu du Nord, mais le Sud au sens large, et spécialement le Sud-Est, garde sa grande place.

Il y a, à Moscou, des marchands grecs, tartares, valaques, arméniens, perses, turcs[91]. Il existe surtout un trafic au long de la Volga : à la descente, des soldats, de l'artillerie, du blé ; à la remontée, du sel, des esturgeons séchés[92]. Après l'occupation de Kazan et Astrakhan par les Russes, en 1551 et 1556[93], tout le cours du fleuve a été saisi et les trafics réguliers ne sont inquiétés qu'à de longs intervalles par les pilleries des Cosaques et des Tartares Nogaïs[94]. Aussi quand les Turcs, appuyés sur les Tartares, essaieront de pousser jusqu'à Astrakhan (avec le projet de creuser un canal du Don à la Volga et de ravitailler ainsi, par la Caspienne, leurs troupes engagées contre la Perse)[95], leur tentative se terminera par la déroute de 1569-1570, face à une notable résistance russe. C'est que cette antenne méridionale assure à la Moscovie ses liaisons avec les nomades du Sud-Est et avec la Perse et ses vieilles économies monétaires : c'est de ses provinces du Sud que le Tsar tire des tributs en argent, alors que celles du Nord ne fournissent souvent à son trésor que des peaux et des fourrures[96]. Ces fourrures alimentent d'ailleurs un commerce russe important en direction des Balkans, de Constantinople et de la Perse[97], les rapports turco-russes s'étant améliorés en 1570, avec l'ambassade de Novossiltsof[98].

Mais le plus intéressant pour l'histoire générale, c'est encore, de 1556 à 1581, la tentative anglaise de liaison en direction, non de la mer Noire (à quoi bon déboucher sur un lac turc, et bien gardé), mais de la Caspienne. Il y a eu là un essai effectif pour tourner la Méditerranée, non par un chemin d'eau comme les Portugais l'avaient réussi en 1498, mais par une voie mixte, continentale et maritime[99].

Vers le milieu du siècle, en effet, les bateaux anglais disparaissent de Méditerranée et, avec eux, les bénéfices des échanges avec l'Orient que ces voyages assuraient aux marchands anglais. Ceux-ci n'en deviennent que plus soucieux de s'assurer une participation au fructueux commerce des Indes, monopole des Méditerranéens et des Ibériques. L'association des *Merchants Adventurers* de Londres lance alors bateaux et découvreurs vers les régions arctiques dans l'espoir de reconnaître une route nouvelle et de réaliser par le Nord le périple de Magellan. C'est un de ces bateaux qui atterrira, par hasard, en 1553, avec Chancellor, dans la baie de Saint-Nicolas, non loin d'Arkhangelsk. Ce hasard ne manqua pas d'être exploité et les ressources du pays, cire, huile de baleine, fourrures, lin, chanvre, dents de phoques, bois, morues, prirent très tôt le chemin de l'Angleterre en échange de draps et d'argent.

Bien vite, la *Moscovie Companie* s'aperçut que le projet primitif était réalisable à travers l'espace russe, qu'on pouvait, par la Caspienne, atteindre les épices, le poivre, la soie... En 1561, un agent anglais arrivait en Perse avec ses marchandises et des voyages réguliers s'établissaient bientôt : pendant quelques années toutes les merveilles de l'Orient remontèrent la Volga pour aller s'entasser sur les bateaux londoniens, dans la baie de Saint-Nicolas. Quelques années seulement, il est vrai. L'échec final du projet est dû à des raisons politiques, et au fait qu'à partir de 1575 les Anglais retrouvent le chemin direct de la Méditerranée. Les longs voyages vers la Caspienne et la Perse perdent de leur intérêt. Mais ceux-ci continuent : les Russes ne renoncent pas à la Perse, leur principal partenaire oriental [100] ; ensuite chassés de Narva, en 1581, ils vont s'intéresser à Arkhangelsk, cette dernière fenêtre qui leur reste dans le grand Nord [101] et bientôt les Hollandais vont y pousser leurs navires [102].

Mais revenons à l'aventure anglaise. Elle n'a certes pas porté sur de grosses quantités de marchandises (suffisantes toutefois pour avoir valu de bons bénéfices aux marchands anglais et quelques inquiétudes aux Espagnols de Londres). Cependant elle témoigne sur l'ensemble de la vie méditerranéenne, sur la gêne des trafics entre l'océan et la mer Intérieure, puis sur la réouverture de la Méditerranée aux Nordiques. C'est par la Russie en somme que, quelques années durant, le commerce anglo-méditerranéen a tenté de s'ouvrir un passage. Dans la pensée de ses promoteurs, l'entreprise devait même être beaucoup plus considérable ; il s'agissait de prendre à revers le commerce portugais d'une part et syrien de l'autre. En 1582 encore, il était question à Londres d'une entente anglo-turque qui aurait permis de détourner sur la Caspienne, en passant par la mer Noire, le commerce des épices, en le centralisant à Constantinople. Projet grandiose d'un monopole en partie anglais cette fois, projet irréalisable d'ailleurs, pour plus d'une raison. Chose curieuse, le Père Joseph songera à son tour, vers 1630, à utiliser le détour russe[103]. Non certes pour s'entendre avec les Turcs, mais au contraire pour tourner, par cette route, leurs positions et leurs privilèges commerciaux. Ce projet, de même que le précédent, souligne la valeur de l'isthme russe comme route vers le Levant, et l'intérêt qu'il y a, pour l'histoire de la mer, à observer certaines profondeurs continentales. Voyez le rôle de ces mêmes routes russes au Moyen Age[104] dans quelques curieux projets italiens antérieurs à la tentative anglaise[105], ou postérieurs, au XVIIIe siècle[106] : les circonstances aidant, elles sont capables de perturber les trafics de la mer entière.

Et comme elles déterminent les rythmes de l'économie russe, elles lient celle-ci à la vie entière du monde. C'est ce que prouve une récente étude sur le mouvement des prix dans l'État russe du XVIe siècle[107]. Ceux-ci varient selon les fluctuations générales de l'Europe. Cette liaison établie, on pensera (à la limite de la prudence) que la vaste régression du XVIIe siècle a sa part de responsabilité dans la désorganisation de la Russie, dévorée alors par des troubles sociaux, exposée à des échecs extérieurs, au moins à partir de 1617[108]. Malgré ces avatars, malgré les attaques au long de la Volga de groupes de Cosaques contre telle *staritza* (caravane), l'activité des batelleries, des bêtes de somme, des traîneaux l'hiver venu, ne cesse d'animer la grande route[109].

Des Balkans à Dantzig : l'isthme polonais [110]

L'isthme que nous appelons polonais, n'est pas, ou n'est plus, au XVIe siècle, axé sur la mer Noire, mais sur la Péninsule des Balkans ; nettement dévié vers l'Ouest, il conduit de la Baltique au Danube et, de façon irrégulière, jusqu'à Istanbul (peut-être au delà). Faut-il penser que la mer Noire, en devenant, de génoise, turque, a perdu de son attirance pour la Pologne ? Oui et non. Si l'occupation par les Turcs de Caffa (1475), de Kilia (1484) et de Bialograd (1484) [111] a interrompu un négoce jusque-là actif, il faut tenir compte aussi des crises du commerce du Levant. Enfin l'insécurité des routes méridionales, du fait des Tartares, a sa part de responsabilité. Alors s'appauvrit un trafic continental à longue distance qui, de la mer Noire, particulièrement de Caffa, avait, dès le XIIIe siècle, approvisionné la Pologne en produits du Levant, principalement en poivre et en épices.

L'ancienne liaison n'en subsiste pas moins : vers le milieu du XVIIe siècle, Tavernier parle encore de transports par chariots, de Varsovie à Caffa, qui demandent 50 jours de voyage [112]. Toutefois, ces routes anciennes et celles actives qui, par la Moldavie, ouvrent à la Pologne un accès direct aux Balkans et aux marchandises à la fois de Turquie et du Levant, ne doivent pas être surestimées. Si le pays polonais est, curieusement, une sorte de zone de libre échange, comme l'on dit, entendez de libre passage avec un minimum de douanes et de péages, c'est aussi un immense espace, « deux fois la France », dit le rapport de M. de Valence à Charles IX et à Catherine de Médicis sur la Pologne (1572) [113]. Par terre, les transports y sont forcément d'un prix exorbitant. De Cracovie à Vilna, un *last* de blé double largement de prix [114]. Il faut donc utiliser au maximum les voies d'eau, profiter de courants réguliers (ceux du sel, par exemple) ou s'en tenir aux transports de marchandises légères et de grande valeur. Voilà bien des obstacles.

Surtout il en est de la Pologne comme de la Moscovie : elle est saisie par l'économie conquérante de la Baltique et, au delà, par les exigences du marché des Pays-Bas, acheteurs de blé, de seigle et de produits forestiers. Amsterdam commande de loin prix et fluctuations [115]. Dans ces conditions, le rôle de Dantzig est à la fois grandi et limité. « En deça du détroit de Danemark », elle est la place la plus prospère et la plus commode. C'est là qu'il convient d'acheter, note un Vénitien [116] en 1591, et non sur les petites places voisines de Kœnigsberg ou d'Elbing, « en raison de la plus grande sûreté des personnes avec qui l'on traite, plus riches et moins barbares qu'ailleurs ». Il est aussi relativement aisé d'atteindre Dantzig pour des remises d'argent, à la foire de St. Dominique qui se tient dans la ville même, ou aux foires de Saint-Barthélemy à Gniezno, ou de Saint-Michel à Poznan (Posen). En outre, il y a les commodités de la place de Nuremberg, efficaces à Vienne, à Breslau, à Cracovie, à Dantzig même.

Mais, entre l'économie peu évoluée de la Pologne et des régions voisines que Dantzig exploite au nom du sacro-saint principe des *freie Handel und Commercien* — et, d'autre part, Amsterdam qui la domine, la place a un jeu limité, celui d'un intermédiaire dans un système qui, constamment, la dépasse. Son rôle est d'acheter les grains (et les autres produits, mais surtout les grains) sur les foires d'hiver qui se tiennent à Thorun (Thorn) et à Lublin. C'est là que les seigneurs vendent leurs récoltes (battues pendant l'hiver, elles seront transportées après le dégel, en avril-mai). Dantzig les entrepose, en surveille la qualité marchande et se hâte de les vendre, car il s'agit, au mieux, du blé de l'année précédente et il est impossible de le garder longtemps en magasin. *Sono bisognosi di danaro*, ajoute Ottobon, ils ont besoin d'argent comptant pour les achats nouveaux, les réinvestissements et même les remises, en numéraire, sur Nuremberg, avec un bénéfice ordinaire de 3 p. 100. Est-ce la raison du gain modéré que perçoivent les Dantzicois, aux dires de notre Vénitien qui a vécu sept mois au milieu d'eux ? Plus encore, ne sont-ils pas pris entre les exigences des vendeurs de blé et celles des acheteurs, Hollandais, Anglais, Français,

Portugais, Espagnols et bientôt gens de Méditerranée ? A la merci, en somme, de qui leur fournit l'indispensable argent comptant qui, seul, permet de manipuler ces marchés encore archaïques de Pologne et des pays voisins. Marco Ottobon le dit quand il définit les deux conditions majeures du marché des grains à Dantzig, entendez de sa conjoncture : la récolte de l'année précédente, puisque seul le blé ancien est commercialisé ; la demande portugaise (je dirai plus volontiers ibérique) qui pèse sur le marché par la brièveté relative du voyage et la possibilité qu'il offre de retours en argent comptant, mais aussi en raison de son volume, sans commune mesure avec les livraisons en Méditerranée, sauf lors des années de crise de la fin du siècle [117]. Enfin si Dantzig se cantonne dans un rôle de commissionnaire, en somme, et laisse décliner sa marine, c'est que le léger bénéfice est prélevé, au passage, sur d'énormes quantités de grain, presque 80 000 tonnes à partir de 1562 [118]. Quoi qu'il en soit, la Pologne aboutit à cette ville décisive ; Dantzig est « l'œil » par lequel elle voit le monde, pas toujours à son avantage, évidemment.

Le centre de gravité du pays se trouve déplacé peu à peu vers le Nord. En 1569, l'union s'est accomplie entre Pologne et Lithuanie, jusque-là liées seulement par la communauté du souverain. En 1590, la capitale a été transférée de Cracovie à Varsovie [119]. Cette brusque fortune d'une ville, au XVe siècle encore modeste bourg ducal, trahit un puissant renversement économique et, par suite, politique. C'est contre la Suède et la Russie, durant les dernières années du siècle, que luttera la Pologne dans un combat « à l'espagnole », perdu d'avance, qui évoque la tentative de Philippe II, à la fin de son règne, pour mettre simultanément à la raison la France et l'Angleterre.

Politique et économie penchent dans le même sens, comme en témoignent les statistiques du commerce polonais, mises à jour par les recherches de R. Rybarski [120]. La balance des comptes est favorable à la Pologne, l'accumulation des capitaux y profitant alors à la noblesse, à la *szlechta*, attentive à vendre son blé, son seigle, son bétail (les bœufs engraissés l'hiver, dits bœufs de gentilshommes) et à tirer bénéfice de tout, même de la vente de la bière fabriquée à bon compte pour la consommation des paysans. Tout est réuni pour que la Pologne s'ouvre — et elle s'ouvre — à un commerce de luxe, aux marchands étrangers qui fréquentent ses villes et ses foires et à ces revendeurs itinérants d'origine écossaise, les « Szkoci » [121] qui suivent la Cour dans ses déplacements, protégés par les grands seigneurs, un peu comme ces « Mascates » du Brésil colonial d'hier que favorisaient leurs clients, les grands propriétaires, là aussi « très généreux et splendissimes » [122] comme en Pologne.

Mais, vers le Sud, deux zones marchandes réclament notre attention, l'une proche, assez active, l'autre lointaine, difficile à contrôler.

A courte distance, à partir de la Moravie et de la Hongrie, il s'agit, avant tout, de la régulière remontée des vins vers une Pologne qui, pratiquement, n'a plus de vignes. L'arrivée du vin nouveau y est, chaque année, une occasion de liesse. Contre des tromperies éventuelles des taverniers, chaque boutique à Cracovie doit arborer dans son enseigne soit un bouchon de paille, soit une branche verte, selon qu'on y débite le vin morave ou le vin hongrois [123]. A Lwow, le vin arrive de Valachie, produit par des colonies hongroises fixées vers le Sud [124].

Ce commerce proche fournit encore, notamment à partir de la Moldavie, des troupeaux sur pied, bovins pour la plupart, car les innombrables moutons de la plaine sont réquisitionnés régulièrement par l'appétit sans limite de Constantinople. Les bœufs moldaves sont la monnaie d'échange d'un pays qui se procure ainsi, soit dans les villes de Transylvanie, soit en Pologne, les textiles communs produits sur place, les indispensables outils de fer que réclame la vie paysanne — socs de charrue, coutres, faux, faucilles, clous — ainsi que la ficelle, la corde, les sangles, les harnais [125]. Ces échanges se font dans les foires frontalières, surtout à Sniatyn, Sipeniti et Lintesti [126]. Mais les bœufs blancs de Moldavie s'exportent aussi vers l'Allemagne, vers Venise, et, affirme un historien, jusqu'à Dantzig où, dès le XVe siècle, ils prendraient le chemin de l'Angleterre. En 1588, l'ambassadeur anglais à Constantinople conclut un accord selon lequel les draps anglais seraient échangés contre le « bétail blanc » qui transiterait, par Dantzig, à destination de l'Angleterre [127].

Ce bétail moldave rejoignait sur les routes du Nord, les bœufs de Podolie, Ruthénie, Volhynie, Lithuanie, et de Pologne même, toutes régions mal desservies par les trafics ordinaires et qui, se contentant de produire les céréales à leur seule suffisance, exportent du bétail. Celui-ci a l'avantage de se transporter lui-même, en longs convois, en direction des villes de l'Ouest, de Poznan à Leipzig, voire à Francfort-sur-le-Main. Ce sont 40 à 60 000 bovins qui, selon R. Rybarski [128], partent, chaque année, de Pologne. Des documents relatifs aux confins polono-turcs parlent, en exagérant peut-être, de centaines de milliers de bêtes, mais laissent l'impression d'une vie animale pullulante, à l'image de l'Amérique coloniale, dans un décor parfois semblable : espaces mal saisis par l'homme, énormes marécages, forêts massives, interminables trajets, interminables convois de bêtes à demi sauvages.

Vers le Sud, au delà de Cracovie, de Lwow, de Galatz, par la route qui évite la Hongrie et ses guerres fréquentes, une longue voie commerciale atteint les Balkans et, au delà, Constantinople. Dans un sens, s'acheminent les fourrures, les peaux, un peu d'ambre, des tissus polonais (à bon marché), ou de luxe mais réexportés, du fer, peut-être des monnaies de bas alliage [129]... En échange, les marchands arméniens et juifs (surtout à partir de 1550) et les marchands turcs ou grecs (un marchand grec de Constantinople, Andrea Carcacandella [130], obtenait en 1534, avec l'appui du Sultan, le droit de commercer librement dans toute la Pologne) acheminent des chevaux, plus souvent des épices, des soieries. Une contestation, à la veille de la St. Thomas 1538, montre à Cracovie les démêlés d'un marchand polonais, Stanislas Zijemijanij, retour de Turquie, qui rapporte 40 pièces de camelots, *petias czambeloti integras*, estimées à dix florins l'une ; 34 petites pièces, à 4 florins ; 102 livres de fleurs de muscade ; 24 livres de noix muscades[131]. Si l'on comprend exactement le différend qui l'oppose à son créancier, celui-ci lui aurait avancé, à son départ de Cracovie, de l'argent et des marchandises.

On voit aussi, en 1530 et 1531, des marchands arméniens de Kamieniec apporter à la foire de Lublin du safran et du riz, d'origine turque[132]. En 1548, Lublin obtient un privilège pour mettre à l'épreuve diverses *res aromaticae* apportées de Grèce et de Turquie[133]. La petite ville connaît alors une fortune singulière dont ses foires portent témoignage. Entre Lwow, au Sud, et Varsovie, elle est une étape commode sur la route de Dantzig, ayant l'avantage d'être une ville sans droits « d'étape », de *sklad*, à la différence de Lwow qui a ses privilèges et les défend. A Lublin, les marchandises entrent et sortent, au gré des marchands. A Lwow, elles doivent s'arrêter et être mises en vente.

Dans cette dernière ville, où se rassemblent les marchands juifs, levantins et italiens, afflue avec eux le commerce du Sud. En 1571, un agent de la firme des Hureau — marchands originaires de Valenciennes et établis à Anvers — va de Dantzig à Lwow, puis de là à Constantinople[134]. En 1575, un Italien au service d'un de ses compatriotes établi à Cracovie, achète du vin de Malvoisie et des moscatelles à Lwow : ces précieux breuvages viennent évidemment, comme le vin doux grec que l'on consomme dans la ville, des bords de la Méditerranée orientale[135]. Enfin, assez régulièrement, passe par Lwow à destination de Constantinople, ce qu'on appelle « la caravane de Pologne », assemblage de rouliers et de marchands s'arrêtant aux *hans* des villes, profitant, ou non, de la protection des autorités, les haltes se faisant aussi en pleine campagne, autour de feux de bivouac. Mais nous ne savons pas toujours ce que transportent, jusqu'au Bosphore, ces lourdes voitures tirées par des bœufs[136] ou des chevaux.

C'est par ces chemins difficiles que voyage Tommaso Alberti, marchand de Bologne, qui a laissé le récit trop bref de ses randonnées. Il a gagné Constantinople par mer ; il la quitte le 26 novembre 1612, passe par Andrinople, traverse la Dobroudja. Comme les rouliers sont turcs, ils lui faussent compagnie, le jour du *Beïram*, pour aller festoyer dans le village voisin. Ces plaines roumaines interminables ont laissé au voyageur l'impression d'être « pareilles à une mer sur terre ». On s'y égare quand les ornières des voitures précédentes ne sont pas là pour indiquer le bon chemin. A Jassy, il arrive avec la neige. Six jours plus tard, il atteint Lwow, y vend ses marchandises, en achète d'autres et, au printemps, repart pour Constantinople avec 60 voitures, à six chevaux chacune. Le 23 mai 1613, une voiture se renverse dans la traversée difficile des Balkans. « Il s'y trouvait trente sacs de réaux d'Espagne à 500 réaux par sac, des zibelines et autres marchandises ». Tout fut récupéré et, le 1er juin, le convoi atteignait Constantinople, d'où notre marchand repartait, le 21. Il gagnait à nouveau Lwow, le 27 juillet, puis continuait sur Cracovie et par Prague, Nuremberg et Milan parvenait le 25 octobre à Bologne [137].

Malgré ces détails pittoresques et l'évident déficit de la balance du commerce polonais vers le Sud, ces trafics n'ont rien de comparable aux multiples échanges latéraux qui joignent la Pologne à l'Allemagne proche, à Francfort-sur-Oder, à Nuremberg acheteur de fourrures, ou à la Silésie avec les querelles de tarifs que suscite l'ambition, parfois déçue, des marchands de Wroclaw (Breslau) [138]. Rien de comparable, non plus, à ces trafics en diagonale qui, par Breslau, Leipzig, Nuremberg, Augsbourg et l'Allemagne du Sud, courent vers l'Italie, gagnent Venise et en reviennent. En juin 1564, la Seigneurie de Venise accorde à l'agent du roi de Pologne toute une livraison d'armes, dont 100 corselets, 500 arquebuses, 30 hallebardes [139]... D'Italie [140] viennent sans fin des artistes, des marchands, des artisans, trois de ceux-ci fondent une briquetterie à Cracovie en 1533 [141]. Viennent aussi des étoffes de luxe ou de pseudo-luxe. On fabrique [142], à Venise et à Naples, des soies à trames lâches auxquelles on redonne du corps en les trempant dans un apprêt : elles sont connues sous le nom de *robba per Polonia* ! Vers 1565 [143], il y a de 15 à 20 *botteghe d'Italiani* dans toute la Pologne, dont celle des Soderini, marchands richissimes. Mais à mesure que le siècle s'avance, hommes et marchandises en provenance d'Italie seront plus nombreux — le mouvement est analogue à celui que nous noterons à travers l'Allemagne méridionale, comme si, à la fin du siècle, une invasion d'hommes et de marchandises d'Italie à travers l'Europe centrale et déjà orientale, venait compenser l'invasion de la Méditerranée par les Nordiques. Les marchands italiens sont partout et pour longtemps en Pologne, à Cracovie, à Lwow, à Varsovie, à Lublin, à Sandomir. La grande période de leur présence va de la fin du XVIe siècle au milieu du XVIIe [144]. Le livre de comptes de l'un d'entre eux, en 1645 [145], montre son activité aux foires polonaises, celles de Lublin notamment. Il indique les monnaies manipulées, les prix, les quantités, les transports par voitures et la liste étourdissante d'étoffes de toutes origines vendues à Lublin : un ormesin *verdegaio a onde* de Londres, un velours *verde piano* de Florence, une *caravaccia nera* de Naples, un *raso azuro piano* de Venise, une étoffe *rosa seccha* et un *raso nero* de Lucques... Ces appellations ne sont pas aisées à identifier, ni les origines indiquées forcément sincères. Mais elles portent témoignage, comme les souvenirs de Tommaso Alberti, sur la présence italienne, bien au delà du XVIe siècle. On ferait les mêmes remarques à propos de la Transylvanie voisine où marchands, ouvriers, architectes, maçons, tailleurs de pierre, soldats d'Italie, maintiennent une évidente activité [146].

Le schéma qui précède aide à comprendre le destin entier de la Pologne. Ce qui manque à celle-ci, au XVIe siècle, ce n'est pas un élan de vie dont les preuves sont multiples, mais une économie monétaire active et large. Si l'État polonais est si fragile, en profondeur, et le roi « plus pour la représentation que pour l'exercice du pouvoir » [147], la raison en découle de l'ordre social et politique de la « République », de l'impossibilité aussi de rassembler des ressources importantes en argent, par suite d'avoir une armée moderne. Sur les confins turcs et tartares, la défense de la frontière est confiée à des cosaques *bandoleros agregados de todas naciones*, réunions de bandits pris à toutes les nations, dit un texte espagnol [148], « peuple belliqueux, toujours en mouvement et inquiet, ajoute-t-il, cruel, capable des plus grandes endurances et aussi le plus scélérat qui soit au monde ». En tout cas, un peuple libre de ses actes, et pas une armée moderne. En janvier 1591, le paiement des soldats postés sur la frontière moscovite pose des problèmes difficiles à la Diète, alors réunie à Varsovie. Les soldats, en attendant, vivent sur le pays qu'ils ruinent indifféremment d'un côté et de l'autre de la frontière [149], ce qui arrive aussi, nous le savons, dans les pays les plus riches d'Occident.

L'économie explique que la politique polonaise, comme nous l'avons noté, s'intéresse surtout aux choses du Nord, dans le même sens où coulent les trafics, et se querelle avec la Moscovie autant à cause de Narva et de la Baltique que des zones frontières indécises entre les deux grands pays. En conséquence, la politique polonaise est volontiers pacifique vers le Sud. Turcs et Polonais ne sont sûrement pas pressés d'en venir aux mains. Les alliés de la Sainte-Ligue, en 1572, perdent leur temps à vouloir pousser la Pologne contre le Grand Seigneur. De leur côté, en 1573, les Turcs aident à l'élection du duc d'Anjou comme roi de Pologne. En 1590, à la veille de la guerre turco-impériale, les Anglais interviendront pour ménager un arrangement à l'amiable entre Turcs et Polonais. Ces derniers, d'eux-mêmes, savent se montrer conciliants. En janvier 1591, sur les plaintes du Grand Seigneur, à la suite d'exactions des Cosaques polonais, le roi, avec l'accord des barons de la Diète, accepte de payer ou mieux d'offrir *cento timpani de zibellini*, évaluées à la somme considérable de 30 000 florins. Il est vrai qu'aussitôt, pour régler cette dépense, un impôt d'un florin par tête, pour cette seule année 1591, est établi sur les Juifs du Royaume [150].

Ainsi, paix vers le Sud, ce qui n'explique pas, à soi

seul, le curieux rayonnement, en Pologne, des modes vestimentaires, des tentes somptueuses de Turquie dont les musées conservent aujourd'hui encore des échantillons. Aurions-nous sous-estimé les rapports commerciaux en direction du Sud ?

L'isthme allemand : un schéma d'ensemble

Par l'isthme allemand, nous entendons toute l'Europe Centrale, au sens large, de la France, à l'Ouest, jusqu'à la Hongrie et à la Pologne, à l'Est ; de la mer du Nord et de la Baltique, au Nord, à l'Adriatique et à la Tyrrhénienne, au Sud. Au total, une série prodigieuse de pays, d'échanges, de routes, comme la carte prise à F. von Rauers [151] en donne une première idée [152].

On limitera cet espace par deux lignes : l'une tirée de Gênes (à la rigueur de Marseille) à Londres, l'autre de Venise à Dantzig, lignes arbitraires, évidemment, mais c'est d'un croquis général qu'il doit être question. Ce vaste bloc de l'Europe médiane est limité, au Nord et au Sud, par des rivages : mer du Nord, Baltique, Méditerranée. Ou, plus exactement, il se prolonge par ces espaces maritimes essentiels. Nul doute qu'il ne faille l'étendre au delà des mers septentrionales jusqu'à la Suède (que prospecte si curieusement le commerce vénitien à la fin du XVIe et au début du XVIIe siècle) [153], à la Norvège et surtout à l'Angleterre qui, prise dans la grande aventure de l'Atlantique, n'en reste pas moins solidement amarrée à l'Europe. L'un des grands jeux du commerce anglais porte sur les draps, dont l'exportation essentielle s'opère, au gré des circonstances, par Emden [154], Hambourg [155], Brême, ou Anvers [156] (et à l'occasion par Rouen). Ainsi l'Angleterre — et ses draps ne sont que le meilleur des exemples — s'associe au continent proche, à cette zone particulière que nous en détachons, pour l'instant. Certainement une zone active, le chef-d'œuvre peut-être d'une économie fondée sur les transports terrestres, l'équivalent de ce qu'avait pu être, aux XIIe et XIIIe siècles, le rendez-vous des foires de Champagne, forme explosive déjà des rapports entre Sud et Nord.

En gros, cet espace a une forme singulière : restreint vers le Sud à l'Italie du Nord, il s'élargit, au delà des Alpes, en une vaste masse continentale. Une lettre que le roi de Pologne expédie, le 25 juillet 1522, à Anvers où Dantiscus, son ambassadeur auprès de Charles-Quint, l'attend avec impatience, n'arrive que le 12 septembre, après un voyage de presque cinquante jours [157]. Autre dimension : de Venise à Dantzig, Marco Ottobon (1590) durant l'hiver, il est vrai, voyage 39 jours de suite, arrêts compris [158]. Il n'y a certainement aucune commune mesure entre les plaines jointives du Piémont, de la Lombardie, des Vénéties, peu éloignées des débouchés maritimes, et ces vastes pays continentaux au Nord des Alpes. Vers le Sud, les routes se rapprochent ; vers le Nord, leur éventail diverge. Les Alpes coupent ainsi l'Europe médiane « d'un trait long et épais » [159] et les deux fragments de part et d'autre, sont de surface et, selon les siècles, d'importance très inégales.

L'« isthme allemand », c'est donc successivement l'Italie, surtout l'Italie du Nord, les Alpes, puis les immenses plaines et plateaux d'Europe centrale entre Meuse ou Rhin d'une part, Oder et Vistule de l'autre. L'Italie n'a pas besoin d'être présentée. Ce livre n'aura que trop l'occasion de revenir à ses villes et à ses campagnes décisives. Mais il faut situer en quelques lignes les Alpes, cette montagne miraculeuse où tout s'accomplit comme naturellement. Leur mur gêne l'Europe médiane, il est très tôt percé. La

Reproduite à trop petite échelle, la carte ci-contre dressée par F. von RAUERS signale cependant fort bien la densité des réseaux routiers de l'Allemagne du XVIe siècle et des grandes voies transalpines. Il faut imaginer un réseau aussi serré vers l'Ouest, en France, où les indications sont ici réduites à quelques lignes essentielles. Les gros points noirs signalent les villages de transporteurs et de voituriers. Ils apparaissent avec netteté sur les routes des Alpes et soulignent l'importance des routes majeures. La carte met bien en relief aussi la liaison Prague-Linz dont notre texte ne parle pas, mais sur laquelle une excellente documentation est apportée par l'article de Josef JANACEK, « Die Handelsbeziehungen zwischen Prag und Linz im 16. Jahr. », in : *Historisches Jahrbuch der Stadt Linz*, 1960.

15. — Les routes de l'isthme allemand

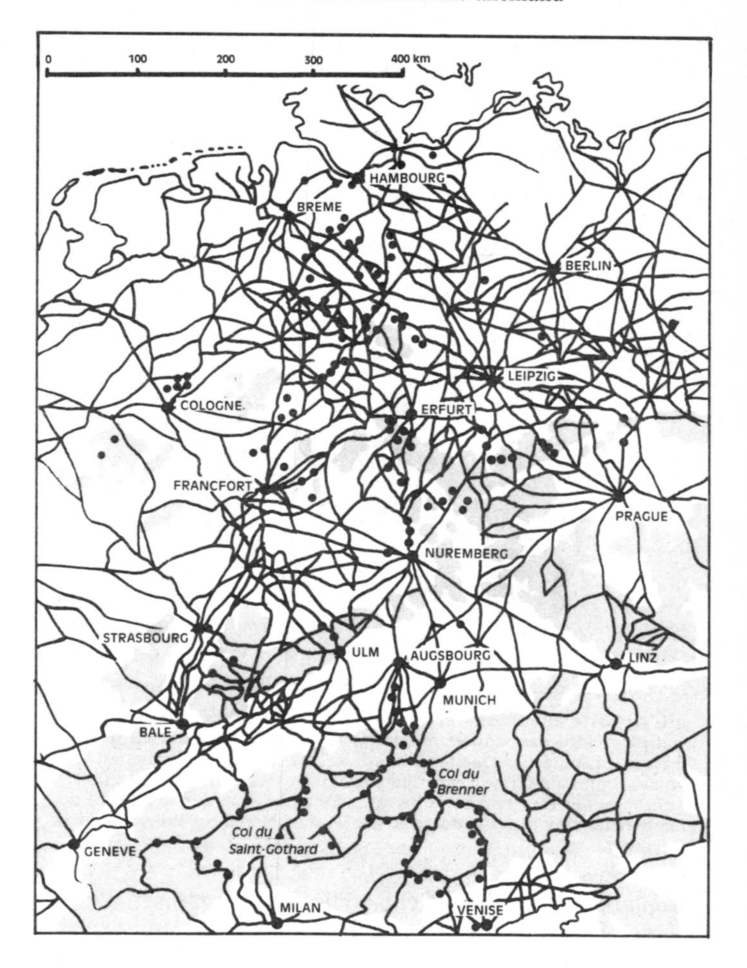

16. — La barrière des Alpes

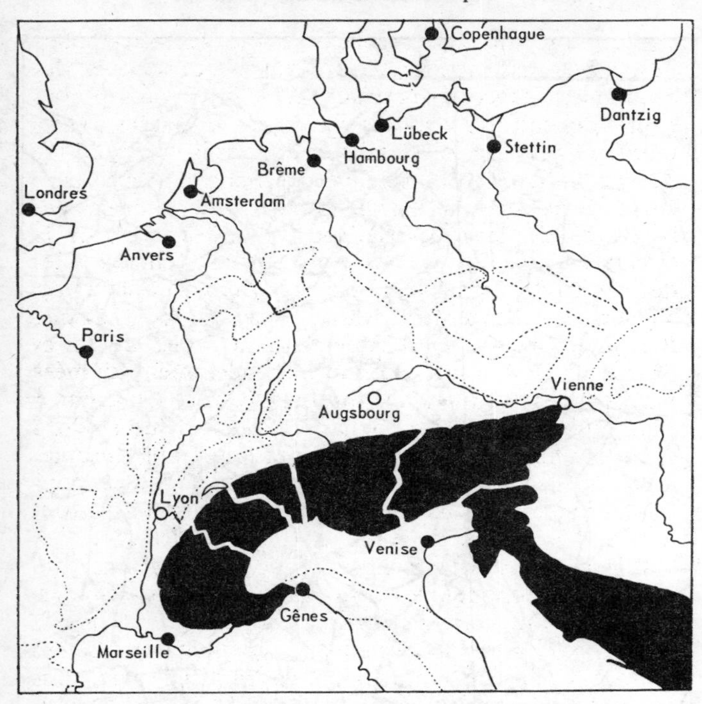

Cette carte, à dessein schématique, montre l'étroitesse des espaces de l'Italie du Nord par rapport aux terres d'au delà des Alpes. Cette Italie du Nord est murée à l'Ouest, au Nord, à l'Est (les Alpes dinariques). Les grandes routes alpestres (Cenis, Simplon, Saint-Gothard, Brenner, Tarvis, et quelques autres) rompent le barrage. Le croquis ne donne le tracé des grands fleuves qu'à partir du point où ils sont largement utilisés pour la navigation.

circulation y est difficile, elle s'y organise d'elle-même. Ses sociétés et ses villages ne semblent exister que pour organiser le franchissement des « monts » et prolonger au loin, vers le Nord et vers le Sud, cette circulation bénéfique.

Les Alpes

C'est que les Alpes relèvent d'une géométrie dans l'espace qui associe les unes aux autres des sociétés, des économies étagées : hameaux et villages aux limites hautes des cultures ; bourgs des vallées enfoncées ; villes modestes des percées fluviales avec parfois une boutique de « Lombards » et quelques échoppes d'artisans ; enfin, à la périphérie, au contact des plaines, des batelleries des lacs, des rivières et des fleuves, là où la circulation rebondit à vive allure — se situent les villes de *piedmont* : Genève, Bâle ou Zurich, Salzbourg, Villach, ou Klagenfurt, Suse, Verceil, Asti, Côme, Bergame, Brescia ou Vérone, souvent villes de foires (Zurzach, Hall, Linz, Bolzano), fréquemment animées par de grosses firmes de transport (Coire, Chiavenna, Plurs), toujours villes « médiatrices » entre Sud et Nord et où le montagnard trouve les produits indispensables à sa vie de tous les jours, « étoffes courantes pour l'habillement, métaux pour les outils et par-dessus tout le sel qui joue dans l'élevage un rôle essentiel » [160].

Il y a ainsi une circulation proprement alpine, qui déplace les hommes, les bêtes, les troupeaux, les marchandises. Sur cette circulation journalière s'en greffe une autre, qui utilise les mêmes hommes, les mêmes moyens et traverse la chaîne de part en part. Ces traversées seraient impossibles sans les villages de rouliers et d'arriéreurs, tous jaloux des profits que leur apporte la route. Le long de la vallée de la Brenta, dans les Alpes de Vicence, Primolano est, en 1598, une « viletta » de cinquante feux à peine, dont « les habitants vivent presque tous des salaires qu'ils retirent des transports de marchandises avec leurs charrettes » [161]. Des centaines d'autres villages pourraient être cités. La règle veut que les villages d'une route en train de se créer, ou dûment établie, collaborent ensemble, se partagent la besogne, fixent les étapes, assurent le transport et la sécurité des voyageurs et des marchandises et parfois, pour une somme supplémentaire, les acheminent directement, jour et nuit... La route du Septimer [162] en serait un bon exemple, non le seul...

Dès lors, tout semble aller de soi dans ces mouvements coordonnés. L'hiver ne les interrompt même pas ; il offre la facilité des traîneaux [163]. Le 16 décembre 1537, un entrepreneur de transport de Verceil prenait en charge à Genève 132 balles de marchandises dont il promettait de livrer 42 à Ivrée, au 4 janvier suivant, « saulve le temps ». Marco Dandolo, qui va représenter en France la Seigneurie de Venise, franchit le Mont-Cenis, porté dans sa litière, au mois de décembre 1540 [164]. Il en garde, il est vrai, mauvais souvenir, de même que Girolamo Lippomano, lorsqu'il le franchit, en avril 1577 : « Les chevaux et les mules s'enfonçaient dans la neige jusqu'à la panse et ne pouvaient se récupérer qu'à grand-peine », mais, ajoute-t-il, « une foule innombrable de voyageurs y passent tous les jours pour aller en Italie, en France, en Angleterre et beaucoup aussi en Espagne ». Le village de Novalesa, qui n'a ni grain ni vin, fournit les guides *marroni* qui ne manquent pas d'ouvrage. Et quel étrange pays, pense-t-il, que cette misérable Savoie des hauteurs « qui n'a de soleil que trois mois par an, récolte sur ses champs, semés en blé, du 2 pour 1 », et ce jusqu'à Lanslebourg où les descentes se font en traîneau, ou mieux jusqu'à Saint-Jean-de-Maurienne [165].

De ces images connues et de tant d'autres et des dossiers qu'à réunis hier pour le Moyen Age la patience attentive d'Aloys Schulte [166], que conclure ? Que les 21 passes des Alpes peuvent être toutes utilisées. Il suffit que les circonstances s'y prêtent. Des foules de réussites, de demi-réussites, d'essais et d'abandons nous sont connus : toute une histoire comparative et d'immenses archives s'offrent à notre curiosité. Naturellement les villes, les marchands ont leur mot à dire. Ce sont les marchands de Milan qui, au XIIIe siècle, ont construit la route, révolutionnaire alors, du Saint-Gothard ; par la suite ils utiliseront également pour atteindre la haute vallée du Rhin les passes du Splügen, de la Maloïa, et du Septimer que l'histoire politique, au XVIIe siècle, rendra célèbres au temps de l'occupation de la Valteline. Ces routes trop voisines se concurrencent et se remplacent, au gré des conjonctures politiques ou marchandes, et même à la suite d'avatars routiers loin des Alpes. Quand, en 1464 [167], Lyon obtient du roi l'autorisation de recevoir directement le poivre et les épices, c'est la fin des avantages d'Aiguesmortes et de la route du Rhône, au bénéfice du Mont Genèvre, du Mont-Cenis, du Petit et du Grand Saint-Bernard. Grandes et minuscules querelles, il faut les observer à la loupe. En 1603, quand Venise a conclu une alliance politique avec les Grisons, la route est achevée de Morbegno à Chiavenna et elle va saisir, au bénéfice de Bergame, une partie du trafic en direction du Milanais, occasion sur un détail de retrouver la vigilance de Venise dans les trafics alpins [168].

Évidemment tout ne se déplace pas en un jour, la géographie crée des obstacles et des avantages permanents, difficiles à tourner : la nécessité ainsi de rejoindre les routes lacustres et fluviales, l'Isère, le lac du Bourget, le lac de Genève, le lac de Constance, le Rhône, le Rhin, l'Inn ou, du côté du Sud, les lacs italiens qui ont leur rôle et surtout un fleuve comme l'Adige, où les chaînes que tendent les juridictions successives n'empêchent ni le flottage des bois, ni les transports par barques. Avantages permanents, mais ils jouent les uns contre les autres. Des statistiques pour les transports d'Anvers en Italie signalent en 1534-1545 [169] la priorité nette du Saint-Gothard qui profite de sa situation centrale : il conduit aussi bien vers Gênes que vers Venise. A l'Est le Brenner est l'autre grande voie transversale, il est le plus bas de tous les cols transalpins (1374 m) et a l'avantage d'utiliser deux lignes d'eau divergentes (l'Inn et l'Adige) et de conduire à Venise. Il offre, en outre, une route accessible à ces grosses voitures allemandes — les *carretoni*, dit-on de ce côté-ci des Alpes — qui s'en vont chercher, après les vendanges, le vin nouveau des Vénéties et même de l'Istrie, énorme trafic qui se répète chaque année, sauf quand Venise l'interdit, comme en 1597 [170], ce qui est plutôt rare. D'ordinaire elle laisse faire, préférant pour elle-même les vins plus chauds des Marches ou des îles... Le vin aidant, le Brenner est, dès le début du XVIe siècle et plus encore quand il s'achève, une des routes les plus vivantes des Alpes, mais sans primauté absolue. Dès 1530, l'archevêque de Salzbourg [171] avait transformé la route des Tauern, qui jusque-là n'était qu'un *Saumweg*, un chemin muletier, en une voie carrossable ; les États Provinciaux du Tyrol, défenseurs, et pour cause, du Brenner, s'opposent à cette concurrence, cherchent à entraîner le roi des Romains Ferdinand dans une opposition catégorique, en vain d'ailleurs. L'exemple peut suffire : il dit, à lui seul, la souplesse de ces routes alpestres ; l'homme les construit, il les entretient, il peut en changer, le cas échéant.

Troisième personnage, l'Allemagne aux multiples visages

Au delà des Alpes, s'étale une Europe verdoyante, coupée de forêts, de larges fleuves déjà porteurs de gros bateaux, sillonnée de voitures, et si froide, l'hiver venu. En 1491, il tomba tant de neige que les marchands de Nuremberg purent aller de leur ville jusqu'à Genève en traîneau [172].

Cette Allemagne peut s'aborder soit du Sud au Nord, selon les méridiens ; ou d'Ouest en Est, selon les parallèles. Ce sera la voir successivement de façon différente : mais elle a plusieurs visages.

Suivre les méridiens, c'est en venant d'Italie, mettre l'accent sur la Haute-Allemagne qui, à nos yeux du moins, va jusqu'à Cologne, Francfort et Nuremberg. Pétrie d'italianité, cliente des vins du Sud des Alpes, elle est depuis des siècles en relation avec les villes de la Péninsule, Gênes, Milan, Florence, Venise en tête, mais aussi Rome et Naples, et Aquila, la ville où s'achète le safran, et toutes les villes qu'il faut traverser en chemin. Cette Allemagne aboutit ainsi vers le Sud-Est au *Fontego dei Todeschi* [173], Allemagne en miniature, contrôlée et privilégiée tout à la fois, énorme bâtiment sur le *Canal Grande*, face au Pont et à la Place de Rialto, et qui sera reconstruit somptueusement après l'incendie de 1505. Les marchands allemands y ont leurs chambres attitrées [174], ils y emmagasinent leurs marchandises. Et il arrive que le *Fontego* soit rempli jusqu'au toit de futaines (ces tissus révolutionnaires faits d'une chaîne de lin et d'une trame de coton). On trouve aussi au *Fontego* le cuivre, l'étain, l'argent, les articles de quincaillerie. Vers le Nord se réexpédient les épices, le poivre, les drogues, le coton, les *Südfrüchte* [175].

Venise est pleine aussi de voyageurs allemands, illustres ou moins illustres, pèlerins en instance de départ vers la Terre Sainte, apprentis marchands comme Jacob Fugger, artistes comme Albert Dürer, étudiants ou valets d'étudiants qui gagnent l'Université de Padoue comme ce Bernard Müller, de Dillingen, arquebuse au dos et que la police vénitienne croit raisonnable d'arrêter [176]. Soldats aussi, bien que, depuis la paix du Cateau-Cambrésis (1559), les grands jours soient finis (de ce côté-ci des Alpes) pour les mercenaires suisses comme pour les lansquenets du Wurtemberg. Souvent de plus simples personnages : ouvriers boulangers, domestiques, artisans de la laine, garçons de tavernes et d'auberges qui concurrencent, dans ce métier, les gens de Florence ou de Ferrare [177]. Venise a naturellement ses auberges allemandes, le *Lion Blanc*, l'*Aigle Noir* [178]. De même d'autres villes d'Italie : en 1583, *Il Falcone* à Ferrare, ou les *Tre Rei* à Milan [179]. L'Allemagne du Sud a ainsi poussé, mûri à l'ombre de la grandeur et souvent, aussi, à la faveur des déficiences de l'Italie du Nord. Dans la tâche commune, elle a été chargée des besognes secondes, le travail *ersatz* du XIVe siècle, des tissus à bon marché, le travail du fer, du cuivre et du cuir... Sans son appui constant, ni le commerce de Gênes, ni celui de Venise, ni l'activité de Milan ne seraient pensables. « Allemands et Vénitiens, écrit Girolamo Priuli, en 1509, nous sommes tout un, du fait de notre ancien commerce » [180]. C'est Allemands et *Italiens*, qu'il aurait dû dire.

Cette vie en commun est à l'origine d'un rayonnement très vif de la civilisation italienne vers le Nord, reconnaissable aujourd'hui encore à la simple façade des maisons [181]. Il s'en est suivi aussi une exploitation évidente, au profit du Midi. Mais les crises italiennes ont parfois profité à la Haute Allemagne. Ce sont des Protestants, fuyant l'Italie, qui ont apporté à Nuremberg l'industrie des brocarts et des velours de soie [182]. Au XIVe siècle, les banqueroutes florentines avaient apporté quelque avantage aux marchands allemands. Vers le Sud, la civilisation allemande, elle aussi, a rayonné, elle a occupé très tôt la haute vallée de l'Adige, jusqu'au Sud de Trente, la ville épiscopale. Ce Vénitien ne peut s'y tromper, qui y est reçu, en 1492, par l'Évêque : les trois tables dressées sont *quadre, more germanico* ; le repas a commencé par la salade selon la coutume allemande, viandes et poissons sont offerts ensemble, avec du pain bis de froment, à la mode de Bavière [183].

Si l'on veut maintenant aborder l'Allemagne selon le sens des parallèles, partons du Rhin. A mesure que l'on ira vers l'Est, l'Allemagne va apparaître comme un pays de plus en plus neuf, de moins en moins construit. Au XVe siècle et durant les premières décennies du XVIe, un essor minier rapide y a créé une série de villes neuves, momentanées, promptes à se former et qui se détérioreront par suite de la concurrence du métal blanc venu d'Amérique, au-delà de 1530, ou mieux de 1550, à moins que la régression du milieu du XVIe siècle n'en soit responsable à elle seule. Avec la reprise qui suivra et durera jusqu'à la fin du siècle et même au-delà, l'Allemagne, et plus largement l'Europe Centrale, connaîtra un essor industriel multiforme, dont les toiles de lin en Bohême, en Saxe et en Silésie sont le plus gros chapitre, non le seul. Il n'est donc pas vrai que l'Allemagne (et pas davantage les régions voisines) s'étiole au lendemain de la mort de Luther (1546) [184]. La paix d'Augsbourg (1555), qui fut de longue durée, a développé des bienfaits évidents. Et même fort loin vers l'Est, la bonne santé, l'éclat des villes sont des signes qui ne trompent pas. Pierre Lescalopier, en 1574, admire les villes allemandes de Transylvanie, et la première qu'il rencontre, Brasov « que les Saxons nomment Coronestat » lui donne l'illusion, d'« estre arrivé à Mantoue tant la ville est belle, toute peinte en huile le dehors des maisons »[185].

Les deux routes suivies nous ont montré deux Allemagnes. Au contact des Pays-Bas, une autre encore s'affirme sur les rivages de la mer du Nord, à Emden, à Brême, à Hambourg. Ces villes profitent à la fois de la vie atlantique qui arrive jusqu'à elles, de la proximité des Pays-Bas (d'Anvers puis d'Amsterdam), de leur haut voltage économique et aussi des discordes qui vont y surgir. Plus vigoureuse, Hambourg commence sa grande carrière que la Guerre de Trente Ans elle-même n'interrompra pas[186]. Ses marchands ont profité de la révolte des Pays-Bas, ils sont neutres ou, comme dit un correspondant du Président Viglius, « estans eulx ambidextres, font un grand gain et profit »[187]. D'ailleurs, à partir des Pays-Bas et de cette Allemagne au contact de l'eau de la mer du Nord, une grande capture se prépare qui saisira le pays germanique jusqu'en ses profondeurs. Sur les bords de la Baltique, un ordre ancien, colonial à plus d'un titre, maintient de beaux décors.

Ces vérités successives se résument assez bien dans l'image déjà ancienne (1908) que proposait un historien, Johannes Müller[188]. Pour lui, le centre des diverses Allemagnes, jadis à Cologne sur le Rhin, se serait déplacé vers l'Est jusqu'à Nuremberg, entre l'Allemagne de l'Ouest et celle de l'Est, au cœur d'une Allemagne médiane à mi-chemin du Sud italianisé et du Nord où parvient le souffle du monde moderne, fils de l'Atlantique. Au centre, Nüremberg, non pas Augsbourg la ville des Fugger. Tout cela, façon de parler et tentation. Dans son livre récent, Jean-François Bergier y succombe à son tour : « l'Allemagne méridionale devient, à l'aube des Temps Modernes, écrit-il, le véritable centre de gravité du monde occidental, mieux que l'Italie du Nord, que les Pays-Bas, que la France de Lyon ou même de Marseille, mieux que la Vienne impériale »[189]. C'est évidemment trop dire. Mais enfin, il ne faut pas voir seulement au seuil de la Modernité les réussites tapageuses, les novations du capitalisme marchand à Lisbonne, à Séville et à Anvers, sur les rives privilégiées de la mer. L'essor du XVIe siècle a travaillé l'Europe jusque dans ses profondeurs continentales.

De Gênes à Anvers, de Venise à Hambourg : les conditions de la circulation

Ainsi la vie de la Méditerranée est reprise, happée, prolongée vers le Nord par une circulation terrestre, exceptionnelle vu les moyens de l'époque. Tout n'est pas, dans cet espace au Nord des Alpes, entre Lyon et Vienne, modernité, activité de pointe, mais un sang vif circule, peut-être plus vif qu'en France, surtout si l'on annexe à notre zone d'observation Lyon, cette ville des Alpes, et la vallée du Rhône. Assurément une zone aux multiples traits modernes. Des firmes nombreuses s'y sont développées, enracinées à la fois dans les villes d'Italie, des Pays-Bas et de la Péninsule ibérique. Les grandes firmes, familiales, un peu refermées sur elles-mêmes, véritables monstres (les Fugger, les Hochstetter, les Welser, les Affaitati) ont cédé la place à des entreprises de moindres proportions, plus nombreuses, surtout plus actives que ne le disent nos histoires générales : les della Faille aux Pays-Bas, sur lesquels un livre a paru récemment [190], les Torrigiani, Bartolomeo Viatis (et son associé Fürst) à Nuremberg et à Breslau, les Pestalozzi, Bartolomeo Castello à Vienne, les Montelupi à Cracovie [191], pour ne citer que quelques firmes italiennes, en pays étrangers, vers la fin du siècle. On pourrait ajouter à ces noms des dizaines d'autres [192].

Nouvelle pratique : ces firmes travaillent à la commission, en s'appuyant sur d'autres marchands qui acceptent de les représenter et d'agir pour eux. C'est opérer à moindres frais. « L'énorme extension du nombre de marchands moyens, écrit un historien [193], constitue le fait nouveau et important de l'évolution commerciale du XVIe siècle ». Or cette évolution s'affirme dans toute l'Europe médiane. En même temps des firmes se spécialisent dans le transport, celui-ci se dégage des autres activités. Nous connaissons à Anvers et à Hambourg de grosses firmes de transporteurs : celles des Lederer [194], des Cleinhaus [195], des Annoni [196], et bien d'autres, souvent d'origine alpestre. A Lyon [197], à Venise aussi l'évolution est la même. C'est ce que dit un document vénitien non daté du XVIIe siècle : « Les marchandises qui se transportent de Venise en Lombardie [198] et en Allemagne sont confiées par les marchands aux transporteurs (*conduttori*). Ceux-ci, pour un prix convenu, s'engagent à les remettre aux lieux indiqués en bonnes conditions et dans les délais fixés par les parties ». Ces *conduttori* utilisent eux-mêmes les services de *spazzadori* qui convoient les charges, en barques, en voitures ou par bêtes de somme, d'auberge en auberge, où l'hôtelier leur fournit les animaux et les voitures nécessaires [199]. Dernier détail : ces *conduttori* et, sans doute, ces *spazzadori* ne sont pas vénitiens, mais « étrangers », gens des Alpes et du Nord sans doute. En tout cas, il y a division du travail, spécialisation, rationalisation. De même, la poste s'est organisée avec le XVIe siècle et pas seulement avec la grande et célèbre famille des Tassis qui aura le monopole du transport des lettres dans les domaines des Habsbourgs [200]. Il s'ensuit une vie marchande plus active, plus ouverte à des marchands débutants, peu riches d'argent liquide [201]. De même, toujours dans cet espace médian, se développe une industrie textile de type capitaliste, décisive [202], en liaison avec les lointains marchés, ainsi l'industrie déjà citée des toiles de lin en Saxe [203], en Silésie et en Bohême [204]. Profitant des guerres des Pays-Bas, des industries prennent leur essor en Allemagne, comme dans les Cantons suisses, produisant des soieries et des articles de demi-luxe [205].

Les échanges sur ces larges distances ne peuvent porter que sur des marchandises d'un certain prix, capables de compenser et d'amortir les frais de transport : le cuivre, l'argent, la quincaillerie, le poivre, les épices, le coton du Levant (dont Venise est toujours le grand port d'importation et de réexpédition vers le Nord), la soie, les *Südfrüchte*, enfin et surtout les tissus, ceux-ci toujours prioritaires. Dans un sens, il s'agit des *carisee* d'Angleterre (« un des plus importants fondements du commerce dans n'importe quelle partie du monde », disait déjà un document vénitien de 1513)[206], des toiles, des sayettes (de Hondschoote, puis de Leyde), des gros grains (de Lille), des tissus « mixtes » (futaines, burats, bombasins), des toiles des villes allemandes ou suisses. Dans l'autre sens, à partir de l'Italie, des velours, des taffetas, des draps de haute laine, des draps de soie mêlés de fils d'or ou d'argent, des étoffes de haut luxe. La firme anversoise des della Faille installera une filiale à Venise et une autre à Vérone où seront achetées des soies grèges, ensuite filées sur place avec un soin si sévère que la qualité des produits en sera sans égale[207]. Les chiffres d'affaires de la firme ne donnent pas l'impression de trafics en régression, loin de là.

Ce mouvement de marchandises entraîne des déplacements d'argent. Du Nord au Sud, du Sud au Nord[208]. Ainsi le grand événement de 1585, la promotion de Francfort-sur-le-Main, jusque-là connue par ses foires de marchandises, à la dignité de ville et foire de changes, vient à son heure. L'événement est suivi d'autres, la fondation de la Banque d'Amsterdam en 1609 (d'importance mondiale, on le sait), de la Banque de Hambourg en 1619, de la Banque de Nuremberg en 1621[209]. Toute cette circulation ne se crée pas alors, mais achève de fixer ses routes, ses moyens, ses relais.

Balance et émigration marchandes

Au-delà de tous ces jeux, politiques ou non, de toutes ces conjonctures encore plus devinées que saisies, un bilan se dégage-t-il ? Nous le réduirions volontiers à deux constatations : 1° il y a une balance positive des échanges au bénéfice du Sud ; 2° une large invasion de marchands italiens se note à travers toute l'Allemagne à partir probablement de 1558[210] ; elle semble ne pas s'arrêter dans sa force compensatrice avant les désastres allemands de la Guerre de Trente Ans.

Rien de plus naturel que cette balance défavorable au Nord. Ces villes, ces marchands, ces artisans du

Nord sont des élèves, les yeux fixés vers les villes du Midi. Les hommes d'affaires du Sud ont exploité longtemps ignorances et retards locaux. Ce que le marchand de Nuremberg a été dans l'Europe centrale, mise par lui en coupe réglée, le marchand de Milan ou de Venise l'a été à Nuremberg même et ailleurs. Or tout apprentissage se paie, et longtemps. Plus nombreux et surtout plus chers à l'unité, les produits du Sud ne s'équilibrent pas avec les produits importés du Nord. De ce déséquilibre et des paiements en numéraire qui en résultent, nous avons les preuves tangibles : il y a toujours à Venise et à Florence des lettres de change (sur les pays du Nord) à la disposition des acheteurs, ce que savent les Génois qui ont souvent, par ce détour, l'occasion de payer dans le Nord des sommes que prévoient leurs *asientos* avec le roi d'Espagne. C'est la preuve d'une balance favorable sans doute à l'Italie, au moins pour ces deux villes essentielles ; une preuve plus tangible encore est fournie par les plaintes répétées des villes allemandes au XVIIe siècle. Vers 1620 (donc une date tardive) reproche est fait aux marchands d'Augsbourg d'envoyer « de grandes quantités de bonnes monnaies en Italie »[211]. Même reproche plus tard aux marchands de Francfort[212]. Et il existe d'autres exemples[213]. Quand les Hollandais atteignent Venise, leur balance, en 1607 encore au témoignage des *Cinque Savii*, est déficitaire[214].

Ainsi l'Allemagne et le Nord, en général, collaborent à une certaine prospérité italienne, lui offrent un appui, des avantages et l'associent franchement à leur propre activité. Or celle-ci a été encore vive pendant les premières décennies du XVIIe siècle. Augsbourg connaît le maximum de sa richesse effective en 1618[215], Nuremberg voit progresser les affaires de sa banque jusqu'en 1628[216]. Et Venise continue à jouer son rôle de place de *clearing* pour les compensations des paiements, comme dit en bref un marchand italien (de Crémone) : *auf Frankfurt gezogen und... gen Venedig remittiert*, tiré sur Francfort et remis à Venise[217]...

C'est un énorme test, enfin, que cette pénétration des places allemandes par les marchands d'Italie. A l'heure de Venise, à partir de 1558 [218]. Jusque-là les marchands allemands du *Fondaco* ont eu le monopole, au Nord des Alpes, des achats destinés à Venise, sauf pour les chevaux, les armes et les victuailles [219]. Avec la seconde moitié du XVIe siècle, l'ancienne prescription tombe en désuétude et les marchands vénitiens interviennent de plus en plus sur les places allemandes. Plus encore que de Vénitiens de Venise, il s'agit de Vénitiens de Terre Ferme, d'une nouvelle promotion marchande. C'est le cas de Bartolomeo Viatis, un Bergamasque, venu à l'âge de douze ans à Nuremberg, en 1550, et qui, à la force du poignet, y acquiert la première place à côté des Koch [220]. Il trafique abondamment sur les toiles, les produits du Levant, les plumes d'autruche, les peaux de chamois ; il possède au *Fontego dei Todeschi* plusieurs chambres et lors de la mission de Marco Ottobon à Dantzig, laissant de côté ses propres intérêts, il aide la Seigneurie de Venise de son crédit qui est grand. Quand il meurt, en 1644, chargé d'années et de famille, il laisse une fortune évaluée à plus d'un million de florins. Tous ne réussissent pas de cette façon spectaculaire, mais leurs affaires représentent souvent d'assez gros volumes, aussi bien à Cologne (malgré de multiples faillites) qu'à Nuremberg, à Prague [221], ou Augsbourg, à Francfort comme à Leipzig, les deux villes qui montent.

De toute évidence, ces marchands immigrés ont aidé leurs villes à s'adapter à cette Allemagne qui peu à peu, au XVIIe siècle, trouve « ses nouveaux points cardinaux » et dont la charnière va s'établir, entre Nord et Sud, sur la ligne nouvelle de Francfort à Leipzig et, plus ou moins, sur l'axe Hambourg-Venise. Le combat que livrent les marchands italiens contre les marchands locaux et plus encore les négociants néerlandais — ces calvinistes contre lesquels Leipzig s'ameute, en mai 1593 [222] — ce combat est appelé à durer longtemps. En 1585, à Francfort, lors de la création de foires de changes, sur 82 firmes qui demandent cette transformation à la ville, on compte 22 firmes italiennes [223]. Vérité du siècle finissant, comme du siècle qui commence. Un rapport hollandais de 1626, aux États Généraux de

Hollande, signale que les Vénitiens ravitaillent non seulement leurs voisins, « mais même l'Allemagne à bien meilleur marché que les Hollandais en toutes les marchandises du Levant »[224]. A Cologne, à Francfort, à Nuremberg, à Leipzig, une présence de marchands italiens, plus sensible à partir de 1580, se maintient au-delà de 1600. En 1633 encore, à Nuremberg que prennent d'assaut les Suédois, les Vénitiens dressent très haut l'étendard de Saint-Marc pour protéger leurs magasins. Preuve, au moins, qu'ils sont toujours là[225]. En 1604 encore, Venise qui a conservé le monopole (ou presque) du ravitaillement en coton des industries allemandes de futaines, réclame cinq fois plus de moyens de transports à la montée vers l'Allemagne qu'à la descente.

Ainsi l'Italie, et par elle la Méditerranée, débouche longtemps encore sur ce vaste espace et reste solidement implantée à Anvers, place d'argent qui poursuit son rôle malgré (ou à cause de) la guerre pourrie des Pays-Bas. En 1603, la mission de B.C. Scaramelli[226] a rétabli les relations avec l'Angleterre. Bientôt, en 1610[227], des rapports amicaux se lient entre Venise et Amsterdam. En 1616, les Proconsuls et Sénateurs de Hambourg demandent à Venise d'installer un consul dans leur ville[228]. Dès 1599, Sebastian Koch, consul de Hambourg à Gênes, s'offrait à représenter, en même temps, les intérêts des capitaines dantzicois[229]. Bref, si trompeur que puisse être parfois un tableau descriptif, il est probable que le commerce médian a largement maintenu les portes ouvertes, dans les deux sens, et bien au-delà du début du XVIIe siècle.

L'isthme français de Rouen à Marseille

L'isthme français peut se dessiner à partir des routes qui vont de Marseille[230] à Lyon[231], puis par la Bourgogne[232] jusqu'à Paris, enfin au-delà jusqu'à Rouen. Si l'on y regarde de près, ce premier dessin, trop simple, ne saurait suffire.

De Lyon à Marseille, il y a quatre chemins : le Rhône lui-même, sur lequel se greffe à Beaucaire la grande route d'Espagne par Montpellier et Narbonne ; la grande

17. — Lyon et les épices, d'après quelques relevés de 1525 à 1534

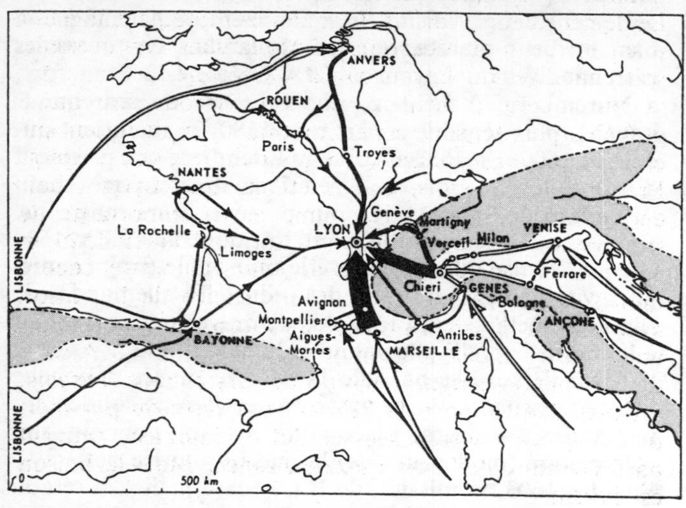

D'après R. GASCON, « Le siècle du commerce des épices à Lyon, fin XVe, fin XVIe siècle », in *Annales E.S.C.*, juillet-août 1960.

Dans la confluence des trafics à Lyon, prédominance des routes de Marseille et des Alpes à partir de Chieri.

route, surtout muletière, qui suit la rive gauche ; une seconde route déplacée vers l'Est et qui, par Carpentras, gagne Aix ; enfin une route qui s'enfonce par les Alpes, le col de la Croix-Haute et par Sisteron rejoint également Aix-en-Provence.

De Lyon à Paris, trois tracés, l'un qui, par Roanne, utilise la Loire au moins jusqu'à Briare[233], au-delà jusqu'à Orléans ; plus les deux branches qui se séparent à Chalon, soit sur Dijon et Troyes, soit sur Auxerre et Sens.

Plus encore, ce réseau se lie, vers l'Est et le Nord, aux routes de l'Europe médiane. De Lyon deux routes gagnent l'Italie par Grenoble ou Chambéry : elles se rejoignent au Mont-Cenis et au-delà « au pas de Suse » qui ouvre la porte de l'Italie aussi bien aux marchands qu'aux soldats. Suse est l'une des gares routières les plus actives des Alpes, d'où partent et où arrivent les mulets, ou comme l'on disait « les grandes voitures ». De Lyon encore, une ou deux routes rejoignent le Rhin à travers le Jura, deux routes conduisant vers Anvers, soit par la Lorraine, soit par la Champagne.

Que ce réseau de l'isthme français soit ainsi attiré vers l'Est, capté par cette circulation vive, est important et nous pouvons le montrer au moins sur deux exemples. Premier exemple : le calcul établit que Lyon reçoit encore, par le Mont-Cenis, une partie importante de son poivre et de ses épices, il est vrai entre 1525 et 1535, alors que la fortune de Marseille reste encore modeste. Second exemple : l'importance de la liaison avec Anvers [234] est démontrée de façon saisissante dans une carte de la distribution ou redistribution par Anvers de marchandises appartenant à des marchands français, arrivées dans le port de l'Escaut par terre ou par mer, ou qui y sont entreposées et qui évidemment peuvent parfois venir d'ailleurs que de France. Mais la liaison est évidente.

Le réseau français est également incliné au S.O. vers l'Espagne. J'ai signalé la route de Beaucaire. Une route active court de Lyon à Bayonne, elle traverse le Massif Central par Limoges, où elle croise la grande route qui, de Paris, se dirige vers l'Espagne. Cette grande route qui commence dans la capitale avec la rue Saint-Jacques, c'est non seulement l'ancien chemin de Saint-Jacques de Compostelle, mais l'axe le plus vivant de la France de la seconde moitié du XVIe siècle. La démonstration est suggérée par le livre de Frank Spooner [235] : tout l'Ouest atlantique est sûrement pris dans les mailles de l'argent espagnol dont Bayonne, gare frontière, et parce que gare frontière, est l'un des relais essentiels, non le seul. L'autre étant Rennes, du fait des voyages des barques bretonnes qui portent le blé dont se nourrissent Lisbonne et Séville... Aucune comparaison n'est possible entre cet Ouest riche en monnaies d'argent et la pauvre Bourgogne, réduite à ses pièces de cuivre [236].

Longtemps cette route de l'argent espagnol aura été profitable à Lyon. Création du capitalisme italien, comme Genève — et pas seulement création géniale de

Louis XI — Lyon, ville de foires au milieu de tous ses métiers, collecte l'argent trébuchant et sonnant qui solde l'actif des marchands italiens en France. C'est une porte largement, longuement ouverte à ces fuites de numéraire... Et ce rôle est le couronnement de multiples activités. Ce sera un des grands événements du destin français quand le centre financier du pays passera de Lyon à Paris [237]. Mouvement aussi important, aussi difficile à expliquer que le passage de la primauté d'Anvers à celle d'Amsterdam. Bref, parler de l'isthme français, c'est, un peu plus tôt, un peu plus tard, mettre en cause tout l'espace français. On s'en doutait à l'avance.

Ce schéma dessiné, nous pouvons revenir au couloir rhodanien qui intéresse la Méditerranée au premier chef. A la descente du fleuve s'accomplit un gros trafic. Orange, bâti loin du Rhône, songe en 1562 à creuser un canal jusqu'à Camaret [238] pour joindre sa batellerie. Ce que celle-ci transporte, c'est essentiellement le blé, blé de Bourgogne surtout qui voyage en tonneaux (comme en Toscane, autre pays du vin) et se dirige sur Arles. Grâce à lui, la Provence a longtemps fourni une importante exportation de grain en Méditerranée. Le blé de Provence a souvent été, pour le roi de France, un moyen d'agir sur Gênes. Au-delà de 1559 par contre, plus de trace d'une exportation importante, à quelques exceptions près, telle la descente d'Avignon jusqu'à Rome de barques chargées de blé. Le blé rhodanien et provençal serait-il, au-delà de cette date, consommé sur place ? A noter aussi sur les bateaux du fleuve, à côté des tonneaux de blé, les « brocz » de charbon de terre (venant sans doute du bassin d'Alès) qui valent à Marseille ce privilège d'être, au XVIe siècle, la seule ville de Méditerranée qui se chauffe peut-être au charbon [239].

Un trafic routier, à la descente, double le trafic fluvial : c'est celui des livres, sortis pour une grosse part des presses lyonnaises, et qui s'exportent par balles entières en direction de l'Italie et de l'Espagne ; et celui des draps de toutes provenances, anglais [240] et flamands, draps de Paris et de Rouen... Nous sommes là en

18. — Marseille et le marché intérieur français, 1543

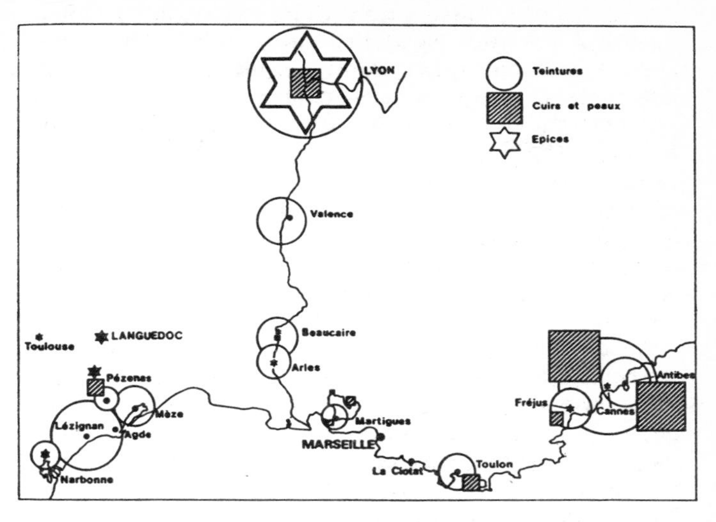

Les quantités indiquées sont calculées très grossièrement.

présence de vieux courants d'échange, ils se précipitent avec le XVIe siècle au bénéfice d'une production artisanale de la France de l'Ouest et du Nord qui refoule tout devant elles, les produits catalans comme les produits d'Italie. Des nuées de marchands forains et ruraux s'en vont vers les villes et foires du Midi. A Pézenas et à Montagnac, en Languedoc, les seuls tissus venus du Nord pourraient s'énumérer pendant des pages et des pages : « draps de Paris et Rouen, rouges, noirs, jaunes, violets, ou "grys" cendré »... toiles d'Auvergne, de Berry, de Bourgogne et surtout de Bretagne « pour habiller les pauvres, pour doubler les manteaux, pour tailler les draps et paillasses des hôpitaux... » [241].

A la montée collaborent transports fluviaux et transports muletiers. La batellerie rhodanienne emporte de grosses quantités de sel pour les pays du Nord. Dès le temps de Louis XI, les capitalistes de Montpellier s'intéressaient à ce commerce lucratif que, plus tard, nos Guerres de Religion elles-mêmes n'interrompent pas [242]. Par eau, aussi, peuvent être véhiculés les laines crues de Languedoc ou de Provence, ou le verdet (vert-de-gris) de Montpellier. Par les routes de terre assez défectueuses, fréquemment coupées de fondrières, remonte tout ce que Marseille expédie vers la France intérieure : épices, poivre, drogues, laines et cuirs barbaresques, fromages sardes, barils de poissons, quelquefois des caisses de dattes, des oranges d'Hyères [243], des tapis de Turquie, des soies, du riz du Levant, de l'acier du Piémont, de l'alun de Civitavecchia, du vin de Malvoisie [244]. Nous dressons ce relevé d'après un registre marseillais de 1543, conservé par hasard [245]. Il indique aussi les villes qui, clientes directes de ce commerce, dessinent sur la carte la zone économique de Marseille. L'axe en est le Rhône jusqu'à Lyon. Quelques expéditions, mais rares, en direction de Toulouse. Et très peu jusqu'à Paris : dans l'ensemble, le commerce marseillais est repris en charge, vers l'intérieur, par une série de villes relais. Il s'efface, à une plus ou moins grande distance de la mer — à Arles, Beaucaire, Pézenas — et disparaît enfin totalement, englouti par la grande place de Lyon. Vérité qui vaudrait sans doute pour toutes les autres villes de Méditerranée : aucune n'étant alors en mesure d'accompagner, jusqu'au bout de leur course, les marchandises expédiées à l'intérieur des terres.

Pas de doute non plus sur la modicité du commerce de Marseille, tel qu'il apparaît dans ce registre de 1543. La ville est cependant, à cette époque, l'incontestable maîtresse des rivières provençales : les ports voisins sont à son service, les uns pour lui apporter le blé d'Arles, les autres pour véhiculer, à la veille de la saison des pêches, les indispensables tonneaux apportés de Fréjus... Dès cette époque, elle exerce une forte attirance sur le cap Corse. L'essor marseillais n'a pourtant pas dû précéder les capitulations de 1569 ou, plus nettement encore, la guerre de 1570-1573 qui immobilisa Venise, la gênant terriblement dans ses rapports avec le Levant. Cette crise a fait la fortune de Marseille, multipliant les voyages de sa flotte marchande en même temps qu'elle gonflait les trafics du couloir rhodanien, ne serait-ce que par le déroutement d'une partie du commerce allemand *via* Lyon et Marseille [246]. Vers 1580, la Méditerranée, dans toute son étendue, est sillonnée par les « barques » et galions de la ville phocéenne.

Évidemment la fortune marseillaise n'est pas entièrement alimentée par les routes de l'isthme [247]. Elle se nourrit aussi des trafics de la mer : les « barques » de Marseille sont au service de Gênes, de Livourne, de Venise, des ports d'Espagne et d'Afrique. Comme les bateaux de Raguse, elles vivent de la mer et de son intercommerce. D'autant que le XVIe siècle n'est pas encore l'époque de Colbert : il n'y a pas, derrière Marseille, d'industrie française puissante. Mais il y a déjà la France, la France et ses marchés. Et il y a aussi une grande route qui coupe la France, de part en part, et fait de Marseille une des portes de sortie, sur la Méditerranée, des draps anglais ou de la sayetterie des Flandres. Les troubles civils, au-delà de 1563, n'ont pas interrompu ces courants commerciaux : il n'y a eu crise et perturbation durables qu'après 1589, ce qui inciterait, si besoin en était, à reviser nos jugements d'ensemble sur la crise intérieure française [248].

Mais une grande route continentale, ce n'est pas seulement une route marchande. L'axe français, c'est, aussi bien que la remontée du sel ou la descente des draps du Nord, la poussée conquérante, au delà des années 1450, de la langue française, pénétrant vers le Sud, à travers la civilisation et la langue occitanes, jusqu'à la mer Intérieure [249]. C'est, au XVIe siècle, la remontée mêlée des Italiens, marchands, artistes, ouvriers, artisans, hommes de main, ces centaines, ces milliers d'Italiens, querelleurs et géniaux, qu'on imagine bien attablés dans les auberges françaises dont l'abondance fait s'extasier Girolamo Lippomano lui-même, ambassadeur de l'opulente Venise : il y a à Paris, dit-il, « des cabaretiers qui vous donnent à manger chez eux à tous les prix : pour un teston, pour deux, pour un écu, pour quatre, pour dix, pour vingt même par personne, si vous le désirez ! » [250]. Ces Italiens ont écrit de gros chapitres d'histoire : ici, les dessèchements de la basse vallée du Rhône ; là cette croissance de la banque et de la bourse de Lyon ; et en bloc la Renaissance, l'art de la Contre-Réforme, ces puissantes avancées de la civilisation méditerranéenne.

L'isthme français a connu bien des alternances. Il attire toute la grande vie de l'Occident, du XIIe au XIIIe siècle, avec la primauté des foires de Champagne. Puis vient une longue éclipse. Mais le couloir se ranime à la fin de la guerre de Cent Ans [251], à partir de 1450, mieux encore, de 1480. L'occupation de la Provence et de Marseille donne alors à la France royale sa large façade sur la Méditerranée et une grandissante influence française s'affirme sur les rives de la mer.

Cette influence, elle a été d'abord celle d'une grande force politique, vite accompagnée d'un rayonnement nouveau de la culture française, modeste encore au siècle de la Renaissance et du Baroque, visible pourtant à mille petits signes, annonce de ce qui sera bientôt une influence débordante. C'est le ravissement qui s'empare des dames de la cour d'Espagne quand la « Reine de la Paix », la petite Élisabeth de Valois que Philippe II vient d'épouser, déballe ses toilettes. C'est la mode française faisant carrière même à Venise, capitale de l'élégance féminine et masculine jusqu'au XVIIe siècle [252]. C'est la marquise du Gast à Naples se mettant en frais pour conquérir le Grand Prieur qui lui rend visite en 1559 : « Madame la marquise, écrit Brantôme qui assistait à la scène, salua à la française, puis l'entrevue se déroula. Elle pria ses filles de lui (au Grand Prieur) tenir compagnie à la française, comme de rire, danser, jouer, causer librement, modestement et honnestement comme vous faites à la cour de France » [253]. C'est la chanson française, commençant vers le Sud un voyage conquérant ; assez tôt pour ne pas croiser en route l'opéra italien qui se diffusera dans toutes les directions, vers la fin du siècle. Petits signes, et qui paraissent superficiels. Mais est-il de si peu d'importance qu'en cette Italie du XVIe siècle, ce soit déjà le Français, le Français tel qu'on l'imagine au moins, gesticulant, hochant la tête avec des révérences compliquées, menant par la ville un train d'enfer, essoufflant et crevant ses laquais, qui serve de modèle à la société polie[254] ?

Europe et Méditerranée

Les isthmes européens dessinent ainsi les lignes essentielles de transmission de l'influence méditerranéenne, lignes qui groupent chacune autour d'elle une masse continentale plus ou moins autonome : car il n'y a pas, face à la Méditerranée, une Europe, mais des Europes, des cadrans européens, mal liés souvent entre eux par les routes transversales, au débit limité.

Mais les routes Nord-Sud, malgré leur importance, n'ont pas réussi à travailler toute la masse des pays et des peuples qu'elles traversent. Les distances s'y opposent, souvent les reliefs. Entre la Méditerranée et l'Europe du Nord les murs interposés ont joué leur rôle négatif. Aussi bien les influences du Sud vers le Nord ne se propagent-elles pas par nappes continues, par vagues (quelles que soient les images qui nous viennent à l'esprit). Quand elles pénètrent profondément dans les terres, c'est par d'étroits fuseaux méridiens qui suivent les grandes routes commerciales, s'enfonçant avec elles jusqu'aux plus lointaines terres. Et c'est jusque-là qu'il faut aller chercher parfois, pour l'expliquer, l'histoire de la mer.

Mais ces lignes profondes, engagées souvent au milieu de terres complètement étrangères — celles de Russie, par exemple — ne sont que l'armature d'une Europe plus ou moins méditerranéenne. L'influence de la mer ne s'étale et s'élargit, par les multiples ramifications de ces artères essentielles, qu'à peu de distance de ses rives. Là seulement, il y a un véritable domaine d'imprégnation méditerranéenne. Zone privilégiée, mais mouvante : il suffit de penser religion, culture, économie pour voir s'élargir ou se rétrécir sa surface. Un exemple, pris à l'histoire économique, peut préciser notre pensée. Nous parlions tout à l'heure de Marseille, en somme de tous les ports marchands plantés au bord de la mer, dont les services sont relayés, à une certaine distance, par d'autres centres urbains. En Europe occidentale et moyenne, une ligne joignant ces relais intérieurs passerait de Lyon par Genève, Bâle, Ulm, Augsbourg, Vienne, Cracovie, Lwow. N'est-ce pas la liste même de villes curieusement mixtes, tout à la fois Nord et Sud, dont les regards et la vie sont tournés vers les Méditerranées du Nord et le vaste *Mare Internum* ? On ne peut nier que cet axe médian ne soit une grande cicatrice, une importante charnière du complexe européen. Peut-on nier davantage que l'Europe, qui finalement sera hostile à la Méditerranée, ne commence au Nord de ces villes mixtes : l'Europe ouverte à la Réforme, l'Europe des pays neufs [255], agressifs dans leur poussée, et dont l'avènement marquera à sa façon les débuts de ce que nous appelons les Temps Modernes ?

Ceci dit sans vouloir trop schématiser. L'Europe, ce sont aussi les mers du Nord, le vaste océan Atlantique. Et, depuis les Grandes Découvertes, un Atlantique conquérant, lié par Magellan au Pacifique et par Vasco de Gama à l'Indien.

3. L'océan Atlantique

Il peut paraître paradoxal de terminer un chapitre sur les confins méditerranéens par l'Atlantique lui-même, comme s'il n'était qu'une annexe de la mer Intérieure. Mais au XVIe siècle, l'Océan n'existe pas encore dans sa pleine autonomie. Il commence seulement à être saisi par les hommes et construit par eux, peu à peu, avec ce qu'ils peuvent tirer d'Europe, comme Robinson Crusoë a construit sa maison avec ce qu'il a recueilli de son navire.

Plusieurs Atlantiques

Cet Atlantique du XVIe siècle est l'association, la coexistence plus ou moins parfaite, de plusieurs espaces en partie autonomes. Il y a l'Océan transversal des Anglais [256] et des Français dont le Gulf Stream, avec ses routes secouées de tempêtes, est l'axe habituel et

Terre-Neuve le premier rendez-vous. L'Atlantique des Espagnols est cette ellipse dont Séville, les Canaries, les Antilles et les Açores marquent le tracé et sont les relais et les moteurs[257]. L'Atlantique des Portugais[258] est cet immense triangle de l'Océan central et austral, de Lisbonne au Brésil, premier côté ; puis au cap de Bonne-Espérance, second côté ; le troisième étant cette ligne que suivent les voiliers au retour des Indes, à partir de Sainte-Hélène, au long de la côte africaine.

Ces divers Atlantiques, liés à des histoires nationales, ont trouvé facilement leurs historiens. Il en est un autre, négligé peut-être dans la mesure où il lie ensemble ces vies particulières et ne prendrait sa signification qu'à l'échelle d'une histoire globale de l'Océan que nous attendons encore. C'est pourtant le plus ancien de tous, celui des navigations médiévales et même antiques des Colonnes d'Hercule aux Cassitérides, cette mer étroite aux tempêtes fréquentes et sauvages entre les côtes du Portugal, d'Espagne, de France, d'Irlande et d'Angleterre, au total simple route Nord-Sud, rivale des routes terrestres des isthmes européens. C'est de lui que sont issus tous les océans Atlantiques des XVe et XVIe siècles. Il les a projetés hors de lui-même.

Mer maussade en vérité, où les voyages sont difficiles : le golfe de Gascogne, avec ses houles longues et ses eaux furieuses, jouit d'une mauvaise réputation aussi justifiée que celle du golfe du Lion, en Méditerranée. Nul n'est sûr, quittant l'Espagne au Sud, de ne pas rater l'entrée, si large cependant, de la Manche, au Nord-Est. Ferdinand, le jeune frère de Charles Quint, en 1518, se retrouve sans le vouloir, avec la flotte qui l'a emmené de Laredo, au large des côtes sauvages de l'Irlande[259]. En venant du Nord, comme Philippe II en août 1559, il n'y a aucune certitude d'arriver en droiture aux ports profonds de la côte cantabrique[260]. L'ambassadeur Dantiscus, si longtemps représentant de la Pologne auprès de Charles Quint, fait, en décembre 1522, l'expérience de cette navigation, de l'Angleterre à la Péninsule. Il affirme que rien n'est comparable, en Méditerranée ou en Baltique, à l'horrible violence de la

« Mer d'Espagne ». « Si je devais obtenir l'empire du monde au prix d'une telle navigation, je ne me jetterais pas dans une aventure aussi périlleuse », s'exclame-t-il[261].

Or c'est effectivement des périls de l'Atlantique proche et du golfe de Gascogne qu'a été payé « l'empire du monde ». Sur ces mers raboteuses, l'Europe a fait son plus dur apprentissage de la mer et préparé sa conquête du monde.

L'Océan à l'école de la Méditerranée

Ces océans, comment aboutissent-ils à la vie de la Méditerranée et comment celle-ci agit-elle à travers leurs immenses espaces ?

L'histoire traditionnelle présentait hier tous ces océans, en bloc, comme l'ennemi n° 1 de la mer Intérieure, le plus vaste espace ayant subjugué l'autre de minuscules dimensions. C'est simplifier les choses. Exagération pour exagération, mieux vaudrait dire que la Méditerranée a longtemps dominé son immense voisin et que sa décadence, entre autres raisons, s'explique du jour où cette maîtrise a été perdue. Répétons-le : ce ne sont pas les espaces géographiques qui font l'histoire, mais bien les hommes, maîtres ou inventeurs de ces espaces.

Au XVIe siècle, la mer Intérieure maintient vers l'Ouest atlantique d'évidentes prérogatives. La prospérité océanique la favorise ; en tout cas, elle y participe. Tonneaux de morues de Terre-Neuve, sucre des îles (Madère, São Tome), sucre et bois de teinture venant du Brésil, or et métal blanc de l'Amérique espagnole, poivre, épices, perles ou soies de l'océan Indien véhiculés par le cap de Bonne Espérance, la Méditerranée a sa part de ces richesses lointaines, de ces trafics nouveaux. Durant tout le XVIe siècle, elle n'est pas cet univers délaissé et appauvri qu'auraient ruiné, d'un coup, les voyages de Colomb et de Vasco de Gama. Au contraire, elle construit l'Atlantique et, dans le Nouveau Monde des Ibériques, réinvente et projette ses propres images. Tel historien, parlant de la première édition de ce livre, regrettait que le bourricot, symbole de la vie quotidienne de Méditerranée, n'y eût pas une plus grande place[262]. Voir passer quelques paysans à dos d'âne, au Mexique, c'est évoquer irrésistiblement, ajoutait-il, gens et paysages de Méditerranée. Alors, que d'autres occasions ! Le blé semé dès que possible, les vignes tôt plantées du Pérou et du Chili, les caravanes muletières des *arrieros*, les églises, la Plaza Mayor des villes espagnoles, les troupeaux venus de la péninsule Ibérique et se reproduisant bientôt à l'état sauvage, l'étonnante floraison du Baroque colonial... Toute cette vie neuve a des racines méditerranéennes[263].

Ces liaisons et ces échanges se sont faits, au cours du siècle, par des navires, ou méditerranéens, ou atlantiques, et c'est un problème, en soi, important. Mais il ne suffit pas à rendre compte des intérêts en présence. Il serait excessif de penser, chaque fois qu'un navire ou un marchand de l'Atlantique gagne la Méditerranée, que celle-ci perdrait un point. Ainsi, à la fin du XVIe siècle, l'essor de Naples, centre d'achats de produits nordiques et d'exportations de produits méditerranéens, est dû à leur arrivée ; de même les naves hollandaises qui transportent directement à Venise la laine d'Espagne expliquent, en partie, dans cette dernière ville, l'essor spectaculaire, à la fin du XVIe siècle, de l'industrie drapière[264]. Bref, il n'est pas aisé de comptabiliser le *doit* et l'*avoir* des deux parties.

Le destin océanique au XVIe siècle

Il est plus utile pour notre propos, d'esquisser une histoire de l'Atlantique, vue dans ses liaisons avec la Méditerranée.

Des débuts du siècle à 1580, les Ibériques, c'est-à-dire les Méditerranéens, ont organisé le grand Océan transversal de Séville aux Antilles — « l'Atlantique de Séville », pour reprendre l'expression de Pierre Chaunu. Ils ont organisé non moins, à partir de Lisbonne, l'interminable Océan des Portugais. Quelques corsaires français exceptés, nul n'intervient, pratiquement, dans ces espaces bien gardés. Nul n'interrompt, ou ne dévie leur croissance. L'Atlantique sévillan, au-delà de l'isthme de Panama, saisit la route maritime du Pérou jusqu'à Arica, le port des mines du Potosi. A partir de 1564, le galion de Manille traverse le Pacifique, d'Acapulco aux Philippines, et rejoint de façon efficace l'économie chinoise [265]. Les Portugais ont, d'entrée de jeu, poussé leur navigation jusqu'aux Indes, puis au delà jusqu'à l'Insulinde, la Chine, le Japon [266]. Ils ont organisé, en outre, le grand commerce des esclaves entre Afrique et Amérique, et non moins par les routes intérieures du Brésil et plus encore par Buenos Aires et les petits navires du Rio de la Plata, une sortie clandestine de l'argent du Potosi [267].

Soit un immense et complexe système de drainage de l'économie mondiale. Il connaîtra quelques pannes, quelques « décélérations », mais, dans l'ensemble, l'essor de cette économie des Ibériques se maintient jusqu'en 1580, et même au-delà... Les preuves : la montée des arrivages d'argent à Séville et des marchandises diverses retour des « Indes » : cuirs, bois de teinture, cochenille — cette dernière figurant parmi « les marchandises royales » dont les négociants se disputent les profits et surveillent les cours. Autre preuve : le vaste échantillonnage des assurances maritimes du Consulat de Burgos où le taux de la prime est longtemps moins élevé en Atlantique qu'en Méditerranée [268]. Et Lisbonne a conservé sa place dans le commerce des épices bien au delà de 1600. Enfin, quand les choses se gâtent avec les premières poussées sérieuses de la course protestante, les deux colosses, Portugal et Espagne, se réunissent. Nul ne pensait, en 1580, que ce fût l'association de deux monumentales faiblesses.

A ce tableau optimiste, il faut ajouter des ombres, et sérieuses : l'Atlantique proche, l'Atlantique Nord-Sud est très tôt perdu. Cette route avait été conquise quelques siècles plus tôt par les Méditerranéens. En 1297, les galées génoises avaient réalisé leur premier voyage direct jusqu'à Bruges, suivies une vingtaine d'années plus tard par les *galere da mercato* vénitiennes (entre 1310 et 1320, sans doute en 1317) et par bien d'autres navires [269].

Cette poussée coïncide (sans en être forcément la cause ou la conséquence) avec la fin de la prospérité des foires de Champagne ; elle amène aux Pays-Bas et en Angleterre de nombreux marchands italiens ; ils s'y installent comme en pays conquis. Ce triomphe maritime, aussitôt, privilégie l'Italie : appuyée sur ses colonies du Levant et sur ses comptoirs du Nord, elle s'est dégagée des mondes en retard qui l'entourent, plus moderne et plus riche que quiconque. Autre conséquence, mais imprévue : l'animation du front atlantique de l'Europe, du moins de certains de ses secteurs, l'Andalousie, le Portugal, prépare, en fait, les Grandes Découvertes [270].

Quand s'amorce le lent et puissant essor du milieu du XVe siècle, c'est encore le système italien, à la fois continental et maritime, qui en tire avantage. Venise, Gênes, sont maîtresses alors des marchés anglais et flamand. Ce système se détériore seulement avec le XVIe siècle. Vers 1550 [271], en effet, le trafic entre mer du Nord, Portugal et Andalousie revient aux navires nordiques. Vingt ans plus tard, lors de la crise hispano-anglaise de 1568-1569 [272], force sera aux Ibériques d'abandonner, ou peu s'en faut, le voyage du Nord. Sur leur lancée, les voiliers nordiques vont bientôt reprendre le chemin de Gibraltar et réaliser cette conquête de la Méditerranée où ils avaient à demi réussi avant 1550. Mais cette montée a été tardive. Un vieil Espagnol (il a 87 ans) qui évoque ses souvenirs en 1629, parle de ce temps qu'il a connu où l'Angleterre ne pouvait maintenir quinze navires de guerre [273].

Il s'agit là au total, pour la mer Intérieure, de pertes ou directes ou indirectes, mais pas forcément catastrophiques pour les pays méditerranéens. L'Espagne et le Portugal mobilisent leurs forces pour assurer en première urgence leurs grands circuits atlantiques. Le cas de la Biscaye est révélateur : elle fournit les meilleurs navires de la *Carrera de Indias*, ses galions prennent le chemin des Indes, ses *zabras* par contre, qui, avant 1569, portaient les laines et l'argent d'Espagne à Anvers, se font plus rares sur les lignes du Nord.

Toutefois la liaison vitale entre Séville et le Nord est maintenue, malgré ces avatars. Pour les Nordiques qui livrent le blé, le poisson, le bois, le fer, le cuivre, l'étain, la poudre, les draps, les toiles, la quincaillerie, les navires tout construits, le voyage d'Espagne se solde par des retours de sel, de vin, d'argent... C'est que la Péninsule peut payer allégrement de tels services.

Ainsi des pertes, mais compensées dans un système mondial largement ouvert aux marchands d'Italie. Ceux-ci sont à Lisbonne et à Séville dès les premières heures. Les Génois ont lancé Séville et mis en place les indispensables et lents roulements de capitaux, sans quoi rien ne se ferait de part en part de l'Atlantique[274]. L'économie espagnole supporte leur intervention et, à côté d'elle, celle plus discrète, mais importante, des Florentins. Les capitalistes d'Italie, Vénitiens et Milanais, se joignant au concert, tiennent les routes décisives vers les Pays-Bas. On retrouve les uns ou les autres à Anvers, à Nuremberg et de même à l'autre bout du monde, à Ormuz, à Goa... Bref la Méditerranée n'est pas hors jeu. Ou plutôt elle n'est hors d'aucun jeu. Elle tient même par les Génois les finances impériales de l'Espagne et, par les foires dites de Besançon[275] le mouvement entier, au sommet, des capitaux en Europe.

Et ce système général aura la vie dure. Pas de grande catastrophe pour la Méditerranée avant le doublement du cap de Bonne Espérance par les navires hollandais de Cornelius Houtmann, en 1596 à l'aller, en 1598 au retour. Alors seulement le système est atteint dans ses œuvres vives, au moment où, un peu plus tôt, un peu plus tard, la conjoncture séculaire se retourne. A l'occasion de pareils retournements, ce sont d'ordinaire les réussites les plus poussées qui souvent sont les premières atteintes. Rien cependant, dans ce reflux, ne sera rapide. Les dates les plus caractéristiques sont peut-être 1620-1630, quand s'installent au cœur des finances de l'Espagne, les marranes portugais, ces *novos christãos* mal convertis et souvent hommes de paille du capitalisme nordique. Ils prennent une place décisive à côté des « hombres de negocios » génois. Le 8 août 1628, au large de Matanzas, près de la Havane, l'« armada y flota » de Nouvelle Espagne est encerclée et saisie par les vaisseaux hollandais de Piet Heyn [276].

Ces dates tardives minimisent, de notre point de vue, la coupure habituelle de l'année 1588, celle de l'Invincible Armada. Il y a, à cela, quelques raisons de poids : 1° l'Espagne a été capable, après l'échec de 1588, — dû autant qu'à l'ennemi aux vents et aux tempêtes, à l'absence de pilotes experts au long des bancs de sable de la mer du Nord — de lancer encore deux expéditions contre l'île en 1597 [277] et en 1601 [278], ainsi que d'entretenir en Irlande une guerre de diversion qui a épuisé les finances d'Élisabeth [279] ; 2° cet échec se produit à une époque de conjoncture générale à la hausse, toute blessure peut encore se cicatriser ; 3° la course anglaise s'est ralentie d'elle-même, elle porte évidemment des coups très durs à l'adversaire (le sac de Cadix, en 1596, affecte plus encore que la fortune, le prestige de l'Espagne), mais peu à peu les îles, les côtes d'Espagne s'arment — la course anglaise est une industrie dont les revenus s'amenuisent, comme l'a montré un historien anglais [280] ; le comte de Cumberland, après quinze ans de luttes et d'expéditions contre l'Espagne, criblé de dettes, renonce à ses aventures onéreuses et se retire sur ses terres : « Je dois maintenant penser non plus à intercepter des carraques mais à semer du blé, non plus à équiper des navires, mais à élever des moutons... » ; 4° si l'Angleterre a préparé le fléchissement de l'Espagne, elle n'en a pas aussitôt profité. Détail important : elle signe la paix avec le Roi Catholique en 1604, six ans après la France, cinq ans avant les Provinces Unies.

Voilà qui cadre avec les impressions que laissent les documents espagnols de la fin du siècle. Contre l'Angleterre, la lutte souvent se poursuit dans le vide de l'Océan. Les Anglais qui tiennent la Manche en sortent avant que les escadres de l'Adelantado de Castille ne soient prêtes de leur côté, à Cadix ou à Lisbonne ; ils vont sans peine jusqu'aux Canaries ou aux Açores, même jusqu'au détroit de Gibraltar, gardé par les galères, galions et troupes d'Espagne. Ce n'est qu'après le retour des navires anglais, sur l'extrême fin de la bonne saison, que les navires espagnols remontent de Gibraltar jusqu'au Ferrol. Leur coup de balai est donné souvent dans le vide. Quelques rencontres ont lieu, bien sûr. Parfois inoffensives. Ainsi, en novembre 1602, six galions espagnols quittent Lisbonne « pour courir les mers de la Corogne » ; ils rencontrent bien quelques navires ennemis qui, mieux armés, plus hardis qu'eux dans leurs manœuvres, les laissent s'approcher, tirent quelques coups de canon, puis « dressent les voiles et s'enfuient comme par jeu », *quasi scherzando*, raconte un avis vénitien[281]. Guerre coûteuse, non pas mortelle. Non pas toujours inutile. Le détroit de Gibraltar est passé de force par les navires anglais et hollandais. Mais non pas aisément. Les navires anglais, selon les responsables de la *Levant Company*, le franchissent en hiver pour plus de sécurité, « quand la mer est très agitée dans le détroit et qu'ils ne se heurtent pas aux galions espagnols de garde, alors au mouillage »[282]. Et, chaque année, arrivent les flottes du Nouveau Monde de plus en plus riches et comme si « la main de Dieu les conduisait ». C'est l'essentiel pour l'Espagne et ses associés de Méditerranée.

Une décadence tardive

Ce dernier voyage, à la recherche d'une Plus Grande Méditerranée, s'accorde, ainsi, avec les autres. La Méditerranée étroite, au cœur de cet immense espace qui l'enveloppe, demeure jusqu'en 1600 une économie vive, agile, dominante. La grande histoire ne l'a pas précipitamment abandonnée, dès le début du siècle, avec armes et bagages. Le vrai recul ne sonnera, pour elle, que plus tard. Ainsi avons-nous esquissé un premier schéma d'ensemble. Il importera d'en reprendre les grandes lignes et, plus encore, le détail.

IV

L'unité physique : le climat et l'histoire

> ...les errements d'Ulysse sans sortir d'un seul climat.
>
> J. de BARROS, *Asia*, I, IV, p. 160.

A ce monde épais, composite et mal délimité que nous venons d'abondamment décrire, on ne peut reconnaître d'autre unité que celle d'être une rencontre des hommes, un alliage[1] d'histoires. Toutefois il est décisif qu'au cœur de cette unité humaine, sur un espace plus étroit qu'elle-même, joue une puissante unité physique, un climat unificateur des paysages et des genres de vie. L'Atlantique l'explique par contraste : il est certainement une unité humaine, et la plus vigoureuse du monde actuel ; il est, lui aussi, une rencontre et un alliage. Mais il manque au complexe de l'Océan ce cœur monochrome, ce monde de lumière identique qui brille au centre de la Méditerranée. L'Océan, d'un pôle à l'autre, offre les couleurs de tous les climats de la terre...

La Méditerranée de l'olivier se réduit, sans doute, à d'étroites bandes continentales, à des terres exiguës collées à la mer. Si cet espace n'est pas toute la Méditerranée de l'histoire, il reste décisif que l'organisme méditerranéen soit rythmé, en son centre, par une nappe uniforme de vie et de climat, si particulière que c'est elle seule que désigne couramment le qualificatif de « méditerranéen ». Cette contrainte, comment ne se répercuterait-elle pas au loin puisqu'elle marque au

19. — La « vraie » Méditerranée,
de l'olivier aux grandes palmeraies

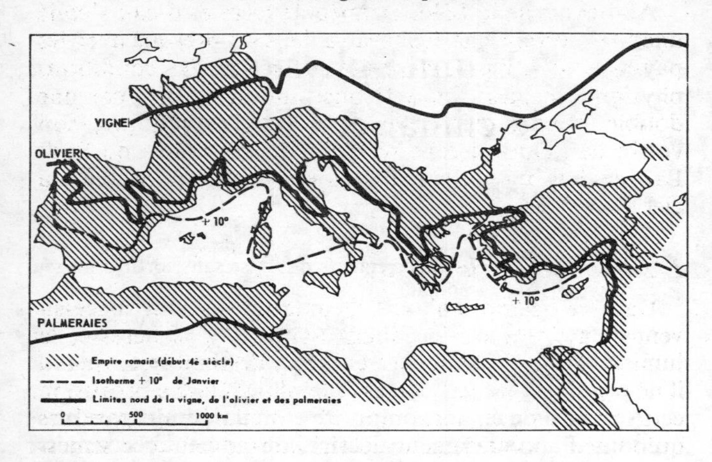

La limite des palmeraies est celle des *grandes* palmeraies compactes. La limite du palmier-dattier, isolé ou en petits groupes, s'établit beaucoup plus au Nord (voir carte n° 13, p. 206).

passage tous les mouvements qui vont jusqu'à la Méditerranée ou qui s'en échappent ? Et ces terres étroites enveloppent toute l'étendue de la mer ; leur climat ne se limite donc pas à leur liséré : il est, en outre, le climat des espaces liquides. Que des mondes identiques, ou quasiment, se retrouvent sur les bords de pays aussi lointains, aussi différenciés dans leur masse que la Grèce, l'Espagne, l'Italie, l'Afrique du Nord, que ces mondes vivent d'un même souffle, échangent sans souffrir d'aucun dépaysement leurs hommes et leurs biens : ces identités vivantes impliquent l'unité vivante de la mer, elles sont bien autre chose qu'un beau décor.

1. L'unité climatique

Au-dessus de la Méditerranée de terre et d'eau s'étale une Méditerranée aérienne sans liens ou presque avec les paysages d'en bas, indépendante en fait des conditions physiques locales. Elle est construite du dehors par une double respiration : celle de l'océan Atlantique, son voisin de l'Ouest ; celle du Sahara, son voisin du Sud. La Méditerranée elle-même n'est pas responsable du ciel qui l'éclaire [2].

L'Atlantique et le Sahara

Dans ce champ mal clos, deux ouvriers sont successivement à l'œuvre : le Sahara apporte la sécheresse, la luminosité, le ciel immense et bleu ; l'Atlantique, quand il ne prodigue pas les nuages et la pluie, étale à profusion cette brume grise, cette poussière d'eau plus répandues qu'on ne le pense dans le ciel méditerranéen du « semestre d'hiver ». Les peintres orientalistes de la première heure nous ont à jamais trompés avec leurs palettes rutilantes. En octobre 1869, Fromentin, s'éloignant en bateau de Messine, note justement : « ciel couvert, vent froid, un grain, quelques gouttes de pluie sur la tente. C'est triste, on dirait la Baltique » [3]. En février 1848, déjà, il avait fui vers le Sahara devant la grisaille obsédante de l'hiver méditerranéen : « il n'y avait pas eu d'intervalle, cette année-là, écrit-il, entre les pluies de novembre et les grandes pluies d'hiver, lesquelles duraient depuis trois mois et demi presque sans un jour de repos » [4]. Tous les Algérois ont eu, une fois ou l'autre, l'occasion de voir s'effarer un nouveau venu devant les pluies diluviennes d'Alger...

Vérité de toujours et de partout. A Florence, note un mémorialiste à la date du 24 janvier 1651 [5], il y a cinq mois que dure l'inclémence du temps *per avere durato a piovere quasi cinque mesi*. L'année précédente [6] Capoue avait été submergée par des pluies torrentielles. En fait, pas d'hiver où les fleuves ne rompent leurs digues, où les villes ne soient soumises aux horreurs et aux dégâts des inondations, Venise plus qu'une autre, évidemment : en novembre 1443 [7], ses pertes sont énormes, *quasi mezo million di ducati* ; le 18 décembre 1600, catastrophe identique, les *lidi*, les digues, les maisons, les magasins privés des rez-de-chaussée, les magasins publics du sel, du blé, des épices ont subi d'immenses dommages, *con dano di un million d'oro*, ce qui prouve aussi qu'entre-temps, les prix ont monté [8].

En hiver, ou plus exactement de l'équinoxe de septembre à l'équinoxe de mars, les influences atlantiques triomphent. L'anticyclone des Açores laisse passer les dépressions atlantiques qui, les unes après les autres, atteignent, en longues files processionnaires, l'eau chaude de Méditerranée, soit qu'elles proviennent du golfe de Gascogne et traversent d'un bond l'Aquitaine ; soit que, comme les vaisseaux, elles abordent la mer Intérieure par le détroit de Gibraltar et les côtes d'Espagne... Quelle que soit la porte d'entrée, elles traversent la Méditerranée d'Ouest en Est, à vive allure. Elles donnent au climat d'hiver une extrême instabilité. Elles apportent la pluie, provoquent les sautes brusques des vents, tourmentent sans fin la mer qui, sous les coups du mistral, du noroît ou de la bora, est souvent si blanche d'écume qu'elle semble une immense plaine recouverte de neige, « semée de cendres », dit un voyageur du XVIe siècle [9]. Au-dessus de Tolède, l'humidité atlantique aidant, l'hiver est responsable de ces cieux brouillés, pathétiques, tempête et lumière, qu'a peints le Greco...

Ainsi, chaque année, souvent avec violence, l'Atlantique rejette le désert loin vers le Sud et vers l'Est. L'hiver, il pleut sur les confins algériens et parfois au cœur du Sahara. Il pleut jusque sur les montagnes de l'Arabie occidentale... L'anti-désert, ce n'est pas la Méditerranée, comme l'aura écrit Paul Morand, mais bien l'océan Atlantique.

A nouveau, aux environs de l'équinoxe de printemps, tout change, et assez brusquement, vers l'époque où, selon le calendrier maugrébin, arrive la bonne saison de la greffe des arbres et que s'entendent les premiers chants du rossignol [10]. De vrai printemps, peu ou point :

huit jours fugitifs qui font brusquement surgir les feuilles et les fleurs. Dès que s'achèvent les pluies d'hiver, le désert commence ainsi à occuper l'espace de la mer, y compris les montagnes du pourtour jusqu'en leurs plus hauts étages. Il s'étale vers l'Ouest et surtout vers le Nord, dépasse les limites les plus avancées du monde méditerranéen ; en France, les Alpes méridionales sont recouvertes chaque été par l'air brûlant du Sud, le couloir rhodanien est largement atteint, le bassin d'Aquitaine traversé en écharpe et souvent, outre les pays de la Garonne, les lointaines côtes méridionales de l'Armorique sont touchées par l'âpre sécheresse [11].

L'été torride règne alors sans conteste au centre de l'espace méditerranéen. La mer est calme, étonnamment : la mer de juillet et d'août, huileuse ; les barques gagnent le large et les galères basses sur l'eau se hasardent sans crainte de port en port [12]. Le semestre d'été est la bonne période des trafics marins, de la course et de la guerre.

Les raisons physiques de cette saison torride et sèche sont simples. Avec la remontée du soleil vers le Nord, l'anticyclone des Açores s'est agrandi à nouveau ; le verrou poussé, la marche des dépressions cycloniques vers l'Est s'est interrompue. Ce verrou ne sera retiré qu'aux approches de l'automne ; alors recommence l'invasion atlantique.

Un climat homogène

Les limites *extrêmes* d'un tel climat sont à situer assez loin des rives de la Méditerranée si on les repousse d'une part, à travers l'Europe, jusqu'aux pays qu'atteint en été la sécheresse saharienne et, d'autre part, à travers l'Asie et l'Afrique, jusqu'aux régions que touche, en hiver, au milieu même des immenses zones de la steppe, la pluie des dépressions atlantiques. Mais qui ne voit l'abus de ces trop larges frontières ? Le climat méditerranéen, ce n'est pas l'une ou l'autre des poussées que nous venons d'indiquer, mais bien leur addition, leur superposition, leur exact mélange. Il suffit de l'accentuation d'une des composantes pour que le climat méditerranéen se déforme, passe vers l'Est ou vers le Sud au climat steppique et désertique, glisse dans l'autre sens, du côté du Nord, vers un climat à prédominance des vents d'Ouest. Le vrai domaine climatique méditerranéen représente donc une zone assez étroite.

Il est difficile au demeurant d'en analyser les limites. Il y faudrait une attention aux moindres faits, et pas seulement physiques, les climats ne s'enregistrent pas exclusivement dans les habituelles mesures des températures, des pressions, des vents et des pluies, mais se traduisent au sol par des milliers de signes. André Siegfried le suggère à propos de l'Ardèche [13]. Léo Larguier l'indique pour les limites entre Languedoc et Lozère [14], J.L. Vaudoyer pour les transitions entre les diverses Provences [15]... Toutes vérités de détail. Dans l'ensemble l'observation répétée des géographes reste à suivre sans discussion : le climat méditerranéen s'encadre entre la limite de l'olivier et celle des grandes palmeraies. Inscrivons donc dans ces frontières la péninsule italienne (ou plutôt apennine), la Grèce, la Cyrénaïque, la Tunisie et, ailleurs, d'étroites bandes côtières, d'une largeur qui ne dépasse guère 200 km. Car très vite surgissent les écrans des montagnes. Le climat méditerranéen n'est souvent qu'un climat d'espalier ou de riviera, autour de la mer, une frange mince comme cette bande côtière qu'on rencontre en Crimée : le figuier, l'olivier, l'oranger, le grenadier y poussent en pleine terre [16], pas au delà toutefois de la zone méridionale de la presqu'île.

Mais cet étroit décor est, en raison de son étroitesse même, d'une indéniable homogénéité du Nord au Sud, comme de l'Est à l'Ouest.

Du Nord au Sud, à l'échelle du globe, cette rivière marine n'est qu'un trait longitudinal sans grande épaisseur. Sa plus notable largeur méridienne est de 1100 km, du fond de l'Adriatique à la côte tripolitaine ; et elle est anormale. En fait, les grandes largeurs varient de 600 à 800 km de moyenne pour le bassin oriental, 740 d'Alger à Marseille. Espaces maritimes et continentaux forment, dans l'ensemble, un long fuseau de part et d'autre des 37° et 38° de latitude Nord. L'amplitude des écarts en latitude est faible. Elle explique, sans doute, des contrastes entre les rives Nord et Sud, celles-ci plus chaudes que celles-là. La différence moyenne de température est de 4°C entre Marseille et Alger. L'isotherme de 10°C, en janvier, suit à peu près le grand axe de la mer, sectionnant le Sud de l'Espagne et de l'Italie, terres plus africaines encore qu'européennes. En gros, la Méditerranée a partout, sensiblement, le même climat « géométrique ».

D'Est en Ouest, quelques variations se marquent, dues au fait que l'humidité atlantique est plus faible et aussi plus tardive dans son apport, à mesure que l'on se déplace vers l'Est de la mer.

Ces variations ont, les unes et les autres, leur valeur. A une époque où les climatologues sont attentifs au détail, la Méditerranée leur apparaît, à juste titre, comme une famille de climats, à distinguer les uns des autres. Mais cela ne supprime pas leur parenté, leur indéniable unité. Or il n'est pas indifférent pour l'histoire de retrouver à peu près partout les mêmes climats et les mêmes rythmes saisonniers, la même végétation, les mêmes couleurs et, l'architecture géologique s'y prêtant, les mêmes paysages, semblables jusqu'à l'obsession. En fin de compte, les mêmes genres de vie. Pour Michelet, le Languedoc intérieur et « pierreux » évoque la Palestine. Pour des centaines d'écrivains, la Provence est plus grecque que la Grèce, à moins que la Grèce par excellence ne soit à retrouver sur telle ou telle côte de Sicile. Les îles d'Hyères ne seraient pas déplacées au milieu des Cyclades, sauf qu'elles sont plus verdoyantes [17]. De même, le lac de Tunis évoque la lagune de Chioggia. Le Maroc est une Italie plus brûlée [18].

Partout se retrouve, fille du climat et de l'histoire, la même trinité : le blé, l'olivier, la vigne, soit la même civilisation agraire, la même victoire des hommes sur le milieu physique. Bref, les régions de la mer ne sont pas complémentaires les unes des autres [19]. Elles ont les mêmes greniers, les mêmes celliers, les mêmes moulins à huile, les mêmes outils, les mêmes troupeaux, souvent les mêmes traditions agraires, les mêmes préoccupations quotidiennes. Ce qui prospère ici doit réussir un peu plus loin. Les régions de la mer au XVIe siècle produisent toutes de la cire, de la laine, des cuirs *montonini* ou *vacchini* ; elles cultivent toutes, ou peuvent cultiver le mûrier et élever le ver à soie. Elles sont toutes, sans exception, des patries de la vigne et du vin, même en terre musulmane. Qui plus que le poète d'Islam aura chanté le vin ? A Tor, sur la mer Rouge, il y a des vignes [20] et jusque dans la Perse lointaine où le vin de Chiraz est réputé.

Identité des productions : alors il est possible de se fournir aussi bien dans l'un que dans l'autre des pays de la mer. Il y a, au XVIe siècle, le blé de Sicile et le blé de Thrace : il y a le vin *greco* ou *latino* de Naples, celui-ci plus abondant que celui-là [21], mais aussi ces nombreux fûts de vin que l'on charge à Frontignan ; il y a le riz de Lombardie, mais aussi celui de Valence, celui de Turquie et celui d'Égypte. De même la laine des Balkans et celle d'Afrique du Nord, pour comparer des produits de qualité modeste.

Les pays méditerranéens se concurrencent donc ou devraient se concurrencer : ils ont plus à échanger hors de leur monde climatique qu'à l'intérieur de ses limites. Il est vrai, mais le XVIe siècle est une époque d'échanges peu volumineux, de compensations modestes, à courte distance. Il faut se débrouiller, vaille que vaille, entre voisins, entre régions riches et régions pauvres en hommes, la grande question étant le ravitaillement des villes, en quête de tout ce qui peut se manger et, se mangeant, se transporter sans trop de dommage, depuis les sacs d'amandes de la côte provençale jusqu'aux tonneaux de poisson, de thon ou de viande salée, jusqu'aux sacs de fèves d'Égypte, sans oublier les barils d'huile et le blé, la marchandise convoitée par excellence... L'identité des productions ne gêne donc pas, autant qu'on pourrait le penser, les échanges à l'intérieur de la Méditerranée. Du moins au XVIe siècle.

Humainement, l'unité climatique [22] entraîne bien d'autres conséquences. Très tôt, elle a préparé les voies à la mise en place de civilisations agricoles identiques. A partir du premier millénaire avant le Christ, la civilisation de l'olivier et de la vigne déborda les cadres orientaux de la mer en direction de l'Ouest. Cette uniformisation essentielle a été acquise dès le lointain des âges. La nature et l'homme ont travaillé d'accord.

Par suite, au XVIe siècle, un Méditerranéen, d'où qu'il soit, n'est jamais dépaysé sur les bords de la mer Intérieure. Jadis, oui, aux temps héroïques des premiers voyages phéniciens ou grecs de l'Antiquité, la colonisation a été un drame, mais non par la suite. Coloniser, dès lors, c'est avoir les mêmes arbres, les mêmes plantes, les mêmes paysages devant les yeux, les mêmes nourritures sur sa table ; c'est vivre sous le même ciel, retrouver les saisons familières.

Par contre, dès qu'un Méditerranéen quitte son pays, il se lamente et s'inquiète : ainsi les soldats d'Alexandre quand le Macédonien dépasse la Syrie et fonce vers l'Euphrate [23] ; ou ces Espagnols du XVIe siècle aux Pays-Bas, navrés d'être au « brouilly du Nord ». Pour Alonso Vázquez et les Espagnols de son temps (et sans doute pour ceux de tous les temps), la Flandre, c'est « le pays où ne poussent ni lavande, ni thym, ni figues, ni olives, ni melons, ni amandes ; où le persil, l'oignon, la laitue n'ont ni suc, ni goût ; où l'on prépare les mets, chose incroyable, avec du beurre de vache au lieu d'huile... » [24]. Le cardinal d'Aragon, qui gagne les Pays-Bas, en 1517, avec son cuisinier et son ravitaillement, est du même avis. « A cause du beurre et du laitage dont on use beaucoup en Flandre et en Allemagne, conclut-il, ces pays abondent de lépreux » [25]. Pays étranges en vérité ! Tel ecclésiastique italien, échoué à Bayeux en Normandie durant l'été 1529, se considère *for del mondo* [26].

Voilà qui explique la facilité avec laquelle le Méditerranéen circule de port en port : il ne s'agit jamais de véritable transplantation, tout au plus de déménagement, et le nouveau locataire se sent à l'aise dans la maison où il arrive. Voyez par comparaison ce que sera l'épuisante colonisation du Nouveau Monde pour les

Ibériques ! L'histoire traditionnelle conserve, avec plus ou moins de vraisemblance, le nom de ceux, hommes ou femmes, qui furent les premiers au Pérou ou en Nouvelle Espagne, à faire pousser le blé, l'olivier ou la vigne. Non sans vertu et malgré l'hostilité des climats et des sols, ces Méditerranéens tentèrent de refaire une Méditerranée sous les tropiques. En vain d'ailleurs : la civilisation agraire et alimentaire du pays natal ne devait pas, malgré des succès sporadiques, trouver un terrain favorable dans l'Amérique hispano-portugaise, zone du maïs, du manioc, du pulque, bientôt de l'alcool de sucre... Un des grands ravitaillements transocéaniques, en provenance de l'Ibérie, servira à maintenir artificiellement, dans le Nouveau Monde, cette civilisation alimentaire de la mer Intérieure : d'où ces navires chargés de vin, de farine et d'huile qui quitteront Séville ou Lisbonne pour l'autre rive de l'Océan [27].

Pourtant, c'est l'homme de Méditerranée presque seul qui a provigné dans ces terres nouvelles. Peut-être parce qu'il est d'avance adapté aux rudes conditions d'un climat, celui de la Méditerranée, pas toujours clément à l'organisme humain, de même qu'il est endurci par sa lutte contre les endémies malariennes et le fléau régulier de la peste. Peut-être aussi parce qu'il a toujours été, dans son pays natal, à la grande école de la sobriété et de la frugalité. Le climat faussement accueillant de la Méditerranée est parfois dur et meurtrier. Et c'est lui le filtre qui empêche de se répandre, sur les bords de la mer chaude, les hommes des lointains confins. Ils ont beau arriver en conquérants, barbares d'hier, enrichis d'aujourd'hui : combien de temps résistent-ils « aux été dévorants et à la malaria » [28] ? « Les maîtres viennent et disparaissent, dit Walter Bauer parlant de la Sicile ; les autres restent, et c'est une romance sans paroles » [29], toujours la même.

La sécheresse : fléau de la Méditerranée

Le défaut de ce climat, pour la vie des hommes, vient de la répartition annuelle des pluies. Il pleut beaucoup, il pleut même en certains points démesurément [30]. Mais les pluies arrivent en automne, en hiver, au printemps, principalement en automne et au printemps. C'est l'inverse, en gros, des climats de mousson. Ceux-ci organisent la rencontre fructueuse de la chaleur et de l'eau. Le climat méditerranéen sépare ces importants facteurs de vie, avec les conséquences que l'on devine. Les « cieux de gloire » du semestre d'été ont leurs lourdes contreparties. Partout la sécheresse commande l'arrêt ou le dépérissement des eaux courantes et de l'arrosage naturel : le pays méditerranéen est la zone des *oueds* et des *fiumari*. Elle commande l'arrêt de toute végétation herbacée : d'où la nécessité, pour les cultures comme pour les plantes, de s'adapter à la sécheresse [31], d'utiliser au plus vite et au mieux les précieuses distributions d'eau. Le blé, « plante d'hiver » [32], se hâte de mûrir et d'achever son cycle de vie active dès le mois de mai ou de juin. En Égypte et en Andalousie, dès le mois d'avril [33]. Les oliviers de Tunisie profitent, pour mûrir leurs fruits, des décisives pluies d'automne. Très tôt, semble-t-il, le *dry farming* aura partout été pratiqué empiriquement [34], et pas seulement à partir des expériences phéniciennes. Très tôt l'irrigation avec ses diverses méthodes, en provenance de l'Orient, aura pénétré dans la zone méditerranéenne. Aujourd'hui (voyez la carte de K. Sapper) [35] la limite de la *Kunstbewasserung* est sensiblement la limite du climat méditerranéen... Par les mêmes chemins que ces techniques hydrauliques seront venues en Méditerranée nombre de plantes (herbacées ou arbustives) depuis longtemps adaptées aux pays secs. Au premier millénaire avant Jésus, s'opère, nous l'avons déjà dit, un large déplacement des cultures de la vigne et de l'olivier, de l'Est vers l'Ouest de la mer [36]. La Méditerranée, par son climat, est prédestinée aux cultures arbustives. Autant qu'un jardin, elle est le pays des arbres nourriciers, providentiels...

Par contre, son climat n'a pas favorisé les arbres ordinaires et les formations forestières. Ou du moins il ne les a pas garantis. Très tôt la forêt, formation primitive de l'espace méditerranéen, a été attaquée par l'homme, et largement, trop largement éclaircie. Elle s'est reconstituée mal, ou point. D'où la place prise par les garrigues et les maquis, formes dégradées de la forêt. Par rapport aux Nords européens, la Méditerranée a donc été très tôt un pays décharné. Quand Chateaubriand traverse la Morée, elle est « presque entièrement dépourvue d'arbres »[37]. De l'Herzégovine nue, pierreuse, à la Bosnie vêtue de forêts, ne passe-t-on pas, comme l'a remarqué Jean Brunhes, d'un monde à un autre monde[38] ? Presque partout le bois sera cher[39], parfois très cher. A Medina del Campo, « plus riche de foires que de *montes* » (entendez de montagnes boisées), cet humaniste, Antonio de Guevara, qui réfléchit à son budget, de conclure : « si bien que tout compte fait, le bois nous coûte autant que ce qui a bouilli dans la marmite »[40].

Autre conséquence : la rareté, en Méditerranée, des vrais pâturages. Elle entraîne le petit nombre des bovins si utiles à une agriculture riche, fondée sur l'emploi nécessaire des engrais, comme dans les pays du Nord, où le sol lessivé par les pluies perd ses éléments fertiles dont la sécheresse méditerranéenne, il est vrai, s'affirme meilleure gardienne. On ne rencontre les bovins de façon massive qu'en Égypte et dans les Balkans humides, sur les marges nordiques de la Méditerranée ou dans les hautes terres mieux arrosées que les autres. Chèvres et moutons (ceux-ci élevés plus encore pour leur laine que pour leur chair) ne compensent pas le déficit du ravitaillement en viande. Retenons un instant le discours amusant que Rabelais prête à un moine d'Amiens « tout fasché » et qui, avec ses compagnons de voyage contemple les beautés de Florence. « Dedans Amiens, explique-t-il, en moins de chemin quatre fois, voyre trois qu'avons faict en noz contemplations, je vous pourrions monstrer plus de quatorze rostisseries antiques et aromatisantes. Je ne sçay quel plaisir avez prins voyants les lyons et africanos (ainsi nommiez-vous, ce me semble, ce qu'ils appellent tygres) près le beffroy, pareillement voyants les porcs espics et autruches au palais du seigneur Philippe de Strozzy. Par foy, mes

Fieulx, j'aymerais mieulx voir un bon et gras oizon en broche... »[41]. A propos de la Méditerranée, un géographe m'écrivait en s'amusant : « Pas assez de viande et trop d'os »[42].

Pour l'homme du Nord, déjà au XVIe siècle, le bétail de la Méditerranée semble déficient, les bœufs trop souvent étiques, les moutons de peu de poids. « En 1577, Montmorency et son armée mangent 8 000 moutons en provenance de tout le Bas-Languedoc. Poids moyen, « l'ung portant l'autre » 30 livres la bête, soit 12 kg (d'aujourd'hui). C'est misérable et l'animal ne vaut presque rien : 4 livres la pièce, soit un peu plus d'un écu le mouton... »[43]. A Valladolid, le calcul sur 11 312 moutons abattus du 23 juin au 5 décembre 1586 donne en moyenne 11,960 kg de viande par bête (26 livres castillanes). De même, pour 2 302 bœufs abattus durant la même période, la viande fournie à l'unité est de 148,12 kg (322 livres castillanes)[44]. Donc des bêtes pas assez lourdes. De même, pour les chevaux. Il y a de très beaux chevaux en Méditerranée, turcs, genets de Naples, coursiers d'Andalousie, barbes d'Afrique du Nord, mais ce sont des chevaux de selle, vifs, rapides, dont la mode va passer avec le siècle suivant qui verra le succès des gros chevaux, des ânes et mulets du Nord. De plus en plus, pour les relais de poste, les carrosses dont la vogue va s'affirmer, les voitures, les affûts et avant-trains d'artillerie, la force des bêtes va devenir le critère décisif... Dantiscus, qui vient de débarquer, le 4 décembre 1522, à Codalia sur la côte cantabre, se met en route vers León avec six chevaux de charge *non tamen tam bonis*, écrit-il, *ut sunt apud nos qui plumbum ferunt ex Cracovia in Hungariam...* »[45]. La comparaison avec les chevaux qui transportent le plomb de Cracovie en Hongrie est trop spontanée pour cacher une erreur. D'ailleurs, ces chevaux du Midi, que mangent-ils ? L'avoine vient seulement de faire son apparition dans certaines régions, comme le Languedoc[46], et l'orge est disputée aux bêtes par les humains. Plaignons ces chevaux de France qui, la frontière d'Espagne une fois passée, se mettent à hennir de mécontentement, nous dit Barthélemy Joly, de se voir soumis dès lors à l'ordinaire de la paille « courte mal appétissante »[47].

Sans vouloir tout expliquer par là, notons que si l'araire qui égratigne le sol se maintient dans les terroirs de Méditerranée, ce n'est pas seulement à cause de la faible épaisseur du sol meuble, de sa fragilité, c'est que les attelages de bœufs ou de mulets n'ont pas la vigueur suffisante. On multiplie les labours superficiels, les « raies » jusqu'à sept et huit par an[48]. Le mieux, l'avenir l'a prouvé, eût été de labourer plus profondément comme dans le Nord, où la charrue à roues et à avant-train mobile est un gros instrument de progrès. Dans le Languedoc la pseudo-charrue imitée du Nord, la « mousse », ne remplira pas ce rôle et se diffusera mal[49]. Pauvres *aratores* du Languedoc, ils « ont beau gratter inlassablement la jachère, ils ne font pas le poids... » face aux gros « charrueurs » de l'Ile-de-France ou de la Picardie[50].

Au vrai, la Méditerranée lutte contre une pauvreté fondamentale que les circonstances aggravent, sans la créer à elles seules. La vie est précaire en dépit des facilités apparentes ou réelles. Chacun se laisse prendre à sa douceur, à sa beauté tant vantées. Chacun — quelquefois même un géographe aussi averti que Philippson — fait comme ces voyageurs venus du Nord et qu'éblouissent le soleil, les couleurs, la tiédeur, les roses d'hiver, les fruits précoces. Comme Gœthe s'étonnant à Vicence de la vie populaire de la rue, avec ses boutiques largement ouvertes, et rêvant de rapporter chez lui un peu de l'air éclatant du Sud. Quoi qu'on sache, on a du mal à associer ces paysages de lumière, de gaieté, à des images de misère, de peine physique. En réalité, l'homme de Méditerranée tire de son effort, péniblement, le pain de tous les jours. D'énormes espaces restent incultes, de peu d'utilité. La terre nourricière est soumise presque partout à l'assolement biennal qui exclut les grosses productivités. Michelet, une fois de plus et mieux que tous les autres, a compris la rudesse foncière de toutes ces terres, à commencer par notre Provence.

De cette pauvreté, il y a un signe apparent : une frugalité qui n'a jamais manqué de frapper l'homme du Nord. Le Flamand Busbec, se trouvant en Anatolie, écrivait en 1555 : « je crois que sans blesser la vérité, je puis vous assurer que la dépense d'un Flamand d'un jour suffirait pour faire vivre un Turc pendant douze... Les Turcs ignorent la cuisine et tout ce qui en dépend ; ils sont sobres à l'excès et peu sensuels sur les mets ; s'ils ont du sel, du pain, de l'ail, ou un oignon avec un peu de lait aigre, ils ne demandent rien de plus, ils en font un ragoût... Souvent, ils se contentent de mêler de l'eau bien froide avec du lait ; ils satisfont avec cela leur appétit et éteignent leur soif ardente que les grandes chaleurs leur causent »[51]. On a souvent noté cette sobriété comme l'une des forces du soldat turc en campagne, à qui suffit un peu de riz, de poudre de viande séchée au soleil et de pain grossièrement cuit sous la cendre[52]. Le soldat occidental était plus exigeant, peut-être à cause de l'exemple de nombreux Allemands et Suisses[53].

Mais le paysan et même le citadin grec, italien, espagnol sont-ils beaucoup plus difficiles que ces Turcs dont Théophile Gautier notait, lui aussi, il y a un siècle encore, les frugales nourritures, s'étonnant que les beaux *caïdjis*, musclés par le dur métier de rameur, pussent passer des journées sur leurs caïques en se nourrissant presque exclusivement de concombres crus[54] ? « A Murcie, écrit Alexandre de Laborde dans son *Itinéraire descriptif de l'Espagne* (1828), on ne saurait trouver une servante pendant l'été, et beaucoup de celles qui sont placées quittent leurs conditions à l'entrée de la belle saison. Alors, elles se procurent aisément de la salade, quelques fruits, des melons, surtout du piment. Ces denrées suffisent à leur nourriture »[55]. « J'invitai tout le monde à souper », écrit Montaigne qui ajoute (la scène se passe aux Bains de Lucques) « parce qu'en Italie les festins ne sont autre chose qu'un de nos repas bien légers de France »[56].

Commynes en revanche s'extasie sur l'abondance de toutes choses à Venise. Il a l'excuse d'être un étranger.

Et Venise est Venise, une ville privilégiée pour les nourritures. Bandello lui-même s'est laissé éblouir par les marchés de la ville, par « *l'abbondanza grandissima d'ogni sorte di cose da mangiare* [57], et son témoignage n'est pas à mettre en doute. Mais ce marché luxueux d'une ville richissime, bien située, nous savons combien il est difficile à ravitailler, quelles inquiétudes, quelle vigilance il impose à la Seigneurie.

A-t-on remarqué, dans les littératures de Méditerranée, la petite place des bombances et des ripailles ? Les descriptions de repas — à moins, bien sûr, qu'il ne s'agisse de tables princières — ne parlent jamais d'abondance [58]. Dans les nouvelles de Bandello, un bon repas c'est quelques légumes, un peu de cervelas de Bologne, du gras double et un coup de vin. Le ventre creux, dans la littérature espagnole du Siècle d'Or, est un personnage familier. C'est l'ultraclassique Lazarillo de Tormes ou son frère en *picardía* Guzmán de Alfarache, mangeant un gros quignon de pain dur sans laisser à terre la moindre miette de politesse pour les fourmis [59]. « Que Dieu te libère de la peste qui descend de Castille, s'entend dire le même Guzmán, et de la famine qui monte d'Andalousie » [60]. Faut-il rappeler les menus de Don Quichotte ou ce proverbe : « Si l'alouette veut traverser la Castille, il faut qu'elle emporte son grain avec elle » [61] ?

Si divers que soient les compléments que le jardin, les vergers ou les fruits de mer peuvent fournir, c'est d'une table mal garnie qu'il s'agit toujours, même aujourd'hui, d'un régime « à la limite de la sous-alimentation dans bien des cas » [62]. Cette frugalité n'est pas vertu ou manque de « sensualité », pour parler comme Busbec, mais nécessité.

De la pauvreté qu'il impose à ses peuples, le sol méditerranéen est aussi responsable, avec ses calcaires infertiles, ses vastes étendues frappées par la malédiction du sel, les campagnes couvertes de « nitre » dont parlait Belon du Mans [63], ses rares dépôts meubles, la précarité des sols arables. Les minces couches superficielles de terre, que seul le médiocre araire de bois égratigne, sont à la merci du vent ou des eaux torrentielles. Elles ne subsistent que par un effort des hommes... Dans ces conditions, que la vigilance paysanne se démente au cours de troubles prolongés, et ce n'est pas la seule paysannerie qui disparaît, mais le sol nourricier lui-même. Pendant les troubles de la guerre de Trente Ans, le peuple paysan d'Allemagne sera décimé, mais la terre restera et, avec elle, les possibilités d'une reconstruction. Supériorité du Nord. En Méditerranée, le sol meurt quand il n'est plus protégé par les cultures : le désert guette la terre labourable et ne lâche plus prise. C'est miracle quand il est conservé ou reconstitué par le travail paysan. Les chiffres actuels le disent : en dehors des bois, des pâturages et des régions spécifiquement improductives, la terre cultivée représentait, vers 1900, 46 p. 100 du sol, en Italie ; 39,1 p. 100, en Espagne ; 34,1 p. 100, au Portugal et 18,6 p. 100 seulement, en Grèce. A Rhodes, sur 144 000 ha, 84 000 sont aujourd'hui incultes [64]. Sur les rives Sud de la mer, les chiffres seraient encore plus catastrophiques.

Mais les terres cultivées elles-mêmes, que rendent-elles ? Fort peu, sauf conditions exceptionnelles (arrosage par exemple) ; de cela le climat est responsable.

Plus qu'ailleurs, en Méditerranée, les récoltes sont à la merci d'éléments instables. Que le vent du Sud souffle à la veille des moissons et le blé sèche avant d'avoir mûri complètement, et atteint sa grosseur normale ; ou bien, s'il est déjà mûr, il s'égrène : en Espagne pour éviter ce malheur, le paysan moissonne souvent la nuit à la fraîche, le grain trop sec coulant au sol pendant le jour [65]. Que les inondations dévastent les basses terres l'hiver, et les semences sont compromises. Que le ciel s'éclaircisse trop vite avec le printemps, et la récolte dont la maturité est déjà avancée gèle, parfois irrémédiablement. On n'est jamais sûr, jusqu'au dernier instant, de la moisson. Fin janvier 1574, les récoltes s'annoncent belles à Candie ; les pluies ont été abondantes et on a semé plus qu'à l'ordinaire. Mais, ajoute notre informateur, tout ne peut-il pas s'évanouir de ces belles espérances, dans ces pays soumis « à des brouillards pestiférés qui brûlent le grain »[66] ? Ces violents coups de vent du Sud qu'on redoute dans l'Archipel ruinent souvent, à Corfou, les récoltes mûres[67], c'est eux que l'on craint aujourd'hui encore dans toute l'Afrique du Nord céréalicole, le *sirocco* contre lequel on ne peut rien et qui, en trois jours, peut tout détruire du travail d'une année. Ajoutons à cette liste des catastrophes qui menacent un champ de Méditerranée le fléau des sauterelles, autrement virulent hier qu'aujourd'hui[68].

Il est rare qu'une récolte échappe successivement à tous les dangers qui la guettent. Les rendements sont faibles et, vue la superficie restreinte des emblavures, la Méditerranée est toujours au bord de la famine. Il suffit de quelques sautes de température, d'un manque de pluie pour que la vie des hommes soit mise en péril. Tout change alors, même la politique. S'il n'y a pas promesse d'une récolte suffisante en orge sur les confins de Hongrie (on sait que, pour la Méditerranée, l'orge est l'équivalent de l'avoine nordique), on est sûr que le Grand Seigneur n'y poursuivra pas une guerre active : comment nourrirait-il les chevaux des spahis ? Si le blé manque en même temps — et la chose n'est pas rare — dans les trois ou quatre greniers de la mer, quels que soient les plans belliqueux conçus pendant l'hiver ou le printemps, la grande guerre chômera obligatoirement à l'époque des récoltes, qui est aussi celle des calmes maritimes et des grandes opérations navales. Aussitôt, le brigandage paysan et la piraterie maritime redoubleront de violence. Dans ces conditions s'étonnera-t-on que le seul détail de vie quotidienne régulièrement noté dans les grandes correspondances politiques, concerne les récoltes ? Il a plu, il n'a pas plu, les blés n'ont pas bien levé ; les pronostics en Sicile sont satisfaisants, mais la récolte de Turquie n'est pas bonne, le Grand Seigneur ne laissera sûrement pas sortir de blé. Cette année sera-t-elle, ou non, une année de disette, de *carestia*, de « cherté » comme on disait ?

Les lettres que le majordome Francisco Osorio écrivait à Philippe II en 1558, disent longuement au roi, exilé dans le Nord, le temps qu'il fait dans la Péninsule.

Quelle attention, chez ce citadin de Valladolid, à la couleur du ciel, à l'état des récoltes, au prix du pain ! 13 mars 1558 : « ... depuis deux jours, écrit-il, le temps ici a été clair, avec beaucoup de soleil et de vent. Il n'a pas plu depuis le milieu de janvier. Le prix du pain a quelque peu monté et on a fait une « pragmatique » pour en fixer le cours à l'avenir. Depuis qu'elle a été publiée l'autre jour, le ciel s'est couvert de nuages. Voilà qui laisse espérer sûrement de la pluie pour avril. En Andalousie et en Estrémadure, comme dans le Royaume de Tolède, il a plu et le temps est très prospère : le prix du pain y a beaucoup baissé »[69]. 30 octobre 1558 : « La récolte est abondante en blé, il y a moyennement de vin dans tout le Royaume, les semences sont bien parties partout. Le 26, il a neigé ici toute une matinée à gros flocons. Ensuite, il a largement plu, voilà qui profitera grandement aux semences. D'après le temps qu'il fait ici, je suis bien certain qu'à Bruxelles, il ne saurait faire très chaud. Le prix du pain a baissé dans tout le Royaume »[70].

Philippe II minutieusement tenu au courant des fluctuations du temps, dès l'époque des semailles ; le prix du pain baissant et montant selon les pluies ; ces détails consignés dans des correspondances où l'on cherche en vain d'autres précisions d'histoire économique : tout cela est révélateur de la situation alimentaire dans la Méditerranée du XVIe siècle. Non point simple problème « économique », mais problème vital.

C'est que la famine, la vraie famine qui fait mourir les gens dans les rues est une réalité. En 1521, raconte le Vénitien Navagero, « il y eut une telle famine en Andalousie que d'innombrables animaux moururent et que le pays demeura désert ; quantité de gens moururent aussi. Il y eut une telle sécheresse que les blés se perdirent et qu'on ne trouvait même plus la moindre herbe dans les champs ; cette année-là, disparurent en bonne partie les races de chevaux d'Andalousie et jusqu'à aujourd'hui (1525), elles n'ont pas été reconstituées »[71]. Exemple extrême ! Mais c'est sans fin, au fil des années, qu'on enregistre des *carestie*, que chaque gouvernement se met en chasse de blé et doit organiser des distributions publiques pour empêcher, sans toujours y parvenir, que les gens ne meurent de faim. Durant la seconde moitié du siècle, une crise particulièrement grave affecta toute la Méditerranée de 1586 à 1591, et cette crise ouvrit la Méditerranée aux navires du Nord européen. Même par année normale, la vie n'est jamais facile, ni très abondante. Songez que les Toscans de la fin du XVIe siècle, riches en labours, en vignobles, en mûriers, *con tutto ciò non raccolgono vettovaglie per un terzo dell'anno*[72] ! Ou pesez cette phrase, dans le récit de Guzman : « l'année était stérile par suite de la sécheresse. Séville en souffrait beaucoup, elle qui traverse laborieusement même les années de prospérité... »

Au cœur de l'histoire méditerranéenne jouent ces contraintes : la pauvreté, l'incertitude du lendemain. Telles sont peut-être les raisons de la sagesse, de la frugalité, de l'industrie des hommes, les motifs aussi de certains impérialismes, comme instinctifs, qui ne sont parfois pas autre chose que le besoin du pain quotidien. La Méditerranée a dû, pour suppléer à ses faiblesses, agir, aller hors de chez elle, mettre à contribution les pays lointains, s'associer à leurs économies. Et, ce faisant, agrandir considérablement son histoire.

2. Les saisons

Le climat de la mer, avec ses deux saisons tranchées, fait vivre le corps méditerranéen sur deux phases différentes, ramenées chaque année avec monotonie, comme si les Méditerranéens prenaient leurs quartiers d'hiver, puis leurs quartiers d'été, et ainsi de suite. Les notes innombrables qui nous parlent de la qualité et de la couleur du temps peuvent se classer sans tenir compte du millésime de l'année : les mois seuls importent et c'est, à peu de chose près, toujours la même histoire. Les « portes de l'année » s'ouvrent et se ferment comme prévu. Les portes de l'année, ainsi appelle-t-on, en Kabylie, les solstices et les équinoxes. « Chaque fois, une nouvelle saison s'ouvre pour les hommes, avec sa fortune : pain d'orge ou famine »[73].

Les haltes de l'hiver

L'hiver commence tôt, finit tard ; on l'appréhende et l'on ne croit jamais qu'il ait pris fin. On l'attend avant l'heure du calendrier, comme le conseille la sagesse. 9 septembre : *essendo hormai il fine dell'estate*, dit un document du Sénat vénitien ; puis, 20 septembre : *venendo hora il tempo del inverno* ; 23 septembre : *approximandose el tempo del inverno*[74]... Le problème ? ne pas se laisser surprendre, désarmer à temps les *galee grosse*, les naves, les galères subtiles, renvoyer les soldats en surnombre... Chacun personnellement doit alors veiller à sa santé, qu'au moindre accroc, compromettra la *malignità de la stagione*. Une suite commence de calamités, d'épreuves, de restrictions, de mises en veilleuse ; c'est *la stagione horrida*, dure aux hommes et aux choses : pluies continuelles, *di e note*, inondations qui n'épargnent ni les campagnes, ni les villes, chutes intempestives de neige, orages, tempêtes en mer et le froid cruel à tous, surtout aux pauvres, *incommodo omnium et maxime pauperum*[75]. Les hôpitaux vont se remplir de misérables. Et puis, l'on ne sait jamais ce qui peut survenir, même quand les arbres se couvrent à nouveau de fleurs, ou que les plaines, près de Montpellier, sont déjà bleues de jacinthes[76]. Le 15 avril 1594, à Bologne, cinq jours après Pâques, « est tombée une grosse neige après le début déjà d'un beau printemps, sur tous les arbres en fleurs. Que Dieu nous vienne en aide ! »[77]. Le 23 mai 1633, à Florence, après la pluie du 21, surgit un coup de froid tel qu'il faut faire du feu, *come per li gran freddi di gennaio*, et la montagne est couverte de neige[78]...

De toutes les vies qui se replient alors, la plus touchée, la plus immobilisée est celle des champs[79]. Le paysan se repose par force, cependant, disait déjà Aristophane, que Zeus mouille la terre[80]. Durant les éclaircies, il sème l'orge, s'il ne l'a fait dès octobre, le blé en décembre et, au début du printemps, le maïs. Mais celui-ci, au XVIe siècle, ne fait qu'arriver d'Amérique. Ce sont là petites tâches au demeurant, qui ne demandent pas le travail en masse de l'été ou l'aide des voisins, le travail *por favor*, comme l'on dit au Portugal. Même si l'on y ajoute les semis de légumes et quelques labours, l'hiver ménage des loisirs et quelques fêtes. C'en est une, en pays chrétien, que de tuer le cochon, en décembre... Boccace en parle dans ses nouvelles [81]. Au mois de janvier, dans les montagnes kabyles, au solstice d'hiver, avec les fêtes de l'*Ennayer* qui marque la séparation entre les cycles solaires, les repas copieux, prolongés tard dans la nuit, consomment de précieuses réserves, mais il faut par cette gloutonnerie prodigue se concilier l'année qui vient [82].

Bloqués par les neiges, la plupart des massifs montagneux sont délaissés au bénéfice des terres basses par les troupeaux et les bergers. Les montagnards qui restent chez eux ont vendu, aux foires d'automne, les jeunes bêtes qu'ils ne pouvaient plus nourrir. Ainsi, aujourd'hui encore, à la bordure des Pyrénées [83] et sans doute est-ce pour cette même raison que le veau et l'agneau se vendaient à bon compte, aux bains de Lucques, quand Montaigne y passa en 1581 [84]. Abandonnée par le berger, la montagne l'est souvent par le voyageur : à travers les hauts pays enneigés, on risque de se perdre corps et biens : « Sire, écrit de Constantinople l'ambassadeur de France, le 12 février 1578 [85], les neiges ont esté icy si continuelles et grandes durant cinquante jours qu'elles m'ont tenu assiégé et gardé de partir la semaine passée comme je l'avois résolu. » Gédoyn « le Turc », consul français à Alep, en 1624, a relaté les péripéties de son voyage à travers les montagnes balkaniques en hiver : peu s'en fallut qu'il ne crevât de froid ou ne finît sous la dent des ours et des loups [86]. Dans l'Atlas marocain, explique Léon l'Africain, les marchands qui rapportent les dattes du Sud à partir d'octobre, sont surpris souvent par les extraordinaires tourmentes de neige de la montagne. Nul n'en réchappe. Les arbres eux-mêmes sont ensevelis sous l'énorme linceul [87].

Alors, dans les bas pays, la circulation est souvent

pénible ; avec les pluies continuelles, les fleuves débordent, rompent les ponts « si bien, raconte Bandello au début d'une de ses nouvelles, que nos Mantouans qui ont leurs propriétés de ce côté-là du Pô, ne peuvent se prévaloir ni des vivres, ni des biens de leurs domaines »[88]. En octobre 1595, le fleuve croît tellement que « les Ferrarais en armes s'apprêtent à ouvrir une brèche dans les digues, de notre côté », écrit un Vénitien[89]. Une autre fois, c'est le Tibre qui déborde : en 1598, il emporte la moitié du pont « Aemilius » déjà réparé en 1575[90]. En 1594, c'est l'Arno. Cette année-là, en Toscane, les cours d'eau ont été pris par les glaces et tous les arbres fruitiers gelés, une fois de plus[91]. Certains hivers particulièrement rigoureux, les canaux gèlent à Venise[92]. Dans la meilleure éventualité, les voyageurs sont toujours aux prises, en hiver, au XVIe siècle, avec des routes affreusement détrempées, coupées de fondrières, impraticables sous les neiges et pluies continuelles, comme celles d'Espagne, en février 1581[93] ou celles des Balkans en décembre 1592[94], celles-ci, hier encore, « si boueuses qu'on a peine à reconnaître la couleur des vêtements du voyageur »[95].

L'arrêt de la navigation

La mer elle aussi devient hostile. A tel point que la navigation chômait. A l'époque romaine, d'octobre à avril, ordre était donné aux navires d'hiverner. Ainsi le conseillait la prudence des navigateurs[96]. A propos des voyages en mer de l'apôtre Paul, on apprend que le *Boniportus* de Crète n'était pas apte *ad hiemandum*[97] et que le navire alexandrin qui transportera Paul avait hiverné à Malte[98]. Des siècles plus tard, se retrouvent des stipulations analogues dans les codes maritimes des villes médiévales, dans le *Constitutum Usus* de Pise en 1160[99], où l'inaction obligatoire est fixée de la fête de saint André aux calendes de mars (*tempore hyemali post festum Sancti Andreæ... ante kalendas Martii*), dans le statut maritime de 1284, à Venise[100], dans le statut maritime d'Ancône, en 1387[101]. Le législateur a maintenu, des siècles durant, la précaution et la défense dictées par l'expérience. Jusqu'à la fin du XVIIIe siècle, les Levantins ne naviguèrent que de la Saint-Georges (5 mai) à la Saint-Dimitri (26 octobre)[102].

Pourtant, à partir de 1450, les victoires que remporte la navigation sur l'obstacle de l'hiver se multiplient. Mais il ne s'agit là que de victoires encore partielles, toujours grosses de dangers. Des naufrages retentissants rappellent, chaque année, la puissance de l'hiver. A tel point que Venise reédicte, en 1569, les défenses de jadis, atténuées certes puisqu'elles n'interdisent plus de voyages sur mer que du 15 novembre au 20 janvier, *su'l cuor dell'invernata*[103]. Il est évidemment impossible de revenir en arrière en pareille matière. Ces nouvelles lois furent si mal observées que la Seigneurie dut les réitérer, en 1598[104]. La mesure est tout de même symptomatique, elle indique le prix qu'à cette époque encore, l'hiver coûtait chaque année à la navigation. Le 1er décembre 1521, par vent « greco », beaucoup de navires sombraient en Adriatique, l'un chargé de grains dans le port même de Raguse[105] ; le 11 novembre 1538, d'un seul coup, 38 galères de Barberousse étaient jetées à la côte et brisées par la mer furieuse, ce qui en réchappait, hommes et biens, tué ou pillé par les Albanais[106] ; le 9 novembre 1544, sept naves ragusaines étaient victimes de la tempête[107] ; en janvier 1545, un coup de *greco tramontana* coulait cinquante vaisseaux en Adriatique, dont trois naves vénitiennes allant vers la Syrie avec plus de 100 000 ducats à bord[108] ; le 29 décembre 1570, au cours de la plus « grande fortune » survenue en Adriatique, deux navires chargés de blé coulaient dans le port même de Raguse[109]. Et que d'autres faits analogues : toute la flotte des galères d'Espagne engloutie dans la baie de la Herradura, en octobre 1562 ; une centaine de navires, douze galères jetés à la côte par les furies de la mer, devant Constantinople, en octobre 1575[110] !

Qui navigue l'hiver doit se savoir à la merci des éléments, être en alerte, s'attendre à voir s'allumer, sur son navire, les nuits de gros temps, les fanaux de tempête, les *fanales de borrasca* dont parle Guzmán de

20. — Au lieu d'arriver en Espagne, aboutir à Tabarca, janvier 1597

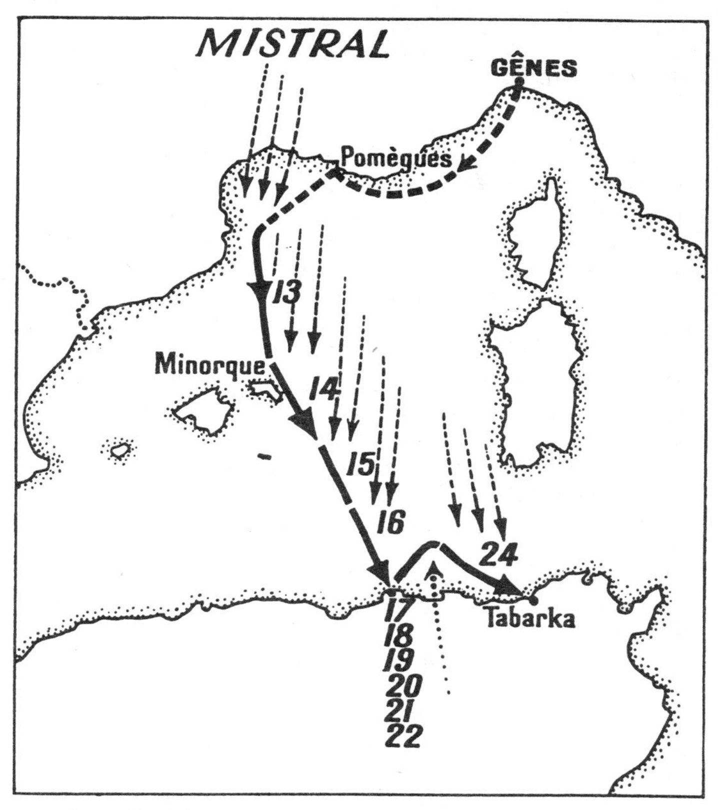

Cesare Giustiniano s'embarque à Gênes sur une galère de la République. Il a relâché à Pomègues, petite île en face de Marseille, et a traversé le golfe du Lion quand le mistral le surprend à la hauteur du cap de Creus. Au lieu de gagner l'Espagne, où il va représenter sa République comme ambassadeur auprès de Philippe II (donc au lendemain même de la banqueroute de 1596 qui a frappé si durement les hommes d'affaires génois), il est poussé par la tempête droit vers le Sud. La galère touche une anse déserte de la côte africaine, entre Djidjelli et Collo, et y séjourne six jours, sans dommage. Il lui est impossible de reprendre la route du Nord et force lui sera de gagner l'île génoise de Tabarca (l'orthographe fautive n'a pu être corrigée sur le croquis). La galère est hors d'usage, c'est sur un bateau marchand que Cesare Giustiniano gagnera la Sardaigne, puis enfin l'Espagne. D'après les lettres de Cesare Giustiniano, A.d.S. Gênes, Lettere Principi.

Alfarache[111]. Les voyages, étant plus longs et mouvementés qu'en été, deviennent rares pendant la mauvaise saison. Au début du XIXe siècle encore, à Venise ou à Odessa, les départs s'espaçaient aux environs d'octobre[112]. A plus forte raison au XVIe siècle.

Sans doute, par jour clair, sur de petites distances, les barques peuvent se hasarder, pour des voyages de quelques heures. Les grosses naves, capables de lutter contre l'hiver, réalisent, malgré le gros temps, des voyages que la saison ne rend que plus fructueux. Mais, dans l'ensemble, le ralentissement de la navigation est net. Quant aux galères, elles demeurent complètement immobiles, au plus creux des ports, sous les *volte* des arsenaux, bien abritées à terre, au sec, cependant que les chiourmes croupissent à moitié inactives. Marcel Mauss, qui s'est occupé de l'incidence de l'hiver sur la vie religieuse et sociale (celle des Esquimaux, il est vrai), s'amuserait d'un passage de l'*Itinéraire* de Chateaubriand. Les Capucins français, y est-il dit, « ont leur principale résidence à Napoli (de Romanie en Morée) à cause que les galères des beys y vont hiverner... ordinairement depuis le mois de novembre jusqu'à la fête de saint Georges, qui est le jour où elles se remettent en mer : elles sont remplies de forçats chrétiens qui ont besoin d'être instruits et encouragés et c'est à quoi s'occupe, avec autant de zèle que de fruit, le Père Barnabé de Paris qui est présentement Supérieur de la Maison d'Athènes et de la Morée »[113]. Notez que nous sommes en 1806, que les galères, en Occident, ont pratiquement disparu, mais, pour celles qui demeurent à Malte ou en Orient, le déterminisme géographique subsiste, tel qu'il s'imposait à l'époque de Soliman le Magnifique.

Au XVIe siècle, les armadas, les fustes ou les galères des corsaires sont soumises à l'hivernage. En un mois de décembre quelconque (peut-être de l'année 1580), « tous les corsaires, raconte Haedo, hivernaient hors d'Alger ou avaient leurs bateaux désarmés dans le port »[114]. De même, en décembre 1579, au témoignage du même Haedo, le reis Mami Arnaut hivernait *en el rio de Bona*[115], dans la rivière de Bône, l'embouchure de la Seybouse...

Pour les escadres, le gouvernement espagnol n'a que trop tendance à utiliser les siennes à l'arrière-saison, assuré qu'il est, alors, du repli des armadas turques. Ainsi font les corsaires, lorsqu'ils jugent que le jeu en vaut la chandelle, le risque de la mer n'étant pas plus redoutable, après tout, que la rencontre des grosses armadas durant l'été. Mais les marins au service de l'Espagne ne cessent de protester au sujet de ces voyages d'hiver. « Le zèle pour le service de V. M. m'oblige à dire », écrit en août 1561 le prince de Melfi, alors général de la mer de Philippe II et qui prend ses précautions, « que faire naviguer les galères en hiver, c'est les mettre en péril de se perdre et d'autant plus au long de l'interminable côte d'Espagne, si dépourvue de ports. Si elles en réchappent, la chiourme s'y perdra... si bien qu'elles ne pourront servir à temps (à la nouvelle saison) »[116].

Non, la guerre des galères n'est pas possible durant l'hiver, vérité que les hommes de métier doivent répéter aux maîtres de la politique, sourds à leurs observations. Don Garcia de Toledo, lui aussi *general de la mar* de Philippe II, dit ses raisons, en novembre 1564, pour ne pas lancer sa flotte contre la Corse révoltée, ce que Gênes lui demande. « C'est une vérité et clairement établie, écrit-il[117] à l'ambassadeur espagnol à Gênes, Figueroa, que toutes les expéditions maritimes d'hiver ne sont que de l'argent dépensé en pure perte... On gaspillera de l'argent sans en retirer le moindre fruit, comme cela s'est déjà produit en d'autres occasions et se reproduira à perpétuité si l'on entreprend quoi que ce soit en cette saison-là. » On risque en plus (les troupes à bord qui viennent de l'entreprise du Peñón de Velez étant fatiguées) de compromettre les opérations du printemps et donc de prendre la proie pour l'ombre, ou plutôt, pour traduire fidèlement, « de prendre le pigeon par la queue quand on pourrait l'attraper par la tête ». Même s'il ne s'agissait que d'une promenade militaire, elle serait dangereuse : traverser le canal de

21. — Un coup de mistral, le 19 avril 1569 et les jours suivants

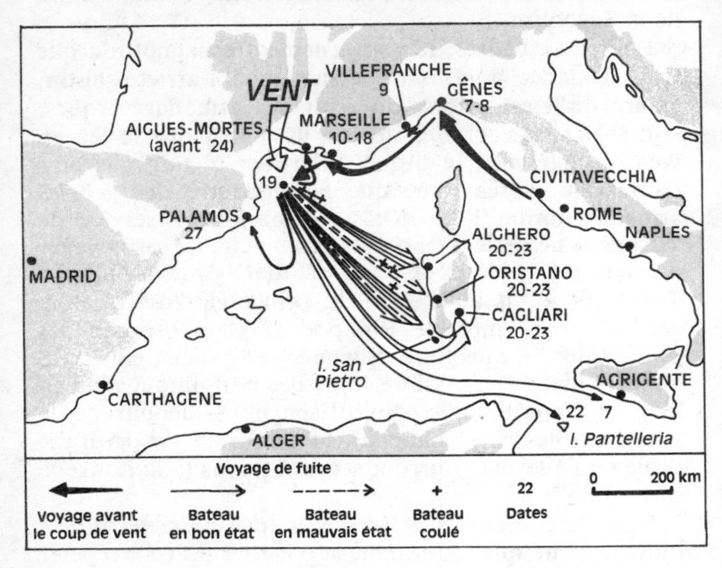

L'escadre des galères du Grand Commandeur de Castille, Don Luis de Requesens, gagne les côtes d'Espagne. Son but ? atteindre le littoral du Royaume de Grenade dont la frontière commence au Sud-Ouest de Carthagène et où les Morisques se sont soulevés dans la nuit de Noël de l'année précédente ; les galères intercepteront alors les raids des Barbaresques qui ravitaillent les insurgés en armes et en hommes. Le mistral surprend l'escadre dans le golfe du Lion et rejette la majeure partie des galères vers les côtes de Sardaigne. A noter le voyage, contre le vent, d'une galère qui gagne Aiguesmortes ; l'arrivée, le 27, de la galère de Don Luis de Requesens, à Palamos où il a été précédé par des soldats qui ont quitté l'escadre à Marseille et ont gagné l'Espagne à pied ; les deux voyages qui conduisent une galère à Pantelleria et l'autre à Agrigente où elle arrive le 7 mai. Ce croquis a été dressé d'après les nombreux documents que j'ai examinés et résumés à Simancas et dont J. Gentil da Silva et Jacques Bertin ont dégagé l'esquisse cartographique que nous reproduisons. Il eût été possible de cartographier aussi de quelle façon l'événement a été repéré et signalé. En l'occurrence le premier rôle dans l'information transmise vers l'Espagne a été tenu par Gênes.

Piombino « est une navigation terriblement longue, incertaine et périlleuse ».

Malheur en somme aux galères qui n'observent pas la règle. Trop basses sur l'eau, elles sont incapables de résister à la houle creuse et aux tempêtes [118]. On devine les raisons pour lesquelles Charles Quint a essayé de surprendre Alger, en octobre 1541. Mais il a été victime de la saison choisie, de cette époque « que les Maures appellent *Cassem*, ce qui veut dire section et indique le passage de la belle saison à la mauvaise » [119]. En janvier 1554, les galères de France, sous Piero Strozzi, quittent Marseille pour les plages romaines, elles sont accompagnées par des barques chargées de farine. Une bourrasque engloutit quelques-unes de ces barques et une galère, les autres sont éparpillées et regagnent Marseille sans rames et sans voiles [120]. Nous reviendrons, en temps voulu, sur la catastrophe de la Herradura, dans cette baie ouverte, près de Málaga, où s'engloutira la flotte d'Espagne, en octobre 1562. Le couloir de Málaga, exposé aux vents d'Est, est tout l'hiver terriblement dangereux, plus encore peut-être que le golfe du Lion. En hiver et même au printemps : en avril 1570, deux galères n'étaient-elles pas jetées à terre à Málaga, trois autres poussées au large [121] ? Des naufrages sont signalés en 1566 [122]. L'année suivante, en février, 27 barques et navires, venant presque tous des Flandres, avec des armes et des salaisons, sont engloutis devant Málaga [123]. Le golfe du Lion d'ailleurs ne dément pas sa réputation : en avril 1569, le coup de vent qui y dispersa les vingt-cinq galères du Grand Commandeur de Castille, en route vers les côtes de Grenade, et laissa craindre un désastre complet, fit si bien que certaines galères furent rejetées sur les côtes de Sardaigne, tandis qu'une autre, celle d'Ambrosio Negron, n'arrivait à retoucher terre qu'à Pantelleria [124] ! Mieux vaut, en somme, par mauvais temps, rester au port, ou comme Carlo Doria, en janvier 1603, être obligé d'y revenir : il essaie en vain de sortir de la « plage » de Barcelone où il est rejeté plusieurs fois, ayant cassé mâts et antennes, et perdu 300 galériens [125].

Paix et bavardages de l'hiver

Le mauvais temps, c'est donc obligatoirement la trêve des grandes guerres maritimes. Et, non moins régulièrement, la trêve des guerres terrestres impossibles à poursuivre « le dos à l'hiver » [126]. Sans doute il n'y a pas arrêt total, officiel. Mais le ralentissement est évident ; ainsi à propos de la dramatique guerre de Perse, de 1578 à 1590, ainsi de n'importe quelle guerre de l'espace méditerranéen ou paraméditerranéen. « L'approche du jour Kasim (saint Démétrius, 26 octobre) marque ordinairement la fin des campagnes turques par terre et par mer », note Hammer dans son précieux livre sur l'Empire ottoman [127]. C'est que la guerre se nourrit sur le pays. Force lui est d'attendre (et cette raison prime les autres) que les moissons soient faites ou sur le point de l'être. Pour ne pas quitter le domaine turc, l'historien Zinkeisen écrit, à propos du siège de Belgrade par les Turcs, en 1456 : « Au courant du mois de juin, à l'époque où précisément les blés commencent à mûrir, l'armée de siège ottomane se dirigea contre Belgrade » [128]. Ainsi commande le calendrier des saisons.

Bref le semestre d'hiver est une période calme, de paix. La guerre des États chôme, la petite guerre aussi, sauf quelques rudes alertes car, sur mer comme sur terre, la mauvaise saison accorde une prime à la surprise. C'est durant l'hiver que des bandes protestantes viennent frôler la frontière du Roussillon, en 1562 ; en septembre 1540, que des corsaires algérois essaient de surprendre Gibraltar, si bien que le mistral les tourmente dans leur retraite ; c'est souvent sur la fin de l'hiver que des *ponentini*, avec des galions ou des galères renforcées, vont pirater sur les mers agitées du Levant.

Pendant cette période du « rien à signaler », seuls les bavardages ne chôment pas. A la date du 20 mars 1589, le consul espagnol à Venise, Juan de Cornoça écrit : « Nous sommes sans nouvelles du Turc, l'hiver a coupé les passages..., jamais on n'a été ici autant privé d'avis » [129] — de véritables avis peut-être, mais cela n'empêche point les rumeurs et les bruits. L'hiver, en ralentissant ou en suspendant les voyages, est par excellence l'époque des fausses nouvelles, l'époque aussi des braveries sans danger. « Maintenant que c'est l'hiver, écrit le Nonce parlant des Impériaux, ils laissent les Français braver à leur manière... » [130].

Pour les gouvernements eux-mêmes, l'heure est aux projets et aux grandes discussions. Le travail des états-majors se gonfle sans mesure. L'hiver est la période des dossiers bourrés. Nous dirions volontiers : dossiers d'hiver, à toujours utiliser avec précaution par les historiens. Rien ne presse. L'occasion est bonne de discuter, de prévoir et, finalement, de construire, noir sur blanc. Voilà ce qu'il faut faire, au cas où ceci ou cela se produirait ; cependant, si le Turc ou si le Roi de France... Et les grandes pages se noircissent d'encre... Les vastes idées, les plans merveilleux que les historiens analysent avec respect et conviction, que de fois n'ont-ils pas mûri à la chaleur d'un feu de bois ou d'un brasero, dans une pièce bien calfeutrée, tandis que dehors, à Madrid ou ailleurs, se déchaînait le *cierzo*, le vent de neige venu des montagnes ! Alors rien ne paraît trop grand, ni trop difficile... Bloquer les Pays-Bas, les priver de sel, acheter tout le blé hanséatique dont ils se nourrissent, leur fermer les ports d'Espagne : projets d'hiver. En 1565-1566, après le gros échec des Turcs devant Malte, alors que l'on continue à vivre dans la frayeur de l'été à peine achevé, on envisage d'envoyer à La Goulette 12 000 hommes, tant Italiens qu'Espagnols [131]. Or, comment les loger dans le minuscule préside, même après les agrandissements des années 60 ? Qu'à cela ne tienne : on les logera sous les murs, du côté du cap Bon, ce qui, sur une carte, paraît un assez bon emplacement. Tout est prévu et, comme si souvent, rien ne s'exécutera. L'été de ce point de vue, est non pas plus raisonnable, mais plus réaliste ; ou, plus exactement, durant l'été les événements courent au loin, d'eux-mêmes, sans que les États puissent toujours les contrôler.

Il y a pourtant un travail positif de l'hiver, un seul : les négociations, les discussions diplomatiques, les résolutions pacifiques. De ce point de vue, l'hiver est une halte salutaire. C'est un fait, en tout cas, que les traités de paix, étudiés dans ce livre, sont du semestre d'hiver, qu'ils se situent avant les tumultes et l'irréparable de l'été. La paix du Cateau-Cambrésis sort des colloques de l'hiver 1558-1559, elle se signe les 2 et 3 avril 1559. Les trêves hispano-turques sont du milieu de l'hiver, celle de 1581 est signée le 7 février ; la paix de Vervins, le 2 mai 1598. La trêve de Douze Ans sera signée, à la Haye [132], le 9 avril 1609. Seule la paix hispano-anglaise, signée le 28 août 1604 [133], fait exception à la règle. Mais n'était-elle pas, en fait, acquise dès la mort d'Élisabeth, en mars 1603, et dès avant le voyage en Angleterre de Don Juan de Tassis, comte de Villamediana (juin 1603) ? Il est loin de notre pensée, au demeurant, de ramener au simple va-et-vient des saisons le complexe jeu de la diplomatie. Tout de même, la date des accords a son importance. Quand se situe-t-elle ? Au début de l'hiver, alors la discussion a été quasiment inexistante ; à l'extrême fin de l'hiver, le débat a été âpre : n'est-ce pas la peur, l'appréhension de l'été et de ses énormes dépenses militaires qui a rendu les gouvernants raisonnables ?

Les duretés de l'hiver

Voilà donc la Méditerranée sous le signe du repos et de la paix, douces images qui en rejoignent d'autres : celle des mois de janvier soi-disant ensoleillés que vantent les affiches réclames pour la Côte d'Azur ; ou celles des fleuves d'oiseaux migrateurs épuisés s'abattant en pluie sur les terres du Midi qui se nourrissent de cette manne, sur l'Égypte particulièrement, que Belon du Mans [134] a vue « toute blanche » d'oiseaux, à la même époque sans doute où l'on peut, dans les champs, ramasser les cailles à la main, comme un fruit.

En fait, l'hiver méditerranéen, comme celui de l'Europe, est une réalité moins séduisante. Particulièrement dans les villes, il signifie une grosse épreuve pour les misérables. Le 6 novembre 1572, Jean André Doria écrivait à Don Juan d'Autriche [135] : « Votre Altesse doit savoir que, comme on ne récolte pas de blé sur le territoire de Gênes, et bien peu de ce qui, en dehors du blé, est nécessaire à l'alimentation des hommes, il y a, en conséquence, beaucoup de misère, non seulement dans les montagnes mais aussi dans la ville elle-même. A tel point que les pauvres ont bien de la peine à vivre, spécialement en hiver quand au manque de pain s'ajoute la nécessité de se vêtir et que leur fait défaut la possibilité de travailler ». Aussi, conclut la lettre, « est-il possible de réunir à Gênes pour le printemps qui vient, des forçats volontaires pour la chiourme de dix galères ». Voilà un document accablant pour la Gênes des banquiers et l'hiver de Méditerranée [136]...

Nous n'irons pas jusqu'à dire que l'hiver de Méditerranée est glacial ! Mais il est moins tiède qu'on ne le dit, souvent humide ; surtout c'est un étranger qui arrive brusquement après six mois de chaleur et contre lequel le Méditerranéen n'a jamais pu, ou su se prémunir. Tout se passe chaque année comme si la mer était surprise par les coulées du froid. C'est un fait que les habitations largement ouvertes, avec leurs dallages remplaçant les parquets, plus ou moins chauffées et surtout chauffables, ne prévoient pas la lutte contre le froid. C'est contre la chaleur seule qu'elles savent se défendre. Ferdinand d'Aragon avait l'habitude de dire qu'il fallait, contrairement à l'opinion courante, rester l'été à Séville et l'hiver à Burgos [137] : le froid y était très vif, du moins y était-on protégé contre lui. Que de voyageurs ont pensé, dans les pièces glaciales d'une maison d'Alger ou de Barcelone, qu'ils n'avaient jamais eu aussi froid qu'en Méditerranée !

L'été et sa vie précipitée

Dès le printemps luxuriant, souvent humide, chaud avec des vents « impétueux »... « qui font boutonner les arbres » [138], dès ce printemps qui ne dure pas (en quelques jours fleurissent amandiers et oliviers), la vie se précipite. Sur mer, malgré ses dangers, avril est l'un des mois les plus actifs de l'année. Dans les champs, les derniers labours s'achèvent [139]. Puis se succèdent bientôt, à un rythme rapide, toutes les récoltes, la moisson en juin, les figues en août, les vendanges en septembre, les olives à l'automne. Et les labours recommencent avec les premières pluies d'automne [140]. Les paysans de Vieille Castille doivent avoir semé le blé vers le milieu d'octobre, pour que la plante ait le temps de former les trois ou quatre feuilles qui lui permettront de résister aux froids vifs de l'hiver [141]. En quelques mois sont ainsi tournées les pages les plus chargées du calendrier agricole. Chaque fois, il faut se hâter, profiter des dernières pluies de printemps, ou des premières pluies d'automne, des premiers beaux jours ou des derniers. Toute la vie agricole, soit le meilleur de la vie de Méditerranée, reste sous le signe de la hâte. La peur de l'hiver est là : l'important est de garnir les celliers et les greniers. Même dans les maisons urbaines, on met les provisions en lieu sûr [142], le vin, le grain, le bois indispensable au chauffage et à la cuisine. Dès avant l'hiver, vers septembre, et pour payer les pâturages indispensables et les frais de l'année, les bergers espagnols, à Medinaceli et ailleurs, vendent leurs laines par avance aux marchands. Il faudra se hâter, en mai, de les livrer aux créanciers exigeants. Mais ce demi-million de ducats avancés, c'est la sécurité pour l'hiver [143]. Les silos enterrés des Arabes d'Oranie, les « fossés » des paysans des Pouilles ou de Sicile sont une autre manière de se prémunir [144].

Se précipite aussi, avec l'été, la guerre sous toutes ses formes, guerre terrestre, guerre des galères, guerre des corsaires, brigandages des campagnes.

Le trafic s'active au long des routes. A terre, le seul ennemi du voyageur, c'est alors la chaleur. Encore peut-il voyager de nuit ou au petit jour [145]. En mer, la poussée saharienne ramène le beau temps et, ce qui est non moins important, des conditions atmosphériques stables. Dans la mer Égée, les vents étésiens vont souffler régulièrement du Nord vers le Sud, de mai à octobre [146], jusqu'aux précoces tourmentes d'automne [147]. Le baron de Tott dit qu'en juin, de la Crète à l'Égypte, « les vents qui, à cette époque, sont alisés de l'Ouest au Nord sans jamais agiter la mer, permettent aux navigateurs de calculer l'instant de leur arrivée en Égypte » [148]. Ce sont les mêmes vents qui avaient déjà valu à Belon du Mans, en 1550, un voyage prospère de Rhodes à Alexandrie. De durée prévisible, les voyages sont relativement sûrs et calmes sur toute la mer. Le vieux prince Doria avait coutume de dire : « En Méditerranée, il y a trois ports : Carthagène, juin et juillet » [149].

La navigation s'affaire d'autant plus en ces calmes étés que la période des récoltes incite aux échanges. Les grandes presses correspondent à la moisson, aux battages qui suivent, aux cueillettes des fruits et aux vendanges. L'apparition des vins nouveaux est une grande époque marchande. A Séville au moins, la *vendeja* est une espèce de foire aux vins, encadrée de dates fixes : « du 7 au 19 octobre..., époque dite de la *vendeja*, écrit en 1597 le duc de Medina Sidonia » [150]. Autant que le sel, l'huile et les marchandises d'outre-mer, les bateaux nordiques viennent chercher les vins d'Andalousie. Cervantès conte, dans le *Coloquio de los Perros* [151], les duperies d'une fille de joie qui, à Séville, travaille avec un compère, alguazil comme de juste. Elle s'était fait une spécialité d'exploiter les *Bretons* (entendez Bretons, Anglais et Nordiques en général). Avec une de ses amies elle allait donc « à la chasse aux étrangers et quand arrivait la *vendeja* à Séville et à Cadix, arrivait en même temps leur gibier : aucun Breton n'échappait à leurs attaques ».

La vendange dans toute la Méditerranée est occasion de liesse, de licence, de vie un peu folle. A Naples, les vendangeurs interpellent à leur guise qui ils rencontrent, femme ou homme, religieux ou prêtre séculier. D'où bien des abus. Pedro de Toledo, vice-roi de Naples, champion de l'*onestità*, adversaire de ces coutumes païennes, prit même un édit contre ces fâcheuses habitudes [152]. On ne nous dit pas si la mesure fut efficace. Peut-on lutter contre la coalition de l'été et du vin nouveau, mettre un frein à des liesses collectives, à l'occasion ici de la cueillette des figues [153], là des feuilles de mûriers, comme dans la plaine de Murcie [154] ? A Raguse, ville prudente, obligée de l'être plus qu'une autre, la vendange est, pour les autorités, une période d'alerte et d'alarmes ; on surveille plus que jamais les corps de garde, les murs, les étrangers pour vérifier s'ils sont armés et spécialement, en août 1569, les gens des Pouilles, « *li pugliesi*, disent les Recteurs, *quali intendiamo essere molti nella città et scandalosi...* » [155].

L'été, c'est également l'époque des pêches abondantes. Le thon notamment dépend de tropismes saisonniers. C'est en été que fonctionnent les madragues, que le duc de Medina Sidonia, qui a le monopole des madragues andalouses, fait sonner le tambourin des recruteurs, à l'époque de Philippe II, pour réunir les aides dont il a besoin. Il les lève comme on lève une armée. C'est aux changements de saisons (avant l'hiver et après l'hiver) que fonctionnent les fabuleuses pêcheries du Bosphore [156]. C'est aussi à la fin de l'hiver, en avril 1543, qu'arrivent à Marseille, à la veille de la saison de pêche, des barques entières, chargées de barils vides envoyés de Fréjus pour les salaisons : 1 800 le 17, par trois barques ; 200, le 21 ; 600, le 26 ; 1 000, le 30 avril [157].

Les épidémies d'été

Mais les chaleurs déchaînent aussi les maladies endémiques apaisées seulement par l'hiver. Le baron de Tott note que la peste « commence ses ravages dès le printemps et dure ordinairement jusques aux approches de l'hiver » [158]. On pourrait dire la même chose pour toutes les épidémies de Méditerranée (sauf toutefois le typhus exanthématique, endémique en Afrique du Nord, qui, lui, est régulièrement atténué par l'approche de l'été). Les villes comme toujours sont les plus menacées. Chaque été, Rome meurt de fièvre. Aussi bien les cardinaux fuient-ils vers leurs maisons champêtres, leurs *vigne*, qui ne sont pas uniquement un luxe ostentatoire, contrairement à ce que dira Scarron[159]. Quand le cardinal de Rambouillet, ambassadeur du roi de France, arrive à Rome, en juillet 1568, « Messieurs les cardinaux de Ferrare et de Vitelli » en sont sortis « pour fuir les chaleurs »[160], et bien d'autres avec eux. Sixte Quint, lui-même, fera plus tard cette concession à sa santé d'aller chaque été dans sa villa, assez mal située d'ailleurs, près de Santa-Maria-Maggiore, dans un creux de l'Esquilin[161], ou dans le nouveau palais pontifical construit sur le Quirinal[162]. Au cœur de l'été, hier encore, Rome était une ville déserte, « brûlante et comme maudite, à cause de la fièvre »[163].

Partout, à Rome, à Avignon, à Milan, à Séville, les riches, nobles ou bourgeois, laïques ou gens d'Église, abandonnent les villes trop chaudes. Philippe II, à l'Escorial, ne va pas seulement chercher la solitude, mais aussi la fraîcheur, au cœur de l'impitoyable été castillan[164]. Sur cette migration estivale de tous les gens pourvus, qui mieux que Bandello, leur commensal, leur amuseur et leur chroniqueur, pourrait nous renseigner ? Quel bonheur, durant la canicule, d'être dans un jardin, à Milan, près de la *Porta Beatrice* ; de manger des fruits suavissimes et de boire *un generoso e preziosissimo vino bianco*[165]. « L'été dernier, conte-t-il, pour fuir les chaleurs qui sont excessives à Milan, je suis allé... avec le Seigneur Alexandre Bentivoglio et sa femme, Sa Seigneurie Hippolyte Sforza, à leur résidence de l'autre côté de l'Adda, au Palais comme on dit, et j'y suis resté l'espace de trois mois »[166]. Une autre fois, il est au delà de Brescia, à San Gottardo, occasion, après le repas, de parler des *beffe che da le donne, o a le donne si fanno*[167]. Une autre fois la petite société d'une des nouvelles campe aux environs de Pinaruolo, dans un pré aux herbes fines où l'eau proche, fraîche et limpide, chante dans le canal. Ailleurs, c'est sous les oliviers, mais toujours près des fontaines aux eaux courantes, que se tient la petite cour. N'était-ce pas déjà, des siècles plus tôt, le cadre du *Décaméron* ?

Le climat méditerranéen et l'Orient

Le rythme saisonnier du désert est l'inverse de celui de la vie méditerranéenne. Là, en effet, l'arrêt de la vie, ou du moins son ralentissement, est plutôt le lot de l'été que celui de l'hiver. L'été, avec ses écrasantes chaleurs, arrête, suspend tout. Au delà d'octobre-novembre, après la récolte des dattes (qui est aussi la période du pèlerinage de La Mecque), la vie et le commerce repartent à nouveau.

Tavernier nous dit pourtant que les caravanes arrivent à Smyrne en février, juin et octobre [168], mais Smyrne et l'Asie Mineure sont en dehors du vrai désert. Quant aux chameaux qui arrivent en Égypte en septembre-octobre [169], viennent-ils de loin ? C'est en avril, mai et juin que les grandes caravanes gagnent Le Caire [170]. De Sercey (son témoignage est du XIXe siècle) prétend, pour sa part, qu'il n'est pas possible de traverser le désert entre Bagdad et Alep durant l'été. Vers 1640, l'activité caravanière, au départ d'Ormuz, allait du premier décembre au mois de mars [171]. Dans le Sud oranais du XXe siècle, les grandes caravanes sont encore celles de novembre [172] et cette activité, qui est une activité de reprise, évoque un peu celle de la Méditerranée au mois d'avril.

Ainsi le désert s'anime au moment où, plus au Nord, voire plus à l'Ouest, tout entre en sommeil. Les troupeaux, qui l'été avaient abandonné la steppe, regagnent les pâturages reconstitués et, comme les caravanes, parcourent à nouveau les routes du désert. La saison incertaine est finie, la vie redevient facile, plus abondante et plus industrieuse à la fois. L'archéologue Sachau s'étonnait de voir, en hiver, à Kut el Amarna, les gens au travail en train de réparer les canaux et de

NOMBRE DES ASSURANCES MARITIMES A RAGUSE EN 1560
Relevé mensuel, chaque signe × = une assurance
(d'après les Archives de Raguse)

janv.	févr.	mars	avr.	mai	juin	juill.	août	sept.	oct.	nov.	déc.
9	6	5	14	20	2	1	5	6	4	7	6

cultiver des légumes [173]. Il n'y a pourtant là rien que de normal, de parfaitement accordé au rythme habituel de la vie des steppes.

Rythme des saisons et statistiques

Sans doute, faudrait-il voir d'un peu plus près ces gros problèmes, mal saisis jusqu'ici par la littérature historique. Est-il possible de faire appel aux statistiques ? Pour le XVIe siècle, elles sont rares, insuffisantes. Il y a cependant intérêt à les consulter.

J'ai montré, d'après les relevés marseillais de 1543, que l'expédition de futailles vides « pour le poisson salé », en provenance de Fréjus, marquait l'importance du mois d'avril, à la veille de la saison des pêches.

Voici, pour l'année 1560, un relevé d'assurances maritimes, conclues à Raguse [174]. Ce relevé met en lumière le rôle décisif des mois d'avril et de mai. On assure son bateau à la veille des grands voyages. Quoi de plus naturel ?

Les relevés des *portate* de Livourne [175] donnent le détail des cargaisons débarquées dans le port, avec le nom du bateau et celui de la ville d'où il arrive. On peut, grâce à ces papiers, marquer de juillet à octobre les arrivées de la soie ; de janvier à juillet-août, les arrivées du poivre en provenance d'Alexandrie ; ou, après octobre, celle des fromages sardes. Autant de petits mouvements saisonniers dont chacun mériterait une étude, le calendrier de Livourne n'étant pas absolument le même que celui des autres ports méditerranéens, y compris Gênes, son plus proche voisin [176].

Mais je ne crois pas que l'on puisse, à l'aide de ces documents, montrer en une seule fois l'oscillation économique due aux saisons. Les statistiques de Livourne refusent une réponse aussi simple, parce qu'elles sont des statistiques du XVIe siècle, imparfaites, sans véritable unification des mesures. Il est impossible, par exemple, de calculer, pour un mois ou pour un autre, le tonnage brut des marchandises débarquées qui serait l'indication la plus valable. Les *portate* de Livourne enregistrent les arrivées de bateaux aux tonnages les plus divers : barques, gondoles, *galionetti, scafi, leuti*, felouques, saètes, *navicelloni, caramusali*, tartanes, galions et naves, ces deux dernières catégories (galions et naves) représentant les gros porteurs de cette longue série. Compter chacun de ces navires pour une unité, sans plus, va nous donner des chiffres discutables : autant additionner des kilos et des tonneaux. Les classer par catégories ne signifierait pas grand-chose, sauf en ce qui concerne les naves et galions, ce que nous essaierons de faire.

Ceci dit, voici les chiffres que l'on peut obtenir du point de vue qui nous occupe.

ENTRÉES A LIVOURNE EN 1578, 1581, 1582, 1583, 1584 ET 1585

Années	Navires de toute nature[1] entrés du 1er avril au 30 sept. (semestre d'été)	Navires de toute nature[1] entrés du 1er oct. au 31 mars (semestre d'hiver)	Total
1578	171	126	297
1581	84	107	191*
1582	199	177	376
1583	171	171	342
1584	286	182	468
1585	147	160	307
TOTAL	1 058	923	1 981

* et non 181 indiqué par erreur dans F. BRAUDEL et R. ROMANO, *Navires et marchandises à l'entrée du port de Livourne*, appendice, tableau 1, Paris, 1951.

1. Galères non comprises.

RELEVÉ MENSUEL DU TRAFIC DE LIVOURNE : MÊMES DATES[1]

Années	1578	1581	1582	1583	1584	1585	Totaux
Janv.	27	13	27	22	57	34	180
Févr.	40	4	27	18	36	27	152
Mars	40	5	33	21	31	17	147
Avril	49	9	38	37	36	20	189
Mai	24	7	29	22	46	33	161
Juin	27	15	44	28	55	17	186
Juillet ...	30	20	52	27	46	25	200
Août	26	23	19	33	72	28	201
Sept.	15	10	17	24	31	23	120
Oct.	6	29	17	39	21	18	130
Nov.	7	27	37	38	30	37	176
Déc.	6	29	36	33	7	28	139

1. Galères non comprises.

Chiffres incomplets et imparfaits, on le voit : il n'est pas facile de travailler sur leurs données. D'après les statistiques mensuelles, trois mois apparaissent plus actifs que les autres : avril, au sortir de l'hiver, au moment de la nécessaire liquidation des stocks ; juillet et août, au lendemain de la moisson. Les deux mois les

NAVES ET GALIONS ENTRÉS À LIVOURNE : MÊME DATES

Années	1578	1581	1582	1583	1584	1585	Total par mois	Total des autres navires
Janv. .	9	11	5	0	8	1	34	146
Févr. .	7	4	1	2	2	7	23	129
Mars .	3	3	4	5	6	9	30	117
Avril .	3	4	6	1	3	2	19	170
Mai . .	4	6	0	1	6	0	17	144
Juin . .	2	3	3	3	2	2	15	171
Juillet .	1	0	1	0	2	3	7	193
Août .	3	4	1	3	1	0	12	189
Sept. .	0	2	4	0	2	0	8	112
Oct. . .	4	8	2	2	5	2	23	107
Nov. . .	3	4	4	1	2	2	16	160
Déc. . .	4	3	6	3	2	3	21	118
Total .	43	52	37	21	41	31		

moins animés sont septembre et octobre. Dans notre échelle : avril, 189 ; juillet, 200 ; août, 201 ; mais septembre, 120 ; octobre, 130 seulement, la chute est sensible.

Le relevé des naves et galions concerne les gros transporteurs et les voyages à longue distance. L'activité de ces navires se distingue de celle des bateaux de moindre tonnage. Ceux-ci travaillent en avril, en juillet et en août, ceux-là au contraire (les naves et les galions) ont leur indice le plus bas en juillet, leurs indices les plus élevés en janvier, 34 ; mars, 30 ; février et octobre, 23. L'arrivée massive des naves nordiques va accentuer ce décalage dans le trafic de Livourne[177]. Pour le blé, en juillet et août les barques se chargent des transports à faible distance, comme l'indiquent les *portate*, tandis que les voyages qui demandent du temps se font avec les gros transports. Les lointaines marchandises relèvent de leurs services.

Dans le secteur occidental de la mer sur lequel Livourne porte témoignage, et vraisemblablement dans toute la mer, l'obstacle de l'hiver a donc été en partie surmonté sur les longues et les petites distances.

L'époque est révolue de la loi rhodienne qui interdisait jusqu'aux assurances maritimes d'hiver : il n'y avait pas, il ne devait pas y avoir de voyages d'hiver. L'arrivée de la *Kogge* nordique, au XVe siècle, semble avoir été au début de cette victoire méditerranéenne sur le mauvais temps. Les galées de Venise osaient déjà s'aventurer pendant la mauvaise saison et l'évolution, poursuivie à travers tout le XVIe siècle ne fait que s'accentuer jusqu'à ce que Tavernier, au XVIIe siècle, puisse écrire : « la navigation dans les mers des Indes ne se fait pas en tout temps, comme dans nos mers d'Europe »[178]. Au XVIe siècle, seuls la galère et ses dérivés sont incapables de naviguer par très gros temps. Pour les autres bateaux, surtout le gros bateau rond des marchands, le risque est encore grand, mais il n'est plus un obstacle suffisant. Et les progrès de la technique réduisent, chaque jour, ce risque. Le temps est proche d'ailleurs où la galère elle-même va disparaître, cédant la place au vaisseau de ligne, capable de naviguer et de combattre par gros temps. Les corsaires tripolitains, dès le XVIIe siècle, entretiennent en hiver des *navires* de course, et n'arment leurs galères qu'en été[179].

Sur ces vastes problèmes, les *portate* livournaises nous renseignent peu. En outre, elles ont le défaut de nous donner seulement les entrées du port. Une bonne moitié du trafic nous échappe, celui des sorties.

Nous ne serons pas plus heureux avec le relevé des voyages de pèlerins allemands en Terre Sainte, à partir de Venise, de 1507 à 1608, au total une trentaine d'itinéraires décrits par le précieux et érudit recueil de Rohricht[180]. Ce sont là cependant des voyages comparables les uns aux autres à travers toute la longueur du siècle.

Le départ des pèlerins a lieu en juin ou juillet, au cœur de la bonne saison : sur vingt-quatre cas précis, départ en mai (20 mai), un ; en juin, dix ; en juillet, onze ; en août, un ; en septembre, un. L'arrivée à Jaffa ou à Tripoli de Syrie a lieu soit en juillet, soit en août. Sur vingt-trois cas : juin, un ; juillet, sept ; août, onze ; septembre, dix ; octobre, un ; novembre, zéro ;

DURÉE DES VOYAGES VENISE - TERRE SAINTE

ALLERS		RETOURS	
1507	50	1507	86
1507	46	1507	152
1517	29	1519	79
1520	72	1521	92
1521	43	1523	101
1523	49	(18 jours d'escale à Chypre).	
1523	57	1523	90
1546	39	(Départ compté à partir de Jérusalem).	
1549	33	1527	80
1551	35	1553	79
1556	40	1561	112
1561	47	1581	118
1561	62	[1587	73]
1563	26	1608	65
1565	40	Moyenne : 93 jours.	
1565	38		
1583	26		
1587	40		
1604	49		
1608	44		
Moyenne : 43 jours, chiffre arrondi.			

DURÉE DES VOYAGES ACCOMPLIS
PAR LES MÊMES NAVIRES A L'ALLER ET AU RETOUR

ALLERS		RETOURS	RAPPORT R/A
1507	50 jours	86 jours	1,72
1517	29 —	79 —	2,7
1521	43 —	92 —	2,1
1523	49 —	101 —	2,06
1523	57 —	90 —	1,57
1608	44 —	65 —	1,47
Moyennes	45 —	85,5 jours	1,9

La différence de durée des voyages aller et retour est à peu près la même que dans les moyennes antérieures (43 et 93).

décembre, un. De la côte à Jérusalem et retour, y compris deux ou trois journées à Jérusalem, le pèlerinage est d'une extrême rapidité, il dure de trois semaines à un mois. Et les pèlerins de se rembarquer, généralement sur le bateau même qui les a amenés. Les départs de

Jaffa, de Beyrouth ou de Tripoli de Syrie se font principalement en août (sur douze cas : juin, un ; août, six ; septembre, deux ; octobre, trois). Généralement, c'est courant décembre que les pèlerins reprennent pied à Venise (sur treize cas : novembre, quatre ; décembre, sept ; janvier, un ; février, un).

On demandera à ces quelques chiffres une comparaison assez précieuse entre les durées des voyages d'été et d'hiver, voyages d'aller et de retour.

Le rapport entre voyages d'aller et de retour est presque du simple au double. Est-ce dû seulement aux saisons ? Ou bien y a-t-il une difficulté née du renversement de la route et liée aux vents ? Cette dernière explication est peu vraisemblable. Si l'on considère, en effet, le chiffre de 73 jours que nous donnons pour l'année 1587, il correspond à un voyage d'aller et non de retour, mais un voyage qui justement ne s'est pas effectué l'été : le navire parti de Venise, le 29 septembre 1587, est arrivé à Tripoli le 11 décembre [181] seulement.

Il ne faut pas trop demander à la maigre statistique qui précède : elle établit au moins que les voyages d'hiver sont plus lents que ceux du semestre d'été. Ici, les chiffres répondent aux hypothèses et aux observations des contemporains. Pour plus de sûreté, nous avons établi un dernier tableau, dans lequel ne sont retenus que les voyages faits, à l'aller et au retour, par les mêmes navires, ou selon toutes apparences les mêmes navires.

Déterminisme et vie économique

Il est trop évident que ces calculs, repris à la première édition de cet ouvrage, cernent mal les problèmes posés. J'ai depuis lors tiré au clair le cas des *portate* livournaises, mais elles n'ont rien ajouté au débat [182]. Je doute qu'une étude des enregistrements portuaires dont nous connaissons l'existence — à Barcelone, où ils relèvent d'archives peu faciles d'accès, à Raguse-Doubrovnik où les données ne sont ordonnées et facilement accessibles qu'à partir de

1563 [183], à Gênes où leur masse décourage les chercheurs [184] — je doute qu'une étude systématique risque d'aller loin. L'impression se fait jour, au contraire, bonne ou mauvaise, probablement bonne, que le déterminisme saisonnier, évident quand il s'agit de la vie des campagnes, est contrecarré sans fin par la vie volontaire des hommes et surtout des villes. L'hiver sur la mer est un obstacle, mais les barques le franchissent à petites étapes et les gros voiliers par larges voyages, quitte à jeter par-dessus bord en cas de péril balles de laine ou tonneaux de blé, et parfois, ils filent sur l'onde, un certain temps du moins « *a sembianza di veloci delfini* » [185]. L'hiver dans les montagnes est un obstacle, spécialement dans les Alpes ; mais nous avons vu qu'elles sont cependant franchies avec régularité.

22. Le mouvement des affaires du Fondaco dei Tedeschi à Venise

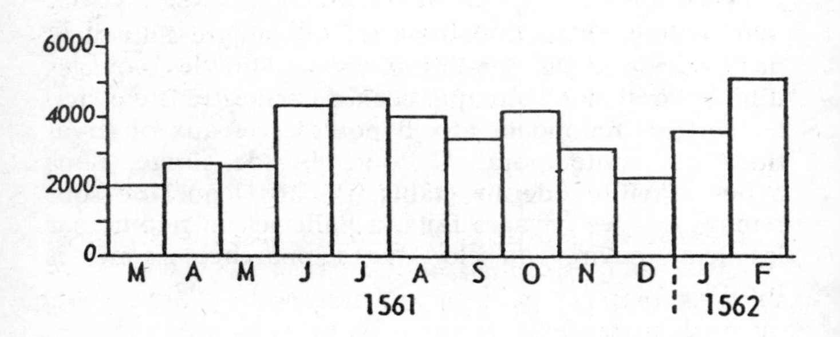

D'après les redevances payées à la Seigneurie. Ce document, comme cent autres qu'on pourrait signaler à la suite, n'indique pas les contrastes saisonniers qui pourraient permettre de conclure à la rigueur de l'arrêt hivernal. Petit détail : rappelons que l'année commence à Venise le 1er mars.

De la vie repliée de l'hiver, les preuves abondent, irrécusables. La plus inattendue peut-être est celle de ces banques napolitaines qui, régulièrement, investissent l'hiver l'argent de leurs déposants dans des « rentes », alors que l'été, elles l'emploient pour l'achat des grands produits agricoles du royaume et les spéculations qu'ils permettent [186]. Cependant l'hiver est la grande saison des travaux domestiques et de l'activité des métiers. Le 8 décembre 1583, Baltasar Suárez, ce marchand espagnol de Florence qui deviendra parent par alliance du grand-duc, se plaint à son correspondant à Medina del Campo, Simón Ruiz, de ne pas avoir assez de laine (il vient d'en recevoir un peu et de la vendre à bon prix) : « J'ai bien de la peine, écrit-il, à voir les occasions qui se perdent, puisque présentement, c'est la saison pendant laquelle on travaille le plus de toute l'année, et pour ne pas avoir de laine, nous voilà tous arrêtés » [187]. Réussir la production d'hiver, telle est la préoccupation aussi des autorités urbaines, quand elles sont sages. C'est ce que dit le Provéditeur de l'*Arte della Lana*, à Florence, en octobre 1604 : il faut aider coûte que coûte les artisans « maintenant qu'arrivent le froid et les longues nuits et qu'ils ont besoin de lumière et de vêtements, outre la nourriture... » [188].

Ainsi mille exceptions interviennent : la vie des hommes répond aux injonctions du milieu, mais aussi les tourne, s'en libère pour se prendre dans d'autres filets qu'historiens nous reconstituons plus ou moins bien.

3. Le climat a-t-il changé depuis le XVIe siècle ?

Oserons-nous poser une dernière question et plaider un gros dossier, bourré de documents souvent irrecevables, et prêter l'oreille à une littérature journalistique assez dangereuse ?

Et pourtant, tout change, même le climat. Personne ne croit plus, aujourd'hui, à la fixité des éléments de la géographie physique. Est-il besoin d'attirer l'attention sur les infimes variations — mais variations tout de même — des longitudes ? Gerhard Solle [189] prétend que la masse des Alpes de l'Est avance en direction de la Bavière, à une vitesse ridicule (un centimètre par an), mais suffisante pour déterminer, en des points névralgiques, des éboulements et des glissements de terrains, parfois de vraies catastrophes que mentionne l'histoire alpestre. Depuis longtemps, l'attention des géographes a été attirée en Méditerranée par les changements historiques de la ligne du rivage. Sans doute quelques-uns d'entre eux ont-ils conclu, avec l'appui d'exemples précis, comme l'île de Délos, à sa parfaite immutabilité [190]. Mais voyez, par contre, les travaux de Th. Fischer, de R.T. Günther, d'Alfred Philippson. Est-on, ou non, en présence de changements strictement locaux, tel est le problème à poser. Il y aurait d'après les études d'Agostino Arrigo [191] et de Dina Albani [192], des périodes alternées de creusement et de comblement des plages maritimes. Ainsi se succéderaient sans que l'on puisse en donner la raison, des phases d'érosion et de sédimentation au long des rivages de Taormina, sur la côte Est de la Sicile, par périodes de quinze ans. Depuis le milieu du XIXe siècle, on assisterait (avec quelques reprises continentales en sens inverse et une aggravation d'ensemble à partir de 1900) à un recul général devant la mer, et cela aussi bien le long du littoral nord-africain qu'en bordure des côtes du Monte Gargano ou sur le pourtour du delta du Nil. Rien ne dit qu'un beau jour, le mouvement ne changera pas de sens. Tout cela évoque à souhait des variations cycliques, analogues à celles que Le Danois essaie de démêler dans la vie de l'océan Atlantique [193].

Peut-être en va-t-il de même des faits climatiques : « tout change, et les climats comme le reste » [194]. Mais s'ils changent, c'est souvent la faute de l'homme. Ici à cause de vastes déforestations, là à cause de l'arrêt des irrigations ou des cultures, si souvent catastrophiques dans les régions arides [195]. Pour Théobald Fischer, il est indéniable que le climat de la Sicile s'est asséché depuis la conquête musulmane. Mais le responsable en est-il l'homme ou les éléments ? Goetz parle en effet, dans sa précieuse *Géographie historique* [196], d'un tarissement des sources superficielles qui aurait précédé la conquête musulmane : le conquérant du Sud aurait apporté la solution à cette crise de l'eau, par son irrigation savante.

En tout cas, une vaste littérature actuelle admet des changements de climat accomplis hier et qui s'accomplissent encore sous nos yeux. Dans l'Arctique, la banquise aurait reculé depuis 1892-1900 [197], tandis que des poussées désertiques atteignent le Sud et le Nord de l'Afrique [198].

Les livres et études d'hier concluaient tous, au contraire, à l'immutabilité du climat. Leurs arguments cependant ne sont pas absolument convaincants. On nous répète après Partsch [199] que le Djérid, dans le Sud tunisien, n'a guère changé de contours puisque Nefta et Tozeur, sur ses rives, correspondent à d'anciennes villes romaines, Thusurus et Nepta. On affirme aussi [200] que les crues du Nil antique sont comparables à ses crues actuelles. On encore que la flore de la Crète minoenne (d'après les témoignages de l'art crétois), lys, hyacinthes, crocus, lychnides, appartiennent à la flore printanière actuelle de Méditerranée [201]. Ou, qu'autour de Valladolid au XVIe siècle les reboisements en pins s'expliquent à peu près par la seule intervention de l'homme [202].

Ces affirmations — et d'autres — ne prouvent rien de façon décisive. Surtout elles ne saisissent pas le problème. Retrouver, à tel ou tel moment du passé, un climat qui paraisse être exactement celui du moment actuel, ne constitue pas une preuve, ne contredit nullement des variations périodiques du climat. Le vrai problème est de savoir s'il y a, ou non, périodicité et il semble que, de plus en plus, on penche vers cette hypothèse. « Une périodicité d'environ trente ans n'est pas loin d'être vraisemblable », conclut un maître en ces questions [203]. Sans compter, ajouterons-nous, d'autres cycles et intercycles sous-jacents...

Ainsi le climat change et ne change pas ; il varie par rapport à des positions d'équilibre dont rien ne dit qu'après tout, elles aussi ne varient pas, mais alors suivant des pentes très peu déclives. Voilà qui nous semble d'une grosse importance. Aux phases A et B de François Simiand [204], ne nous faudra-t-il pas, historiens, ajouter un jour des phases tantôt plus sèches et tantôt plus humides, tantôt plus chaudes et tantôt plus froides ? Voyez ce que, pour l'année 1450, nous dit Le Danois ou ce qu'écrit Gaston Roupnel protestant contre « l'historien (qui) refuse l'existence historique aux graves perturbations climatériques, qui du XIIIe au XVe siècle, sont venues transformer les conditions de la vie européenne »[205].

Tel est le débat. En ce qui concerne la Méditerranée, nous nous contenterons de quelques indications générales et d'une ou deux hypothèses.

Des oscillations climatiques sont vraisemblables. Resterait évidemment à marquer leur durée et leurs sens. Dans les Alpes, en tout cas, leurs traces sont visibles. D'après U. Monterin[206] il y a eu dessèchement et réchauffement de la montagne, à partir des années 1300 ; par contre, refroidissement et humidité grandissante, en conséquence descente des glaciers, à partir des années 1600. Au delà de 1900, nouvelle phase : l'Alpe se dessèche à nouveau et les glaciers dans l'ensemble, reculent comme on le sait. Dans les Hohe Tauern, le recul actuel découvre de hautes mines d'or, exploitées au temps de Rome et encore au Moyen Age[207].

Nous voilà loin des périodes de trente ans acceptées par Emmanuel de Martonne. Mais cette histoire climatique des Alpes est-elle fondée scientifiquement ? Nous ne saurions en décider. Les glaciologues ne voient pas d'ordinaire le problème avec cette netteté-là (y compris le vieux Walcher, *Nachrichten von den Eisbergen in Tyrol*, Vienne, 1773). En outre, acceptera-t-on que les Alpes aient enregistré, outre les variations de leur climat, celles du climat de la Méditerranée entière, ou que celles-ci aient été liées à celles-là ? Le temps présent semble le suggérer, puisque dans le Caucase comme dans les Alpes, les glaciers reculent présentement[208], en même temps qu'au Sud de la Petite Afrique, le Sahara fait tache d'huile...

Si l'on accepte ce schéma, des conséquences historiques se devinent. Il est pour le moins curieux de constater, avec le vraisemblable réchauffement des Alpes vers 1300, que des colons allemands s'installent sur les très hautes pentes du Sud du Monte Rosa[209]. Il est non moins curieux de constater, dans des conditions analogues, vers 1900 et surtout durant ces vingt dernières années, une émigration des villages montagnards italiens vers les hauteurs supérieures des Alpes et de l'Apennin septentrional, par exemple dans les Alpes Apuanes et le Val Venosta où se développent de nouveaux villages fixes, entre 1 500 et 2 000 m, dans la zone dite des *Stavoli* (*abitazioni di mezza stagione*[210]) ?

Plus encore, si l'on suppose que nous sommes sur un terrain solide et qu'aux environs de 1600, il y a eu effectivement une augmentation de la pluviosité et du froid, cela explique les gelées catastrophiques pour les oliviers[211] et les inondations répétées, comme celles qui ont ruiné les récoltes de Toscane en 1585 et 1590 ; sans compter une augmentation des masses marécageuses et, par suite, de la malaria ; soit au total des conditions plus difficiles pour la vie des hommes. Tout le drame social de la faim, qui domine le siècle finissant, a peut-être sa vraie racine dans un dérèglement, même assez léger, des conditions atmosphériques. Ceci avancé à l'extrême limite de nos prudences, mais il fallait le dire. Nous ne sommes pas, à propos de ce drame du siècle finissant, en peine d'explications, démographiques ou économiques. Mais rien ne nous assure que le climat n'ait pas eu son rôle en l'occurrence et qu'il ne soit pas, en général, un facteur variable de l'histoire. L'établir reste difficile. Quelques faits le montrent assez bien[212].

De multiples inondations se produisent au cours du XVIe siècle, dans le bassin du Rhône : juillet 1501, le Rhône à Lyon ; en 1522, l'Ardèche ; en février 1524, le Drac et l'Isère ; en août 1525, l'Isère ; en octobre 1544, le Gier, à Vienne ; en novembre 1544, le Rhône et la Durance ; en novembre 1548, le Rhône et la Durance ; le 9 septembre 1557, le Rhône à Avignon ; le 25 août 1566, la Durance et le Rhône inondaient le terroir d'Avignon ; le 2 décembre 1570, le Rhône connaît, particulièrement à Lyon, une des crues les plus épouvantables de cette époque ; 1571, crue du Rhône ; de même, octobre 1573 (inondation de Beaucaire) ; septembre 1579, l'Isère (à Grenoble) ; 26 août 1580, inondation du Rhône à Avignon ; 1578, inondation du Rhône (à Arles), les eaux recouvrent une partie du Bas-Languedoc d'octobre à février ; 1579, inondation à Arles ; 1580, inondation à Arles (il est dit que de mémoire d'homme le Rhône n'avait jamais été vu si gros) ; 5 janvier 1581, inondation à Avignon du Rhône et de la Durance, avec recrudescence le 6 février ; en 1583, le Rhône recouvre la Camargue ; 18 septembre 1586, crue du Rhône à Avignon ; 6 novembre 1588, crue du Gier ; 1590, nouvelle crue dévastatrice à Avignon...

Ces relevés laisseraient l'impression d'une aggravation avec la fin du siècle. Mais les inondations rhodaniennes, de notre point de vue, sont un mauvais enregistrement des vicissitudes du climat méditerranéen. Il semble, cependant, que les précipitations aient augmenté avec les dernières décennies du siècle, dans la mesure où l'on peut se fier à des témoignages contemporains. Dans sa *République Séquanoise*, en 1592, Louis Gollut met en cause les déboisements des maîtres de forges et des seigneurs désireux d'avoir de nouveaux « sujects... et censes ». Il ajoute « ... depuis vingt-six ans en çà, les pluies ont estées plus fréquentes, plus longues et plus abondantes... »[213]. Vérité pour Dole. Or nous voici à Aix, en 1599-1600. Du Haitze écrit dans son histoire manuscrite[214] : « le froid et les neiges se firent sentir jusqu'à la fin de juin, il ne plut pas depuis ce mois jusqu'en décembre. Les pluies vinrent alors en si grande abondance que la terre semblait noyée ». Voici, cette fois en Calabre, d'après la prétendue *narrazione* de Campanella : « *ed entrando l'anno 1599, venne nova, che in Roma prodigiosamente aveva inondato il Tevere, e non si potettero celebrar le feste di Natale, e in Lombardia il Po : e in Stilo* (localité de Calabre) *non si poteron celebrar, la Simana Santa, gli ufficii divini per le molte gran pioggie che allagavano tutte le chiese...* »[215]. Qu'arrive un homme de Ferrare, témoin des inondations du Tibre[216], il n'en faut pas davantage pour que l'on reparle dans la montagne de ces signes miraculeux, annonciateurs de la fin du monde... Surtout que le siècle alors s'achève et que cette *mutazione di secolo* fait travailler les têtes les plus froides. L'année suivante, en juin 1601, des déluges d'eau s'abattaient sur les Balkans, ruinant les récoltes, provoquant des crues catastrophiques « analogues, disait un avis, à celles du Pô et des grosses rivières de Lombardie »[217], pluies telles, disait un autre avis, que l'on craignait « une corruption de l'air ».

Tels sont les faits, qu'en conclure ? Que le climat de la Méditerranée s'est déréglé avec la fin du siècle ? Entre les preuves que nous avons avancées et cette énorme conclusion la distance reste grande. Il faut l'avouer. Tout le dossier est à revoir de près et à fournir de faits précis que l'enquête pourrait faire surgir de tous côtés. Le problème reste posé et il fallait le poser bien que, dans l'état de nos connaissances, il nous soit tout à fait impossible de le résoudre. Les historiens d'ailleurs ne sont pas seuls à pouvoir le faire. Si nos efforts établissaient qu'ils ont, en l'occurrence, leur mot à dire et leur responsabilité, notre peine n'aurait pas été perdue.

Note complémentaire

Je n'ai rien changé à la substance du paragraphe qui précède et qui, hier, en 1947, m'avait valu quelques discussions vives. Le lecteur s'en étonnera : certains me jugeaient téméraire. Dans un récent article (1958), Gustav Utterström[218] à la gentillesse de me trouver rétrospectivement timoré. Ainsi va la recherche et je suis le dernier à m'en plaindre.

L'essentiel depuis plus de quinze ans, c'est que la recherche ait continué à propos de ces problèmes décisifs. Il en est peu de cette importance-là. Par les variations du climat, une volonté extérieure aux hommes affirme son rôle et réclame sa part dans nos explications les plus ordinaires. Or ces variations sont, aujourd'hui, hors de doute.

Dans la voie facile qu'esquissait ma première recherche — une collection de détails descriptifs — j'ai complété mes informations. Elles portent, avant tout, sur les rigueurs accentuées de la fin du siècle : les pluies continuelles, les inondations catastrophiques, les froids rigoureux et *inhabituels*. La chronique de Luis Cabrera de Córdoba note ainsi, pour l'hiver de 1602-1603, que « les froids et les gelées ont été si généralisés, cet hiver, dans toute l'Espagne, qu'il n'y a pas à noter l'exception d'une seule localité où l'on ne se soit pas plaint de la rigueur du temps. Même de Séville et de villes maritimes, de Séville surtout, on écrit que le Guadalquivir a gelé, ce que l'on n'avait jamais vu là-bas. Quelle différence avec l'année dernière où nulle part on n'avait senti l'hiver... »[219]. A Valence[220], les gelées se sont succédé en 1589, 1592, 1594, 1600, 1604. Quant aux pluies continuelles, aux inondations, aux précipitations de neige, aux visions de fin du monde, les témoignages sont nombreux pour la Méditerranée entière et les années de la fin du siècle, non moins pour de nombreuses années du siècle suivant. La récente étude d'Emmanuel Le Roy Ladurie signale des faits analogues : « le Rhône gèle encore totalement à porter mules, canons et charrettes, en 1590, 1595, 1603, peut-être 1608, en 1616, 1624. La mer à Marseille est prise en 1595, en 1638 « où l'eau gèle autour des galères... » La série des gels d'oliviers languedociens se répète : 1565, 1569, 1571, 1573, 1587, 1595, 1615, 1624[221]... « Ces assassinats d'oliviers finissent par décourager les planteurs »[222] en Languedoc et sans doute ailleurs. Il semble certain qu'il ait fait plus froid, entre la fin du XVIe siècle et le début du XVIIe, qu'auparavant.

Il a plu davantage. De 1590 à 1601, un historien note, à propos du Languedoc : « neiges tardives et tenaces au printemps, grandes froidures de la belle saison, pluies géantes sur la Méditerranée, accompagnées de famines et de la fameuse "descente" du blé nordique dans la mer Intérieure »[223]. Par contre, de 1602 à 1612 et même au delà, il y a eu « comme une bouffée de chaleur et de lumière »[224], des retours de sécheresse, pour le moins de mauvaises répartitions des pluies. Que de rogations en faveur de la pluie à Valladolid en 1607, 1617, 1627[225] ; à Valence, en novembre 1615, « *havia molts mesos que no ploguia* » ; en octobre et novembre

1617[226], « *no caiga un solo chaparron* ». Ne soyons pas trop sûrs, à la suite d'Ignacio Olagüe, que l'Espagne ait été alors victime d'une sécheresse à long terme qui organiserait sa décadence[227]. Mais que le paysage de la Manche ait été plus verdoyant à l'époque de Cervantès que par la suite, reste fort possible[228].

Le mécanisme de la pluie est sous la dépendance, en Europe (Méditerranée comprise), des chemins que suivent les dépressions atlantiques, soit au Nord, par la Manche, la mer du Nord, la Baltique (durant toute l'année) ; soit, au Sud, par la mer Intérieure cette fois, de l'équinoxe d'automne à l'équinoxe de printemps. Pour Gustav Utterström, au XVIe siècle, cette double circulation serait gênée au Nord par des froids intenses, et donc par la permanence de zones anticycloniques, d'air lourd. La voie septentrionale contrariée, celle de Méditerranée serait par compensation mieux ouverte que d'ordinaire. Mais pourquoi l'une des voies s'ouvrirait-elle quand l'autre se fermerait à moitié ? Et quelle est la durée de ces oscillations, si oscillations il y a ?

Ce sont là des détails, des explications à court terme. Les nouvelles recherches vont beaucoup plus loin et obéissent à deux tendances raisonnables : constituer de longues séries d'indices ; élargir le cadre de l'explication à l'ensemble non seulement de la Méditerranée, mais de la Méditerranée plus l'Europe, ou mieux, du monde entier. Je m'appuie, pour le dire, sur les travaux exemplaires du Dr P. Shove[229], en Angleterre ; d'un géographe, Pierre Pédelaborde[230] et d'un historien, Emmanuel Le Roy Ladurie[231].

Étendre nos informations en les systématisant, en groupant les informations selon des grilles établies à l'avance — chaque détail descriptif se logeant à sa place : humidité, sécheresse, froid, chaleur, selon les saisons et les années — c'est passer du pittoresque à une sorte de bilan quantitatif. Relever ensuite les séries d'incidents analogues : les dates des vendanges, les dates d'arrivée sur les marchés de la première huile nouvelle, du premier blé, du premier maïs, les renseignements donnés par les coupes d'arbres, les débits des rivières, les floraisons, les premières glaces d'un lac, la première ou la dernière banquise de la Baltique, les avancées et reculs des glaciers, les variations du niveau de la mer — c'est reconstituer des chronologies qui établissent les variations, ou longues, ou courtes, du climat.

Seconde démarche, encadrer problèmes et enregistrements dans des hypothèses et constatations d'ensemble. L'hypothèse du *Jet Stream* aura peut-être le sort de tant d'autres explications générales : elle tiendra plus ou moins longtemps son rôle. Autour de notre hémisphère Nord, un courant continu, un anneau d'air en mouvement à vitesse variable tournerait à 20 ou 30 km d'altitude au-dessus de la surface terrestre. S'il accélère sa vitesse, il se distend et s'enfonce sur la sphère, comme un chapeau agrandi sur la tête de son propriétaire ; s'il ralentit son allure, il forme des méandres et se rétracte vers le pôle Nord. Alors si nos observations sont exactes, le *Jet Stream* aurait accéléré sa marche à la fin du XVIe siècle et, se rapprochant de l'Équateur et donc de la Méditerranée, aurait entraîné avec lui vers le Sud la pluie et le froid. Évidemment tout *serait* démontré de nos hypothèses, si l'enchaînement des constatations était sans faille, ce que nul ne garantira. Selon les termes admis des actuelles discussions, avec le milieu du XVIe siècle, un peu plus tôt, un peu plus tard, commencerait ce que l'on a appelé, après le Dr Shove, « le petit âge glaciaire », lequel traversera tout le Siècle de Louis XIV.

Les questions en suspens restent d'importance. Sommes-nous en présence d'une phase longue ? Alors nous serions au XVIe siècle en période longue d'inflation du froid et de la pluie. Je signale, sans lui attribuer un seul instant force de démonstration, une remarque curieuse sur le niveau, à Venise, du *commune*, c'est-à-dire le niveau moyen des eaux qui marque d'un trait noir le pied des maisons, en bordure des canaux. Un document prétend que ce niveau s'est régulièrement élevé à partir de 1560, sur trois siècles de durée [232]. Si l'observation est juste — et l'on demande des preuves et des certitudes — il resterait à savoir si le plan d'eau de la lagune vénitienne est, ou non, sous la seule dépendance des précipitations atmosphériques et non d'accidents locaux. N'empêche que le témoignage est à retenir.

Une autre question reste en suspens : l'incidence éventuelle de ce petit âge glaciaire sur la vie de l'Europe et de la Méditerranée. L'historien va-t-il se débarrasser, pour les inscrire à cette nouvelle rubrique, d'une série de problèmes relatifs à la vie agricole, à la santé publique ou à la circulation ? La sagesse réclamerait, en ces domaines, de larges enquêtes collectives qui nous manquent encore. Nous ne dirons pas à l'avance, comme il serait tentant dès maintenant de le diagnostiquer : avec la fin du XVIe siècle, plus d'élevage et moins de blé ! Froid et pluie en visitant la Méditerranée avec insistance ont déréglé certains ajustements, mais dans des proportions qui nous échappent encore. Et l'homme a ses responsabilités indéniables dont la portée, elle aussi, reste à fixer. Ainsi, comme l'a démontré Emmanuel Le Roy Ladurie, le retard progressif des vendanges est bien son fait car il a voulu obtenir des récoltes tardives, d'un degré alcoolique plus élevé [233].

Il est clair — et c'est le progrès le plus considérable en ces domaines — que l'histoire du climat est *une* à l'échelle de l'hémisphère Nord. Que le cas de la Méditerranée est lié à un ensemble de problèmes à cette échelle même : le recul actuel des glaciers de l'Alaska, qui restitue à nos yeux d'anciennes forêts broyées par leur progression ancienne, la suite des dates exactes de la floraison des cerisiers de Tokyo (marquée chacune par une fête rituelle), les couches concentriques des arbres de Californie, tous ces « événements » et d'autres sont liés entre eux par l'histoire unitaire du climat. *Jet Stream* ou non, il y a une unité, un chef d'orchestre. C'est partout que le « premier » XVIe siècle a été favorisé par le climat, partout que le « second » a souffert de perturbations atmosphériques.

V

L'unité humaine : routes et villes, villes et routes[1]

Passer de la Méditerranée proprement dite, telle que la définit son climat, à la Plus Grande Méditerranée sur laquelle elle rayonne, c'est passer d'une unité physique à cette unité humaine vers laquelle s'oriente notre livre. Celle-ci n'est pas seulement le fait de la nature, ou plus spécialement, de l'eau méditerranéenne. L'eau est tout ce que l'on a dit qu'elle est : union, transport, échange, rapprochement, à condition que l'homme s'y efforce, accepte de payer le prix. Elle est aussi, elle a même été longtemps séparation, obstacle dont il a fallu triompher. L'art de naviguer est peut-être issu, dans le lointain des âges, des bassins d'eau calme entre les îles égéennes et la côte d'Asie, ou de la proche mer Rouge, nous ne le saurons jamais avec certitude. En tout cas, au début des temps, se déroule une interminable époque où la mer n'est pas encore maîtrisée par l'homme. Peu à peu, les barques l'auront vaincue, tendant leurs liens, construisant par degrés l'ensemble cohérent de la Méditerranée des hommes et de l'histoire. Mais construit, disons-le bien, et de main d'homme. Aujourd'hui encore, au moment où la mer Intérieure n'est plus, à l'échelle de nos vitesses, qu'une simple rivière sur laquelle on jette des ponts aériens, une Méditerranée des hommes n'existe que dans la mesure où continuent à la créer l'ingéniosité, le travail, la peine de ces mêmes hommes. Ce n'est pas l'eau qui lie les régions de la Méditerranée, mais les peuples de la mer. Vérité banale, qu'il importe de redire, en ce domaine où tant de formules et d'images égarent comme à plaisir.

1. Routes de terre et routes de mer

La Méditerranée n'a d'unité que par le mouvement des hommes, les liaisons qu'il implique, les routes qui le conduisent. Lucien Febvre écrivait : « La Méditerranée, ce sont des routes »[2], routes de terre et de mer, routes des fleuves et des rivières, immense réseau de liaisons régulières et fortuites, de distribution pérenne de vie, de quasi-circulation organique... L'important n'est pas d'en montrer le pittoresque, d'accompagner Cervantès sur les pistes espagnoles de *venta* en *venta*, de naviguer en lisant les journaux de bord des vaisseaux marchands ou des corsaires, ou de descendre l'Adige à bord des *burchieri*, grosses barques de charge au delà de Vérone, ou de se mettre « sur l'eau pour se rendre à Venise » à Fusina, au bord de la lagune, en compagnie des bagages de Michel de Montaigne[3]. L'important est de voir ce qu'un tel réseau implique de rapprochements, d'histoire cohérente, à quel point le mouvement des bateaux, des bêtes de somme, des voitures, des gens eux-mêmes, rend la Méditerranée une et, d'un certain point de vue, uniforme malgré les résistances locales. L'ensemble de la Méditerranée est cet espace-mouvement. Ce qui l'aborde, guerres, ombres de guerre, modes, techniques, épidémies, matériaux légers ou lourds, précieux ou vils, tout peut être pris par le courant de sa vie sanguine, porté au loin, déposé, entraîné à nouveau, véhiculé sans fin, voire rejeté hors de ses limites...

Sans les routes, en serait-il ainsi ? Mais celles-ci ne sont pas, sans plus, des rubans sur le sol, des sillages en mer, ces caravanes sur le chemin d'Alep, ces longues files de chevaux, de mulets, de chameaux sur le Stamboulyol (la route d'Istanbul par la voie de la Maritza), ou ces charrois en marche que Busbec y apercevait, en 1555, véhiculant vers Constantinople les hommes, les femmes, les enfants pris par les Turcs en

Hongrie[4]. Il n'y a pas de routes sans les haltes nécessaires : un havre ; une rade foraine ; un caravansérail ou un *han* ; dans l'Europe occidentale, une auberge isolée, jadis un château fort... Le plus souvent ces arrêts, ces gîtes sans lesquels il n'y aurait pas de routes vivantes, ce sont des villes, grandes haltes vers lesquelles chacun se hâte et arrive avec joie, voire un sentiment de reconnaissance, comme Guzmán de Alfarache entrant à Saragosse[5], émerveillé par les beaux monuments, la bonne police, et plus que tout peut-être, l'abondance des vivres, « *tan de buen precio todo*, ajoute-t-il, *que casi daba de si un olor de Italia* ». On se hâte d'autant plus qu'en bien des cas, la route méditerranéenne ne court pas de village en village, ceux-ci s'élevant volontiers à l'écart, à l'abri. Aujourd'hui encore, en Bulgarie ou en Anatolie, le voyageur, sur les grandes routes, traverse des pays qui lui paraissent beaucoup plus vides et moins peuplés qu'ils ne le sont en réalité[6]. La grande route marchande en Orient, imaginons-la un peu comme une autostrade d'aujourd'hui, grande voie transverse qui ne touche qu'exceptionnellement les hameaux et fonce d'une ville vers la ville prochaine.

L'unité humaine, en Méditerranée, c'est à la fois cet espace routier et cet espace urbain, ces lignes et ces centres de force. Villes et routes, routes et villes ne sont qu'un seul et même équipement humain de l'espace. Quelles que soient sa forme, son architecture, la civilisation qui l'éclaire, la ville de Méditerranée est créatrice de routes et, en même temps, est créée par elles. Vidal de La Blache le dit à propos de la ville américaine[7] ; or l'espace méditerranéen, au XVIe siècle (et il faut le prendre au maximum de son extension, s'agissant des villes) est, lui aussi, immensité et démesure. Au XVIe siècle, aucune région du monde n'offre encore un aussi puissant réseau urbain. Paris et Londres n'en sont qu'au début de leur modernité. Les villes des Pays-Bas et de la Haute-Allemagne (celles-ci tellement éclairées par les reflets de Méditerranée, celles-là animées économiquement par les marchands et marins méridionaux), plus au Nord, les cités laborieuses mais menues de la Hanse, toutes ces villes, si belles ou si vivantes soient-elles, ne forment pas des ensembles aussi drus et complexes que ceux de la mer Intérieure, où les agglomérations urbaines se succèdent en interminables guirlandes avec de très grands centres : Venise, Gênes, Florence, Milan, Barcelone, Séville, Alger, Naples, Constantinople, Le Caire. Ces trois derniers surpeuplés : ne dit-on pas que Constantinople compte alors 700 000 habitants[8], soit le double de Paris ou le quadruple de Venise ? Et il faut ajouter à cette liste le cortège des villes mineures qui participent cependant au jeu général des échanges et tiennent un rôle plus important que ne le laisse supposer le chiffre de leur population. Peut-être l'animation et l'activité des petites villes de Méditerranée font-elles comprendre pourquoi l'Extrême-Orient, tout en disposant alors de villes plus peuplées encore, plus gonflées d'hommes que les métropoles de Méditerranée, ne possède pas, en réalité, un réseau de vie urbaine aussi dynamique. Ses villes ne font souvent que grouper d'énormes masses d'hommes, sans être animées par le mouvement de la grande ville ; si l'on veut, elles sont l'expression de la surpopulation de l'Asie plus encore que celle de son organisation économique[9].

La Méditerranée, région de villes, nous ne découvrons pas cette vérité banale, mille fois redite, mais qu'il faut lier à ses conséquences. L'ordre routier et urbain est, par excellence, l'ordre humain de Méditerranée. Il domine tout. L'agriculture, même modeste, aboutit à la ville, est commandée par elle ; à plus forte raison ses très grandes réussites. A cause des villes, la vie des hommes est plus précipitée que ne le voudraient les conditions naturelles. Grâce à elles les activités d'échange font prime sur les autres... Toute histoire, toute civilisation de la mer est leur œuvre. Ferdinand Lot[10] a raison contre Émile-Félix Gautier quand il rattache aux villes les invasions musulmanes elles-mêmes. Tout aboutit à elles. Le destin de la mer ne tient souvent qu'au triomphe d'une route, d'une ville aux dépens d'une autre route, d'une autre ville, même au XVIe siècle où tout semble appartenir, mais n'appar-

23. — Réseau des routes ibériques, en 1546

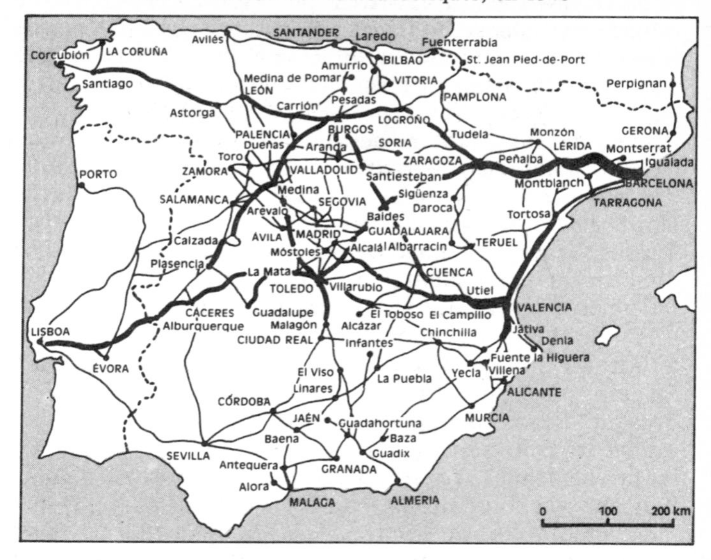

D'après le livre de Gonzalo MENÉNDEZ PIDAL, *Los caminos en la historia de España*, 1951. La carte représente les routes en trait plus ou moins accentué selon la fréquence des citations dans le guide du Valencien Juan Villuga (Medina, 1546). Il ressort de cette « pondération » que Tolède reste le centre routier et donc la ville la plus mélangée de la Péninsule. Les grands carrefours : Barcelone, Valence, Saragosse, Medina del Campo. L'heure de Madrid, capitale à partir de 1556, n'a pas encore sonné.

tient pas encore aux grands Empires et aux États territoriaux.

Les routes nourricières

Les routes de la Méditerranée sont, en premier lieu, celles de la mer, établies principalement, nous l'avons dit [11], au long des côtes. Viennent ensuite les multiples routes de terres : les unes en bordure des littoraux, courant de port en port, comme cette interminable succession de routes, de pistes, d'étroits et mauvais chemins qui vont, sans interruption, de Naples à Rome, à Florence, à Gênes, à Marseille, puis, par le Languedoc et le Roussillon, à la route littorale de l'Espagne, Barcelone, Valence, Málaga... Les autres perpendiculaires aux littoraux, ainsi les voies naturelles du Nil ou de la vallée du Rhône, ainsi les routes qui vont aux Alpes, ainsi les pistes caravanières poussées d'Alep à l'Euphrate, ou de l'Afrique Mineure au Soudan. Ajoutons les nombreuses « routes d'isthmes », pour reprendre la formule de Victor Bérard : telle la route Sud-Nord qui de Syrie, par la porte de Cilicie, passe le Taurus, traverse l'Anatolie et rejoint Constantinople directement par Eskisehir ou par le détour d'Ankara ; ou les voies traversières des Balkans, orientées en gros d'Est en Ouest, de Salonique à Durazzo, à Valona ou à Cattaro, d'Uskub à Raguse, de Constantinople à Spalato (de cette dernière nous aurons à conter le brusque essor économique avec la fin du XVIe siècle) ; ou encore cette série de chemins qui, de l'Adriatique à la Tyrrhénienne, vont d'un bord à l'autre de la digue italienne : la route de Barletta à Naples et Bénévent, la plus importante de ces traverses du Sud (par le col d'Ariano [12]) ; plus au Nord, ce qu'on pourrait appeler l'axe commercial toscan — d'Ancône à Florence et à Livourne — et l'axe génois, de Ferrare à Gênes ; pour finir, plus à l'Ouest, les transversales espagnoles de Barcelone au golfe de Gascogne, de Valence au Portugal, d'Alicante à Séville. Bien entendu, ces routes d'isthme signifient souvent plusieurs chemins à la fois. Ainsi, entre Lombardie et Romagne, d'une part, et Toscane de l'autre, les contemporains peuvent choisir entre huit itinéraires, difficiles puisqu'ils franchissent l'Apennin : le plus commode, le seul accessible à l'artillerie, le plus méridional, va de Rimini, par la vallée de la Marecchia, jusqu'à Arezzo et Sansepolcro [13].

Pour que l'énumération soit complète, il suffira d'ajouter les routes fluviales à la périphérie souvent du monde méditerranéen : ainsi les actifs chemins d'eau de la plaine de l'Italie du Nord, l'Adige, le Pô et ses affluents l'Adda, l'Oglio, le Mincio [14] ; ainsi les fleuves « russes » ; ainsi tous les cours d'eau portugais ; ainsi le Guadalquivir jusqu'à Séville et, au-delà de Séville,

24. — Routes à travers l'Apennin toscan

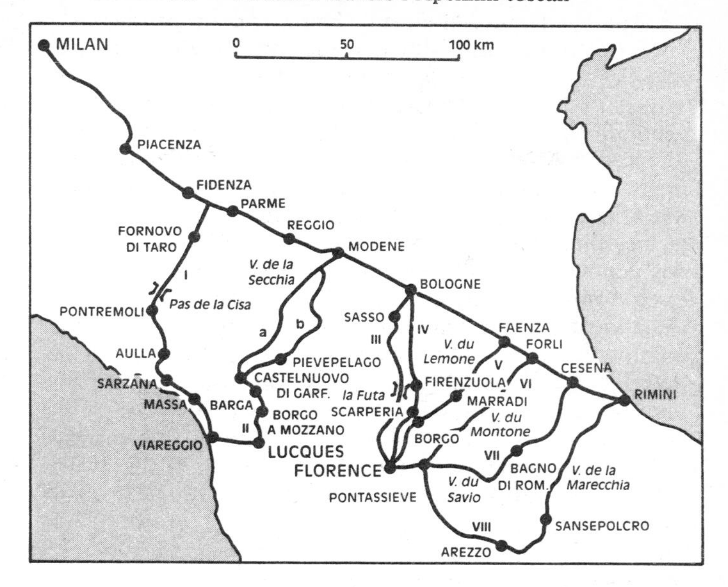

La grande route de Rimini à Milan, l'ancienne *via/Emilia*, limite le relief de l'Apennin vers l'Est. Les nombreuses routes qui lui sont perpendiculaires en direction de Florence et de Lucques, dans ce secteur étroit de la péninsule, donnent une idée de la multiplicité des routes traversières tout au long de la péninsule. La route de Bologne à Florence par la Futa correspond à la merveilleuse autostrade d'aujourd'hui.

Le document utilisé se limite à l'énumération de routes transapennines, partant de Florence et de Lucques.

jusqu'à Cordoue [15] ; ou, méditerranéen à demi seulement, le Nil dont l'énorme masse d'eau douce s'étale au delà de son delta, « toute trouble et jaunâtre » [16], en pleine mer ; ou encore, authentiquement méditerranéens ceux-là, l'Èbre avec ses bateaux à fond plat qui conduisent les voyageurs et le blé aragonais jusqu'à Tortosa, la partie inférieure de quelques-uns des cours d'eau valenciens et grenadins [17], en Italie le bas Arno, le bas Tibre ouvert jusqu'à Rome aux barques de mer, sillonné par des barques fluviales curieuses à gouvernail latéral et aux deux bouts relevés qui permettent, comme des échelles, de débarquer sur les rives escarpées du fleuve [18].

Toutes ces routes, qui peuvent être reportées sur une carte d'après les guides des chemins d'Estienne [19], de Turquet [20], de l'Herba [21], donnent la trame de la vie générale de la mer. En gros, elles ne sont guère différentes au XVIe siècle des routes qui firent le rayonnement de Rome ou celui de la Méditerranée médiévale. Mais, quel que soit leur réseau, variable ou non à long terme, elles dessinent sans fin, au-delà des côtes, l'empire des économies et des civilisations de la mer Intérieure et en dominent le destin.

La vie de la route décline-t-elle ? Prospère-t-elle ? Les commerces, les villes, les États se gonflent ou se détériorent. A juste titre, toutes les grandes explications historiques mettent en cause des catastrophes ou des accidents routiers. Pour Arthur Philippson [22], les navigations en droiture, à partir du IIIe siècle avant Jésus-Christ, dans le bassin oriental, ruinent les pays grecs privés des profits des escales. Rome, à la fin de sa grandeur, décline par suite de violentes captures au bénéfice des routes du Proche-Orient par où s'enfuient les métaux précieux — on le disait hier — ou par suite de cette large activité d'un axe commercial Danube-Rhin, comme on l'a soutenu récemment, et qui se développe au détriment du mouvement général de la mer [23]. Que ce même mouvement général soit au service de l'Islam, avec les VIIIe et IXe siècles, et le champ entier de forces méditerranéen aussitôt déplacé soustrait l'Occident chrétien au réseau nourrissant des routes de la mer. Enfin, pour nous arrêter à l'époque de notre livre, les Grandes Découvertes, en ouvrant les chemins de l'Atlantique et du monde, en liant l'Atlantique à l'Indien par un chemin maritime continu, ont pris à revers les routes vivantes de Méditerranée et, à long terme, appauvri la mer entière. Plus encore que lorsque j'ai écrit la première édition de ce livre, s'impose à moi l'importance de ces liaisons routières. Elles sont l'infrastructure de toute histoire cohérente. Mais leur rôle précis pose de difficiles problèmes.

Archaïsme des moyens de transport

De 1550 à 1600, aucune grosse révolution ne se révèle, à première vue, dans les transports maritimes ou routiers : mêmes bateaux qu'auparavant, mêmes convois de bêtes de somme, mêmes voitures imparfaites, mêmes itinéraires, mêmes marchandises transportées. On a pu améliorer les chemins et les navigations, la vitesse, la régularité des courriers, abaisser le taux des transports, jamais cependant dans des proportions révolutionnaires. La preuve en est la survivance, aux transformations politiques et économiques du siècle qui furent nombreuses, des petites villes, c'est-à-dire des haltes secondaires. Si elles subsistent, ce n'est pas, comme le pensait Stendhal, que les grandes cités, par une inhabituelle mansuétude, aient laissé les petites vivre et accomplir leur destin. C'est que celles-ci se sont défendues et surtout que les plus grandes ne pouvaient se passer d'elles, pas plus qu'au long de la route on ne voyage sans relayer ses chevaux, ou recourir aux auberges... La vie de ces haltes est liée à l'arithmétique des distances, à la moyenne des vitesses routières, aux délais des navigations, toutes réalités qui n'ont guère changé au cours d'un siècle mal armé au point de vue technique, qui utilise encore les très vieilles routes (Rome vit toujours, en plein XVIe siècle, des routes de sa grandeur antique[24]) et des bateaux de faible tonnage (les géants des mers ne dépassent guère un millier de tonnes) ; qui a plus souvent recours aux services de la bête de somme qu'à ceux de la voiture[25]. Celle-ci n'est pas une inconnue, au siècle de Philippe II, mais sa progression reste lente, insignifiante, si progression il y a, de 1550 à 1600. Songeons qu'en 1881, la voiture était encore inconnue au Maroc[26]. Qu'elle n'a fait son apparition dans le Péloponnèse qu'au XXe siècle. Que son arrivée implique toujours une révision, la création de routes, presque une révolution, comme le dit J. L. Cvijić à propos de la Turquie du XIXe siècle[27].

Alors n'anticipons pas : au XVIe siècle, l'Espagne n'est pas encore le pays des diligences aux attelages de mules, toutes sonnantes de clochettes ; pas plus que l'Italie n'est le pays des *vetturini*, des « voiturins » célèbres à l'époque romantique. Ici ou là, nous apercevons des voitures (celles-ci plus ou moins perfectionnées, celles-là encore primitives), traînées par des chevaux, des mules, des bœufs ou des buffles. Des voitures roulent par le Stamboulyol, dans la campagne de Brousse [28], dans le Constantinois (Léon l'Africain [29] les signale), sur la route du Brenner [30], dans presque toute l'Italie. Les futailles de vin se véhiculent sur roues autour de Florence [31] ; Cervantès se moque des voituriers de Valladolid [32], et quand le duc d'Albe envahit le Portugal [33], en 1580, il s'est assuré pour son armée les services de nombreux *carros*. En 1606, de Valladolid à Madrid, le déménagement de la Cour de Philippe III se fait avec des chars à bœufs [34].

Des voitures servent donc à coup sûr, près des grandes villes, en arrière des armées réclamant des transports massifs. Mais ailleurs ? A Naples, on envisage, en 1560, de faire venir le blé des Pouilles par terre et non plus par mer, comme il était d'usage pour éviter la longue circumnavigation de l'Italie méridionale ; mais il faut établir des charrois entre la ville et la région productrice et, à cet effet, *procurar*, dit la missive de Philippe II au duc d'Alcala, vice-roi de Naples, *de adereçar los caminos que vienen de Pulla cerca de Asculi*, s'employer à mettre en état les chemins qui viennent des Pouilles dans le voisinage d'Ascoli [35] et ceci, c'est où nous voulions en venir, *de manera que pudiendose carretear como se hace en Alemania y otras partes, se trayga el trigo por ellos a Napoles*, de sorte que, pouvant servir aux charrois comme il est d'usage en Allemagne et autres pays, on puisse, par ces chemins, transporter le blé jusqu'à Naples [36]. *Como se hace en Alemania* : il s'en faut donc que la voiture ait encore conquis le Sud de l'Italie, qu'elle y règne à la mode d'Allemagne, même si elle semble avoir pris possession à la fin du siècle de cette route transversale de Barletta à Naples [37] que des avis officiels, en 1598 et en 1603, montrent cependant imparfaite, inachevée malgré les projets, ou à cause des projets, de la ville pontificale de Bénévent qui voudrait se saisir du trafic de la route [38]. En France même, à la fin du siècle, les routes carrossables ne sont pas encore nombreuses [39]. Sur d'énormes espaces, la primauté reste à la bête de somme. Au XVIIe et au XVIIIe siècle, le réseau routier de l'Empire Ottoman, qui fait l'admiration de l'Europe, comporte d'étroites pistes pavées de trois pieds de large pour les cavaliers, de chaque côté les sentes des troupeaux et des piétons en ont décuplé la largeur [40]. Dans ce décor, pas, ou presque pas de voitures...

Avantage aux routes terrestres vers 1 600 ?

Pourtant sur ces piètres routes, les transports se font en dépit de tout et même s'amplifient à la fin du XVIe siècle. Cause et conséquence de cette montée, se note une augmentation assez générale du nombre des mulets, au moins dans les péninsules européennes : en Espagne, un agronome contemporain de Charles Quint, Alonso de Herrera [41], considère le fait comme une affreuse calamité ; en Italie, à Naples notamment, il faut, pour sauver l'élevage du cheval, interdire aux riches de Naples, sous les peines les plus graves, d'atteler leurs carrosses avec des mules [42] ; à Chypre, dès 1550, l'élevage des mules et mulets entraîne la diminution catastrophique des chevaux [43] ; en Andalousie, il faut des mesures draconiennes pour protéger ces derniers [44] ; dans les Balkans, lors de la guerre turco-impériale de 1593-1606, les Chrétiens s'emparent, entre autres aubaines de guerre, de mulets [45]. Haedo signale aussi un More allant d'Alger à Cherchell à dos de mulet [46]. En 1592, ce sont des mules qu'on envoie de Sicile pour les travaux de La Goulette [47].

La victoire du mulet, au XVIe siècle, n'est pas contestable, bien qu'âprement combattue par les gouvernements au nom des nécessités de la guerre. Elle semble avoir eu, en Méditerranée, la même importance que la multiplication des chevaux (chevaux de labour et bêtes de transport) dans l'Angleterre élisabethaine [48]. Le mulet n'est pas seulement un outil agricole, comme l'explique Herrera, en long et en large, pour l'Espagne. Il est une merveilleuse bête de transport, sobre, résistante. Rabelais, que tout intéresse, le note au Quart Livre : « muletz, bestes plus puissantes, écrit-il, moins délicates, plus durables au labeur que les autres ». Pour 600 000 mules de labour, Herrera estime qu'il y en a 400 000 utilisées en Espagne pour la « cavalerie » [49], entendez pour les transports. En forçant les termes, on peut imaginer cette conquête muletière sur le modèle de ce qui se passera, au XVIIIe siècle, dans l'Amérique hispano-portugaise où l'espace inhumain a été conquis, pour l'homme, par les innombrables caravanes muletières.

Autre question : les mulets seraient-ils responsables d'une montée des trafics terrestres qui se serait effectuée aux dépens des trafics maritimes ?

Erbalunga, gros bourg marin du cap Corse, à moitié édifié sur l'eau, a presque été une petite ville au temps où, avec quelques voiliers de charge, son rôle était d'assurer la circumnavigation du Cap. Au XVIIe siècle, une route s'est ouverte à la racine même du cap et la voie terrestre, plus courte, l'a vite emporté sur le long chemin d'eau. Erbalunga, alors, a rapidement décliné [50]. Si besoin en était, ce minuscule exemple mettrait en garde contre la croyance, si répandue, que la route de terre est vaincue d'avance dans sa lutte contre le chemin d'eau.

En tout cas, cela n'est pas vrai pour les nouvelles et les lettres que transportent surtout les courriers terrestres. Ici, la voie d'eau n'est utilisée qu'à titre exceptionnel. Cela n'est guère vrai, non plus, pour les marchandises précieuses, le transport par terre (transport de luxe, sans doute) n'étant pas au-dessus de leurs possibilités. Ainsi, à la fin du XVIe siècle, les soies brutes de Naples viennent *par terre* jusqu'à Livourne et de là, *par terre* encore, gagnent l'Allemagne [51], voire les Pays-Bas [52]. C'est par terre également, dans l'autre sens, que les sayettes d'Hondschoote atteignent Naples, où plus de soixante maisons spécialisées s'occupent de leur redistribution, entre 1540 et 1580 [53].

Enfin, à l'extrême fin du siècle, en Méditerranée orientale, se marque une reprise décisive de la route de terre. Raguse qui avait vécu de cent commerces maritimes divers, les uns proches, les autres éloignés (parmi ces commerces à bonne distance figura longtemps celui de la mer Noire), Raguse renonce à ces trafics avec les dernières années du siècle et se replie sur la mer Adriatique. Ce n'est point que les cuirs ou les laines des Balkans cessent de venir à elle, mais ils viennent dès lors, au delà du gros relais de Novi-Bazar, par les chemins de terre. Ceux-ci ont remplacé les routes d'eau. De même, au XVIIe siècle, la fortune éclatante de Smyrne [54], à l'extrémité terrienne de l'Asie Mineure, est à interpréter, en partie, comme une victoire des routes terrestres. Car Smyrne a capté une partie du trafic nourricier d'Alep (et notamment celui issu de la Perse), peut-être parce qu'elle reportait plus loin vers l'Ouest le point de départ des échanges maritimes avec l'Occident.

Ce même mouvement explique l'aventure de Spalato, que quelques érudits vénitiens rapportent parce qu'elle a été liée de près à certains incidents avec la Turquie [55]. Venise possédait sur l'*altra sponda* en terre balkanique, une série de guettes et de villes, plus deux liaisons commerciales utiles : la première en direction de Cattaro, par où s'organisait, en hiver, le service de sa poste avec Constantinople et la Syrie ; la seconde, en direction de l'estuaire de la Narenta, hors des possessions de la Seigneurie cette fois, d'où une multitude de petits navires conduisaient à Venise ce que les caravanes apportaient en cet estuaire : des laines, des cuirs, du bétail sur pied de la Péninsule des Balkans. Que ce commerce de la Narenta à Venise ait été compromis par la course des Uscoques, puis par la concurrence de Raguse et d'Ancône, se substituant régulièrement malgré le monopole revendiqué par Venise à la ligne Narenta-Venise, voilà, sans doute, ce qui incita, à partir de 1577 et plus encore de 1580, à prendre en considération les projets d'un Juif installé à Venise, Michel Rodriguez, que l'on nous dit d'une remarquable intelligence. Ces projets visaient à équiper l'escale de Spalato — ville alors déchue, mais pourvue d'un excellent port et liée à l'intérieur balkanique — et à établir des convois protégés, de Spalato à Venise. Les projets ne se réalisèrent pas avant 1591, devant l'opposition d'un sénateur de poids, Leonardo Donato, hostile à des entreprises risquées ; c'est ce que dit Nicolò Contarini et c'est possible. On pensera aussi que, jusqu'en 1591, Venise n'a pas eu un besoin urgent de cet expédient.

Mais, la solution adoptée, les conséquences en furent vite considérables. Les Vénitiens construisirent à Spalato une ville neuve : douanes, magasins, hôpitaux pour la purge des marchandises et la quarantaine des personnes « car les épidémies sont on ne peut plus fréquentes en pays turc ». Ils réparèrent les murs et les fortifications de la ville. Les Turcs, de leur côté, mirent en ordre les routes aboutissant à Spalato et arrêtèrent des dates fixes pour les voyages, si bien que les marchands purent faire route par grosses troupes, « ce qu'ils appellent caravanes », croit devoir ajouter Contarini. Aussitôt, c'est l'abondance et la richesse dans l'escale dalmate : la course étendant ses ravages en mer, la route terrestre ainsi lancée attire vers elle de très lointaines marchandises. On vit arriver à Spalato, au terme de navigations continentales démesurées, les marchandises qui jusque-là étaient véhiculées par mer, de la Syrie, de la Perse, des Indes. En soi, donc, presque une révolution routière. « Ainsi, raconte Contarini, de Spalato à Venise, commencèrent à arriver... des soies, des aromates de diverses sortes, des tapis, des cires, des laines, des peaux, des camelots (*ciambellotti*), des toiles de coton et tout ce que produisent ou fabriquent à l'usage des hommes les pays d'Orient » [56]. Par le même chemin, Venise envoyait, en sens inverse, ses draps d'or ou d'argent. De grosses galères marchandes (plus courtes, plus basses sur l'eau que celles qui faisaient jadis le voyage de Venise à Southampton [57], mais bien protégées contre les barques des Uscoques) assurèrent le bref trafic entre Spalato et Venise...

Les concurrents et adversaires de Venise surent, dès lors, que pour la frapper, il fallait frapper Spalato. Dès l'été 1593, les Ragusains que concurrençait, dans leur commerce de transit, la nouvelle liaison, entreprirent une campagne de dénigrement auprès des Turcs. A un ambassadeur qu'ils députaient auprès du Pacha de Bosnie, en mai 1593, ils recommandaient de blâmer l'entreprise, « *di biasmarla* », d'expliquer que « toute la fin et le dessein des Vénitiens étaient de tirer à cette échelle les Turcs et autres vassaux du Grand Seigneur afin de pouvoir s'emparer d'eux en quelque occasion de guerre... ». En 1596 [58], au moment des troubles affaires de Clissa (cette petite place turque dont les Uscoques s'emparèrent par traîtrise et que le Turc récupéra assez vite, mais en immobilisant de gros moyens qui lui auraient été nécessaires pour la guerre de Hongrie), à ce moment où les Impériaux et le Pape essayaient d'entraîner Venise dans la guerre contre le Turc, où des troubles multiples se produisaient dans les domaines vénitiens de Dalmatie à cause de cette guerre de Clissa, le duc d'Olivares, vice-roi de Naples, tenta curieusement de soulever Spalato, pour le moins d'y intriguer... Cette année de Clissa valut à Venise une série d'inquiétudes et à l'escale de Spalato mille difficultés. Rien ne montre mieux quelle importance avait acquise, pour Venise, cette capture terrestre du commerce du Levant [59].

Et il s'est agi là d'une liaison appelée à durer, non pas d'une réussite fugitive. Spalato est devenu le poste majeur des rapports entre la Dalmatie et Venise, rapports sur lesquels nous avons quelques indications statistiques : 11 000 *colli* de marchandises en moyenne de 1586 à 1591 ; 16 460 de 1592 à 1596 [60] ; 14 700, de 1614 à 1616 ; 15 300, de 1634 à 1645 [61]. Évidemment les *colli*, ces gros emballages, ne sont pas une unité régulière de mesure ; évidemment le trafic propre de Spalato n'est pas dégagé comme il conviendrait de l'ensemble des trafics dalmates en direction de Venise (cependant les *Cinque Savii* parlent, en juillet 1607, de 12 000 balles [*balla* = *collo*] de marchandises, pour la seule escale de Spalato, « outre l'argent comptant » *oltre li contadi in bona suma* [62]). Les documents comptent par centaines les chevaux des caravanes et bientôt une nuée de marchands gagnent Venise venant même de

Brousse[63], Arméniens, Juifs, Grecs, Perses, Valaques, gens de « Bogdiana » et de Bosnie[64]. Le soin que mettra Venise à défendre ces liaisons proches, ainsi durant la peste qui désole Spalato au cours de l'été 1607[65], le renforcement d'un commerce en direction de la Morée — tout indique que la liaison avec les Balkans se stabilise, n'est plus un expédient, mais une solution permanente.

Quant aux causes exactes de la capture, qu'une grosse part de la responsabilité en revienne à la course, uscoque, chrétienne ou musulmane, la chose n'est pas douteuse. Nicolò Contarini, dans son *Histoire*, dit en propres termes que la montée de la course, à travers la Méditerranée, a déterminé la prospérité de l'échelle[66]. Mais les corsaires ne sont pas seuls responsables. La faveur croissante et insolite, « *cosa non più usata* » dit le même Contarini, de la route terrestre, peut et doit avoir d'autres raisons. Elle pose une question de prix de revient, de conjoncture, à un moment où tout est bousculé par la montée des prix et peut-être le gonflement des trafics. Prix de revient ? La sécurité joue ici son rôle, nous le verrons à la fin du siècle par l'incidence de la prime d'assurance maritime qui désavantage tellement les navires vénitiens, malgré leurs équipages mal payés et leurs nolis à bon marché[67]. Faut-il mettre en ligne de compte un bas prix éventuel des transports caravaniers en pays turcs, ces pays que travaille, mais avec un gros retard sur l'Occident, la montée des prix du siècle[68] ? C'est ce que laissent entrevoir nos collègues, les historiens turcs[69].

En tout cas, les preuves ne manquent pas, à la fin du siècle et au début du suivant, d'une montée des activités routières dans les Balkans. En ce qui concerne Raguse, des papiers marchands de 1590-1591[70] (à la veille même de la fortune de Spalato) révèlent l'activité des trafics vers l'arrière-pays ; le dit aussi la construction, près de la ville, d'un nouveau bazar pour les marchands turcs. On notera encore l'établissement, à l'extrémité du port, d'une quarantaine plus spacieuse, en 1628[71]. Le fait, médiocre en soi, suggère, ajouté à quelques autres, que ces contacts par voie de terre ont supprimé ou du moins réduit les haltes en Syrie ou en Égypte et les longs transports maritimes, entre Orient et Italie ; ils ont accentué la poussée vers l'Ouest des marchands et marchandises du Levant. A Venise, le *Fontico dei Turchi*, à San Giovanni Decollato, date de 1621 [72]. Raguse, elle aussi, voit affluer chez elle des marchands juifs et turcs [73]. Alors si le XVIIe siècle connaît une recrudescence de la peste, spécialement en Italie, également dans les Balkans, d'après Jorjo Tadić [74], il y a peut-être un lien de cause à effet, entre cette recrudescence et le renouveau des transports terrestres.

Le problème en soi de la route de terre

En eux-mêmes, ces transports routiers à la hausse dans les Balkans posent des problèmes qui dépassent aussitôt leur propre exemple. Problèmes à la fois de structure et de conjoncture. S'ils se précisent à la fin du XVIe siècle, ils n'en existent pas moins plus tôt et ils se retrouveront bien plus tard encore. La concurrence des moyens de transport est de toutes les époques. Toutefois, historiens de la première modernité, nous avons souvent le tort de croire que la mer ou le fleuve l'emportent, doivent l'emporter avec régularité ; une voie terrestre, prise à revers par un chemin d'eau, est aussitôt condamnée, par nous, à disparaître ou à s'étioler. En fait, voitures et bêtes de somme ont la vie dure et ne sont pas si aisément éliminées.

Ainsi, il est indéniable que la prospérité de l'isthme allemand est due, entre autres causes, dès le XVe siècle, à une accélération et à une modernisation des charrois. Renée Doehaerd soutient même [75] que la fortune « terrestre » d'Anvers, à la fin du XVe et au début du XVIe siècle, résulte d'une vraie capture voiturière, Anvers se soudant alors à la vie précipitée de l'Allemagne et, au delà, de l'Italie ou de la Pologne... Cette fortune anversoise s'oppose à une fortune « maritime » de Bruges aux siècles précédents, simple étape vers le Nord de la navigation conquérante des Méditerranéens. D'ailleurs du Nord européen à la mer Intérieure, la concurrence, la coexistence des routes maritimes et terrestres est patente, le partage se faisant souvent, sinon toujours, entre le pondéreux et le bon marché d'un côté, le léger et le précieux de l'autre[76], et cela sur un immense échiquier plus large et plus clair à nos yeux que celui des Balkans. Contre l'opinion première que j'ai soutenue hier, je ne crois plus que la route océane et la « descente » des Nordiques dont nous aurons à reparler, aient déclassé aussitôt, à la fin du XVIe siècle et une fois pour toutes, les grandes routes allemandes ou françaises qui courent vers la Méditerranée. Dans son livre sur la firme anversoise des della Faille, Wilfrid Brulez[77] en donne la démonstration. Commerçant avec l'Italie, de 1574 à 1594, la firme des della Faille a eu à choisir, dix fois pour une, entre la mer et les routes des Alpes. Il n'est pas indifférent qu'elle ait choisi celles-ci, de préférence à celle-là. Il ressort d'un calcul serré qu'elle a choisi ainsi son strict intérêt. La route terrestre n'est pas sans désavantage, mais relativement sûre, et les profits moyens qu'elle procure (16,7 p. 100) dépassent ceux que donne la longue route de mer (12,5 p. 100) avec des écarts énormes, de 0 (ou plutôt d'un bilan négatif) à 200 p. 100. La route terrestre est beaucoup plus sage (maximum 30 p. 100).

Évidemment, il s'agit dans ce cas précis de marchandises de luxe. Rien ne nous dit qu'à jauger d'ensemble Océan et routes transversales N.S. d'Europe, on verrait (ou non) celui-là véhiculer plus de marchandises que celles-ci (en poids sûrement, en valeur c'est discutable). En tout cas, sur les itinéraires d'Istanbul à Spalato, comme de Hambourg à Venise, ou de Lyon à Marseille, la route terrestre maintient son activité. Ce n'est peut-être qu'avec le XVIIe siècle que la mer l'emporterait, à la suite de la poussée des bateaux du Nord, de la diffusion des assurances maritimes et de la constitution, toujours dans le Nord, de compagnies commerciales puissantes.

Ces considérations générales avaient leur importance. Elles éclairent nos problèmes de Méditerranée, si elles ne les résolvent pas à l'avance.

Le double témoignage de Venise

De ce qui précède, on peut conclure, à coup sûr, pendant la seconde moitié du XVIe siècle, à une augmentation des trafics terrestres, à une réhabilitation même de certaines routes abandonnées. Reste à savoir ce que deviennent, à la même époque, les trafics de la mer. Or il semble bien qu'ils n'enregistrent nullement une diminution qui compenserait l'augmentation du commerce terrestre. Au contraire. Un certain équilibre semble se maintenir, à la faveur de la montée générale.

C'est ce que laisse apercevoir le cas de Venise. En même temps que l'aventure de Spalato, et même plus tôt, il y a, c'est évident, une grosse diminution de la flotte vénitienne. C'est un des éléments qui ont fait parler, à coup sûr, de la décadence de Venise. Domenico Sella la fixe vers 1609[78]. Alberto Tenenti en voit les signes précurseurs dès 1592. Leur pessimisme est peut-être excessif, car en fait, le trafic du port reste en volume le même jusqu'en 1625 au moins, d'après les chiffres de D. Sella lui-même : 1607-1610, 94 973 *colli* en moyenne (dont une quinzaine de mille venant des ports dalmates et des routes balkaniques) ; 1625, 99 361 ; 1675, 68 019 ; 1680, 83 590 ; 1725, 109 497. Il faut donc que des navires étrangers aient pallié les déficiences de la flotte vénitienne. Et c'est bien ainsi que les choses se sont passées, comme l'établit l'étude d'Alberto Tenenti[79]. Celle-ci porte sur les enregistrements de sinistres maritimes par devant deux notaires de Venise : Andrea Spinelli et Giovan Andrea Catti, l'un et l'autre spécialistes des transports par mer et réunissant chez eux la quasi-totalité des clients possibles. Dès qu'un sinistre est connu, les intéressés viennent enregistrer leurs assurances pour réclamer ensuite leur dû. Pour dix-huit années cruciales (1592-1609), à la charnière des deux siècles, cette série noire porte sur plus d'un millier de cas, dont 660 environ (soit presque 37 par an) correspondent à des naufrages ou prises par les corsaires, le reste à des « accidents » ou avaries plus ou moins graves.

Ce sondage d'une ampleur assez rare établit et la

décadence de la marine vénitienne, que nous connaissions, et la montée des arrivées des bateaux nordiques touchant Venise, soit venant du Ponant ou s'y rendant, soit engagés déjà dans des trafics du Levant. Assurément nous pouvons parler du déclin *maritime* de Venise, non pas du déclin du trafic global de son port, réalité qui nous occupe pour l'instant. Petit détail insolite, le taux des assurances pendant ces années difficiles ne bouge pas [80], ou du moins pas avant 1607, en ce qui concerne l'armement vénitien [81]. Alors de deux choses l'une, ou ces manieurs d'argent retors, Génois, Florentins qui contrôlent les assurances à Venise et forment de véritables *lobbies*, sont aveugles à leurs propres intérêts et assurent marchandises, navires et nolis par pure philanthropie, ou nous commettons une erreur dans nos calculs. Supposons, et l'hypothèse est presque raisonnable, que le taux d'assurances moyen soit de 5 p. 100. Pour que l'assureur compense pertes et gains, il lui faut vingt voyages sans accroc contre un désastre complet. Dans ce trop rapide calcul, les navires sont considérés comme équivalents entre eux et le désastre sur le vingt et unième comme complet. C'est trop simplifier, évidemment : tout d'abord, il n'y a jamais de désastre complet du côté de l'assureur, celui-ci est réassuré, premier point ; il est propriétaire des marchandises qui sont récupérées, second point ; s'il rembourse la victime, troisième point, il obtient généralement un rabais sur le montant de l'assurance ; enfin, quatrième point, si l'égalité est acquise entre perte et gain, il aura eu, entre-temps, le bénéfice de l'intérêt des sommes reçues tant qu'aura couru l'assurance. Ces données compliquent le problème, mais ne le rendent peut-être pas insoluble... Bref, et c'est là où nous voulions en venir, il n'est pas absurde de penser que les naufrages sont compensés par de nombreux voyages heureux... D'un côté 37 bateaux perdus, de l'autre chaque année 740 (?) voyages [82]. Finalement le port de Venise serait plus actif qu'on ne le suppose d'ordinaire, la navigation nullement anémique, en cette fin du XVIe siècle, que l'on voudrait calamiteuse. En 1605, Venise ne possède plus que vingt-sept gros navires [83], il est vrai, mais, si les proportions entre petits et gros navires sont les mêmes qu'ailleurs, elle doit posséder plus de deux cents petits navires (10 pour 1). En tout cas, dans la liste de l'*ancorazzo* (1er septembre 1598-1er septembre 1599) [84], je compte quarante-six *marciliane* probablement vénitiennes et il y a des navires plus petits que celles-ci. Sans doute cet *ancorazzo* de 1598-1599 ne fournit-il que la liste de deux cents paiements effectués, mais chacun de ces paiements ne signifie pas un seul voyage et les barques sont exemptées. Sur ce point, une recherche heureuse, même de détail, trancherait le débat. La question posée est la suivante : combien de voyages pour un paiement enregistré ? Mais dès maintenant, face à l'activité accrue des grandes routes des Balkans, il n'est peut-être pas licite d'imaginer une Adriatique et une Méditerranée inertes, ou paresseuses, ou vides. Je crois, au contraire, que le trafic en Méditerranée a atteint, avec la fin du siècle, un volume important. Car la course que l'on dit prospère, comment pourrait-elle alors se nourrir ? A Raguse, le nombre de bateaux ragusains a sans doute diminué, mais voici, au hasard des enregistrements de la chancellerie de la petite ville, un Anglais, un Marseillais, même un Catalan, celui-ci sûrement patron de navire [85]. Il y a eu relève.

Ne tranchons pas le débat entre les deux circulations, au XVIe siècle du moins : la prospérité fait monter tout à la fois. Croyons aussi à la fixité, en gros, des positions acquises, du moins de leurs valeurs respectives.

Venise nous offre, au sujet de la rivalité des trafics terrestres et maritimes, un autre petit contrôle. Le hasard nous a conservé, de 1588 à 1606 [86], la liste des balles de laine qui y arrivent « du Ponant », entendez d'Espagne. Sont distinguées les balles venues directement par mer et celles qui ont emprunté la voie de terre des routes transversales d'Italie. Ce qui a précipité le premier mouvement, c'est la quasi-franchise accordée à l'entrée, en 1598, aux laines venues par mer. De ces transports directs se chargent des navires hollandais. Et pourtant, malgré ces avantages et ces navires de choix, la route de terre, par Gênes et plus encore par Livourne, se maintient et l'emporte sur la voie rivale. Pourquoi ? On le devine à peu près. Tout d'abord il y a le poids de l'habitude, des positions acquises. Nous savons que Génois et Florentins sont les maîtres des achats en Espagne ; qu'il y a une ligne de paiements (au vrai de téléguidage du crédit) depuis Medina del Campo jusqu'à Florence (et retour), comme en fait foi la correspondance de Simón Ruiz [87] ; que les marchands vénitiens achètent sur remises, entendez à crédit sur Florence et que le premier choix de la laine reste à Florence, Venise travaillant le second choix. Le rôle du relais de Florence explique l'utilisation fréquente de la route de terre et *peut-être* même l'importance des arrivées globales à Venise, à la fin du XVIe siècle, correspond-elle à la chute précoce de l'industrie florentine qui libère la matière première.

Voilà donc un bon exemple, insuffisant à lui seul, évidemment, pour trancher la question, de la non-élasticité des concurrences entre les deux catégories de routes et de la complexité des facteurs en présence. Mais une permanence structurale des rapports se devine et peut être retenue à titre d'hypothèse de travail.

Circulation et statistique : le cas de l'Espagne

Autre exemple, mais plus large, celui de la Castille entourée d'une série de douanes continentales et maritimes, les unes et les autres dispersées le long des côtes ou des frontières terrestres et, dans ce dernier cas, plus ou moins à l'intérieur des pays castillans. Les *puertos secos*, les ports secs (terrestres) sont les 39 postes de douanes, aux confins de la Navarre, de l'Aragon et de Valence, qui commandent l'accès aux routes principales et secondaires de Castille : les *puertos altos*, les ports d'en haut, sont en bordure de la Navarre et de l'Aragon ; les *puertos bajos*, les ports d'en bas, surveillent les trafics en direction de Valence. Les *puertos de Portugal*, au nombre de 46, certains de très médiocre importance, contrôlent les accès terrestres du Portugal. Au long des deux frontières maritimes, sur le golfe de Gascogne et sur la côte de Valence au Portugal, se perçoivent d'une part les *diezmos de la mar*, dont l'autorité royale s'est emparée en 1559[88] (ils appartenaient auparavant aux descendants du Connétable de Castille) ; d'autre part les multiples droits qui relèvent du vaste complexe fiscal qu'est *l'Almojarifazgo Mayor* de Séville, institution qui existait déjà au temps des rois maures et qui contrôle toutes les entrées maritimes, parfois à des postes situés en retrait, à l'intérieur des terres, mais le plus souvent dans une série de ports (Séville, Cadix, San Lucar de Barrameda, Puerto de Santa Maria, Málaga...). A ces droits anciens s'est ajouté l'*Almojarifazgo de Indias* qui ne porte que sur les marchandises venues des Indes, c'est-à-dire d'Amérique, ou s'y rendant.

Ainsi la Castille est enveloppée par des postes douaniers, représentés, à Simancas, par une masse énorme de papiers et de chiffres que viennent de mettre en valeur les travaux récents de Ramón Carande[89] et de Modesto Ulloa[90]. Avons-nous là une balance où peser les deux circulations, la maritime et la terrestre ? Oui et non. Oui, vu sa continuité relative et son ampleur ; les erreurs se compensent à une vaste échelle. Non, parce que la fiscalité castillane brouille les chiffres, en amoindrit la valeur et surtout parce que la Castille, prise ici à témoin, juge davantage l'Océan vers lequel court sa vie entière, que la mer Intérieure à laquelle elle a tourné le dos. De toute façon, nous ne demanderons à ces documents que des ordres de grandeur et une comparaison.

La première conclusion, c'est que les trafics — et les droits — ont augmenté considérablement. 1) Si 100 représente le revenu de l'*Almojarifazgo de Indias*, en 1544, il atteint, année moyenne entre 1595 et 1604, 666 : il a plus que sextuplé en 50 ans, multiplication que confirment les recherches de Huguette et Pierre Chaunu. 2) Pour l'*Almojarifazgo Mayor*, soit 100 en 1525, il atteindrait presque 300 en 1559, 1 000 en 1586-1592, et (valeur gonflée) 1 100 peut-être en 1602-1604[91]. 3) Pour les *diezmos de la mar* : 100, en 1561 ; plus de 300 en 1571 ; 250, en 1581 ; 200, en 1585 ; un peu plus de 200, en 1598. De toute évidence, c'est au Sud de l'Espagne que s'est fait sentir, mais on le savait à l'avance, le gros de l'essor maritime du siècle. 4) Les *puertos secos* : 100, en 1556-1566 ; 277, en 1598. 5) Les *Puertos de Portugal* donnent une progression un peu plus faible : 100, en 1562 ; 234 en 1598 ; mais ils sont par excellence sur les chemins de la fraude.

Toutefois, si l'on veut juger de l'augmentation comparée des douanes de terre et de mer, il faut, étant donné la longueur différente des séries, placer l'indice 100 vers 1560. Cela donne, à cette date, 38 millions de maravédis de redevances fiscales pour le trafic routier, 115 millions pour le trafic maritime en son entier, soit une proportion de 1 à 3. Si la pesée est recommencée vers 1598, les résultats sont 282 millions de maravédis contre 97 : la proportion de 1 à 3 s'est maintenue. Structurellement, rien n'aurait changé dans les rapports des circulations castillanes au cours de la seconde moitié du XVIe siècle. Tout aurait progressé au même rythme, selon une même pente, pour parler le langage de nos graphiques. Voilà qui propose avec plus de netteté que nos derniers exemples, un certain équilibre des deux circulations l'une face à l'autre : leur ensemble se maintiendrait dans des rapports peu variables.

Le double problème dans le long terme

D'exemples particuliers dans l'espace et dans le temps, on ne saurait conclure, ni surtout généraliser. Toute solution en ces domaines — où la recherche s'obstine à connaître non pas tant le volume exact de chacune de ces circulations, que la façon dont elles évoluent, ou semblent évoluer l'une par rapport à l'autre — serait au prix d'une enquête largement ouverte non sur les cinquante ans de ce livre, mais sur plusieurs siècles, au moins du XVe au XVIIe ou au XVIIIe, et non limitée à la seule Méditerranée, cependant si vaste et si diverse. L'hypothèse séduisante d'Hermann van der Wee [92] résume bien l'enjeu du débat. Avec le XVe siècle, l'Europe et la Méditerranée n'auraient connu qu'un essor maritime, de Venise à Bruges ; c'est seulement avec le XVIe siècle que cet élan extérieur aurait animé une économie « transcontinentale », routes de terre et de mer étant alors prises dans un même essor. Avec le XVIIe siècle, l'économie vive, ou restée vive, se limiterait de nouveau aux franges maritimes et ce serait au siècle suivant que tout — terre et mer — repartirait d'un même pied.

Je crois ces grands rythmes possibles. En tout cas, ils peuvent nous servir de cadres problématiques. Notre siècle — le XVIe — distribuerait ses chances sur les deux tableaux à la fois. La règle *a priori* serait de supposer en général, en ce qui le concerne, qu'à tout progrès routier reconnu doit, *grosso modo*, correspondre un progrès de la navigation, et réciproquement. Il n'y aurait activité unilatérale de la mer qu'au XVe siècle, avec les Italiens, et au XVIIe avec les Hollandais. Évidemment, si l'hypothèse est juste, les enquêtes locales devront la confirmer. Mais ces rythmes ne se produisent sûrement pas partout avec netteté et au même moment. L'époque des Hollandais ne supprime pas évidemment la vie, voire l'essor de certaines routes terrestres. On lit dans les registres des *Cinque Savii*[93], à la date du 8 mai 1636 « *che molte mercancie che venivano per via di mare habbino preso il camino di terra da Genova o Livorno* ». Tout, en 1636, n'est donc pas encore joué. Ne croyons aux grandes images simplificatrices que preuves en main.

2. La navigation : tonnages et conjonctures

Nous connaissons, avec leurs noms, leurs tonnages approximatifs, leurs cargaisons et leurs itinéraires, des milliers de navires de Méditerranée. Mais il n'est pas aisé de dominer ces témoignages multiples, de leur donner un sens. Il faudra que le lecteur nous pardonne plusieurs démarches et tout d'abord de largement ouvrir le champ chronologique de l'observation, en allant souvent du XVe au XVIIe siècle ; de joindre, en outre, l'Atlantique à la Méditerranée, seconde précaution. Ces mesures inattendues se justifieront par la suite et trois ou quatre règles préalables s'imposent aussitôt qui éclairciront le débat.

1. — *La navigation, en Méditerranée, n'est pas absolument différente de celle de l'Océan*. Les pratiques, les taux d'assurances, les délais de rotation des voyages diffèrent, mais l'instrument dont on se sert, le bateau de bois mû par les vents, a les mêmes limites techniques. Il ne peut dépasser une certaine grandeur, un certain équipage, une certaine surface de voile, une certaine vitesse. Autre uniformité, pas un bateau nouveau n'apparaît sur l'Océan dont on ne retrouve assez vite des échantillons en Méditerranée. A Venise, qui a ses types de bateau et n'en change pas volontiers, il y a cependant des caravelles dès la jeunesse de Marin Sanudo, à la fin du XVe siècle, et des galions et des *bertoni* dès avant la fin du XVIe. Même le Turc, à cette époque, use du galion de type océanique [94], *navis gravis, navis oneraria*, le plus gros des navires de charge, explique Schweigger, un voyageur allemand qui les a vus à Istanbul et ailleurs, en 1581 [95].

2. — *Il y a toujours, sur l'Atlantique comme dans la mer Intérieure, un rôle majoritaire, écrasant, des petits tonnages*. Ils chargent prestement, quittent les ports au premier coup de vent ; prolétaires de la mer, ils vendent souvent leurs services à bas prix. Deux Capucins s'en reviennent, en juin 1633, de Lisbonne en Angleterre : le maître d'une *naviguela* de Honfleur (35 tonnes), chargée de sel et de citrons, s'offre à les conduire à Calais [96], à 8 livres par passager. En avril 1616, alors qu'il gagne l'Espagne, l'ambassadeur vénitien Piero Gritti préfère s'embarquer à Gênes sur une felouque provençale, simple barque à deux mâts ; il entend, en effet, aller vite et réserve une place à sa famille sur une grosse nave qui va gagner Alicante [97]. La felouque, écrit le R.P. Binet, en 1632, « c'est le plus petit navire de tous les vaisseaux à rames » [98].

Donc majorité aux petits tonnages, dont les noms génériques varient selon les ports, ou les régions, ou les époques : *grippi* ou *marani* ou *marciliane*, d'Adriatique, felouques ou tartanes de Provence, barques comme disent parfois, sans plus, les statistiques des ports... Ces petits, très largement au-dessous de 100 et même de 50 tonnes, font l'animation de l'Océan comme de la Méditerranée. Les gros cargos sont à 1 contre 10 selon les statistiques de Valence, de 1598 à 1618 [99]. Quand on apprend qu'à Venise, en 1599 [100], il y a 31 naves (c'est-à-dire 31 gros navires), il convient d'imaginer à leur côté plusieurs centaines de bateaux de petit tonnage.

3. — *Il faut se résigner, une fois pour toutes, à mal connaître les tonnages du* XVIe *siècle*, plus encore à ignorer le tonnage moyen qui permettrait, connaissant le nombre des navires à l'entrée ou à la sortie d'un port, de calculer leur tonnage d'ensemble. J'ai avancé le chiffre moyen de 75 tonnes [101], d'après des statistiques des ports andalous. Ce chiffre est probablement beaucoup trop élevé. De toute façon, les tonnages indiqués ne sont jamais précis : les experts les estimaient d'après les mesures du bâtiment (hauteur, largeur, profondeur...). Quand il s'agissait de louer un bateau à un État quelconque, le chiffre était grossi bien sûr, et cela était admis ouvertement en cas d'embauche espagnole. Mais supposons toutes les sincérités réunies ; il reste à transformer *salme, stara, botte, cantara, carra*, en nos actuelles mesures. Ici, quelques traquenards nous attendent : la conversion des prix nominaux en grammes d'argent offre moins d'aléas ! Les tonnages « nominaux » du XVIe siècle ont même diminué à Séville, d'un seul coup, ce qui a posé à Huguette et à Pierre Chaunu quelques problèmes ! J'ai travaillé, un instant, sur les documents des consulats français (A.N. série B III) qui donnent, pour une série de ports étrangers, les relevés des arrivées de bateaux avec leurs cargaisons, ceci au XVIIIe siècle. A plusieurs reprises, pour le même bateau — même nom, même patron, indications concordantes pour l'itinéraire et les cargaisons — le tonnage indiqué sur ces papiers officiels variait, d'un port et d'un consulat à l'autre... Bref, nous restons dans l'approximatif, avec tous les inconvénients que cela implique.

4. — *Les témoignages les plus nombreux concernent*

assurément les gros et très gros navires. Ceux-ci nous placent, non pas à la charnière des médiocres et des gros tonnages, au voisinage de la centaine de tonnes, mais à la limite supérieure, vers 1 000 et même 2 000 tonnes. En vérité les *proveedores* espagnols ne vont pas jeter l'embargo d'ordinaire sur une barque bretonne d'une trentaine de tonnes, ou une caravelle dans laquelle on logera, au maximum, une dizaine de chevaux, comme en 1541 [102] lors de l'expédition contre Alger. Ce sont les gros bateaux sur lesquels ils jettent leur dévolu et qui, d'ailleurs, s'en accommodent plus qu'ils ne le disent, car l'État espagnol leur réserve des primes, des nolis substantiels, un ravitaillement généreux.

Un bateau de 1 000 tonnes est alors un monstre et une rareté ! Le 13 février 1597, Thomas Platter [103], médecin bâlois qui vient d'achever ses études à Montpellier, se retrouve à Marseille. Il n'a d'attention, dans le port, que pour un énorme navire génois dont les Marseillais viennent de s'emparer. « C'était un des plus gros bâtiments qui eussent été lancés dans la Méditerranée. On eût dit une immense maison à cinq étages, surgissant au milieu de la mer. J'estime que le chargement pesait au moins 16 000 quintaux (soit 800 tonnes actuelles). Il avait huit ou dix voiles attachées à deux gros mâts d'une hauteur prodigieuse, au sommet desquels je montai par des échelles de corde. De cette élévation, la vue s'étendait au large et sur le château d'If près duquel tournait un moulin à vent semblable à ceux de l'intérieur de la ville ». Cet exemple doit suffire, au milieu de centaines d'autres.

5. — *Le problème, si l'on veut saisir des moyennes, ou tendre vers elles, et ainsi apercevoir les ensembles, c'est de situer exactement ces gros tonnages*. Marquons bien, à leur propos, d'entrée de jeu :

a) que les tonnages records n'ont pas suivi une progression continue, ou alors les chiffres impressionnants que fournit le XVe siècle et qui sont à la hauteur des prouesses du XVIIIe siècle, seraient faux, ce que nous ne pensons absolument pas [104] ;

b) que les gros bateaux sont liés aux longues distances ; ils monopolisent longtemps ces voyages interminables. Trait supplémentaire : il y a derrière eux des États, avec leurs exigences et leurs moyens, des villes, et toujours de riches armateurs ;

c) que ces gros cargos sont, non moins fréquemment, liés aux marchandises pondéreuses, volumineuses, d'un prix de revient unitaire bas et qui, logiquement, sont réservés à la voie d'eau. Ils permettent alors des nolis à bon marché ;

d) qu'avant les révolutions qu'apportera l'artillerie navale, tardivement d'ailleurs, ces énormes corps flottants sont sous le signe de la sécurité. Exposés, sans doute, comme la barque la plus légère aux hasards du mauvais temps, ils peuvent faire face, du moins, aux fâcheuses rencontres. Qui s'opposerait aux équipages nombreux, aux soldats, aux frondeurs, aux archers qu'ils ont à bord ? Le gros navire est le gendarme idéal au service des riches. Les deux gros bateaux que la Seigneurie de Venise équipe lentement, à prix d'or, en juin 1460, il faut, et c'est pourquoi on les construit, qu'ils soient « *spavento a tutti* », un épouvantail pour tous les corsaires [105].

e) enfin que les gros tonnages n'écartent pas la concurrence, malgré les faveurs des riches et des cités marchandes, malgré l'attrait qu'ils ont pour les gouvernements gaspilleurs (au Havre, le roi de France fait construire en 1532, une nave de « *smisurata grandezza tal che si stima dover esser innavigabile* » [106]) ;

f) il arrive sans doute que le gros navire s'adjuge tous les transports. Ce sont les époques de monopole de droit ou de fait que le premier XVe siècle a connues, que le XVIe siècle reconstituera vers l'Amérique espagnole et les Indes portugaises. Mais que ces monopoles s'ouvrent, pour une raison ou une autre, et une nuée de navires moyens ou médiocres s'en donnent à cœur joie. *Ces revanches du petit tonnage semblent à peu près toujours sous le signe d'une large montée des échanges.* Gros navires seuls, la conjoncture est maussade ; gros navires entourés de multiples petits voiliers, la conjoncture est sûrement favorable. Ce critère a toutes les chances d'être juste mais nous y reviendrons : que le lecteur l'accepte sous bénéfice d'inventaire.

Gros tonnages et petits voiliers au XVe siècle

La Méditerranée a connu, dès le XVe siècle, une prospérité des gros tonnages. La navigation méditerranéenne traverse alors la mer dans toute sa longueur, puis court jusqu'à Londres et à Bruges, les plus longs parcours étant d'ordinaire à l'actif de Gênes. Ce qui donne à celle-ci une primauté dans la course aux gros tonnages [107], d'autant qu'elle s'est quasiment spécialisée dans les transports pondéreux, notamment l'alun de Phocée, en Asie Mineure, et les vins des îles du Levant — qu'elle livre à Bruges et en Angleterre, directement par voie maritime. La caraque génoise, qui approche des 1 000 tonnes et les dépasse souvent, a été longtemps la solution rationnelle d'un problème technique difficile.

Venise suit le mouvement, avec un gros retard. Tout d'abord elle est moins éloignée que Gênes du Levant qui reste le centre de ses activités essentielles ; ensuite, son système des *galere da mercato* [108] fortement organisé par l'État, morcelle les trafics en voyages particuliers : galères de la Tana, de Trébizonde, de Romanie, de Beyrouth, d'Alexandrie, d'Aiguesmortes, de Flandres, de Barbarie, du *trafego* (à la fois Barbarie et Égypte). Ainsi sont divisés les difficultés et les risques et interdits les voyages en droiture du Levant à Bruges, à la génoise, pour obliger les marchandises à passer par Venise et à acquitter les droits dont vit la Seigneurie. Enfin le rendez-vous avec les routes de l'isthme de l'Europe médiane est peut-être plus exigeant pour Venise que pour Gênes. Bref, si ce système compliqué, sans cesse mis à jour, peut vivre, c'est qu'il est né vers 1339 des difficultés de la régression du XIVe siècle, qu'en conséquence il implique assez vite des primes pour les lignes les plus aléatoires. En tout cas, les *galere da mercato* n'atteignent guère, à la fin du siècle, que 200 à 250 tonnes [109]. D'ailleurs, elles ne transportent que des marchandises de prix, poivre, épices, étoffes de luxe, soies, vins de Malvoisie... Dans ces conditions, il y a avantage à diviser les risques entre diverses cargaisons. Seules les galères de Flandres, à leur retour du Nord, chargent à côté des carisées et de l'ambre, des balles de laine, du plomb et de l'étain en Angleterre, autrement elles retourneraient à vide. Toutefois, c'est la pratique des plus longs voyages, en mer Noire d'une part, en Angleterre de l'autre, qui a amené le grossissement des tonnages des galées (au XIVe siècle, elles jaugeaient environ 100 tonnes), puis leur multiplication.

En outre, une navigation libre, ou à demi contrôlée, existe à Venise en marge des *galere da mercato*. Ce sont de grosses naves, des « coques » qui assurent notamment les transports des volumineuses balles de coton en provenance de Chypre ou de la Syrie [110]. Le coton, dès le XIIIe siècle, devient un textile important, il supplée à l'insuffisante production de laine et triomphe avec l'essor des futaines (chaîne de lin et trame de coton). Il y a deux *mude* des cotons, l'une importante en février (une demi-douzaine de bateaux) ; l'autre, en septembre, qui se réduit souvent à deux navires. Les volumineuses balles réclament de gros porteurs. Un document du *Notatorio di Collegio* [111], en date du 1er décembre 1449, fournit les noms et tonnages des cinq navires ronds qui feront partie de la *muda* du mois de février suivant : 1100, 762, 732, 566, 550 et 495 *botte*, soit entre 250 et 550 tonnes. De très respectables navires, même pour le XVe siècle.

Autre avantage des gros navires, ils savent se défendre des corsaires. Une nave catalane de 2 800 *botte* (soit 1 400 tonnes environ), en août 1490 [112], prend en chasse les galères de Barbarie qui se réfugient dans le port de Syracuse. En 1497 [113], Sanudo signale une nave vénitienne de 3 000 *botte*, une « barque » française de 3 500, une nave *Negrona*, génoise, de 4 000. Deux ans plus tard, en 1499 [114], il fournit des indications sur les tonnages des navires vénitiens qui vont rejoindre la flotte française. Pour 30 navires (dont 7 étrangers), la moyenne unitaire s'établit à 675 *botte*, soit 338 tonnes environ, moyenne anormalement haute, aux yeux de tout historien du XVIe siècle. A titre de comparaison en juillet 1541 [115], 52 navires recensés à Cadix et à Séville, à la veille de l'expédition de Charles Quint contre Alger, groupent, à eux tous, un peu plus de 10 000 tonnes soit 200 tonnes en moyenne par navire. Il faut donc admettre que le XVe siècle a connu des tonnages élevés, aussi hauts que les records du XVIIIe : quelques *Indiamen* [116] qui pratiqueront alors le commerce « à la Chine » avoisinent seulement les 2 000 tonnes.

Les premiers succès des petits tonnages

Entre XVe et XVIe siècles, il y a eu, un peu plus tôt un peu plus tard, repli des gros voiliers et large poussée des tonnages inférieurs. Le mouvement se décèle vers le milieu du XVe siècle à Venise même où, en 1451, une délibération sénatoriale [117] signale déjà la vogue des petits bateaux pour les voyages de Syrie et Catalogne : *et ad viagia Sirie et Cathallonie omnes magis desiderant naves parvas*. En Méditerranée, se multiplient par la suite les petits navires venus de l'océan Atlantique, ces intrus biscayens, portugais, espagnols *che prima non solevano passar il stretto de Zibilterra*, dit une curieuse délibération du Sénat en date du 21 octobre 1502 [118]. Très curieux texte et inattendu à cette date. Venise, si on veut l'en croire, est alors devant un désastre sans nom : ses gros navires, de 300 qu'ils étaient (c'est là une prétention) *dal 1420 sino al 1450*, ne sont plus que 16, chacun jaugeant 400 *botte* ou davantage, la plupart d'ailleurs bons pour la démolition ; en dessous de ces grosses naves, il y a peu de petits navires, même en y incluant les caravelles de Dalmatie et les *marani*...

A cette crise, les motifs ne manquent pas : les charges dont on accable la navigation ; les nolis trop bas, dérisoires ; l'interdiction d'aller charger le sel du Languedoc *in mar de Lion*, l'autorisation donnée aux navires étrangers d'embarquer directement des vins à Candie, et puis ces nouveaux venus qui ont franchi le détroit de Gibraltar, et « s'enrichissent au dam non seulement des *cittadini* mais de l'État qu'ils mettent en péril, des *mude* de galées et de nos naves ». Ces nouveaux venus : de petits navires.

L'évolution est la même sur l'Océan, dans la Manche et la mer du Nord. Aloys Schulte l'a signalé dans son merveilleux livre sur la *Grosse Ravensburger Gesellschaft* où tout se trouve, à condition de l'y aller chercher [119]. Contre les grosses naves ou *naus* des Génois et autres Méditerranéens triomphent les fines et légères *caravelles*, alors la jeunesse et l'espoir du monde. Andréa Satler écrit de Bruges, en 1478 : « *Die kleinen haben die grossen Schiffe ganz vertrieben* ». Or la différence entre les deux catégories est énorme ; en 1498, quatre naves chargent à Anvers 9 000 quintaux de marchandises ; 28 caravelles n'en enlèvent que 1 150.

Cette victoire de la voile fine contre les gros bateaux de la mer Intérieure, du plus rapide, du moins coûteux, sur le mastodonte lent à charger et qui travaille avec les privilèges du monopoleur, c'est le début d'une énorme transformation sur l'Océan et en Méditerranée. Elle se poursuit jusqu'au voisinage des années 1530, s'arrête vers 1550 (du moins en Méditerranée), reprend de plus belle au-delà des années 1570 et dépassera le terme du XVIe siècle.

Sur l'Atlantique au XVIe siècle

Le problème, dans l'espace atlantique du XVIe siècle, est d'ordinaire mal posé. Il faut, pour le remettre en place, traiter à part les deux grands monopoles des Ibériques : la *Carrera de Indias* à partir de Séville ; l'interminable liaison maritime à partir de Lisbonne, avec les Indes Orientales.

Sur ces axes privilégiés, les petits navires des découvreurs disparaissent vite. Des trois navires de la flotte de Colomb, la *Santa Maria* jaugeait 280 t, la *Pinta* 140 et la *Niña* 100 seulement. Cinquante ans plus tard, les ordonnances de 1552 n'acceptaient plus, dans les convois d'Amérique, que des navires au-dessus de 100 t, ayant plus de 32 hommes d'équipage ; une décision de Philippe II, le 11 mars 1587, relevait le minimum à 300 t [120]. Rares furent cependant, à la fin du XVIe siècle, les navires des Indes Occidentales atteignant 500 t, d'autant que les voiliers de 400 t franchissaient déjà avec peine la barre de San Lucar de Barrameda, sur le Guadalquivir, en aval de Séville. C'est seulement avec la seconde moitié du XVIIe siècle que les galions de 700 à 1 000 t deviendront fréquents [121] et que se posera, avec acuité, le problème du transfert de la *Casa de la Contratación* et du monopole du commerce avec les Indes, de Séville que les navires ne pouvaient plus atteindre, à Cadix [122].

A Lisbonne, où l'entrée du port est libre d'obstacles, des navires de gros tonnage ne sont pas rares, au XVIe siècle. En 1558, la nave *Garça*, qui emmène aux Indes de Portugal le vice-roi Constantino de Bragança, déplace 1 000 t ; elle est d'ailleurs à l'époque le plus grand vaisseau qu'on ait jamais vu sur le chemin des Indes [123]. En 1579, au témoignage d'un ambassadeur vénitien, les *navi grandissime* à Lisbonne sont de 2 200 *botte* (plus de 1 100 tonnes) [124]. A la fin du siècle ce tonnage est souvent dépassé. La caraque *Madre de Deus* dont Clifford s'empare, en 1592 [125], et qu'il ramène à Darmouth, ne peut pas, prétend-on, remonter jusqu'à Londres, à cause de son tirant d'eau. Elle dépasse 1 800 tonneaux, porte 900 tonnes de marchandises, plus 32 pièces de fonte ; elle peut accueillir 700 passagers. Sa plus grande longueur est de 166 pieds, sa plus grande largeur, au second de ses trois ponts, 46 pieds 10 pouces ; son tirant d'eau est de 31 pieds, sa quille mesure 100 pieds de long, son grand mât 120 pieds de haut et 10 de tour. L'admiration des Anglais ne faiblit pas quand, le 15 septembre, est publiée l'interminable liste de ses marchandises mises aux enchères. Quarante ans plus tard, les Portugais construisent encore des bateaux de cette importance. Un voyageur [126] admire, en 1634, une caraque de 1 500 *toneladas* en construction dans le port de Lisbonne. « Les Portugais, raconte-t-il, avaient l'habitude jadis d'en faire davantage et de plus gros tonnage. Le bois que l'on y emploie est fantastique, au point qu'une forêt de plusieurs lieues ne suffirait pas pour deux navires. La construction de l'un de ces bateaux réclame le travail de 300 hommes et à peine l'achèvent-ils en une année ; les clous et autres ferrures nécessaires pèsent jusqu'à 500 tonnes. Les caraques étaient jadis de 2 000 à 2 500 tonnes. Pour le mât, ils choisissent huit pins parmi les plus hauts et les assemblent en un seul fût, avec des cercles de fer ; à bord, l'équipage est de 400 hommes. »

En 1664 encore, dans sa *Geographia Generalis*, Varenius reconnaît aux Ibériques les plus gros navires : *Hodie maximae sunt naves Hispanorum seu Lusitanorum quas vocant carracas* [127]. Mais à cette date, en 1664, il y a longtemps que ces lourds vaisseaux ont perdu la partie contre les légers bateaux de Hollande.

Dès le XVIe siècle, ces géants avaient été moins nombreux et les voiliers légers s'étaient multipliés autour d'eux. C'est ce second spectacle qui doit nous retenir. Les navires des grands exploits anglais du XVIe siècle, des voyages de découvertes ou des raids de course, ont très souvent moins de 100 t [128]. En 1572, Drake est à bord de la *Pasca* qui jauge 70 t seulement [129], le *Primrose* de Londres [130], en 1585, jauge 150 t. En 1586, les trois navires de Cavendish ont respectivement 140, 60 et 40 t [131]. En 1587, avis est donné à l'Espagne de quatorze navires anglais en rivière de Londres ; ils ont de 80 à 100 t [132]. En 1664 encore, la France possède en tout quelques milliers de navires de plus de 30 t, dont quatre cents à peine de plus de 100 et soixante seulement de plus de 300 [133]. L'essentiel de nos liaisons maritimes, en direction de la Baltique par exemple, est assuré par des bâtiments de 30 à 50 t. Au XVIe siècle comme au XVIIe, mers et océans sont peuplés de petits voiliers. De 1560 à 1600, les arsenaux de Lubeck construiront deux mille quatre cents navires, d'après les études et calculs de Baasch ; leur tonnage moyen est de 60 Lasten, soit 120 t [134]. Et cependant nous connaissons de gros navires de Lubeck : la *Grande Barque*, patron « Roqueresbart », de 600 t, est au printemps de 1595 dans la baie de Cadix ; le *Josué* de 300 t est ancré au même instant à San Lucar [135]. Les villes hanséatiques dépêchaient jusqu'en Espagne de gros navires que les Sévillans louaient ou achetaient pour des voyages vers le Nouveau Monde, les Portugais pour le Brésil ou l'océan Indien : le *filibote la Esperanza* de 160 t, de Hambourg, patron

Jean « Neve », armé de 20 pièces d'artillerie, de passage à Cadix en mars 1595, était destiné au Brésil par les *contratadores de la provision de la frontera de la corona de Portugal*[136].

Mais la moyenne que donne Baasch, 120 t, indique l'existence, à côté de gros navires, de toute une masse de petits voiliers que n'effrayait pas le voyage d'Espagne. Un recensement de 1538 donne une liste de quarante navires, barques et chaloupes, alors dans les ports d'Asturie, leur moyenne s'établit à 70 tonnes[137]. En 1577, 1578, 1579, une statistique[138] des navires étrangers arrivés en Andalousie donne le chiffre annuel de huit cents bâtiments jaugeant 60 000 t, soit une moyenne unitaire modeste de 75 t.

Forcément les chiffres sont plus élevés lorsqu'il s'agit des gros navires étrangers réquisitionnés pour les transports militaires, tels ceux que dénombrent en 1595, trois relevés dressés dans les ports de San Lucar et Cadix. Pour un premier lot de vingt-huit bateaux, recensés le 29 mars 1595[139], le tonnage moyen s'établit à 200 t environ ; pour un second lot de trente-sept navires inventoriés le 3 août, et dans lequel figurent partie ou totalité des navires du lot précédent[140], le tonnage global est de 7 940 t, l'artillerie se monte à 396 canons et les équipages à 665 hommes ; en moyenne chaque navire déplace donc 214 t, porte dix pièces d'artillerie et compte un équipage d'une vingtaine d'hommes (18 exactement). En simplifiant, disons qu'une pièce d'artillerie correspond à 20 t, un marinier à 10 t. Dernier lot de cinquante-quatre navires[141], le tonnage global s'établit à 8 360 t, soit par unité 154 t, tonnage plus bas non parce qu'il s'agit du trafic de l'automne, mais parce que le relevé s'étend, cette fois, à tous les navires entrés, aux *urcas*, aux hourques, entendez les gros navires de type nordique, comme à ces petits voiliers que le texte appelle curieusement des *filibotes* (de la même famille que *filibustar*, pirater, et que notre français flibuster) : le *Chien d'Or* de Stockholm, de 80 t, la *Fortune* de Dunkerque, la *Sainte-Marie* de Stockholm, le *Saint-Pierre* de Kœnigsberg, la *Charité* de Dunkerque, le

Chasseur de Stockholm pour ne citer que les premiers inscrits sur cette liste de bateaux du Nord, de Norvège, du Danemark, des villes hanséatiques, des Pays-Bas fidèles et qui, à Séville et dans ses différents ports annexes, sont venus relever, depuis 1586, les navires anglais et hollandais dont le Catholique ne veut plus dans les ports de la Péninsule — bateaux chargés de voiles, de bois, de madriers, de planches, de blé... Et qui, pour éviter la surveillance anglaise dans la Manche, contournent parfois l'Écosse par le Nord.

Mais les bateaux anglais et hollandais chassés de la Péninsule n'en ont qu'avec plus de violence piraté d'une rive à l'autre de l'Océan, pillant les rivages mal gardés, s'attaquant aux gros, aux énormes navires des Indes. Dans ces luttes les pygmées souvent l'emportent à cause de leur plus grande rapidité, de leur meilleure tenue à la mer et au vent, à cause aussi de leur artillerie, car ainsi que l'expliquera bien plus tard un contemporain [142] de Richelieu (1626), contrairement à ce qui se passait jadis, aujourd'hui, un vaisseau de 200 tonneaux, peut « porter d'aussi gros canons qu'un vaisseau de 800... » : cette invention, « la quintessence de la mer », permet aux petits navires, comme des insectes, d'accabler les trop gros et trop lents navires des Ibériques. Prennent-ils une de ces forteresses flottantes, après l'avoir dûment pillée, ils l'incendient : qu'en feraient-ils dans leurs courses rapides ? Consulté en 1594, le prince Jean André Doria donne le conseil, pour les flottes des Indes, d'utiliser dorénavant des navires plus petits et plus rapides [143]. L'amirauté espagnole, instruite par l'expérience, et avant même la capture du *Revenge*, en 1591 [144], s'est sans doute appliquée à construire des voiliers plus légers. Lippomano le disait, en 1589, dans sa relation au Sénat de Venise dont l'ambassadeur espagnol envoyait le résumé à Philippe II [145] : « Le Roi Catholique est résolu à continuer l'entreprise d'Angleterre avec l'espoir d'en faciliter l'exécution en remédiant aux fautes passées, en construisant des navires plus petits, mieux adaptés à l'Océan, munis de pièces plus longues et plus légères ». Des « navires plus petits et mieux adaptés à l'Océan » : Philippe II a souligné les mots du rapport et ajouté en marge : « je crois bien que l'on procède à rebours et il sera bon de le faire rappeler par P° Menendez Marquez ». Donc, si le problème n'est pas résolu au lendemain de l'Invincible Armada, il est signalé en haut lieu.

Sur le plan commercial, l'évolution est la même : les petits chassent les gros, pacifiquement ou violemment. En août 1579, le « Govierno » de Biscaye en discutait [146]. C'est un tout petit État, mais largement ouvert sur l'Océan. De vieux règlements y fixent un droit préférentiel pour les chargements des gros navires au détriment des petits et à l'avantage des navires nationaux par rapport aux étrangers ; d'où, au « Govierno », une assez longue discussion. C'est l'occasion pour nous d'apprendre que tout le fer de Biscaye part sur de petits bateaux, que ceux-ci peuvent embarquer ou débarquer là où des gros ne peuvent avoir la prétention d'entrer, *en muchos puertos de Francia y Galicia por ser pequeños y de poca agua* [147]. Avec les gros navires, les départs tardent, car il faut faire le plein de ces mastodontes... Les petits assurent des départs plus fréquents. Ils fractionnent les risques. Les gros navires réservent de désagréables surprises. Après l'une d'elles, un secrétaire de la Seigneurie, Marco Ottobon, qui nolise, l'été 1591, des navires à Dantzig pour conduire du blé à Venise, donne la préférence aux navires de 120 à 150 *lastri* (de 240 à 300 tonnes) « dont le nombre est grand ; ils chargent peu mais, en conséquence, le grain risque moins de se gâter en route... et ne faisant pas d'assurance, la perte éventuelle sera moindre » [148]. Surtout *questi vasselli di mediocre grandezza espediscono più presto il viaggio che li grandi* [149], ils « expédient » plus vite leur voyage que les grands. Enfin, détail qui compte, on peut charger le blé à même les soutes, *a rifuso*, ce qui évite d'acheter sacs ou tonneaux... Que d'avantages en vérité [150] !

En Méditerranée

Vérité d'Atlantique. Nous l'avons fixée longuement, il le fallait, car elle éclaire l'histoire des transports de la mer Intérieure, elle en préfigure, ou en confirme l'évolution.

Pour que le problème soit plus simple, débarrassons-nous, d'entrée de jeu, d'une révolution technique qui intéresse surtout Venise, mais Venise est Venise, et son importance est grande. La *galée*, qui n'était déjà pas sans fortes concurrences au XVe siècle, va *pratiquement* être éliminée, au cours des trente premières années [151] du siècle suivant, par la nave : le gros cargo a remplacé le long et puissant navire à rames, non sans que celui-ci se soit longtemps maintenu, pour des raisons difficiles à saisir d'ailleurs. Les galées de Beyrouth restent, à l'époque de Bandello [152], un élément caractéristique de la vie vénitienne. Des galées assurent la liaison avec la Barbarie jusqu'en 1532, avec l'Égypte [153] au moins jusqu'en 1569 où deux galées font le voyage d'Alexandrie et de Syrie [154]. A la fin du siècle, la *galée* restait en service, de Venise à Spalato [155], par suite de l'intérêt qu'il y avait à disposer, sur cette courte distance, d'un navire maître de sa route, apte par ses moyens de bord — canons et hommes — à surmonter les difficultés de la course des Uscoques.

La galée, quand elle a cédé la place, l'a d'abord abandonnée à des bâtiments plus gros qu'elle et qui ont longtemps occupé le devant de la scène, se maintenant aux environs de 600 t [156], ainsi pour le trafic du vin en Angleterre, les transports de blé ou de sel dans la mer Intérieure, ou les voyages de Syrie.

En 1525, entre Gênes et l'Espagne, l'ambassadeur vénitien Navagero fait le voyage sur une nave génoise neuve, de 15 à 16 000 cantars, soit (à 89 kg le cantar) de 1 300 à 1 400 t [157] ; en 1533, une nave ragusaine de 1 200 *botte* (600 t) est prise, puis relâchée par les Turcs dans le port de Chio [158] ; en 1544, la plus grande nave de Méditerranée (la prétention n'est pas forcément exacte) brûle dans le port de Messine, elle jauge elle aussi 1 200 *botte* [159] ; le 8 mars 1565, une grosse nave vénitienne est réquisitionnée dans le port d'Alicante, c'est un bâtiment de 6 500 salme (soit en arrondissant de 975 t) et qui porte, à son bord, 60 pièces d'artillerie [160]. En même temps, étaient réquisitionnés un cargo génois de 450 t et un portugais de 225 t [161]. Une série d'enregistrements de naves surtout neuves dans les registres de la *Sommaria* [162] à Naples, pour les années 1561, 1568, 1569, nous fournit dix tonnages valables (dont cinq de navires ragusains). Les voici dans l'ordre décroissant, en tonnes : 1 000, 700, 675, 450, 300, 270, 190. En 1579, dans le port de Livourne [163], le relevé des naves donne les tonnages suivants : pour une nave marseillaise qui se rend à Venise et doit y charger de la soie, 90 t ; pour une hourque à destination de Naples, 195 t ; pour une nave vénitienne, 165 t ; pour une nave espagnole qui se destine au voyage d'Alicante, 165 t également ; enfin pour une nave ragusaine *Santo Spirito et Santa Maria di Loreto*, capitaine Antonio di Veglia, qui va à Gênes pour y achever le déchargement de sa cargaison de sel et de laine, 1 125 t. En 1583, dans la flotte que le marquis de Santa Cruz conduit vers les Açores, se trouvent trois naves catalanes de 733 t chacune, sept naves ragusaines de 726 t, quatre vénitiennes de 586, deux naves génoises de 449 (ces chiffres sont des moyennes tirées du total donné pour chacun de ces groupes [164]). Mention est faite, en 1591, d'une nave ragusaine de 375 t [165], d'une nave de 450 t, construite à Antibes en 1593 [166] ; à Carthagène, en octobre 1596, entrait une nave ragusaine de 750 t [167], chargée de poudre et de mèches d'arquebuse ; en cette même année, les Turcs revendent à des Ragusains une nave prise l'année précédente par Cigala, de 350 *botte*, soit d'environ 175 t, pour la somme de 60 000 aspres [168] ; en 1599, stationne à Trapani une nave ragusaine de 240 t [169] ; en 1601, une nave ragusaine de 600 t chargée de sel, *Santa Maria di Montenegro* [170].

Nous voilà assez loin des chiffres records du XVe siècle. Une crise des gros tonnages est évidente à Venise, à Raguse [171], à travers toute la Méditerranée, où s'affirme la fortune des petits voiliers. A Venise, en effet, avec la montée prohibitive des prix, la construction des grosses unités devient impossible aux particuliers, dès les années 1573, au sortir de la crise de la guerre turco-vénitienne. Un document officiel le précise [172] : « de 1573 à aujourd'hui (4 novembre 1581), toutes les choses ont tellement monté de prix, comme chacun le sait, que personne ne se hasarde plus, sinon rarement, à construire de gros navires ; présentement nous n'en avons plus que sept ». Dès lors, la fabrication de gros bateaux n'a pu se poursuivre qu'avec des subventions de l'État qui ne cessent de s'élever : elles étaient de 2 700 ducats pour des navires de plus de 500 *botte*, elles sont, en 1581, portées à 3 500, plus tard à 4 000, 4 500, ce qui couvre, quand il s'agit de navires de 400 t, le prix de la construction. Au-delà des années 1590, pour des bateaux de 800 à 1 000 *botte*, les subventions vont jusqu'à 8, 9, 10 000 ducats [173]. C'est la crise, dont nous avons parlé, de la fin du siècle... A Candie, crise analogue, dit le provéditeur Foscarini au sortir de sa charge, en 1577 [174]. Autrefois, les Candiotes naviguaient sur de gros galions, à voiles latines : *erano scuole, nelle quali si facevano de' buoni marinari*, dans ces « écoles », de bons marins pouvaient se former, aptes aux maniements des galères, non pas sur ces *navili* que l'on a introduits *navigando alla vela quadra*.

Ces petits navires n'apparaissent pas seulement à Candie ; un peu plus tôt, un peu plus tard, toute la mer les connaîtra ; ainsi ces *vascelli quadri* de Livourne, au XVIIe siècle, dont un capitaine anglais Roberto Torton était le grand spécialiste [181]. Jamais absents des trafics de la mer, ils ont pris, suivant les régions, les formes les plus diverses. En Adriatique triomphaient les *marciliane* qui éliminaient les *grippi*, ces petites galées qui, en 22 jours au temps de Sanudo [182], apportaient à Venise le vin nouveau de Candie, ou les *marani* qui, à l'origine, au XVe siècle, avaient véhiculé le bois à brûler et les pierres d'Istrie et que l'on avait ensuite utilisés sur de plus longs parcours. Les *marciliane* sont plus trapues que des naves, avec la même voilure qu'elles ; la poupe est carrée, l'avant très épais. Dès 1550, elles participent

TONNAGES MOYENS DE NAVIRES RECENSÉS OU RÉQUISITIONNÉS DANS LES PORTS D'ESPAGNE 1551-1554

Ports	Dates	Nombre de navires	Tonnage unitaire en toneladas
Cadix [175] expédition contre Alger	27 juin 1541	12	170
Cadix et Séville [176] (naos et urcas) expédition contre Alger	juillet 1541	52	202
Málaga [177] expédition contre Alger	14 septembre 1541	24	170
Cadix, San Lucar, Puerto de Santa Maria [178]	(1550) probablement 1541	27	190
Séville [179] « las naos que estan en el rio de Sevilla »	avril 1552	23	267
Tous les ports du Guipuzcoa et de Biscaye [180] (navires neufs)	1554	31	237

au commerce des Pouilles (huile, blé). De petit tonnage, elles accaparent le trafic de l'Adriatique à la fin du XVIe siècle, puis poussent, au delà de la mer étroite, vers les îles de Venise... En 1602, Venise dispose de soixante-dix-huit *marciliane*, quelques-unes à quatre mâts, atteignant jusqu'à 140 ou 150 t [183], voire 250 [184]. Signe caractéristique, le duché de Ferrare qui n'a de ports accessibles qu'à des *marciliane*, ne se préoccupe pas de les agrandir [185]. La Seigneurie cependant mettra des obstacles à la fortune de ces *bateaux* dès 1589 [186] et leur interdira, en 1602, d'aller jusqu'à Zante... Du coup, leur nombre tombait à trente-huit, en 1619 [187]. Preuve que Venise s'est acharnée à maintenir les gros tonnages, envers et contre tout. En 1630-1632 encore, dans son voyage du Levant, Stochove parlera des navires marchands de Venise [188] « si pesans et si mal faits qu'ils ne sauraient naviguer avec un petit vent, ce qui fait qu'ils demeurent souvent des trois ou quatre mois avant d'arriver à Constantinople. Au contraire, les vaisseaux de Provence sont petits et légers, de façon qu'avec le moindre vent, ils ne perdent point occasion de faire chemin »...

La fortune de Marseille, au delà des années 1570, s'explique par mille raisons, l'afflux jusqu'à elle de marchandises françaises, anglaises ou allemandes par la route du Rhône, la mise hors course de Venise de 1570 à 1573 en guerre contre le Turc, les privilèges que lui vaut, tant bien que mal, l'entente cordiale du Très Chrétien avec les Turcs et les Barbaresques. Elle est due aussi à la finesse des bateaux de Marseille et de Provence, naves, galions, tartanes, saètes, ou *barques*, comme les désigne la nomenclature livournaise. Que ces noms ne nous égarent pas, même ceux de naves et de galions : une nave *Sainte-Marie-Bonaventure*, en 1597 [189], jauge 700 cantars (une soixantaine de tonnes), un navire *Sainte-Marie-Bonaventure* (c'est le nom le plus courant des bateaux marseillais) jauge 150 t. Ce n'est pas une grosse « nave » que celle que saisit, à Trapani, le 5 mai 1596, Pedro de Leyva, « *inventaque sunt in ea coralla... et alia* » [190]... On ignore le tonnage des « galions » marseillais qui trafiquent à Tripoli de Syrie, en 1591 [191] : le galion *La Trinité*, patron Nicolas Sicart (5 avril 1591) ou le galion *La Foy*, patron George de Bellet (5 avril 1591), ou ce galion *Saint-Victor* qui charge à Alexandrette (7 mai 1594). Assurément ils n'ont rien de comparable aux glorieux galions d'antan du duc de Provence [192]. En 1612, un consul vénitien en Syrie parle de bateaux marseillais de 400 *botte* [193]... Souvent, comme le dit un patron marseillais, ce n'est qu'un *galeonetto* porteur de fèves, de cuirs, de fromages entre Cagliari et Livourne [194]. Les saètes marseillaises, en cette fin de siècle, jaugent de 30[4] à 90 t [195]. Si une nave de 3 000 salmes (450 t) est construite à Antibes durant l'été 1593, notons qu'elle est pour moitié vendue à un Génois, Giovanni Battista Vivaldo [196]...

Or barques, tartanes, saètes, galions et *galionetti*, navires et naves de Marseille ont, peu à peu, au XVIe siècle, peuplé la vaste mer. Pas un port de l'Afrique du Nord, pas un port d'Espagne, pas un port d'Italie dont ils n'inondent les quais de leurs multiples marchandises.

A Venise, ils imposent leurs services, dès les années 60. Sur toute la longueur de la mer, ils voyagent par flottes entières, s'attirant la haine des gros navires. Si, en 1574[197], un cargo ragusain s'empare d'une nave marseillaise, la pille, la coule et noie ses occupants, y compris le mousse, n'est-ce pas par jalousie autant que par esprit de lucre ? Car le commerce des gros cargos ragusains souffre de la crise des transports. Ils courent encore la mer, du Levant au Ponant, de la Sicile à l'Espagne. A la suite des armadas de Philippe II, ils s'aventurent, périssent sur l'Atlantique, tandis que le siècle s'achève. Mais dix années, vingt années passent et Raguse se replie comme Venise, plus que Venise encore, sur le pré carré de l'Adriatique.

Tout cela selon des rythmes qui n'ont rien de mystérieux, ni d'exceptionnel. Chaque fois, l'époque, la conjoncture commandent. Marseille, à la fin du siècle, compte de nombreux, mais médiocres bâtiments ; or, en 1526, dans une requête à François Ier, elle déclarait que son port était équipé en « grosses nefz, navires, galions » pour trafiquer avec la Syrie, l'Égypte et la Barbarie[198]. Elle a donc changé au cours du siècle. Raguse qui, à dire de témoin, en 1574[199] a encore les plus gros navires d'Adriatique, quand elle renaît à une vie maritime appréciable, après la longue éclipse du XVIIe siècle, à partir des années 1734-1744, va jeter sur les routes de l'Adriatique et hors d'Adriatique des dizaines et des dizaines de petits navires : naves, polacres, frégatons, marcilianes, felouques, pataches, *vachette, tartanelle, trabaccoli*... Comme de juste, noms, formes, équipements, navires ont changé[200].

En fait, au XVIe siècle, les petits navires sortent de partout, fils de la crue des échanges. Ce sont aussi bien les légers navires de l'Archipel grec que les barques de Provence (et pas seulement de Marseille). C'est aussi bien les huit *caramusali* qui paient l'*ancorazzo* à Venise[201], en 1599, et dont cinq au moins sont conduits par des patrons de Mételin ; c'est plus encore les navires venus du Nord, les *bertoni*, comme on dit souvent. Ceux-ci ont pénétré en deux vagues, avant 1550 et après

1570, le plus curieux de leur histoire étant cette panne d'une vingtaine d'années, entre le premier et le second souffle du XVIe siècle.

Mais les vraies dimensions de ces problèmes ne s'aperçoivent que peu à peu. Tout y joue un rôle : la montée des prix, le bien-être grandissant, les frets de retour, les oscillations de la conjoncture... Ainsi raisonne un Vénitien [202] dont nous avons le discours, sans connaître son nom ni même la date exacte du document qui, toutefois, est sûrement du début du XVIIe siècle. Oui, au bon vieux temps, avec de bonnes gens *di modesto guadagno*, tout allait mieux. A la différence d'aujourd'hui, où chacun est guidé par l'intérêt. « Ce qu'on a pour 100 ducats, aujourd'hui, on l'avait jadis pour 25 ». Conséquence : plus de grands navires vénitiens ; Français, Anglais, Hollandais envahissent le port *con loro navili minori* ; ils surpaient les marchandises, ruinent les trafics des autres. Si seulement on pouvait les exclure de Chypre, dont le sel et les cotons sont une providence pour le lest, la *savorna* des retours ! Ah, le bon temps des gros navires et des voyages qui se concluaient en cinq mois... ! Ce discours — très abrégé — reflète la façon dont un Vénitien pouvait, de sa propre ville, ressentir la perte que venait de faire la Méditerranée de ses trafics à longue distance, de ses monopoles ; ressentir aussi la montée générale des prix qui ne s'était pas interrompue depuis si longtemps.

Mais, en réalité, l'économie de Venise n'a pas déchu en même temps que sa marine. Et la nuée des petits bateaux qui, au XVIe siècle, a envahi la Méditerranée est, au contraire, un signe de la richesse de celle-ci, de sa possibilité de s'offrir et de payer les services des prolétaires de l'Atlantique. Nous reviendrons sur ce problème important [203].

3. Les fonctions urbaines

Si prestigieuses soient-elles, les villes de Méditerranée sont comme toutes les autres, soumises aux mêmes régularités. Comme ailleurs, elles vivent d'une prise sur

25. — Le grand bazar d'Istanbul, XVIe-XVIIe siècle

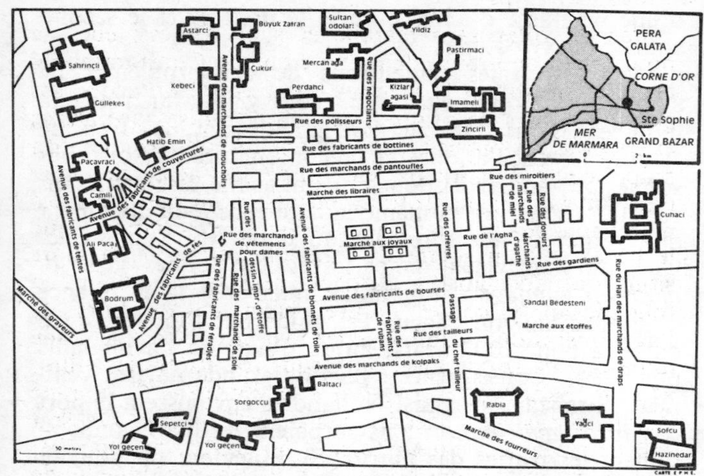

Le grand bazar est le cœur des activités marchandes d'Istanbul, à peu près sur l'emplacement du Grand Bazar d'aujourd'hui. Il comprend avant tout deux *Bedesten-s* (le mot est une déformation de Bezzazistan, d'où l'expression fréquente de Bazestan, avec toutes les variations orthographiques que l'on devine ; l'origine du mot est *bez* : « toile », c'est en principe le bazar des marchands de toiles). Le vieux *Bedesten* a été construit par Mehmed le Conquérant, après la prise de Constantinople. C'est le bâtiment central, aux quatre portes et aux deux rues principales, à l'intérieur duquel se lisent ces mots : marché aux joyaux. Le nouveau est le *Sandal Bedesteni* (de sandal : étoffe de demi-soie). Autour de ces deux constructions massives, une série de rues marchandes et artisanales. Les traits renforcés désignent les cours des *han-s* (le mot courant, en Occident, est *Khan*). Ce sont des entrepôts contrôlés de près pour le ravitaillement du sérail et de la ville. Des grossistes y débitent leurs marchandises. Le plan a été dessiné par Osman Ergin (1945) et reproduit par Robert MANTRAN, dans son livre souvent cité par nous sur Istanbul.

l'espace par leurs faisceaux de routes, leurs ruptures de charge, leurs adaptations successives, leurs évolutions lentes ou brusques. Ruches, elles essaiment au loin, très loin. Voici un Ragusain au Potosi, un autre à Diu [204], et des milliers dispersés de par le monde. Un proverbe veut, et il n'a pas tort, qu'il y ait toujours un Florentin en n'importe quel point de l'univers. Voici un Marseillais en Transylvanie [205], des Vénitiens à Ormuz [206], des Génois au Brésil [207]...

Villes et routes

Pas de villes sans marché et sans routes ; elles se nourrissent de mouvement. Le cœur de Constantinople est le « bazestan »[208] avec ses quatre portes d'accès, ses grandes voûtes de briques, ses marchandises ordinaires et ses produits précieux, son marché d'hommes que l'on palpe comme animaux en foire, les acheteurs leur crachant au visage, frottant ensuite, pour vérifier si les marchands les ont, ou non, fardés[209]. Peu importe que le bazar soit au centre de l'agglomération — et alors situé toujours dans sa partie la plus basse, comme si tout devait y couler naturellement — ou hors de l'agglomération, comme c'est le cas dans la zone dinarique de la colonisation turque, où toutes les villes, Mostar, Sarajevo, etc. sont à « exobazars »[210], comme c'était le cas hier encore, à Tanger[211]. Quel que soit son emplacement ou sa forme, un bazar, un marché, une ville, c'est l'aboutissement d'une multiplicité de mouvements. A Alger, des bourricots chargés de bois, disparaissant sous leur charge, viennent de l'Atlas proche pour rejoindre Bab-el-Oued, la porte du Nord[212] ; des chameaux en provenance de la Mitidja ou du grand Sud baraquent devant Bab-Azoun, la porte méridionale ; des vaisseaux de course, de commerce, grouillent dans le port, chargés de beurre rance à Bône, de toiles, de draps, de bois à Marseille, d'huile à Djerba, de parfums en Espagne, pour ne pas parler des marchandises chrétiennes volées sur toute la mer, ou de l'argent des rachats, venu de Valence, de Gênes et d'ailleurs. Tout cela nourrit, construit Alger. Chaque ville est faite de mouvements qu'elle engloutit, arrête à son profit, puis relance. Les images évocatrices de la vie économique sont des images de mouvement, de routes et de voyages. Jusqu'aux lettres de change, que les auteurs du XVIe siècle comparent à des navires, ou à des cargaisons de navires, voguant avec plus ou moins de sûreté, d'où *l'agio*, qui est une assurance maritime, comme ils disent, proportionnée au risque.

Gênées dans leurs relations routières, les villes meurent ou pâtissent. Ainsi Florence en 1528 : ses liaisons vers le Sud sont coupées depuis le sac de Rome de 1527, elle perd chaque semaine les 8 000 ducats que lui assurait sa clientèle romaine, et les 3 000 que lui valaient les achats de Naples [213]. Désastres aussi du côté du Nord où tous les chemins sont coupés en direction de la France, à cause de Gênes ; en direction de l'Allemagne à cause de Venise. Alors Florence est obligée de diminuer la fabrication de ses *panni garbi* [214], *o fini, o d'oro* et de recourir à des routes détournées de contrebande pour continuer à vivre et à exporter par voie de mer en direction de la France et de Lyon, au delà d'Asola, de Mantoue, voire de Trieste ; par terre, en direction de l'Allemagne. C'est la supériorité des États territoriaux riches d'espaces de pouvoir, à leur gré, bloquer ou gêner les relations des villes et compromettre à distance l'équilibre de ces vies compliquées. Gênes accuse la France d'aider les Corses révoltés, mais, écrit Fourquevaux, en février 1567, agacé par ces accusations, si la France voulait nuire à Gênes, a-t-elle besoin de ces actes indirects ? Il lui suffirait, chez elle, tranquillement, d'interdire l'usage des soieries et autres marchandises génoises et de faire défense aux Provençaux de commercer avec Gênes et sa rivière qu'ils ravitaillent en blé et en vin [215]. En 1575, lors des troubles de Gênes, l'un des

Les deux cartes ci-contre, d'après D. Beltrami, *Storia della popolazione di Venezia...*, 1954, p. 39 et 53, posent un seul et même problème : celui de l'organisation d'un espace urbain. Pour s'orienter, le lecteur reconnaîtra tout d'abord le Grand Canal, au milieu duquel passe la ligne qui divise les différents quartiers de Venise ; puis le minuscule carré qui figure le pont de Rialto, le seul qui enjambe le Grand Canal ; la place Saint-Marc ; vers le Nord-Est, la tache blanche qui représente l'Arsenal ; vers le Sud, l'île de San Giorgio et la Giudecca, séparées du reste de la ville par le large bras des Zattere ; la pointe entre le Grand Canal et les Zattere correspond à la Douane. Les six quartiers sont : San Marco ; San Polo sur la rive droite du Grand Canal, à gauche du pont de Rialto ; Castello (l'Arsenal) ; S. Croce (troisième quartier sur la rive droite) ; Cannaregio sur la face Nord où se trouve le ghetto ; Dorsoduro. Le centre de la ville se situe entre Rialto et Saint-Marc. Au-delà du pont, au milieu de la tache noire des boutiques du second plan, la place de Rialto, petite surface blanche, est le lieu de réunion quotidienne des marchands. La tache anormale de densité de peuplement, le ghetto, au Nord-Ouest de la ville, tient aux mesures de ségrégation. Les quartiers sont divisés en paroisses dont les limites sont, selon les cas, plus visibles sur l'une ou l'autre des deux cartes.

26. — Le cœur de Venise

Population en 1586
(chaque point représente dix habitants)

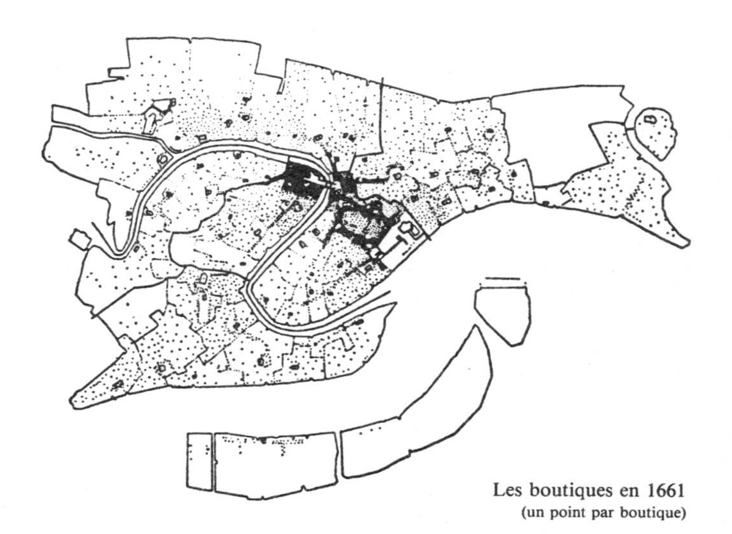

Les boutiques en 1661
(un point par boutique)

premiers soins de l'Espagne qui craint le pire est de lui fermer le grenier sicilien [216].

Par les routes, tous les biens, matériels et immatériels, parviennent aux villes. Nous le disions à propos d'Augsbourg, mi-allemande, mi-italienne ; du point de vue architectural, elle a même son côté Gênes et son côté Venise, celui-ci au long du Lech, celui-là au long de la Wertach. La Renaissance à Florence, ce sera l'afflux chez elle des artistes de la Toscane entière ; la Renaissance à Rome, l'afflux d'artistes florentins, ombriens vers la Ville Éternelle. Sans ce monde prompt à se disperser, allant de village en village, de ville en ville, reprenant ici une fresque à moitié achevée, peignant là un tableau ou un diptyque, ajoutant sa coupole à l'église abandonnée par un premier constructeur, la Renaissance italienne n'aurait pas été ce qu'elle fut. Plus tard, les éléments architecturaux de ce que l'on est convenu d'appeler le « Baroque » italien, seront véhiculés par les maçons et tailleurs de pierre des Alpes [217] qui allèrent fort loin exercer leurs talents et semèrent derrière eux les modèles d'ornementation et de décor dont devaient se servir des générations de sculpteurs, villageois ou urbains.

Naturellement, la carte des villes coïncide, dans son ensemble et ses détails, avec la carte routière. L'axe qui va de Tarente par Bari jusqu'à Ancône et d'Ancône par Bologne, Modène et Parme, jusqu'à Plaisance, pour s'arrêter au Pô — est un alignement de villes. De même cette autre voie, plus curieuse et moins souvent citée, qui, de Medina del Campo à Valladolid, Burgos et Bilbao, unit ces villes particulièrement actives : la ville des foires ; la capitale jusqu'en 1560 de Philippe II ; la grande place des marchands de la laine et, pour finir, la ville des marins et des transporteurs. La route, en passant, leur a distribué leur besogne comme une chaîne à des ouvrières.

Il est clair qu'en Méditerranée occidentale, les grandes villes se pressent près de la mer, route universelle, tandis qu'à l'intérieur des terres, elles sont plus rares, desservies par des routes terrestres, de moindre rendement. Vers le Sud et l'Est de la Méditerranée, par contre, de grandes villes islamiques retirées à l'intérieur des terres correspondent à l'appel précis de très puissantes routes désertiques.

Les ruptures de charge

Les grandes villes, toutes à des croisées de routes, ne naissent pas forcément du simple fait de leur rencontre (bien que Plaisance, par exemple, soit indubitablement née de la rencontre du Pô et de la *Via Emilia*). Mais elles en vivent. Suivant la formule consacrée, « elles tirent leur importance de leur position géographique ». La rencontre des routes marque parfois un changement dans les moyens de transport, une halte obligatoire. A Arles, les flottes du Rhône rejoignent les barques de cabotage de Martigues, de Bouc et de la rivière provençale qui assurent les transports en direction de Marseille. A Vérone, commence la navigation de l'Adige qui, à la descente, relaie les troupes muletières ou les voitures du Brenner. A Tripoli de Barbarie, à Tunis ou à Alger, les caravanes s'arrêtent à la mer. Alep est née moins des ressources de son site que de la nécessité d'un entrepôt entre Méditerranée et golfe Persique[218], à la rencontre, comme dit Jacques Gassot[219], des marchandises des Indes « et des draps, carisez et autres qui viennent de Ponent ». Les caravanes venues de Bagdad s'y arrêtent, face au relief du Liban, et cèdent le pas à d'autres caravanes de mulets, de chevaux ou de petits ânes, ceux-ci mêmes qui amènent et ramènent les pèlerins d'Occident sur le trajet voisin de Jérusalem à Jaffa.

Tous les ports, par définition, sont à la croisée des chemins de terre et d'eau. Aucun qui ne soit l'aboutissement d'une route de terre ou d'eau douce — de terre surtout, car, en Méditerranée, les cours d'eau sont dangereux à leur embouchure, à cause de leurs atterrissements dans une mer sans marée. En outre, la terre, en arrière des côtes méditerranéennes, est barricadée par le relief ; il n'y a donc guère de port sans une brèche du côté du continent. Gênes, c'est, dans l'Apennin proche, une série d'échancrures dont celle de la route dei Giovi ; ses destins ont été liés à ce col décisif. Sur une côte accidentée, sauvage, où se sont logées très tôt de minuscules agglomérations marines, elle a été longtemps une ville de second ordre, pour ne pas dire un village. Elle était bien abritée, sans doute, à l'extrême pointe de son golfe, mais isolée du continent, mal soudée à la grande route commerciale du Moyen Age, cette *Via Francigena* qui glissait au Nord de l'Apennin jusqu'à Rome... Gênes naît à sa dignité au XIe siècle seulement, quand se détériore la primauté sarrasine sur mer et que les gens du Nord, intéressés aux trafics de l'Europe et experts dans la pratique des routes de montagnes (les gens d'Asti notamment), viennent jusqu'à Gênes y saisir les profitables trafics de la mer. Gênes est née de cette capture continentale, de la mise en valeur du col dei Giovi [220]. Le chemin de terre a d'ailleurs conservé, chez elle, un grand rôle. A côté des *Venuta di mare*, il y a toujours eu les *Venuta di terra*, et dans les deux sens de profitables échanges. Gênes, autant que de ses navires, est fille de ces convois muletiers qui, dans les rues de la ville, devaient suivre le chemin de briques qui leur était réservé, comme un sentier au milieu de la chaussée de pierre.

Ce double visage est celui de tous les ports. Marseille a sa liaison avec la route du Rhône, Alger sa solidarité avec le Moghreb central, Raguse, indéniablement créée par la mer, n'a jamais, un seul instant, été absente du vaste monde balkanique dont elle a prospecté les côtes et l'intérieur. Elle s'est intéressée jadis aux mines d'argent de Serbie, y assurant le ravitaillement des centres d'extraction et des villes et foires à leur voisinage, Uskub, Prilep, Prizen, Pec [221]... Au XVIe siècle, son commerce terrestre connaît vers l'Est un renouveau indéniable [222]. Ses marchands poussent, à travers la Bosnie et la Serbie, jusqu'à Vidin ; ils jouent leur rôle dans les provinces danubiennes ; ils forment à Uskub, point de départ d'un roulage vers Constantinople [223], une colonie serrée ; ils s'infiltrent en Bulgarie dont l'accès leur avait été longtemps rendu difficile par les marchands génois venus de mer Noire ; ils sont à

Belgrade, vendant le drap anglais aux officiers turcs, retour de la guerre de Hongrie ; ils sont à Andrinople, accueillant au passage les ambassadeurs chrétiens ; et, bien entendu, ils sont à Constantinople. L'étonnante puissance de Raguse, au XVIe siècle, est liée à ces colonies marchandes plantées dans l'intérieur balkanique ; à ces centaines de boutiques où ses marchands revendent à crédit ou au comptant les carisées anglaises, les draps de Venise ou de Florence ; à ces voyages de commerçants acheteurs de cuirs et de laines, qui vont sur place discuter avec les bergers et dont les archives de Raguse conservent parfois les longs et étroits carnets de compte.

Toute la vie de Raguse reste impensable sans les affreuses routes qui gagnent Sarajevo vers le Nord ou, par les hauteurs monténégrines et albanaises, Uskub, relais essentiel en direction de l'Est. Raguse est la jonction de deux mouvements, l'un qui s'éploie par les routes des Balkans ; l'autre qui utilise les chemins sans limites de la mer et, au XVIe siècle, conduit les Ragusains dans tous les pays de Méditerranée sans exception, parfois jusque dans l'Inde, souvent jusqu'en Angleterre, une fois à notre connaissance jusqu'au Pérou...

De la route à la banque

Routes et échanges ont permis la lente division du travail dont sont issues les villes, à demi dégagées des campagnes et qui ne se libèrent de ce constant encerclement qu'au prix d'efforts répétés. Ces efforts, à leur tour, ne cessent d'agir à l'intérieur même des villes, d'aménager leurs activités différentielles, de les transformer au dedans d'elles-mêmes, selon des schémas qui, bien entendu, ne sont que très grossièrement réguliers.

Dans ce processus aux mille variantes, tout part évidemment d'une activité marchande omniprésente, primordiale, organisatrice. Vérité évidente à Venise, à Séville, à Gênes, à Milan, à Marseille... Pour cette dernière qui n'a que quelques industries textiles[224] et des savonneries, c'est vérité incontestable. A Venise aussi qui distribue en Orient ses propres draps et soieries, mais également les lainages et velours de Florence, les draperies de Flandres et les carisées d'Angleterre, les futaines de Milan et d'Allemagne et, d'Allemagne également, les toiles, la quincaillerie, le cuivre... Quant à Gênes, on disait proverbialement, dès le Moyen Age : *Genuensis ergo mercator*. Il n'est donc pas abusif, dans nos classifications, de parler d'un « capitalisme marchand », en désignant ainsi une forme agile, déjà moderne et sûrement efficace de la vie économique du siècle. Tout n'aboutit pas à ses prouesses, mais bien des choses dépendent de son dynamisme et de son attraction. Les impératifs du grand commerce, du commerce à longue distance, ses accumulations de capital, jouent un rôle moteur. C'est dans le creux de la conjoncture marchande qu'à Gênes, Florence, Venise ou Milan, la vie industrielle s'anime, particulièrement dans le domaine neuf, révolutionnaire du coton et de la soie. La thèse classique de Paul Mantoux est déjà vraie au XVIe siècle : le commerce guide, lance la vie industrielle. Et en Méditerranée plus qu'ailleurs où la règle est l'échange, le camionnage, les reventes...

Cette vie marchande favorise, véhicule tout y compris les germes d'activité industrielle, comme le vent pousse au loin des graines... Mais ces graines ne trouvent pas toujours un terrain où se développer. En 1490, Pietro del Bantella, un Florentin, introduisait à Raguse *l'arte di fabricare i panni alti di lana*[225] ; en 1525, l'art de la soie y était importé, cette fois par Nicoló Luccari, homme du terroir[226]. Or, ni l'une ni l'autre de ces industries ne devaient connaître une grande fortune, Raguse se contenta de produire quelques draps pour sa consommation propre, de teindre ou reteindre une partie de ceux qui transitaient chez elle. A Marseille, les mêmes essais furent faits, pour la laine et la soie, vers 1560, et, dit Botero, en ce qui concerne la soie[227], le manque d'eau appropriée empêcha de les poursuivre.

Très en gros, les fonctions marchandes et industrielles se succèdent[228], celles-ci entraînées, requises par celles-là, impliquant par suite une certaine vieillesse économique (entre autres conditions, fort nombreuses bien entendu). La ville industrielle du Midi français, c'est Montpellier[229] qui a derrière elle tout un passé, une richesse acquise, des capitaux à placer, un contact vivifiant avec l'extérieur. Ce que Colbert a voulu faire, au XVIIe siècle, développer, en arrière du commerce français du Levant, une industrie drapière, les circonstances, ailleurs, l'avaient depuis longtemps produit d'elles-mêmes. L'industrie de Venise s'est développée au XIIIe siècle ; mais le commerce de la Seigneurie grossissant en même temps, et à un rythme bien plus rapide, cette industrie médiévale s'est, par la suite, trouvée insignifiante, proportionnellement au volume du commerce extérieur. Le grand élan industriel de Venise arrive tard, au XVe et surtout au XVIe siècle, par un lent glissement du comptoir à l'atelier, tentative non pas voulue, mais guidée, exigée par la conjoncture du siècle. Venise tend à se transformer en un port industriel. Et c'est seulement la réussite de la France et de l'Europe du Nord au siècle suivant, qui peut-être a empêché la transformation de s'achever à sa perfection[230].

Si l'industrie à large extension est comme un second stade de l'activité citadine, la banque en est peut-être le troisième. Dès l'enfance d'une ville, sans doute, toutes les activités économiques sont déjà en course, le commerce de l'or comme les autres. Mais ce commerce-là ne se singularise que tardivement ; il est le dernier à naître dans son autonomie et sa plénitude. Longtemps, tout est *confusion* : marchandise, atelier, banque se mêlent, se réunissent dans la même main. A Florence, les Guicciardini Corsi, qui avancent de l'argent à Galilée, sont intéressés par le blé sicilien, la vente des draps et du poivre ; les Capponi, dont sont conservés les gros livres, s'occupent aussi bien de transporter du vin, d'assurer des navires que de lancer ou de recevoir des lettres de change ; les Médicis, plus qu'à moitié banquiers, ont, au XVe siècle, leurs ateliers pour le travail de la soie.

Cette multiplicité et cette confusion des affaires, raisonnable division des risques, est une règle ancienne. Le commerce de l'argent, c'est-à-dire les prêts aux particuliers (plus ou moins déguisés, puisque l'Église interdit le prêt à intérêt), l'argent ouvertement avancé aux villes et aux Princes, les investissements (les *accomandite* comme on dit à Florence), les assurances maritimes, ce jeu purement financier a beaucoup de mal à se dégager des autres. Il ne s'affirmera dans sa première perfection qu'à Amsterdam, vers la fin du XVIIe siècle.

N'empêche que le XVIe siècle le porte déjà à un haut niveau et fabrique, de plus en plus nombreux, des banquiers quasi spécialisés, ceux que l'Espagne appelle *hombres de negocios*. Au sens du XVIIIe siècle français, ce seraient plutôt des « financiers » au service des États. Or ce phénomène ne s'affirme que dans quelques vieilles villes marchandes qui ont atteint leur pleine maturité. A Venise où banques et banquiers remontent au XIVe, voire au XIIIe siècle ; à Florence où les grandes firmes marchandes ont tenu l'Europe et la Méditerranée, de l'Angleterre à la mer Noire, sous leur contrôle depuis le XIIIe siècle ; à Gênes surtout qui, malgré ce qu'a dit Michelet [231], n'a pas été « une banque avant d'être une ville », mais où la *Casa di San Giorgio* a été l'organisme de crédit le plus perfectionné qu'ait connu le Moyen Age. Une étude poussée [232] montre la ville, au XVe siècle, déjà moderne, en avance sur son temps, maniant journellement l'endossement des lettres de change et le pacte de *ricorsa*, qui est déjà un art de lancer de la cavalerie, pour employer le jargon actuel des banquiers. Son rôle précoce entre Séville et le Nouveau Monde, son alliance définitive avec l'Espagne en 1528 firent le reste : elle devint la première ville d'argent du monde, dans la montée de cette vague d'inflation et de prospérité qui marque le second XVIe siècle — le siècle de Gênes, de la ville où la marchandise commence à paraître métier de roturier. Les *Nobili Vecchi* spéculent à l'occasion, en grand, sur les aluns, ou les laines, ou les salines d'Espagne. Mais le commerce, ils le laissent aux *Nobili Nuovi*, se réservant les jeux sur l'or et l'argent, sur les rentes, sur les prêts au roi d'Espagne...

Toutefois, en contradiction apparente avec cette image

simple, de nombreuses places d'argent surgissent alors, en Europe, dans des villes presque neuves. Mais ces épanouissements brusques et importants, que dissimulent-ils ? Un simple essaimage de la banque italienne qui, lui aussi, est une tradition. Aux foires de Champagne déjà, c'est le Siennois, le Lucquois, le Florentin ou le Génois qui tiennent en main la balance des changeurs ; eux encore qui créent la fortune de Genève, au XVe siècle ; puis celle d'Anvers, et de Lyon, et de Medina del Campo. Ils sont présents encore, en 1585, quand Francfort-sur-le-Main crée sa foire des changes. Aux yeux des gens non avertis, leur métier a évidemment quelque chose de mystérieux, voire de diabolique. Un Français, vers 1550, s'ébahit de « ces marchands ou bancquiers estrangers » (c'est-à-dire italiens) qui arrivent les mains vides, « sans avoir apporté es ditz pays lorsqu'ilz sont arrivez aultre chose que leurs personnes avec ung petit de crédit, la plume, encre et papier, ensemble l'industrie de sçavoir traffiquer, remuer et destourner les dictz changes d'ung pays en aultre, selon les advertissements qu'ilz ont des lieux où l'argent est plus cher »[233].

Bref, à travers l'Europe, un petit groupe d'hommes avertis, renseignés par une active correspondance, tient en main le réseau des échanges de lettres et de numéraire, domine par là le jeu de la spéculation marchande. Ainsi ne nous laissons pas trop éblouir par la diffusion de la « finance ». Il y a bien des différences et des degrés entre les « places », marchandes celles-ci, industrielles celles-là, financières en partie telles autres. En 1580, quand le Portugal se lie à l'Espagne, les hommes d'affaires espagnols s'étonnent du retard technique de la place de Lisbonne, entièrement marchande. A Marseille, les investissements, encore au début du XVIIe siècle, viennent de Lyon, Montpellier et Gênes. Raguse, commercialement si prospère, est sous la dépendance financière des villes italiennes : au XVIIe siècle toute sa fortune sera en rentes, ou de Naples, ou de Rome, ou de Venise. L'exemple de Venise est plus révélateur encore. Un long rapport des *Cinque Savii*, en janvier

1607 [234], indique que tout le jeu « capitaliste », dirions-nous, y est entre les mains des Florentins, propriétaires de maisons urbaines, et des Génois, ravitailleurs en métal blanc, les uns et les autres maîtres des changes. En « tirant » sur Venise, Génois et Florentins font valoir « sur les changes » (principalement aux foires dites de Besançon et qui se tiennent à Plaisance) l'argent abondant des prêteurs vénitiens. Il y a ainsi « capture » du numéraire disponible de la ville. Le Piémontais, Giovanni Botero, perçoit cette situation quand, en 1589, il compare Gênes à Venise, non sans préférer celle-ci à celle-là. A Gênes, la fortune des manieurs d'argent s'est prodigieusement développée, mais au détriment des autres activités nourricières de la ville. Il y a ralentissement de sa vie industrielle (textiles, constructions navales) ; or les *arti*, c'était la vie du menu peuple génois, assez pauvre dans son ensemble. A côté de sa grande rivale, Venise reste une ville moins évoluée, faisant encore elle-même quasi tous les métiers. Aussi bien le peuple y est-il moins malheureux qu'à Gênes et moins grand l'écart entre les fortunes [235].

Cycle urbain et régression

Si la vie urbaine progresse, se constitue par stades, elle se détériore aussi par stades. Les villes naissent, progressent, déclinent, suivant les pulsations mêmes de la vie économique. Et, déclinant, elles abandonnent par pans successifs les attributs de leur puissance. Est-ce un hasard si, à Gênes, le premier signe négatif (la présence des cargos ragusains) affecte les transports, cette première richesse des grandes villes ; tandis qu'à l'autre bout de la chaîne, ce qui résiste le plus longtemps, ce sont précisément les activités bancaires, les dernières à s'épanouir ? Gênes, Venise, au XVIIIe siècle, au bas de leur décadence, sont encore des villes de l'or. Le drame de Barcelone, au XVIe siècle au moins, n'est-ce pas une conséquence de son passé, la rançon d'une fortune vite construite et pas achevée avec soin sur le plan bancaire, malgré ce que l'on a dit ? C'est le manque d'argent, de change, de *giro*, remarquait déjà Capmany[236], qui a paralysé la ville au XVIe siècle.

A la limite de ces remarques, dirons-nous que le développement d'un stade industriel indique souvent une gêne dans la vie de mouvement d'une ville ? Que l'industrie est, à un certain point de vue, une sorte de riposte à cette gêne de la circulation ? En tout cas, il est symptomatique de voir fleurir l'industrie dans les villes éloignées de la mer et, de ce fait, gênées dans leur métier de villes routières, que ce soit Lucques, la patrie des soyeux, ou Milan, ou Côme, ou Florence elle-même. Ou bien dans des villes qui, au XVIe siècle, sont menacées dans leurs transports ou leurs marchandises, que ce soit Florence, ou Venise. Dirons-nous enfin que la vie bancaire procède, elle aussi, des difficultés marchandes et industrielles ? Une activité ne surgissant en somme qu'au détriment des autres, pas forcément en harmonie avec elles. Ceci dit, moins pour tout expliquer que pour parcourir, d'un rapide coup d'œil, l'ensemble des problèmes du dynamisme urbain.

Une typologie très incomplète

Cette typologie générale des villes que l'on vient d'esquisser, reste forcément incomplète. Tout complique leur existence. Chaque ville est prise dans une économie particulière. A court rayon, ceci implique des rapports avec sa campagne, avec les villes voisines, qu'elle soit, par rapport à ces dernières, dominante, ou dominée. A large rayon, ceci signifie des liaisons selon les distances ou de la Méditerranée entière, ou même de la Plus Grande Méditerranée. Enfin, il y a les conjonctures de la vie politique. Au XVIe siècle, celle-ci ruine l'indépendance ancienne des villes, sape les bases de leur économie traditionnelle, crée, impose de nouvelles structures.

Un historien[237] qui achève un travail sur la typologie des villes de Castille, au XVIe siècle, distingue finalement : des villes bureaucratiques, comme Grenade et Madrid — celle-ci poussant si vite que le ravitaillement d'une population oisive y est souvent en panne et que l'on a vu, dit une correspondance de 1615, « le pain y

27. — Population des villes de Castille

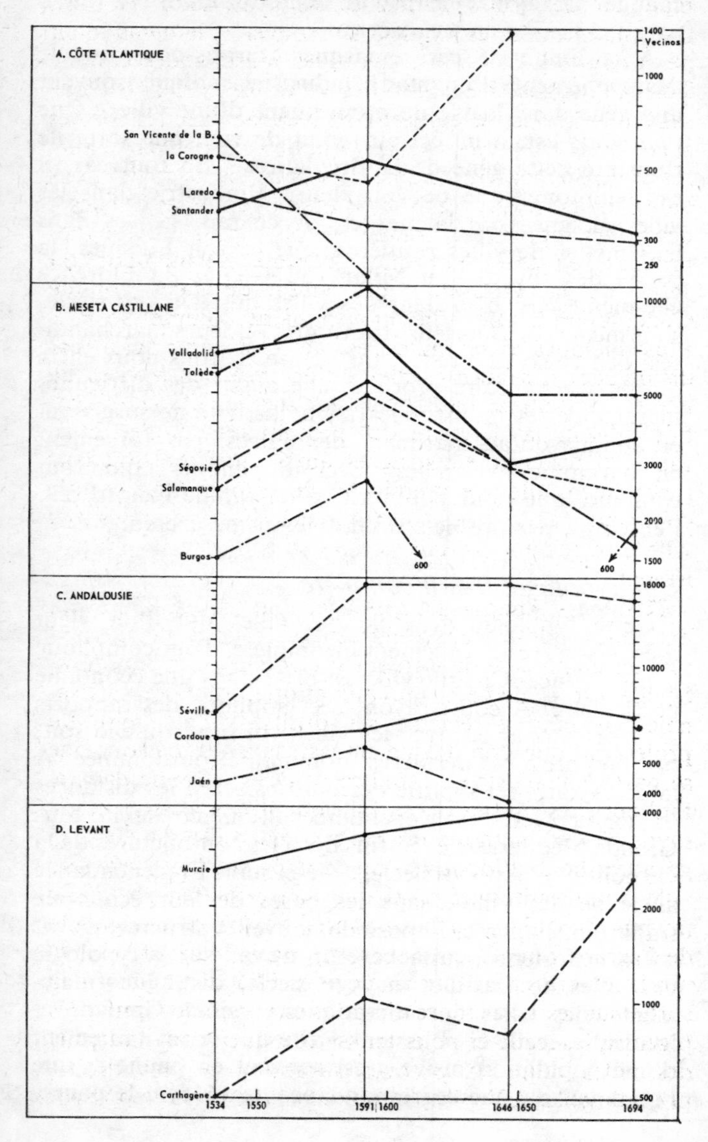

manquer des jours durant et les gens dans les rues, l'argent en main, essayant d'en trouver et le demandant *per l'amor di Dio*[238] » ; des villes marchandes comme Tolède, Burgos et Séville ; des villes industrielles (en ce sens que l'industrie moderne s'y installe avec les formes capitalistes du *Verlagssystem*, qui ne sont pas particulières à l'Allemagne) comme Cordoue et Ségovie ; des villes industrielles, mais artisanales, comme Cuenca ; des villes agricoles, soutenues par leurs campagnes proches, envahies par elles, comme Salamanque ou Jerez de la Frontera ; des villes cléricales comme Guadalajara ; une ville moutonnière comme Soria... Plus quelques villes militaires, au XVIe siècle aussi mal distinguées des autres villes qu'en mer, les navires de guerre des simples bateaux de commerce. Ces classifications disent la diversité des personnages à mettre en cause. Il resterait à distinguer aussi, quel que soit leur type, entre villes de premier et de second rang et voir comment (dans une structure spécifique à l'Europe) ville principale et villes secondes se comportent mutuellement.

D'ailleurs, chaque personnage, une fois fixé le cadre où l'on voudrait l'enfermer, en sort aussitôt. Naissant mal au commerce de l'argent (mais elle a ses banques), Séville est également bureaucratique, rentière, artisanale ; le luxe y réclame ses droits, y fait vivre un prolétariat que l'on devine entassé dans les maisons que se partagent plusieurs familles pauvres, comme dans le faubourg de Triana où se fabriquent des lessives et du savon[239]. Salamanque est rurale, mais elle est aussi la grande ville d'études que l'on connaît. Padoue, brillante ville d'université, est aussi une métropole rurale. Jadis (avant 1405) dans sa lutte contre Venise, les Seigneurs de Carrare, qui y commandaient, avaient « pour entretenir la cherté chez leur rivale » établi des impôts à la sortie sur les poules, les chapons, les oies, les œufs, les pigeons, les légumes et les fruits... Avec ce conservatisme des villes dont les preuves surabondent, ces droits, préjudiciables à Venise, seront cependant maintenus par elle jusqu'en 1460 [240], longtemps après la soumission de Padoue à la république de Saint-Marc.

Cependant Padoue restait comme immergée dans sa campagne et Bayard et ses compagnons, en 1509, la voient aux prises avec les travaux agricoles : « chaque jour se recueilloit force foings, raconte Le Loyal Serviteur, et en ce quartier là font les charretées grandes de sorte que au passer en une porte, elles y entrent quasi à force » [241]. Même spectacle à Brescia, où la Porte San Stefano qui introduit au Broletto présente un goulet si étroit que « *quando vi si trova qualche carro di feno o paglia o legne, per lì non ponno transitar gli uomini* » [242]. Même réalité, sinon même spectacle à Lucera, petite ville des Pouilles et qui a ses foires actives. Elle a aussi, pour son plus grand tourment, des capitaines qu'y nomme le marquis del Vico et dont elle a tout lieu de se plaindre. Ils tuent, volent, jouent et, dernière vilenie, ils « ont envoyé une grande quantité de porcs avant la date autorisée sur les territoires de la ville, au détriment des autres *cittadini*... sans compter les dégâts dont souffrent, à cause des dits porcs, les blés, les eaux et les pâturages » [243]. Ainsi l'élevage de nombreux porcs se fait dans l'enceinte même de la ville. Ces images de la vie agricole aux prises avec l'art des défenses militaires, ou l'honnêteté des gouvernants, disent à quel point les villes du XVIe siècle sont partout ouvertes, vaille que vaille, sur leurs campagnes. Autrement, comment vivraient-elles ?

4. Les villes témoins du siècle

Ces villes diverses, où les activités se dosent de façon toujours originale, il faut les interroger maintenant sur le spectacle où toutes participent à la fois et prêter l'oreille à ce qu'elles *répètent*, dans la mesure où elles sont soumises à une conjoncture, partout la même ou à peu près la même, durant la seconde moitié du XVIe siècle méditerranéen. Pour celles que nous connaissons d'assez près, les témoignages concordent : les villes augmentent de population ; au delà des avatars de leur vie, au jour le jour, et qui, certes, ne manquent pas, elles se portent assez bien *à long terme*, puisque leur corps s'agrandit ; en tout cas, elles surmontent crises et difficultés ; cependant, toutes voient se restreindre leurs libertés face aux États territoriaux qui grandissent encore plus vite qu'elles, les enveloppent, les subjuguent ou même, de loin, les bousculent. Un âge nouveau de la politique et de l'économie s'annonce. De ce point de vue, la Méditerranée aura été précoce.

La montée démographique[244]

Nous connaissons la millième partie — et encore — de ce que les historiens pourraient réunir sur le mouvement des populations urbaines au XVIe siècle. Cependant, les diagnostics d'ensemble sont possibles et à peu près sûrs. Pour en donner une idée plus précise, nous reproduisons (p. 396) un graphique du mouvement de la population dans les villes castillanes[245]. Le langage en est clair : toutes les droites — les exceptions confirmant la règle — signalent des progressions nettes et constantes jusqu'aux dernières années du XVIe siècle.

C'est à peu près la même courbe que présentent — grosso modo — les chiffres concernant l'Italie[246], la Turquie[247] d'Europe et d'Asie. Nous pouvons, sans risque excessif, étendre leur témoignage à la Méditerranée entière, la musulmane comme la chrétienne. C'est la caractéristique du « long XVIe siècle », en Europe comme en Méditerranée, d'avoir impliqué, à la base, cette progression du nombre des hommes dont tout, ou presque tout aura dépendu.

Dans ce mouvement de hausse, toutes les catégories de villes sont à égalité, les minuscules comme les moyennes, les importantes comme les considérables, les artisanales comme les industrielles, les bureaucratiques comme les marchandes... Il n'y a pas de discrimination, comme ce sera le cas lors de la régression du XVIIe siècle[248], caractérisée par la montée ou la stabilité de certaines villes privilégiées, Paris, Londres, Madrid et même Istanbul, alors que l'ensemble des autres villes sera pris dans un vaste reflux. Au XVIe siècle, aucune surprise, donc, si nous voyons s'activer toutes les villes à la fois, s'ouvrir des chantiers de construction publics ou privés aussi bien à Vérone qu'à Venise, à Pavie qu'à Milan ; s'animer les métiers aussi bien à Cuenca qu'à Ségovie ; s'activer les constructions maritimes à la fois sur le Mandracchio de Naples et les plages de Sorrente ou d'Amalfi. C'est d'une marche générale qu'il s'agit alors, la hausse marquant *tous* les univers urbains. Ainsi la hiérarchie des villes, leurs comportements réciproques, leurs étagements réciproques ne varient guère. Une carte comme celle des niveaux de vie urbaine dans le royaume de Grenade en 1591, si imparfaite soit-elle puisqu'elle a été dressée à partir des relevés fiscaux (des *millones*), signale cette géographie interurbaine décisive, qui ne bougera guère[249]... Les grandes villes restent où elles sont plantées, avec l'avantage des hauts prix, des salaires élevés, des boutiques mieux achalandées, et les villes satellites les regardent, tournent autour d'elles, les servent et se servent d'elles. Ces systèmes planétaires, si caractéristiques de l'Europe[250] et de la Méditerranée, ne se dérègleront guère.

Cependant des changements surgissent qui font du bruit et brillent d'un éclat très vif : ils sont, eux aussi, assez logiques.

Tout d'abord, un accroissement démographique n'agit jamais dans un sens unique : il est, tour à tour, puissance ou gêne, équilibre ou fragilité. Bien des maux anciens se maintiennent et parfois s'aggravent : le XVIe siècle n'a eu ni la vertu, ni la force de les effacer. Ensuite les villes ne sont pas seules à conduire le monde. Leur règne privilégié jusque-là durant le premier essor de l'Europe et de la Méditerranée, du XIe au XIVe siècle, est, au seuil de la Modernité, remis en cause. Il y a les États, lents à se développer durant les siècles antérieurs, mais que la Modernité pousse brusquement en avant. Enfin, les campagnes restent majoritaires. Elles progressent au XVIe siècle, peut-être moins vite que les villes qui se nourrissent d'elles. Il y a pour celles-ci une avance à l'allumage qui est certaine si l'on ne peut la chiffrer exactement[251]. Les villes sont donc en pointe, un peu en porte-à-faux. Quand il y aura reflux de la population au XVIIe siècle, ainsi en Vénétie[252] où des mesures sont possibles, les villes reculeront plus vite que les campagnes avoisinantes. Au XVIIIe siècle, tout changerait-il ? M. Moheau[253] prétend que la France rurale croît plus vite alors que la France urbaine. Ces comparaisons rapides aideront à mieux comprendre le destin, décisif et fragile en même temps, des villes du XVIe siècle.

Misères anciennes, misères nouvelles : les disettes et le problème du blé

Le XVIe siècle n'a pas toujours souri aux univers urbains. Disettes et épidémies frappent les villes à coups redoublés. Avec la lenteur et le prix prohibitif des transports, avec l'irrégularité des récoltes, toute agglomération risque la disette, à chaque instant de l'année. La moindre surcharge l'accable. Quand le Concile de Trente se réunit pour la troisième et dernière fois, en 1561 (cependant sur la grande route du Brenner et de l'Adige, route du blé bavarois dont Vérone s'approvisionnait parfois), tout de suite se pose, pour les Pères du Concile et leur suite, une difficile question de ravitaillement dont Rome s'inquiète à juste titre[254]. En Méditerranée et hors de Méditerranée, la disette est, en effet, un accident banal. En 1521, la famine de Castille coïncide avec les débuts de la guerre contre la France et le soulèvement intérieur des *Comuneros*. Le manque de pain affole nobles et vilains, en cette année qu'au Portugal on a dénommée l'année de la Grande Disette. En 1525, une sécheresse affreuse ruinait l'Andalousie. En 1528, la disette déchaînait en Toscane des abominations : Florence dut fermer ses portes aux paysans affamés de son territoire. En 1540, le drame se répétait : on projetait à nouveau à Florence de fermer les portes de la ville et d'abandonner la campagne à son sort quand des navires, arrivés à Livourne avec du blé du Levant, sauvèrent le pays ; mais ce fut miracle[255]. En 1575, dans les pays roumains cependant si riches en grains, les troupeaux moururent en masse, les oiseaux surpris, en mars, par des chutes de neige qui atteignaient les épaules des hommes, se laissaient prendre à la main. Quant aux humains, ils se tuaient pour un morceau de pain [256]. En 1583, on verra déferler le fléau sur toute l'Italie et spécialement dans l'État Pontifical où les gens moururent de faim [257].

D'ordinaire cependant, il s'agit non de famines de régions entières, mais de famines urbaines. Ce qui fait la singularité de la disette toscane de 1528, c'est qu'elle s'étend à tout le pays voisin de Florence et qu'il faut, comme nous le disions, repousser hors de la ville les paysans qui s'y réfugient. De même à Pérouse, en 1529, le blé fait entièrement défaut à cinquante milles à la ronde. Il s'agit là de catastrophes encore rares. Les paysans tirent presque entièrement de leur propre terre le minimum qui les fait personnellement vivre. Au contraire, les famines urbaines, limitées à l'enceinte des murs de la ville, sont au XVIe siècle d'une extrême fréquence. Florence qui n'est tout de même pas sise dans un pays particulièrement pauvre, en aura connu 111 de 1375 à 1791, contre 16 très bonnes récoltes pour le même laps de temps [258]. Même les ports de redistribution du blé, comme Messine ou Gênes [259], connurent des famines épouvantables. Tous les ans, au début du XVIIe siècle encore, Venise doit dépenser des millions d'or pour son ravitaillement [260].

En raison de leurs besoins et de leurs moyens, les grands acheteurs de blé sont donc les villes. Un livre entier pourrait s'écrire sur la politique du blé à Venise ou à Gênes, celle-ci prompte à s'intéresser à toutes les occasions de ravitaillement et, au XVe siècle, tournée, à cet effet, vers la France, la Sicile et l'Afrique du Nord ; celle-là engagée dans le commerce du blé du Levant, négociant avec le Turc, dès 1390, ce qui ne l'empêche pas de s'adresser à d'autres fournisseurs, les Pouilles ou la Sicile. Venise, en outre, a ses consignes permanentes, notamment elle interdit en 1408, en 1539, en 1607, en 1628 [261] toute sortie de blé en dehors de son « golfe »...

Au XVIe siècle, pas une ville de quelque importance qui ne possède ce que l'on appelle à Venise, d'un nom étrangement moderne, un Office du blé (dont les papiers d'ailleurs ont été égarés pour les années qui nous intéressent). Il s'agit là d'une merveilleuse organisation [262]. L'Office contrôle non seulement les entrées de blé et de farine, mais aussi les ventes sur le marché même de la ville. La farine ne peut être vendue que dans deux « lieux publics », l'un près de Saint-Marc, l'autre à « Rivoalto » [263]. Tous les jours, le doge doit être informé du montant des stocks dans les magasins. Dès qu'il s'avère que Venise n'a plus de blé que pour un an ou huit mois, aussitôt, le Collège dûment prévenu, des provisions sont faites par l'Office d'une part, de l'autre par des marchands auxquels des avances d'argent sont immédiatement consenties. Les boulangers sont, eux aussi, surveillés : ils doivent livrer au public des pains faits de « bon grain » et blancs, d'un poids qui varie avec l'abondance ou la pénurie du ravitaillement, mais dont le prix unitaire, lui, ne varie pas, comme c'est la règle alors dans presque toutes les villes d'Europe.

Un tel Office des blés, nous ne dirons pas que chaque ville en possède la reproduction exacte, il n'y a qu'une Venise, mais sous des noms différents et avec des organisations différentes, partout se retrouvent des bureaux des blés et farines. A Florence, l'*Abbondanza* fut transformée par les Médicis (ceux-ci prenant en main l'approvisionnement en grains à l'extérieur), mais subsista, au moins pour des tâches mineures, au delà du *bando* de 1556 dans lequel on voit d'ordinaire la fin de son activité [264]. A Côme, la tâche relève du *Consiglio Generale* de la Commune, d'un *Ufficio d'Annona* et des *Diputati di provvisione* [265]. Quand l'organisme n'existe pas de façon autonome, la politique du blé est confiée à ceux qui ont charge soit du gouvernement de la ville, soit de son administration. A Raguse, trop mal située pour ignorer la disette, ce sont les recteurs de la République qui y veillent eux-mêmes. A Naples, le vice-roi [266] en personne.

La disette menace : alors, partout, les mesures sont identiques. Premier acte : on interdit à son de trompe, de sortir du blé de la ville, les gardes sont doublées, on perquisitionne, on recense les disponibilités. Si le péril s'aggrave, second acte : on s'emploie à diminuer le nombre des consommateurs ; on ferme les portes de la ville ; ou bien on chasse les étrangers, geste habituel à Venise, à moins qu'ils n'introduisent dans la ville telle quantité de blé proportionnelle au nombre de gens de leur suite ou de leur maison [267]. A Marseille, en 1562 [268], on expulse les Réformés : double gain pour la ville, ennemie des Huguenots. A Naples, lors de la disette de 1591, l'Université fait les frais du désastre : elle est fermée et ses étudiants renvoyés dans leurs familles [269]. Puis généralement, on rationne, comme à Marseille en août 1583 [270].

Mais naturellement, et avant tout, on part en chasse pour trouver des grains, coûte que coûte ; tout d'abord, auprès des fournisseurs habituels. Marseille ordinairement se tourne vers son arrière-pays et les bontés du roi de France, ou s'adresse à « ses très chers et aimés amis », les consuls d'Arles, voire aux marchands de Lyon. Encore faut-il, pour atteindre, au delà de Lyon, le grenier bourguignon, puis de là acheminer les grains jusqu'à Marseille, que les bateaux sur les rivières de « Shomne et du Rosne », malgré les eaux grandies, puissent passer « les pontz... sans grand danger » [271].

A Barcelone, en août 1557, les Inquisiteurs supplient Philippe II d'autoriser qu'on leur envoie, au moins pour leur usage personnel, un peu de blé du Roussillon [272]. Les Inquisiteurs de Valence, l'année suivante [273], demandent à importer du blé de Castille, sollicitation renouvelée d'ailleurs en 1559. Cependant que Vérone s'attendant à une mauvaise récolte demande à la Sérénissime de lui permettre d'acheter du blé en Bavière [274]. Raguse se tourne vers le Sandjak d'Herzégovine, Venise demande au Grand Seigneur une autorisation pour charger des céréales au Levant...

Chaque fois, ce sont des négociations, des expéditions, de grosses dépenses. Sans compter les promesses et les primes aux marchands [275].

Si tout échoue, la grande ressource est de se tourner vers la mer, de surveiller les naves chargées de grains, de s'en saisir, puis de payer la cargaison à qui de droit, plus tard, non sans avoir discuté... Marseille s'empare, un jour, de deux barques génoises assez imprudentes pour s'être glissées dans son port ; le 8 novembre 1562, elle donne l'ordre à une frégate d'arraisonner tous les navires chargés de blé qu'elle trouvera au large de la ville[276]. En octobre 1557, les autorités font décharger à Messine des navires avec du blé du Levant et des Pouilles[277]. Les Chevaliers de Malte, point trop gâtés quant au ravitaillement, se contentent avec régularité de surveiller les côtes de Sicile : ils ne s'y comportent guère autrement que les corsaires de Tripoli. Ils paient sans doute, mais montent à bord comme des pirates. Et personne, peut-être, plus que Venise ne pratique cette détestable méthode. Dès qu'elle est en difficulté, point de navire, chargé de blé, qui soit en sûreté en Adriatique. Elle n'hésite pas à poster à Ragusa Vecchia une ou deux galères qui, à la barbe des Ragusains, se saisissent des naves de grains chargés par les Recteurs à Volo, à Salonique, voire dans les ports voisins d'Albanie. Ou bien elle va chercher les cargos de blé sur la côte des Pouilles et les fait décharger à Corfou, à Spalato ou directement à Venise... Sans doute, elle n'a pu se maintenir sur la côte d'Apulie où, par deux fois, elle s'était installée, elle a perdu ce grenier providentiel de blé, ce cellier d'huile et de vins. Qu'à cela ne tienne ! Chaque fois que c'est nécessaire, elle revient s'y servir, ou pacifiquement, ou par violence. Non sans que Naples, et au delà l'Espagne, n'aient protesté avec de justes, éternelles et inutiles raisons : ces naves que Venise saisit sont d'ordinaire celles que Naples a frétées pour elle-même. Les prises de Venise risquent de provoquer des émeutes dans la ville grouillante de pauvres gens[278].

Tout cela, finalement, très onéreux. Mais aucune ville ne peut échapper à ces lourdes charges. A Venise, d'énormes pertes sont à inscrire au compte de l'Office du blé, qui, d'une part, donne aux marchands des primes importantes et, d'autre part, revend souvent au-dessous du prix d'achat les blés et farines dont il a fait l'acquisition. C'est encore pis à Naples, où la peur rend les autorités non pas libérales, mais prodigues. A Florence, c'est le grand-duc qui règle la différence. En Corse, Ajaccio emprunte à Gênes [279]. Marseille, bonne ménagère de ses deniers, emprunte, mais toujours prévoyante, à la veille de la récolte, elle interdit l'entrée des grains et liquide ses stocks anciens, quand stock il y a. Ainsi procèdent beaucoup d'autres villes.

Difficiles, ces politiques sont toujours aléatoires. D'où des souffrances et des désordres. Souffrances pour les plus pauvres, parfois pour une ville entière. Désordres pour les institutions et pour la base même de la vie urbaine. Ces unités étroites, ces économies d'autrefois sont-elles à la mesure des temps nouveaux ?

Misères anciennes, misères nouvelles : les épidémies

Pour la peste, inquiétant visiteur, une carte générale imparfaite, mais parlante, peut être dressée. A côté de chaque ville, des chiffres signaleraient les années où le fléau a sévi. Aucune ville n'échappe à ce recensement sommaire, à ce tableau d'affichage. La peste apparaît ce qu'elle est : une « structure » du siècle. Plus souvent que les autres, les villes d'Orient reçoivent ses coups répétés. A Constantinople, aux portes dangereuses de l'Asie, le fléau est installé en permanence. C'est le grand foyer des épidémies, d'où celles-ci se répandent vers l'Occident.

Ces fléaux, joints aux famines, entraînent un renouvellement continu des populations urbaines. Venise en 1575-1577 fut désolée par une épidémie de peste si terrible que 50 000 personnes étaient enlevées, le quart ou le tiers de la ville [280]. De 1575 à 1578, il y aurait eu quarante mille morts à Messine. Sur toute l'Italie déferle en 1580, après la peste, une épizootie meurtrière, le mal *del montone* ou du *castrone* [281] qui, par ricochet, menace la vie des hommes. Ces chiffres que donnent les contemporains marquent souvent, par leur enflure, l'épouvante des épreuves subies. Bandello parle de 230 000 victimes à Milan, au temps de Ludovic Sforza [282] ! En 1525, à en croire un autre informateur, disparaîtraient les 9/10 de la population de Naples et de Rome[283] ; en 1550, à nouveau la moitié de la population de Milan[284] ; en 1581, la peste ne laisserait en vie, à Marseille, que 5 000 personnes[285], et en enlèverait 60 000 à Rome[286]... Ces chiffres ne sont pas exacts, mais ils indiquent, sans erreur, que le quart, le tiers d'une ville pouvait brusquement disparaître à une époque que ses connaissances d'hygiène et de médecine défendaient encore mal contre la contagion[287]. Et ils s'accordent avec les récits habituels, les rues jonchées de morts, la charrette quotidienne où s'entassent les cadavres, si nombreux qu'on ne peut plus les enterrer... De tels fléaux ruinaient, renouvelaient une ville. Quand la peste relâche ses prises et abandonne Venise, en 1577, c'est une autre ville, un autre personnel dirigeant qui se trouve en place. Une immense relève a eu lieu[288]. Prêchant à Naples, vers mars 1584 — est-ce pure coïncidence ? — un *frate di San Domenico* soutenait que « depuis un certain temps Venise se comportait mal, car les jeunes y avaient pris le gouvernement aux vieux » (*poiche i giovanni havevano tolto il governo a vecchi...*)[289].

Plus ou moins vite, ces blessures se guérissent. Si Venise ne récupère pas entièrement, après 1576[290], c'est que la conjoncture séculaire va, avec le XVIIe siècle, basculer dans le mauvais sens. La peste et les autres épidémies ne sont graves, en effet, qu'aux époques de difficultés matérielles et alimentaires. Famines et épidémies se tiennent par la main, vieille vérité que l'Occident connaît depuis longtemps. Depuis longtemps aussi, chaque ville essaie de se défendre contre le mal, par des désinfections à base de plantes aromatiques, la destruction par le feu des objets appartenant aux pestiférés, la quarantaine des personnes et des marchandises (Venise a été, en ce domaine, une initiatrice), l'embauche de médecins, l'usage des billets sanitaires, les *cartas de salud* d'Espagne, les *fedi di sanità* d'Italie. Les riches, depuis toujours, trouvent leur salut dans une fuite précipitée. Le mal s'annonce-t-il, ils se sauvent vers les villes voisines ou, le plus souvent, vers leurs précieuses maisons de campagne. « Je n'ai jamais vu ville entourée de plus de fermes et maisons de plaisance, écrit Thomas Platter[291] quand il arrive à Marseille, en 1587. La raison en est qu'en temps de peste (chose fréquente à cause du grand nombre des gens venus de tous pays), les habitants se réfugient à la campagne. » Par les habitants, il faut entendre les riches, les pauvres restant dans toute ville atteinte par le mal et dès lors, assiégée, tenue en suspicion, ravitaillée du dehors avec libéralité, pour qu'elle se tienne à peu près tranquille. C'est là, comme l'a noté René Baehrel[292], un vieux conflit, à l'origine de solides haines de classes. En juin 1478[293], Venise est atteinte par le mal ; dans la ville, comme d'ordinaire, les vols commencent aussitôt ; la maison d'un membre de la Ca Balastreo a été entièrement déménagée, ainsi qu'un magasin de la Ca Foscari et, à « Rivoalto », l'Office des consuls des marchands. Ceci parce que, « *hoc tempore pestis communiter omnes habentes facultatem exeunt civitatem, relictis domibus suis, aut clausis aut cum una serva, vel famulo* »... En 1656, à Gênes, au témoignage du *Capucin Charitable*, le spectacle est exactement le même, mot pour mot[294].

Cependant les grandes épidémies du premier XVIIe siècle : Milan, Vérone, en 1630 ; Florence, en 1630-1631 ; Venise, en 1631 ; Gênes, en 1656 ; et même Londres, en 1664, semblent autrement graves qu'au siècle précédent. Les villes auraient donc, pendant la seconde moitié du XVIe siècle, passé par des épreuves moins sévères, relativement. Des explications viennent aussitôt à l'esprit : l'aggravation de l'humidité et du froid, les relations plus directes entre Italie et Orient. Mais l'Orient, pourquoi lui aussi souffre-t-il davantage du fléau ?

Les villes, au XVIe siècle, ne sont pas la proie seulement de la peste. Les maladies vénériennes, la « suette », la coqueluche, la dysenterie, le typhus les affligent. Elles n'épargnent pas, non plus, les armées, ces villes ambulantes, plus fragiles encore. Durant la guerre de Hongrie (1593-1607), une sorte de typhus, la soi-disant *ungarische Krankheit*[295], décime les soldats allemands, alors qu'elle épargne Turcs et Hongrois ; et se propagera à travers l'Europe jusqu'en Angleterre. Les villes sont les relais indiqués de ces maladies contagieuses : en 1588, une grippe que l'on suit à partir de Venise où elle fauche, sans la détruire, toute la population, vidant d'un coup le Grand Conseil — ce que la peste n'avait jamais réussi pour sa part — gagnait Milan, la France, la Catalogne, puis, d'un bond, l'Amérique [296]...

Ce régime des épidémies a sa responsabilité dans la vie saccadée des villes, dans ces « massacres sociaux » de pauvres qui ne cesseront, et encore, qu'avec le XVIIIe siècle.

L'indispensable immigrant

Autre trait habituel : le prolétariat des villes ne peut se maintenir, à plus forte raison augmenter, que grâce à des immigrations renouvelées. La ville a le privilège et l'obligation d'attirer, outre l'éternel immigrant montagnard, candidat à toutes les besognes, une masse de prolétaires ou d'aventuriers de toutes provenances qui suffise à sa demande. Raguse trouve sa main-d'œuvre dans la montagne voisine. On peut lire dans les registres des *Diversa de Foris* d'innombrables copies de contrats d'apprentis domestiques, qui s'engagent pour un an, deux ans, trois ans, sept ans, au taux moyen, en 1550, de 3 ducats d'or par an, le salaire souvent payable à la fin du contrat. Tel *famulus* s'engage à servir son maître *in partibus Turcicorum* ; tous obtiennent la nourriture et l'habillement, plus la promesse d'apprendre le métier de leur patron [297] ou de recevoir une prime en pièces d'or au terme des cinq, huit ou dix ans de leurs contrats [298]... Parmi eux, combien, sans que les textes ne le disent, se trouvent, à côté de gens du cru, être fils de paysans du territoire ragusain, voire de *Morlachi*, plus ou moins sujets du Turc ?

A Marseille, le plus typique des immigrants est le Corse, particulièrement le *Capocorsino*. A Séville, l'immigrant (en dehors des amateurs du voyage des Indes, venus de partout), le prolétaire de permanence est le Morisque. Arrivé d'Andalousie, il pullule dans la grande ville, au point que les autorités craindront, à la fin du siècle, des soulèvements non plus de la montagne, mais de la cité elle-même, en liaison avec les débarquements anglais [299]. A Alger, les nouveaux venus sont des Chrétiens, ceux qui grossissent le monde de la course et des captifs ; des fugitifs andalous ou aragonais (arrivés avec la fin du XVe et le début du XVIe siècle), artisans et boutiquiers dont on retrouve le nom dans l'actuel quartier des Tagarins [300] ; c'est encore, et davantage, les Berbères des montagnes proches de Kabylie qui avaient déjà fourni le premier fond de la population. Haedo les montre, misérables, piochant les jardins des riches, avec l'ambition d'atteindre, quand c'est possible, une place de soldat dans la milice : alors seulement, ils seront assurés de manger à leur faim... Dans tout l'Empire Ottoman, il n'y a pas une seule ville, malgré les contrôles et les défenses de l'État et la suspicion des corporations, qui ne reçoive sans fin des immigrants originaires de campagnes déshéritées ou surpeuplées. « Cette main-d'œuvre clandestine et désespérée est un appoint pour les riches qui obtiennent à bon compte les serviteurs que réclament leurs jardins, leurs écuries et leurs maisons... » Ces misérables concurrencent même le travail des esclaves [301].

A Lisbonne où affluent les nouveaux venus, les plus misérables sont les esclaves noirs. Ils sont plus de 15 000, en 1633, pour une population globale qui se situe aux environs de 100 000 et défilent tous, dans les rues de la ville, le jour de la fête de *Nuestra Señora de las Nieves*, de Notre Dame des Neiges, occasion de revêtir pagnes et étoffes de couleur. « Ils ont des corps mieux faits et plus beaux que les Blancs, note un Capucin [302], et un Nègre nu a plus belle apparence qu'un Blanc habillé... »

Pour Venise, l'immigrant arrive des villes voisines (quelle déception d'y être ignoré, tenu à l'écart, conte un peu longuement Cornelio Frangipane, un écrivain du milieu du siècle [303]) et des campagnes et montagnes proches (le Titien est de Cadore). Si les gens du Frioul — les *Furlani* — sont de bonnes recrues pour la domesticité et les gros travaux, voire, hors de la ville, les tâches agricoles, les mauvais garçons, il y en a, viennent tous, ou presque tous, des Romagnes et des Marches. *Tutti li homeni di mala qualità*, dit un rapport de mai 1587 [304], *o la maggior parte di loro che capita in questa città sono Romagnoli e Marchiani.* Visiteurs indésirables et d'ordinaire clandestins, ils pénètrent de nuit dans la ville, par des filières régulières, s'adressant à quelque *barcaruol* qui ne peut refuser l'accès de sa barque à des hommes armés souvent de l'arquebuse à rouet, *de roda*, et qui, à l'amiable ou non, se font conduire jusqu'à la Giudecca, à Murano ou à telle autre île. Interdire ces arrivées serait freiner la criminalité, mais il y faudrait une surveillance accrue, des intelligences dans la place.

L'Empire de Venise et les régions voisines fournissent aussi leur moisson d'hommes : Albanais prompts à la main, aux jalousies sanguinaires ; Grecs, honorables marchands de la « nation grecque » [305], ou pauvres diables qui prostituent femmes et filles pour surmonter les premières difficultés d'installation et prennent ensuite goût à cette facile aisance [306] ; *Morlachi* des montagnes dinariques : le quai des Esclavons n'est pas seulement le quai des départs... Vers la fin du siècle, Venise s'orientalise plus que jamais avec l'arrivée de Persans, d'Arméniens [307], de Turcs, ceux-ci, depuis la seconde moitié du XVIe siècle cantonnés dans une dépendance du palais de Marc Antonio Barbaro [308], en attendant qu'au XVIIe siècle soit institué un « fontico dei Turchi ». Venise devient aussi l'étape, plus ou moins temporaire, qu'utilisent des familles juives, d'origine portugaise, pour aller du Nord européen (des Flandres ou de Hambourg) vers l'Orient [309]. Elle est, de plus, le refuge d'exilés, puis de leurs descendants. Ainsi, en 1574, les descendants du grand Scanderbeg y vivent encore : « la race y dure... avec moyens honnestes » [310].

Ces indispensables immigrants ne sont pas toujours des hommes de peine ou de qualité médiocre. Souvent, ils apportent, avec eux, des techniques nouvelles, non moins indispensables que leurs personnes à la vie urbaine. Les Juifs, chassés en raison de leur religion, non de leur misère, ont joué un rôle exceptionnel dans ces transferts de techniques. Les bannis d'Espagne, d'abord marchands détaillants à Salonique et à Constantinople, ont peu à peu développé leurs affaires jusqu'à concurrencer victorieusement, dans le commerce, Ragusains, Arméniens et Vénitiens. Ils apportèrent, dans ces deux grandes métropoles de l'Orient, l'imprimerie, les industries de la laine et de la soie [311], plus, si l'on en croit certains bruits, le secret de fabrication des affûts d'artillerie de campagne [312]. Cadeaux de conséquence ! Ce sont aussi quelques Juifs qui, chassés d'Ancône par Paul IV, firent la fortune — relative, il est vrai — de l'échelle turque de Valona [313].

Il y a encore d'autres émigrants de qualité, ne serait-ce que les artistes itinérants, attirés par les villes qui grandissent et étendent leurs constructions. Ou les marchands, particulièrement les marchands et banquiers italiens, animateurs, voire créateurs de Lisbonne, de Séville, de Medina del Campo, de Lyon et d'Anvers... Il faut de tout pour construire un monde urbain, et aussi des riches. La ville les attire autant qu'elle attire le prolétaire, bien que pour d'autres raisons. Dans le gros problème, si discuté par les historiens, de *l'inurbamento* [314], ce ne sont pas seulement les pauvres *contadini* qui gagnent la ville proche, mais aussi les seigneurs, les riches propriétaires fonciers. A titre de comparaison, quelles lumières n'apportent pas les beaux travaux de l'historien sociologue brésilien, Gilberto Freyre ! Les premières villes du Brésil finissent par attirer à elles les *fazendeiros* et leurs maisons mêmes. Il y a déménagement complet vers la ville. En Méditerranée aussi tout se passe comme si la ville prenait d'un seul coup châtelains et châteaux. Tel seigneur siennois a son château dans la Maremme et son palais, à Sienne, que Bandello nous montre avec son rez-de-chaussée rarement utilisé, ses chambres d'apparat, où la soie fait sa triomphante apparition.

Ces palais sont les grands témoins d'une histoire qui a précédé une nouvelle émigration des riches hors des villes, ces retours aux champs, aux vergers et aux vignobles, cette recherche « bourgeoise » de grand air si visible à Venise [315], Raguse [316], Florence [317], Séville [318], et assez générale au XVIe siècle. Cette émigration-là est saisonnière : même s'il retourne souvent dans sa maison de campagne, le seigneur qui a bâti son palais à la ville est désormais un citadin. La maison de campagne n'est qu'un luxe de plus, et souvent une question de mode. « Les Florentins, écrit en 1530 un ambassadeur vénitien, Foscari, vont par le monde ; quand ils ont gagné 20 000 ducats, ils en dépensent 10 000 dans un *palazzo* hors de la ville. En cela, chacun suit la mode du voisin... si bien qu'ils ont fait tant de palais et tellement somptueux et si magnifiques hors de la ville, qu'ils constitueraient, à eux seuls, une seconde Florence » [319]. De même pour Séville, les *novelas* du XVIe siècle et du XVIIe parlent abondamment des villas au voisinage de la ville et de leurs fêtes magnifiques. Toutes pareilles sont les *quintas* pleines d'arbres et d'eaux vives autour de Lisbonne [320]. Évidemment ces goûts, ces caprices peuvent céder à des décisions plus raisonnables et de plus grande conséquence. Au XVIIe siècle, plus encore au XVIIIe à Venise, c'est d'une reconversion de riches citadins à la propriété foncière qu'il faudra parler. Venise, au temps de Goldoni, laisse tomber en ruine ses plus beaux palais urbains et tout le luxe se concentre dans les villas des bords de la Brenta. A la ville, l'été venu, ne restent que les pauvres, les riches sont sur leurs terres. Modes et caprices, comme chaque fois qu'il s'agit des riches, n'expliquent pas tout. Villas, maisons des champs où le propriétaire habite à côté de ses valets de culture, *bastides* comme l'on dit en Provence, sont aussi les jalons d'une conquête sociale des terres au bénéfice de l'argent des villes. Et c'est là un immense mouvement qui n'épargne pas la terre fertile des paysans. A Raguse, où tant de contrats paysans sont conservés dans les registres officiels, dans le Languedoc, en Provence, aucun doute n'est possible, à ce sujet. La carte de cette commune provençale, en bordure de la Durance, que nous voyons dans la thèse de Robert Livet, le montre au premier coup d'œil. Le terroir du village de Rognes est, dès le XVe siècle et plus encore par la suite, troué de bastides, chacune s'entourant d'un assez large domaine ; elles appartiennent au XVIe siècle « à des *forains*, c'est-à-dire à des propriétaires qui ne sont pas domiciliés à Rognes. La plupart du temps, ce sont des Aixois », des gens enrichis d'Aix [321].

Ainsi flux et reflux entre villes et campagnes. Au XVIe et au XVIIe siècle, le flux l'emporte encore des campagnes vers les villes, même en ce qui concerne les riches. Alors, Milan, devenant la ville des seigneurs, change de ton. A la même époque, les propriétaires turcs de *tschiftliks* abandonnent leurs villages et leurs serfs pour gagner les cités voisines [322]. En cette fin du XVIe siècle, de nombreux seigneurs espagnols quittent leurs campagnes pour s'installer enfin dans les villes castillanes, spécialement à Madrid [323]. Le changement de climat entre le règne de Philippe II et celui de Philippe III, imputable à tant de variations, est aussi lié à l'arrivée de la noblesse espagnole dans les cadres urbains où, jusque-là, elle n'avait séjourné qu'à titre provisoire. Explique-t-elle cette réaction dite féodale, sous le successeur du Roi Prudent ?

Les crises politiques urbaines

Ces difficultés des villes, leur histoire grise, au jour le jour, n'ont pas l'allure dramatique des conflits politiques dans lesquels l'évolution du siècle les plonge tout à tour, impitoyablement. Toutefois ne grossissons pas outre mesure cette histoire spectaculaire. Et surtout qu'il ne soit pas question de la juger avec les sentiments des hommes de ce temps-là, bourreaux ou victimes, avec la violence des Pisans jugeant Florence, mais de comprendre le processus qui les broie, ou semble les broyer. Car les États triomphent, mais les villes survivent, décisives avant, comme après leur mise au pas.

Chroniques et histoires politiques relatent une interminable liste de catastrophes urbaines. Ce qui a été frappé alors, ce ne sont pas seulement des institutions, des habitudes, des vanités locales ; mais l'économie, l'aptitude à créer, le bonheur même des communautés urbaines. Cependant, ce qui s'est écroulé ne tenait pas toujours debout et les conflits se sont souvent réglés à l'amiable, sans drame apparent et les fruits nouveaux, parfois amers, ont mis longtemps à mûrir.

Pour voir les premiers signes, il faut remonter jusqu'aux débuts du XVe siècle, au moins en Italie, qui une fois de plus aura manifesté une singulière précocité. En quelques années, on vit succomber Vérone, enlevée par les Vénitiens, en avril 1404 [324] ; en 1405, Pise devenait florentine [325] ; en novembre 1406, Padoue était enlevée par les Vénitiens [326] ; puis aux lisières du Milanais, Brescia en 1426, et Bergame en 1427 qui marqueront dès lors, vers l'Ouest, l'avant-garde, toujours en alerte, de la Terre Ferme de Venise [327].

Passent les années : les crises intérieures, les querelles inexpiables, les difficultés économiques qui les précèdent et les suivent, font vaciller Gênes elle-même. En quarante ans, de 1413 à 1453, quatorze révolutions y éclatent [328]. La proie est tentante, c'est le roi de France qui la saisit, en 1458 ; puis les Sforza, en 1464 ; Gênes échappe à ses maîtres, puis les rappelle, les Sforza d'abord, les rois de France ensuite. Cependant son Empire de mer Noire lui échappe. Plus près d'elle, elle perd Livourne. C'est miracle si elle se rétablit malgré ses troubles [329], se donnant à moitié à la France de François Ier, puis la trahissant, avec André Doria, pour l'Espagne, en 1528 ; se fabriquant alors une constitution oligarchique [330]. Mais, dès avant cette date, elle est assez forte pour maintenir son bien et saisir celui des autres. En 1523, les milices de Gênes prenaient Savone ; de 1525 à 1526 [331], le vainqueur s'acharnait sur sa proie, démolissait le môle, comblait le port, puis, après un essai de révolte de la ville qui, volontiers, se donnerait aux Turcs [332], abattait ses tours, en 1528, en attendant d'y construire des forteresses [333]. Mais, à cette heure de bien plus grandes catastrophes avaient déjà eu lieu.

En 1453, c'était la prise de Constantinople, symbolique à plus d'un titre ; en 1472, Barcelone capitulait devant les troupes de Jean II d'Aragon ; en 1480, à l'amiable, le roi de France devenait le maître de la Provence et de Marseille ; Grenade succombait, en 1492. Ce sont les grandes heures de la déroute des États urbains, trop étroits pour survivre à la lutte engagée contre les États épais. Ces derniers, dès lors, mènent le jeu. Au début du siècle, des villes s'emparaient d'autres villes, en grossissaient leur territoire : Venise constituait la Terre Ferme, Milan créait le Milanais, Florence allait devenir la Toscane. Les vainqueurs désormais sont le Turc, l'Aragonais, le roi de France, les rois associés d'Aragon et de Castille.

Il y a, évidemment, des retours de flamme, mais si brefs : Pise, conquise, en 1406, redevient libre, en 1494 ; subjuguée à nouveau en 1509, elle est alors abandonnée par ses habitants qui, en masse, gagnent la Sardaigne, la Sicile et d'autres régions [334]. Ailleurs, de nouveaux feux s'allument : en 1521, à Vilalar, les vigoureuses et fières villes de Castille sont réduites à l'ordre... En 1540, c'est le tour de Pérouse qui doit céder devant le Souverain Pontife au cours de la *Guerra del Sale*, guerre fiscale et sans gloire [335]... A la même époque, vers 1543, l'endettement catastrophique des villes napolitaines à lui seul suspendait leurs dernières libertés [336]. A Aquila, dans les Abruzzes, la ville est un corps mutilé, au moins depuis que Philibert de Chalon l'a dépouillée en 1529 de ses précieux *castelli* et péages, à quarante milles à la ronde [337]. Au début du XVIIe siècle, Alonso de Contreras [338], qui y commande une poignée de soldats espagnols en garnison, malmène ses échevins sans vergogne. Cette querelle de lutrin signale, si l'on veut, l'une des dernières flammèches d'incendies renouvelés depuis deux siècles.

Ce qui a disparu avec cette longue crise ? La ville, la cité médiévale, maîtresse de ses destins, bien assise sur sa banlieue de jardins, de vergers, de vignobles, de champs de blé, de littoraux et de routes proches. Et elle a disparu comme s'effacent d'ordinaire paysages et réalités d'histoire, en laissant derrière elle d'étonnantes survivances. La Terre Ferme de Venise reste une fédération de villes, avec leurs libertés, leurs octrois, leurs semi-fermetures. Même décor, à Lucques, que l'on peut contempler avec les yeux de Montaigne, sans trop sourire des vigilances militaires de la minuscule République. Mieux encore, que l'on s'arrête à Raguse ! Au cœur du XVIe siècle, elle est l'image vivante de Venise au XIIIe siècle, d'un de ces États urbains qui jadis peuplaient les rives marchandes d'Italie. Les vieilles institutions urbaines sont en place, intactes, et dûment rangés, aujourd'hui encore, les précieux papiers qui leur correspondent. Quand, historiens, nous nous plaignons de ne jamais trouver les documents du XVIe siècle à leur place, accusons négligences, incendies, destructions et pillages, ils ont joué leur rôle. Accusons, plus encore, le passage de l'État urbain à l'État territorial, ces multiples débrayages institutionnels qui ont tout brouillé. Ici, l'État-ville n'est plus en place avec ses vigilances méticuleuses et l'État territorial ne l'a pas remplacé encore. Sauf peut-être en Toscane, où le « despotisme éclairé » des Médicis a hâté le passage. Mais, à Raguse l'inchangée, tout est admirablement rangé, au Palais des Recteurs : les papiers judiciaires, les registres d'attestations, les titres de propriété, les correspondances diplomatiques, les assurances maritimes, les copies des lettres de change... Si l'on a chance de comprendre la Méditerranée du XVIe siècle, c'est en ce centre privilégié, d'autant que les cargos ragusains en parcourent l'étendue entière, entre Islam et Chrétienté, de la mer Noire aux Colonnes d'Hercule, et au-delà.

Cependant, est-ce réalité, ou faux décor ? Raguse a accepté de payer tribut au Turc. A cette seule condition, elle a sauvé ses boutiques disséminées à travers les Balkans, sa richesse, et la mécanique précise de ses institutions... Neutre, elle a profité des heures indécises du siècle. Neutre avec héroïsme et habileté d'ailleurs : elle sait se hérisser pour sa défense, plaider sa cause, et prier du côté de Rome et de la Chrétienté, n'est-elle pas catholique avec ferveur ? Du côté turc, elle parle avec fermeté... Ce patron de navire ragusain que les Algérois ont capturé contre tout droit, se plaint, hurle, vocifère, si bien qu'un beau jour ceux-ci le jettent à l'eau, une pierre au cou[339]. Tout ne réussit pas et toujours, aux neutres.

Faux décor, en tout cas, et sans discussion, à Lucques, protectorat à peine déguisé des Espagnols du Milanais. La seule ville, dit Cervantès avec candeur, où les Espagnols soient aimés en Italie[340].

Mais les exceptions confirment la règle. Les villes n'ont pu survivre, intactes, à la longue crise politique des XVe et XVIe siècles. Elles ont subi les atteintes de la tourmente et ont dû s'adapter : cela a signifié, tout à la fois, céder, trahir, discuter, se perdre et se reprendre, s'abandonner ou se vendre, ainsi fit Gênes ; ou lutter, ainsi fit Florence de façon plus passionnée que lucide ; ou bien lutter et plus encore tenir, Venise l'aura fait de façon surhumaine. Mais s'adapter : la survie a été à ce prix.

Les villes privilégiées de l'argent

Les États n'ont pu ni tout prendre, ni tout assumer. Ce sont de lourdes machines qui ne peuvent suffire à leurs tâches nouvelles et surhumaines. L'économie, dite *territoriale*, de nos divisions scolaires tarde à étouffer l'économie dite *urbaine*. Les villes restent les moteurs. Les États qui les ont chez eux doivent s'en accommoder et les supporter. L'accord est d'autant plus naturel que les villes, même indépendantes, ont besoin de s'appuyer sur l'espace des États territoriaux.

La Toscane entière ne peut soutenir, à elle seule, la richissime Florence des Médicis. Elle ne produit même pas le tiers de sa consommation annuelle en blé. Les apprentis pour les boutiques de l'*Arte della Lana* viennent des hauts pays toscans, mais aussi de Gênes, de Bologne, de Pérouse, de Ferrare, de Faenza, de Mantoue[341]. Jusque vers 1581-1585, les investissements du capital florentin (les *accomandite*) se répartissent à travers l'Europe entière, et jusqu'en Orient[342] ; les colonies de marchands florentins sont présentes sur toutes les places importantes, beaucoup plus décisives qu'on ne l'a pensé d'ordinaire en pays ibérique, dominatrices à Lyon, en première position à Venise même, au début du XVIIe siècle[343]. Dès l'avènement du grand-duc Ferdinand (1576), se précisent des recherches nouvelles de débouchés. Les moins curieuses ne sont pas les croisières des galères de Saint-Étienne, ou ces associations avec les Hollandais pour toucher le Brésil ou les Indes[344].

Ces grosses villes du XVIe siècle, avec leur capitalisme agile et dangereux, sont de taille à saisir, à exploiter le monde entier. Venise ne s'explique pas uniquement par sa Terre Ferme, ou son Empire de rivages et d'îles, exploité avec ténacité. En fait, elle se nourrit des épaisseurs de l'Empire turc. Le lierre vit des arbres auxquels il s'agrippe.

Gênes, non plus, ne se contente pas, pour nourrir sa vie opulente, de ses pauvres rivières du Ponant et du Levant, ou de la Corse, précieuse et encombrante propriété... Le drame, aux XVe et XVIe siècles, n'est pas seulement dans ses destins politiques qui sont une résultante, souvent une simple apparence ; le drame, c'est que Gênes perd un Empire, mais en reconstitue un second. Et le second ne ressemble guère au premier.

Le premier Empire de Gênes est essentiellement fait de colonies marchandes. Laissons de côté, à ce propos, les idées de W. Sombart sur l'expansion féodale et agricole des villes italiennes du Moyen Age, aboutissant à la constitution de vastes domaines fonciers, ce qui est vrai sans doute en Syrie, en Crète, à Chypre, à Chio, où les Génois demeureront jusqu'en 1566. Mais l'essentiel de la fortune de Gênes, ce sont, au delà de Constantinople, les colonies qu'elle a plantées à la limite de l'Empire byzantin, à Caffa, à Tana, à Soldaia, à Trébizonde... Ce sont là factoreries. Sur la côte nord-africaine, Tabarca organisée par les Lomellini en sera une autre, drainant vers Gênes les fabuleux bénéfices de la pêche du corail, toujours vivante au XVIe siècle, étrange citadelle marchande.

Le second Empire de Gênes, tourné vers l'Occident, s'appuie sur de très anciens postes, de vieilles et puissantes colonies marchandes qu'il a suffi de maintenir, ainsi à Milan, à Venise, à Naples... A Messine, en

1561, sur le trafic du blé, de la soie, des épices, la colonie génoise perçoit sa large quote-part. Officiellement d'après un document consulaire, elle est de 240 000 écus par an [345]. Dix, vingt, trente colonies de ce genre sont plantées autour de la Méditerranée.

Mais l'Empire, par quoi Gênes a compensé ses désastres d'Orient survenus à la fin de XVe siècle, s'est édifié en pays hispanique, à Séville, à Lisbonne, à Medina del Campo, à Valladolid, à Anvers, en Amérique... La charte de sa fondation à Séville, c'est la convention de 1493, signée entre Gênes et les Rois Catholiques [346] ; elle reconnaissait aux colonies génoises le droit d'élire un consul de leur nation, *consulem subditorum suorum*, et de le changer à leur guise... Ces colonies à l'Ouest, qui allaient si profondément et si durement travailler la matière financière et fiscale de l'Espagne, juste à la veille de sa grandeur américaine, ces colonies sont très à part, à vrai dire des colonies de banquiers. Gênes aura compensé son désastre marchand en Orient par une victoire financière à l'Ouest.

C'est par l'art des *cambios* que les Génois créeront le négoce sévillan en direction de l'Amérique ; qu'ils saisiront très tôt de grands monopoles, ceux du sel et de la laine ; qu'ils tiendront de près le gouvernement de Philippe II lui-même dès le milieu du siècle... Victoire de Gênes ? Oui et non. Cet Empire de l'argent dont les mailles, en 1579, avec la création des foires de Plaisance, s'étendent sur l'ensemble du monde occidental, comme hier le pouvoir de la place de Londres — cet Empire est celui de grandes familles patriciennes, des *Nobili Vecchi*, non celui de la ville, tenue fermement par eux depuis 1528, malheureuse et qui, malgré les nouveaux nobles, les passions populaires et la grande occasion de 1575, ne leur échappera pas. Cette extraordinaire aristocratie financière dévorant le monde, c'est la plus grande aventure urbaine du XVIe siècle. Gênes semble alors la ville des miracles. Elle n'a plus de flotte à elle, ou du moins de flotte suffisante : surgissent à point nommé les naves ragusaines, puis les barques marseillaises. Elle perd ses colonies de mer Noire, puis Chio, centre de ses opérations marchandes dans le Levant, en 1566. Mais le registre des *caratti del mare*, de 1550 à 1650, indique que parviennent encore jusqu'à elle la soie d'Asie centrale, les cires blanches par la Russie et la « Khazaria », comme au XIIIe et au XIVe siècle[347]. Le Turc ne lui accorde plus de « traite des bledz », mais elle mange à l'occasion, du blé turc... Le XVIIe siècle voit un repli des économies, elle demeure puissante, agressive, déclare son port libre, en 1608[348]. Ce sont là miracles de l'argent qui en lui-même n'est pas un miracle simple. Tout vient vers cette ville des richissimes. Quelques « carats » d'un navire ragusain[349] achetés et le voici au service de la *Dominante*. Un peu d'argent placé à Marseille et les barques de toute la rivière de Provence offrent leurs services. Pourquoi la soie blanche ne viendrait-elle pas jusqu'à Gênes, des profondeurs de l'Asie ? Il n'y faut qu'un peu de métal précieux.

Or Gênes est, à partir des années 1570-1580, le centre de redistribution du métal blanc d'Amérique, sous le contrôle des privilégiés de la finance, les Grimaldi, les Lomellini, les Spinola et tant d'autres. L'argent qu'ils ne placent pas dans leurs hauts et merveilleux palais de Gênes, ils l'investissent dans des achats de terres et de fiefs « à Milan, à Naples, dans le *Montferrato inferiore* (les pauvres montagnes génoises ne pourraient offrir ces placements sûrs) ou dans les rentes en Espagne, à Rome, ou à Venise[350]. En Espagne, où le peuple, d'instinct, déteste ces orgueilleux marchands, où Philippe II, à l'occasion, les traite en valets et leur fait mettre la main au collet[351] — il faudrait dresser la liste de leurs méfaits. Une historiographie marxiste[352] a dressé le bilan des ravages du capitalisme marchand de Nuremberg, en Bohême, en Saxe, en Silésie, et lui attribue la responsabilité du retard économique et social de ces régions coupées de l'extérieur, n'y accédant que par ces intermédiaires abusifs. Le même procès peut être dressé contre les Génois en Espagne : ils ont bloqué le développement d'un capitalisme espagnol, les Malvenda de Burgos ou les Ruiz de Medina del Campo ne sont que des personnages de second plan et les responsables des finances de Philippe II, depuis Eraso et Garnica jusqu'au marquis de Auñon, tout fraîchement installé dans ses titres, prébendes et prévarications — tous ne sont que de petites gens, achetables et achetés...

Ainsi les États territoriaux et les Empires prennent l'espace à pleines mains, toutefois les voilà bientôt incapables d'en exploiter à eux seuls l'immensité économique. Cette incapacité rouvre la porte aux villes, aux marchands. Ce sont eux, ce sont elles qui font fortune, derrière la prétention des autres. Et même là où ils seraient plus facilement les maîtres, chez eux, en face de leurs vrais sujets, les États biaisent et composent. Voyez la fortune de villes privilégiées : chez le Roi Catholique, Séville, Burgos [353] ; chez le Roi Très Chrétien, Marseille, Lyon... Et ainsi de suite !

Les villes royales et impériales

Rien d'étonnant, donc, si malgré la mainmise des États territoriaux, les villes du XVIe siècle, portées par la vague de la conjoncture économique et par les tâches mêmes que leur abandonne l'État, se gonflent d'hommes et de richesses, certaines démesurément.

Nous pourrions nous arrêter au cas de Madrid ; capitale tardive, elle supplante Valladolid en 1560, et lui cède à nouveau la primauté, de mauvaise grâce, de 1601 à 1606. Mais Madrid ne connaîtra ses grandes heures qu'avec le règne prodigue et puissant de Philippe IV (1621-1665). Nous pourrions aussi nous arrêter au cas de Rome, qui, maintenant, est éclairé par un beau livre [354], mais Rome est tout de même très à part. Comme villes ayant pactisé avec le diable, avec l'État territorial, Naples et Istanbul sont assurément plus exemplaires. Remarquez qu'elles ont pactisé très tôt, Naples dès la naissance du *Reame*, assurément dès le règne novateur de Frédéric II (1197-1250) [355], le premier « despote éclairé » qu'ait connu l'Occident ; et Istanbul dès 1453, alors que la carte de l'Europe ne connaît encore ni l'Angleterre forte des Tudors, ni la France rapiécée de Louis XI, ni l'Espagne explosive des Rois Catholiques. L'Empire des Osmanlis est le premier État territorial à établir sa force et, d'une certaine manière — par le sac d'Otrante, en 1480 — il a commencé, quatorze ans avant Charles VIII, les Guerres d'Italie. Enfin, Naples et Constantinople sont les deux villes les plus peuplées de Méditerranée, assurément l'une et l'autre de beaux monstres urbains, des parasites d'envergure. Londres, Paris ne surgiront que plus tard.

Parasites : un État est une concentration d'argent, de moyens ; de cette concentration vivent les capitales, servantes plus qu'à moitié rentières. Il faut donc être fou, comme Sixte Quint, pour vouloir que Rome, parasite urbain parfait, devienne une ville laborieuse [356]. La preuve que la chose n'était pas nécessaire ? Au XVIIe siècle, Rome continuera sa vie oisive et sa croissance au fond gratuite [357], sans s'être soumise, pour autant, à la discipline ingrate du travail.

En Chrétienté, Naples n'a pas d'équivalent. Sa population — 280 000 habitants en 1595 — vaut deux fois celle de Venise, trois fois celle de Rome, quatre fois celle de Florence, neuf fois celle de Marseille [358]. Toute l'Italie méridionale aboutit à elle, y groupe ses riches, souvent très riches, et ses pauvres, irrémédiablement misérables. La surabondance de sa population explique qu'elle fabrique alors tant d'articles de luxe. Au XVIe siècle, les articles de Naples sont un peu l'article de Paris d'aujourd'hui : dentelles, lacets, fanfreluches, passementeries, soieries, draps légers (les armoisins), nœuds et cocardes de soie de toutes couleurs, toiles fines... Ils se retrouvent jusqu'à Cologne [359], et en abondance. Les Vénitiens prétendent que les quatre cinquièmes des ouvriers de Naples vivent du travail de la soie, et l'on sait que l'*Arte di Santa Lucia* jouit, au loin, d'une grosse réputation. Des pièces de soieries dites de *Santa Lucia* se revendent même à Florence. En 1624, la menace des lois somptuaires en Espagne, en risquant de porter atteinte aux exportations napolitaines de soies et de soieries, met en péril des revenus fiscaux annuels de 335 220 ducats [360]. Mais bien d'autres industries sont présentes ou peuvent s'y acclimater, vu le marché surabondant de la main-d'œuvre.

Vers la ville, il y a confluence des paysans de toutes les provinces du vaste royaume, montueux et pastoral. Ils sont attirés par les « arts » de la laine et de la soie ; par les travaux publics de la ville commencés à l'époque de Pietro di Toledo et poursuivis bien après lui (certains ne sont pas terminés en 1594) [361] ; par le service des maisons nobles, car la mode s'affirme pour les seigneurs d'habiter la ville et d'y étaler leur luxe ; à défaut, ils peuvent compter sur les innombrables maisons ecclésiastiques, avec leurs flots de serviteurs et de mendiants. En courant vers cette embauche, facile « en n'importe quelle saison » [362], les paysans se libèrent du même coup de contraintes seigneuriales assez lourdes, que le seigneur soit du cru ou qu'il ait acheté — comme tels marchands, génois souvent — terres et titres, toujours à vendre. Le proverbe dit que « l'air de la ville rend libre », ce qui ne veut pas dire heureux ou bien nourri. La ville donc ne cesse de grandir : « depuis une trentaine d'années, dit une relation de 1594 [363], elle s'est accrue de maisons et d'habitants, elle a gagné deux milles de circuit et ses quartiers nouveaux sont remplis de constructions, presque à l'égal des anciens ». Mais déjà, en 1551, la spéculation se portait sur les terrains vides de part et d'autre de la nouvelle muraille, construite près de la Porte de San Giovanni a Carbonara jusqu'à Sant'Elmo, près du jardin du prince d'Alife [364].

Forcément, dans l'énorme agglomération, le problème du ravitaillement ne cesse de se poser et de tenir la vedette. Par le Préfet de l'Annone qu'il nomme à partir des années 1550 (vrai ministre du ravitaillement, chargé des achats, du stockage, des reventes aux boulangers comme aux marchands ambulants d'huile), c'est le vice-roi qui contrôle cet ancien service strictement municipal [365]. La ville ne pourrait, à elle seule, assumer cette gestion déficitaire. En 1607, un document digne de foi indique qu'elle dépense au bas mot 45 000 ducats par mois, alors que ses recettes n'atteignent pas 25 000 [366]. Le blé, l'huile sont souvent revendus à perte. L'emprunt comble la différence, mais nous ne savons guère dans quelles conditions, et c'est dommage. Le secret de la vie de Naples se cache en partie dans ce déficit qui est au total, dès 1596, de 3 millions ; de 8 millions, en 1607 [367]. Est-ce le budget du Royaume (qui ne se rétablit guère avec les années) qui supporte la différence ? Ou les vertus d'une économie simple encore et robuste ? ou l'arrivée des navires nordiques [368] qui vient stimuler l'activité de Naples et, lui apportant le blé et les poissons du Nord, facilite sa vie quotidienne ? Celle-ci toujours gênée, ne serait-ce que pour le ravitaillement en eau potable (à partir des eaux du Formale en 1560) [369], l'entretien des rues, ou la circulation du port. Le môle qui protège les navires à l'ancre est, à la fin du siècle, si encombré par les immondices, les déjections des égouts, les terres qu'y déversent les constructeurs de maisons ou d'édifices publics, qu'il faut songer sérieusement, en 1597, non à le nettoyer, mais à le remplacer par un nouveau môle [370]. Au vrai, tout est disproportion, chaque fois qu'il s'agit de l'énorme Naples : par an elle mange 40 000 *salme* de blé des Pouilles, en plus de ses autres ravitaillements et importe, le croirait-on, en 1625, 30 000 cantars de sucre (soit 1 500 tonnes) et 10 000 cantars de miel, en réexportant une grande quantité sous forme de *siropate, paste* et *altre cose di zucaro*, mais bien sûr les pauvres n'en mangent pas [371].

Toute cette vie, nous la devinons mal. Nous savons que les autorités espagnoles ont songé à ralentir la croissance de l'énorme ville [372], mais sans jamais se décider à de vraies mesures : était-il raisonnable, après tout, de supprimer cette « soupape de sûreté » indispensable au bouillonnement ininterrompu du vaste Royaume [373] ? Naples restera donc cette ville surpeuplée et inquiétante ; l'ordre n'y règne jamais et, la nuit, le plus fort, le plus habile y fait la loi. Assurément, même si l'on tient compte des hâbleries de soldats espagnols qui, si volontiers, laissent courir leurs plumes [374], c'est la plus étonnante, la plus délicieusement picaresque de toutes les villes du monde. Plus laborieuse bien sûr que ne le dit déjà sa très mauvaise réputation, mais la réputation n'est tout de même pas usurpée. Il fallait, une fois, procéder contre les vagabonds qui inondaient la ville[375], une autre fois agir contre leurs confréries qui pullulaient et sont déjà les cadres des *lazzaroni*[376].

Naples correspond aux dimensions de l'Italie du Sud, du *Reame* ; Istanbul est à l'image de l'immense Empire turc, si prestement mis en place. La ville, dans sa masse entière, a suivi la courbe de cette évolution : elle compte 80 000 habitants peut-être au lendemain de la conquête, en 1478 ; 400 000 entre 1520 et 1535 ; 700 000 aux dires des Occidentaux à la fin du siècle[377]. C'est l'annonce de ce que seront bientôt aux XVIIe et XVIIIe siècles, Londres et Paris, villes privilégiées, où le luxe politique permet tous les paradoxes économiques et d'abord celui de vivre bien au delà de ses moyens et de sa propre production. D'ailleurs, comme Londres et Paris, et pour les mêmes raisons, Istanbul ne connaîtra aucun repli, au contraire, aux XVIIe et XVIIIe siècles.

Istanbul n'est pas une ville, mais une agglomération, un monstre urbain. Son site la divise contre elle-même et crée à la fois sa grandeur et ses difficultés. Sa grandeur, assurément. Sans la Corne d'Or — seul abri sûr depuis la mer de Marmara, si souvent secouée par le mauvais temps, jusqu'à la mer Noire, qui mérite sa réputation d'être une mer « à coups de tabac » — sans le Bosphore, ni Constantinople, ni Istanbul qui en est l'héritière, ne seraient concevables. Mais l'espace urbain est fractionné par des plans d'eau successifs, des rivières marines trop larges. Une population de mariniers et de passeurs anime des milliers de barques, de caïques, de pérames, de mahonnes, d'allèges, de naves huissières (pour le transport des animaux entre Scutari et la rive d'Europe). « Rumeli Hisar et Besiktas, au Sud du Bosphore, sont deux villages prospères de passeurs »[378], celui-ci pour les marchandises, celui-là pour les voyageurs. Pour ce travail sans fin, épuisant, par quoi se reconstitue l'unité nécessaire de la ville, il y a toujours de l'embauche. Pierre Lescalopier, qui arrive à Constantinople au printemps 1574, le note : « Aux parmes (les *pérames* ou barques de transit), il y a des chrétiens (esclaves) qui gaignent de quoy payer leur rançon par permission de leurs maistres »[379].

Des trois agglomérations, Constantinople, ou Stamboul, ou Istanbul, est la plus importante. Elle est cette ville triangulaire, entre Corne d'Or et mer de Marmara, fermée du côté de la terre par de doubles murailles, « d'ailleurs non trop bonnes »[380], où « par le tout il y a des ruines en quantité »[381]. Elle a 13 à 15 milles de tour[382], Venise n'en mesure que 8. Mais cet espace urbain est rempli d'arbres, de jardins, de places avec fontaines[383], « de prairies », de lieux de promenade et compte plus de 400 mosquées, couvertes de toits de plomb. Autour de chacune d'elles, des espaces libres. La Mosquée de Soliman le Magnifique, la Suleymanié, avec « son esplanade, ses *medressés*, sa bibliothèque, son hôpital, son *imaret*, ses écoles et ses jardins, occupe, à elle seule, la place d'un grand quartier »[384]. Finalement, les maisons sont pressées les unes contre les autres, basses, faites « à la turquesque » de bois, de « cloisonnages de terre »[385] et de briques mal cuites, leurs façades « passées au badigeon de couleur : bleu pâle, rose, jaune »[386]. Les rues « sont étroites, tortues et inégales »[387], pas toujours pavées, souvent en pente. On y circule à pied, à cheval, mais guère en voiture. Les incendies y sont fréquents et n'épargnent même pas le Sérail. A l'automne 1564, 7 500 boutiques de bois y brûlent d'un seul coup[388]. A l'intérieur de cette grande ville, une autre, le Besestan, « comme une foire de St. Germain », dit Lescalopier qui en admire les « grands escaliers de belles pierres et les très belles boutiques de merceries et de linges de cotton ouvrés d'or et de soie... et de toutes choses belles et gentilles »[389]... Une autre encore, « l'Atbazar », marché aux chevaux[390]. Enfin la plus précieuse de toutes, le Sérail, à la pointe méridionale : succession de palais, de kiosques et de jardins. Sans doute Istanbul est-il par excellence la ville des Turcs, leurs turbans blancs y dominent : 58 p. 100 de la population, au XVIe comme au XVIIe siècle. C'est dire qu'il s'y rencontre aussi nombre de Grecs aux turbans bleus, de Juifs aux turbans jaunes, plus des Arméniens et des Tziganes [391].

Sur l'autre rive de la Corne d'Or, Galata occupe le ruban des rives méridionales, faisant suite à l'Arsenal de Kasim Pasa, avec « environ cent arches de pierres bien voûtées, longue chacune pour y bâtir une gallère à couvert... » [392] et joignant, plus au Sud, le second Arsenal de Top Hane « où l'on faict la poudre et l'artillerie » [393]. Galata est le port que fréquentent exclusivement les navires d'Occident ; là sont les commissionnaires juifs, les boutiques, les entrepôts, les cabarets célèbres où se débitent le vin et l'*arak* ; en arrière, sur les hauteurs, sont les Vignes de Péra où, le premier de tous les représentants d'Occident, l'ambassadeur de France a eu sa résidence. C'est la ville des riches, « assez grande, populeuse, bâtie à la franque », peuplée par les marchands, Latins et Grecs, ceux-ci souvent très riches, habillés à la turque, vivant dans des maisons cossues, parant leurs femmes de soie et de bijoux... Ces femmes un peu trop coquettes « y paraissent plus qu'elles ne sont belles pour ce qu'elles se fardent au possible et emploient tout leur avoir à se vestir et parer avec force anneaux aux doigtz et pierreries sur la teste, la plupart desquelles sont fausses » [394]. Galata et Péra, ensemble, que les voyageurs confondent, « c'est une ville comparable à Orléans » [395]. Grecs et Latins n'y règnent pas en maîtres, loin de là, mais y vivent, y prient à leur guise. Notamment « l'on exerce en ceste ville la religion catholique en toute liberté jusques aux processions italiennes des battus et, à la feste Dieu, les rues tapissées soubs la garde de deux ou trois janissaires ausquels on donne quelques aspres » [396].

Sur la rive d'Asie, Scutari (Usküdar) [397] est l'ébauche d'une troisième ville, différente des deux autres. C'est la gare caravanière d'Istanbul, à l'aboutissement et au départ des immenses routes d'Asie. Le nombre de ses caravansérails et de ses *hans* l'annonce à l'avance, et aussi l'importance de son marché aux chevaux. Sur la mer, pas de port qui soit un bon abri : les marchandises doivent passer, en se hâtant, au bonheur la chance.

Ville turque, Scutari est pleine de jardins, de résidences princières. Le sultan y a son palais et c'est un grand spectacle lorsqu'il quitte le sérail et gagne en frégate le rivage d'Asie « pour s'y resjouir »[398].

La description de l'agglomération sera complète si l'on ajoute à Istanbul le plus important de ses faubourgs, Eyub, au débouché, sur la Corne d'Or, de la Rivière d'Europe des Eaux Douces, plus la longue guirlande des villages grecs, juifs et turcs sur les deux rives du Bosphore, villages de jardiniers, de pêcheurs, de marins où, très tôt, se sont construites les résidences d'été des riches, les *yali-s* aux soubassements de pierre avec un rez-de-chaussée et un étage, bâtis en bois ; sur le Bosphore où aucun voisinage n'est indiscret d'une rive à l'autre, ils ouvrent leurs « nombreuses fenêtres non grillagées »[399]. Il n'est pas abusif de rapprocher « ces maisons de plaisance et jardinages »[400] des villas de la campagne florentine.

Au total une énorme agglomération. En mars 1581, huit navires chargés de blé, venant d'Égypte, ne lui donnent à manger que pour un jour[401]. Des relevés de 1660-1661, 1672-1673[402], disent les dimensions de son appétit, le même qu'au siècle précédent. Quotidiennement, la ville consomme de 300 à 500 tonnes de blé, de quoi donner du travail à ses 133 boulangers (à Istanbul même, sur 84 boulangers, 12 font du pain blanc) ; par an, presque 200 000 bœufs, dont 35 000 pour la fabrication de la viande salée ou boucanée, le *pastirma* ; et (mais on relit les chiffres, deux ou trois fois, avant d'y croire) presque quatre millions de moutons et trois millions d'agneaux (exactement 3 965 760 et 2 877 400). Plus des tonneaux de miel, du sucre, du riz, des sacs et des outres de fromage, du caviar et 12 904 cantars de beurre fondu, apportés par mer, soit 7 000 tonnes environ.

Ces chiffres, trop précis pour être exacts, trop officiels pour être entièrement faux, fixent des ordres de grandeur. Sûrement, Istanbul puise, sans mesure, dans les immenses richesses de l'Empire, selon un système organisé par un gouvernement méticuleux, autoritaire et dirigiste. Les zones de ravitaillement sont choisies au mieux des commodités de transport, les prix fixés, des réquisitions opérées au besoin. Un ordre rigoureux fixe les points d'arrivée des marchandises sur les quais du port d'Istanbul. C'est à Un Kapani, par exemple, qu'arrive le blé de la mer Noire. Mais tout le commerce, naturellement, ne se fait pas de cette façon officielle. La ville, par son propre poids, constitue un énorme centre d'appel. Pour le commerce du blé, nous apercevons le rôle des gros négociants qui exploitent les petits transporteurs de la mer Noire, et celui de capitaines grecs ou turcs de Yeni Köy, sur la rive européenne du Bosphore, ou de Top Hane, à la suite des quais de Galata, possesseurs d'énormes fortunes, négociants, transporteurs intéressés plus d'une fois à la contrebande du blé vers l'Occident, à partir des îles de l'Archipel [403].

Ainsi Constantinople consomme les mille produits de l'Empire, plus les étoffes et objets de luxe d'Occident ; en échange, la ville ne restitue rien, ou presque rien, sinon des balles de laine et des cuirs de moutons, de bœufs ou de buffles qui transitent par son port. Rien de comparable à ces larges portes de sortie que sont Alexandrie, Tripoli de Syrie et plus tard Smyrne. La capitale jouit du privilège des riches. D'autres travaillent pour elle.

En faveur des capitales

On ne peut toutefois s'engager sans restrictions dans l'interminable procès des trop grandes villes. Ou alors il convient aussitôt d'indiquer qu'elles auront leurs raisons d'être et que l'historien peut aussi plaider non coupable pour ces admirables outils intellectuels et politiques. Elles sont les serres chaudes de toute civilisation. En outre, elles créent un ordre. Et celui-ci manque cruellement en certaines régions vivantes d'Europe : en Allemagne où aucune ville n'impose une direction en raison de sa masse sans égale ; en cette Italie écartelée entre ses divers « pôles » urbains. Les villes créées par les unités nationales ou impériales créent, à leur tour, ces unités décisives. Voyez Londres et Paris. Est-ce si peu de chose ?

En Espagne l'unité péninsulaire a manqué d'une capitale puissante. Quitter Valladolid, en 1560, pour cette ville de volonté, arbitraire et « géométrique » de Madrid, n'a peut-être pas été un calcul parfait. L'historien J. Gounon-Loubens [404] a prétendu, voilà longtemps, que la faute majeure de Philippe II avait été de ne pas situer sa capitale à Lisbonne, où le Roi Prudent a séjourné de 1580 à 1583, qu'il a quittée ensuite définitivement. Il aurait pu en faire une sorte de Naples, ou de Londres. Ce reproche m'a toujours beaucoup impressionné. Philippe II à Madrid évoque, à l'avance, ces gouvernements qui fixeront arbitrairement leurs capitales dans des « villes de volonté ». Philippe II, à l'Escorial, c'est Louis XIV à Versailles... Mais refaire l'histoire n'est qu'un jeu, une façon d'argumenter, de se familiariser, faute de mieux, avec un immense sujet, difficile à maîtriser.

Au XVIe, ces villes à part, les capitales, émergent, mais c'est le siècle suivant qui va les mettre définitivement en vedette. Sans doute parce que, en pleine régression économique, l'État moderne a été, alors, la seule entreprise à s'imposer, à prospérer à contre-courant. Dès la fin du XVIe siècle, des signes de repli sont visibles et la discrimination s'esquisse entre les villes dont le pain est assuré, quoi qu'il arrive, et les autres qui vivent de leur seul labeur. Celles-ci connaissent déjà des temps d'arrêt, selon le courant même de la vie économique, leurs eaux se ralentissent et leurs roues tournent moins vite.

Déjà la conjoncture

En tout cas, l'histoire dynamique des villes nous met hors de notre propos initial. Nous avions l'intention, dans ce premier livre, d'être attentif aux constances, aux permanences, aux chiffres connus et stables, aux répétitions, aux assises de la vie méditerranéenne, à ses masses de glaise brute, à ses eaux tranquilles, ou que nous imaginions tranquilles. Les villes sont des moteurs, elles tournent, s'animent, s'essoufflent, repartent en avant. Leurs pannes mêmes nous introduisent dans ce monde du mouvement où va s'engager notre second livre. Elles parlent évolution, conjoncture, nous laissant à l'avance deviner la ligne du destin : ce repliement qu'annoncent tant de signes du XVIe siècle finissant et que le XVIIe siècle accentuera. Avance à l'allumage, pourrait-on dire des moteurs urbains de 1 500 à 1 600 ; mais, longtemps avant le siècle nouveau, l'accélérateur est coincé : des pannes, des bruits suspects se multiplient, si tout avance encore.

Notes

Abréviations pour la désignation des dépôts

1. A. C. Archives Communales.
2. A. Dép. Archives Départementales.
3. A. d. S. Archivio di Stato.
4. A. E. Affaires Étrangères, Paris.
5. A. H. N. Archivo Histórico Nacional, Madrid.
6. A. N. K. Archives Nationales, Paris, Série K.
7. B. M. British Museum, Londres.
8. B. N. Bibliothèque Nationale, F. (Florence), M. (Madrid), sans autre indication (Paris).
9. G. G. A. Ex-Gouvernement Général de l'Algérie.
10. P. R. O. Public Record Office, Londres.
11. Sim. Simancas.
12. Sim. E° Simancas, série Estado.

LA PART DU MILIEU

p. 26 : 1. Fernand BRAUDEL, « Histoire et sciences sociales, la longue durée », *in : Annales E.S.C.*, oct.-déc. 1958, pp. 725-753.

CHAPITRE 1

LES PÉNINSULES : MONTAGNES, PLATEAUX ET PLAINES.

1. Je n'ai pas cru devoir m'étendre sur cette question controversée. A. PHILIPPSON, *Das Mittelmeergebiet*, 1904 (4e éd., Leipzig, 1922), est évidemment vieilli. Pour des explications géologiques plus jeunes, voir des livres classiques comme celui de Serge von BUBNOFF, *Geologie von Europa*, 1927 ; un grand livre de portée générale malgré son titre : W. von SEIDLITZ, *Diskordanz und Orogenese am Mittelmeer*, Berlin, 1931 ; ou H. STILLE, *Beiträge zur Geologie der westlichen Mediterrangebiete*, hrsg. im Auftrag der Gesellschaft der Wissenschaften, Göttingen, 1927-1935 ; ou bien des études de détail, comme ASCHAUER et J.S. HOLLISTER, *Ostpyrenäen und Balearen* (Beitr. zur Geologie der westl. Mediterrangebiete, n° 11), 208 p., Berlin, 1934 ; Wilhelm SIMON, *Die Sierra Morena der Provinz Sevilla*, Francfort, 1942 ; ou cette très neuve étude de Paul FALLOT et A. MARIN sur la Cordillère du Rif, publiée en 1944 par l'Institut de géologie et de minéralogie d'Espagne (cf. Académie des Sciences, séance du 24 avril 1944, communication de M. JACOB). Je recule devant les innombrables indications qui seraient nécessaires des travaux de P. BIROT, J. BOURCART, G. LECOINTRE... Le retour à l'hypothèse, en apparence démodée, des ponts et continents écroulés m'est suggéré par Édouard LE DANOIS, *L'Atlantique, histoire et vie d'un océan*, Paris, 1938. Le livre clair et dynamique de Raoul BLANCHARD, *Géographie de l'Europe*, Paris, 1936, met l'accent sur la famille des montagnes de Méditerranée pour lesquelles il propose le nom général de Dinarides. Sur les Dinarides proprement dites, Jacques BOURCART, *Nouvelles observations sur la structure des Dinarides adriatiques*, Madrid, 1929. P. TERMIER, *A la gloire de la terre*,

5e édition, donne un chapitre sur la géologie de la Méditerranée occidentale. Je répète que je n'ai pas voulu m'étendre sur ces problèmes géologiques, ni sur les problèmes géographiques de l'ensemble méditerranéen dont on peut retrouver l'explication dans les ouvrages généraux. État des questions et bibliographie à jour dans le manuel de P. BIROT et J. DRESCH, *La Méditerranée et le Moyen-Orient*, 2 vol., Paris, 1953-56.

2. Ce caractère compact des montagnes, dites Dinarides, bien mis en lumière par R. BLANCHARD, *op. cit.*, pp. 7 et 8. M. LE LANNOU, *Pâtres et paysans de la Sardaigne*, Paris, 1941, p. 9.

3. L'expression est de Strzygowski. En Grèce, remarque A. PHILIPPSON, *op. cit.*, p. 42, on peut souvent, en s'élevant, dépasser la zone des orangers et des oliviers, traverser toutes les zones végétales européennes et atteindre presque les neiges éternelles.

4. LÉON L'AFRICAIN, *Description de l'Afrique, tierce partie du Monde*, Lyon, 1556, p. 34.

5. Président Charles de BROSSES, *Lettres familières écrites en Italie*, Paris, 1740, I, p. 100.

6. On allongerait la liste avec trop de facilité : le Mercantour en arrière de Nice ; l'Olympe, « avec sa couronne verdâtre de neige » (W. HELWIG, *Braconniers de la mer en Grèce*, Leipzig, 1942, p. 164) ; les neiges de Sicile notées par Eugène FROMENTIN dans son *Voyage en Égypte*, Paris, 1935, p. 156 ; et « cet affreux désert de neige », près d'Erzeroum, dont parle le comte de SERCEY (*Une ambassade extraordinaire en Perse en 1839-1840*, Paris, 1928, p. 46) à propos des montagnes d'Arménie. Voir aussi, ne serait-ce que dans Gabriel ESQUER, *Iconographie de l'Algérie*, Paris, 1930, l'étonnante lithographie de Raffet sur la retraite de Constantine, en 1836, qu'on croirait se rapporter à la campagne de Russie. Ou ces détails que donne H.C. ARMSTRONG (*Grey Wolf, Mustafa Kémal*, 1933, p. 68 de la traduction *Mustapha Kémal*, 1933) sur les 30 000 soldats turcs que l'hiver surprend dans les montagnes de la frontière turco-russe, durant la guerre de 1914-1918, qui meurent, entassés les uns sur les autres pour se réchauffer et que découvrent, longtemps après, des patrouilles russes. Sur la persistance de la neige africaine, remarque du P. Diego de HAEDO, *Topographia e historia general de Argel*, Valladolid, 1612, p. 8 v° : « ... *en las montañas mas altas del Cuco o del Labes (do todo el año esta la nieve)* ». Des précipitations de neige abondantes ont sauvé Grenade en décembre 1568. Diego de MENDOZA, *Guerra de Granada*, Biblioteca de autores españoles, t. XXI, p. 75.

7. Sur Don Carlos, le meilleur livre reste celui de Louis-Prosper GACHARD, *Don Carlos et Philippe II*, 1867, 2e éd., 2 vol. Le problème est repris par Ludwig PFANDL, *Johanna die Wahnsinnige*, Fribourg-en-Brisgau, 1930, p. 132 et *sq*. A rejeter la thèse de Viktor BIBL, *Der Tod des Don Carlos*, Vienne, 1918.

8. *Voyage faict par moy Pierre Lescalopier*, manuscrit H. 385, École de Médecine de Montpellier, f° 44 et 44 v°, publié avec des coupures, par Édouard CLÉRAY, sous le titre : « Le voyage de Pierre Lescalopier Parisien de Venise à Constantinople l'an 1574 », *in : Revue d'Histoire diplomatique*, 1921, pp. 21-55.

9. Salomon SCHWEIGGER, *Ein newe Reissbeschreibung auss Teutschland nach Constantinopel und Jerusalem*, Nürnberg, 1639, p. 126.

10. BELON DU MANS, *Les observations de... singularités*, Paris, 1553, p. 189.

11. *Lettres du Baron de Busbec*, Paris, 1748, I, p. 164 ; II, p. 189.

12. S. SCHWEIGGER, *op. cit.*, p. 125.

13. J. SANDERSON, *The Travels of John Sanderson in the Levant (1584-1602)*, 1931, p. 50, n. 3.

14. B.M. Add. 28 488, f° 12, vers 1627.

15. A.N.A.E. B^1 890, 22 juin 1754.

16. Sur les glaces et sorbets, FRANKLIN, *Dict. hist. des Arts*, pp. 363-4 ; *Enciclopedia Italiana, Treccani*, art. « Gelato ».

17. Jean DELUMEAU, *La vie économique à Rome*, 1959, I, p. 398. Proposition d'un impôt sur la neige, A.d.S. Naples, Sommaria Consultationum, 7, f° 418-420, 19 juillet 1581.

18. ORTEGA Y GASSET, *Papeles sobre Velázquez y Goya*, Madrid, 1950, p. 120.

19. Petrus CASOLA, *Viaggio a Gerusalemme*, 1494 (édit. Milan, 1855), p. 55.

20. Museo Correr, Cicogna 796, *Itinéraire de Gradenigo*, 1553.

21. Cf. une lettre de 1552 de Villegaignon au roi de France : « Toute la coste de la mer, de Gaietta à Naples et de Naples en Sicile, est fermée de hautes montagnes, le pied desquelles est d'une plage battue de tous les vents de la mer, comme vous diriez la coste de Picardie battue du vent d'aval, excepté que vostre coste a des rivières où l'on se peult retirer, l'autre non... », communication de M. l'abbé MARCHAND, sous le titre « Documents pour l'Histoire du règne de Henri II », *in : Bulletin hist. et phil. du Comité des travaux hist. et scient.*, 1901, pp. 565-568.

22. V. BÉRARD, *Les Navigations d'Ulysse, II, Pénélope et les Barons des îles*, 1928, p. 318, 319. Comment ne pas les voir ces montagnards dans le temps présent comme dans le temps jadis : avant-hier, émigrants monténégrins gagnant l'Amérique ; hier, soldats de la guerre de l'indépendance turque, ces compagnons de Mustapha Kémal dont H.C. ARMSTRONG (*Mustapha Kémal, op. cit.*, p. 270) a donné de si pittoresques croquis : les irréguliers de « l'armée verte » d'Edhen, « sauvages, la figure féroce », les gardes de Mustapha, de la tribu montagnarde des Lazzes (côte sud de la mer Noire), « grands gaillards sauvages... souples comme des chats », ayant conservé par privilège leurs anciens costumes nationaux et leurs danses, la danse du « Zebek ».

Signalons l'exemple des Kurdes : sur leurs tentes noires, leurs galettes où il entre plus de paille que de blé, leur fromage de chèvre, leur vie en général, quelques notes du comte de SERCEY, *op. cit.*, pp. 216, 288, 297.

23. Préface à Jules BLACHE, *L'Homme et la Montagne, op. cit.*, p. 7.

24. Pierre VILAR, *La Catalogne dans l'Espagne moderne*, I, 1962, p. 209. Le mot d'Arthur Young est cité *ibid.*, p. 242.

25. Rif et Atlas, « où le mets type est la confortable bouillie de farine, de fèves et d'huile », J. BLACHE, *op. cit.*, pp. 79-80.

26. Josué, II, 15-16. Après l'échec de son complot à Florence, Buondelmonti cherche refuge dans l'Apennin toscan (Augustin RENAUDET, *Machiavel*, 1941, p. 108). Les Crétois, pour échapper aux corsaires et aux navires turcs, se réfugient dans les montagnes de leur île (B.N., Paris, Ital. 427, 1572, f° 199 v°).

27. C'est le point de vue de Paul VIDAL DE LA BLACHE, *Principes de géographie humaine*, Paris, 1922, p. 42. Parmi les exemples donnés, les Alpes de Transylvanie où se reconstitue le peuple roumain, les Balkans où pareillement, bien qu'à une petite échelle, se reconstitue le peuple bulgare, le Caucase, etc.

28. André BLANC, *La Croatie occidentale*, 1957, p. 97.

29. Benjamin de TUDELA, *Voyage du célèbre Benjamin autour du monde commencé l'an MCLXXIII*, trad. Pierre Bergeron, La Haye, 1735, p. 10.

30. Victor BÉRARD, *La Turquie et l'hellénisme contemporain*, 1893, p. 247.

31. F.C.H.L. de POUQUEVILLE, *Voyage en Grèce*, 1820, t. III, p. 8 et 13 ; V. BÉRARD, *op. cit.*, pp. 79-83 et 247. Sur les Valaques et les Aromounes, abondante littérature. Quelques précisions dans J. BLACHE, *op. cit.*, p. 22 ; J. CVIJIĆ, *La Péninsule balkanique*, Paris, 1918, pp. 115, 178, (note 1), 202-203.

32. Luca MICHIELI, 25 oct. 1572, *Relazioni*, A.d.S. Venise, Collegio Secreta, filza 18.

33. *Don Quichotte*, l'épisode de Cardenio, « *la razon que os ha traido* (interroge le chevalier), *a vivir y a morir en estas soledades como bruto animal* ».

34. *Discorso sopra le due montagne di Spadan e di Bernia* (1564 ou 1565). Simancas E° 329. A rapprocher, je pense, de ce document B.N. Paris, Esp. 177 : *Instruccion a vos Juan Baptista Antonelli, para que vays a reconoscer el sitio de la Sierra de Vernia* (s.d.).

35. Cf. les remarques de Paul DESCAMPS, *Le Portugal, la vie sociale actuelle*, 1935, à propos de la Sierra da Estrela, p. 123-124, avec sa vie pastorale moins développée que celle du Nord.

36. Sur cette question, les deux pages lumineuses de Paul VIDAL DE LA BLACHE, *Principes de Géographie humaine*, 1922, pp. 188-189. Les idées de J. CVIJIĆ à ce sujet sont, de façon assez grise, exposées dans son livre en français, *La Péninsule*

balkanique, 1918. A propos des hameaux montagnards, P. VIDAL DE LA BLACHE note : « C'est de ses peuples que Constantin Porphyrogénète écrivait : ils ne peuvent souffrir que deux cabanes soient l'une près de l'autre », *op. cit.*, p. 188.

37. « Grundlinien der Geographie und Geologie von Mazedonien und Alt-Serbien », *in : Petermanns Mitteilungen aus J. Perthes Geographischer Anstalt*, Ergänzungsheft, n° 162, 1908.

38. Le joli tableau du « village-ville » de Grèce : J. ANCEL, *Les peuples et nations des Balkans*, 1926, pp. 110-111. A titre de preuve parlante, voir Martin HURLIMANN, *Griechenland mit Rhodos und Zypern*, Zurich, 1938, p. 28, la magnifique photographie du village grec d'Arachova, à 942 m d'altitude audessus d'un paysage de champs cultivés en terrasses, sur les pentes du Parnasse. Village connu par ses tissages.

39. Paul ARQUÉ, *Géographie des Pyrénées françaises*, 1943, p. 48, signale que l'espace *cultivé* des Pyrénées françaises, d'après le calcul de l'Inspecteur général Thierry « peut se comparer à un département moyen ». Observation éclairante s'il en est.

40. Voyez, sur la Corse, la lettre de remontrances de F. Borromeo à l'évêque d'Ajaccio (14 nov. 1581, p. p. Vittorio ADAMI, « I Manoscritti della Biblioteca Ambrosiana di Milano, relativi alla storia di Corsica », *in : Archivio storico di Corsica*, 1932, 3, p. 81). On évoque, au travers de ces réprimandes, la vie itinérante de l'évêque, en déplacement avec sa petite caravane de bêtes de somme à travers la montagne. Comparez aux difficultés de voyage de saint Charles Borromée, dans les Alpes il est vrai, en 1580, ou à celles de l'évêque de Dax, en hiver, à travers les montagnes enneigées d'Esclavonie (sa lettre au roi, janvier 1573, Ernest CHARRIÈRE, *Négociations de la France dans le Levant*, 1840-1860, III, pp. 348-352). Circuler dans les montagnes voisines de Raguse, l'hiver, est une épreuve « dont les conséquences sont ordinairement très fâcheuses pour la santé » voire mortelles (12 nov. 1593), document publié par Vladimir LAMANSKY, *Secrets d'État de Venise*, 1884, p. 104. Avant 1923, il fallait trois jours encore pour faire venir des marchandises de Vianna do Castelo à l'embouchure du Lima (P. DESCAMPS, *op. cit.*, p. 18).

41. René MAUNIER, *Sociologie et Droit romain*, 1930, p. 728, voit dans la famille kabyle agnatique, une famille patriarcale, une *gens* romaine, fortement altérée bien sûr. Sur l'archaïsme économique de la montagne, souvent signalé, cf. Charles MORAZÉ, *Introduction à l'histoire économique*, 1943, pp. 45-46. Sur ce que J. CVIJIĆ appelle la « patriarcalité perfectionnée » des régions dinariques, voir *La Péninsule balkanique*, *op. cit.*, p. 36. J'aime mieux son expression d'îles montagneuses (*ibid.*, p. 29). Le Monténégro, cette forteresse, et d'autres hauts pays, dit-il, se sont comportés « au point de vue social comme des îles ». Sur la Zadrouga, autre exemple d'archaïsme social, R. BUSCH-ZANTNER, *Albanien*, Leipzig, 1939, p. 59.

42. *Barockplastik in den Alpenländern*, Vienne, 1944. Sur le milieu social des Alpes, la grande étude discutable et discutée d'A. Günther, *Die Alpenländische Gesellschaft*, Iéna, 1930. Remarques intéressantes de J. Solch, « Raum und Gesellschaft in den Alpen », *in : Geogr. Zeitschr.*, 1931, pp. 143-168.

43. Cf. les belles études de J. Puig i Cadafalc, *L'arquitectura romanica a Catalunya* (en collaboration), Barcelone, 1909-1918 ; *Le premier art roman*, Paris, 1928.

44. P. Arqué, *op. cit.*, p. 69.

45. En Bétique, Rome réussit dans le bas pays, au long des fleuves, bien plus que sur les plateaux, G. Niemeier, *Siedlungsgeogr. Untersuchungen in Niederandalusien*, Hambourg, 1935, p. 37. Dans le N.O. montagneux de l'Espagne, l'éloignement aidant, Rome pénètre tard et mal, R. Konetzke, *Geschichte des spanischen und portugiesischen Volkes*, Leipzig, 1941, p. 31.

46. Albert Dauzat, *Le village et le paysan de France*, 1941, p. 52.

47. Comte de Sercey, *op. cit.*, p. 104 : « On voit néanmoins (puisqu'elles dansent) que les femmes kurdes, quoique musulmanes, ne sont pas séquestrées. »

48. Voir *infra* les chapitres sur les Morisques, seconde partie, ch. V, et troisième partie, ch. III.

49. Au cœur du Lubéron, Lourmarin, Cabrières, Mérindol, et une vingtaine d'autres bourgs — où pullulent la vie sauvage, les sangliers, renards et loups — sont des abris de Protestants (J.L. Vaudoyer, *Beautés de la Provence*, Paris, 1926, p. 238). N'oublions pas les Vaudois des États savoyards et ceux de l'Apennin, dans le Royaume de Naples. Le catharisme, écrivait Marc Bloch, a « glissé au sort d'une obscure secte de bergers de la montagne », *in : Annales d'histoire sociale*, 1940, p. 79.

50. Le Muridisme. Cf. L.E. Houzar, « La Tragédie circassienne », *in : La Revue des Deux Mondes*, 15-6-1943, pp. 434-435.

51. Francisco Bermúdez de Pedraça, Grenade, 1637, f° 95 v°. Citation et traduction de Reinhart-Pieter A. Dozy à qui revient le mérite d'avoir trouvé ce beau texte (*H. des Musulmans d'Espagne*, 1861, II, p. 45, note 1). Toutefois l'Abbé de Vayrac (*État présent de l'Espagne*, Amsterdam, 1719, I, p. 165) soutient que ces gens des Alpujarras, bien que Chrétiens, sont des Morisques qui ont conservé « leur ancienne manière de vivre, leurs habits et leur langue particulière qui est un mélange monstrueux d'arabe et d'espagnol ».

52. La sainte, enfant, se dirige même un jour, avec son frère, vers la montagne, dans l'espoir d'y trouver le martyre : Gustav Schnürer, *Katholische Kirche und Kultur in der Barockzeit*, 1937, p. 179 ; Louis Bertrand, *Sainte Thérèse*, 1927, pp. 46-47.

53. E. Baumann, *L'anneau d'or des grands Mystiques*, 1924, pp. 203-204.

54. Sur les déficiences de la vie religieuse en Corse, tout un gros dossier : lettre du Cardinal de Tournon à Paul IV, 17 mai 1556, demandant la réforme des abus, Michel FRANÇOIS, « Le rôle du Cardinal François de Tournon dans la politique française en Italie, de janvier à juillet 1556 », *in : Mélanges... de l'École Française de Rome*, t. 50, 1933, p. 328 ; Ilario RINIERI, « I vescovi della Corsica », *in : Archivio storico di Corsica*, 1930-1, p. 344 et *sq* ; Père Daniele BARTOLI, *Degli uomini e de' fatti della Compagnia di Gesù*, Turin, 1847, III, 57-58 ; Abbé S. B. CASANOVA, *Histoire de l'Église corse*, 1931, p. 103 et *sq*.

55. R. MONTAGNE, *Les Berbères et le Makhzen dans le Sud du Maroc*, 1930, p. 83.

56. Mais où saisir la richesse folklorique de ces montagnes ? Voir, à titre d'exemple, le beau conte des *tériels* que rapporte Leo FROBENIUS, *Histoire de la civilisation africaine*, 1936, p. 263 et *sq.*, à propos du pays kabyle dont il révèle la lointaine existence, consacrée aux grandes chasses, non à l'agriculture. Où trouver, dans le même ordre d'idées, un recueil de chansons montagnardes ? Sur la vie religieuse des Alpes et la localisation des hérétiques, G. BOTERO, *Le relationi universali*, Venise, 1599, III, 1, p. 76. Sur la visitation du cardinal Borromée dans la Mesolina, *ibid.*, p. 17.

57. IV, 2e partie, *Novelle*, éd. de Londres, 1791, II, p. 25-43. L'anecdote se situe dans le Val di Sabbia qui fait partie des Préalpes de Brescia.

58. Ces remarques me sont suggérées par l'ouvrage d'Emmanuel LE ROY LADURIE, *Les paysans de Languedoc*, en cours d'impression, p. 407 [ouvrage publié en 1966].

59. A.S.V. SENATO, Dispacci Spagna, Madrid, 6 juin 1611, Priuli au doge.

60. Elle est vue par les contemporains. Loys LE ROY, *De l'excellence du gouvernement royal*, Paris, 1575, p. 37, écrit : « Le pays plein de montagnes, de rochers et de bois, commode aux pâturages, auquel il y a beaucoup de pauvres, comme l'est la plupart de la Suisse, est plus propre à la démocratie... Le pays de plaine... où se trouvent plus de riches et de nobles est plus propre à l'aristocratie ». Jean BODIN, *Les six livres de la République*, 1583, p. 694, rapporte que Léon L'Africain s'étonne de la robustesse des montagnards du Mont Megeza, alors que ceux de la plaine sont petits. « La force et la vigueur font que les montagnards aiment la liberté populaire comme nous avons dit des Suisses et des Grisons. » Le Moyen Age corse, dit Lorenzi de BRADI, *La Corse inconnue*, 1927, p. 35, est une période grandiose de liberté. « Le Corse ne tolérait pas qu'on lui prît le produit de son travail. Le lait de sa chèvre ainsi que la moisson de son champ étaient bien à lui. » Et H. TAINE, dans son *Voyage aux Pyrénées*, 1858, p. 138 : « La liberté a poussé ici de toute antiquité, hargneuse et sauvage. »

61. Arrigo SOLMI, « La Corsica », *in : Arch. st. di Corsica*, 1925, p. 32.

62. Pour une orientation générale, le livre clairvoyant, mais juridique de Jacques LAMBERT, *La vengeance privée et les fondements du droit international*, Paris, 1936. Dans le même ordre d'idées, cette remarque de Michelet sur le Dauphiné où jamais « la féodalité ne pesa comme dans le reste de la France ». Et de H. TAINE encore, *op. cit.*, p. 138 : « Ce sont ici les fors du Béarn, dans lesquels il est fait mention qu'anciennement, en Béarn, il n'y avait pas de seigneur. » Sur les vengeances du sang dans le Monténégro et la haute Albanie, Ami BOUÉ, *La Turquie d'Europe*, Paris, 1840, II, pp. 395 et 523.

63. Marc BLOCH, *La Société féodale*, 1939, I, p. 377. De Marc BLOCH encore, de justes remarques sur « La Sardaigne », *in : Mélanges d'histoire sociale*, III, p. 94.

64. Maurice LE LANNOU, « Le bandit d'Orgosolo », *Le Monde*, 16-17 juin 1963. Le film est celui de Vittorio de Seta, l'enquête ethnographique a été conduite par Franco CAGUETTA, tr. française : *Les Bandits d'Orgosolo*, 1963 ; les romans mis en cause sont de Grazia DELEDDA, *La via del male*, Rome, 1896 ; *Il Dio dei viventi*, Rome, 1922.

65. *Ibid.*

66. Fernand BENOIT, *La Provence et le Comtat Venaissin*, 1949, p. 27.

67. Dans le haut Milanais, voir S. PUGLIESE, « Condizioni economiche e finanziarie della Lombardia nella prima metà del secolo XVIII », *in : Misc. di Storia italiana*, 3e série, t. XXI, 1924.

68. *Mémoires sur les Turcs et les Tartares*, Amsterdam, 1784, II, p. 147. « ... l'asyle de la liberté ou, ajoute-t-il, le repaire de la tyrannie. » Ceci, à propos des installations génoises en Crimée.

69. *Ibid.*, I, p. XXI.

70. Cf. Franz SPUNDA, *in :* Werner BENNDORF, *Das Mittelmeerbuch*, 1940, p. 209-210.

71. A. PHILIPPSON, « Umbrien und Etrurien », *in : Geogr. Zeitschr.*, 1933, p. 452.

72. Autres exemples : Napoléon ne peut maîtriser la montagne autour de Gênes, refuge des insoumis, malgré les battues qui y sont organisées (Jean BOREL, *Gênes sous Napoléon Ier*, 2e édit., 1929, p. 103) ; la police turque, vers 1828, ne réussit pas à dominer les poussées de brigandage des peuples de l'Ararat, (comte de SERCEY, *op. cit.*, p. 95) ; elle n'arrive d'ailleurs pas mieux aujourd'hui à protéger les richesses forestières de la montagne contre la dent des troupeaux (Hermann WENZEL, « Agrargeographische Wandlungen in der Türkei », *in : Geogr. Zeitschr.*, 1937, p. 407). De même au Maroc : « En réalité, dans le Sud du Maroc, l'autorité du Sultan s'arrêtait à la plaine », écrit R. MONTAGNE, *op. cit.*, p. 134.

73. *Ibid.*, p. 131.

74. M. LE LANNOU, *Pâtres et paysans de la Sardaigne*, 1941, p. 14, note 1.

75. J. BLACHE, *op. cit.*, p. 12. Sur cette opposition, Pierre GOUROU, *L'homme et la terre en Extrême-Orient*, 1940, et compte rendu de ce livre par Lucien FEBVRE, *in : Annales d'hist. sociale*, XIII, 1941, p. 73. P. VIDAL DE LA BLACHE, *op. cit.*, p. 172.

76. R. MONTAGNE, *op. cit.*, p. 17.

77. Je songe aux voyages d'un Sixte Quint, dans sa jeunesse et son âge mûr d'après les indications de Ludwig von PASTOR, *Geschichte der Papste*, Fribourg-en-Brisgau, 1901-1931, X, 1913, pp. 23 et 59 ; on pourrait en dresser un croquis.

78. W. WOODBURN HYDE, « Roman Alpine routes », *in : Memoirs of the American philosophical society*, Philadelphie, X, II, 1935. Pareillement, les Pyrénées n'ont pas été la barrière que l'on imagine (M. SORRE, *Géog. Univ.*, t. VII, 1re partie, p. 70, R. KONETZKE, *op. cit.*, p. 9).

79. Richard PFALZ, « Neue wirtschaftsgeographische Fragen Italiens », *in : Geogr. Zeitschr.*, 1931, p. 133.

80. A. PHILIPPSON, *Das Mittelmeergebiet, op. cit.*, p. 167.

81. Victor BÉRARD, *La Turquie et l'Hellénisme contemporain, op. cit.*, p. 103, d'écrire, sortant de l'Albanie : « Après trois jours de fromage de chèvre... »

82. P. ARQUÉ, *op. cit.*, p. 68.

83. *Op. cit.*, f° 44 et 44 v°.

84. Il y avait des forêts sur les pentes du Vésuve. Sur la forêt en général, observations toujours utiles de Théobald FISCHER, dans *B. zur physischen Geogr. der Mittelmeerländer besonders Siciliens*, 1877, p. 155 et *sq.* Sur les forêts de Naples, en Calabre et en Basilicate, en 1558, cf. Eugenio ALBÈRI, *Relazioni degli ambasciatori veneti durante il s. XVI*, Florence, 1839-63, II, III, p. 271. Encore aujourd'hui, de nombreux débris d'anciennes grandes forêts, vraies forêts reliques. Pour la Corse, leur énumération dans Philippe LECA, préface d'A. ALBITRECCIA, *Guide bleu de la Corse*, Paris, 1935, p. 15 ; et de ce dernier auteur *La Corse, son évolution au XIXe siècle et au début du XXe siècle*, 1942, p. 95 et *sq.*

85. Comte Joseph de BRADI, *Mémoire sur la Corse*, 1819, pp. 187, 195 et *sq.*

86. P. VIDAL DE LA BLACHE, *op. cit.*, p. 88, 139, 178. D'excellentes remarques de D. FAUCHER, *Principes de géogr. agraire*, p. 23. « Le peuple mange du pain de bois », près de Lucques : MONTAIGNE, *Journal de voyage en Italie* (éd. E. Pilon, 1932), p. 237.

87. MONTAIGNE, *ibid.*, p. 243.

88. *Relacion de lo que yo Fco Gasparo Corso he hecho en prosecucion del negocio de Argel*, Simancas E° 333 (1569).

89. R. MONTAGNE, *op. cit.*, pp. 234-235.

90. Franceschi CARRERAS Y CANDI, *Geographia general de Catalunya*, Barcelone, 1913, p. 505 ; Jaime CARRERA PUJAL, *H. política y económica de Cataluña*, 1946, t. I, p. 40. De même, BELON DU MANS, *op. cit.*, p. 140 v°, note qu'il y a eu dans les montagnes de Jérusalem, des cultures en terrasses, qu'il voit abandonnées.

91. Je pense, entre autres exemples, à la vie de la Haute-Provence : « La ferme de Haute-Provence », écrit Marie MAURON (« Le Mas provençal », *in : Maisons et villages de France*, 1943, préface de R. Cristoflour, p. 222) « qui endure les longs hivers, la peur des avalanches, la vie close pendant des mois avec, pour horizon, derrière ses vitres de neige, le repliement sur ses réserves de fourmi, son étable, un travail reclus... ».

92. Maximilien SORRE, *Les Pyrénées méditerranéennes*, 1913, p. 410.

93. Ce surplus de population qui oblige à la descente vers les plaines, est signalé dans l'enquête géographique de H. WILHELMY, *Hochbulgarien*, 1936, p. 183. Mais il y a d'autres motifs : vie qui plaît ou non à l'homme, A. ALBITRECCIA, *in* : Philippe LECA, *La Corse..., op. cit.*, p. 129, qui note aussi à propos de la Corse : « L'absence, comme ailleurs la présence de routes provoque l'émigration. »

94. J. BLACHE, *op. cit.*, p. 88, d'après Philippe ARBOS, *L'Auvergne*, 1932, p. 86.

95. C'est-à-dire à la messe.

96. *Promenades dans Rome*, éd. Le Divan, 1931, I, pp. 182-183.

97. *Ibid.*, p. 126. Tableau analogue, mais à propos du Caucase, dans *Souvenirs*, du comte de ROCHECHOUART, 1889, p. 76-77, à l'occasion de la prise d'Anapa par le duc de Richelieu : les guerriers circassiens, certains vêtus de fer, armés de flèches, évoquent le XIIIe ou le XIVe siècle.

98. Victor BÉRARD, *La Turquie et l'hellénisme contemporain, op. cit., passim.*

99. *Voyage en Espagne*, 1845, pp. 65, 106. Sur les *gallegos* moissonneurs et émigrants, voir *Los Españoles pintados por si mismos*, Madrid, 1843. On trouvera dans ce recueil : *El Indiano*, par Antonio FERRER DEL RIO, *El segador, El pastor transhumante* et *El maragato*, par Gil y CURRASO, *El aguador*, par ABERRAMAR...

100. A Tolède, à l'hôtel du Sévillan, il y a deux *mocetonas* qui sont gallegas (*La ilustre fregona*, édit. Garnier, II, 71). Galiciens et Asturiens font en Espagne les gros travaux, notamment dans les mines : J. CHASTENET, *Godoï*, 1943, p. 40. Les moissonneurs *gallegos* en Castille au XVIIIe siècle, Eugenio LARRUGA, *Memorias politicas y económicas sobre los frutos, comercio, fabricas y minas de España*, Madrid, 1745, I, p. 43.

101. Diego Suárez, manuscrit de l'ex-Gouvernement Général

de l'Algérie, d'après la copie que m'a obligeamment communiquée Jean CAZENAVE, f° 6.

102. Voir tome II, pp. 118-119.

103. Jésús García FERNÁNDEZ, *Aspectos del paisaje agrario de Castilla la Vieja*, Valladolid, 1963, p. 12.

104. Matteo BANDELLO, *Novelle*, VII, p. 200-201. Les Spolétins servent comme soldats, et surtout à l'étranger, L. von PASTOR, *op. cit.*, XVI, p. 267. Leur astuce, M. BANDELLO, *ibid.*, I, p. 418.

105. M. BANDELLO, *op. cit.*, II, p. 385-386. La pauvreté oblige les Bergamasques à émigrer. Sobres, ils dévorent comme des loups chez autrui. Il n'y a pas un endroit au monde où ne se trouve au moins un Bergamasque. A Naples, les sujets vénitiens installés sont surtout des Bergamaschi, E. ALBÈRI, *op. cit., Appendice*, p. 351 (1597).

106. Jacques HEERS, *Gênes au* XVe *siècle. Activité économique et problèmes sociaux*, 1961, p. 19. M. BANDELLO, *op. cit.*, IV, p. 241. De même, après le rétablissement de François Sforza, de nombreux paysans arrivent à Milan, venant de Brescia.

107. *Op. cit.*, IX, pp. 337-338.

108. L. PFANDL, *Philippe II*, trad. franç., 1942, pp. 353-354. Bergamasques aussi, le célèbre Colleoni et le Jésuite Jean-Pierre MAFFEE, auteur de *L'histoire des Indes*, Lyon, 1603.

109. *Op. cit.*, IV, p. 335. Il s'agit d'un Bresciano établi à Vérone.

110. Résultat d'une enquête personnelle. Au vrai, cette opposition des pays d'en haut et des pays d'en bas se retrouverait encore plus vers le Nord. Gaston ROUPNEL la signale dans *Le vieux Garain*, 1939, pour la côte bourguignonne vers Gevrey et Nuits-Saint-Georges. Les « montagnards », vers 1870, portent encore la blouse dans les foires du bas pays.

111. P. GEORGE, *La région du Bas-Rhône*, 1935, p. 300, troupes de Savoyards allant dans les premières années du XVIIe siècle, faire la moisson dans le pays d'Arles.

112. GROTANELLI, *La Maremma toscana, Studi storici ed economici*, II, p. 19.

113. P. GEORGE, *op. cit.*, p. 651.

114. Fernand BENOIT, *op. cit.*, p. 23.

115. Emmanuel LE ROY LADURIE, *op. cit.*, p. 97 et *sq.*

116. Impossible d'énumérer tous les exemples connus. Pour l'Espagne prédominance du recrutement dans les régions montagneuses et pauvres, Ramón CARANDE, *Carlos V y sus banqueros*, Madrid 1949, p. 14 (les hautes terres de Valence et les *montes* de León). Th. LEFEBVRE, *Les Pyrénées atlantiques*, 1933, p. 286 (3 000 Guipuzcoans et Navarrais combattaient à Pavie). Sur les Pyrénées aragonaises, Fernand BRAUDEL, *La Méditerranée...*, 1re édit., pp. 47 et 48.

117. Piero PIERI, *La crisi militare italiana nel Rinascimento*, Naples, 1re éd., 1934, p. 523.

118. H. de Maisse au roi, Venise, 6 juin 1583 ; A.E. 31, f° 29 v° et 30.

119. A titre d'orientation bibliographique, voir R. BUSCH-ZANTNER, *Albanien*, 1939. Sur les migrations albanaises, déterminées au Moyen Age par la disette, vers les plaines de Métohidja et de Podrina, cf. J. CVIJIĆ, *op. cit.*, p. 150. Sur leur merveilleuse réussite dans l'Empire turc au XIXe siècle, *ibid.*, p. 17. A la Bibliotheca Communale de Palerme, un mémoire inédit de MONGITORE Antonino, *Memoria de Greci venuti dall'Albania in Sicilia*, Qq E 32, f° 81. L'Albanais gros buveur de vin : M. BANDELLO, *op. cit.*, IV, p. 350-351. Les Albanais solliciteurs de la Chrétienté : un document entre mille, Joan de Pallas, consul à Raguse, au Grand Commandeur de León, Naples, 3 avril 1536, A.N., K 1632.

120. Victor BÉRARD, *La Turquie..., op. cit.*, p. 164.

121. A Chypre, où ils sont soldats de père en fils. Fr. Steffano LUSIGNANO DI CIPRO, *Corograffia et breve historia universale dell'isola de Cipro*, Bologne, 1573 (B.N. Paris, 4° G 459).

122. Ils constituent une part considérable de l'armée vénitienne, cf. une série de documents p.p. V. LAMANSKY, *op. cit.*, p. 549, note.

123. M. BANDELLO, *op. cit.*, III, p. 329 et *sq.*

124. Museo Correr, D. delle Rose 21, f° 80 sur les grands villages albanais des Pouilles, 1598. Au début du siècle souvent redoutés. Interdiction leur est faite (3 juin 1506) de sortir armés des villes et villages fortifiés. Ludwig von THALLÓCZY, « Die albanische Diaspora », *in : Illyrisch-albanische Forschungen*, 1916, p. 339.

125. O. DE TÖRNE, « Philippe et Henri de Guise », *in : Revue Historique*, 1931, II, p. 324.

126. En 1540, G. LEFÈVRE PONTALIS, *Correspondance politique d'Odet de Selve*, 1888, pp. 64, 65, 351, 354.

127. A.H.N.L° 3189, 1565, Inquisition de Valladolid, curieuse affaire de Guillermo de Modon.

128. D. HAEDO, *Topographía...*, p. 121 v°, signale à Alger Arnaut Mami et « un renegado, tambien albanes y arnaut como el », p. 122 v°.

129. Victor BÉRARD, *La Turquie..., op. cit.*, p. 26.

130. *Itinéraire de Paris à Jérusalem* (édit. de 1831), I, pp. 111 et 175.

131. *La Corse inconnue*, p. 44, avec l'indication d'une série de Corses illustres en dehors de l'île.

132. Ainsi Hassan Corso. J. CAZENAVE, « Un Corse roi d'Alger, 1518-1556 », *in : Afrique latine*, 1923, pp. 397-404.

133. Giuseppe MELLERIO, *Les Mellerio, leur origine, leur histoire*, 1895. Sur l'émigration des Alpes milanaises. Carlo Antonio VIANELLO, « Alcuni documenti sul consolato dei Lom-

bardi a Palermo », *in : Archivio Storico Lombardo*, 1938, p. 186.

134. A. VIANELLO, *ibid.*, p. 186.

135. *Ibid.*, p. 186.

136. *Ibid.*, p. 187.

137. *Ibid.*, p. 187.

138. G. F. Osorio, console dei Lombardi alla camera dei mercanti di Milano. Naples, 27 sept. 1543, p.p. A. VIANELLO, *ibid.*, p. 187.

139. A.d.S. Naples, Sommaria Partium 240, f° 111-113, 15 janvier 1544, avec les noms des *muratori.*

140. A.d.S. Venise, Notatorio di Collegio 13, f° 121, 12 octobre 1486.

141. D'après un article de presse, « Eriwan, die Haupstadt der Armenier », *in : Frankfurter Zeitung*, 9 août 1940.

142. Jean-Baptiste TAVERNIER, *Les Six voyages qu'il a faits en Turquie, en Perse et aux Indes*, Paris, 1681, I, p. 380 et *sq.*

143. *Alors*, c'est-à-dire avec le XVIIe siècle. Au XVIe siècle, à Constantinople et dans l'Est méditerranéen, l'heure des Arméniens n'a pas encore sonné, N. IORGA, *Points de vue sur l'histoire du commerce de l'Orient à l'époque moderne*, 1925, p. 23. Au XVIIe siècle, au contraire, les Arméniens commercent jusque dans la Méditerranée occidentale. Un navire arménien « L'Arménien commerçant » apporte du blé à Livourne (*Mémoires du Chevalier d'Arvieux*, 1735, I, p. 13). Sur le rôle des Arméniens dans la querelle des lieux saints, en 1621, cf. Gérard TONGAS, *L'ambassadeur L. Deshayes de Cormenin (1600-1632)*, 1937, p. 132. Sur l'actuelle dispersion des Arméniens les quelques mots de Werner SOMBART, *Vom Menschen*, 1940, pp. 178-179.

144. Nous avons, en arménien, des manuels marchands, rédigés pour la grande place du Nord.

145. J.-B. TAVERNIER ajoute : « Ils sont d'autant plus propres pour le négoce qu'ils vivent de grande épargne et sont fort sobres, ou par vertu ou par avarice. Quand ils sortent de leurs maisons pour de longs voyages, ils font provision de biscuit, de chair de buffle fumée, d'oignons, de beurre cuit, de farine, de vin et de fruits secs. Ils n'achètent de viande fraîche, aux jours qu'il leur est permis, que lorsqu'ils trouvent dans les montagnes quelques agneaux ou chevreaux à bon marché. » *Op. cit.*, I, p. 380.

146. Sur les richesses et le luxe des Arméniens de Zolpha, J.-B. TAVERNIER, *op. cit.*, I, p. 380.

147. *Ibid.*, II, p. 3.

148. La montagne ? « Une zone d'émission d'hommes », Pierre DEFFONTAINES, Mariel JEAN-BRUNHES-DELAMARRE, P. BERTOQUY, *Les problèmes de géographie humaine*, 1939, p. 141. Sur le contraste plaines-montagnes caractéristique du domaine méditerranéen, Charles PARAIN, *La Méditerranée : les hommes et leurs*

travaux, Paris, 1936, p. 191 ; Jules SION, *La France méditerranéenne*, Paris, 1934, p. 44 et *sq*.

149. Jules BLACHE, *op. cit.*, p. 15. Même note chez P. GEORGE, *op. cit.*, p. 352.

150. P. GEORGE, *op. cit.*, p. 237 ; V.L. BOURRILLY et R. BUSQUET, *H. de la Provence*, 1944, p. 7 : « En Provence, les plus anciens habitants ont été reconnus sur le pourtour du Ventoux, les montagnes du Vaucluse, au Sud du Lubéron, dans les vallées de droite de la Durance, au confluent du Verdon ; ils semblent en relation avec l'abondance des gisements de silex et des roches dures roulées par les cours d'eau. » D'accord avec Louis ALIBERT, « Le Génie d'Oc. », *in : Les Cahiers du Sud*, 1943, p. 18 : « L'ossature essentiellement montagneuse des pays méditerranéens a favorisé la fixation et la permanence des races préhistoriques et proto-historiques. »

151. P. GEORGE, *op. cit.*, pp. 310 à 322.

152. H. LAUTENSACH, « Die länderkundliche Gliederung Portugals », *in : Geogr. Zeitschrift*, 1932, p. 194.

153. A. PHILIPPSON, « Umbrien und Etrurien », *in : Geogr. Zeitschrift*, 1933, pp. 455, 457, 461, 462.

154. *Ibid.*, p. 457.

155. Alfred von REUMONT, *Geschichte Toscana's*, Gotha, 1876, pp. 366-367.

156. *Ibid.*, p. 368 et *sq*.

157. A. PHILIPPSON, *Das Mittelmeergebiet*, p. 20.

158. Et au delà, E.-Félix GAUTIER a bien des fois insisté sur le rôle de cette dorsale de l'Afrique du Nord, entre autres, dans *Le Passé de l'Afrique du Nord*, 1952, p. 115.

159. Georges MARÇAIS, *in : Histoire d'Algérie*, par GSELL, MARÇAIS, YVER, 1927, p. 121.

160. « Umbrien... », *art. cit.*, p. 450.

161. Jules SION, *Geogr. Univ.*, VII, 2, 1934, p. 326.

162. P. VIDAL DE LA BLACHE, *op. cit.*, p. 85.

163. N. KREBS, « Zur politischen Geographie des Adriatischen Meeres », *in : Geogr. Zeitsch.*, 1934, p. 375.

164. Je pense aux *trulli*, mais, plus encore au système d'irrigation de la plaine-plateau, à « l'acquedotto pugliese ». Fritz KLUTE, *Handbuch der geogr. Wissenschaft*, Berlin, 1914, p. 316, en donne un bon croquis, mais son histoire ?

165. D'après A.d.S., Naples, Dipendenze della Sommaria, Fascio 417, fasc. I°, 1572.

166. A.d.S. Naples, Sommaria, Consultationum, II, 237-241.

167. Georg FRIEDERICI, *Der Charakter der Entdeckung und Eroberung Amerikas durch die Europäer*, I, Gotha, 1925, notamment, pp. 174, 179.

168. *Le licencié de verre*, dans les *Nouvelles exemplaires*, éd. de la Pléiade, 1949, pp. 1270-1271.

169. ORTEGA Y GASSET, *España invertebrada*, Madrid, 1934,

réflexion que l'on trouve aussi sous la plume d'Unamuno, Machado ou Pidal.

170. A. SCHULTE, *Geschichte der grossen Ravensburger Gesellschaft*, 1923, notamment I, p. 285 et *sq*, et p. 295.

171. E. ALBÈRI, *Relazioni*, I, V (Francesco Morosini), p. 293.

172. P. VIDAL DE LA BLACHE, *États et Nations de l'Europe*, 1889, p. 358.

173. M. SORRE, *Les fondements biologiques de la géographie humaine*, Paris, 1943, p. 386 : « Le climat des basses montagnes et des premiers plateaux plus favorable à l'effort, en Méditerranée du moins, que celui des bas pays ». Bonne esquisse, dans André SIEGFRIED, *Vue générale de la Méditerranée*, 1943, à propos des « rebords » (p. 108), des revermonts, dirons-nous en généralisant le mot jurassien ; nous entendons par là tout le revers, y compris la curieuse ligne des Piémonts, cette ligne en festons si importante, notamment en Andalousie : voir les remarques de G. NIEMEYER, *op. cit.*, p. 109.

174. *Op. cit.*, pp. 92-93.

175. Sur toute cette question, le livre si riche d'aperçus de J. CVIJIĆ, *La péninsule balkanique*, trad. franç., 1918. Pour le décor et la couleur, R. GERLACH, *Dalmatinisches Tagebuch*, Darmstadt, 1940. Pour la description géographique, MILOJEVIĆ, *Littoral et îles dinariques dans le Royaume de Yougoslavie* (Mém. de la Soc. de Géographie, vol. 2), Belgrade, 1933.

176. Ce qui précède au sujet des mouvements « métanastasiques » est pris à la synthèse de CVIJIĆ. Ses élèves ont renouvelé ce gros problème des émigrations de la montagne slave. Ainsi J. MAL, *Uskoke seobe i slovenske pokrajine* (les migrations des Uscoques et les pays slovènes), Lubljana, 1924, montre l'utilisation de cette migration pour l'organisation des confins militaires turcs, vénitiens et autrichiens. R. BUSCH-ZANTNER, *op. cit.*, p. 86, attire l'attention sur la pression albanaise qui détermine les migrations serbes vers le Nord, pression albanaise, non turque.

177. De J.N. TOMIĆ, *Naselje u Mletackoj Dalmaciji*, Nich, 1915, t. I, 1409-1645, une courte étude sur les liens de dépendance personnelle et économique des paysans dans les domaines vénitiens de Dalmatie. Ce régime tend à se répandre dans les îles et l'intérieur de l'Istrie. Le péril turc cause des pertes humaines que l'immigration serbe de Bosnie et d'Herzégovine n'arrive plus à combler. Il entraîne l'organisation de milices obligatoires contre les attaques, qu'elles viennent des Turcs, des corsaires ou des bandits. Sur la Dalmatie vénitienne au XVIe siècle, V. LAMANSKY, *op. cit.*, et notamment p. 552, l'essaimage de soldats dalmates jusqu'en Angleterre, leur utilisation dans l'armée et la flotte vénitiennes, ainsi que sur des bateaux étrangers où les attirent des conditions de vie plus agréables que celles de la flotte vénitienne.

178. Documents lus à l'Archivio di Stato de Venise mais que je n'ai pas pris en note.

179. H. ISNARD, « Caractère récent du peuplement indigène du Sahel d'Alger », *in : 2e Congrès des Soc. sav. d'Afrique du Nord*, 1936.

180. Cf. à ce sujet G. MILLON, « Les Parlers de la région d'Alger », *in : Congrès des Sociétés sav. d'Afrique du Nord*, 1937.

181. M. DALLONI, « Le problème de l'alimentation en eau potable de la ville d'Alger », *in : B. de la Soc. de Géogr. d'Alger*, 1928, p. 8.

182. Bernardo GOMES DE BRITO, *Historia tragico-maritima*, Lisbonne, t. VIII, 1905, p. 74.

183. René BAEHREL, *Une croissance : la Basse-Provence rurale, fin du XVIe siècle-1789*, Paris, 1961, p. 125.

184. Bibliothèque Marciana de Venise, 5838, C II, 8, f° 8.

185. Emmanuel LE ROY LADURIE, *op. cit.*, p. 223 et *sq.*

186. *Plaisir de France*, 1932, pp. 119-120 : « L'esprit du Midi s'est formé sur les coteaux », non dans « la montagne de jadis trop pauvre et périodiquement désertée ». Sur l'humanité des pays de collines, voir ce qu'écrit Isabelle EBERHARDT, *Notes de route*, 1921, parlant du Sahel tunisien (p. 221), ou Marcel BRION de la Toscane et de « son paysage aux dimensions de l'homme », *Laurent le Magnifique*, 1937, p. 282.

187. Anonyme (Claude de Varennes), *Voyage de France, dressé pour l'instruction et la commodité tant des Français que des étrangers*, Rouen, 1647, p. 136.

188. *Op. cit.*, pp. 56-57.

189. B.N. Estampes (Od 13, pet. in-fol.) : *Les mœurs et fachons de faire des Turcz... contrefaictes par Pierre Coeck d'Alost l'an 1533.*

190. Philippe de CANAYE, sieur de Fresne, *Le Voyage du Levant*, 1573, éd. H. Hauser, 1897, p. 40.

191. Cf. V. BÉRARD, *La Turquie...*, p. 93 : l'opposition entre l'Albanie, ses montagnes, ses fleuves « violents et remueurs de sol », ses cols gardés par les *dervendjis*, et la Macédoine aux eaux tranquilles et ses nappes de brouillards. Dans Paul BOURGET, *Sensations d'Italie*, 1891, pp. 88-90, le passage de la Toscane à l'Ombrie. Rudesse, mais pureté de la Toscane, tandis que sur les chênes et les vignobles d'Ombrie s'étendent les brouillards et le drame de la fièvre.

192. Sur cette précocité des petites plaines, je suis d'accord avec H. LEHMANN, « Die geographischen Grundlagen der kretisch-mykenischen Kultur », *in : Geogr. Zeitschr.*, 1932, p. 337. De même, ce sont les petites oasis qui, dans le Proche-Orient, ont été les premières créées par l'homme, comme on l'a supposé avec vraisemblance.

193. Pierre VILAR, *op. cit.*, I, p. 223.

194. *Op. cit.*, p. 243 et *sq.* G. MARÇAIS, « Tlemcen, ville d'art et d'histoire », *in : 2e Congrès soc. sav. d'Afrique du Nord*, t. I, 1936.

195. G. NIEMEIER, *op. cit.*, p. 28. Et cette remarque va très loin. Il y a, par l'agglomération, village ou ville, en fonction et à partir d'elle, une organisation de l'espace rural.

196. Sur ce point, Julien FRANC, *La Mitidja*, Alger, 1931, et E.F. GAUTIER, « Le phénomène colonial au village de Boufarik », *in : Un siècle de colonisation*, Alger, 1930, pp. 13-87.

197. J. ANCEL, *La plaine de Salonique*, 1930.

198. Sur le delta de l'Èbre, E.H.G. DOBBY, « The Ebro Delta », *in : Geogr. Journal*, Londres, mai 1936. Sur les Marais Pontins, SCHILLMANN, « Die Urbarmachung der Pontinischen Sümpfe », *in : Geogr. Wissenschaft*, 1934.

199. P. GEORGE, *op. cit.*, p. 296-299, 310-322, 348. Du XIIe au XVIe siècle, la Camargue de plus en plus insalubre, p. 606.

200. J. LOZACH, *Le delta du Nil*, 1935, p. 50.

201. *Op. cit.*, I, pp. 142-143. Autres exemples, la multiplicité des petites rivières près d'Andrinople (*ibid.*, II, 10). Dans Ignacio de ASSO, *Hist. de la economía política de Aragon*, 1798 (réédition 1947), cf. détails sur le « pantanal » de Benavarre (p. 84), sur la plaine de Huesca (72-73), de Saragosse (94 et *sq.*), de Téruel (186).

202. B.N. Paris, Ital., 1220, fol. 35.

203. Philippe LECA, *La Corse...*, *op. cit.*, pp. 213 et 270 ; J. de BRADI, *op. cit.*, p. 25.

204. A la saison des pluies, les plaines sont des lacs ou des champs de boue (J.J. THARAUD, *La Bataille à Scutari*, 1927, p. 53, à propos des plaines albanaises) ; les étangs de boue et les marécages que crée la Bojona débordée (*ibid.*, p. 148).

205. Ainsi, en 1940, dans le Sud de l'Espagne ; en janvier 1941, au Portugal, en février 1941, en Syrie ; en octobre 1940, dans le bassin de l'Èbre (informations de presse). Inondations à Cordoue, 31 décembre 1554 et 1er janvier 1555, Francisco K. de UHÁGON, *Relaciones históricas de los siglos XVI y XVII*, 1896, p. 39 et *sq.*

206. Gal Éd. BRÉMOND, *op. cit.*, p. 17 ; du même auteur, *Yémen et Saoudia*, 1937, p. 11, note 6.

207. Sur la malaria, les ouvrages utiles sont légion. L'orientation est à chercher dans Jules SION, « Étude sur la malaria et son évolution en Méditerranée », *in : Scientia*, 1938 ; dans M. SORRE, *Les fondements biologiques de la géogr. hum.*, 1942, et dans l'excellent article de M. LE LANNOU, « Le rôle géographique de la malaria », *in : Annales de Géographie*, XLV, 1936, pp. 112-135. L'intéressant serait de pouvoir mesurer et cartographier la poussée de la malaria durant la dernière guerre mondiale en Méditerranée, avec le manque de quinine. Pour l'histoire, les travaux les plus importants sont ceux d'Angelo CELLI, « Storia

della malaria nell'agro romano », *in : M.R. Ac. dei Lincei*, 1925, 7e série, vol. I, fasc. III ; *The history of Malaria in the Roman Campagna from ancient times*, Londres, 1933, et d'Anna CELLI-FRAENTZEL, « Die Bedeutung der Malaria für die Geschichte Roms und der Campagna in Altertum und Mittelalter », *in : Festschrift B. Nocht*, 1927, 2 pl., 1 carte, p. 49-56 ; « Die Malaria im XVIIten Jahrhundert in Rom und in der Campagna, im Lichte zeitgenössischer Anschauungen », *in : Arch. f. Gesch. der Medizin*, XX, 1928, p. 101-119 ; « La febbre palustre nella poesia », *in : Malariologia*, 1930. Sur la malaria en Crimée, comte de ROCHECHOUART, *Mémoires, op. cit.*, p. 154.

Quelques détails pour le XVIe siècle. La réputation d'insalubrité de Chypre est telle, que dans les contrats de transport signés entre pèlerins de Terre Sainte et capitaines de vaisseau, ceux-ci promettent de ne pas faire escale plus de trois jours à Chypre, Reinhold RÖHRICHT, *Deutsche Pilgerreisen nach dem Heiligen Lande*, 1900, p. 14. D'après G. BOTERO, *op. cit.*, marais pestilentiels près de Salses, p. 5 ; villes malsaines, Brindisi, Aquilée, Rome, Ravenne, Alexandrie d'Égypte, I, 1, p. 47 ; Albenga sur la rivière génoise possède une plaine très riche « *ma l'aria n'è pestilente* », p. 37. A Pola, les citadins abandonnent la ville, pendant l'été, à cause des fièvres et y reviennent l'hiver, Philippe CANAYE, *Le voyage du Levant, op. cit.*, p. 206. Paludisme (?) de la reine d'Espagne à Ségovie, en août 1566, Célestin DOUAIS, *Dépêches de M. de Fourquevaux, ambassadeur de Charles IX en Espagne, 1565-1572*, Paris, 1896-1904, III, p. 10 ; accès de paludisme de Philippe II à Badajoz, M. PHILIPPSON, *Ein Ministerium unter Philipp II*, Berlin, 1895, p. 188.

208. M. SORRE, *op. cit.*, p. 388. En septembre 1566, toute l'Espagne travaillée par les fièvres (Fourquevaux à la Reine, Ségovie, 11 septembre 1566, DOUAIS, *op. cit.*, III, 18).

209. *Op. cit.*, p. 263.

210. Jules LECLERCQ, *Voyage en Algérie*, 1881, frappé des ravages du paludisme dans les basses régions d'Algérie, écrivait, p. 178 : « Si les Européens ne peuvent vivre dans les vallées, pourquoi ne crée-t-on pas des villages de montagne ? »

211. Au nombre des problèmes posés hier encore par l'installation de la capitale turque à Ankara, notons la malaria de la plaine voisine : Noëlle ROGER, *En Asie Mineure*, 1930, p. 46.

212. Cité par M. SORRE, *Fondements biologiques*, p. 344.

213. W.H.S. JONES, *Malaria, a neglected factor in the history of Greece and Rome*, Londres, 1907.

214. P. HILTEBRANDT, *Der Kampf ums Mittelmeer*, 1940, p. 279. Léon X, grand chasseur, aura lui aussi, sans doute, succombé à un accès de paludisme (Gonzague TRUC, *Léon X*, 1941, p. 71 et 79). Dante lui-même n'est-il pas mort de la malaria, comme, vingt ans plus tôt, Guido Cavalcanti ? (L. GILLET, *Dante*, 1941, p. 340). Ceci sous toutes réserves.

215. P. HILTEBRANDT, *ibid.*, p. 279.

216. Bernardo SEGNI, *Storie fiorentine... dall'anno 1527 al 1555*, 1723, p. 4.

217. J.B. TAVERNIER, *Voyages*, I, p. 110, parle des marais d'Alexandrette, en 1691.

218. K. ESCHMID, *in* : Werner BENNDORF, *Das Mittelmeerbuch*, Leipzig, 1940, p. 22. A propos de l'extension de la malaria, qu'y a-t-il derrière ces lignes de STENDHAL (*Promenades...*, II, 164) : « M. Metaxa, je crois, médecin célèbre et homme d'esprit, a fait une carte des lieux attaqués par la fièvre » ?

219. A.d.S. Venise, Brera 54, f° 144 v°.

220. Francesco GUICCIARDINI, *La historia d'Italia*, Venise, 1568, p. 2. (L'Italie tranquille) *cultivata non meno né luoghi più montuosi et più sterili, che nelle pianure, et regioni sue più fertili* ». Cf. les étonnantes remarques de MONTAIGNE, *op. cit.*, p. 237, autour de Lucques, depuis une cinquantaine d'années (1581) les vignes ont remplacé sur les montagnes « les bois et les châtaignes », p. 248 « ... la méthode qu'ils ont de cultiver les montagnes jusqu'à la cime ». Je ne suis donc pas d'accord avec le beau passage de MICHELET, *La Renaissance*, Paris, 1855, pp. 31-32. Ph. HILTEBRANDT, *op. cit.*, p. 268 voit le problème dans le même sens que moi. Les Italiens participent aux grandes découvertes — le Venezuela n'est-il pas la petite Venise ? — mais l'espace ne fait pas défaut, à cette époque, à la population italienne ; sa bourgeoisie ne sait pas voir au delà de l'horizon méditerranéen ; il manque à la Péninsule, pour finir, ces querelles religieuses qui poussèrent Anglais et Hollandais au delà des mers.

221. Herbert LEHMANN, « Die Geographischen Grundlagen der kretisch-mykenischen Kultur », *in : Geogr. Zeitschr.*, 1932, p. 335.

222. Auguste JARDÉ, *Les Céréales dans l'Antiquité grecque*, 1925, p. 71, références à Strabon. A. PHILIPPSON, « Der Kopais-See in Griechenland und seine Umgebung », *in : Zeitschr. der Gesellschaft für Erdkunde zu Berlin*, XXIX, 1894, pp. 1-90. P. GUILLON, *Les Trépieds du Ptoion*, 1943, pp. 175-195.

223. M.R. DE LA BLANCHÈRE, « La malaria de Rome et le drainage antique », *in : Mélanges d'arch. et d'hist.*, p.p. l'École française de Rome, II, 1882, p. 94 et *sq.*

224. Est-ce le premier de ces « Hollandais », de ces Nordiques, que cet ingénieur, ce *dijkmeester* que le nonce envoie à Ferrare à la demande du Pape, en 1598, et qui, pour épuiser l'eau, semble songer à des moulins à vent ? *Correspondance de Frangipani*, p.p. Armand LOUANT, 1932, t. II, Bruxelles, 13 juin, 17 juin, 25 juil., 13 août 1598, pp. 345, 348, 362-363, 372.

225. MONTAIGNE, *Voyage en Italie*, p. 138.

226. A. von REUMONT, *Geschichte Toscana's*, I, p. 358 et *sq.* Sur ce même sujet, O. CORSINI, *Ragionamento istorico sopra la Val di Chiana*, Florence, 1742 ; V. FOSSOMBRONI, *Memorie*

idraulico-storiche sopra la Val di Chiana, Florence, 1789 ; MICHELET, *Journal inédit*, p. 169-170. Il y eut, au XVIe siècle, des travaux inefficaces pour la bonification du lac de Castiglione, A. von REUMONT, *op. cit.*, I, p. 369.

227. I, pp. 366 et *sq.*

228. A. ZANELLI, *Delle condizioni interne di Brescia, dal 1642 al 1644 e del moto della borghesia contro la nobiltà nel 1644*, Brescia, 1898, pp. 242-243.

229. A. von REUMONT, *op. cit.*, I, p. 363-364. A citer aussi, et toujours en Toscane, vers 1550, les projets d'assainissement des marais d'Ansedonia (G. VENEROSI PESCIOLINI, « Una Memoria del secolo XVI sulle palude di Ansedonia », *in : La Maremma*, VI, 1931). H. WÄTJEN note que la grosse affaire, en Toscane, sous le règne du grand-duc Ferdinand, c'est l'asséchement des marais, *Die Niederländer im Mittelmeergebiet*, 1909, p. 35. Sur un projet de bonification de la Maremme de Sienne, 1556, proposé au roi de France, cf. Lucien ROMIER, *Les origines politiques des guerres de religion*, 1913-1914, II, pp. 397-398.

230. Hansjörg DONGUS, « Die Reisbaugemeinschaft des Po-Deltas, eine neue Form kollektiver Landnutzung », *in : Zeitschrift für Agrargeschichte und Agrarsoziologie*, oct. 1963, pp. 201 et 202 ; C. ERRERA, « La bonifica estense nel Basso Ferrarese », *in : Rivista Geogr. ital.*, 1934, pp. 49-53.

231. Les bonifications dans l'État pontifical au temps de Pie V, PASTOR, *op. cit.*, XVII, p. 84.

232. B.N. Paris, Esp. 127, f° 20 v° et 21. Il s'agit d'un projet étudié en 1594 par la « Camera », on y a finalement renoncé. Le comte d'Olivarès s'y est cependant beaucoup intéressé. Les autorités étaient disposées à affermer l'entreprise.

233. Sur une éventuelle bonification à Aquilée, Giacomo Soranzo au doge, Vienne, 7 août 1561, G. TURBA, *Venet. Depeschen*, 13, p. 191.

234. C'est ainsi que j'interprète le livre, obscur parce que trop riche, de Richard BUSCH-ZANTNER, *Agrarverfassung, Gesellschaft und Siedlung in Südosteuropa*, Leipzig, 1938, et que je crois devoir l'éclairer. Pour lui, au contraire de CVIJIĆ, le *tschiftlik* n'est pas un village ancien, remontant au Moyen Age (p. 104-105). C'est un village récent né au XVIe siècle, avec une multiplication certaine au XVIIe, donc un village de colonisation moderne, de bonification. Situé au fond des plaines, près des eaux des lacs et des vallées, exposé souvent aux inondations (p. 124). Ömer Lutfi Barkan est d'accord avec mon interprétation.

235. R. CESSI, « Alvise Cornaro e la bonifica veneziana nel sec. XVI », *in : Rend. R. Acc. Lincei, Sc. Mor., St. e Fil.*, série VI, vol. XII, p. 301-23. Compte rendu de F. BRAUDEL, *in : Ann. d'Hist. Sociale*, 1940, pp. 71-72.

236. E. LE ROY LADURIE, *op. cit.*, pp. 442 et *sq.* Adam de

Craponne, 1519-1559, a construit le canal qui porte son nom et irrigue la Crau vers 1558, entre Durance et Rhône.

237. A. ZANELLI, *op. cit.*, p. 243.

238. A.d.S. Venise, *Annali di Venezia*, 11 avril 1593 et *sq.*

239. I. de Asso, *op. cit.*, pp. 72-73.

240. P. GEORGE, *op. cit.*, pp. 292-294.

241. Achats en direction de la porte de Vega, en direction du nouveau pont de Ségovie, au delà du Manzanares, autour de la Real Casa de Campo, aménagée par Philippe II. Voir notamment Simancas, Patronato Real, les actes de vente, n°s 3142 à 3168.

242. Pierre IMBART DE LA TOUR, *Les origines de la Réforme*, I, Melun, 1948, p. 218. Resterait à distinguer ici la vraie bonification de la colonisation en général des terres nouvelles. Le mouvement de conquête du sol est déclenché en France depuis le milieu du XVe siècle, ainsi qu'en Angleterre (René GANDILHON, *Politique économique de Louis XI*, 1940, p. 147). En ce qui concerne les domaines savoyards, bonifications mal signalées par le livre de seconde main de F. HAYWARD, *Histoire des ducs de Savoie*, 1941, II, p. 40.

243. E. LE ROY LADURIE, *op. cit.*, p. 86 et p. 87.

244. N'est-ce pas un des aspects du drame économique de Barcelone ? La bourgeoisie barcelonaise plaçant en terres son argent qui ne se risque plus dans les affaires maritimes ?

245. Le drainage par « pieds de gélines », Olivier de SERRES, *Pages choisies*, 1942, p. 64.

246. « Vita di D. Pietro di Toledo », *in : Archivio Storico Italiano*, IX, p. 21-22.

247. F. CARRERAS Y CANDI, *Geografia General de Catalunya*, Barcelone, 1913, p. 471-472.

248. Notamment I. de Asso, *op. cit.*, p. 94 et *sq.*

249. Ce qui suit, avant tout d'après le remarquable article de S. PUGLIESE, « Condizioni economiche e finanziarie della Lombardia nella prima metà del secolo XVIII », *in : Misc. di st. it.*, 3e série, t. XXXI, 1924, pp. 1-508, qui offre, dans ses premières pages, outre une bonne description géographique de la Lombardie, de nombreux renseignements relatifs au XVIe siècle.

250. A. FANFANI, « La rivoluzione dei prezzi a Milano nel XVI e XVII secolo », *in : Giornale degli economisti*, juillet 1932.

251. E. LUCCHESI, *I Monaci benedettini vallombrosani in Lombardia*, Florence, 1938.

252. S. PUGLIESE, *art. cit.*, pp. 25-27.

253. G. de Silva à S.M., 17 avril 1573, Simancas E° 1332.

254. A. SCHULTE, *op. cit.*, I, 252, pense que la culture du riz est venue d'Espagne en Lombardie avant 1475. L'exportation du riz vers l'Allemagne a été faite en premier lieu par le Bâlois Balthasar Irmi. Le riz introduit par Louis XII, Marco FORMENTINI, *Il Ducato di Milano*, Milan, 1876, II, p. 600 et *sq.* Sur le problème en général, S. PUGLIESE, *art. cit.*, p. 35.

255. Maurice PALÉOLOGUE, *Un grand réaliste, Cavour*, 1926, p. 21. Sur cette grosse question des manœuvres agricoles régulièrement appelés par les plaines, voyez l'exemple que donne Georges LEFEBVRE (*La Grande Peur de 1789*, Paris, 1957, p. 17) du Bas-Languedoc qui, à l'époque de la Révolution Française, prend ses travailleurs aux Causses et à la Montagne Noire. Autre exemple, présenté comme valable pour le XVIIe siècle, celui de la Thrace qui fait venir ses ouvriers agricoles de haute Bulgarie (Herbert WILHELMY, *Hochbulgarien*, Kiel, 1935, p. 235). La Thessalie (dont nous connaissons les exportations de grains par Volo) fait venir les siens de la Grèce moyenne, voire de l'Attique (VAUDONCOURT, *Memoirs on the Ionian Islands*, 1816, p. 215). Sur ces deux exemples balkaniques, R. BUSCH-ZANTNER, *op. cit.*, p. 94.

256. S. PUGLIESE, *art. cit.*

257. P. GEORGE, *op. cit.*, p. 354.

258. Au seigneur, et plus encore à la grande propriété, même quand la plaine n'est pas bonifiée. Jusqu'à nos jours, ou presque, il en a été ainsi (R. PFALZ, *art. cit., in : Geogr. Zeitschr.*, 1931, p. 134) : avant les dernières bonifications, 38 p. 100 du sol de la *Campagna* appartenaient à quatre grands propriétaires. Par contre, « en général, les régions montagneuses demeurent réservées à la petite propriété » (*ibid.*). Jugement plus nuancé de J. SION, *France méditerranéenne*, 1934, p. 143 : « Les régions les plus morcelées sont les pays de collines, relativement archaïques et pauvres (aujourd'hui) ; le grand domaine s'étale dans les plaines aux gros rendements et particulièrement dans le palus récemment conquis à grands frais ». Voir, à ce sujet, les renseignements de G. NIEMEIER, *op. cit.*, pp. 29-30 et 59, sur l'opposition de Cordoue, vieux centre avec de grandes propriétés, et Carlotta, ville neuve, créée au XVIIIe siècle, avec ses propriétés morcelées. Je crois personnellement au rôle considérable des monocultures envahissantes dans les plaines (le blé en fut une autrefois) et créatrices de grandes propriétés.

259. P. DESCAMPS, *Le Portugal. La vie sociale actuelle*, Paris, 1935, p. 14. Près de Vieira, dans le Minho, « la montagne est démocratique ; plus bas, et déjà à Vieira, il y a des fidalgos d'ancienne noblesse. Il existe encore des solares à Vieira et dans quelques paroisses ».

260. M. BANDELLO, *op. cit.*, I, nouvelle n° 12.

261. *Op. cit.*, p. 48.

262. J. CVIJIĆ, *op. cit.*, p. 172. Sur le paysan bulgare, son travail, son bien-être relatif au XVe siècle, ses charrues de bois traînées par des paires de bœufs ou de buffles, voir Ivan SAKAZOV, *Bulgarische Wirtschaftsgeschichte*, Berlin-Leipzig, 1929, p. 197 ; le paysan des plaines, bien plus que le montagnard ou le citadin, est attaché à son cadre. Pour le delta du Nil, J. LOZACH, *op. cit.*, p. 38. Désolation du delta au XVIe siècle, *ibid*, p. 50.

263. *Pyrénées méditerranéennes*, p. 245. Voyez, en Camargue, un cas analogue, les grands domaines qu'y possède, avant la Révolution, l'Ordre de Malte, J.J. ESTRANGIN, *Études archéologiques, historiques et statistiques sur Arles*, 1838, p. 307.

264. F. BENOIT, *op. cit.*, p. 26.

265. Pierre VILAR, *op. cit.*, I, p. 575 et *sq.*

266. Voir p. 441 note 58.

267. Daniele BELTRAMI, *Forze di lavoro e proprietà fondiaria nelle campagne venete dei secoli XVII et XVIII*, 1961, p. 67, donne la date de 1574, je lui préfère jusqu'à plus ample informé celle de 1566 que fournit Andrea da MOSTO, l'*Archivio di Stato di Venezia*, 1937, t. I, p. 168 : les *Proveditori* auraient été institués alors pour surveiller les cultures et le drainage des eaux et promouvoir l'activité agricole par la constitution de « sociétés » foncières.

268. Un peu plus du tiers d'un *ha*, mais le *campo* varie d'une région à l'autre, dans le Vicentino il vaut 3 862 m^2, D. BELTRAMI, *op. cit.*, p. 53, note 2.

269. Senato Terra 32, 16 septembre 1560 ; 29 novembre 1560.

270. *Ibid.*, 27, avant le 9 mai 1558.

271. *Ibid.*, 25.

272. *Ibid.*, 32.

273. *Ibid.*, 67.

274. *Ibid.*, 23.

275. *Ibid.*, 31.

276. Voir p. 86.

277. Domenico SELLA, *Commerci e industrie a Venezia nel secolo XVII*, 1961, p. 87 et *sq.*

278. Sur ce vaste problème, le livre pionnier de Daniele BELTRAMI, *Forze di lavoro e proprietà fondarie nelle campagne venete dei secoli XVII et XVIII*, 1961.

279. J'ai suivi le résumé de M. SORRE, *Les fondements biologiques de la géographie humaine*, p. 397 et *sq.* Y ajouter C. de CUPIS, *Le Vicende dell'agricoltura e della pastorizia nell'agro romano e l'Annona di Roma*, Rome, 1911, PFALZ, *art. cit.*, p. 133-134, et surtout Jean DELUMEAU, *op. cit.*, II, p. 521 et *sq.*

280. *Vita di Benvenuto Cellini scritta da lui medesimo*, trad. fr., Paris, 1922, II, pp. 240-246.

281. C. TRASSELLI, « Notizie economiche sui Corsi in Roma (secolo XVI) », *in : Archivio storico di Corsica*, X, oct.-déc. 1934, p. 576 et *sq.*

282. *Lettres d'Italie, op. cit.*, I, pp. 312-313. Sur le vide de la campagne romaine : « Aujourd'hui, ce sont des paysans de la Sabine et de l'Abruzze qui viennent de temps en temps semer quelques cantons de la campagne et s'en retournent jusqu'à la récolte. » L'explication du Pr. de Brosses sur les causes de la dépopulation et notamment la responsabilité de Sixte Quint, appelle de longs correctifs. Pastor pense que, si le mal paludéen

s'aggrave, c'est peut-être par le fait du déboisement : la lutte contre les bandits, à l'époque de Sixte Quint, se traduit en effet par l'incendie systématique des maquis qui leur servaient de repaires.

283. M. SORRE, *op. cit.*, p. 398.

284. Voyez combien E. QUINET, *Mes vacances en Espagne*, 1881, p. 320, est impressionné par les « marécages » du Guadalquivir. Entendez les *latifundia* humides des Marismas où s'élèvent des taureaux à demi sauvages, une vaste région de prairies en fleurs au printemps.

285. E. F. GAUTIER, *Genséric, roi des Vandales*, Paris, 1932, p. 109.

286. Sur ces questions, la très riche enquête de Georg NIEMEIER, *op. cit.*, pp. 37, 56-57, les ravages de la reconquête au delà du Guadalquivir. La colonisation systématique de l'Andalousie ne commence guère qu'avec Charles III. Elle est entreprise avec des colons allemands (p. 57). Pour les vides qui subsistent en 1767, voir la figure 8, page 62 du même ouvrage. Une seule colonisation au XVIe siècle : Mancha Real, fondée en 1540, dans la steppe de Jaen. Remarque décisive p. 100, sur l'importance de l'âge — donc de l'histoire — pour le régime des propriétés. A ce propos, comparaison d'une vieille communauté, Cordoue, avec une nouvelle, Carlotta, fondée en 1767. Pour l'exportation sévillane d'huile, de 60 à 70 000 quintaux, Pedro de MEDINA, *Libro de grandezas y cosas memorables de España*, 1548, f° 122.

287. G. BOTERO, *op. cit.*, p. 8.

288. Baron Jean-François BOURGOING, *Nouveau voyage en Espagne*, 1789, III, p. 50.

289. Voir tome II, pp. 283 et *sq.*

290. Au dossier historique de la transhumance, il faut verser les documents relatifs aux pâturages des présides de Toscane (Sim. Secretarias Provinciales de Napoles, legajo no. 1, 25 janv. 1566, 20 fév. 1566, 5 mars 1566, 15 mars 1566). Une lettre du duc d'Alcala au prince de Florence (copie, Simancas, 1055, f° 37) et la réponse du prince (*ibid.*, f° 66), au sujet des impôts établis par les Toscans sur les troupeaux transhumants qui gagnent la côte des présides. Un document en italien, sans date, adressé à Philippe II (sans doute de cette même année 1566) dit l'attrait pour les propriétaires de troupeaux, des pâturages de la zone chaude des présides, en bordure de la mer. La taxe à la sortie vers les pâturages des présides, établie par les Toscans, est de 10 lires pour 100 têtes de bétail *di pecore, capre et altro bestiame* (Simancas, E° 1446, f° 45). Sur la location de ces herbages, cf. 24 août 1587, A.d.S. Naples, Sommaria, fasc. 227. Sur l'importance énorme de « l'aduanero » de Foggia pour la transhumance, voir B. N. Paris, Esp. 127, f° 61 et 61 v° (vers 1600) et l'indication de la grosse affaire litigieuse d'un des fermiers de cette douane,

le marquis de la Paluda, dont les excès déterminèrent une action en justice.

A consulter une abondante littérature géographique. Cf. l'hypothèse de DEFFONTAINES sur les origines (dans la 4e édition, 1935, de Jean BRUNHES, *Géographie humaine*, p. 184) ; P. GEORGE, *op. cit.* (355 et *sq*) ; le livre déjà cité de Jules BLACHE et particulièrement les pp. 18 et *sq.*, 21, 31 ; P. ARQUÉ, *op. cit.*, p. 43. On trouvera un excellent résumé du problème en Méditerranée, avec une carte de la situation en 1938 dans le bassin tout entier, dans l'article d'E. MÜLLER, « Die Herdenwanderungen im Mittelmeergebiet », *in : Peterm. Mitteilungen*, 84, 1938, p. 364-370, avec bibliographie et notamment mention des grands livres de J. FRÖDIN, *Zentraleuropas Almwirtschaft*, 2 vol., 1941 et de MERNER, *Das Nomadentum in Nord-Westlichen Afrika*, Stuttgart, 1937. Le gros problème n'est pas seulement de dresser un répertoire de formes de la transhumance, c'est aussi d'en chercher les limites vers le Nord par rapport à la vie pastorale de type alpin, vers le Sud par rapport au nomadisme de la steppe, ce qui revient à un essai de bornage des pays méditerranéens. Les études récentes de X. de PLANHOL, dont on trouvera (ci-dessous, note 301 et p. 460, note 320), les références, sont sur ce point décisives.

291. J.J. ESTRANGIN, *Études archéologiques, historiques et statistiques sur Arles*, 1838, p. 334 et *sq.*

292. Fernand BENOÎT, *in : Encyclopédie des Bouches-du-Rhône*, t. XIV, p. 628. Sur le rôle des « capitalistes », voir les notes rapides mais éclairantes d'ALBITRECCIA, *op. cit.*, p. 256 et *sq.*

293. G. DESDEVISES DU DÉZERT, *Don Carlos d'Aragon, Prince de Viane, Étude sur l'Espagne du Nord au* XVe *siècle*, 1889, p. 27.

294. BUSCHBELL (art. dont la référence n'a pas été retrouvée), p. 7, note 1.

295. Jules BLACHE, *op. cit.*, p. 22 et *sq.*

296. M. LE LANNOU, *op. cit.*, p. 62.

297. M. SANUDO, *Diarii*, II, colonne 577.

298. M. SANUDO, *op. cit.*, I, colonne 898, Pise, 1er mars 1498.

299. *Ibid.*, XL, p. 816, Zara, 1er février 1526.

300. *Recueil des Gazettes*, année 1650, p. 88, Venise, 26 déc. 1649.

301. Xavier de PLANHOL, *De la plaine pamphylienne aux lacs pisidiens. Nomadisme et vie paysanne*, 1958, p. 194.

302. Th. SCLAFERT, *Cultures en Haute-Provence, Déboisements et pâturages au Moyen Age*, 1959, p. 133 et *sq.*, notamment cartes des pp. 134-135.

303. Josef IVANIC, « Über die apulischen Tratturi in ihrer volkswirtschaftlichen und rechtlichen Stellung », *in : Illyrisch-albanische Forschungen*, 1916, p. 389 et *sq.*

304. A.d.S., Naples, Sommaria Consultationum, 2, fos 12 v° à

15, 13 mars 1563 ; 11, f°s 61 v° et 64 v°, 10 octobre 1591. En 1561, le revenu de la *dohana delle pecore de Puglia* est de 164 067 ducats ; de 207 474 en 1564 ; de 310 853 en juin 1588 (*ibid.*, 2, f°s 78-83, 8 octobre 1564, et 9, f°s 426, 4 juin 1588).

305. G. CONIGLIO, *Il Viceregno di Napoli nel secolo XVII*, 1955, p. 28.

306. G.M. GALANTI, *Nuova descrizione storica e geografica delle Sicilie*, tome II, Naples, 1788, pp. 287, 303, 305, et mieux encore A.d.S., Naples, Sommaria Consultationum, 41, f°s 99 à 101, 17 oct. 1637.

307. Marciana, 5838, C II, 8.

308. A.d.S. Venise. *Cinque Savii*, 9, f° 162, 2 mars 1605.

309. Guillaume BOWLES, *Introduction à l'histoire naturelle et à la géographie physique de l'Espagne*, traduit de l'espagnol par le vicomte de Flavigny, Paris, 1776, p. 470.

310. Modesto ULLOA, *La hacienda real de Castilla en el reinado de Felipe II*, Rome, 1963, p. 222 et tout l'excellent chapitre, pp. 215-223.

311. Julius KLEIN, *The Mesta : a study in Spanish Economic History 1273-1836*, 1920, trad. esp., *La Mesta*, Madrid, 1936. Voir A. FRIBOURG, « La transhumance en Espagne », *in : Annales de Géographie*, 1910, pp. 231-244.

312. Jacob van KLAVEREN, *Europäische Wirtschaftsgeschichte Spaniens im 16. und 17. Jahrhundert*, Stuttgart, 1960, p. 200 et *sq.*

313. Roberto S. LOPEZ, « The origin of the merino sheep », *in : Jewish Social Studies Publication*, volume 5, New York, 1953, pp. 161-168.

314. Jacob van KLAVEREN, *op. cit., ibid.*, p. 200 et *sq.*

315. Wolfgang JACOBEIT, *Schafhaltung und Schäfer in Zentraleuropa bis zum Beginn des 20. Jahrhunderts*, Berlin, 1961.

316. Marie MAURON, *La transhumance du pays d'Arles aux grandes Alpes*, 1952.

317. J.F. NOBLE DE LA LAUZIÈRE, *op. cit.*, p. 461, 1632.

318. B.N. Esp. 127, f° 61 et 61 v°, s. d., début du XVIIe siècle.

319. Voir pp. 88-89.

320. Outre la thèse de Xavier de PLANHOL citée p. 459 note 301, sont décisifs ses articles, « Caractères généraux de la vie montagnarde dans le Proche-Orient et dans l'Afrique du Nord », *in : Annales de Géographie*, 1962, n° 384, pp. 113-129 ; et « Nomades et Pasteurs » I et II, *in : Annales de l'Est*, 1961, pp. 291-310, 1962, pp. 295-318. J'ai beaucoup emprunté à ces très belles études.

321. Je me réfère aux indications d'Emil WERTH, *Grabstock, Hacke und Pflug*, 1954, notamment p. 98.

322. British Museum Royal 14 R XXIII, f° 22 (vers 1611).

323. J. SAVARY DES BRULONS, *Dictionnaire universel de commerce...*, 1759, I, colonne 804.

324. X. de PLANHOL, *art. cit., in : Annales de Géographie*, 1962.

325. X. de PLANHOL, *art. cit., in : Annales de Géographie*, 1962, p. 121.

326. X. de PLANHOL, *De la plaine pamphylienne, op. cit.*, p. 202.

327. Toutes les précisions qui précèdent empruntées à X. de PLANHOL, « Géographie politique et nomadisme en Anatolie », *in : Revue internationale des Sciences sociales*, XI, 1959, n° 4.

328. François SAVARY, comte de BRÈVES, *Relation des voyages de monsieur... tant en Terre Saincte et Aegypte, qu'aux Royaumes de Tunis et Arger*, 1628, p. 37.

329. Fernand BRAUDEL, « Les Espagnols en Algérie, 1429-1792 », *in : Histoire et Historiens de l'Algérie*, 1931, pp. 245-246.

330. Voir p. 213.

331. Henry HOLLAND, *Travel in the Ionian Isles, Albania, Thessaly, Macedonia during the years 1812 and 1813*, Londres, 1815, p. 91-93.

332. *Op. cit.*, I, p. 144.

333. *Op. cit.*, I, p. 31.

334. *Mémoires*, IV, p. 76.

335. *Op. cit.*, pp. 109, 112, 251, 295.

CHAPITRE 2

AU CŒUR DE LA MÉDITERRANÉE
MERS ET LITTORAUX.

1. Éric de BISSCHOP, *Au delà des horizons lointains*, I, Paris, 1939, p. 344. Pour reprendre un mot de CERVANTES : « *navegando de tierra a tierra con intencion de no engolfarnos* », *Nouvelles exemplaires*, I, 254. Il s'agit d'un voyage de Gênes en Espagne.

2. Pierre Martyr au comte de Tendilla et à l'archevêque de Grenade, Alexandrie d'Égypte, 8 janvier 1502 (lettre n° 231) republiée par Luis GARCIA Y GARCIA, *Una embajada de los Reyes Católicos a Egipto*, 1947, p. 55, note.

3. *Costeggiare*, côtoyer, c'est aussi aller prudemment : le doge de Venise conseille au duc de Ferrare d'aller « *costegiando* », A.d.S. Modène, Venezia 77 IX, f° 43, J. Tebaldi au duc, Venise, 29 avril 1526. Le contraire, aller tout droit, c'est s'engoulfer, aller « *a camin francese* ». Le Capitaine Général de la Mer, Tommaso Contarini, écrit de Corfou, le 10 juillet 1558 : « ... *La notte, si comme le scrissi, levatomi me ne venni qui a camin francese, senza tochar alcun loco...* » A.d.S. Venise, Proveditori da Terra e da Mar, 1078. Autre expression, mais moins précise : *venire de lungo*. A.d.S. Venise, Senato Mar 19, f° 34, 28 décembre 1517, des navires de blé, chargés à Chypre... « *sono venute de*

longo a Venetia senza tocar Corphù ». L'expression espagnole *a largo mar, CODOIN* LV, p. 8 (1628).

4. Arch. de Raguse, référence exacte égarée. Voyez Bertrand de LA BORDERIE, *Le Discours du Voyage de Constantinople*, Lyon 1542 p. 6 ; BELON DU MANS (*op. cit.*, p. 85) passe si près de la Pointe de Magnésie « que nous eussions peu jetter une pierre de nostre navire jusques en terre ». Navires prisonniers de la côte, *Saco de Gibraltar*, pp. 134, 136.

5. J. de BARROS, *Da Asia, Dec.*, I, livre IV, ch. XI (édition A. Baião, p. 160) : « *jantando em un porto e ceando em outro* ».

6. Damião PERES, *História de Portugal*, 1928-1933, IV, p. 214 ; Thomé CANO, *Arte para fabricar... naos de guerra y merchante...* Séville, 1611, p. 5 v°. Escalante de Mendoza, 1575, fait la distinction entre les « *marineros de costa y derrota y otros de alta mar* ». Ne sont marins de haute mer ni ceux qui naviguent de Biscaye en France..., ni ceux qui vont « vers tout le Levant » ; Henri LAPEYRE, *Une famille de marchands : les Ruiz*, 1955, p. 194.

7. *Op. cit.*, p. 25.

8. Cf. Le voyage des archiducs Rodolphe et Ernest (E. MAYER-LOEWENSCHWERDT, *Der Aufenthalt der Erzherzöge R. und E. in Spanien, 1564-1571*, Vienne, 1927), ou celui du cardinal Camillo Borghese (A. MOREL FATIO, *L'Espagne au XVIe et au XVIIe siècle*, 1878, p. 160-169) qui, en 1594, s'arrête ainsi à Livourne, Savone, Palamos, Barcelone « costegiando la riviera di Catalogna ». Marie de Médicis met 22 jours, de Livourne à Marseille, 13 octobre-3 novembre 1600, Agrippa d'AUBIGNÉ, *Histoire Universelle*, édit. pour la *Société de l'Histoire de France* par A. de Ruble, 1886-1897, IX, pp. 338-339.

9. La Prevesa, Lépante... Mais aussi la Hougue, Aboukir, Trafalgar. N'est-ce qu'aujourd'hui que la guerre se perdrait au milieu des océans ? R. LA BRUYÈRE, *Le drame du Pacifique*, 1943, p. 160.

10. Paul MASSON, *Histoire du commerce français dans le Levant au XVIIe siècle*, 1896, p. 487-488. C'est la vieille route marseillaise avec cette différence qu'au XIIIe siècle, un petit nombre de navires seulement gagnaient la Syrie à partir de Messine, sans y faire relâche.

11. BELON DU MANS, *op. cit.*, p. 81 v° et *sq.*

12. Ugo TUCCI, « Sur la pratique vénitienne de la navigation au XVIe siècle », *in : Annales E.S.C.*, 1958, pp. 72-86.

13. Simancas E° 1392, Figueroa au Roi, Gênes, 30 avr. 1563 : le duc de Monaco a arrêté trois *escorchapines* qui venaient de Tortosa, chargés de laine, parce qu'ils n'avaient pas payé le droit au passage. Les marchandises étaient destinées à des négociants espagnols de Florence. Le duc prétend que son privilège a été confirmé par Charles-Quint. A.d.S., Genova, L. M. Spagna, 10-2419 : une galère savoyarde a pris (oct. 1588) dans la rivière

même de Gênes, à un mille des terres, des barques chargées d'huile, parce qu'elles n'avaient pas payé le droit de Villefranche. Sur le droit de Villefranche, qui remonte à 1558, voir Paul MASSON, *Histoire du commerce français dans le Levant au XVIIe siècle*, 1896, p. 72-73 et *Histoire du commerce français dans le Levant au XVIIIe siècle*, 1911, p. 192-193 ; *C.S.P.* VII, p. 229, 25 juin 1560 ; A.N., Marine B31 ; Gênes, Manoscritti n° 63, 1593 ; A.d.S. Florence, Mediceo 2842, 11 août 1593 ; A.N., Affaires Étrangères B1, 511 Gênes, 17 juin 1670 ; *Lettres de Henri IV*, VI p. 126.

14. La seule possession de Piombino (on sait que Piombino, État seigneurial indépendant, sera occupé par Cosme de Médicis de 1548 à 1557) est considérée comme capable de rompre la navigation d'Italie. Il est vrai que Piombino, au cas où Gênes échapperait à l'Espagne, est le seul port apte à la liaison Espagne-Italie : Livourne n'est pas un bon port, Monaco est « *poco capaz* » (Instruction de J. de Vega à Pedro de Marquina, BUSCHBELL, *art. cit.*, p. 338, sept. 1545). Sur Piombino, Arch. Hist. Nacional, Madrid, n° du catalogue 2719, énorme documentation. H. Lippomano au doge (A.d.S. Venise), Madrid, 26 janvier 1587 : le grand-duc de Toscane offrirait un million d'or pour les présides, voire pour un seul d'entre eux. Philippe II n'y veut consentir : « *perché tra le altre cose non haverebbe dalle parte di Catalogna et da tutte le rive di Spagna fino a Napoli alcun porto di conto...* »

15. Richard EHRENBERG, *Das Zeitalter der Fugger*, 1922, I, 373, Paul HERRE, *Weltgeschichte am Mittelmeer*, 1930, pp. 229-231.

16. P. GAFFAREL, *Histoire du Brésil français au XVIe siècle*, 1878, pp. 100-101.

17. A.d.S. Venise, H° Lippomano au doge, Madrid, 19 novembre 1586.

18. A.d.S. Florence, Mediceo 2079, f°s 337 et 365. Les naves sont italiennes probablement. Voyage en droiture du Brésil à Livourne, mais, semble-t-il, d'un navire portugais, Mediceo 2080, 29 nov. 1581. Mention aussi d'une nave envoyée « alle Indie » par le grand-duc Ferdinand pour y découvrir des terres nouvelles, à la date de 1609, *in :* BALDINUCCI, *Giornale di ricordi*, Bibliothèque Marciana, VI, XCIV. Y a-t-il erreur d'une année ? Le grand-duc Ferdinand d'accord avec les Hollandais pour coloniser une partie du Brésil au début du XVIIe siècle, Giuseppe Gino GUARNIERI, *Un audace impresa marittima di Ferdinando I dei Medici, con documenti e glossario indo-caraibico...* Pise, 1928, p. 24, notes.

19. J. CVIJIĆ, *La péninsule balkanique*, 1918, p. 377.

20. Édouard PETIT, *André Doria, un amiral condottiere au XVIe siècle, 1466-1560*, 1887, p. 175 ; BELON écrit bien, *op. cit.*, p. 92, « Les anciens avaient de plus grandes difficultés dans leurs navigations que nous n'en avons maintenant... et le plus souvent

ils ne perdaient point la terre de vue. Mais maintenant que tout le monde a connu la vertu de la pierre de l'Aimant la navigation est facile. » Et il signale l'usage que les corsaires font de la pierre d'aimant. Mais justement les corsaires n'ont-ils pas besoin d'aller au large, de fondre du large ? La boussole serait arrivée de Chine en Méditerranée au XIIe siècle. Mais est-ce sûr ?

F.C. LANE, « The Economic Meaning of the Invention of the compass », *in : The American Historical Review*, vol. LXVIII, n° 3, avril 1963, p. 615.

21. Les remarques de BISSCHOP, *op. cit.*, p. 332, sur la côte aride et revêche de l'Espagne méditerranéenne. La note de SIEGFRIED, *op. cit.*, p. 319, sur les côtes sèches et souvent désertes de la Méditerranée. Remarques analogues de R. RECOULY, *Ombre et soleil d'Espagne*, 1934, p. 174 ; des centaines de kilomètres sans apercevoir ni villes ni villages. Côtes désertes, mais aussi sans abri. Ainsi la côte d'Espagne, du cap de Palos au cap de Salon, n'a d'abris, en dehors de Valence et Alicante, que contre les vents de terre (*Instructions Nautiques*, n° 345, p. 96). Sur *toute* la côte espagnole de Méditerranée, pas d'abri naturel contre les vents du large (*ibid.*, p. 1). Côtes montagneuses et dénudées de Provence, Honoré BOUCHE, *Chorographie, ou des descriptions de la Provence...*, 1664, p. 18.

22. Richard HENNIG, *Terrœ Incognitœ*, 2e éd., 1953, III, p. 261.

23. João de BARROS, *Da Asia*, Déc. I, livre I, chap. 2, Venise, 1551, p. 7.

24. Georg FRIEDERICI, *Der Charakter der Entdeckung und Eroberung Amerikas durch die Europäer*, 1936, II p. 23.

25. Vitorino MAGALHAËS-GODINHO, *L'Économie de l'Empire portugais aux XVe et XVIe siècles. L'or et le poivre. Route de Guinée et route du poivre*, Paris, 1958, Thèse dactylographiée, Sorbonne, p. XLVIII et *sq.*

26. Y.M. GOBLET, *Le Temps*, 30 avril 1938.

27. Les barques multicolores de l'Égée, à pavois relevés (W. HELWIG, *Braconniers de la mer en Grèce*, trad. fse, 1942, p. 133). Dans la mer des Baléares, aujourd'hui encore, les fines goélettes porteuses d'oranges, R. RECOULY, *op. cit.*, p. 179.

28. Emmanuel GRÉVIN, *Djerba l'île heureuse et le Sud Tunisien*, 1937, p. 35.

29. Théophile GAUTIER, *in : Voyage à Constantinople*, 1853, p. 36. Voyez le spectacle actuel du port de Cavalla (M. N. « Kawalla die Stadt am weissen Meer », *Kölnische Zeitung*, 16 juillet 1942) ; les voiliers chargés de tabac, d'olives, de calmars desséchés...

30. Cdt. A. THOMAZI, *Histoire de la Navigation*, 1941, p. 23.

31. Pour des descriptions particulières, cf. sur la baie de Naples, *Instructions Nautiques*, n° 368, p. 131 ; sur le golfe de Volo, aux îles innombrables, HELWIG, *op. cit.*, p. 16 ; sur le

golfe de Quarnero, H. HOCHHOLZER, « Die Küsten der Adria als Kultur-Siedlungs-und Wirtschaftsbereich », *in : Geogr. Zeitsch.*, 1932.

32. Dolu à l'évêque de Dax, Constantinople, 18 févr. 1561, E. CHARRIÈRE, *op. cit.*, II p. 650-652 : au sujet d'incursions moscovites contre la Tana. Les Moscovites profitent de ce que les rivières sont gelées. Ils se retirent chez eux au printemps (cf. *ibid.*, p. 647-648 et 671-672, 5 févr. et 30 août). Pour les pirateries par mer des Russes, une indication en 1608 : Avisos de Constantinople, 12 juin 1608, A. N., K 1679. Le Pacha de la Mer a songé à envoyer contre eux des galères, mais des galères, lui dit-on, ne peuvent rien contre ces bateaux légers. Il vaut mieux envoyer contre eux des « *caiches que son barcos medianos* ». En 1622, incursions en mer Noire de Cosaques au service de la Pologne, sac de Caffa « capitale du Tartare », Naples, *Storia Patria*, XXVIII, B 11, f°s 230 et 230 v° ; 1664, J.B. TAVERNIER, *op. cit.*, p. 274.

33. La Mingrélie, note TAVERNIER (*op. cit.*, I, p. 275) en 1664, est toujours en bons rapports avec la Turquie « parce que la plus grande partie du fer et de l'acier qui se consomme dans la Turquie vient de Mingrélie par la mer Noire »...

34. BELON DU MANS, *op. cit.*, p. 163.

35. « Ceste furieuse mer là... », 19 mai 1579, E. CHARRIÈRE, *op. cit.*, III, p. 799. Les navires de la mer Noire sont souvent mal lestés. Cf., à propos du naufrage d'un navire chargé de planches, TOTT, *Mémoires, op. cit.*, II, p. 108.

36. Avis de Constantinople 17, 18, 24 oct. 1575, Simancas E° 1334.

37. La mer Noire a été ouverte aux Italiens vers 1265, par la décadence politique de Byzance : G. BRATIANU, *Études byzantines*, 1939, p. 159.

38. A. PHILIPPSON, « Das Byzantinische Reich als geographische Erscheinung », *in : Geogr. Zeitschrift*, 1934, p. 448.

39. I. NISTOR, *Handel und Wandel in der Moldau*, 1912, p. 23.

40. C'est une grosse question que ce commerce occidental dans la mer Noire. Pour le commerce de Raguse, voir pp. 388-389. De temps à autre, Venise aura encore poussé des navires jusqu'en mer Noire (H. F° au doge, Péra, 25 mai 1561, A.d.S. Venise, Sen° Secreta, Const., Fza 3C. Il s'agit d'une petite nave vénitienne partie pour la Mingrélie). A noter (A.d.S., Florence, Mediceo 4274) que, dans le projet de capitulation entre Florence et Constantinople, les Florentins demandent la libre navigation en mer Noire, 1577.

41. G.I. BRATIANU, « La mer Noire, plaque tournante du trafic international à la fin du Moyen Age », *in : Revue du Sud-Est Européen*, 1944, p. 36-69.

42. Cf. tome III, pp. 197-198. Sur la grosse question du canal du Don à la Volga, voir les antécédents J. MAZZEI, *Politica*

doganale differenziale, 1931, p. 40 et mieux encore W.E.D. ALLEN, *Problems of turkish Power in the Sixteenth Century*, 1963, p. 22 et *sq.*

43. J.W. ZINKEISEN, *Geschichte des osmanischen Reiches in Europa*, 1840-1863, III, p. 299 et *sq.*

44. Robert MANTRAN, *Istanbul dans la seconde moitié du* XVIIe *siècle*, 1963, énumère les types de bateaux turcs aux noms reconnaissables : firkata (frégate), zaïka (saïque ou caïque), kalyon (galion), p. 318, note 2 ; faut-il distinguer le *saïque*, bateau grec par excellence porteur de blé dans l'Égée et la Marmara, du *caramusali, Haramürsel*, dans la seule mer de Marmara, « du nom du port voisin d'Izmit (Nicomédie) où on le construit », p. 488-489 : bateau à demi ponté, avec trois voiles et des rames ? Les textes occidentaux ne sont pas d'accord...

45. *Casa Grande e senzala*, Rio de Janeiro, 5e édit. 1946, I, p. 88 ; Paul ACHARD, *La vie extraordinaire des frères Barberousse, op. cit.*, p. 53.

46. Gonzalo de REPARAZ, *Geografía y política*, Barcelone, 1929, *passim.*

47. E.-F. GAUTIER, *Les siècles obscurs du Maghreb*, 1927, p. 280.

48. D'après les documents de la série Estado Castilla, à Simancas. Cf. tome II, pp. 611-612.

49. 14 mars 1565, Simancas E° 146.

50. R. RICARD, « Les Portugais au Maroc », *in : Bulletin de l'Ass. Guillaume Budé*, juill. 1937, p. 26.

51. D. de HAEDO, *Topographia..., op. cit.*, p. 19 v°.

52. F. BRAUDEL et R. ROMANO, *Navires et marchandises à l'entrée du port de Livourne, 1547-1611*, 1951, p. 45.

53. *Ibid.*, p. 45.

54. J. DENUCÉ, *L'Afrique au* XVIe *siècle et le commerce anversois*, 1937, p. 12.

55. Philippe II à l'Adelantado de Castille, S. Lorenzo, 4 septembre 1594, Simancas E° Castilla 171, f° 107, a su que l'Adelantado, qui est avec ses navires à Ceuta, a l'intention de nettoyer la côte jusqu'au Cap San Vicente, qu'il aille jusqu'à Lisbonne.

56. USTARIZ, *op. cit.*, pp. 260-261 (1724).

57. A.d.S. Venise, Alvise Correr au Doge, Madrid, 28 avril 1621. Réussite très difficile, note le Vénitien « vu la grande distance d'une rive à l'autre du détroit ».

58. Xavier A. FLORES, *Le « Peso Politico de todo el mundo » d'Anthony Sherley*, 1963, p. 176.

59. *Ibid.*, p. 111.

60. A.d.S. Venise, H° Lippomano au doge, Madrid, 19 novembre 1586, sur le passage d'Amurat, roi corsaire d'Alger « par une nuit obscure ».

61. R.B. MERRIMAN, *The Rise of the Spanish Empire*, 1934, IV, p. 248, 434. Est-ce la faute des Aragonais, trop occupés de

leurs petites affaires, comme le soutient R. KONETZKE, *op. cit.*, p. 148 ? Sur ce point, je ne le suivrai pas volontiers.

62. Giovanni LIVI, *La Corsica e Cosimo dei Medici*, Florence, 1885.

63. A.d.S. Florence, Mediceo, 2080.

64. Jean DELUMEAU, *Vie économique et sociale de Rome dans la seconde moitié du XVIe siècle*, I, 1957, p. 128.

65. Danilo PRESOTTO, « *Venuta Terra* » *et* « *Venuta Mare* » *nel biennio 1605-1606*, thèse dactylographiée, Faculté d'Économie et Commerce de Gênes, 1964, p. 31 et *sq*.

66. Giovanni REBORA, *Prime ricerche sulla* « *Gabella Caratorum Sexaginta maris* », thèse dactylographiée, Faculté d'Économie et Commerce de Gênes, 1964, p. 31.

67. Danilo PRESOTTO, *op. cit.*, p. 53.

68. A.d.S. Florence, Mediceo, 2080.

69. *Principes de géographie humaine*, p. 265.

70. Voir p. 366.

71. Jacques HEERS, *Gênes au XVe siècle*, 1961, p. 275.

72. *Mémoires de Messire Philippe de Comines, augmentés par M. l'abbé Lenglet du Fresnay*, éd. Londres et Paris, 1747, IV, p. 103. Les naves jaugent 2 100 et 1 750 tonnes, au maximum, et sans doute 1 500 et 1 250.

73. Mapa del mar Adriatico, 1568, Sim. E° 540. Énorme littérature à ce sujet : cf. les quelques lignes de LE DANOIS, *op. cit.*, p. 107 ; de A. PHILIPPSON, *op. cit.*, pp. 40-41 ; de J. BOUCARD, sur « L'histoire récente de l'Adriatique », *in : C.R.S. de la Soc. géologique de France*, n° 5, mars 1925. Prenons à H. HOCHHOLZER, *art. cit., in : Geogr. Zeitschrift*, 1932, p. 93-97, ces quelques mesures précises : de Venise au détroit d'Otrante, l'Adriatique compte 700 km ; sa superficie — 140 000 km² — est ainsi d'un sixième seulement plus étendue que celle du golfe de Finlande. Réduite à un cercle, elle aurait 492 km de diamètre. Ses côtes continentales et insulaires mesurent respectivement 3 887 et 1 980 km, soit au total 5 867 km. Sauf pour le littoral vénitien et albanais, courbe de — 10 m collée au rivage.

74. Maurice HOLLEAUX, *Rome, la Grèce et les monarchies hellléniques*, 1921, pp. 176-177.

75. B.N., Paris, Esp. 127, f° 7. Début du XVIIe s.

76. E. ALBÈRI, *Relazioni degli ambasciatori veneti*, II, V, p. 465.

77. B.N. Paris, Fr., 16.104.

78. La côte ouest dépourvue de ports, *Instructions Nautiques*, n° 408, p. 32.

79. A.d.S. Venise, Senato Mar, 15, f° 2.

80. Venise décidée à fortifier Corfou à cause du danger turc ; évêque de Dax au roi, Venise, 29 juil. 12 août 1559, E. CHARRIÈRE, *op. cit.*, II, pp. 600-601.

81. V. LAMANSKY, *op. cit.*, pp. 610-611.

82. P. CANAYE, *op. cit.*, pp. 190-192, année 1573.

83. V. LAMANSKY, *op. cit.*, p. 611.

84. Correr, D. delle Rose 21, f° 29.

85. Felice TOFFOLI, « Del commercio di Veneziani ai tempi della Repubblica, con accenni a Trieste », 1867, p. 24, extrait de l'*Osservatore Triestino*, mai 1867.

86. Serafino RAZZI, *La storia de Raugia*, 1595, éd. 1803, p. 260.

87. A.d.S., Venezia, *Cinque Savii alla Mercanzia*, Busta 4, copie (extraits de l'histoire de Gio. Batta Nani). Innombrables sont les incidents antérieurs. Cf. lettre du recteur de Raguse au consul ragusain à Venise (16 janvier 1567) au sujet de marchandises saisies par le comte de Corzola qui demande paiement d'un droit de douane de 10 p. 100 (Arch. de Raguse, L.P., I, f° 34, A.d.S Venise, *Cinque Savii*, Busta 3, copie, 10 août 1597).

88. Venise, *Cinque Savii alla mercanzia*, Busta 3, les Cinq Sages au doge, 29 déc. 1634, copie. Lutte contre Ancône et son commerce des cuirs par suppression des droits de douane (de 1545 à 1572) sur les noix de galle venant de Haute et Basse Romania.

89. En 1559, le gros incident de Durazzo : le provéditeur Pandolfo Contarini poursuivant des corsaires turcs, ceux-ci se réfugient à Durazzo : le Vénitien bombarde la ville... Cf. CAMPANA, *La vita del catholico... Filippo II*, 1605, II, XI, p. 82-83, et l'évêque de Dax au roi, 30 avr., 20 mai 1559, E. CHARRIÈRE, *op. cit.*, II, p. 573-575. En 1560, pacifiquement cette fois, elle se fait céder « trente et trois cazalz » dans les environs de Sebenico, que le Turc avait usurpés (Dolu à l'évêque de Dax, Constantinople, 21 sept. 1560, E. CHARRIÈRE, *op. cit.*, II, 625-628).

90. A.d.S. Venise, *Cinque Savii*, 9, f° 175.

91. Politique évidente en ce qui concerne le sel des salines de l'Adriatique, à peu près toutes sous sa coupe, ou même le sel importé de plus loin. Politique nécessaire, sans doute : en 1583-1585, pour trois années, le commerce maritime à l'exportation de Venise est de 1 600 000 ducats « dentro del colfo fin a Corfu » et de 600 000 au delà (A.d.S. Venise, Papadopoli, codice 12, f° 22 v°). Le calcul est fait par un contemporain, à partir du « datio della uscita » de 5 p. 100 sur les marchandises. Pour le sel, vraie monnaie supplémentaire en Adriatique, cf. Fernand BRAUDEL, « Achats et ventes de sel à Venise (1587-1793), *in : Annales (E.S.C.)*, 1961, pp. 961-965, et la carte jointe. Par le sel, Venise tient la clientèle des éleveurs balkaniques.

92. A.d.S. Venise, *Cinque Savii*, 13 mai 1514 : droit de charger et de transporter directement, à Alexandrie d'Égypte, huiles, amandes, noix, châtaignes.

93. A.d.S. Venise, *Senato Mar*, 186, 6 mars 1610.

94. *Ibid.*, 19, 20 juin 1520.

95. Francisco de Vera à Philippe II, 7 octobre 1589, A.N., K 1674.

96. L'empereur à Dietrichstein, 2 mai 1570, P. HERRE, *Europäische Politik im cyprischen Krieg*, 1570-73, 1902, p. 148 ; sur les querelles et négociations entre Vienne et Venise, voir G. TURBA, *op. cit.*, XII, p. 177, note (23 nov. 1550), XIII, p. 148 (9 juin 1560). L'Allemagne « n'a eu la voie libre en Adriatique qu'avec le règne de Charles VI », cf. KREBS, *art. cit.*, p. 377-378 et, mieux, J. KULISCHER, *Allgemeine Wirtschaftsgeschichte*, 1928-1929, II, 236-237.

97. A. LE GLAY, *Négociations diplomatiques entre la France et l'Autriche durant les trente premières années du* XVIe *siècle*, I, 1845, p. 232.

98. Ainsi, A.d.S. Venise, *Cinque Savii*, 2, 26 févr. 1536 : les navires vénitiens transportant des marchandises chargées dans le Levant pour le compte de Vénitiens ou d'étrangers vont souvent débarquer directement dans les villes du *Sottovento*, on le leur interdit formellement. Sur les vins des Pouilles transportés en Dalmatie, cf. relation de Giustiniano, 1576, B.N. Paris, Ital. 220, f° 72, copie. Et déjà, le 5 oct. 1408, on trouve formulée (*Cinque Savii*, 2) l'interdiction d'exporter du blé hors du « golfe ».

99. Nombreuses références, ainsi A.d.S. Venise, Senato Terra 4, f° 123 v°, f° 124, 27 septembre 1459 ; Senato Mar 6, f° 89 v°, 28 septembre 1459. Course génoise aussi, Senato Mar 6, f° 196 v°, 16 juin 1460.

100. Une des premières apparitions de corsaires turcs, A.d.S. Venise, Senato Mar 18, f° 119 v°, 9 septembre 1516, il s'agit du corsaire *Curthogoli* avec 12 à 15 voiles à l'entrée du golfe.

101. En 1533, à la hauteur de Valona, une fausse manœuvre livre deux galères vénitiennes à 12 galiotes barbaresques, Giuseppe CAPPELLETI, *Storia della Repubblica di Venezia del suo principio al suo fine*, Venise, t. VIII, 1852, p. 199.

102. Aggravation cependant dès 1570, Museo Correr, D. delle Rose, 481, 1er octobre 1570 : entre vin et huile les corsaires ont fait 76 000 ducats de prise.

103. V. LAMANSKY, *op. cit.*, pp. 600-601.

104. Giacomo Tebaldi au duc de Ferrare, Venise, 28 mars 1545. A.d.S. Modène Venezia XXIV, 2383/72 « *Quelli diavoli Scochi hano preso certi navilii richi et impicato tutti quelli v'erano dentro, com'intesero ch'erano venetiani* ».

105. Correr, D. delle Rose 21, f° 78.

106. Correr Cicogna, 1999 (s.d.).

107. A.d.S. Venise, Papadopoli 12, f° 25.

108. Le témoignage, entre cent autres, de H. HOCHHOLZER, *art. cit.*, p. 150. Ne pas accepter les exagérations des livres et plaidoyers d'Attilio TAMARO, dans *L'Adriatico golfo d'Italia*, 1915. Cette précaution prise, on peut reconnaître la valeur et le talent de ses études, « Documenti inediti di storia triestina, 1298-

1544 », *in : Archeografo triestino*, XLIV, 1931, ou de sa *Storia di Trieste*, 2 vol., Rome, 1924. Intéressants points de vue effleurés par Bozzo BALDI, *L'isola di Cherzo*, préface de R. Almagià, fasc. 3, Studi geografici pubblicati dal Consiglio Nazionale delle Ricerche, 1934 ; les bases de l'italianité dans cette île, bases sociales et économiques, ont été la grande propriété et l'armement maritime.

109. Antonio TEJA, « Trieste e l'Istria negli atti dei notai zaratini del 300 », *in : Annali del R. Ist. Tech. Rismondo*, 1935 ; Silvio MITIS, *Il governo della repubblica veneta nell'isola di Cherso*, 1893, p. 27.

110. A. PHILIPPSON, « Das byzantinische Reich als geographische Erscheinung », *in : Geogr. Zeitschr*, 1934, pp. 441-455.

111. Instructions de Pandolfo Strozzi au général des galères envoyées en course, Livourne, 1er avr. 1575, A.d.S. Florence, Mediceo, 2077, f° 540 et v°. Le raid doit se faire par l'itinéraire suivant : Messine, cap Passero, cap Misurata, car, auprès de ce dernier cap africain, passent les naves qui viennent du Levant vers Tripoli, Tunis, Bône et Alger.

112. Sur les migrations d'un bassin à l'autre, cf. deux Grecs condamnés dans l'autodafé de Murcie, 14 mai 1554 (A.H.N., L° 2796). Des Grecs qui vont à Madrid (Terranova à S.M., Palerme, 20 déc. 1572, Simancas E° 1137). Sur les Grecs à Livourne au XVIe siècle, très nombreux documents. Un Grec de Cadix fait prisonnier par les Turcs d'Alger, 1574, D. de HAEDO, *op. cit.*, p. 175 v°. Un Chypriote à Majorque, 19 févr. 1589, RIBA Y GARCIA, *El consejo supremo de Aragon en el reinado de Felipe II*, 1914, p. 285. Grecs au service de la marine espagnole ; Tiepolo au doge, 19 août 1560, *Calendar of State Papers (Venetian)*, VII, 247.

113. J. SAUVAGET, *Introduction à l'histoire de l'Orient musulman*, 1943, pp. 43-44.

114. Le but recherché par Ferdinand le Catholique en 1509-1511, lors des grandes expéditions de Pedro Navarro, ce n'est pas seulement d'aveugler les ports de course du Maghreb ou d'ouvrir les voies à une nouvelle guerre de Grenade dont l'Afrique serait le prix (cela, Isabelle l'avait vu et rêvé, non pas lui). C'est surtout de créer une route maritime appuyée sur la côte, de l'Espagne du Sud à la Sicile riche en grains. Oran était enlevé en 1509, et en 1511, déjà l'armada espagnole se saisissait de Tripoli de Barbarie. Cette rapidité révèle le sens de sa mission. (Fernand BRAUDEL, « Les Espagnols et l'Afrique du Nord », *in : Revue Africaine*, 1928). Lucien ROMIER a cru relever une intention semblable dans la campagne de Charles Quint contre la Provence.

115. V. LAMANSKY, *Secrets d'État de Venise*, Saint-Pétersbourg, 1884, pp. 563-564, relation vénitienne de 1559.

116. Sur la grande opposition Orient et Occident, durant l'antiquité romaine — qui confirme ce que j'avance — voir G.I.

BRATIANU, *Études byzantines*, 1939, pp. 59-60, 82-83. Jacques PIRENNE, *Les grands courants de l'histoire universelle*, 1944, I, p. 313. Pierre WALTZ, *La Question d'Orient dans l'Antiquité*, 1943, p. 282.

117. R. PFALZ, *art, cit.*, p. 130, note 1, indique qu'en 1928, il a été pêché sur les côtes de Gênes, 10 280 qx de poisson, alors que les besoins de la ville sont de 20 000 qx. Le pêcheur italien gagne quatre fois moins que le pêcheur français et huit fois moins que le pêcheur anglais, et cependant, en France et en Angleterre, le poisson n'est pas plus cher qu'en Italie.

118. Sur la pêche des thons, Philippe II au duc d'Albe, 4 mai 1580 (*CODOIN*, XXXIV, p. 455), 19 mai 1580 (*ibid.*, p. 430), 18 avril (*ibid.*, XXXLL, p. 108), A. de MORALES, *Las antigüedades de las ciudades de España*, Madrid, 1792, f° 41 v°, dit qu'en 1584, la pêche des thons rapporte en Andalousie 70 000 ducats aux ducs de Medina Sidonia et d'Arcos. Ce détail pittoresque : au moment de la pêche « *tocase a tambores y hazese gente para yr a su tiempo a esta pesqueria con el atruendo y ruydo que se aparaja una guerra* ». Pêches à Conil, de mai à juin, la mer rouge de sang. Pedro de MEDINA, *Libro de grandezas y cosas memorables de España*, éd. augmentée par D. PEREZ DE MESSA, 1595, p. 108.

119. E. LE DANOIS, *op. cit.*, p. 197-198.

120. Danilo PRESOTTO, *op. cit.*, p. 364.

121. Alberto TENENTI, *Cristoforo da Canal*, 1962, p. 82.

122. Lettre patente de Philippe II, 1er oct. 1561 en faveur de l'Écossais Chasteniers qui a armé une galère contre les Infidèles. B.N., Paris, Fr. 16103, fos 69 et 69 v°.

123. A.d.S., Florence, Mediceo (référence incomplète).

124. G. VIVOLI, *Annali di Livorno*, IV, pp. 10-11.

125. *Ibid.*, IV, p. 10.

126. F.C. LANE, *Venetian ships and shipbuilders of the Renaissance*, 1934, p. 37-38.

127. *Ibid.*, p. 42.

128. B. HAGEDORN, *Die Entwicklung der wichtigsten Schiffstypen*, Berlin, 1914, pp. 1-3 et 36 ; références dans F.C. LANE, *op. cit.*, p. 41.

129. *Instructions Nautiques*, n° 368, p. 66-70. Andrea NAVAGERO, *Il viaggio fatto in Spagna*, 1563, p. 2 (1525) : affreux chemins de Gênes à Rapallo, mais le pays est bien peuplé.

130. V. LISICAR, *Lopud. Eine historische und zeitgenössische Darstellung*, 1932 ; Lopud est l'île de Mezzo.

131. Museo Correr, D. delle Rose, 21, f° 17 (1584), f° 19 (1586), f° 70 v° (1594).

132. A.d.S. Naples, Sommaria Partium, volume 559, f° 158, 9 octobre 1567, à titre d'exemple.

133. *Ibid.*, 532, 5 novembre 1551.

134. *Ibid.*, 560, f° 209, 10 juin 1568.

135. *Ibid.*, 543, f° 128, 10 janvier 1568.

136. *Ibid.*, 575, f° 40, 17 juillet 1567.

137. *Ibid.*, 577, f° 37-39, 10 octobre 1568 ; f° 89-93, 21 janvier 1569.

138. *Ibid.*, 596, f° 193-6, juillet 1572.

139. Bartolomeo CRESCENTIO ROMANO, *Nautica mediterranea...*, 1607, p. 4.

140. *Ibid.*, p. 4.

141. *Ibid.*, p. 7.

142. FOURQUEVAUX, *Dépêches*, I, p. 12, bois des forêts de Quillan.

143. Archives de Raguse, Diversa de Foris X, f° 81 v° et *sq.* : Conto di spese di me Biasio Vodopia...

144. A.d.S. Florence, Mediceo, 4897 *bis*, f° 6 et 6 v°, 15 janv. 1566.

145. *Ibid.*, 2840, f° 3, 23 juill. 1560.

146. Simancas E° 1056, f° 185, 22 août 1568.

147. *Geographia General de Catalunya*, p. 336.

148. A.d.S. Naples, *Sommaria Partium*, 562, f° 83, 10 septembre 1567.

149. F.C. LANE, *op. cit.*, p. 219 et *sq.*

150. Robert MANTRAN, *Istanbul dans la seconde moitié du XVIIe siècle*, 1962, p. 445, note 2, et *passim*.

151. V. LAMANSKY, pp. 83-89. Simancas E° 1329, Venise, 25 nov. 1571. Les efforts de Venise ne semblent pas avoir abouti. Sa politique eût-elle été adoptée qu'on peut douter de son efficacité : une lettre de l'ambassadeur français à Constantinople, du 8 mai 1572, annonce qu'en cinq mois, les Turcs ont déjà fait 150 vaisseaux, avec artillerie et équipages (E. CHARRIÈRE, *op. cit.*, III, p. 269).

152. F.C. LANE, *op. cit.*, p. 232.

153. C. TRASSELLI, « Sul naviglio nordico in Sicilia nel secolo XVII », art. inédit [publié en 1967, à Barcelone dans *Homenaje a Jaime Vicens Vives*, vol. II].

154. Une étude difficile sur les prix de revient des bateaux est possible. Sur le prix du bois nordique, des renseignements précieux *in : Dispacci scritti al Senato dal Secretario Marco Ottobon da Danzica dalli 15 novembre 1590 sino 7 septembre 1591*, copie A.d.S. Venise, Secreta Archivi Propri, Polonia 2.

155. *Instructions Nautiques*, n° 368, p. 7. Les très mauvais temps sont rares sur la côte entre Nice et Gênes. Sur le port de Rosas, garanti contre tous les vents, sauf ceux du Sud qui sont assez rares : *Instructions*, n° 345, p. 135. Le calme constant du port d'Antibes : *Instructions* n° 360, p. 175. Puissance du mistral à Valence même (entendez dans le golfe de Valence). Il n'est pas dangereux pour un navire près de la terre, mais au large, il oblige souvent le même navire à aller chercher refuge sous les îles Baléares : *Instructions*, n° 345, p. 12.

156. Werner HELWIG, *Braconniers de la mer en Grèce*, trad. française, 1942, p. 199.

157. Actuellement encore, certains points de la côte ligure ne s'atteignent que par voie de mer, R. LOPEZ, « Aux origines du capitalisme génois », *in : Ann. d'hist. écon. et soc.*, IX, 1937, p. 434, n° 2. De même, chemin de fer et route continuent aujourd'hui à se détourner de la « costa brava » de Catalogne.

158. L'amusant passage de Paul MORAND, *Lewis et Irène*, 1931, p. 17, à propos de la Sicile.

159. E. FECHNER, *in :* BENNDORF, *Das Mittelmeerbuch*, p. 99.

160. Werner HELWIG, *op. cit., passim.*

161. Pierre VILAR, *op. cit.*, I, p. 249.

162. Entre les étages de villages, le va-et-vient des ânes : P. VIDAL DE LA BLACHE, *Principes de Géographie humaine*, 1948, p. 86.

163. L'observation serait également juste pour « cette famélique côte ligurienne » dont parle Michelet.

164. A.C. de Cassis, B.B. 36. Biens communaux, 24-25 sept. 1543. Il ressort, de la suite de l'enquête, que « les vignes sont nombreuses, mais d'un petit rendement, les oliviers restent parfois jusqu'à cinq ans sans produire, par suite de la sécheresse : les terres sont en général impossibles à labourer... » De Jules SION, cette excellente remarque : « la Provence a failli être une des régions méditerranéennes où l'exiguïté des bonnes terres et les articulations littorales induisent les riverains à vivre en Barbaresques » (*France Méditerranéenne*, 1934, p. 110).

165. A.P. USHER, « Deposit Banking in Barcelona 1300-1700 », *in : Journal of Economics and Business*, IV, 1931, p. 122.

166. Aussi bien quand on essaie de mesurer l'importance de la population maritime d'une île comme la Corse, ce que fait Jean BRUNHES, *op. cit.*, p. 69, il me semble dangereux de ne pas tenir compte des marins corses hors de l'île. Aujourd'hui encore, Marseille a de nombreux marins corses.

167. A.d.S. Venise, Senato Mar, 7, f° 2 v°.

168. Archivo General de Indias, Séville, Justicia, legajo n° 7. Le procès est de 1530. Je dois ce beau document à la gentillesse de mon collègue Enrique Otte. Les origines d'après les noms des marins.

169. R. HÄPKE, *Niederländische Akten und Urkunden*, 1913, I, p. 35.

170. Domenico SELLA, *Commerci e industrie a Venezia nel secolo XVII*, 1961, p. 24, note 1.

171. Au début du XVIe siècle, les documents napolitains que j'ai consultés signalent plus souvent encore des marchands catalans, installés à Naples, que des navires catalans comme cette nave de Joanne Hostales qui va charger du blé en Sicile et le transporte à Naples (avril-mai 1517, A.d.S. Naples, Dipendenze

della Sommaria, fascio 548). Après le milieu du siècle, ces mentions se font très rares.

172. Simancas E° 331, Aragon 1564 : liste de 16 spécialistes, charpentiers, calfats et maîtres de galères, envoyés de Gênes à Barcelone « *para la fabrica de las galeras* ».

173. V. LAMANSKY, *op. cit.*, p. 564.

174. Siciliennes, P. GRANDCHAMP, *La France en Tunisie, à la fin du XVIe s.*, Tunis, 1920, p. 32, 36, 46, 63, 81, 95 ; napolitaines, *ibid.*, p. 30, 31, 33.

175. 24 janv. 1560, A.N., K. 1494, B. 12, n° 18.

176. Voir tome II, pp. 626-629.

177. Sur les îles, un curieux et puissant article, d'inspiration ratzélienne, de Franz OLSHAUSSEN, « Inselpsychologie », *in : Kölnische Zeitung*, 12, VII, 1942. Au départ de ses remarques, le cas de l'île chilienne Mas-a-Tierra, qui fut la véritable île de Robinson Crusoé.

178. Et réciproquement, que l'on songe au sens étymologique du mot *archipel.*

179. Sur un exemple localisé, les îles et îlots des Bouches de Bonifacio : *Instructions nautiques* n° 368, p. 152 et *sq.* Sur un exemple plus large, les îles et îlots de la côte nord-africaine, *Instructions*, n° 360, pp. 225, 231, 235, 237, 238, 241, 242, 244, 246, 247, 257, 262, 265, 266, 267, 277, 282, 284, 285, 287, 291, 297, 305, 308, 309, 310, 311, 313-314, 331.

180. E. ALBÈRI, *op. cit.*, I, III, p. 267, la modicité du prix de la vie, sa population « brutta ». En 1603, sa population est de 66 669 familles, soit 266 673 habitants avec le coefficient 4, Francesco CORRIDORE, *Storia documentata della popolazione di Sardegna*, Turin, 1902, pp. 19, 20.

181. Sur le « sarde » et ses trois dialectes : OVIDIO et MEYER LÜBKE, *in : Grundriss der romanischen Phil.*, de G. GROEBER, 2e édit., p. 551.

182. On sait par exemple que Chio, turque dès 1566, a conservé longtemps sa Chrétienté catholique et mérite d'être célébrée comme la « petite Rome » du Levant. Chateaubriand notait encore au XIXe siècle son aspect italien. On connaît, à l'inverse, la façon dont Malte, la ville des Chevaliers, et Pantelleria ont conservé population et dialectes arabes, jusqu'à nos jours. On citerait volontiers, comme curiosité linguistique analogue, celle de la Crimée, conservant jusqu'à l'époque de Luther ses dialectes gothiques. Mais la Crimée n'est pas une île véritable et le fait n'est pas suffisamment prouvé.

183. La liaison est régulière avec Livourne. Exportation de fromages sardes jusqu'à Valence : Simancas E° 335, 6 sept. 1574, f° 46.

184. Pietro AMAT DI SAN FILIPPO, « Della schiavitù e del servaggio in Sardegna », *in : Miscellanea di storia italiana*, 3e série, t. II, 1895.

185. Stefano Spinola au marquis de Mantoue, Gênes, 30 avril 1532, A.d.S., Mantoue, A. Gonzaga, Genova 759, le mauvais temps a jeté sur les côtes de Sardaigne deux galères, quatre galiotes, une fuste de Turcs, ceux-ci se sauvent presque tous.

186. P. VIDAL DE LA BLACHE, *Tableau de la géographie de la France*, 1908, p. 25-26, Théodore MONOD, *L'hippopotame et le philosophe*, 1943, p. 77.

187. R.P.F. Estienne de LUSIGNAN, *Description de toute l'isle de Cypre*, Paris, 1580, p. 223 v° et *sq*.

188. Corfou manque aussi de viande : Philippe de CANAYE, *Le voyage de Levant*, 1573, p.p. H. HAUSER, 1897, p. 191. Sur Corfou en 1576, la relation de Giustiniano, B. N., Paris, Ital. 1220, f° 35 et *sq* : 17 000 hab. L'île avec ses plaines fertiles, mais non cultivées, ne produit que pour quatre mois sa subsistance en blé, mais exporte du vin, de l'huile et des troupeaux sur le continent.

189. Même au XVIIIe siècle, la Crète manque de blé (TOTT, *Mémoires*, IV, p. 3). Alors, la Crète serait une île avant tout exportatrice d'huile et de savon (*ibid.*, p. 3). Blé des *caramusalis* à Candie introduit un peu par la contrebande, Hieronimo Ferro, 6 oct. 1560, A.d.S., Venise, Sen° Secreta Const., Fza 2/B, f° 274. Sans le secours de ses voisins, Candie ne peut vivre qu'un tiers de l'année. D'où des disettes fréquentes et une perpétuelle inquiétude : la récolte est mauvaise à Candie, il n'y a pas de blé achetable, explique Giacomo Foscarini, provéditeur général du royaume de Candie, au conseil des Dix (Candie, 15 nov. 1574, A.d.S. Venise, Capi del Consiglio dei Dieci, Lettere, Ba 286, f° 5). En 1573, disette à Zante, Philippe de CANAYE, *op. cit.*, 184.

190. Particulièrement, ce qui peut paraître paradoxal, dans les îles primitives et pauvres moins peuplées et surtout moins exploitées par les cultures riches d'exportation. C'est ainsi que la Sardaigne peut parfois s'offrir le luxe d'exporter du blé. G. RIBA Y GARCIA, *op. cit.*, pp. 317-318 (1587) ou p. 320 (1588). Par mauvaises années, elle est soumise pourtant comme les autres à la disette (V.R. de Sardaigne à S.M., Caller, 22 sept. 1576, Simancas, E° 335, f° 356). En Corse, l'exportation des blés, déclarée libre pour cinq ans en 1590, doit être bientôt suspendue à cause des mauvaises récoltes. A. MARCELLI, « Intorno al cosidetto mal governo genovese dell'Isola », *in : Archivio Storico di Corsica*, 1937, p. 416.

191. E. ALBÈRI, I, III, p. 226, affirme bien que Majorque se suffit à elle-même, ceci en 1558. L'île, à cette époque est peuplée de 45 à 90 000 habitants (30 villes de 500 à 600 feux chacune). Mais, les années de disette n'y sont pas rares non plus. Cf. en 1588 et 1589 par exemple, l'île n'ayant pu obtenir de blé d'Oran, G. RIBA Y GARCIA, *El Consejo supremo de Aragón*, pp. 288-289.

192. Pierre MONBEIG, « Vie de relations et spécialisation agri-

cole, Les Baléares au XVIIIe siècle », *in : Ann. d'hist. éc. et soc.*, IV, 1932, p. 539.

193. Le V.R. de Majorque à S.M., le 20 déc. 1567 : « ... *que todo el año estan cercadas de fustas de moros de manera que muy pocos bateles entran o salen que no se pierdan y este año se han tomado siete o ocho bergantines y toda su substancia se va en Argel...* » Sur cet encerclement des Baléares, voir également, 10 janvier 1524, *in : Tomiciana*, VIII, p. 301 ; M. SANUDO, *op. cit.*, VI, p. 236, 16 mars 1532.

194. Ciudadela, 10 juill. 1536, A. N., K 1690. Ciudadela après le raid de Barberousse. Cf. également au sujet du fondeur qui rate ses coulées, *ibid.*, Majorque, 29 août 1536.

195. Pour la défense de la Sardaigne, v. *infra*, II, p. 180, la construction des tours. Pour les troupes placées dans l'île durant l'été, voici, à titre d'échantillons, quelques documents : 8 sept. 1561, Simancas E° 328 ; 25 juill. 1565, *ibid.* ; E° 332, 6 août 1565 et 5 juill. 1566.

196. Renseignements que m'a communiqués, à Simancas, Federico Chabod. Sur l'île de Minorque, cf. Cosme PARPAL Y MARQUÉS, *La isla de Menorca en tiempo de Felipe II*, Barcelone, 1913.

197. B. Com. Palerme, Qq. D 56, f° 259-273. Série de lettres curieuses et intéressantes.

198. G. BRATIANU, *op. cit.*, p. 269 et *sq.*

199. L.F. HEYD, *Histoire du Commerce du Levant au Moyen Age*, 1885-1886, p. 336 ; Th. GAUTIER, *Voyage à Constantinople*, p. 54 ; J.W. ZINKEISEN, *op. cit.*, II, p. 901, note 2. Jérosme JUSTINIAN, *La description et l'histoire de l'isle de Scios*, 1606. L'île de Chio après la conquête turque de 1566, avec ses villes aux rues désertes et ses palais écroulés : cf. Jacobus PALÉOLOGUS, *De Rebus Constantinopoli et Chii*, 1573. Sur le mastic que l'on mâche, cf. J.B. TAVERNIER, *op. cit.*, I, p. 264.

200. A certains moments, le blé. Quant aux fils d'or et d'argent de Chypre, je crois, comme J. LESTOCQUOY (*in : Mélanges d'histoire sociale*, III, 1943, p. 25), que ce n'est là qu'une appellation. Chypre exporte aussi des barils d'ortolans : J.B. TAVERNIER, *op. cit.*, I, p. 181.

201. Baron de BUSBEC, *op. cit.*, p. 178, boit à Constantinople « force vin de l'isle de Crète ».

202. R. HAKLUYT, *The principal navigations...*, Londres, 1600, p. 309. Sur la complicité des paysans demi-serfs de l'île en 1570-1571, lors de la conquête turque, cf. Julian Lopez à S. M. Venise, 26 oct. 1570, Relacion de Venecia, 28 sept. 1570, Simancas, E° 1327. Le cardinal de Rambouillet à Charles IX, Rome, 5 nov. 1570, E. CHARRIÈRE, *op. cit.*, III. p. 124. Malaise à Chio en 1548-1549, les habitants désireux de se libérer de la Mahonna avaient offert l'île à Cosme de Médicis qui, prudent, n'avait pas accepté (DORONI, *L'isola di Chio offerta a Cosimo dei Medici,*

Rassegna Nazionale, 1912, p. 41-53). Quel beau livre n'y aurait-il pas à écrire sur les sujets de Venise et de Gênes et leur exploitation tant économique que sociale. De riches documents à ce sujet dans le précieux recueil de V. LAMANSKY.

203. A.d.S. Venise, *Annali di Venezia*, Famagouste, 8 octobre 1570.

204. Sur le sort de Chypre sous la domination turque, ne pas oublier avant toute chose que l'île est vide, peu peuplée à l'époque vénitienne (vers 1570, 180 000 habitants, dont 90 000 serfs et 50 000 *villani liberi, « e il restante è nelle città et terre »*, B.N., Paris, Ital. 340, f° 55. Le Turc a procédé à des repeuplements avec les paysans anatoliens (H. KRETSCHMAYR, *Gesch. von Venedig*, 1920, III, p. 62). Les paysans se trouvent tous soumis au même statut, celui de sujets, les catégories anciennes sont confondues. Chute du clergé latin. Beaucoup de Chypriotes se font turcs pour échapper au « kharadj ». Pourtant comme tout est complexe, persistance de la civilisation italienne. J.B. TAVERNIER écrit, vers 1650 : « ils sont tous vêtus à l'italienne, tant hommes que femmes » (*op. cit.*, I, p. 180).

205. Museo Correr, D. delle Rose, 21, f° 32 v°.

206. Marciana, 7299, 9 juin 1584. Sur les troubles à Candie, dès 1571, abondante documentation et notamment dans les *Annali di Venezia*, 20 août, 22 août, 30 août, 16 septembre 1571.

207. A Djerba, à côté des oliviers, se trouvent des palmiers, mais aussi des pommiers, des poiriers. A ce point de vue encore, c'est un monde singulier. Ajoutez que Djerba, en tant que conservatoire insulaire, abrite des communautés juives qui remontent, dit-on, aux persécutions de Titus, et surtout qu'elle est un petit monde kharedjite analogue au Mzab, dépositaire de vieux rites et de très anciennes pratiques architecturales.

208. *Instructions Nautiques*, n° 360, p. 338, 359-363.

209. Voir tome III, pp. 104-105 et note 61.

210. J.B. TAVERNIER, *op. cit.*, I, p. 286.

211. Museo Correr, D. delle Rose 21, f° 29.

212. Comte de BRÈVES, *op. cit.*, p. 18.

213. *Ibid.*, p. 15.

214. Même présentement : exemple des Djerbiens répandus dans toute l'Afrique du Nord et le monde entier ; ou des jardiniers de Malte et de Mahon, P. VIDAL DE LA BLACHE, *Principes de Géographie humaine*, p. 97.

215. Il y a même un Sylvestre Corso sur les listes des bombardiers de Goa, en 1513, Fortunato de ALMEIDA, *Historia de Portugal*, 1926-1929, III, p. 267.

216. R. RUSSO, « La politica agraria dell'officio di San Giorgio nella Corsica (1490-1553) », *in : Riv. st. ital.*, 1934, p. 426.

217. Carmelo TRASSELLI, *art. cit., in : Archivio storico di Corsica*, 1934, p. 577.

218. A Livourne, Mediceo 2908. A Rome, arrivée de multiples

barques corses chargées de vin, H° de Torres à Zuñiga, Rome, 29 et 30 janv. 1581, *Cartas y Avisos*, p. 33.

219. Arrivera à Constantinople en janvier 1563. Son passage à Chio : A.d.S. Gênes, *Sezione Segreta*, n.g., 5 juin 1563.

220. Simancas E° 487.

221. Sur Francisco Gasparo, ci-dessus, p. 48, note 88. Sur la famille et sur Francisco, voir comte de Benavente (lequel a fort mauvaise opinion des Corses) à S.M., Valence, 13 nov. 1569, Simancas E° 333. *Information hecha en Argel a 1° de junio* 1570, *a pedim° del cap. don Geronimo de Mendoça*, 13 juin 1570, Simancas E° 334. Don Jeronimo de Mendoça à S. M., Valence, 7 juin 1570, Simancas E° 334. Comte de Benavente à S. M. Valence, 8 juill. 1570 : Francisco est probablement un espion double. « ... *Estos son criados en Francia y tratan alli en Argel y Valencia y tienen su correspondancia en Marsella.* » Enfin lettres des frères Francisco, de Marseille, en date des 24 et 29 juill. 1579, avec nouvelles du Levant sans grand intérêt (copie A.N., K 1553, B 48, n° 77).

222. Sur les Lenche et la grosse question du corail, voir, outre P. Masson, *Les Compagnies du Corail*, 1908, le livre de P. Giraud, *Les origines de l'Empire français nord-africain...*, 1939. Sur le rôle à Marseille de Thomas Corso, en faveur des insurgés corses, de nombreuses indications dans la correspondance de Figueroa, ambassadeur espagnol à Gênes et notamment : Figueroa au roi, Gênes, 9 janv. 1566, Simancas E° 1394.

223. *Le Bastion de France*, Alger, 1930, n° 1.

224. A. Philippson, *op. cit.*, p. 32 : « *Jedes Land ist ein Individuum für sich* ». C'est ce que dit, à propos des grosses îles de l'Archipel, J.W. Zinkeisen, *op. cit.*, III, p. 7 : « ... *jedes für sich... eine eigene Welt.* »

225. Il manque une étude de ce sentiment national. De Rabelais, dans *Gargantua*, éd. Les Belles Lettres, 1955, p. 137, cette belle violence : « Par Dieu, je vous metroys en chien courtault les fuyards de Pavie ». Et dans le *Quart Livre*, éd. Les Belles Lettres, Prologue, p. 11) : « Ce tant noble, tant beau, tant florissant, tant riche royaume de France. »

226. G. Bandello, *op. cit.*, II, p. 208.

227. Vittorio Di Tocco, *Ideali d'indipendenza in Italia*, 1926, p. 1 et *sq.*

228. A. Renaudet, *Machiavel*, 1942, p. 10.

229. *Algunas efemerides* de Miguel Pérez de Nueros, *in* : Fr° Belda y Pérez de Nueros, marqués de Cabra, *Felipe Secundo*, s.d. (1927), p. 30 et *sq.*

230. *Geographia General de Catalunya*, p. 496 et *sq.*

231. A. Renaudet, *L'Italie et la Renaissance italienne* (Cours professé à la Sorbonne, Sedes, 1937, p. 1).

232. Augustin Berque, « Un mystique moderne », *in : 2e Congrès des Soc. Savantes d'Afrique du Nord*, Tlemcen, 1936

(Alger, 1938), t. II, p. 744. Dans le même sens, R. MONTAGNE, *op. cit.*, p. 410.

233. L'originalité des Balkans du fait de leur position eurasiatique (BUSCH-ZANTNER, *op. cit.*, p. IV). La façon dont elle nous est, à nous Occidentaux, étrangère (*ibid.*, p. 111). Unité de l'Asie Mineure, cette autre péninsule Ibérique (Ulrich von HASSEL, *Das Drama des Mittelmeers*, 1940, p. 22).

234. « L'Afrique du Nord sera toujours commandée par la péninsule Ibérique et ses îles ». P. ACHARD, *Barberousse, op. cit.*, p. 53, note 1. « Le monde ibérique paraît inséparable des pays de l'Atlas jusqu'aux Canaries inclusivement et même des grandes îles de la Méditerranée occidentale : Sardaigne et Corse », P. VIDAL DE LA BLACHE, *Tableau géographique de la France*, p. 28. « L'Andalousie... apparaît comme un prolongement du Maghreb », Georges MARÇAIS, *Histoire du Moyen Age*, III, 1936, p. 396 (dans l'*Histoire générale* de Gustave GLOTZ).

235. Pour von HASSEL, *op. cit.*, p. 20-22, l'intrusion de l'Espagne en Italie a un caractère plus dynastique que politique (dans le sens d'une politique dynastique). Ceci est bien discutable. Voyez, pour la liaison culturelle, les ouvrages de Benedetto CROCE. Pour l'apport de l'Espagne sur le plan institutionnel, Fausto NICCOLINI, *Aspetti della vita italo-spagnuola nel Cinque e Seicento*, Naples, 1934. Sur le plan des rapports littéraires, Hugues VAGANAY, « L'Espagne en Italie », *in : Rev. Hispanique*, t. IX, 1902. Léopold von RANKE, *Les Osmanlis et la monarchie espagnole pendant les XVIe et XVIIIe siècles*, 1839, pp. 383-387. Pour W. PLATZHOFF, *Geschichte des europäischen Staatensystems*, 1928, p. 32, la paix du Cateau-Cambrésis scelle le destin de l'Italie. Ce que ne marque peut-être pas assez cette succession de livres, c'est la nécessité où se trouve la Péninsule de rester liée à l'Espagne, pour des raisons économiques (l'argent d'Amérique) et pour des raisons militaires (protection contre les Turcs). Il serait injuste de parler sans plus comme STENDHAL (*Promenades dans Rome*, II, p. 191), « d'invasion (en Italie) du despotisme espagnol ».

236. E. ALBERTINI, *in : Mélanges Paul Thomas*, Bruges, 1930.

237. L.M. UGOLINI, *Malta, origini della civiltà mediterranea*, Rome, 1934.

238. A. PHILIPPSON, *Das Mittelmeergebiet, op. cit.*, p. 37.

CHAPITRE 3

LES CONFINS OU LA PLUS GRANDE MÉDITERRANÉE.

1. Félix et Thomas PLATTER, *Journal, op. cit.*, p. 20. Félix, le 26 octobre 1552, atteint Montélimar « et la nuit le bourg de Pierrelatte, où je vis les premiers oliviers. Les arbres étaient

chargés d'olives, les unes vertes, les autres rouges et demi-mûres, d'autres enfin noires et en pleine maturité. Je les goûtai toutes, mais les trouvai mauvaises et très amères ».

2. Robert BRUNSCHVIG, *La Berbérie Orientale sous les Hafsides*, 1940, I, p. 269.

3. Jacques WEULERSSE, *Paysans de Syrie et du Proche Orient*, 4e éd., 1947, p. 61.

4. Ce renseignement m'avait été fourni par Felipe RUIZ MARTÍN. J'ai égaré la référence exacte. Sur le trafic négrier des caravanes vers Tlemcen et Mostaganem, Diego Suárez, Manuscrit B.N., Madrid, chapitre 35.

5. Maurice LOMBARD, « Le commerce italien et la route mongole », *in : Annales E.S.C.*, 1948, p. 382 : « La route continentale vers les Indes prospectée par les Italiens deux siècles avant l'ouverture maritime par les Portugais. »

6. Fritz JAEGER, « Trockengrenzen in Algerien », *in : Pet. Mitt., Ergänzungsheft*, 1935, et *Naturwissenschaft*, Berlin, XXIX, 31 octobre 1941. L'isohyète de 100 millimètres passe entre Laghouat et Ghardaïa, entre Biskra et Touggourt.

7. E. ALBÈRI, *op. cit.*, III, 2, p. 199.

8. Aloys SPRENGER, *Die Post- und Reiserouten des Orients*, 1864.

9. Didier BRUGNON, *Relation exacte concernant les caravanes en cortège des marchands d'Asie*, Nancy, 1707, p. 73.

10. Marguerite van BERCHEM, « Sedrata, une ville du Moyen Age ensevelie sous les sables du Sahara algérien », *in : Documents Algériens*, 11 septembre 1953.

11. Arnold TOYNBEE, *L'Histoire. Un essai d'interprétation*, Paris, 1951, p. 187.

12. Cité par le Général Édouard BRÉMOND, *Berbères et Arabes*, 1942, p. 37.

13. *Le voyage d'Outremer* de Jean THÉNAUD, Paris, 1884, p. 7. Au Caire « ... le bois est extrêmement cher et il faut beaucoup d'argent pour s'en procurer une petite quantité », *ibid.*, pp. 209-210.

14. *Journal d'un bourgeois du Caire, Chronique d'Ibn Iyâs*, transcrit et annoté par Gaston WIET, I, 1955, p. 266.

15. Konrad GUENTHER, *in : Geographische Zeitschrift*, 1932, p. 213.

16. Vincent MONTEIL, voir p. 212 note 29.

17, 18, 19. Jacques BERQUE, « Introduction », *in : Revue Internationale des Sciences Sociales*, XI, 1959, n° 4, pp. 504-505. Le numéro est consacré aux Nomades et Nomadismes en zone aride.

20. Jacques BERQUE, *art. cit.*, ci-dessus, note 17.

21. Anonyme, *Briève description d'un voyage fait en Levant, Perse, Indes Orientales, Chine*, s.d. (XVIIe siècle), B.N., Fr. 7503, n.a.

22. H. Pohlhausen, *Das Wanderhirtentum und seine Vorstufen*, 1954, p. 109.
23. Jacques Berque, *art. cit.*, p. 509.
24. *Una embajada de los Reyes Católicos a Egipto*, Traduction, prologue et notes de Luis Garcia y Garcia, 1947, pp. 90-92.
25. *Journal d'un bourgeois du Caire*, I, p. 27 (nov. déc. 1468), p. 112 (juillet 1507).
26. Alonso de la Cueva à S.M., Venise, 6 juin 1609, A.N., K 1679, « *los Arabes que corrian la campaña robando todos los pasageros* ».
27. Daniele Badoer au doge, Péra, 8 avril 1564, A.d.S. Venise, Senato Secreta Costantinopoli, 4 D.
28. *Journal d'un bourgeois du Caire*, II, p. 266.
29. Vincent Monteil, « L'évolution et la sédentarisation des nomades sahariens », *in : Revue Internationale des Sciences Sociales*, 1959, p. 600.
30. Belon du Mans, *op. cit.*, p. 163.
31. Diego Suárez, *Historia del Maestre último que fue de Montesa...*, Madrid, 1889, pp. 46, 284-285.
32. R. Brunschvig, *op. cit.*, I, p. 61.
33. Charles Monchicourt, « Études Kairouannaises », *in : Revue Tunisienne*, 1932-1936.
34. Carl Brockelmann, *Geschichte der islamischen Völker*, 1939, p. 284.
35. Voir p. 197.
36. Henri-Paul Eydoux, *L'Homme et le Sahara*, 1943, p. 101.
37. « Der Islam und die orientalische Kultur », *in : Geogr. Zeitschrift*, 1932, p. 402.
38. R. Capot-Rey, *in : Revue Africaine*, 1941, p. 129, compte rendu de Jean Despois, *La Tunisie Orientale, Sahel et Basse Steppe*, 1940.
39. B. Grekov et A. Iakoubowski, *La Horde d'Or*, tr. fr., 1939.
40. Au delà des indications indécises de ses livres à ce sujet, je me reporte à des conversations que j'ai eues avec lui à Alger, autrement formelles.
41. Robert Montagne, *Les Berbères...*, *op. cit.*, p. 410.
42. René Grousset, *L'Empire des steppes*, 1941, p. 11.
43. G. Schweinfurth, *Im Herzen von Afrika*, Leipzig, 1874, p. 50 et *sq*.
44. Didier Brugnon, *Relation exacte...*, *op. cit.* Voir p. 480, note 9.
45. Flachat, *op. cit.*, I, 345 (1766) parle des caravanes à partir de Bochorest (Bucarest) : la nuit « ... un grand pot à feu qu'un homme de la caravane portait devant nous ».
46. R. Hakluyt, *op. cit.*, II, p. 200. *A description of the yearly voyage or pilgrimage of the Mahumitans Turkes and Moores into Mecca in Arabia.*

47. Vitorino MAGALHAẼS-GODINHO, *L'économie de l'Empire portugais aux XIVe et XVe siècles*, Thèse dactylographiée, Sorbonne, 1958, p. 14 et *sq.* D'après les sources portugaises l'or du Tacrour, c'est-à-dire du Soudan occidental, alimente en 1511 deux caravanes annuelles qui par le Fezzan amènent, en Égypte, le métal jaune « en grande quantité », *ibid.*, p. 43.

48. Emilio Garcia GOMEZ, « Españoles en el Sudan », *in : Revista de Occidente*, 1935, pp. 93-117 : l'entrée à Tombouctou, le 30 mai 1591, J. BÉRAUD-VILLARS, *L'Empire de Gao. Un État soudanais aux XVe et XVIe siècles*, 1942, p. 144.

49. Roland LEBEL, *Le Maroc et les écrivains anglais aux XVIe, XVIIe et XVIIIe siècles*, 1927 ; J. CAILLÉ, « Le Commerce anglais avec le Maroc pendant la seconde moitié du XVIe siècle. Importations et exportations », *in : Rev. Afr.*, 1941.

50. BELON DU MANS, *op. cit.*, p. 98, 189 v° et 190 ; N. IORGA, *Ospiti romeni in Venezia*, Bucarest, 1932, p. 150.

51. Route du Nil, une des routes de l'or, J.B. TAVERNIER, *op. cit.*, II, p. 324.

52. HAKLUYT, II, p. 171 (1583).

53. A noter la permanence sur le Tigre, à la fin du XIXe siècle, encore, de bateliers nestoriens, originaires du village de Tell Kel, près de Mossoul, Eduard SACHAU, *Am Euphrat und Tigris*, 1900, p. 24. Difficultés pour remonter le Tigre au milieu du XVIIe siècle : les bateaux doivent être halés par des hommes, il faut 60 jours pour aller de Bassora à Bagdad, J.B. TAVERNIER, *op. cit.*, I, p. 200.

54. J.B. TAVERNIER, *op. cit.*, I, p. 125.

55. W. HEYD, *Histoire du commerce du Levant*, trad. fr. de Furcy-Raynaud, 2 vol., 1885-1886, 2e tirage, 1936, II, p. 457.

56. A. PHILIPPSON, *op. cit.*, pp. 46-47, note l'importance des transports de la mer Rouge, et les difficultés de navigation sur cette mer. De mai à octobre, les vents du Nord ne permettent la remontée de Djedda à Tor ou à Suez que durant les accalmies du vent dominant et grâce alors au vent de terre. Sur la concurrence entre mer Rouge et routes de Syrie, se reporter encore à l'ouvrage classique de W. HEYD, *Histoire du commerce du Levant, op. cit.*, et à l'étude toujours utile d'O. PESCHEL, « Die Handelsgeschichte des Roten Meeres », *in : Deutsche Vierteljahrschrift*, III, 1855, pp. 157-228. Sur les difficultés des caravanes dans l'isthme de Suez, BELON DU MANS, *op. cit.*, p. 132.

57. D'après Hermann WAGNER, « Die Überschätzung der Anbaufläche Babyloniens », *in : Nachrichten K. Ges. Wissensch.*, Göttingen, Ph. hist. Klasse, 1902, II, pp. 224-298.

58. BELON, *op. cit.*, p. 107.

59. E. SACHAU, *op. cit.*, notamment, pp. 43-44.

60. V. NALIVKINE, *Histoire du Khanat de Khokand*, Paris, 1889.

61. *Allah est grand*, Paris, 1937, p. 11.

62. *Op. cit.*, p. 290.
63. *Op. cit.*, I, p. 111.
64. Richard HENNIG, *Terrae Incognitae*, 2e éd., 1956, IV, p. 44 et *sq.*
65. « Le style européen » aux yeux d'un historien, bien sûr. Pour un voyageur européen, l'Allemand Salomon SCHWEIGGER, qui a traversé la Turquie en 1577 (*Eine neue Reissbeschreibung auss Teutschland nach Konstantinopel und Jerusalem*, 4e éd., Nuremberg, 1639), aucun doute, à l'inverse. « L'habitude de la vie nomade, qui est un des traits distinctifs des peuples asiatiques, caractérise encore les Turcs d'aujourd'hui », cité par Ivan SAKAZOF, *Bulgarische Wirtschaftsgeschichte*, Berlin-Leipzig 1929, p. 206.
66. C'est ce qu'explique, mais à sa façon qui est brillante et originale, le petit essai de W.E.D. ALLEN, *Problems of Turkish Power in the Sixteenth Century*, Londres, 1963.
67. Gonzalo MENÉNDEZ PIDAL, *Los caminos en la historia de España*, Madrid, 1951, p. 85. Sur la route Málaga Séville, à titre d'exemple, Théodore de MAYERNE TURQUET, *Sommaire description de la France, Allemagne, Italie et Espagne*, 1629, p. 309.
68. Les belles pages de Jean BRUNHES sur l'Europe forestière du Nord et l'Europe décharnée du Sud, *Géographie Humaine*, 4e éd., p. 51.
69. Dantiscus au roi de Pologne, Londres 12 oct. 1522, Bibliothèque Czartoriski, 19, fos 33-34.
70. L. PARIS, *Négociations... relatives au règne de François II*, 1841, p. 187.
71. Friedrich WIELANDT, *Die Bierbrauerei in Constanz*, 1936. Le premier brasseur, Jacob Wuederfranck y vient de Budwitz.
72. Comme dit un refrain populaire du temps (George MACAULAY TREVELYAN, *History of England*, Londres, 1943, p. 287, note 1) :

Hops, Reformation, bays and beer
Came, into England all in one year.

73. *La très joyeuse et très plaisante Histoire composée par le Loyal Serviteur des faits, gestes, triomphes... du bon chevalier sans paour et sans reprouche Le gentil seigneur de Bayart*, p.p. J.C. BUCHON, Col. « Le Panthéon littéraire », 1886, p. 106.
74. Don Antonio de BEATIS, *Voyage du Cardinal d'Aragon (1517-1518)*, traduit de l'italien par M. Havard de la Montagne, Paris, 1913, p. 74.
75. A. de S. Mantoue, Série E., Francia 637, le doyen de Bayeux au marquis de Mantoue, Bayeux 16 avril 1529 : « *che a dir il vero li vescovi di qui son havuti in maggior reverentia che in Italia.* »
76. La copie de la correspondance de Marco Ottobon forme un registre, Dispacci scritti al Senato dal Secretario Marco

Ottobon da Danzica delli 15 novembre 1590 sino 7 settembre 1591. A.d.S. Venise, Secreta Archivi Propri, Polonia. Le registre n'est pas folioté. Lettres mises en cause : 13 et 22 décembre 1590.

77. R. HAKLUYT, *op. cit.*, I, 402. Paolo Lamberti à l'ambassadeur de Venise à Paris, Rouen, 11 août 1571, *C.S.P.*, pp. 473-474 : Moscou incendié, 150 000 personnes massacrées dont des marchands flamands, anglais, allemands, italiens qui y résidaient. La prise de Moscou rend impraticable, pour des années, le commerce de Narva dans lequel s'employaient, pour le compte de Lamberti, des navires frétés à Dieppe. Karl STÄHLIN, *Geschichte Russlands von den Anfängen bis zur Gegenwart*, 1923, t. I, pp. 282-283, explique les chiffres invraisemblables qu'on a donnés des victimes (800 000 morts, 130 000 captifs).

78. Encore à l'époque de J.B. TAVERNIER (*Voyages*, I, p. 310), ces raids sont accomplis par des poignées de cavaliers. « J'ay remarqué... qu'allant de Paris à Constantinople, je rencontrais entre Bude et Belgrade deux bandes de ces Tartares, l'une de soixante cavaliers, et l'autre de quatre vingt... ». Sur le rôle de ces « irréguliers » derrière les armées turques, J. SZEKFÜ, *État et Nation*, Paris, 1945, pp. 156-157. Leurs terribles hivernages. Ils vivent sur le pays avec femmes, enfants et troupeaux. La chronologie de leurs exploits suivie de près à Venise (A.d.S. Venise, *Annali di Venezia*, 9 octobre 1571, 7 mars 1595 ; Marciana 7299, 15 avril 1584 ; 5837 C II. 8, 11 janvier 1597 ; Museo Correr Cicogna 1993, f° 135, 23 juillet 1602, etc.) ; en Pologne, Musée Czartoryski, 2242, f° 256, 1571 ; Johann Georg TOCHTERMANN, « Die Tartaren in Polen, ein anthropogeographischer Entwurf », *in : Pet. Mitt.*, 1939. Toute attaque des Tartares sur la Pologne déclenche des réactions vives, ainsi en 1522, *Acta Tomiciana*, VI, p. 121 : ainsi en 1650, *Recueil des Gazettes, nouvelles ordinaires et extraordinaires*, par Théophraste RENAUDOT, pp. 25 à 36.

79. Baron de TOTT, *Mémoires*, II, p. 29.

80. G. BOTERO, *Relazioni univ.*, II, pp. 39-40 ; W. PLATZHOFF, *op. cit.*, p. 32, voit trop les Tartares comme un État-tampon, inerte, entre Russes et Turcs. Sur les chariots des Tartares, leurs cavaliers, sur les innombrables cavaliers russes, capables de se servir de l'arquebuse, E. ALBÈRI, *Relazioni*, III, II, p. 205, 1576.

81. G. BOTERO, *ibid.*, II, p. 34. Voir à ce sujet les textes importants publiés par V. LAMANSKY, *op. cit.*, pp. 380, 381, note 1, 382, 383.

82. G. BOTERO, *ibid.*, II, p. 34.

83. Museo Correr, 1993, 11 septembre 1602.

84. L. BEUTIN, *in : Vierteljahrschrift für S.u.W. Geschichte*, 1935, p. 83, à propos du livre d'Axel NIELSEN, *Dänische Wirtschaftsgeschichte*, 1933.

85. P. HERRE, *Europäische Politik in cyprischen Krieg*, 1902, p. 152.

86. A. BRÜCKNER, *Russische Literaturgeschichte*, 1909, I, p. 51.

87. Walter KIRCHNER, *The Rise of the Baltic Question*, 1954, pp. 70-73.

88. R. HAKLUYT, *op. cit.*, I, pp. 237-238.

89. Charles IX à la ville de Dantzig, Blois, 16 octobre 1571. Archives de Dantzig, 300. 53630.

90. J. JANSSEN, *Geschichte des deutschen Volkes, seit dem Ausgang des Mittelalters*, 1885, p. 313, note 1.

91. J. von HAMMER, *Histoire de l'Empire Ottoman depuis son origine jusqu'à nos jours*, 1835-1839, VI, p. 118 : le sultan écrit au tsar, en 1558, pour lui recommander des marchands turcs qui vont à Moscou acheter des pelleteries, R. HAKLUYT, *op. cit.*, I, p. 257.

92. R. HAKLUYT, *op. cit.*, I, p. 364.

93. F. LOT, *Les Invasions barbares*, II, 1937, p. 36 ; W. PLATZHOFF, *op. cit.*, p. 31, place en 1552 la prise de Kazan ; Werner PHILIPP, *Ivan Peresnetov und seine Schriften zur Erneuerung des Moskauer Reiches*, 1935 ; Heinrich von STADEN, *Aufzeichnungen über den Moskauer Staat*, p.p. F. EPSTEIN, Hambourg, 1930, important sur l'incorporation des deux villes tartares de la Basse-Volga.

94. Ainsi en juillet 1568, R. HAKLUYT, *op. cit.*, I, p. 394.

95. Détails utiles dans la correspondance du baile vénitien, Constantinople, 30 avril 1569, 8 janvier 1570, A.d.S. Venise, *Annali di Venezia*. Voir W.E.D. ALLEN, *op. cit.*, p. 26 et *sq.*

96. E. POMMIER, « Les Italiens et la découverte de la Moscovie », *in : Mélanges d'Archéologie et d'Histoire publiés par l'École Française de Rome*, 1953, p. 267.

97. NICOLAY (Nicolas de), *Les quatre premiers livres des navigations et pérégrinations orientales*, Lyon, 1568, p. 75, le très bon marché des fourrures au « Besestan ».

98. J. von HAMMER, *op. cit.*, VI, pp. 340-341.

99. Une excellente mise au point : I. LUBIMENKO, *Les relations commerciales et politiques de l'Angleterre avec la Russie avant Pierre le Grand*, 1933, Bibliothèque de l'Éc. des Hautes Études. Un résumé de Karl STÄHLIN, *op. cit.*, I, p. 279 et *sq. Ibid.*, p. 228, 30 ans avant les Anglais, Gênes, avec Paolo Centurione, avait essayé de tourner par les routes russes, en direction de l'Asie, le monopole géographique turc du commerce du Levant.

100. Horst SABLONOWSKI, « Bericht über die soviet-russische Geschichtswissenschaft in den Jahren 1941-1942 », *in : Historische Zeitschrift*, 1955, t. 180, p. 142.

101. « Russia and the World Market in the Seventeenth Century, A discussion of the connection between Prices and Trade Routes », par Arne ÖHBERC VADSTENA, *in : Scandinavian Economic History Review*, vol. III, no. 2, 1955, p. 154.

102. Jacques ACCARIAS de SERIONNE, *La richesse de la Hollande*, Londres, 1778, I, p. 31.

103. P.J. CHARLIAT, *Trois siècles d'économie maritime française*, 1931, p. 19.

104. W. HEYD, *Histoire du commerce du Levant au Moyen Age* (traduction française) (1885-1886, 2e tirage 1936), I, p. 66 et *sq.*

105. E. POMMIER, *art. cit.*, p. 253 et *sq.*

106. Paul MASSON, *Histoire du commerce français dans le Levant au XVIIIe siècle*, 1911, p. 396.

107. A.G. MANKOV, *Le mouvement des prix dans l'État russe du XVIe siècle*, 1957.

108. B. PORCHNEV, « Les rapports politiques de l'Europe occidentale et de l'Europe orientale à l'époque de la Guerre de Trente Ans » (*Congrès International des Sciences Historiques, Rapports*, IV, Stockholm, 1960, p. 142), met l'accent sur la paix de Stolbovo, 1617, qui consacre le succès des Suédois.

109. *Recueil des Voyages de l'abbé Prévost, Voyage des ambassadeurs du Holstein* traduit par Wicquefort, t. II, 1639, pp. 76-77.

110. Je n'ai pas eu le temps d'utiliser le bel article de M. MALOWIST, « Die Problematik der sozial-wirtschaftlichen Geschichte Polens vom 15. bis zum 17. Jh. », *in : La Renaissance et la Réformation en Pologne et en Hongrie, Studia Historica*, 53, Budapest, 1963.

111. Le nom de la ville (la cité blanche), en roumain Cetatea Alba, Bialograd en vieux slave, Aqkerman en turc, toujours avec le même sens. Prise les 7-8 août 1484 par les Turcs, N. BELDICEANU, « La campagne ottomane de 1484, ses préparatifs militaires et sa chronologie », *in : Revue des Études Roumaines*, 1960, pp. 67-77.

112. J.B. TAVERNIER, *op. cit.*, I, p. 277.

113. Musée Czartoryski, Cracovie, 2242, f° 199, Rapport de Jean de Monluc, évêque de Valence.

114. Roman RYBARSKI, *Handel i polityka handlowa Polski w XVI Stulecin*, Poznan, 1928, p. 14.

115. W. ACHILLES, « Getreide, Preise und Getreidehandelsbeziehungen europäischer Räume im 16. und 17. Jahrhundert », *in : Zeitsch. für Agrargesch. und Agrarsoziologie*, avril 1959.

116. Lettres de Marco Ottobon, déjà citées, A.d.S. Venise, Secreta Archivi Propri, Polonia 2.

117. M. MALOWIST, « The Economic and Social Development of the Baltic Countries from the 15 th to the 17 th Centuries », *in : The Economic History Review*, 1959, p. 179. note 2.

118. M. MALOWIST, « Les produits des pays de la Baltique dans le commerce international au XVIe siècle », *in : Revue du Nord*, avril-juin 1960, p. 179.

119. DOMANIEWSKI, « Die Hauptstadt in der Geopolitik Polens », *in : Geopolitik*, mai 1939, p. 327.

120. *Op. cit.*, pp. 246, 248.

121. *Ibid.*, pp. 208, 228.
122. Le mot est de Anthony Sherley (1622), X.A. FLORES, *op. cit.*, p. 80.
123. Archives de Cracovie, Senatus Consulta (1538-1643), 1213, f° 3, 17 décembre 1540.
124. I.N. ANGELESCU, *Histoire économique des Roumains*, I, 1919, p. 311.
125. *Ibid.*, pp. 300-301.
126. *Ibid.*, p. 317.
127. *Ibid.*, p. 317.
128. R. RYBARSKI, *op. cit.*, pp. 62-64.
129. X.A. FLORES, *op. cit.*, p. 81 (1622).
130. R. RYBARSKI, *op. cit.*, p. 286.
131. Archives de Cracovie, 437, f° 69-70, 1538, Feria sexta vigilia Thomae Apostoli. Voir également, 437, f° 86, 1539, Feria sexta die S. Antonii.
132. R. RYBARSKI, *op. cit.*, p. 153.
133. *Ibid.*, p. 153.
134. Émile COORNAERT, *Les Français et le commerce international à Anvers, fin du* XVe-XVIe *siècle*, I, 1961, p. 187. Sur cette firme, voir également K. HEERINGA, *Bronnen tot Geschiedenis levantschen Handel*, S'Gravenhage, 1917, I, I, n° 35 et Alberto TENENTI, *Naufrages, corsaires et assurances maritimes à Venise (1592-1609)*, 1959, p. 560.
135. Archives de Cracovie, 447, f° 22-23, 1575, Feria quinta post festum S. Jacobi.
136. I.N. ANGELESCU, *op. cit.*, p. 326 et *sq.*
137. Tommaso ALBERTI, *Viaggio a Constantinopoli, 1609-1621*, Bologne, 1889.
138. R. RYBARSKI, *op. cit.*, p. 197 et 323.
139. A.d.S. Venise, Senato Terra, 40, 13 juin 1564.
140. Jan PTASNIK, *Gli Italiani a Cracovia dal XVIe secolo al XVIII*, Rome, 1909.
141. A. de Cracovie, 151, 24 décembre 1533.
142. R. RYBARSKI, *op. cit.*, p. 180.
143. *Relazione di Polonia* de Paolo Emilio GIOVANNI (1565), *in : Scriptores Rerum Polonicarum, Analecta Romana*, 15, p. 196.
144. Hermann KELLENBENZ, « Le déclin de Venise et les relations de Venise avec les marchés au Nord des Alpes », *in : Decadenza economica veneziana nel secolo XVII*, 1961 (Fondazione Giorgio Cini), p. 156.
145. Archives de Cracovie, Ital. 382.
146. S. GOLDENBERG, « Italiens et Ragusains dans la vie économique de la Transylvanie au XVIe siècle » (en roumain), *in : Revista de Istorie*, 1963, n° 3.
147. X.A. FLORES, *Le « peso político de todo el mundo » d'Anthony Sherley*, p. 79.
148. *Ibid.*, p. 81.

149. Marco Ottobon au doge de Venise, Thorun, 12 janv. 1591, et Dantzig, 1er fév. 1591, A.d.S. Venise, Secreta Archivi Propri, Polonia 2.

150. Le même au même, Dantzig, 1er fév. 1591, *ibid.*

151. « Karte der alten Handelstrassen in Deutschland », *in : Petermann's Mitteilungen*, 1906.

152. Pour les références bibliographiques, le meilleur guide est Hermann KELLENBENZ, *art. cit.*, à la page 487, note 144.

153. A.d.S. Venise, *Cinque Savii*, 142, f° 6 et 6 v°, 28 août 1607. Alberto TENENTI, *Naufrages, corsaires et assurances maritimes à Venise, 1592-1609*, 1959, signale deux bateaux vénitiens, allant en Suède, 1591 et 1595, pp. 23 et 159. Giuseppe GABRIELLI, « Un medico svedese viaggiatore e osservatore in Italia nel secolo XVII », *in : Rendiconti della R. Academia dei Lincei*, 7-12 novembre 1938.

154. B. de Mendoza à Philippe II, 10 mai 1559, *CODOIN*, XCI, pp. 356, 364.

155. J.A. van HOUTTE, « Les avvisi du fonds Urbinat... », *in : Bulletin de la Commission Royale d'Histoire*, LXXXIX, p. 388, 24 septembre 1569.

156. Feria à Philippe II, 10 mai 1559, *CODOIN*, LXXXVII, p. 184 : 90 000 pièces de draps anglais sont apportées à Anvers par la « *flota de paños* ».

157. Johannes Dantiscus au roi Sigismond, Anvers, 18 septembre 1522, Musée Czartoryski, 274, n° 16.

158. Référence indiquée ci-dessus, p. 483, note 76.

159. Jean-François BERGIER, *Les foires de Genève et l'économie internationale de la Renaissance*, 1963, p. 17.

160. J.F. BERGIER, *op. cit.*, p. 31.

161. Marciana 5838, C II, 8, f° 37. Rapport de Francesco Caldogno, 1598.

162. Aloys SCHULTE, *Geschichte des mittelalterlichen Handels und Verkehrs zwischen Westdeutschland und Italien*, I, 1900, p. 37 et *sq.*

163. J.F. BERGIER, *op. cit.*, p. 131.

164. Marco Dandolo au doge, Lyon, 12 décembre 1540 ; B. N., Ital. 1715 f° 11, copie.

165. « Voyage de Jérôme Lippomano », *in* : Collection de documents inédits sur l'histoire de France, *Relations des ambassadeurs vénitiens*, recueillies par N. TOMMASEO, 1838, t. II, 274-275.

166. Voir ci-dessus, note 162.

167. Marc BRÉSARD, *Les foires de Lyon aux* XVe *et* XVIe *siècles*, 1914, pp. 44 et 168.

168. Hermann KELLENBENZ, *art. cit.*, pp. 124-125.

169. Wilfrid BRULEZ, « L'exportation des Pays-Bas vers l'Italie par voie de terre, au milieu du XVIe siècle », *in : Annales E.S.C.*, 1959, pp. 469-470.

170. A.d.S. Venise, *Cinque Savii* 21, f° 45, 25 octobre 1597.

171. Otto STOLZ, « Zur Entwicklungsgeschichte des Zollwesens innerhalb des alten Deutschen Reiches », *in : Viertelj. für Sozial- und Wirtschaftsgeschichte*, 1954, p. 18, note 40.

172. J.F. BERGIER, *op. cit.*, p. 131.

173. *Fontego*, forme vénitienne de *Fondaco*, de même *Todeschi* pour *Tedeschi*. Le livre classique de Henry SIMONSFELD, *Der Fondaco dei Tedeschi und die deutsch-venetianischen Handelsbeziehungen*, Stuttgart 1887, 2 vol., se ressent de la médiocrité des documents conservés.

174. Petit détail : le 30 novembre 1489 « *prudentes mercatores Henricus Focher et fratres* » demandent que la chambre qu'ils occupent « *jam diu* » et qu'ils ont aménagée à grands frais leur soit attribuée définitivement : comme ils sont recommandés par le Souverain Pontife et le roi des Romains, satisfaction leur est accordée. Il s'agit bien entendu des Fugger. A.d.S. Venise, Notatorio di Collegio, 14-1.

175. Et pas seulement de Venise et de la Vénétie, mais de toute l'Italie du Nord. Fritz POPELKA, « Südfrüchte vom Gardasee nach Graz », *in : Blätter für Heimatkunde*, 1951.

176. A.d.S. Venise, Senato Terra, 88, 16 août 1583. Le document signale deux auberges allemandes : *il Falcone* à Ferrare ; *i Tre Rei* à Milan.

177. Henry SIMONSFELD, *op. cit.*, II, p. 263 et *sq* ; BANDELLO, *op. cit.*, VII, p. 169.

178. R. RÖHRICHT, *Deutsche Pilgerreisen nach dem Heiligen Land*, Berlin, 1880, p. 11.

179. Voir ci-dessus, note 176.

180. Cité par H. KRETSCHMAYR, *Geschichte Venedigs*, 1905-1920, II, p. 467.

181. E. HERING, *Die Fugger*, 1939, p. 204-205. A Augsbourg, le long du Lech, l'architecture de Venise ; le long de la Wertach, les façades des maisons à la mode de Gênes.

182. Josef KULISCHER, *Allgemeine Wirtschaftsgeschichte des Mittelalters und der Neuzeit*, 1958, II, p. 251.

183. Marciana, Ital. VII, 7679, f° 30, 1492.

184. Décadence, dit même John U. NEF, *art. cit.*, p. 431, note 1.

185. *Voyage fait par moy Pierre Lescalopier...*, Bibliothèque de la Faculté de Médecine de Montpellier, Ms. H 385, f° 49 v°, voir p. 32, note 8. Les passages omis dans la publication d'Edmond CLERAY ont été reproduits avec beaucoup de soin par Paul I. CERNOVODEANU, *in : Studii si materiale de Istorie Medie*, IV, Bucarest, 1960.

186. Günther FRANZ, *Der Dreissigjährige Krieg und das deutsche Volk*, Iéna, 1940, p. 16.

187. Dr. Gehr van Oestendorp au Président Viglius, Brême, 30 janvier 1574, p.p. Richard HÄPKE, *op. cit.*, II, pp. 308-309.

188. Johannes MÜLLER, « Der Umfang und die Hauptrouten des nürnbergischen Handelsgebietes im Mittelalter », *in : Viertelj. für Sozial-und Wirtschaftsgeschichte*, 6, 1908, pp. 1-38.

189. J.F. BERGIER, *op. cit.*, p. 155.

190. Wilfrid BRULEZ, *De Firma della Faille en de internationale Handel van vlaamse Firma's in de 16e Eeuw*, 1959.

191. Ces indications prises aux lettres de Marco Ottobon 1590-1591, voir référence, pp. 483-484, note 76. Bartolomeo Viatis se sépare de son associé en 1591. B° Castello « *mercante conosciutissimo qui* (à Vienne) *et di molto negocio in Ongaria* ».

192. Hermann KELLENBENZ, *art. cit.*, p. 131 et *sq.*

193. Wilfrid BRULEZ, *De Firma della Faille*, pp. 53-55, 106-108, 363-365 et dans l'excellent résumé en français qui clôt le livre, pp. 580-581.

194. Des carisées envoyées par la firme ragusaine des Menze vers Raguse « *per via d'Amburgo in condotta di Lederi* », A. de Raguse, Diversa de Foris XV, f° 119 v° et 120, 24 juin 1598.

195. Sur les Cleinhaus et les Lederer, Wilfrid BRULEZ, *op. cit.*, p. 577 et nombreuses références à l'index.

196. Wilfrid BRULEZ, *op. cit.*, p. 467.

197. R. GASCON, *op. cit.* (encore inédit) cite des « Lettres de voiture » remises à des marchands lyonnais.

198. Museo Correr, Cicogna, 1999, Aringhe varie (s.d.). La route de Mantoue, dit ce discours, a été utilisée « *al tempo de la peste* », on peut penser aussi bien à la peste de 1629-1630 qu'à celle de 1576. L'alternative n'aide pas à fixer la date du document.

199. *Ibid.*, pour la Lombardie les marchandises vont en barque jusqu'à Este : pour l'Allemagne elles gagnent en barque Porto Gruaro.

200. Josef KULISCHER, *op. cit.*, II, p. 377.

201. Wilfrid BRULEZ, « L'exportation des Pays-Bas vers l'Italie par voie de terre au milieu du XVIe siècle », *in : Annales, E.S.C.* (1959), p. 465.

202. Arnost KLIMA, « Zur Frage des Übergangs vom Feudalismus zum Kapitalismus in der Industrieproduktion in Mitteleuropa (vom 16. *bis* 18. Jh.) », *in : Probleme der Ökonomie und Politik in den Beziehungen zwischen Ost-und Westeuropa vom 17. Jahrhundert bis zur Gegenwart*, hgg. von Karl Obermann, Berlin, 1960. Cette naissance à la vie moderne plutôt due aux textiles qu'aux mines, pp. 106-107.

203. G. AUBIN et Arno KUNZE, *Leinenerzeugung und Leinenabsatz im östlichen Mitteldeutschland zur Zeit der Zunftkäufe. Ein Beitrag zur Kolonisation des deutschen Ostens*, Stuttgart, 1940. G. HEITZ, *Ländliche Leinenproduktion in Sachsen, 1470-1555*, Berlin, 1961.

204. Arnost KLIMA, *art. cit.*, ci-dessus, note 202, et G. AUBIN, « Aus der Entstehungsgeschichte der nordböhmischen

Textilindustrie », *in : Deutsches Archiv für Landes-und Volksforschung*, 1937, pp. 353-357.

205. Hermann KELLENBENZ, *art. cit.*, p. 114.

206. A.d.S. Venise, Senato Mar, 18, f° 35, 8 juillet 1513.

207. Wilfrid BRULEZ, *op. cit.*, p. 579.

208. G. AUBIN, « Bartolomäus Viatis. Ein nürnberger Grosskaufmann vor dem Dreissig jährigen Kriege », *in : Viertelj. für Sozial-und Wirtschaftsgeschichte*, 1940, p. 145 et *sq.*

209. R. FUCHS, *Der Bancho publico zu Nürnberg*, Berlin, 1955, 86 p. (*Nürnb. Abh. zu den Wirtschafts-und Sozialwissenschaften*, Heft 6). La date de 1621 donnée par J. SAVARY DES BRULONS, *Dictionnaire universel de commerce*, V, p. 373.

210. Voir note 218.

211. Hermann KELLENBENZ, *art. cit.*, p. 119.

212. *Ibidem.*

213. *Ibidem.*

214. A.d.S. Venise, *Cinque Savii*, Risposte, 1602-1606, fos 189 v°-195, 1er janvier [1607].

215. Hermann KELLENBENZ, *art. cit.*, p. 135.

216. *Ibid.*, p. 147.

217. *Ibid.*, p. 152 ; les Italiens maîtres des échanges à Nuremberg, en 1625, p. 149.

218. *Ibid.*, p. 128.

219. *Ibid.*, p. 128, p. 143 et *sq.*

220. *Ibid.*, p. 144.

221. Josef JANACEK, *Histoire du commerce de Prague avant la bataille de la Montagne Blanche* (en tchèque), Prague, 1955.

222. Ernst KROKER, *Handelsgeschichte des Stadt Leipzig*, 1926, p. 113, 19-20 mai 1593.

223. A. DIETZ, *Frankfurter Handelsgeschichte*, t. III, 1921, p. 216.

224. Haga aux États Généraux, *in* : HEERINGA, *Bronnen tot Geschiedenis levantschen Handel*, I, 1, n° 251, pp. 532-533.

225. B. BENEDETTI, *Intorno alle relazioni commerciali della Repubblica di Venezia et di Norimberga*, Venise, 1864.

226. A.d.S. Venise, Dispacci, Inghilterra, 2.

227. P.J. BLOK, *Relazioni veneziane*, 1909 ; A.d.S., Venise, *Cinque Savii*, 3, f° 35, 7 février 1615, Edigio Overz reconnu consul des Pays-Bas.

228. *Ibid.*, 144, f° 74, 30 avril 1616.

229. Gênes, 28 février 1599, Archives de Gdansk, 300-53/147.

230. De la collection *Histoire du commerce de Marseille*, le tome III, 1951, rédigé par Joseph BILLIOUD, p. 136 et *sq.*

231. Sur Lyon, outre René GASCON, R. GANDILHON, *La politique économique de Louis XI*, 1941, p. 236 et, vers 1573, Nicolas de NICOLAY, *Description générale de la ville de Lyon*, éd. de 1883.

232. H. DROUOT, *Mayenne et la Bourgogne*, 2 vol., 1937, I, pp. 3 et 4.

233. Le canal de Briare, commencé en 1604.

234. Émile COORNAERT, *Les Français et le commerce international à Anvers*, 1961.

235. Frank SPOONER, *L'économie mondiale et les frappes monétaires en France, 1493-1680*, 1956, p. 275 et *sq.*

236. Henri HAUSER, « La question des prix et des monnaies en Bourgogne pendant la seconde moitié du XVIe siècle », *in : Annales de Bourgogne*, 1932.

237. Frank SPOONER, *op. cit.*, p. 279.

238. A. YRONDELLE, « Orange, port rhodanien », *in : Tablettes d'Avignon et de Provence*, 9-16 juin 1928, tirage à part, 1929. L'indication relative à l'année 1562 a été prise dans les Archives Communales d'Orange.

239. Le charbon peut aussi servir aux « chaufourniers » ou aux maréchaux ferrants, à la fabrique des armes, Achille BARDON, *L'exploitation du bassin houiller d'Alais sous l'ancien régime*, 1898, p. 13 et 15. Marseille importe du fer, du fer en ballons de Catalogne. A. des Bouches-du-Rhône. Amirauté de Marseille, B IX, 14. Premier arrivage indique 300 ballons de fer venant de Collioure, le 2 mai 1609 (le registre n'est pas folioté). Donc, des forges.

240. D'après les *portate* de Livourne, A.d.S. Florence, Mediceo, 2080. Voyez aussi Jakob STRIEDER, « Levantinische Handelsfahrten », *art. cit.*, p. 13. Je crois que l'historien allemand fait un contre-sens sur *carisee.*

241. E. LE ROY LADURIE, *op. cit.*, p. 125.

242. J.F. NOBLE DE LA LAUZIÈRE, *Abrégé chronologique de l'histoire d'Arles*, 1808, pp. 393, 420.

243. A. des B. du Rhône, Amirauté de Marseille, B IX, 198 *ter.*

244. N. de NICOLAY, *op. cit.*, p. 164, 175, 188-189.

245. Voir note 243.

246. Jakob STRIEDER, *art. cit., passim* ; cf. aussi l'étude de Karl VER HEES, *in : Viertelj. für S.u.W. Gesch.*, 1934, pp. 235-244, sur les firmes allemandes présentes sur la place de Lyon (Arch. municipales de Lyon, H. H. 292, n° 14) ; au total 73 firmes, 24 de Nuremberg, 35 d'Augsbourg, 6 d'Ulm, 6 de Strasbourg, 1 de Constance, 1 de Cologne, sans compter évidemment les commerces interposés.

247. Pour les Pays-Bas s'est posé avec acuité, surtout de 1550 à 1580, le gros problème de leurs liaisons avec la Méditerranée. Ce large problème n'est pas résolu par le petit exemple piémontais que nous avons à citer, mais peut-être est-il ainsi assez curieusement éclairci sur un point de détail. En 1575, un accord n'était-il pas conclu entre le duc de Savoie, Emmanuel-Philibert, et le gouvernement des Pays-Bas (P. EGIDI, *Emmanuele Filiberto*,

1928, II, 127) ? On réduisait de moitié tous les droits sur les marchandises échangées et aussi sur les marchandises en transit. Dans les années précédentes, le duc de Savoie avait essayé de donner de l'air à ses États par des accords avec Genève et la Valteline (*ibid.*, p. 127). En même temps, il s'efforçait, avec un Espagnol, Vitale Sacerdoti, de nouer des relations avec le Levant et les Indes et, à cet effet, de s'accorder avec le Turc. Remarquons que ces premières négociations sont engagées en 1572, à une époque où Venise (la guerre de la ligue va de 1571 à 1573) a des difficultés pour avancer ses affaires. La tentative d'Emmanuel-Philibert ne réussira d'ailleurs pas ; elle n'était possible qu'avec l'aide des marchands juifs ; il essaya donc de les protéger et de les attirer mais, sur ce point, ne put vaincre l'opposition de Rome et de l'Espagne (1574). N'empêche qu'il y eut là une politique commerciale à large rayon et l'idée, comme le note Pietro EGIDI, de détourner vers le Piémont et vers Nice une partie de ces grands courants transcontinentaux qui, soit par la France, soit par Milan, coulaient ainsi en bordure de l'État savoyard (*ibid.*, 127).

248. Voir tome II, chapitre VI.

249. A. BRUN, *Recherches historiques sur l'introduction du français dans les provinces du Midi*, 1923, cf. le compte rendu de Lucien FEBVRE, *in : Rev. de Synthèse*, 1924.

250. Edmond BONNAFFÉ, *Voyages et voyageurs de la Renaissance*, 1895, p. 92, [1577].

251. Yves RENOUARD, « Les relations économiques franco-italiennes à la fin du Moyen Age », *in : Cooperazione intellettuale*, sept.-déc. 1936, p. 53-75.

252. H. KRETSCHMAYR, *op. cit.*, II, p. 378.

253. BRANTÔME, *Mémoires*, éd. Mérimée, XII, p. 263.

254. Gonzague TRUC, *Léon X et son siècle*, 1941, p. 127.

255. Cf. les belles remarques de Marc BLOCH sur les vieilles villes du Sud et les villes neuves du Nord, *in : Revue historique*, 1931, p. 133.

256. D.A. FARNIE, « The commercial Empire of the Atlantic, 1607-1783 », *in : The Economic History Review*, XV, 1962, n° 2, pp. 205-206.

257. Pierre CHAUNU, *Séville et l'Atlantique*, 1959, 3 vol.

258. Frédéric MAURO, *Le Portugal et l'Atlantique au* XVIIe *siècle, 1570-1670*, 1960.

259. Laurent VITAL, *Premier voyage de Charles Quint en Espagne*, 1881, pp. 279-283.

260. Voir tome III, pp. 67 et *sq*.

261. Musée Czartoryski, Cracovie, 35, f° 35, f° 55, Valladolid, 4 janvier 1523.

262. Robert RICARD, *in : Bulletin Hispanique*, 1949, p. 79.

263. Charles VERLINDEN, « Les origines coloniales de la civilisation atlantique. Antécédents et types de structures », *in : Cahiers*

Internationaux d'Histoire, 1953. Cet article résume les autres articles du même auteur, p. 382, n. 4.

264. Voir pp. 357-358.

265. Pierre CHAUNU, *Les Philippines et le Pacifique des Ibériques (XVIe, XVIIe, XVIIIe siècles). Introduction méthodologique et indices d'activité*, 1960.

266. C.R. BOXER, *The great Ship from Amacon*, Lisbonne, 1959.

267. Alice PIFFER CANABRAVA, *Ô commercio portugues no Rio da Prata, 1580-1640*, São Paulo, 1944.

268. D'après les premières conclusions du travail encore inédit de Marie HELMER sur les assurances maritimes de Burgos [paraîtra en 1993, dans un recueil d'articles de M. HELMER, à la Casa Velasquez].

269. Renée DOEHAERD, *Les relations commerciales entre Gênes, la Belgique et l'Outremont*, Bruxelles-Rome, 1941, I, p. 89.

270. G. de REPARAZ (hijo), *La época de los grandes descubrimientos españoles y portugueses*, 1931, p. 90.

271. Dès 1549, A. BALLESTEROS, *Historia de España, y su influencia en la historia universal*, 1927, IV, 2, p. 180.

272. Voir tome II, pp. 157 et *sq.*

273. *CODOIN*, LV, p. 7-8.

274. André-E. SAYOUS, « Le rôle des Génois lors des premiers mouvements réguliers d'affaires entre l'Espagne et le Nouveau Monde », *in : C.R. de l'Académie des Inscriptions et Belles-Lettres*, 1930.

275. Voir tome II, pp. 40-41 et 183 et *sq.*

276. Huguette et Pierre CHAUNU, *op. cit.*, V, p. 169 et 170 notes 10, 11 et 12.

277. R. BALLESTEROS, *Historia de España y su influencia en la historia universal*, 1926, t. IV, p. 169.

278. *Ibid.*, p. 200.

279. George MACAULAY TREVELYAN, *History of England, op. cit.*, p. 361.

280. L. STONE, « Anatomy of Elisabethan Aristocracy », *in : The Economic History Review*, 1948, p. 17.

281. Contarini au doge, Valladolid, 24 novembre 1602.

282. Domenico SELLA, *op. cit.*, p. 10, note 5.

CHAPITRE 4

L'UNITÉ PHYSIQUE, LE CLIMAT ET L'HISTOIRE.

1. Paul VALÉRY, « Réflexions sur l'acier », *in : Acier*, 1938, n° 1.

2. Emmanuel de MARTONNE, *Géographie Universelle*, t. VI, I,

1942, p. 317, « ... ce n'est pas l'haleine de la Méditerranée qui donne son ciel à la Provence ».

3. *Voyage d'Égypte*, 1935, p. 43.

4. *Un été dans le Sahara*, 1908, p. 3.

5. BALDINUCCI, *Giornale di ricordi*, 24 janvier 1651, Marciana, Ital., VI. XCIV.

6. *Recueil des Gazettes*, année 1650, p. 1557, Naples, 2 novembre 1650.

7. A.d S. Venise, Cronaca veneta, Brera 51, 10 novembre 1443.

8. Marciana, Cronaca savina, f° 372, 18 décembre 1600 ; mêmes pluies continuelles (*per tre mesi continui*) à la Noël 1598, *ibid.*, f° 371 et 371 v°.

9. Pierre MARTYR, *op. cit.*, p. 53, note.

10. *Annuaire du monde musulman*, 1925, p. 8.

11. E. de MARTONNE, *op. cit.*, p. 296.

12. Ernest LAVISSE, « Sur les galères du Roi », *in : Revue de Paris*, nov. 1897.

13. *Vue générale de la Méditerranée*, 1943, pp. 64-65.

14. Léo LARGUIER, « Le Gard et les Basses Cévennes », *in : Maisons et villages de France, op. cit.*, I, 1943.

15. *Op. cit.*, p. 183. Pour la région de Volterra, Paul BOURGET, *Sensations d'Italie*, 1902, p. 5.

16. Comte de ROCHECHOUART, *Souvenirs sur la Révolution, l'Empire et la Restauration*, 1889, p. 110 : vignes de Madère et d'Espagne acclimatées en Crimée.

17. Jules SION, *La France méditerranéenne*, 1929, p. 77.

18. J. et. J. THARAUD, *Marrakech ou les seigneurs de l'Atlas*, 1929, p. 135.

19. A. SIEGFRIED, *op. cit.*, pp. 148, 326.

20. BELON DU MANS, *op. cit.*, p. 131.

21. A.d.S., Naples, Sommaria Consultationum, 2, f° 223, 2 oct. 1567. Durant les années précédentes ont été extraites du royaume de Naples, bon an mal an : *vini latini* 23 667 *busti ; vini grecchi, dulci et Mangiaguera*, 2 319 *busti.*

22. « L'analogie des climats... favorise l'infiltration, guide l'accoutumance », P. VIDAL DE LA BLACHE, *op. cit.*, p. 113.

23. A. RADET, *Alexandre le Grand*, 1931, p. 139.

24. Alonso VÁZQUEZ, *Los sucesos de Flandes...*, extr. publ. par L.P. GACHARD, *Les Bibliothèques de Madrid...*, Bruxelles, 1875, p. 459 et *sq.*, cité par L. PFANDL, *Jeanne la Folle*, trad. franç., R. de Liedekerke, 1938, p. 48. A rapprocher de ces remarques de Maximilien SORRE, *Les Fondements biologiques de la géographie humaine*, 1943, p. 268 : « une des particularités qui frappaient le plus les Anciens, chez les peuples qui vivaient à la périphérie du monde méditerranéen, était l'usage du beurre de vache : les consommateurs d'huile d'olive en éprouvaient une sorte d'étonnement scandalisé. Même un Italien, comme Pline,

manifeste ce sentiment sans réfléchir qu'après tout l'usage de l'huile d'olive n'était pas tellement vieux en Italie. »

25. Antonio de BEATIS, *Itinerario di Monsignor il cardinale de Aragona... incominciato nel anno* 1517..., éd. par L. PASTOR, Fribourg-en-Brisgau, 1905, p. 121. Nourriture pour le moins « corrompedora dos estômagos », dit un Portugais, L. MENDES de VASCONCELLOS, *Do sitio de Lisboa*, Lisbonne, 1608, p. 113. C'est le cas des « *nações do Norte e em parte de França e Lombardia* ».

26. Le doyen de Bayeux au marquis de Mantoue, A.d.S. Mantoue, Gonzaga, Francia, série E, fº 637, 1er juin 1529.

27. François CHEVALIER, « Les cargaisons des flottes de la Nouvelle Espagne vers 1600 », *in : Revista de Indias*, 1943.

28. P. VIDAL DE LA BLACHE, *op. cit.*, p. 114 ; BONJEAN, *in : Cahiers du Sud*, mai 1943, pp. 329-330.

29. *In :* O. BENNDORF, *op. cit.*, p. 62. COLETTE, *La Naissance du Jour*, 1941, pp. 8-9.

30. 4 m chaque année, dans le golfe de Cattaro.

31. Voir l'article de SCHMIDTHÜSER, « Vegetationskunde Süd-Frankreichs und Ost-Spaniens », *in : Geogr. Zeitschrift*, 1934, p. 409-422. Sur la déforestation, H. von TROTHA TREYDEN, « Die Entwaldung der Mittelmeerländer », *in : Pet. Mitt.*, 1916, et sa bibliographie.

32. L'affirmation est de WOIEKOF, cité par Jean BRUNHES, *Géographie humaine*, 4e éd., p. 133.

33. G. BOTERO, *op. cit.*, I, p. 10.

34. André SIEGFRIED, *op. cit.*, pp. 84-85 ; Jean BRUNHES, *op. cit.*, p. 261.

35. « Die Verbreitung der künstlichen Feldbewässerung », *in : Pet. Mitt.*, 1932.

36. M. SORRE, *Les fondements biologiques..., op. cit.*, p. 146.

37. *Itinéraire de Paris à Jérusalem*, 1811, p. 120.

38. *Géographie humaine*, 4e édit., p. 51, note 1.

39. Même à Constantinople, Robert MANTRAN, *Istanbul dans la seconde moitié du XVIIe siècle. Essai d'histoire institutionnelle, économique et sociale*, 1962, p. 29.

40. *Biblioteca de Autores Españoles* (B.A.E.), XIII, p. 93.

41. *Le quart livre du noble Pantagruel*, éd. Garnier, II, ch. XI, p. 58.

42. Lettre de Pierre GOUROU, 27 juin 1949.

43. E. LE ROY LADURIE, *op. cit.*, pp. 118-119.

44. B. BENNASSAR, « L'alimentation d'une ville espagnole au XVIe siècle. Quelques données sur les approvisionnements et la consommation de Valladolid », *in : Annales E.S.C.*, 1961, p. 733.

45. Dantiscus au roi de Pologne Valladolid, 4 janvier 1523, Bibliothèque Czartoryscki, nº 36, fº 55.

46. E. LE ROY LADURIE, *op. cit.*, p. 181.

47. Barthélémy JOLY, *Voyage en Espagne*, p. 9.

48. E. Le Roy Ladurie, *op. cit.*, p. 78.
49. *Ibid.*, p. 80.
50. *Ibid.*, p. 79.
51. *Lettres...*, pp. 161-162.
52. G. Botero, *op. cit.*, II, p. 124.
53. Chargé par Philippe II de ravitailler des soldats espagnols et allemands pour la traversée d'Italie en Espagne, le grand duc de Toscane préfère réserver la viande salée, en quantité insuffisante, aux Allemands. Les Espagnols sont arrivés les premiers, mais ne feront pas un drame de se contenter de riz et biscuit. Felipe Ruiz Martín, Introduction aux *Lettres marchandes échangées entre Florence et Medina del Campo*, ouvrage à paraître [paru en 1964].
54. *Voyage à Constantinople*, 1853, p. 97.
55. P. 112.
56. *Journal de voyage en Italie*. Collection « Hier », 1932, tome III, p. 242.
57. *Op. cit.*, III, p. 409.
58. *Ibid.*, IV, p. 233, p. 340, VI, pp. 400-401. Sauf dans le Nord de l'Italie.
59. Mateo Aleman, *Vida del picaro Guzman de Alfarache*, I, 1re partie, 3, p. 45.
60. *Ibid.*, IIe partie, 2, p. 163.
61. Bory de Saint-Vincent, *Guide du voyageur en Espagne*, p. 281, cité par Ch. Weiss, *L'Espagne depuis Philippe II*, 1844, t. II, p. 74.
62. M. Sorre, *op. cit.*, p. 267.
63. *Op. cit.*, p. 137 v°.
64. Charles Parain, *La Méditerranée, les hommes et leurs travaux*, 1936, p. 130.
65. Alonso de Herrera, *op. cit.*, éd. 1645, p. 10 v° (surtout vrai pour l'orge).
66. A.d.S. Venise, 22 janvier 1574. Capi del C° dei X, Lettere, Ba 286, fos 8 et 9.
67. G. Botero, *Dell'isole*, p. 72.
68. G. Vivoli, *Annali di Livorno*, 1842-1846, III, p. 18, invasion de sauterelles en Toscane (1541) ; à Vérone, août 1542 et juin 1553, Ludovico Moscardo, *Historia di Verona*, Vérone, 1668, p. 412 et 417 ; en Hongrie, Tebaldo Tebaldi au duc de Modène, Venise, 21 août 1543, A.d.S. Modène ; en Égypte, 1544 et 1572, Museo Correr, D. delle Rose, 46, f° 181 ; à Chypre, 13 septembre 1550, A.d.S. Venise, Senato Mar ; 31, f° 42 v° à 43 v° ; en Camargue, 1614, J.F. Noble de La Lauzière, *op. cit.*, p. 446.
69. *CODOIN*, XXVII, p. 191-192.
70. *Ibid.*, pp. 194-195.
71. Andrea Navagero, *Il viaggio fatto in Spagna...*, Venise, 1563, p. 27-28.

72. G. Botero, *op. cit.*, I, I, p. 40 ; Marco Foscari, *Relazione di Firenze*, 1527 ; E. Albèri, *op. cit.*, II, I, p. 25.

73. Jean Servier, *Les portes de l'année*, 1962, p. 13.

74. A.d.S. Venise, Senato Mar 18, f° 45 v° ; 23, f° 97 ; 31, f° 126.

75. *Ibid.*, 4, f° 26, 12 déc. 1450.

76. Thomas Platter, *op. cit.*, p. 33, en janvier 1593.

77. Galiani, *Cronaca di Bologna*, Marciana, 6114, CIII, 5.

78. Giovanni Baldinucci, *Quaderno di ricordi*, Marciana, VI-XCIV.

79. « ... l'hiver restait la saison redoutée où il faut faire flèche de tout bois », M. Le Lannou, *op. cit.*, p. 52.

80. Voir le classique passage de Taine, *La philosophie de l'Art*, 20e éd., II, p. 121.

81. 8e journée, nouvelle VI.

82. Jean Servier, *op. cit.*, p. 287 et *sq.*

83. P. Arqué, *Géographie des Pyrénées françaises*, p. 43.

84. *Voyage en Italie*, pp. 227-237.

85. E. Charrière, *Négociations de la France dans le Levant*, III, p. 713.

86. *Le Journal et les lettres de Gédoyn « le Turc »*, p.p. Boppe, Paris, 1909, pp. 37 et 38 : « ... et me laissa seul dans le bois plein d'ours, de loups et d'autres bêtes sauvages comme leurs pattes fraîchement imprimées sur la neige le démontraient assez. »

87. *Description de l'Afrique, tierce partie du monde*, p. 33-34.

88. *Op. cit.*, I, XVI, p. 360.

89. Museo Correr, Dona delle Rose, 23, f° 449 v°.

90. Stendhal, *Promenades...*, éd. Le Divan, 1932, II, p. 258.

91. G. Mecatti, *Storia cronologica...*, II, p. 790.

92. G. de Silva à Philippe II ; Venise, 2 janv. 1573, Simancas E° 1332, le Bosphore aurait gelé au temps de l'Empereur « Copronimo », Constantin V, 718-775, G. Botero, *op. cit.*, p. 105.

93. Mario au cardinal de Côme, Elves, 19 fév. 1581, A. Vaticanes, Spagnia 26, orig. f° 124.

94. A. de Raguse, *Lettere di Levante*, 38, f° 27 v°.

95. A. Boué, *La Turquie d'Europe*, 1840, IV, p. 460.

96. J. M. Pardessus, *Collection de lois maritimes*, I, p. 73, 179, référence à Pline, *Hist. nat.*, II, 47 ; Robert de Smet, *Les assurances maritimes*, 1934, p. VI ; A. Schaube, *Handelsgeschichte...*, 1906, p. 152-154 ; Walter Ashburner, *The Rhodian Sea Law*, Oxford, 1909, CXLVIII. E. de Saint-Denis, « Mare clausum », *in : R.E.L.*, 1947.

97. *Actus Apostolorum*, XXVII, 12.

98. *Ibid.*, XXVII, 13.

99. J.M. Pardessus, *Collection de lois maritimes*, IV, p. 1837, p. 578.

100. *Ibid.*, VI, p. 46.

101. *Ibid.*, V, p. 179.

102. Jean CHARDIN, *Journal du Voyage en Perse*, 1686, I, p. 110 et *sq.* Victor BÉRARD, *Les Navigations d'Ulysse*, II, *Pénélope et les Barons des îles*, 1930, p. 33, note 1. « Il est particulier que les Musulmans aient adopté pour les époques de paiement des baux, des loyers, etc., celles en usage parmi les Chrétiens du temps de l'Empire grec, c'est-à-dire la Saint-Georges ou le 5 mai, et la Saint-Démétrius ou le 26 oct. ». A. BOUÉ, *op. cit.*, III, p. 120.

103. J.M. PARDESSUS, *op. cit.*, V, p. 71-72, loi du 8 juin 1569.

104. *Ibid.*, V, p. 81, loi du 18 juin 1598.

105. S. RAZZI, *La storia di Raugia*, p. 121.

106. *Ibid.*, p. 141.

107. *Ibid.*, p. 156.

108. *Ibid.*

109. *Ibid.*, pp. 169-170.

110. Avis de Constantinople, 17, 18, 20 oct. 1575, Simancas E° 1334.

111. M. ALEMAN, *op. cit.*, II, 2e partie, IX, p. 219.

112. Comte de ROCHECHOUART, *Mémoires, op. cit.*, p. 75, 103.

113. *Itinéraire...*, p. 157.

114. P. Diego de HAEDO, *Topographia...*, Valladolid, 1612, p. 174.

115. *Ibid.*, p. 124.

116. Simancas E° 1051, f° 131.

117. Simancas E° 1054, f° 20, même cas à propos d'un voyage à La Goulette, vice-roi de Naples à S. M., Naples, 24 janv. 1562, Simancas E° 1052, f° 12.

118. P. DAN, *Histoire de Barbarie*, 1637, 2e édit., p. 307. Victor BÉRARD, *op. cit.*, p. 34, note 1.

119. Paul ACHARD, *La vie extraordinaire des frères Barberousse*, 1939, p. 231.

120. Cor Mor au roi, Rome, 8 janv. 1554, *Corpo Diplomatico Portuguez*, VII, 298-299.

121. Fourquevaux à Charles IX, Cordoue, avril 1570, C. DOUAIS, *op. cit.*, II, p. 214.

122. C. DURO, *La Armada española desde la unión de Castilla y Aragón*, 1895-1903, II, p. 104. Confond-il avec 1567 ?

123. Pedro Verdugo à Philippe II, Málaga, 19 mars 1567, Simancas E°, 149, f° 277-278.

124. Franc° de Eraso à Philippe II, 16 mai 1564, Simancas E° 1446, f° 131.

125. Contarini au doge, Valladolid, 11 janvier 1603, A.d.S., Venise.

126. *Mémoires de Guillaume et Martin Du Bellay*, p.p. V.L. BOURRILLY et F. VINDRY pour la « Société de l'Histoire de France », t. I, 1908, p. 39.

127. *Histoire de l'Empire Ottoman*, t. VII, p. 268-269 (indique par erreur 30 novembre).
128. *Op. cit.*, II, p. 81-82.
129. A.N., K 1674, orig.
130. Innsbruck, 8 janv. 1552, *Nuntiaturberichte aus Deutschland*, I, XII, p. 140.
131. Voir tome III, pp. 156-157.
132. A. BALLESTEROS, *op. cit.*, IV, I, p. 200.
133. *Ibid.*, p. 201.
134. BELON DU MANS, *op. cit.*, p. 101 v°, « desquelz on en voit les champs et prairies blanchir, et principalement des cigognes ».
135. Simancas E° 1061, f° 133.
136. L'hiver, c'est la misère en Aragon, C. DOUAIS, *op. cit.*, III, p. 36, 13 févr. 1567.
137. G. BOTERO, *op. cit.*, I, p. 10 « ... *che il Re Ferdinando diceva che d'estate bisognava dimorare in Siviglia come d'inverno a Burgos, che è freddissima città ma con mirabili ripari contra il freddo...* ».
138. Léon L'AFRICAIN, *op. cit.*, p. 37.
139. Joan NISTOR, *Handel und Wandel in der Moldau bis zum Ende des XVI. Jahrhunderts*, 1912, p. 9.
140. J. SAUVAGET, *Alep. Essai sur les origines d'une grande ville syrienne, des origines au milieu du* XIX*e siècle*, 1941, p. 14.
141. Jesús GARCIÁ FERNÁNDEZ, *Aspectos del paisaje agrario de Castilla la Vieja*, Valladolid, 1963, p. 25.
142. M. BANDELLO, *op. cit.*, I, p. 279 et *passim*.
143. R. CARANDE, *Carlos V y sus banqueros*, Madrid, 1943, p. 57 et *sq*.
144. Diego SUÁREZ, Ms de la B. N. de Madrid, ch. 34.
145. A. BOUÉ, *op. cit.*, IV, p. 460, Granvelle au cardinal Riario, Madrid, 15 juin 1580. A. Vaticanes, Spagna, 17, f° 135.
146. P. VIDAL DE LA BLACHE, *op. cit.*, p. 265.
147. G. HARTLAUB, *op. cit.*, p. 20.
148. *Mémoires*, 4e partie, p. 5.
149. P. ACHARD (*op. cit.*, p. 204), dit à tort Mahon pour Carthagène, G. BOTERO, *op. cit.*, p. 7. Sur la sûreté portuaire de Carthagène, *Inst. naut.*, n° 345, p. 95.
150. Le duc de Medina Sidonia à Philippe II, S. Lucar, 20 nov. 1597. Simancas E° 178. Sur l'importance du commerce des vins à Séville, G. BOTERO, *op. cit.*, I, 10, « ... *che si dice che quando non entrano in Siviglia 4 000 arrobe di vino al dì, bisogna che il Datio fallisca* ».
151. *Novelas ejemplares*, édit. Garnier, II, p. 283. Je traduis à tort « vendeja » par vendange, ce mot veut dire vente, marché, comme l'explique Marcel BATAILLON, « Vendeja », *in : Hispanic Review*, XXVII, n° 2, avril 1959. Mais la confusion est assez naturelle puisque le « marché » est essentiellement celui des vins.

Un document de début XVIIe siècle (B.N., Paris, Fr. 4826, f° 5) dit textuellement : « ... la flotte de la vendange estant pour partir de France pour aller ès lieux d'Espaigne en tout le mois de juillet... »

152. « Vita di Pietro di Toledo », *in : Archivio storico italiano*, IX, p. 22.

153. En Kabylie, J. LECLERCQ, *De Mogador à Biskra*, 1881, p. 194.

154. A. MOREL FATIO, *Ambrosio de Salazar*, Toulouse, 1901, p. 16.

155. Archives de Raguse, L.P. 2, f° 26 et v° 27, 30 août 1569.

156. G. BOTERO, *op. cit.*, p. 105, au commencement de l'hiver et au commencement du printemps. *Description du Bosphore...* Collection des Chroniques nationales, BUCHON, t. III, 1828.

157. Archives des Bouches-du-Rhône, Amirauté de Marseille, Enregistrement des certificats de descente des marchandises. Dégagements de bateaux, B IX 14 (1543), f° LXV v° et LXVI, LXVII v°, LXIX, LXX.

158. I, p. 23. Fièvres d'été, Fourquevaux à la Reine, 20 juillet 1566, DOUAIS, *Dépêches...*, II, 7-8 (Fourquevaux alité, mais aucun détail n'est donné) ; G. MECATTI, *op. cit.*, II, p. 801 (en Hongrie, en 1595) ; N. IORGA, *Ospeti romeni, op. cit.*, p. 87 ; J.B. TAVERNIER, *op. cit.*, I, p. 72, à Smyrne la peste « règne d'ordinaire les mois de mai, juin et juillet ».

159. *Roman comique*, première partie, 1651, 2° p. 1657 ; édit. Garnier, 1939, p. 64.

160. B.N. Paris, Fr, 17 989.

161. L. von PASTOR, *op. cit.*, X, p. 37.

162. *Ibid.*, p. 47.

163. Rainer Maria RILKE, *Lettres à un jeune poète*, 1937, p. 54.

164. Louis BERTRAND, *Philippe II à l'Escorial*, 1929, p. 170.

165. *Op. cit.*, VIII, p. 208.

166. *Ibid.*, VIII, p. 175.

167. *Ibid.*, VIII, p. 165.

168. *Op. cit.*, I, 73 : Paul MASSON, *Le commerce français du Levant au XVIIe siècle*, p. 419.

169. BELON DU MANS, *op. cit.*, p. 136.

170. João de BARROS, *Da Asia*, I, libr. III, ch. III et VIII.

171. D'après LA BOULLAYE LE GOUZ, cité par P. MASSON, *op. cit.*, p. 373.

172. Isabelle EBERHARDT, *Notes de route*, 1921, p. 7.

173. SACHAU, *op. cit.*, p. 74-77.

174. Archives de Raguse. Diversa di Cancelleria 145, f°s 165, 165 v°, 172-173, 174 v°, 175, 176, 176 v°, 177, 177 v°, 180, 180 v°, 188 à 192 v°, 196 à 197, 201 v° à 203 ; 146, f° 6 v°, 7, 12, 12 v°, 13, 13 v°, 14 v°, 17 v°, 24, 33 v°, 40, 40 v°, 43, 43 v°, 46 v°, 47, 47 v°, 48 à 49 v°, 50 v°, 104 v° à 107, 133 v°, 134, 145 v° à

148, 150 à 153, 155 à 161 v°, 164 à 165, 167 à 168, 170 v° à 171 v°, 174, 182 à 183, 193 à 194, 198 v° à 203, 208 à 209, 211 v° à 213, 215 v° à 218, 226 à 229. Les assurances comme on le voit, ne sont pas transcrites à la suite, mais mêlées à d'autres documents. Elles ne forment une suite continue qu'avec l'ouverture du premier registre de la série *Noli e securtà*, à partir de janvier 1563.

175. Les *portate* de Livourne sur lesquelles je reviendrai souvent constituent avant tout les registres Mediceo 2079 et 2080 de l'A.d.S., Florence. F. BRAUDEL et R. ROMANO, *Navires et marchandises à l'entrée du port de Livourne*, Paris, 1951, *passim*.

176. Les études en cours sur le trafic du port de Gênes, à l'entrée, de Giovanni REBORA et de Danielo PRESOTTO, offriront sans doute, menées à leur terme, des renseignements sur les variations saisonnières de ce trafic.

177. J.B. TAVERNIER, *op. cit.*, 1re note, I, p. 3, « les deux flottes anglaise et hollandaise se rendent d'ordinaire à Livourne au printemps et à l'automne ».

178. *Ibid.*, II, p. 2.

179. P. MASSON, *op. cit.*, p. 41, Tripoli en 1612.

180. *Deutsche Pilgerreisen*, Gotha, 1889.

181. *Ibid.*, p. 286-287.

182. F. BRAUDEL et R. ROMANO, *Navires et marchandises à l'entrée du port de Livourne*, 1951.

183. Voir ci-dessus, note 174.

184. Mais deux jeunes historiens Danilo PRESOTTO et Giovanni REBORA ont entrepris le dépouillement systématique des documents douaniers de Gênes, thèse manuscrite de la Facoltà di economia e commercio de Gênes.

185. Museo Correr, D. delle Rose, 45, 1er janvier 1604, récit de Lamberto Siragusano qui quitte Alexandrie d'Égypte, en hiver, en compagnie d'un Theodolo, Marseillais, monté sur sa nave. Au début tout va bien : voiles gonflées, ils filent tels des dauphins, mais tempête brusque sur la côte d'Asie Mineure, près de Satalia.

186. A.d.S., Naples, Sommaria Consultationum (référence égarée).

187. B. Suárez à Simón Ruiz, Florence, 8 décembre 1583, A. Provincial Valladolid.

188. A.d.S. Florence, Mediceo, 920, f° 355. Cette indication est prise à un travail inédit de Maurice Carmona (rapport au C.N.R.S.).

189. « Gebirgsbildung der Gegenwart in den Ost-Alpen », *in : Natur und Volk*, 69, pp. 169-176.

190. M.L. CAYEUX, *in : Annales de Géographie*, XVI, 1907.

191. *Ricerche sul regime dei litorali nel Mediterraneo*, Rome, 1936.

192. *Indagine sulle recenti variazioni della linea di spiaggia delle coste italiane*, Rome, 1935. Cf. les références d'A. PHILIPPSON, *op. cit.*, p. 22-23, et les études de C. COLD, *Küstenveränderung im*

Archipel, Munich, 1886 et de Théobald FISCHER, *Beiträge zur physischen Geographie der Mittelmeerländer, besonders Siziliens*, Leipzig, 1877.

193. Ed. LE DANOIS, *L'Atlantique*, 1938, p. 162.

194. Th. MONOD, *L'hippopotame et le philosophe, op. cit.*, p. 100.

195. A. PHILIPPSON, *op. cit.*, pp. 134-135.

196. *Historische Geographie*, 1904, p. 188.

197. A titre très général, Walther PAHL, *Wetterzonen der Weltpolitik*, 1941, pp. 226-227.

198. Ferdinand FRIED, *Le tournant de l'économie mondiale*, 1942, p. 131.

199. Cité par A. PHILIPPSON, *op. cit.*, pp. 133-134.

200. Fritz JÄGER, *Afrika*, 1910, I, p. 53.

201. Herbert LEHMANN, *in : Geogr. Zeitsch.*, 1932, pp. 335-336.

202. B. BENNASSAR, *Valladolid et ses campagnes au* XVIe *siècle*, thèse à paraître [parue en 1967].

203. Emmanuel de MARTONNE, *Géographie Universelle*, VI, 1, 1942, p. 140.

204. Ignacio de ASSO, *op. cit.*, 1798, p. 78, parle d'une sécheresse d'une vingtaine d'années à Huesca.

205. *Histoire et destin*, 1942, p. 62.

206. *Il clima sulle Alpi ha mutato in età storica ?* Bologne, 1937.

207. Hans HANKE, *in : Frankfurter Zeitschrift*, 23 janv. 1943.

208. B. PLAETSCHKE, « Der Rückgang der Gletscher im Kaukasus », *in : Pet. Mitteilungen*, 1937.

209. N. KREBS, *in : Geogr. Zeitsch.*, 1937, p. 343.

210. R. PFALZ, *in : Geogr. Zeitsch.*, 1931. Même observation chez DENIJER, *in : Ann. de Géogr.*, 1916, p. 359, les essarts des villages élevés dans les Alpes Dinariques.

211. En Provence, mortalité des oliviers, à cause de coups de mistral, 1507, 1564, 1599, 1600, 1603, 1621-1622. P. GEORGE, *op. cit.*, p. 394. Chronologie différente chez René BAEHREL, *Une croissance : la Basse-Provence rurale (fin du* XVIe *siècle-1789)*, 1961, p. 123, « les grands hivers catastrophiques » pour les oliviers : 1570, 1594, 1603, 1621, 1638, 1658, 1680, 1695, 1709, 1745, 1748, 1766, 1768, 1775, 1789. A Vérone, en 1549, « *per il gran freddo si secarrono quasi tutti gl'olivi, le vite e altri alberi* », Lodovico MOSCARDO, *op. cit.*, p. 416. A Pépieux (Aude, arr. de Carcassonne), en 1587, neige, gelée d'oliviers, J. CUNNAC, *Histoire de Pépieux*, Toulouse, 1944, p. 73. En Toscane, les oliviers gèlent en 1594, G. MECATTI, *Storia cronologica...*, II, p. 790.

212. Ce qui suit d'après Maurice CHAMPION, *Les inondations en France*, 1861, III, p. 212 et *sq.*

213. *Mémoires historiques de la République séquanoise*, Dole, 1592, in-f°, livre II, ch. XVIII.

214. Cité par Ch. de RIBBE, *La Provence au point de vue des bois, des torrents et des inondations avant et après 1789*, 1857, p. 20.

215. *Archivio storico italiano*, IX, p. 622.

216. *Ibid.*, p. 624.

217. Francisco de Vera au roi, Venise, 30 juin 1601, A. N., K. 1677. Constantinople, 3 et 4 juin 1601, *ibid.*

218. « Climatic Fluctuations and Population Problems in Early Modern History », *in : Scandinavian Economic History Review*, 1955.

219. Luis CABRERA DE CORDOBA, *Relaciones de las cosas succedidas en la Corte de Espanã desde 1599 hasta 1614*, p. 166, Valladolid, 25 janvier 1603.

220. J. CASTAÑEDA ALCOVER, *Coses envengudes en la ciutat y regne de Valencia. Dietario de Mosen Juan Porcar, capellan de San Martin (1589-1629)*, Madrid, 1934, I, pp. 3, 4, 10, 41, 71.

221. E. LE ROY LADURIE, *op. cit.*, p. 48.

222. E. LE ROY LADURIE, *op. cit.*, p. 46.

223. E. LE ROY LADURIE, *op. cit.*, p. 39.

224. E. LE ROY LADURIE, *op. cit.*, p. 37.

225. B. BENNASSAR. Voir *supra*, note 202.

226. J. CASTAÑEDA ALCOVER, *op. cit.*, pp. 222 et 324.

227. Ignacio OLAGÜE, *La decadencia de España*, 1950, tome IV, ch. XXV.

228. Ignacio OLAGÜE, « El paisaje manchego en tiempos de Cervantes », *in : Annales Cervantinos*, III, 1953.

229. Pour s'orienter au milieu de ses multiples études, partir de sa communication, « Discussion : post-glacial climatic change », *in : The quarterly Journal of the Royal Meteorological Society*, avril 1949.

230. *Le climat du Bassin Parisien ; essai d'une méthode rationnelle de climatologie physique*, 1957.

231. Je pense à ses trois brillants articles, « Histoire et climat », *in : Annales E.S.C.*, 1959 ; « Climat et récoltes aux XVIIe et XVIIIe siècles », *ibid.* ; « Aspect historique de la nouvelle climatologie », *in : Revue Historique*, 1961.

232. Correr, D. delle Rose, 20. Je ne veux qu'évoquer cette immense question et l'immense bibliographie qui la concerne dès avant la parution du livre de Luigi CORNARO, *Trattato di acque del Magnifico Luigi Cornaro nobile Vinitiano*, Padoue, 1560. La meilleure orientation, celle qu'offre Roberto CESSI, « Evoluzione storica del problema lagunare », *in : Atti del convegno per la conservazione e difesa della laguna e della città di Venezia*, 14-15 juin 1960, (Istituto Veneto), pp. 23-64.

233. *Op. cit.*

CHAPITRE 5

L'UNITÉ HUMAINE : ROUTES ET VILLES, VILLES ET ROUTES.

1. J'intitule ce chapitre non pas : *Les routes et les villes*, mais *Routes et villes, villes et routes*, en souvenir d'une réflexion de Lucien Febvre à la première lecture de ces pages.
2. *Annales d'hist. soc.*, 11 janvier 1940, p. 70.
3. *Journal du voyage en Italie* (collection « Hier », 1932), p. 132.
4. *Op. cit.*, II, 1, p. 195.
5. *Op. cit.*, II, 3, I, p. 331.
6. A. PHILIPPSON, *Das Mittelmeergebiet*, p. 219.
7. *Op. cit.*, p. 295.
8. G. BOTERO, *op. cit.*, I, p. 106 et II, p. 118, « quasi deux fois autant peuplée que Paris », Jacques BONGARS, *in :* ANQUEZ, *Henri IV et l'Allemagne*, 1887, p. XXIV.
9. Konrad OLBRICHT, « Die Vergrosstädterung des Abendlandes zu Beginn des Dreissigjährigen Krieges », *in : Petermanns Mitteilungen*, 1939.
10. F. LOT, *Les invasions barbares et le peuplement de l'Europe*, 1937, I, p. 110.
11. Cf. pp. 121 et *sq.*
12. Gino LUZZATTO, *Storia economica di Venezia dell'XI al XVI secolo*, Venise, 1961, p. 42. Sur cette route, indication du voiturage, de Barletta à Naples, de cuirs de buffle, Naples, 22 mai 1588, A. de Raguse, D. de Foris, VII, f° 245.
13. Arnaldo SEGARIZZI, *Relazioni degli ambasciatori veneti*, Florence, III, 1re partie, 1927, pp. 10-13.
14. G. BOTERO, *op. cit.*, I, p. 50.
15. *Ibid.*, p. 9.
16. Comte de BRÈVES, *Voyages..., op. cit.*, p. 229.
17. *Ibid.*, p. 5.
18. BELON DU MANS, *op. cit.*, p. 103.
19. Charles ESTIENNE, *La Guide des Chemins de France*, 2e éd., 1552 ; *Les voyages de plusieurs endroits de France et encore de la Terre Saincte, d'Espaigne, d'Italie et autres pays*, 1552. Nouvelles éditions : avec des variantes, à Paris, 1553, 1554, 1555, 1556, 1558, 1560, 1570, 1583, 1586, 1588, 1599, 1600 ; Lyon, 1566, 1580, 1583, 1610 ; Rouen, 1553, 1600, 1658 ; Troyes, 1612, 1622, 1623. Pour le détail voir : Sir Herbert George FORDHAM, *Les routes de France. Catalogue des Guides routiers*, 1929, et *Les guides routiers, Itinéraires et Cartes Routières de l'Europe*, Lille, 1926.
20. Théodore MAYERNE de TURQUET, *Sommaire description de la France, Allemagne, Italie, Espagne, avec la Guide des Chemins*, Genève, 1591-1592, 1618, 1653 ; Lyon, 1596, 1627 ; Rouen, 1604, 1606, 1615, 1624, 1629, 1640, 1642.

21. Giovanni de L'HERBA, *Itinerario delle poste per diverse parti del mondo*, Venise, 1561. Autres guides de la même époque : Guilhelmus GRATAROLUS, *De Regimine iter agentium vel equitum, vel peditum, vel mari, vel curru seu rheda*, Bâle, 1561 ; Cherubinis de STELLA, *Poste per diverse parti del mondo*, Lyon, 1572 ; Anonyme, *Itinerarium Orbis Christiani*, 1579 ; Richard ROWLANDS, *The post of the World*, Londres, 1576 ; Anonyme, *Kronn und Ausbundt aller Wegweiser...*, Cologne, 1597 ; Matthias QUADT, *Deliciae Galliae sive Itinerarium per universam Galliam...*, Francfort, 1603 ; Ottavio CODOGNO, *Nuovo Itinerario delle Poste per tutto il Mondo...*, Milan, 1608 ; Paulus HENTZNERUS, *Itinerarium Germaniae, Galliae, Angliae, etc.*, Noribergae, 1612.

22. *Das Mittelmeergebiet* (4e édit.), pp. 222-223.

23. André PIGANIOL, *Histoire de Rome*, 1939, p. 522.

24. Jean DELUMEAU, *Vie économique et sociale de Rome*, I, 1957, p. 81 et *sq.*

25. Jules SION, « Problèmes de transports dans l'antiquité » (c.r. de l'ouvrage de Lefebvre des Noëttes, *L'attelage. Le cheval de selle à travers les âges*), *in : Ann. d'hist. écon. et soc.*, 1935, p. 628 et *sq.*

26. Jules LECLERCQ, *De Mogador à Biskra : Maroc et Algérie*, 1881, p. 21.

27. *La Péninsule Balkanique*, 1918, p. 195.

28. Baron de BUSBEC, *op. cit.*, I, p. 103, ceci sur la foi d'un détail *anecdotique*, base évidemment fragile.

29. *Description de l'Afrique tierce partie...*, éd. 1830, II, pp. 16-17.

30. E. von RANKE, *art. cit., in : Vj. für Soz. und W. Gesch.*, 1924, p. 79.

31. B.N. Florence, Capponi, 239, 26 janv. 1569.

32. *Novelas ejemplares*, Le Licencié de verre.

33. *CODOIN*, XXXIV, 1er mai 1580, p. 442 ; 4 mai 1580, p. 453.

34. Franceschi au doge de Gênes, Valladolid, 31 mai 1606, A.d.S. Gênes, Spagna 15.

35. Voir note suivante.

36. Philippe II au vice-roi de Naples, Tolède, 13 oct. 1560, B. Com. de Palerme, 3 Qq.E 34 fos 8-11.

37. 22 mai 1588, A. de Raguse, D. de Foris, fo 245.

38. *Arch. st. ital.*, IX, pp. 460 et 460, note 1 ; 468 et 468, note 1.

39. Albert BABEAU, *Les voyageurs en France*, 1885, pp. 68-69 (voyage de Paul Hentzner, 1598).

40. Victor BÉRARD, *Pénélope..., op. cit.*, p. 307 ; CHATEAUBRIAND, *Itinéraire..., op. cit.*, p. 7.

41. *Libro de Agricultura*, 1539, p. 368 et *sq.* de l'édition de 1598 (première édition 1513).

42. *A. st. ital.*, IX, p. 255, 2 mai 1602.

43. V. LAMANSKY, *Secrets d'État de Venise*, p. 616, 7 déc. 1550.

44. Sur les raisons de la décadence de l'élevage, *Cria de los cavallos*, Granada, Simancas E° 137.

45. Giuseppe MECATTI, *Storia cronologica della città di Firenze*, II, p. 802-803, en 1595.

46. D. de HAEDO, *Topographia...*, p. 180.

47. Le duc de Terranova au roi, Palerme, 22 avril 1572, Simancas E° 1137.

48. G. TREVELYAN, *History of England*, p. 287.

49. A. DE HERRERA, *op. cit.*, p. 368.

50. « Notizie », *in : Archivio storico di Corsica*, 1932, pp. 296-297.

51. *Arch. st. ital.*, IX, p. 219 ; marchandises de valeur de Naples à Florence par voie de terre. Liaison Naples-Allemagne par Florence à partir de 1592, G. VIVOLI, *op. cit.*, III, p. 198 et 350. Sur les portages cf. les négations de J. PERRET, *Siris*, 1941, et réponse d'André AYMARD, *in : R.E.A.*, 1943, pp. 321-322.

52. Wilfrid BRULEZ, *De Firma della Faille*, p. 578.

53. Émile COORNAERT, *Un centre industriel d'autrefois. La draperie-sayetterie d'Hondschoote (XVIe-XVIIIe siècles)*, 1930, pp. 252-253, note 3.

54. Smyrne déjà un centre important dès 1550, BELON DU MANS, *op. cit.*, p. 89 ; les Ragusains y vont charger du coton ; Paul MASSON, *Histoire du Commerce français dans le Levant au XVIIe siècle*, 1896, p. 125 ; J.B. TAVERNIER, *op. cit.*, I, p. 68 ; Guillaume de VAUMAS, *L'Éveil missionnaire de la France*, 1942, p. 102 ; P. Henri FOUQUERAY, *Histoire de la Compagnie de Jésus en France des origines à la suppression*, 1925, IV, p. 342 et *sq.* ; Gérard TONGAS, *Les relations de la France avec l'Empire ottoman durant la première moitié du XVIIe siècle et l'ambassade de Philippe de Harlay, comte de Césy, 1619-1640*, 1942, p. 208 ; Baron de TOTT, *Mémoires, op. cit.*, IV, pp. 85-86.

55. Ce qui suit emprunté à une histoire inédite de Nicolò Contarini, V. LAMANSKY, *op. cit.*, pp. 513-515. Le fait signalé aussi par H. KRETSCHMAYR et F.C. LANE, incidemment. Surabondante documentation inédite, A.d.S. Venise, Papadopoli, Codice 12, f° 23 ; en 1585, 16 000 *colli* de marchandises variées de la Narenta à Venise, preuve que ce grand déroutement prépare, à l'avance, la fortune de Spalato. Autres références : *Cinque Savii*, 138, f° 77 v° à 79 v°, 16 juin 1589 ; *ibid.*, f° 182, 24 sept. 1592 ; *ibid.*, 139, f° 54 et v°, 23 novembre 1594 ; Marciana, Notizie del mondo, 5837, 25 janvier 1596 ; Museo Correr, D. delle Rose, 42, f° 35 v°, 7 septembre 1596 ; *ibid.*, 21, 1598, 1602, 1608 ; *Cinque Savii*, 12, f° 112, 2 septembre 1610. Sur la fabrication du « lazzaretto » de Spalato, A.d.S. Venise, Senato Zecca, 17, 22 avril 1617.

56. V. LAMANSKY, *op. cit.*, p. 514.

57. F.C. LANE, *op. cit.*, p. 2.
58. V. LAMANSKY, *op. cit.*, p. 504 et *sq.*
59. *Ibid.*, p. 514.
60. Domenico SELLA, *op. cit.*, pp. 2 et 55.
61. *Ibid.*
62. *Cinque Savii*, Riposte 141, f°s 28 et 29, 19 juillet 1607.
63. *Cinque Savii*, 4, f° 1083, 19 sept. 1626.
64. *Ibid.*, 19 f°s 103 et 104, 20 mai 1636.
65. Voir *supra*, note 62.
66. V. LAMANSKY, *op. cit.*, p. 514.
67. Voir pp. 355-356 et Domenico SELLA, *op. cit.*, p. 41 et *sq.*
68. Voir tome II, graphique p. 200.
69. J'utilise d'après mes notes, des observations du professeur Lütfi Gučer au Colloque de juin 1957, à la Fondation Giorgio Cini.
70. Les recteurs à O. de Cerva, Raguse, 20 mai 1593, A. de Raguse, *Lettere di Levante*, 38, f° 113. Animation grandissante, sans doute, des transports terrestres, autour d'Oran, Diego SUÁREZ, *op. cit.*, pp. 36, 47, 50, 86, 275, 314.
71. Dr. M.D. GRMEK, « Quarantaine à Dubrovnik », *in : Symposium Ciba*, avril 1959, pp. 30-33.
72. Giuseppe TASSINI, *Curiosità Veneziane*, 1887, p. 277-78. Dès avant cette date les marchands turcs à Venise ont été regroupés, Senato Terra 67 (15 mai 1575). Sur marchands turcs et arméniens renseignements nombreux, *Cinque Savii*, 3, 4, 13, 15, 17, 18, 19 (de 1622 à 1640).
73. Aussi A. de Raguse, *Diversa di Cancellaria*, 192 à 196.
74. Dans sa lettre déjà citée du 7 novembre 1963.
75. Renée DOEHAERD, *Études anversoises. Documents sur le commerce international à Anvers, 1488-1514*, I, 1963, *Introduction*, p. 66.
76. Jacques HEERS, « Il commercio nel Mediterraneo alla fine del secolo XIV e nei primi anni del XV », *in : Archivio storico italiano*, 1955.
77. *Op. cit.*, p. 578.
78. Domenico SELLA, *op. cit.*, p. 72.
79. Alberto TENENTI, *Naufrages, corsaires et assurances maritimes à Venise (1592-1609)*, 1959.
80. *Ibid.*, p. 59 et 60, taux fixe des assurances à Raguse, Iorjo Tadić, lettre du 7 nov. 1963, déjà citée.
81. *Cinque Savii*, 141, f° 32 à 33 v°, 24 sept. 1607. Le taux des assurances pour la Syrie serait de 8, 9, 10 p. 100 à l'aller et autant au retour. Les taux (aller simple, ou retour simple) sont, en 1593 et 1594, régulièrement de 5 p. 100. A.d.S. Venise, *Miscellanea*, Carte Private 46. Les *Cinque Savii* exagèrent-ils pour obtenir autorisation d'exporter de l'argent en Syrie ?
82. Hypothèse évidemment optimiste.
83. *Ibid.*, p. 567.

84. *Ibid.*, p. 563 et *sq*.

85. A. de Raguse, *Diversa di Cancellaria*, 192 à 196, et notamment 192 (f° 139, 30 mai 1604, f° 176 v°, 1604, le Catallan) ; 194 (f° 44 v°, 2 mai 1605).

86. Museo Correr, Prov. Div. C 989 (Mercatura e traffichi III).

87. Felipe RUIZ MARTÍN, *Lettres marchandes échangées entre Florence et Medina del Campo*, 1965, p. CXVI et *sq*.

88. Modesto ULLOA, *La hacienda real de Castilla en el reinado de Felipe II*, Rome, 1963, p. 187.

89. Ramón CARANDE, *Carlos V y sus banqueros. La hacienda real de Castilla*, 1949, p. 292 et *sq*.

90. *La hacienda real...*, pp. 137-200.

91. Simancas, Escrivania Mayor de Rentas, 1603-1604.

92. *The Growth of the Antwerp Market and the European Economy*, 1963, II, p. 311 et *sq*.

93. A.d.S. Venise, *Cinque Savii*, 4 *bis*, f° 44, 8 mai 1636.

94. R. MANTRAN, *op. cit.*, p. 489.

95. S. SCHWEIGGER, *op. cit.*, p. 241.

96. B.M. Sloane 1572, f° 50 v° et 51, 2 juillet 1633.

97. A.d.S. Venise, Dispacci Spagna, P° Gritti au doge, Gênes, 30 avril 1616.

98. R.P. BINET, *Essay des merveilles de nature et des plus nobles artifices* (éd. 1657, p. 97).

99. D'après le travail encore inédit d'Alvaro Castillo Pintado.

100. Museo Correr, D. delle Rose, 217.

101. D'après Simancas E° 160. Voir p. 372. A titre de curiosité, de gros intérêt pour l'histoire des techniques, A. DELATTE, « L'armement d'une caravelle grecque du XVIe siècle, d'après un manuscrit de Vienne », *in : Miscellanea Mercati*, tome III, 1946, p. 490-508. C'est l'étude des proportions des diverses parties du vaisseau en fonction du tonnage. Je dois à Hélène Bibicou d'avoir pu traduire ce texte difficile.

102. Simancas, Guerra Antigua, XX, f° 15, 15 septembre 1541. Pour un cheval transporté, il faut au moins une vingtaine de tonnes.

103. Thomas PLATTER, *in : Félix et Thomas Platter à Montpellier*, 1892, p. 303.

104. D'après Louis DERMIGNY, *La Chine et l'Occident. Le Commerce à Canton au XVIIIe siècle, 1719-1833*, 1964, le tonnage des gros *Indiamen* reste inférieur à 2 000 tonneaux, l'*Hindoustan*, en 1758, jauge officiellement 1 248 t et en déplace effectivement 1 890, t. I, p. 202 et *sq*, pp. 212 et 213.

105. A.d.S. Venise, Senato Mar, 6, f° 185, 30 juin 1460.

106. B.N. Paris, Ital. 1714, f° 109, J. A. Venier au doge, Rouen, 22 février 1532, copie.

107. Jacques HEERS, *Gênes au XVe siècle, Activité économique et problèmes sociaux*, 1961, p. 278.

108. Notre texte utilise les premiers chapitres du travail inédit d'Alberto TENENTI et Corrado VIVANTI sur le système vénitien des *galere da mercato*, qui a servi de base à l'article : « Le film d'un grand système de navigation : Les galères marchandes vénitiennes XIVe-XVIe siècles », publié par ces deux auteurs *in : Annales E.S.C.*, XVI, 1961, n° 1, pp. 83-86.

109. Gino LUZZATTO, *op. cit.*, p. 41 et *sq.*

110. *Ibid.*, p. 76.

111. A.d.S., Notatorio di Collegio, 355, f° 104 v°, 1er décembre 1449. De même dans cette série : 372, f° 108 v°, 12 avril 1450 (915, 1 150, 1 100 *botte*) : 97, f° 29 v°, 11 juin 1461 (2 500 *botte*) ; 343, f° 87, 18 février 1471 ; 368, f° 96, 8 juin 1471 (une *nave* neuve de plus de 1 000 *botte*).

112. A.d.S. Mantoue, A° Gonzaga, Série E, Venezia 1433, G. Brognolo au marquis de Mantoue, Venise, 7 août 1490.

113. *Op. cit.*, I, p. 684, 26 juin 1497 ; pp. 802-803, octobre 1497.

114. *Ibid.*, II, p. 1244 et *sq.* Relevé analogue : Correr, D. delle Rose, 154, f° 69, 1499.

115. La relation est dressée à Málaga, juillet 1541, Simancas Guerra Antigua, XX, f° 10.

116. Louis DERMIGNY, *op. cit.*, t. I, pp. 202 et *sq.*

117. A.d.S. Venise, Senato Mar, 4, f° 28 v°, 16 janvier 1451.

118. Museo Correr, D. delle Rose, 2509, 21 octobre 1502, *in rogatis.*

119. *Op. cit.*, III, p. 413.

120. Huguette et Pierre CHAUNU, *Séville et l'Atlantique*, 1955, t. I, p. 127, note 3 sur les ordonnances du 13 février 1552 et du 11 mars 1587 ; limitations aussi des plafonds : 400 t en 1547 et 550 en 1628 pour les navires allant en flotte.

121. J. KULISCHER, *Allgemeine Wirtschaftsgeschichte des Mittelalters und der Neuzeit*, 1928 (et second tirage 1958), II, p. 385.

122. Albert GIRARD, *La rivalité commerciale de Séville et de Cadix au XVIIIe siècle*, 1932.

123. BARRADAS, *in :* Bernardo GOMES DE BRITO, *Historia tragico-maritima*, 1904-1905, I, p. 221.

124. *Journal de voyage de... Zane* (1579), inédit, P.R.O. 30. 25. 156, f° 32 v°.

125. Alfred de STERNBECK, *Histoire des flibustiers*, 1931, p. 158 et *sq.* Abbé PRÉVOST, *Histoire Générale des voyages*, 1746, t. I, p. 355. Est-ce ce fait divers qui a inspiré le détail relatif à une caraque portugaise de *La española inglesa* des *Novelas Ejemplares* de Cervantes ?

126. B.M. Sloane 1572.

127. B. VARENIUS, *Geographia Generalis*, Amsterdam, 1664, p. 710.

128. V.G. SCAMMELL, « English merchant Shipping at the end of the Middle Ages : some East Coast Evidence », *in : The*

Economic History Review, 1961, p. 334, encore en 1572 moyenne de tonnage, 42 tonnes.

129. John HARRIS, *Navigantium atque itinerantium bibliotheca*, Londres, 1746, I, p. 115.

130. R. HAKLUYT, *The principal Navigations, Voiages...*, II, 2e partie, pp. 112-113.

131. J. HARRIS, *op. cit.*, I, p. 23.

132. *La Armada Invencible*, documents publiés par Henrique HERRERA ORIA, Valladolid, 1929, p. 24.

133. P. CHARLIAT, *Trois siècles d'économie maritime française*, 1931, p. XXX.

134. J. KULISCHER, *op. cit.*, II, p. 1572.

135. Simancas E° 174.

136. *Ibid.*

137. Simancas, Guerra Antigua, XI, s.f. ; en (1538) *ibid.*, f° 56, *Relacion de los naos y carabellas que se han hallado entrados los puertos deste reyno de Galicia*, indication sur des barques chargées de sardines qui vont à Carthagène et à Barcelone, sur des caravelles portugaises, l'une chargée de sucre, une autre de cuirs enlevés en Irlande. Au milieu de ces pygmées, une caraque de 1 000 tonnes à Vivero, « *que a comun opinion es el major navio que ay desde Levante à Poniente* ».

138. Simancas E°160.

139. *Relacion de los navios q. se han detenido en la baya de Cadiz y puerto de San Lucar de Barrameda y de sus partes, bondad, gente de mar y artilleria en 29 de março 1595*. Simancas E° 174.

140. *Relacion particular de los navios q. estan detenidos en los puertos de Cadiz, San Lucar, Gibraltar, Huelva*. Simancas E° 174.

141. *Relacion de las urcas y filibotes que han entrado en este puerto de San Lucar de Barrameda desde los 3 de octubre hasta los 21 del dicho de 1595 y en la baya de la ciudad de Cadix y lo que viene en cada uno dellos*. Simancas E° 174.

142. Chevalier de Razilly à Richelieu, Pontoise, 26 novembre 1626, B.N., Paris n.a., 9389, f° 66 v°.

143. *CODOIN*, II, p. 171, 12 mai 1594.

144. Le navire capturé (Henri HAUSER, *Prépondérance espagnole*, 2e éd., 1940, p. 148 et 154 ; R. HAKLUYT, éd. J.M. Dent and Sons, 1927, t. V, p. 1 et *sq.*) aurait servi de modèle aux Espagnols. Affirmation discutable, puisque le *Revenge* coule, peu après sa capture, au cours d'une tempête, Garrett MATTINGLY, *in : The American Historical Review*, IV, n° 2, janvier 1950, p. 351. En tout cas, à une date ou à une autre, à la fin du XVIe siècle, il y a transfert des techniques anglaises en Espagne et en Méditerranée. Des armateurs ragusains, Simancas, Contaduria Mayor de Cuentas, Segunda época, 904, 20 février (1590), construisent des galions de type anglais, *Indice de la Colección de*

documentos de Fernández de Navarrete que posee el Museo Naval, Madrid, 1946, n° 741. Le document est situé à tort entre 1570 et 1580. Une date beaucoup plus tardive et plus exacte : Gregorio de Oliste à Philippe III, Naples, 13 janvier 1604, il s'occupe activement « *de la fabrica de los 12 galeones que V.M. me mando hazer mediante el asiento* », Simancas, Napoles, Estado, 1 100, f°s 8. Nombreuses références, A.d.S. Naples, Sommaria Consultationum, 14 (f°s 229-233) ; 29 (f° 44-45) ; 30 (f° 31, 38-46, 49-53, 58-80, 158-9, 221-225).

145. Rapportée par Fco de Vera au roi, Venise, 29 juillet et 5 août 1589. A.N., K. 1674.

146. Fidel de SAGARMINAGA, *El gobierno... de Viscaya*, 1892, I, p. 73.

147. Antonio de Quintadueñas à Simón Ruiz, Rouen, 16 avril 1565, cité par Henri LAPEYRE, *Une famille de marchands, les Ruiz. Contribution à l'étude du commerce entre la France et l'Espagne au temps de Philippe II*, 1955, p. 212, n. 169.

148. Rapport final de Marco Ottobon, à son retour de Dantzig, 1591, référence fournie ci-dessus, p. 483, note 76.

149. *Ibid.*, Lettre aux Proveditori alle Biave, Dantzig, 7 juillet 1591.

150. Sur tous ces problèmes, les tonnages, les constructions « à carvel » et « à clin », les noms des navires et médiocres embarcations, se reporter aux pages et aux notes de Henri LAPEYRE, *op. cit.*, p. 206 et *sq.*

151. Frederic C. LANE, *Venetian Ships and Shipbuilders of the Renaissance*, 1934, p. 27.

152. *Op. cit.*, VI, p. 71.

153. Jusqu'en 1564, nous dit Frederic C. LANE, « The Medit. spice Trade », *in : A.H.R.*, t. XLV, p. 581.

154. J. Lopez au roi, Venise, 2 juillet 1569. Simancas E° 1326.

155. Dr. Jules SOTTAS, *Les Messageries maritimes à Venise aux* XIVe *et* XVe *siècles*, 1936, p. 136.

156. F.C. LANE, *op. cit.*, p. 47.

157. NAVAGERO, *op. cit.*, p. 1.

158. S. RAZZI, *La Storia di Ragusa*, 1903, p. 128.

159. *Ibid.*, p. 156.

160. 8 mars 1565. Simancas E° 486.

161. *Ibid.*

162. A.d.S. Napoli, Sommaria Partium : 540, f° 51 ; 546, f° 229 v° ; 559, f° 267 v° et 268 ; 560, f° 73, f° 115 v°, f° 185 ; 562, f° 55 v°, f° 237 v° ; 561, f° 101 v° ; 594, f° 28 v° (la nave de 1 000 tonnes, 800 *carri*, en construction à Raguse) ; 595, f° 161 v° et 162.

163. 6 mai 1579. A.d.S. Florence, Mediceo 1829, f° 67.

164. A.d.S. Venise, Senato Dispacci Spagna, Zane au doge, 15 juillet 1583, les chiffres se retrouvent, Museo Correr, Donà delle Rose, 154, f° 101.

165. 31 mai 1591, A. de Raguse, Diversa de Foris, V, f° 15.
166. 2 juin 1591, A. Civico, Gênes, Consolato Francese, 332.
167. Miguel de Oviedo au roi, Carthagène, 19 oct. 1596. Simancas E° 176.
168. 4 mars 1596, A. de Raguse, D. de Foris, IV, f° 85.
169. Trapani, 10 mai 1599, A. de Raguse, D. de Foris, VIII, f° 25 v°.
170. Le duc de Maqueda, vice-roi de Sicile aux Jurados de Trapani, 21 août 1601, A. de Raguse, D. de Foris, f° 203 et 203 v°, navire de 4 000 *salme.*
171. Iorjo TADIĆ (lettre du 7 novembre 1963).
172. A.d.S. Venise, Capitolari, II C 112, 4 nov. 1581, cité par G. LUZZATTO, « Per la storia delle costruzioni navali a Venezia nei secoli XV e XVI », *in : Miscellanea di studi storici in onore di C. Manfroni*, Venise, 1925, p. 397.
173. G. LUZZATTO, *ibid.*, p. 392 et *sq.*
174. V. LAMANSKY, *op. cit.*, p. 560.
175. Simancas Guerra Antigua, XX, f° 13.
176. *Ibid.*, f° 10.
177. *Ibid.*, f° 15.
178. *Ibid.*, f° 9.
179. *Ibid.*, XLVI, f° 204.
180. *Ibid.*, LIII, f° 206.
181. Giuseppe VIVOLI, *Annali di Livorno*, Livourne, 1842, III, p. 425.
182. *Diarii*, LIII, p. 522.
183. D'après Auguste JAL, *Glossaire nautique*, 1848.
184. F. LANE, *op. cit.*, p. 53 ; CASONI, « Forze militari », *in : Venezia e le sue lagune*, 1847, p. 195.
185. Alfredo PINO-BRANCA, *La vita economica degli Stati italiani nei secoli XVI, XVII, XVIII, secondo le relazioni degli ambasciatori veneti*, Catania, 1938, p. 209.
186. 4 nov. 1589, Conseil de Pregadi, A.d.S. Venise, Busta 538, f° 884.
187. F. LANE, *op. cit.*, p. 52, note 52, p. 53, note 57.
188. *Voyage du Levant*, p. 25.
189. Pierre GRANDCHAMP, *La France en Tunisie à la fin du* XVIe *siècle*, 1920, p. 88.
190. B. Com. Palerme, 3 Qq D 77, n° 9, 26, 32.
191. A. Com. Marseille, série HH, non classée.
192. Ou à ce galion marseillais de 450 t qui, en 1561, fait le voyage de Constantinople, chargé d'aluns, touche à Chio, Avis du Levant, 12-14 avril 1561, Simancas E° 1051, f° 55.
193. A. Civico Gênes, sept. 1594, Consolato Francese, 332. Sur la petitesse des navires marseillais, voir le recensement des « saettie francese » arrivées à Venise de 1581 à 1585, A.d.S. Senato Terra, 96. Au total 37 arrivées : 6, en 1581 ; 9 en 1582 ; 7, en 1583 ; 9, en 1584 ; 6, en 1585. Le plus gros déplace 164

botte (82 t environ), le plus petit, 54 *botte* (27 t). J'ai laissé de côté quatre navires dont la jauge est donnée en *stara* (440, 440, 460, 305). La moyenne pour les 33 autres s'établit légèrement au-dessus de 90 *botte*, soit 45 t.

194. 14 fév. 1590, P. GRANCHAMP, *La France en Tunisie à la fin du* XVIe *siècle*, 1920, pp. 30-31.

195. 6 août 1596, *ibid.*, p. 81.

196. 2 juin 1591, A. Civico, Gênes, Consolato Francese, 332.

197. Voir tome II, p. 620-621, note 144.

198. *Histoire du Commerce de Marseille*, t. III, p. 193.

199. P. LESCALOPIER, *op. cit.*, p. 26.

200. Josip LUETIĆ, *O pomortsvup Dubrovačke Republike u XVIII stoljeću*, Dubrovnik, 1959, p. 190.

201. Museo Correr, D. delle Rose, f° 217.

202. *Ibid.*, f° 8 et *sq.*

203. Voir tome II, pp. 309 et *sq.*

204. Voir tome II, p. 486, note 15.

205. N. IORGA, *Ospiti romeni in Venezia (1570-1610)*, 1932, p. 75.

206. Ugo TUCCI, « Mercanti veneziani in India alla fine del secolo XVI », *in : Studi in onore di Armando Sapori*, 1957, pp. 1091 et *sq.*

207. Gilberto FREYRE, *Casa Grande et senzala*, Rio de Janeiro, 1946, t. I, p. 360.

208. BRANTÔME, *Mémoires*, XI, p. 107.

209. Philippe de CANAYE, *Le voyage du Levant*, p. 114.

210. Richard BUSCH-ZANTNER, « Zur Kenntnis der osmanischen Stadt », *in : Geographische Zeitschrift*, 1932, pp. 1-13.

211. J. LECLERCQ, *op. cit.*, 1881, p. 21.

212. D. de HAEDO, *op. cit.*, 178 v°. A Alger, deux marchés par semaine avec grand concours des gens des plaines et montagnes voisines.

213. A. PINO BRANCA, *op. cit.*, p. 257.

214. *Panni garbi :* draps de première qualité.

215. A la reine, 13 février 1567, DOUAIS, *Dépêches...*, III, pp. 36-37.

216. Le duc de Terranova au roi, Simancas E° 1144, 28 août 1575 ; E° 1145, 18 février 1576.

217. Jacob BURCKHARDT, *Geschichte der Renaissance in Italien*, éd. 1920, pp. 16 et 17.

218. Baron de TOTT, *Mémoires*, IV, pp. 71-73.

219. *Le discours du voyage de Venise à Constantinople*, 1547, p. 31.

220. Renée DOEHAERD et Ch. KERREMANS, *Les relations commerciales entre Gênes, la Belgique et l'Outremont*, 1952, I, pp. 77-78.

221. A. MEHLAN, « Die grossen Balkanmessen in der Türken-

zeit », *in : Vierteljahrschrift für Sozial- und Wirtschafstgeschichte*, XXXI, 1938, pp. 20-21.

222. J. TADIĆ, *Dubrovcani po juznoj Srbiji u XVI stolecu Glasnik Skop nauc dro*, VII-VIII, 1930, pp. 197-202.

223. L. BERNARDO, *Viaggio a Costantinopoli*, Venise, 1887, p. 24, 1591.

224. Une fabrique d'écarlates, Conseil du 20 nov. 1575, A. Com. Marseille, BB 45, f° 330.

225. Giacomo Pedro LUCCARI, *Annali di Rausa*, Venise, 1605, p. 120.

226. *Ibid.*, p. 139.

227. G. BOTERO, *op. cit.*, I, p. 35.

228. Marc BLOCH, *in : Mélanges d'histoire sociale*, I, pp. 113-114.

229. Francesco GUICCIARDINI, *Diario del viaggio di Spagna*, Florence, 1932, p. 46. Pour une comparaison : Nîmes, en 1592, P. GEORGE, *op. cit.*, pp. 621-622.

230. *Decadenza economica veneziana nel secolo XVII*, Colloque de la Fondation Giorgio Cini (27 juin-2 juillet 1957), 1961, pp. 23-84.

231. *Le Banquet*, p. 17, cité par Th. SCHARTEN, *Les voyages et les séjours de Michelet en Italie*, Paris, 1934, p. 101.

232. Jacques HEERS, *op. cit.*, p. 74 et *sq.*

233. B.N., Paris, Fr. 2086, f°s 60 v°, 61 r°.

234. A.d.S. Venise, *Cinque Savii*, Risposte 1602-1606, f° 189, v°, 195.

235. *Op. cit.*, I, p. 38.

236. Antonio de CAPMANY Y DE MONTPALAU, *Memorias históricas sobre la Marina, Comercio y Artes de la antigua ciudad de Barcelona*, Madrid, 1779, I, p. 205 et *sq.*

237. Felipe RUIZ MARTÍN, Professeur à l'Université de Bilbao, qui m'a communiqué le plan de son prochain livre.

238. A.d.S. Venise, Dispacci Senato Spagna, F° Moro au doge, Madrid..., 1615.

239. Les admirables documents de Simancas Expedientes de Hacienda, 170, où se trouve par surcroît le recensement, le *padrón* de la ville en 1561.

240. A.d.S. Venise, Senato Terra, 4, f° 138, 22 mars 1460.

241. *Le Loyal Serviteur, op. cit.*, p. 42.

242. A.d.S. Venise, Senato Terra 27, Brescia, 5 mars 1558 ; la question se pose antérieurement, *ibid.*, 24, Brescia, février-mars 1556.

243. A.d.S. Naples, Sommaria Consultationum 2, f° 75 v° et 76, 7 juillet 1550.

244. Se reporter à la longue note bibliographique, tome II, pp. 676-677, notes 193 et 194.

245. Il sera à reprendre, à partir des sources d'archives peu et

mal utilisées de Simancas. Espérons que les études annoncées de Felipe Ruiz Martín ne tarderont pas.

246. L'événement est, en ce domaine, la parution du tome III et dernier de Karl Julius BELOCH, *Bevölkerungsgeschichte Italiens*, Berlin, 1961.

247. La nouveauté révolutionnaire des études d'Ömer Lutfi Barkan.

248. E. HOBSBAWM, « The Crisis of the 17th Century », *in : Past and Present*, 1954, n° 5, pp. 33-53, n° 6, pp. 44-65.

249. Alvaro CASTILLO PINTADO, « El servicio de millones y la población del Reino de Granada en 1591 », *in : Saitabi, Revista de la Facultad de Filosofia y Letras de la Universidad de Valencia*, 1961.

250. Otto BRUNNER, *Neue Wege der Sozialgeschichte. Vorträge und Aufsätze*, Göttingen, 1956, p. 87 et F. BRAUDEL, « Sur une conception de l'Histoire sociale », *in : Annales E.S.C.*, avril-juin 1959.

251. Earl J. HAMILTON, *El Florecimiento del capitalismo y otros ensayos de historia económica*, 1948, pp. 121-122.

252. Daniele BELTRAMI, *Forze di lavoro e proprietà fondiaria nelle campagne venete dei secoli XVII e XVIII*, 1961, p. 5 et *sq*.

253. M. MOHEAU, *Recherches et considérations sur la population de la France*, 1778, pp. 257-258 et tableau p. 276.

254. Les légats du Concile à Borromée, Trente, 7 août 1561, SUSTA, *op. cit.*, I, pp. 67-68 et note 68-69.

255. G. VIVOLI, *op. cit.*, III, p. 15 et 24, note 17.

256. N. IORGA, *Ospiti romeni in Venezia,op. cit.*, p. 35.

257. G. MECATTI, *op. cit.*, II, p. 766.

258. *Almanacco di economia di Toscana dell'anno 1791*, Florence, 1791.

259. Ainsi, en 1539, Rosario RUSSO, *art. cit., in : Rivista storica italiana*, 1934, p. 435, ainsi encore en 1560, Simancas E° 1389, 19 juin 1560. Pour Messine, ainsi en 1577, Simancas E°, 1148, 9 mai 1577.

260. A. SERRA, « Breve trattato delle cause che possono far abondare li regni d'oro e argento dove non sono miniere », *in* : A. GRAZIANI, *Economisti del Cinque e Seicento*, Bari, 1913, p. 164.

261. A.d.S. Venise, *Cinque Savii...*, Busta 2.

262. B.N., Paris, fr. 5599.

263. C'est-à-dire Rialto.

264. G. PARENTI, *Prime ricerche sulla rivoluzione dei prezzi in Firenze*, 1939, p. 96 et *sq*.

265. Giuseppe MIRA, *Aspetti dell'economia comasca all'inizio dell'età moderna*, Come, 1939, p. 239 et *sq*.

266. Voir pp. 424-425.

267. Simancas E° 1326, 29 sept. 1569-1er oct. 1569.

268. Conseil du 13 déc. 1562, BB 41, f° 25 et *sq*.

269. Giuseppe PARDI, « Napoli attraverso i secoli », *in : N.R. St.*, 1924, p. 75.

270. Mesures demandées contre les pêcheurs du « cartier » St Jehan « qui sortent hors du port, enlèvent et portent plus de pain qui ne leur est nécessaire... », 7 août 1583, A. Comm. Marseille, BB 45, f° 223.

271. Alexandre Agulftequi ? aux Consuls de Marseille, Lyon, 11 nov. 1579, Archives Com., Marseille.

272. 28 août 1577, A.H.N., Inquisition de Barcelone, libro I, f° 308.

273. 12 oct. 1558, Inquisition de Valence, libro I, A.H.N.

274. A.d.S. Venise, Capi del Consiglio dei X, B^a 594, f° 139, projet d'achat, 23 juin 1559 ; même demande, 16 mai 1560, *ibid.*, f° 144.

275. A Marseille, Conseil du 4 mai 1572, prime de 6 sols par charge aux marchands, BB 43, f° 144 et *sq.* Archives Comm. Marseille.

276. A. Com. Marseille BB 41, f° 1 et *sq.*

277. Pietro Lomellino à la Sie de Gênes, Messine, 8 oct. 1557, A.d.S., Gênes, Lettere Consoli, Napoli Messina 1-2634.

278. En août 1607, la disette provoque une révolte à Naples, *Archivio storico italiano*, IX, p. 266. Disette décisive plus tard dans l'insurrection de Messine de 1647. Nombreuses références : 23, 26, 27 déc. 1559 ; 2 janv. 1560, Sim. E° 1050, f° 3 ; 28 janv. 1560, E° 1324, f° 72 ; 5 nov. 1562, E° 1324, f° 154 ; 16 déc. 1562, *ibid.*, f° 147 ; 8 avril 1563, f° 110 ; 18 mars 1565, A.d.S. Venise Senato, Secreta Dispacci Napoli, n° 1 ; 7 fév. 1566, Sim. E° 1555, f° 25 : 18 janv. 1570, Sim. E° 1327 ; 3 mars 1571, Sim. E° 1059, f° 68 ; 28 fév. 1571, *ibid.*, f° 60.

279. 1527, Mario BRANETTI, « Notizie di Fonti et Documenti », *in : Archivio storico di Corsica*, 1931, p. 531.

280. H. KRETSCHMAYR, *op. cit.*, III, p. 41.

281. G. MECATTI, *op. cit.*, II, p. 764.

282. M. BANDELLO, *op. cit.*, V, p. 167. En 1524, Salvatore PUGLIESE, *Condizione economiche e finanziarie della Lombardia nella prima metà del secolo XVIII*, 1924, p. 55, parle de 100 000 morts.

283. G. VIVOLI, *op. cit.*, III, p. 268.

284. *Ibid.*

285. *Ibid.*

286. *Ibid.*

287. « Un picciol popolo è facilmente consumato da una pestilenza », G. BOTERO, *op. cit.*, II, *Proemio* (p. 1), sans pagination dans l'édition de 1599.

288. Voir ci-dessus, note 280.

289. Marciana, Ital. 7299, *Memorie publiche dal anno 1576 al 1586*, 18 mars 1584.

290. Sur cette peste de 1576, voir l'admirable étude de Ernst

RODENWALDT, « Pest in Venedig 1575-1577, Ein Beitrag zur Frage der Infektkette bei den Pestepidemien West-Europas », *in : Sitzungsberichte der Heidelberger Akademie d. Wissenschaften, Mathematischnaturwissenschaftliche Klasse*, Heidelberg, 1953, p. 119 et *sq*.

291. *Op. cit.*, pp. 315-316.

292. René BAEHREL, « La haine de classe en temps d'épidémie », *in : Annales E.S.C.*, 1952, pp. 315-350 et, plus encore, « Économie et Terreur : histoire et sociologie », *in : Annales hist. de la Révolution française*, 1951, pp. 113-146.

293. A.d.S. Venise, Senato Misti, 19, f° 72 v° et 73, 3 juin 1478.

294. Père Maurice de TOLON, *Préservatifs et remèdes contre la peste ou le Capucin Charitable*, 1668, p. 60 et *sq*.

295. *Op. cit.*, II, p. 14.

296. Pare P. GIL, *Libre primer de la historia cathalana...*, f° 81 r°.

297. A. de Raguse ; voir également la série Diversa di Cancellaria, 137.

298. *Ibid.*, 146, f° 32 v°, 140, 187 v°, 205, 213 v°, 215, etc.

299. A.d.S., Florence, Mediceo 4185, f° 171-75.

300. D. de HAEDO, *op. cit.*, p. 8 v° (sur les Kabyles), p. 9 (sur les Andalous).

301. Ömer Lutfi BARKAN, Conférences inédites à l'École des Hautes Études, p. 11.

302. B.M. Sloane 1572, f° 61, juillet-août 1633.

303. B. GEROMETTA, *I forestieri a Venezia*, Venise, 1858, p. 9.

304. A.d.S. Venise, Senato Terra, 101, mai 1587.

305. G. Hernandez au roi, Venise, 17 juin 1562, Simancas E° 1324, f° 136 ; N. IORGA, *op. cit.*, p. 136. A côté des Grecs, des Arméniens, des Circassiens, des Valaques.

306. M. BANDELLO, *op. cit.*, IV, p. 68.

307. Nicoló Crotto à Antonio Paruta, Angora, 2 mai 1585 ; Cucina à Paruta, Venise, 16 avril et 25 juin 1509. A.d.S. Venise, *Lettere Com.*, 12 *ter*, et N. IORGA, *op. cit.*, p. 19.

308. G. d'ARAMON, *op. cit.*, p. 3.

309. F. de Vera à Philippe II, Venise, 23 nov. 1590, A.N., K 1674.

310. P. LESCALOPIER, *op. cit.*, p. 29.

311. G. BOTERO, *op. cit.*, I, p. 103.

312. J.W. ZINKEISEN, *op. cit.*, t. III, p. 266.

313. G. BOTERO, *op. cit.*, I, p. 99.

314. Je pense en particulier au livre de J. PLESNER, *L'Émigration de la campagne libre de Florence au* XIIIe *siècle*, 1934.

315. H. KRETSCHMAYR, *op. cit.*, II, p. 194.

316. N. de NICOLAY, *Navigations et pérégrinations orientales, op. cit.*, p. 157, les maisons ragusaines à Gravosa, leurs jardins d'orangers et de citronniers.

317. Voir *infra*, note 319.
318. Mateo ALEMAN, *De la vida del picaro Guzman de Alfarache*, 1615, I, pp. 24 et 29.
319. Cité par G. LUZZATTO, *op. cit.*, p. 145.
320. B.M. Sloane 1572.
321. Robert LIVET, *op. cit.*, p. 157.
322. R. BUSCH-ZANTNER, *op. cit.*, voir tome II, pp. 442-443.
323. L. PFANDL, *Introducción al siglo de oro*, Barcelone, 1927, pp. 104-105.
324. H. KRETSCHMAYR, *op. cit.*, II, p. 251.
325. G. VIVOLI, *op. cit.*, II, p. 52.
326. H. KRETSCHMAYR, *op. cit.*, II, p. 254.
327. *Ibid.*, pp. 337-338.
328. A. PETIT, *André Doria...*, *op. cit.*, p. 6.
329. *Ibid.*, p. 32-33.
330. *Ibid.*, p. 216 et *sq.*
331. Cf. *infra*, note 333.
332. P. EGIDI, *Emanuele Filiberto*, 1928, p. 114.
333. SCOVAZZI et NOBARESCO, *Savona*, d'après compte rendu *in : Rivista Storica*, 1932, p. 116.
334. G. BOTERO, *op. cit.*, p. 39.
335. Sur Pérouse, les études de TORDI et d'A. BELLUCCI et *Archivio storico italiano*, t. IX, p. 114 et *sq.*
336. *Archivio storico italiano*, t. IX, p. 47.
337. Sur ce petit cas d'histoire urbaine, les études de Leopoldo PALATINI, de VISCA, de CASTI.
338. *Les aventures du capitaine Alonso de Contreras, 1582-1633*, p.p. Jacques BOULENGER, 1933, p. 222 et *sq.*
339. D. de HAEDO, *Topographía...*, p. 173 v°.
340. *Novelas ejemplares*, « Licenciado Vidriera », I, p. 263.
341. D'après la thèse inédite de Maurice CARMONA, sur Florence et la Toscane au XVIIe siècle.
342. Maurice CARMONA, « Aspects du capitalisme toscan aux XVIe et XVIIe siècles », *in : Revue d'Hist. moderne et contemporaine*, 1964.
343. Voir notamment pp. 393-394.
344. Voir pp. 123-124 et note 18.
345. Le consul Raffaelo Giustiniano aux doge et gouverneurs de Gênes, Messine, 3 juin 1561, A.d.S. Gênes Lettere Consoli, Messina, 1-2634.
346. A.d.S. Gênes, Giunta di Marina, Consoli nazionali ed esteri, 1438-1599.
347. R. di TUCCI, « Relazioni commerciali fra Genova ed il Levante », *in : La Grande Genova*, nov. 1929, p. 639.
348. G. VIVOLI, *op. cit.*, IV, p. 23.
349. Ainsi Nicoloso Lomellino a 8 carats sur la nave ragusaine, *Santa Nunciata*, que patronne V° Basilio, A. de Raguse, Diversa de Foris, XII, f° 135, 4 mai 1596.

350. Museo Correr, Relation de Santolone sur Gênes (1684).

351. J. PAZ et C. ESPEJO, *Las antiguas ferias de Medina del Campo*, 1912, pp. 139-141, ont raison de détacher comme exemplaire l'arrestation, en novembre 1582, du prince de Salerne qui refuse d'aller à la foire de Medina del Campo.

352. Laszlo MAKKAI, *art. cit.*, voir référence dans le tome II, p. 673, note 151.

353. Sur Burgos, A. de CAPMANY, *op. cit.*, II, pp. 323-324 et les importantes remarques de R. CARANDE, *op. cit.*, p. 56.

354. Jean DELUMEAU, *Vie économique et sociale de Rome dans la seconde moitié du* XVIe *siècle*, Paris, 2 vol., 1959.

355. Georges YVER, *Le Commerce et les marchands dans l'Italie méridionale au* XIIIe *et au* XIVe *siècle*, 1903, pp. 1 à 5 et *passim*.

356. Jean DELUMEAU, *op. cit.*, p. 365 et *sq.*

357. K. Julius BELOCH, *op. cit.*, III, p. 357.

358. Joseph BILLIOUD, *Histoire du commerce de Marseille*, 1951, III, p. 551, n'accepte pour la ville que 30 000 à 45 000 habitants, alors qu'elle s'en attribuait elle-même 80 000, Archives communales de Marseille, BB 45, f° 207, 23 mars 1583.

359. E. von RANKE, *art. cit.*, p. 93.

360. A.d.S. Naples, Sommaria Consultationum 31, f° 110, 111, 7 février 1624.

361. *Archivio storico italiano*, t. IX, p. 247.

362. *Ibid.*

363. *Ibid.*

364. A.d.S. Naples, Sommaria Consultationum, 1, f° 79-84, 27 février 1551.

365. Pour de plus amples détails, sur la place de ce Préfet dans l'exécutif napolitain qu'est le Tribunal de S. Lorenzo, voir Bartolomeo CAPASSO, *Catalógo ragionato dell'Archivio municipale di Napoli*, 1876, I. p. 120.

366. *Archivio Storico italiano*, t. IX, p. 264, note 1.

367. B. CAPASSO, *op. cit.*, p. 51.

368. Wilfrid BRULEZ, *op. cit.*, p. 576.

369. A.d.S. Naples, Sommaria Consultationum, 1, f° 235 v°, 4 nov. 1560.

370. *Ibid.*, 13, f° 373 v°, 20 juin 1597.

371. Pour le blé des Pouilles, *ibid.*, 5, 13 avril 1576 ; pour sucre et miel, *ibid.*, 33, f° 13, 135-137, 4 février 1625.

372. Sur la croissance de Naples freinée par les autorités espagnoles, G. BOTERO, *op. cit.*, I, p. 114 ; 22 mars 1560, Sim. E° 1050, f° 23 ; 1568, Sim. S.P. Napoles, I ; *Arch. st. it.*, t. IX, p. 247 ; B.N. Paris, vers 1600, Esp. 127, f° 17 et 19 v° ; Giuseppe PARDI, *art. cit.*, p. 73 ; et *passim* le livre capital déjà cité de Giuseppe CONIGLIO.

373. Felipe RUIZ MARTÍN, « Fernando el Catolico y la Inquisi-

ción en el Reino de Nápoles », *in : V Congreso de la Corona de Aragon*, oct. 1952.

374. Avant tout, Miguel de CASTRO, *Vida del soldado español Miguel de Castro* (Colección Austral), 1949, et aussi *Les aventures du capitaine Alonso de Contreras* (*1582-1633*), *op. cit.*, notamment pp. 17-20.

375. Simancas, Napoles Est° 1038, 1549.

376. Felipe RUIZ MARTÍN, *art. cit.*, p. 320.

377. Sur ces chiffres et leur discussion, Robert MANTRAN, *Istanbul dans la seconde moitié du* XVIIe *siècle. Étude d'histoire institutionnelle, économique et sociale*, 1962, pp. 44 et *sq.*

378. *Ibid.*, p. 84.

379. *Voyage faict par moy, Pierre Lescalopier...*, f° 35.

380. G. d'ARAMON, *op. cit.*, p. 93.

381. P. LESCALOPIER, *Voyage...*, f° 31 v°.

382. G. d'ARAMON, *op. cit.*, p. 25.

383. *Ibid.*, p. 93.

384. R. MANTRAN, *op. cit.*, p. 40 et Ömer Lutfi BARKAN, « L'organisation du travail dans le chantier d'une grande mosquée à Istanbul au XVIe siècle », *in : Annales E.S.C.*, 1962, n° 6, pp. 1093-1106.

385. P. LESCALOPIER, *Voyage...*, f° 32.

386. R. MANTRAN, *op. cit.*, p. 29.

387. *Ibid.*, p. 27.

388. E. CHARRIÈRE, *Négociations...*, *op. cit.*, II, p. 757-9, cf. TOTT, *Mémoires, op. cit.*, I, p. 75. Liste de 22 incendies, de 1640 à 1701, R. MANTRAN, *op. cit.*, p. 44 et *sq.*

389. P. LESCALOPIER, *Voyage...*, f° 33 v°.

390. *Ibid..*, f° 33 v°.

391. R. MANTRAN, *op. cit.*, p. 44 et *sq.*

392. P. LESCALOPIER, *Voyage...*, f° 37 v°, note que les « arches » à l'Arsenal de Venise sont une trentaine et ne sont « que des pilotis de bois ».

393. *Ibid.*, f° 37 v°.

394. *Ibid.*, f° 38.

395. *Ibid.*, f° 36 v°.

396. *Ibid.*, f° 37.

397. R. MANTRAN, *op. cit.*, p. 81 et *sq.* Sur les chevaux à Scutari nombreuses références des voyageurs.

398. Ainsi P. LESCALOPIER, *Voyage...*, f° 32 v° et 33.

399. R. MANTRAN, *op. cit.*, p. 85.

400. P. LESCALOPIER, *Voyage...*, f° 32.

401. Salazar à S. M., Venise, 5 mars 1581. Simancas E° 1339 : « *Que 8 naves que avian llegado de Alexandria cargados de grano no havian bastado para mas de un solo dia.* »

402. R. MANTRAN, *op. cit.*, p. 181 et *sq.* Les documents du fonds turc de la Bibliothèque Nationale de Paris, 40 et supplément 1201, ont été analysés pour moi par Halil Sahili Oglou. A

consulter le bel article de L. GUCER, « Le commerce intérieur des céréales dans l'Empire Ottoman pendant la seconde moitié du XVIe siècle », *in : Revue de la Faculté des Sciences Économiques de l'Université d'Istanbul*, t. XI, 1949-1950. Et la précieuse étude de Walter HAHN, *Die Verpflegung Konstantinopels durch staatliche Zwangswirtschaft nach türkischen Urkunden aus dem 16. Jahrhundert*, 1926.

403. R. MANTRAN, *op. cit.*, p. 184 et p. 189.

404. J. GOUNON-LOUBENS, *Essais sur l'administration de la Castille au XVIe siècle*, 1860, pp. 43-44.

TABLE DES CARTES, TABLEAUX ET GRAPHIQUES

1. — Les profondeurs et les hauteurs de 500 en 500 mètres 8-9
2. — Les plissements de la Méditerranée 31
3. — Les grands canaux de la plaine lombarde 80
4. — Les canaux de régularisation ont sauvegardé la moitié des lagunes vénitiennes 88
5. — Hivernage et estivage des moutons de Haute-Provence vers la fin du XVe siècle 101
6. — Les transhumances castillanes 105
7. — Les transhumances actuelles 112-113
8. — Les naufrages de bateaux se rendant à Venise, de 1592 à 1609 130
9. — Les prises de navires pour la même période 131
10. — La Sicile et la Tunisie coupent la Méditerranée en deux 132
11. — Face à Otrante, Corfou commande l'entrée de l'Adriatique 149
12. — La Méditerranée à l'échelle du Monde 202
13. — L'implantation des palmeraies de l'Indus à l'Atlantique 206
14. — Caravanes sahariennes, XVe-XVIe siècle 220
15. — Les routes de l'isthme allemand 247
16. — La barrière des Alpes 248
17. — Lyon et les épices d'après quelques relevés de 1525 à 1534 262
18. — Marseille et le marché intérieur français, 1543 ... 265
19. — La « vraie » Méditerranée, de l'olivier aux grandes palmeraies 280
20. — Au lieu d'arriver en Espagne, aboutir à Tabarca 303
21. — Un coup de mistral, le 19 avril 1569 et les jours suivants 306
22. — Le mouvement des affaires du Fondaco dei Tedeschi à Venise 324
23. — Réseau des routes ibériques, en 1546 341

24. — Routes à travers l'Apennin toscan 343
25. — Le grand bazar d'Istanbul, XVIe-XVIIe siècle 382
26. — Le cœur de Venise 385
27. — Population des villes de Castille 396

TABLE DES MATIÈRES

PRÉFACES 11

Première partie
LA PART DU MILIEU

I. LES PÉNINSULES :
MONTAGNES, PLATEAUX, PLAINES

1. *Tout d'abord les montagnes* 29

Caractéristiques physiques et humaines 29
Définir la montagne 34
Montagnes, civilisations et religions 37
La liberté montagnarde 42
Ressources et bilan de la montagne 45
Les montagnards à la ville 48
Cas-types de diaspora montagnarde 53
La vie montagnarde, première histoire de la Méditerranée ? 56

2. *Plateaux, revermonts et collines* 58
Les hautes plaines 59
Les pays en espalier 61
Les collines 65

3. *Les plaines* 67

Les problèmes de l'eau : la malaria 69
La bonification des plaines 74
L'exemple de la Lombardie 79
Grands propriétaires et pauvres paysans 83

Les mutations à court terme des plaines : la Terre Ferme vénitienne 87
A long terme : les destins de la Campagne Romaine 90
La puissance des plaines : l'Andalousie 91

4. *Transhumances ou nomadisme : déjà deux Méditerranées* 96

Les transhumances 96
Le nomadisme plus ancien que la transhumance . . 98
La transhumance castillane 103
Comparaisons et cartographies d'ensemble 107
Dromadaires et chameaux : les invasions arabes et turques 109
Nomadisme des Balkans, d'Anatolie et d'Afrique du Nord vu par des témoins occidentaux 115
Cycles plus que séculaires 118

II. AU CŒUR DE LA MÉDITERRANÉE MERS ET LITTORAUX

1. *Les plaines liquides* 121

La navigation côtière 121
Au début des découvertes portugaises 126
Les mers étroites, bases de l'histoire 126
La mer Noire, chasse gardée de Constantinople . . 128
L'Archipel vénitien et génois 133
Entre Tunisie et Sicile 135
La « Manche » méditerranéenne 137
Le Bassin Tyrrhénien 141
L'Adriatique 146
A l'Est et à l'Ouest de la Sicile 157
Deux univers maritimes 159
La double leçon des Empires turc et hispanique . . 160
Au-delà de la politique 162

2. *Les bordures continentales* 163

Les peuples de la mer 164
Faiblesses des secteurs maritimes 167
Les métropoles 172
Hauts et bas de la vie maritime 174

3. *Les îles* 177

Des mondes isolés ? 178

Des vies précaires 180
Sur les chemins de la grande histoire 183
Émigrés insulaires 188
Et les îles que n'entoure pas la mer 190
Les péninsules 192

III. LES CONFINS OU LA PLUS GRANDE MÉDITERRANÉE

Une Méditerranée aux dimensions de l'histoire ... 203

1. *Le Sahara, second visage de la Méditerranée* 205

Le Sahara : limites proches et lointaines 205
Indigence et pauvreté 208
Les grands nomades 211
Poussées et infiltrations de la steppe 213
Les caravanes de l'or et des épices 218
Les oasis 223
L'aire géographique de l'Islam 225

2. *Europe et Méditerranée* 228

Les isthmes et leurs routes méridiennes 228
L'isthme russe : vers la mer Noire et la Caspienne 231
Des Balkans à Dantzig : l'isthme polonais 236
L'isthme allemand : un schéma d'ensemble 245
Les Alpes 249
Troisième personnage, l'Allemagne aux multiples visages 252
De Gênes à Anvers, de Venise à Hambourg : les conditions de la circulation 256
Balance et émigrations marchandes 258
L'isthme français de Rouen à Marseille 261
Europe et Méditerranée 269

3. *L'Océan Atlantique* 270

Plusieurs Atlantiques 270
L'Océan à l'école de la Méditerranée 272
Le destin océanique au XVIe siècle 273
Une décadence tardive 278

IV. L'UNITÉ PHYSIQUE : LE CLIMAT ET L'HISTOIRE

1. *L'unité climatique* 281

L'Atlantique et le Sahara 281
Un climat homogène 283
La sécheresse : fléau de la Méditerranée 288

2. *Les saisons* 298

Les haltes de l'hiver 299
L'arrêt de la navigation 301
Paix et bavardages de l'hiver 308
Les duretés de l'hiver 310
L'été et sa vie précipitée 311
Les épidémies d'été 314
Le climat méditerranéen et l'Orient 316
Rythme des saisons et statistiques 317
Déterminisme et vie économique 323

3. *Le climat a-t-il changé depuis le* XVIe *siècle ?* 325

Note complémentaire 331

V. L'UNITÉ HUMAINE :
ROUTES ET VILLES, VILLES ET ROUTES

1. *Routes de terre et routes de mer* 338

Les routes nourricières 341
Archaïsme des moyens de transport 345
Avantage aux routes terrestres vers 1600 ? 347
Le problème en soi de la route de terre 353
Le double témoignage de Venise 355
Circulation et statistique : le cas de l'Espagne 358
Le double problème dans le long terme 360

2. *La navigation : tonnages et conjonctures* 361

Gros tonnages et petits voiliers au XVe siècle 366
Les premiers succès des petits tonnages 368
Sur l'Atlantique au XVIe siècle 369
En Méditerranée 375

3. *Les fonctions urbaines* 381

Villes et routes 383
Les ruptures de charge 387
De la route à la banque 389
Cycle urbain et régression 394
Une typologie très incomplète 395

4. *Les villes témoins du siècle* 398

La montée démographique 399
Misères anciennes, misères nouvelles : les disettes et le problème du blé 401
Misères anciennes, misères nouvelles : les épidémies 406
L'indispensable immigrant.................... 409
Les crises politiques urbaines 414
Les villes privilégiées de l'argent.................... 418
Les villes royales et impériales 422
En faveur des capitales.................... 430
Déjà la conjoncture 431

NOTES 433

TABLE DES CARTES, TABLEAUX ET GRAPHIQUES 523

Le Livre de Poche
Références

La collection « Le Livre de Poche Références » *couvre le domaine des sciences humaines et répond aux besoins nouveaux de l'Université. Elle accueille des auteurs prestigieux, universitaires de renom et chercheurs de haut niveau et publie des textes essentiels, bilans et synthèses audacieuses, études historiques, présentation de grandes théories. Inédit ou reprise d'un classique, chaque volume est une référence.*

Jean Delumeau

L'Aveu et le Pardon

Les difficultés de la confession, du XIIIe au XVIIIe siècle

Entre le « connais-toi toi-même » de Socrate et celui de Freud, il y a eu la confession. Cette pratique sans équivalent dans l'histoire allait susciter, notamment à l'Age classique, des débats théologiques passionnés entre rigoristes et partisans de la bienveillance. Nos conceptions morales et psychologiques ont été en grande partie formées par elle. C'est pourquoi l'intelligence de la modernité occidentale passe par son histoire.

Jean Favier

Les Grandes Découvertes

D'Alexandre à Magellan

Les Grandes Découvertes, c'est l'épopée des navigateurs européens accomplissant à l'aube des Temps Modernes le périple du globe. Mais c'est aussi l'histoire d'une construction intellectuelle plus que millénaire qui, dès l'Antiquité, allait simultanément emprunter les voies de l'esprit scientifique et de l'imagination. Le rythme de ce livre restitue à cette aventure ses dimensions véritables. De la colonisation grecque au tour du monde de Magellan, il fait revivre les plus grands pionniers et élabore l'inventaire des connaissances qui ont permis leurs exploits.

Carl Gustav Jung

Problèmes de l'âme moderne

Riches d'aperçus et de prolongements, les travaux de Jung réunis dans ce volume abordent la question de l'âme et de l'esprit, mais aussi celle du devenir de la personnalité et des problématiques de l'existence dans le monde moderne.

Enfin, Jung met en évidence dans le parapsychisme de Paracelse, dans la doctrine du refoulement de la sexualité de Freud, dans l'objectivisme grotesque de l'*Ulysse* de Joyce, et dans la multiplicité de Picasso, la transformation d'un fait de conscience qui, renouvelant la liaison de l'homme et du monde, modifie l'essence même de la vie.

HISTOIRE DE FRANCE, t. 1

Karl Ferdinand Werner

Les Origines

Avant l'an mil

Des origines à l'an mil, c'est l'histoire d'un pays qui n'est pas encore la France, mais dont les caractères durables se dessinent lentement. Une civilisation originale – et riche de sa diversité – s'élabore dans la fusion, toujours incomplète, des apports procurés par chaque vague d'envahisseurs, des Celtes aux Normands en passant par les Romains, les Goths et les Francs. Des institutions se précisent, qui marqueront les structures sociales et politiques de la France. L'ancienne Gaule, devenue la Francie occidentale, trouve sa place dans un équilibre européen remodelé après l'éclatement des vastes constructions politiques de Charlemagne.

HISTOIRE DE FRANCE, t. 2

Jean Favier

Le Temps des principautés

De l'an mil à 1515

De l'an mil aux débuts de la Renaissance, c'est l'histoire de cinq siècles aux couleurs bien diverses. C'est le temps des dynamismes que manifestent les défrichements, le réveil des villes, l'élargissement des horizons politiques, la floraison des ordres monastiques, la naissance des universités et l'ampleur nouvelle des grandes cathédrales. C'est aussi le temps des épreuves et des maturations, des crises et des épidémies, des guerres et des luttes civiles. La France passe de l'anarchie féodale à l'absolutisme monarchique, à travers la construction politique des grandes principautés. Et l'on va, dans ce même temps, des chansons de geste aux premières œuvres de l'humanisme en passant par l'aristotélisme de Thomas d'Aquin et l'universalisme encyclopédique du *Roman de la Rose*.

HISTOIRE DE FRANCE, t. 3

Jean Meyer

La France moderne

De 1515 à 1789

La douceur des aubes du Val de Loire et le fracas des guerres d'Italie ouvrent les espoirs « antiquisants » d'une Renaissance jusque-là médiévale. Mais le XVIe siècle s'enfonce dans les massacres des interminables guerres de religion. Un court répit et une longue gestation dans le sang, la faim et les larmes marquent le début de la Monarchie absolue, que souligne la gloire apaisée de Versailles. Toute gloire, cependant, est éphémère... Au XVIIIe siècle, la douceur de vivre se mue en une ironie critique, celle des « philosophes ». Quand la prospérité commerciale et maritime de la France décline en fin de siècle, un roi malchanceux – en dépit du dernier rayon de gloire, qui est américain – périt au lendemain des journées révolutionnaires.

HISTOIRE DE FRANCE, t. 4

Jean Tulard

Les Révolutions

De 1789 à 1851

Vieux pays soumis à des institutions et à des modes de pensée ancestraux, la France tente de reconstruire la société sur des principes nouveaux. Ce mouvement de fond dépasse largement les limites de la Révolution et de l'Empire : au-delà du fracas des émeutes et des batailles, du combat d'idées et des luttes parlementaires, c'est l'accession au pouvoir des « notables » – ou de la bourgeoisie – qui fait l'unité des quelque soixante années qui s'écoulent de 1789 à l'échec de la IIe République. L'organisation administrative, économique et sociale s'en trouve bouleversée. Sur le plan politique, la déstabilisation de

1789 a été si forte que l'équilibre paraît impossible à trouver. De là les révolutions et les coups d'Etat qui jalonnent l'histoire de cette fin du XVIIIe et de ce début du XIXe siècle.

HISTOIRE DE LA PENSÉE, t. 1

Lucien Jerphagnon

Antiquité et Moyen Age

D'Homère à la guerre de Cent ans : l'immense aventure de l'esprit que raconte, tour à tour féroce et chaleureux, hilare et navré, érudit et familier, Lucien Jerphagnon.

HISTOIRE DE LA PENSÉE, t. 2

Jean-Louis Dumas

Renaissance et siècle des Lumières

De Pascal à Schopenhauer, trois siècles de l'histoire de la pensée occidentale, de la Renaissance aux Lumières, de Thélème à l'Encyclopédie. Une approche claire et raisonnée des systèmes philosophiques, des penseurs, des méthodes et des visions du monde ou de sa représentation.

HISTOIRE DE LA PENSÉE, t. 3

Jean-Louis Dumas

Temps modernes

Marxisme, positivisme, phénoménologie, existentialisme, structuralisme, Ecole de Francfort, nouvelle philosophie, psychanalyse, Cercle de Vienne, sociologie, messianisme russe, évolutionnisme, etc.

L'histoire de la pensée occidentale aux XIXe et XXe siècles.

Composition réalisée par NORD-COMPO

IMPRIMÉ EN FRANCE PAR BRODARD ET TAUPIN
Usine de La Flèche (Sarthe).
LIBRAIRIE GÉNÉRALE FRANÇAISE - 6, rue Pierre-Sarrazin - 75006 Paris.
ISBN : 2 - 253 - 06168 - 9

⊕ 42/0400/4